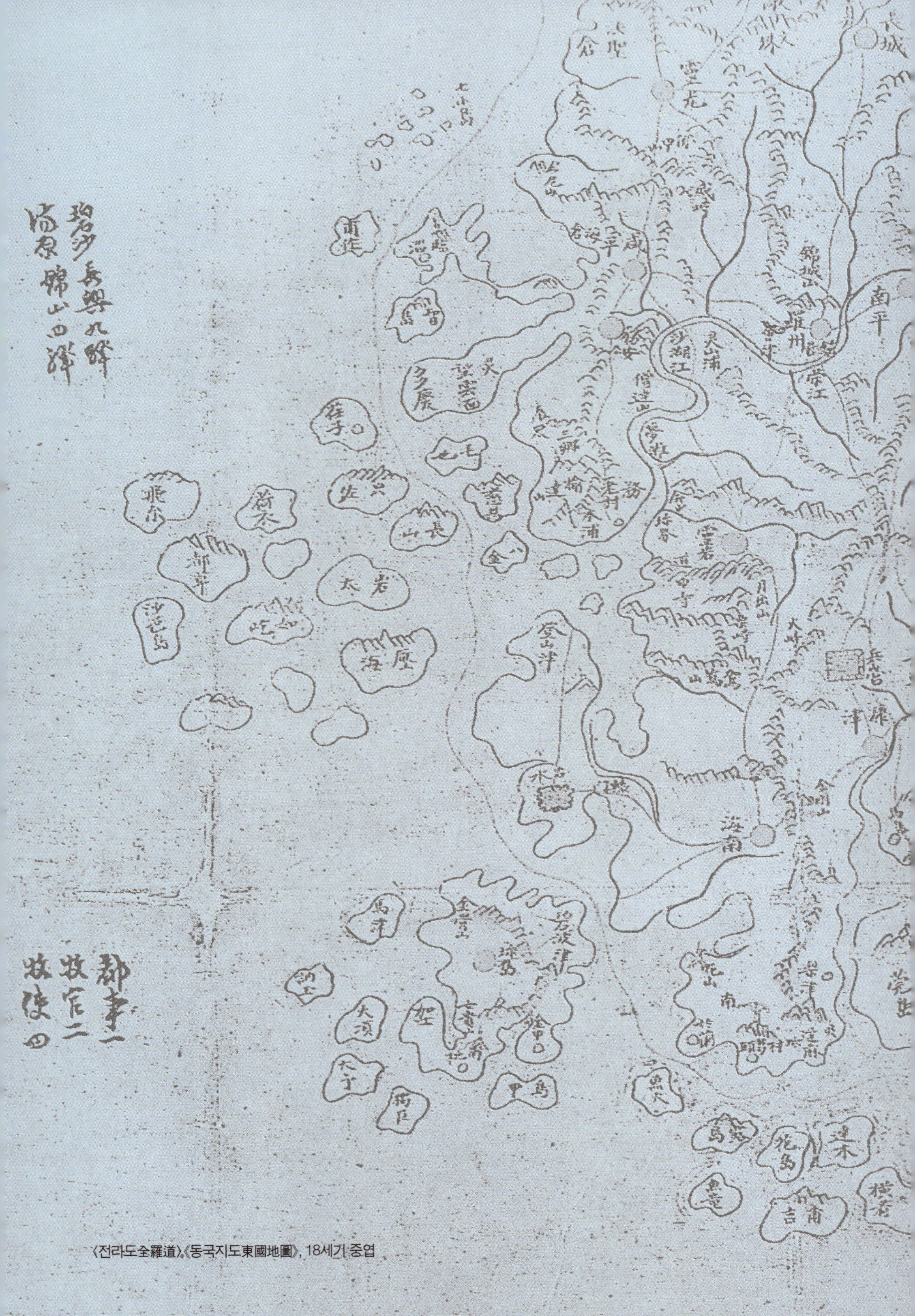

〈전라도全羅道〉《동국지도東國地圖》, 18세기 중엽

昔川界
河東界
智異山
南海界
渡海五十里
順天
光陽
樂安
寶城
同福
昌平
松廣寺
全樂
興陽
長興
伊島
金鰲
白也串
豆原
慈恩島
馬島
隱巖

섬문화 답사기

孤島의 일상과 역사에 관한 서사

어떤 사람은 나라의 재력이 빈약한데 (……)
내 생각에 섬은 우리나라의 그윽한 수풀이니
진실로 경영만 잘하면
장차 이름도 없는 물건이 물이 솟아나듯,
산이 일어나듯 하리니(……).

或曰 國力貧弱, (何以增官.) 臣以爲海島者,
我國之幽藪也. 苟一經理, 將有無名之物,
水湧而山起. (綏遠之司, 將與戶曹相.)
《경세유표》 제2권 〈추관형조(秋官刑曹)〉에서

여수
고흥
편

孤島의
일상과 역사에 관한
서사

김준 지음

섬문화
답사기

서책

우리 민족의 향기로운 정신사 한 영역

한승원(작가)

김준 박사가 책 5권 분량의 원고 보따리를 들고 찾아왔다. 그를 처음 만난 것은, 그가 목포대학에 재직하면서 한창 갯벌과 섬의 생태연구에 미쳐 있을 때였다. 나는 장흥바다의 한 섬에서 나고 자란 탓에, 그리고 내 고향 어촌마을 사람들의 생명력과 삶의 애환을 소설공간으로 승화시켜온 때문에, 그의 연구가 아주 귀중한 것이라고 느꼈다. '섬만 섬이 아니고 혼자 있는 것은 다 섬이다' 라는 화두를 가지고 사는 나는 섬들을 하나하나의 생명체로 여긴다. 그래서 그때 우리의 이야기는 자연 섬의 인문학적인 탐사 쪽으로 흘렀었다. 그런 지 5년여의 세월이 흐른 뒤 바로 그 섬들의 인문학적 탐사와 연구의 결실을 가지고 나타난 것이다.

한달음에 원고를 읽었다. 재미가 있다. 그가 섬과 섬사람들을 얼마나 사랑하고 있는지, 그 인문학적인 탐사를 하느라고 얼마나 진땀을 흘렸는지 짐작하게 한다. 그는 깊은 섬에 들어갔다가, 계속되는 풍랑으로 인해 되돌아 나오지 못하고 4박5일 혹은 그 이상씩 갇혀 있곤 한 것이 부지기수였다고 한다.

지도를 거꾸로 놓고 본다면 전라남도가 한반도의 머리에 해당하고, 그 남쪽에 흩어져 있는 섬들은 한반도의 머리카락들에 해당한다. 머리에는 뇌가 들어 있고 뇌에는 영혼이 들어 있는데, 뇌를 보호하는 것은 머리카락인데, 머리카락은 하늘의 오묘한 뜻을 감지하는 안테나 역할을 한다. 그러니까 섬들은 세계로 뻗어나가는 전초기지의 첨병인 것이다.

천체 가운데서 유일하게 물을 가지고 있는 지구라는 별에서 바다는 영원한 인류의 블랙박스이다. 삼면이 바다로 둘러싸인 한반도의 바다는 이 민족의 영원한 블랙박스인 것이다. 그 바다에 떠 있는 섬들은 한반도의 영원한 미래의 보물인 것이다. 그 섬들이 가지고 있는 장점들을 네트워크로 연결시킨다면 예측할 수 없는 새 문화들이 거듭 창출될 터이다.

섬들의 생태연구와 인문학적인 탐사의 결과물인 이 책에는 섬사람들의 강인한 생명력과 역사와 문화가 살아 숨쉬고 있다. 김박사는 아주 작은 무인도까지도 탐사했고, 하나하나의 섬에 의미부여를 했다. 그것은 그 섬을 살아 숨쉬는 존재로 섭렵했다는 것이다. 다도해 지방의 모든 섬들을 짙푸른 바다에 알알이 박혀 있는 보석으로 승화시켜 놓고 있는 이 책은 우리 민족의 향기로운 정신사 한 영역을 확실하게 장식하고 있다.

섬사람은 나의 스승이었다

나는 주말이면 섬사람을 만난다. 그들은 수십 년을 섬에서 살아온 사람들이다. 때로는 넋두리하듯, 하소연하듯 이야기를 한다. 나는 귀를 쫑긋 세우고 잘 들어준다. 어떤 책에서도 읽을 수 없는 내용이다. 왜 올해는 김양식이 잘 안 되었는지. 돌미역으로 국을 끓일 때는 어떻게 해야 하는지, 마을어장에서 생산한 바지락은 어떻게 나누어야 하는지, 칠산바다의 조기파시 이야기, 울릉도에 오징어 잡으러 갔다가 아내를 만난 이야기, 여름철에는 조개를 피하는 이유가 무엇인지, 아이가 대학에 들어갔다든지, 도시에 집을 샀다든지, 어촌계장이 욕심이 많다든지. 소재가 무궁무진하다.

그들이 하는 이야기가 과학적으로 맞는지는 따지지 않는다. 과학보다 그들의 경험을 더 믿기 때문이다. 아무리 척박한 섬이라도 물과 나무가 있으면 사람이 살았다. 섬이 보이면 사람이 들어가 살았다. 먼 섬은 갯바위에 붙은 미역과 김과 바다 속 전복에 의지해 살았다. 큰 섬은 섬과 섬을 연결해 쌀농사와 소금농사를 지으며 살았다. 물길이 좋은 곳은 장사를 했고 고기를 잡았다. 봄철에는 조기를 기다렸고, 여름에는 소금농사를 짓고, 가을에는 낙지를 잡았다. 겨울에는 바다에 나무를 박아 김농사를 지었다. 밭에는 시금치, 쑥, 마늘, 양파도 심었다.

섬과 섬사람들이 오롯이 삶의 흔적을 간직할 수 있었던 것은 '물때' 라는 자연의 시간 때문이다. 나는 이를 '생태시간' 이라 한다. 인간이 만들어 낸 시간이 아니다. 해와 달이 만들어 낸 시간이다. 아무리 급해도 갯벌에 물이 들지 않으면 배를 띄울 수 없고, 갯바위에 물이 빠지지 않으면 돌미역과 돌김과 파래를 뜯을 수 없다 태풍이 오고 파도가 거칠면 하루아침에 모든 것을 용신에게 바쳐야 한다.

30대와 40대를 섬사람과 어민들을 만나며 보냈다. 그 사이 내 삶도 많은 변화가 있었다. 섬사람들의 삶을 훔쳐 학위도 받았다. 몇 권의 책도 집필했다. 가족도 늘었다. 새로운 직장을 얻은 것도 따지고 보면 그들의 덕이다. 내가 이렇게 호사를 누려도 되나 싶을 때도 있었다. 역설적이게도 그 무렵부터 슬슬 욕심이 났다. '대한민국 모든 섬들을 내 발로 딛고 그 섬의 이야기를 정리해 볼까.' 틈틈이 섬이야기를 정리하고 사진도 찍어 왔지만 무리하지는 않았다. 너무 큰 계획이고 내가 하고 싶다고 할 수 있는 프로젝트도 아니기 때문이었다. 기회는 우연히 주어졌다. 섬문화답사기를 풀무질한 들풀님을 만났다. 그 인연으로 서책 대표와 인연을 맺었다. 우연하게 세 사람 모두 동갑이다. 이 일은 누구도 해보지 않은 일이다. 하지만 누구나 할 수 있는 일이다. 모든 유인도를 찾아 나서는 일을 두고 하는 말이다. 섬에 가는 일이다. 가서 이야기만 들으면 되는 일이다. 그러니 누구나 할 수 있다. 그러나 멈추지 않고 쉼없이 하는 것은 아무나 할 수 있는 일은 아니다. 섬여행서를 만들려고 시작한 일이 아니다. 자신 있게 말한다. 이 책은 섬의 인문학총서라고. 섬을 나만의 방식으로 노래하고 싶었다. 하여 도서별곡島嶼別曲이라 부를 것이다.

자꾸만 섬도 육지로 바뀌고 있다. 다리를 놓아서 하는 말이 아니다. 섬살림이 자꾸 뭍살림과 같아지기 때문이다. 바다를 땅처럼 이용하기 때문이다. 변하는 것과 사라지는 것은 다르다. 개발이나 온난화와 같은 원인으로 섬이 사라지는 것이 아니다. 다리가 놓여 차를 타고 갈 수 있어서가 아니다. 섬을 육지처럼 생각하고 이용하려는 것을 말한다. 뭍사람들에게 또는 섬에 사는 뭍사람 같은 사람들에게 조금이라도 섬의 속살을 전하고 싶었다. 그런데 무슨 이야기를 전할까 생각하다 섬사람들에게서 들은 이야기를 나누기로 했다. 도서별곡을 풀어내고픈 이유다. 섬사람들이 지켜온 섬, 그들이 살아온 바다 이야기를 나누기로 맘먹었다. 이 글은 내가 쓴 것이 아니라 섬사람들의 이야기를 옮긴 것에 불과하다. 그렇다고 미려한 글재주가 있는 것도 아니다. 그러니 현란한 문체도 수식어도 없다. 혹여 이야기를 전달하는 과정에 잘못된 부분이 있으면 그건 사실을 정확히 확인하지 못한 필자에게 책임이 있을 뿐이다.

난 지금 행복하다. 먼저 선보일 두 권의 책을 갈무리했기 때문이다. 2권의 마지막을 위해 신안 흑산면 태도에 들어갔다가 김노인을 만났다. 김노인이 내게 물었다. 지금 하는 일이 행복하냐고. 좋아하는 일이냐고. 주저하지 않고 그렇다고 했다. 앞으로도 섬에 다닐 것이라고 덧붙였다. 노인은 내 답을 듣고서야 자신의 이야기를 들려줬다. 요즘 섬에 관심이 많다. 섬여행객들을 말하는 것이 아니다. 눈을 크게 뜨고 개발대상을 찾고 있다. 나도 어쩌면 그런 부류 중 한 사람으로 비쳐질 수 있다. 관심이 많을수록 섬사람들이 살아온 삶의 가치가 무시된다. 섬사람보다는 육지사람들에게 내보일 것들로 채워진다. 그래서 불편하다.
갓고기는 말라가고 고구마와 보리를 심던 밭에는 잡목들이 자리를 잡았다. 젊은이들은 뭍으로 나가고 노인들만 섬을 지키고 있다. 무인도로 변할 날을 기다리는 시한부 섬도 많다. 큰 도시에서 10분도 걸리지 않는데 전기가 들어가지 않는 섬도 있다. 반대로 은퇴를 한 후 고향 섬으로 들어온 사람들도 있다. 드물지만 인구가 늘어나는 섬도 있다. 뭍사람들 중에는 섬에 대한 환상을 갖고 들어오는 사람도 있다. 환상이 현실이 되기도 하지만 여지없이 무너지기도 한다. 섬사람들의 폐쇄성과 거친 행동들이 이유다. 섬이 궁금한 모든 분들에게 이 책을 권한다. 최소한 섬의 속살을 맛볼 수 있을 것이다 아는 만큼 보이고 사랑한다는 말은 이를 두고 하는 말이다. 분명 섬과 섬사람들이 달리 보일 것이다.

여수편은 여수지역사회연구소의 도움을 많이 받았다. 답사에 동행한 정태균 부장에게 특히 감사를 전한다. 일천한 지식은 신안군 문화원, 목포대학교 도서문화연구원, 전남대학교 이순신해양문화연구소, 다양한 분야의 해양문화연구자들의 연구로 채웠다. 아무래도 가장 감사를 드려야 할 사람들은 섬사람들이다. 이 책은 섬사람들이 들려준 이야기를 씨줄 날줄로 엮어낸 것이다. 나의 섬문화답사기는 섬이 사라지지 않는 한 계속될 것이다. 지금도 섬사람을 만나고 앞으로도 그들의 이야기를 들을 것이다. 섬사람들은 모두 나의 스승이다.

그분들께 이 책을 바친다.

무안 연구실에서

김준

차례

일러두기

- 본 섬문화답사기 시리즈는 2011년 현재 사람이 살고 있는 전국의 유인도를 직접 탐방하여 취재한 내용을 지역별로 엮어갈 예정입니다. 다만 지금은 무인도일지라도 유인도 시절 독특한 사연을 가진 경우에는 이야기를 풀었습니다.(예: 여수 가장도)
- 각 섬별 본문 마지막의 개황에 나와 있는 각종 통계와 자료는《대한민국 도서백서大韓民國 島嶼白書》(2011년 행정안전부 발행),《전남의 섬》(2002년 전라남도 발행)을 참조했고, 30년 변화자료는《도서지島嶼誌》(1973년, 1985년 내무부 발행),《한국 도서백서韓國 島嶼白書》(1996년 내무부 발행)를 참고했습니다. 구 통계 중 일부 데이터가 오자로 보이긴 하지만 확인할 수 없어 그대로 인용합니다.
- 2010년 현재 연륙교로 연결된 섬 아닌 섬도 본서 기획의 전체적 맥락을 위해 같이 조사하여 게재합니다.(예: 여수 돌산도, 오동도, 고흥 녹도, 장흥 노력도 등)
- 본문에 사용한 사진은 대부분 필자가 촬영한 것이며, 외부 도움을 받은 일부 사진은 저작권 표시를 따로 하였습니다.
- 본문에서 언급한 참고문헌 중 도서는《 》부호로, 논문·신문·예술작품·지도 등은 〈 〉로 표시했습니다.

여수시
광양시

여수시 남면

여수시 남면

1 금오도
2 수항도
3 안도
4 부도(대부도 · 소부도)
5 연도(소리도)
6 화태도
7 대두라도
8 소두라도
9 나발도
10 대횡간도
11 소횡간도

6
10
9
7 8 11
1 2
3
4
5

1

숲과 바다가 풍요롭다
여수 남면 금오도

봄은 바다를 건너온다. 너울너울 파도를 타고 섬으로 온다. 나비를 부르고 벌도 부른다. 사람도 부른다. 남녘 섬마을 봄은 그렇게 시작되었다. 금오도 작은 포구에 정박해 있는 목선 대여섯 척도 봄을 기다리고 있다. 섬에 봄이 머무르면 어부들은 기지개를 켠다. 통발채비를 서둔다. 성질 급한 어부는 찬바람을 가르며 미역과 다시마 채취에 나선다. 삐그덕삐그덕 소리를 내며 목선도 일을 찾는다. 철부선은 한 무리 등산객을 쏟아내고 출발했다. 울긋불긋 등산복에 배낭을 둘러메고 앞서

목선은 섬사람과 함께 늙어가지만 갯것을 하는 데 이보다 효자가 없다.

거니 뒤서거니 마을을 벗어나 산으로 오른다. 동백은 지고 매화가 봄의 전령사처럼 자리를 잡고 있다. 나비 한 마리가 매화꽃에 앉았다. 봄을 시샘이라도 하는 듯 바람끝이 매섭다. 나비는 반 시간을 매화꽃에 앉아 날개짓을 잊었다. 가끔씩 불어오는 바람에 온몸을 맡기고 있다. 바람이 불거나말거나 꿀벌 무리는 부지런히 매화꽃을 오가며 꿀 사냥에 정신이 없다.

여수 남쪽해역에 있는 금오열도는 아열대 기후의 징후들이 나타나고 있다. 금오열도는 화태도, 대두라도, 소두라도, 나발도, 대횡간도, 소횡간도, 금오도, 안도, 연도, 대부도, 소부도, 삼도, 형제도, 수항도 등을 말한다. 또한 횡간수도(돌산과 화태횡간 사이), 금오수도(금오도와 월호도와 개도 사이), 안도수도(금오도와 안도 사이), 연도수도(안도와 연도 사이) 등 수로가 발달해 물길이 거칠고 수심이 좋다. 숲이 좋고 조류가 빠르니 산에는 나무와 약초가 풍성하고 바다에는 해초와 물고기가 풍부하다.

특히 금오도는 이 중 제일 큰 섬으로 곰솔, 소사나무, 상수리나무, 오리나무, 구실잣밤나무, 동백나무, 가시나무, 후박나무 등이 집단으로 서식한다. 갱번에는 미역, 군부, 소라, 뜸부기, 바다에는 멸치, 참돔, 갈치, 삼치, 감성돔 등 온갖 고기가 풍성해 태공들 가슴을 설레게 한다.

금오도는 '거무섬' 이었다. 산림이 울창해 검게 보였기 때문이다. 금오도金鰲島가 한자지명을 풀어서 붙여진 이름이라는 것은 후대가 해석한 지명풀이로 보인다. 《청구도》나 《대동여지도》에 거마도巨磨島로 기록되어 있는 것도 거무섬에 손을 들어준다. 《전라도순천방답진도》(1872)에는 "거마도는 황장봉산黃腸封山이며, 산꼭대기에 오르면 동남쪽으로 일본의 대마도가 보인다"고 기록되어 있다.

왕의 섬, 왜구의 바다

뱃길에 익숙해져서인지 금오도는 왜구들 침입도 잦아 공도정책이 추진되었다. 공도정책이란 왜구의 침입에 대비해 고려말 조선초에 실시한 섬을 비우는 정책이다. 큰 섬은 수군진을 구축해 해안방어를 했지만 작은 섬은 주민들을 이주시켰다. 공도정책 이후 금오도 출입은 금지되었다. 봉산으로 지정되었기 때문이다. 봉산은 왕가의 묘를 보호하고 태반을 묻기 위한 태봉봉산, 황장목을 생산하기 위한 황장봉산, 밤나무재목을 얻기 위한 율목봉산이 있다. 금오도는 황장봉산이었다. 황장목은 궁궐을 짓고 임금의 관을 짜고 판옥선 등 전선을 만들 소나무를 말한다. 금오도는 소나무가 으뜸이다. 대원군이 경복궁을 재건할 때도 함구미 마을 소나무를 이용했다. 이때 비사리나무를 순천 송광사로 가져가 구유를 만들어 금방 지은 밥을 퍼 놓아 많은 사람들이 이용했다고 한다. 지금 남아 있는 송광사 구유는 이후 남원에서 가져온 나무로 만든 것이다. 금오도 봉산은 전라좌수영에서 맡고 있었지만 관리가 어려웠다. 고종 때는 명성황후가 살던 명례궁에 하사하기도 했다. 이 틈에 백성들은 소나무를 베어 배를 만들고 집을 지었다. 이로 인해 황장목이 사라질 위험에 처하자 섬에 사람이 살도록 해 황

초분도 관광자원이니 죽음도 편치 않을 것 같다. 금오도 비렁길의 전시용 초분.

장목을 관리하고 세금도 걷자는 대책이 논의되었다.

《세종실록》에는 "병선은 국가의 도둑을 막는 기구이므로 배를 짓는 소나무를 개인적으로 베지 못하도록 이미 일찍이 법으로 정했는데, 무식한 무리들이 가만히 서로 나무를 베어 개인 배를 짓고, 혹은 집재목을 만들어 소나무가 거의 없어졌으니 실로 염려됩니다"라고 기록하고 있다[세종 30년(1448) 8월 27일 경진조]. 또 《비변사등록》에도 "듣건대 전라도 순천부에 이른바 금오도라는 섬이 있는 바, 바로 황장목을 바치는 곳입니다. 그러나 좌수영에서 백성들이 들어가 살지 못하게 하였기에 황장목을 지키는 사람이 없어 도벌하는 폐단이 날로 심해져 민둥산이 되는 처지에 이르렀고 산 아래 옥토는 경작할 만한 땅이 버려져 있기에 애석합니다"라고 기록하고 있다[영조 1년(1725) 8월 10일].

결국 영조 때 금오도에 사람이 살 수 있도록 허락한 후, 수백 호가 섬에 들어왔다. 하지만 이것도 오래가지 못했다. 다시 황장목 보호와 왜구침입을 막기 위해 섬을 비워 두자는 의견이 제기되면서 금오도는 공식적으로 사람이 거주하지 않는 섬이 되었다.

당시 《비변사등록》에는 "금오도 소나무와 키 큰 참나무가 하늘을 가리듯 촘촘히 서 있는데 모두가 두어 아름씩 되는 나무"로 조선통신사 때에 바다를 건너는 배의 키와 통영과 수영의 전선 미목尾木을 만드는 목재로 이용되었다고 적고 있다.

《세종실록》에는 대마도 사람들이 거문도와 초도 인근에서 고기잡이를 했다고 기록되어 있다. 이들이 조선바다에서 고기를 잡기 위해서는 조선정부의 허락을 받아야 했다. 이를 허락해주는 기관이 거제도 지세포 수군만호였다. 허락을 받은 어선들은 배의 크기에 따라 세금을 내야 했다. 어장은 거문도와 초도로 정해져 있었지만 어디 욕심이 그런가. 거문도보다 가깝고 고기도 많은 금오도와 안도 어장을 그냥 지나쳤을 리 없다. 빈번하게 말썽이 일었다. 마침니 조선정부는 이 문제를 둘러싸고 대책을 마련하기에 이른다. 결국 듬오도에 왜구 침입여부를 조사하여 토벌하는 군인搜討將이 배치되었다.《성종실록》내용이다.

> 왜인이 심하게 날뛰지 아니하였는데, 7~8년 사이에 그기잡이와 해물을 채취하는 왜인이 우리나라 어선을 만나면 양식을 빌어가거나 겁탈하는데, 거절하면 반드시 해칩니다. 우리나라 사람들은 왜인을 만나면 상대가 적고 우리가 많더라도 대항할 뜻이 없고 의복과 식량을 주면서 피해를 면하길 바라고, 나라의 국문이 싫어서 노략질을 당하고도 숨기고 말하지 않습니다. 〈성종 21년(1490) 12월 13일 경신조〉

> 왜인들은 추자도, 청산도에 들어가서 고기잡이와 해물을 채취하는데, 부근에 정박한 배가 아니라 왜적이며, …… 순천 경계 돌산도 방답도 금오도 등까지 자주 왕래하며 도적질을 한다그 합니다. 〈성종 21년(1490) 12월 13일 경신조〉

백성들의 섬이 되다

금오도에 사람들이 자유롭게 드나들기 시작한 것은 고종 21년(1884) 공도정책이 해제되면서다. 그렇다고 섬이 비어 있었던 것은 아니다. 각종 세금과 부역 등 삼정문란으로 생계가 어려운 민초들에게 봉산은 오히려 신천지였다. 금오도로 들어온 사람들도 순천부, 전라좌수영, 방답첨사진 등으로부터 더 많은 고통을 받았던 백성들이다. 해조류는 물론 어패류도 쉽게 얻을 수 있어 섬만큼 숨어 살기 좋은 장소는 없다. 봉산에서 해제되기 10여 년 전인 1698년 화양면에 살던 사람이 우학리 우실마을로 들어와 정착하기도 했으며 18세기 이전에 6개 마을이 형성되어 있었다는 기록도 있다. 어쨌든 금오도 봉산은 해제되고 좌수영 소유지로 이관되면서 전라좌수영 막장 이주회의 건의로 일반인에게 개간이 허락되었다. 이주회는 경기도 광주 출신이다. 그는 고종 때인 병인양요 때 공을 세워 대원군 눈에 들었던 인물이다. 갑신정변이 일어나자 잠시 일본으로 피신하기도 했지만 봉산이 해제된 후 전라좌수영 막장이 되었다. 그의 건의로 백성들에게 금오도 개간이 허가되었다. 그는 형과 함께 가족을 데리고 개간사업을 추진했다. 개간사업에 인근지역 농어민들이 동원되었다. 그 후 금오도에는 네 개 마을에 약 600호로 늘어나기도 했다. 그는 일본 우익낭인들과 교류하며 명성황후 시해사건에 연루되어 처형을 당했다.

　당시 금오도의 모습을 순천부사를 지냈던 김윤식이 시로 남겼다.

　　　금오도

　　　　바다 기후는 온전히 갠 날이 없고
　　　　초목은 안개비에 잠겨 있네
　　　　넓고 아득하여 하늘에 닿아 있고
　　　　우거지고 빽빽하여 산구 비를 의지했네
　　　　고랑구멍에서는 개구리 울고
　　　　조수 머리에서는 물고기 뛰노네
　　　　평상 아래에서는 방게가 달음질 하고
　　　　처마끝에서는 박쥐가 노네
　　　　거친 사슴이 낮에 다니고
　　　　처량하게 두견이 새벽에 우네

아침에는 새소리 번거로움이 싫고

밤에는 모기 입부리의 독이 괴롭도다

파도는 게거품을 보내어 비껴있고

돌은 굴을 이고 산처럼 솟아있네

큰 고기는 아람이 섰는가 의심하고

먼 섬은 좁쌀을 떠온 것 같네

번잡함을 헤치고 검은 조개를 줍고

물에 거꾸로 들어가 전복을 따네

들은 있되 밭에 세금이 없고

물은 많되 뛰어난 집안은 없구나

이곳에 와서 고기잡이로 늙고자 하니

그 어찌 세상을 홀로 등지는고

괴롭고 즐거움이 이에 서로 다르니

모양이 쭈그러들지 않는구나.

신사참배를 죽음으로 거부한 목사

이기풍 목사는 1868년 평양부 순영리에서 태어났다. 1907년 평양신학
교를 졸업한 후 서경조, 한석진, 양전백, 방기창, 길선주, 송인서 등과
함께 우리나라 최초의 목사로 장립되었다. 최초의 목사라는 점은 잘
알려져 있지만 '신사참배'로 순교한 일은 많이 알려져 있지 않다.
1936년경 일제는 전국에 신사참배를 강요했지만 우리나라 기독교 전
체는 공식적으로 신사참배를 결정했다. 우학리에서 목회활동을 하던
이기풍 목사는 신사참배를 거부했다. 그런데 신사가 목사관 뒤에 위
치해 있어 섬사람들이 신사참배를 갈 때면 이기풍 목사가 머무는 목
사관 돌담을 따라 가야 했다.

신사참배가 있는 날이면 목사는 주재소에 끌려가 갇혀 있었고, 쌀 배급을 받지 못해 온 식구가 감자를 먹으며 끼니를 연명했다. 자녀들이 다니는 학교에서 신사참배를 시키면 학교를 그만두게 했다.

이 무렵 순천노회 목회자들이 조직적으로 신사참배를 거부하는 일이 발생했다. 순천경찰서는 1940년 11월 15일 순천노회 목사 17명을 검거 투옥했다. 이기풍 목사는 여수경찰서에 투옥되었다. 당시 그의 나이 72세였다. 그는 신사참배 거부라는 불경죄에 미국인 선교사와 함께 활동했다는 명목으로 스파이라는 죄까지 더해 심한 고문을 받았다. 고문으로 병까지 겹쳐 잠시 석방이 결정되었지만 "16명의 목사를 모두 석방시키기 전에는 이곳에서 죽는 한이 있어도 못 나가겠다"고 하다 강제로 금오도로 옮겨졌다. 그리고 해방을 3년 앞둔 1942년 6월 20일 주일 아침 우학리 교회 목사관에서 하느님의 부르심을 받으셨다. [〈여수기독신문〉(2001. 10. 25.)]

섬마을에 봄이 머물다

함구미 선창에서 내리면 두 길로 나뉜다. 배에서 내린 사람들도 등산객과 해안도로를 따라가는 주민들로 나뉜다. 모두 면소재지인 우학리로 통하는 길이다. 어느 길을 가든 새색시 가슴처럼 봉긋봉긋 바다에 솟은 크고 작은 섬을 볼 수 있다. 날씨가 따뜻해지자 주민들은 언덕배기 비탈밭 봄갈이에 분주하다. 금오도에는 논이 없다. 개간한 밭에 의존해 살아가고 있다. 고구마를 심어 식량이나 하던 산비탈 밭뙈기엔 빈틈없이 단풍을 심었다. 우학리 식당에서 맛볼 수 있는 쌉싸름한 반찬이 단풍나물이다. 처음 들어 본 이름이다. 금오도는 날씨가 따뜻해 1년 내내 수확할 수 있다. 주민들의 주 소득원이다. 금오도는 옆 섬 안도처럼 어장이 발달하지 않았다. 송고와 장지마을에서만 낭장망 몇 틀로 멸치잡이를 한다. 양식어장이라 해야 함구미 전복양식과 미역 다시마양식 정도다. 물론 대부분 마을들이 갱번이 있어 해초를 뜯지만 반찬거리를 넘어서지 못한다. 장지에서 멸치잡이를 하는 최씨도 해파리 때문에 이번 가을에는 재미를 보지 못했다. 그나마 바닷가 비탈밭 단풍이 있어 가용을 하고 있다. 바닷물 온도가 올라가면 해파리 개체가 늘어나 낭장망(그물)을 바다에 넣을 수 없다. 멸치낭장망 한 틀을 준비하려면 목돈이 필요하다. 잘못 넣었다가 멸치는커녕 그물을 모두 망칠 수 있다. 찬바람이 나기 시작하자 멸치잡이에 나섰지만 영 시원찮았다. 그래도 다음 어기를 기다리며 낭장망을 손질하고 있다.

따스한 햇살이 내리쬐는 우학리 바닷가에 칠순이 다 되어 보이는 어머니와 아들이 나란히 앉아 있다. 아들은 몽돌 사이에 손을 집어넣어 고둥을 주워내고 어머니는 바위나 돌에 붙은 파래, 김, 미역, 가사리, 청각 갖가지 해산물을 뜯고 있다. 이런 바닷가를 학술용어로 '조간대'라 하지만 주민들은 '갱번'이라 부른다. 누가 이곳을 10여 년 전 씨프린스호 기름유출사고로 오염되었던 지역이라 하겠는가. 아직도 섬마을 바닷가 깊은 바위틈이나 모래 속에는 오염의 흔적이 남아 있지만 그래도 자연의 힘은 놀랍다. "잡았다." 아들이 소리를 질렀다. 호수 같은 바다가 움찔한다. "잘했다." 어머니의 칭찬이 이어진다. 어머니는 아들이 뭘 잡았는지 아는 눈치다. 평생 바다에서 살아온 어머니는 봄바람이 불 때쯤 돌 밑에 뭐가 있는지 꿰뚫어보고 있다. 어머니는 정신지체가 있는 마흔이 다 되어 보이는 아들을 일부러 바닷가에 데리고 온 듯하다. 해초를 뜯는 일은 당신이 하고 아들에게 돌 밑에 숨어 있는 해산물을 잡도록 했다. 아들이 돌 틈에서 꺼낸 것은 '군소'였다. 큼직한 녀석이 돌 틈에서 해초를 먹고 있었다. 군소는 봄철 조간대에서 많이 발견되는 연체동물이다. 군청색 색소를 뿜어내어 자신을 보호한다 하여

갱번은 여수 섬사람들의 주린 배를 채워주던 식량창고였다. 그 갱번도 이젠 궁해져 간다.

'군소'라 했다. 머리에 한 쌍의 더듬이가 있어 마치 토끼 같기도 하다. 그래서 외국에서는 '바다의 토끼sea hare'라고 한다. 향이 독특하며 여수를 비롯해 남해안 사람들은 내장과 색소를 빼내고 삶아 초장을 곁들여 먹는다. 경상도 일부 해안지역에서는 제사상에 올리기도 한다.

우학리 마을 뒷산을 옥녀봉이라 부른다. 어느날 선녀 넷이 옥녀봉에 내려와 놀았다. 세 명은 하늘로 올라갔지만 한 선녀는 인간과 연을 맺어 올라가지 못했다. 이를 안 옥황상제가 남자는 다시랑, 선녀는 옥녀봉 바위로 만들었다. 만나지는 못하고 서로 얼굴만 쳐다보는 운명이 되었다. 섬마을 주민들은 옥녀봉에서 나무를 베지 않는다. 옥녀의 치마를 벗기면 재앙이 내린다고 전해오기 때문이다. 금오도는 망지포, 직포, 심포, 막포, 우실포, 두포, 미포, 안진개, 밭진개, 사발개, 큰머리개, 함구미 등 포구와 관련된 이름이 많다. 그 중 작은 갯돌해수욕장이 있는 직포는 옥녀봉에서 선녀가 내려와 베를 짰던 곳이라고 한다. 직포 갱번에서도 주민이 미역을 뜯고 있다. 몽돌밭과 돌담에서 말리고 있는 파래김도 갱번에서 뜯은 자연산 돌김이다. 몸도 가누기 힘들어 보이는 노인네가 긴 낫을 들고 미역을 뜯는다. 아흔에서 두 살 모자란다는 할머니가 숨이 찼던지 긴 낫을 바닥에 놓고 바위에 앉아 숨

28

갱번 갯바위에서 미역을 한 주먹 뜯어냈다. 양지 바른 돌담 아래 널어 놓은 김은 무럭무럭(?) 마르고 있다.

을 돌린다. "할머니 이것 파실 건가요." 돌 틈에서 해삼을 한 움큼 집어 대답 대신 손에 쥐여 준다. 옆에서 가사리를 뜯던 아주머니도 굵은 해삼을 몇 개 건져 준다. "끝을 이빨로 뜯어 내장을 빼고 먹으세요." 꽁지를 이로 뜯고 내장을 잘 훑어낸 다음 입 안에 쏙 넣는다. 짭짤하면서 향긋한 바다가 입안에 가득하다. 둥글넙적한 돌에 앉아 휴식을 취하던 할머니가 "말려서 자식들 주려고" 한다며 말문을 여신다. 할머니는 나이가 들어 병원신세만 지다 며칠 전 섬에 들어왔다. 아무래도 갯바람을 쐬야 나을 병 같았기 때문이다. 평생 물때에 맞춰 살아온 삶이다. 할머니가 봄볕을 벗삼아 해초를 뜯는 광경은 인생을 갈무리하는 철학자의 모습이다.

멸치도 생선이다

배가 불러 더 이상 먹을 수 없었다. 군부, 배말, 해삼, 거북손. 주인이 직접 갱번에서 따다 만든 음식을 내놓았다. 생선회야 어디서나 먹을 수 있지만 어디서 이런 갯것을 맛볼 수 있겠는가. 비링길에 취한 사람들이 이번에는 남도사람 손맛에 취했다. 갯바위에 붙어 있는 것을 하나씩 뜯어 준비한 것들이니 그 정성을 어찌 말로 표현할 수 있겠는가.

귀하다는 전복도 남겼다. 여수식 생선회는 메인보다 앞서 나오는 요리가 더 훌륭하다. 아는 사람은 다 알고 있는 이야기다. 하나둘 자리에서 일어났다. 어둠이 내리고 장지 선창에 물이 가득 들었다. 선창끝 집에서 예사롭지 않은 불빛이 새어 나왔다. 저게 무슨 빛이야. 불을 피우는 것 같아. 쓰레기를 태우나. 한번 가볼까. 배도 부르고 그냥 숙소로 들어가기는 부담스러운 상황에 좋은 일거리를 만난 양 서너 명이 불빛이 새어 나오는 곳으로 향했다.

선창을 감아 도는 길목 작은 오두막집에서 불빛과 함께 하얀 연기가 아주머니를 따라 나왔다. 멸치를 삶는 막이었다. 아주머니가 멸막에서 막 삶은 멸치를 채반에 담아 나오는 중이었다. 밖에 차곡차곡 채반이 쌓였다. 멸막 안에서는 김씨부부가 막 잡아온 멸치를 삶고 있었다. 여든을 눈앞에 둔 김씨는 멸치를 부글부글 끓는 가마에 넣은 후 채반을 들고 담배를 한 대 물었다. 멸치가 삶아지며 솟아오른 김과 담배 연기가 얼굴을 가렸다. 노란 상자에 담긴 은빛 멸치가 하얗게 변했다. 부뚜막 아래에서는 가마솥에 들어갈 순서를 기다리는 멸치가 상자에 담겨 펄떡거렸다. 약간 측은한 생각도 들었다.

다시 배를 타고 멸치그물을 털기 위해 나섰다. 금오도와 안도를 잇

멸치를 잡아 아이들 학교를 보냈고, 딸 시집도 보냈다. 장성한 아이들이 집을 장만하는 데에도 한몫했다.

는 다리가 어둠 속에 괴물처럼 다가왔다. 이곳에만 한때 7통의 낭장망이 있었다. 지금은 3집에서 4통의 낭장망으로 멸치를 잡고 있다. 김씨도 작년까지 2통을 운영하였다. 힘에 부치고 기름값드 만만치 않아 팔았다. 작은 배에 구경꾼 3명과 김씨부부와 6명이 탔다. 멸치그물을 넣어 둔 곳은 멸막에서 빤히 보이는 곳이다. 5분 거리도 안 될 성싶다. 김씨는 키를 잡고 아내는 고리가 달린 상태로 익숙하게 낭장망이 연결된 밧줄을 걸어 올렸다. 배를 멈추고 김씨도 낭장망 끝통을 함께 들어 올렸다. 그 사이 자루가 두둑해졌다. "많이 들어 좋겠어요." "적당히 들었어. 많이 들면 못 써." 돌아오는 대답에 삶의 철학이 느껴졌다. 욕심을 부렸다면 30여 년을 멸치를 기다리며 살았겠는가.

금오도와 안도 사이 물길은 거칠다. 이곳을 지난 물길은 '한도'로 이어진다. 한때 조기잡이 풍선배들이 즐비했던 바다다. 이곳에서 고기를 기다려 아이들을 가르치고 여웠다. 긴 짝지(갯바위, 갯돌이 있는 해변)에 붙은 배말, 군부, 거북손, 미역, 김 등 갯것들은 가난한 어민들을 먹여 살렸다. 물길을 따라 오는 멸치는 학비가 되었고 아파트가 되었다. 긴 짝지가 마을이 되어 '장지'로 바뀌었다. 하긴 금오도도 원래는 검은 섬이었다. 나무가 울창해 붙인 이름이다. 숲이 좋은 섬에는 바닷고기도 많다. 그 섬에 사는 사람들은 부자는 아니지만 삶이 풍성한 것도 이런 숲과 해변이 있기 때문이다. 같은 자리에서 1시간 전에 그물을 털었는데도 자루가 묵진했다. 바다는 요술주머니를 가지고 있다. "언제까지 해요." "12시까지." 그때가 되서야 물길이 바꾸는 모양이다.

비렁길을 만들다

요즘 대한민국에서 주목받는 섬으로 증도, 청산도, 금오도를 꼽는다. 증도와 청산도는 아시아 최초 슬로시티로 지정된 섬으로 영화와 방송을

고기같기도 하고 해초같기도 한 것이 목이버섯이란다. 난 그 버섯을 비령길을 걷다 처음 보았다.

통해 알려진 섬이다. 그런데 이렇다 할 감투 하나 쓰지 않았던 금오도가 뜨고 있는 것이 이채롭다. 등산을 좋아하는 사람들에게는 꽤 알려진 섬이지만 도보여행객에게 금오도가 알려진 것은 '비령길' 때문이다.

비령이란 '벼랑길'을 일컫는 여수 말이다. 남해안에서 좀처럼 찾기 힘든 높이 80~100미터에 이르는 해안단구가 섬 서쪽으로 이어져 있다. 청산도로 촬영을 하러가던 감독이 날씨 때문에 이곳을 선택해 감탄했던 곳이다. 영화 〈인어공주〉 엔딩장면이 비령길에서 촬영됐다는 사실을 아는 사람은 드물다. 2011년 정부에서 추천한 여름피서지 10선에 당당히 이름을 올렸다. 전라도에서 유일하다.

비령길이 이렇게 주목을 받는 것은 무슨 이유일까. 우선 꼽을 수 있는 것은 숲이다. 금오도 숲길은 내가 걸어본 길 중에서 으뜸이다. 그 매력은 어디에서 오는 것일까. 첫째, 인위적으로 만들지 않았다. 마을과 마을을 잇는 생활로이다. 인공조림의 흔적도 없다. 제주올레가 좋다지만 금오도 비령길을 한번 다녀가보시라. 비령길은 단연 길의 종

결자다. 두 번째는 식물에 문외한인 내가 단언을 해도 될지 모르겠지만 식생이 다양하고 보전상태도 뛰어나다. 처음 숲길을 걸으면서 목이버섯을 직접 볼 수 있었다. 고란초, 취, 고사리, 참가시나무, 생강나무, 비자나무 등 다양하다. 금오도 산은 조선시대 봉산이었다. 주민들의 숲이 아니었다. 지금은 국립공원이다. 역설적이지만 그래서 좋은 숲과 산이 남아 있는지 모르겠다. 세 번째는 바다다. 용이 여의주를 물고 있는 모습을 한 용머리에서 신선이 앉아 놀았다는 신선대까지는 다도해를 조망할 수 있다. 또 서남쪽으로 고개를 돌리면 거침없는 강망대해를 마주한다. 네 번째로 달빛, 별빛, 일출, 일몰이 모두 좋은 곳이다. 인간들이 만들어 놓은 인공조명이 전혀 없기 때문이다. 쏟아지는 별빛을 주워담을 수 있고, 햇빛과 달빛에 비쳐 반짝이는 잔물결인 '윤슬'을 제대로 볼 수 있는 곳이다. 다섯 번째로 바다와 산과 밭에서 나는 식재료로 만든 제대로 된 남도음식, 로컬푸드를 맛볼 수 있다. 아직 제대로 상품화된 식단이 없는 것이 아쉽다.

그럼 길을 한번 걸어보자. 출발은 함구미에서 하는 것이 좋다. 함구미는 크다는 '한'과 포구를 의미하는 '구미'가 합쳐진 이름으로 생각된다. 우리말로 풀어보면 흔한 이름 '큰 개' 쯤 될까. 여수에서 오는 뱃길이 닿는 곳이기 때문에 접근성도 좋다. 비렁길의 주 코스는 함구미—용머리—절터—신선대—두포—직포로 이어지는 길이다. 2시간을 족히 걸어야 한다. 용머리에서 대부산 삼거리까지 오르는 길을 제외하고는 평지나 다름없기 때문에 산책하는 기분으로 걸을 수 있다.

용머리를 지나 숲을 빠져 나오자 눈 앞에 탁 트인 바다가 우리를 맞는다. 야! 탄성이 절로 나왔다. 과연 신선이 놀았음직한 곳이다. 족히 100미터는 될 성싶은 벼랑이 정신을 혼미하게 만든다. 그곳에 유혹이라도 하듯 너른 마당처럼 바위가 펼쳐져 있다. 기가 센 곳이다. 아니나 다를까, 동행한 분이 무당들이 가끔 굿을 하는 곳이라고 알려주셨다. 벼랑길에는 신선대 외에도 미역을 널었다는 '미역널방', 수달이 많이 서식하는 '수달피벼랑' 등이 이어진다. 한결같이 절경이다.

비렁길 중간 주상절리 아래에 신기하게도 제법 넓은 평지가 있다. 한때는 몇 가구가 살았다고 하지만 지금은 흔적을 찾기 어렵다. 그곳이 송광사 폐사지다. 전설에 의하면 보조국사가 모후산에 올라가 좋은 절터를 찾기 위해 나무로 조각한 새 세 마리를 날려 보냈다고 한다. 한 마리는 순천 송광사 국사전에, 다른 한 마리는 여수 앞바다 금오도에, 마지막 한 마리는 고흥군 금산면 송광암에 앉았다고 한다. 이름하여 '삼송광'이다. 최초의 돌산군지《여산지》(1899)에 "고려 명종 25년(1195) 보조국사 지눌이 남면 금오도에 절을 짓고 이름을 송광사라 했다"는 기록이 있어 그 절터로 추정한다.

비렁길은 직포마을까지 이어진다. 옥녀봉 선녀가 인근 모하와 두포마을에서 목화와 누에고치를 가져와 짰다는 지명유래를 갖고 있는 곳이다. 아직 미완성이다. 그래서 더 아름답다. 특히 생활로로 이어진 길이어서 주변자원과 잘 어울린다. 여수시는 직포에서 장지까지 비렁길을 연장할 계획을 세우고 있다. 옥에 티라면 아름다운 미역널방에 세워진 조형물이다. 좋은 의도에서 세웠겠지만 오가는 사람들 눈살을 찌푸리게 한다. 길이 마을문화와 연계되지 않아 마을소득과 직접 연계되지 못하고 있다는 점도 숙제다. 전라남도에는 우리나라 섬의 60%가 있다. 도로 사정이 좋지 않고 배를 타고 갈만큼 멀리 떨어져 있지 않아 마을과 마을을 잇는 옛길이 잘 남아 있다. 올레길과 둘레길처럼 비렁길을 전라남도의 '섬길'로 브랜드화 하면 어떨까. 비렁길, 미완성이어서 더욱 좋다.

개황 | 금오도 金鰲島

일반현황

위치 | 전남 여수시 남면 우학리 **동경** 127°46′ **북위** 34°30′

면적 | 27km² **해안선** | 64.5km **육지와 거리** | 9km(여수시)

가구수 | 805 **인구**(명, 남+여) 1,703(846+857) **어선**(척) 134 **어가** 252

마을[행정리 ( )는 자연마을] | 유송리(여천, 송고, 함구미), 두모(대유, 소유, 두포, 모하), 우학리(학동, 우실, 내외진, 직포), 심장리(심포, 미포, 장지)

어촌계 | 우학(17), 직원포(36), 두모(77), 함구미(27), 송고(34), 심미(37), 대소여(61), 장지(31) 총 8개 어촌계

공공기관 및 시설

공공기관 | 남면사무소(061-690-2605), 남면파출소(061-665-5112), 남면우체국(061-690-9500), 남면보건지소(061-665-2690), 송고진료소(061-664-9002), 여수농협 남면지소(061-665-9705), 여수수협 남던사업소(061-665-9373)

교육기관 | 여남초등학교(061-666-7017), 여남중고등학교(061-665-9518)

폐교현황 | 두모초등학교(1997.11.18), 여남교 황금분교장(2000.03.01), 유송초등학교(1999.03.01), 유포초등학교(2000.03.01), 장지초등학교(1999.03.01)

전력시설 | 한국전력 여수지사 남면출장소(061-650-2296)

급수시설 | 간이상수도 266가구, 우물(펌프) 114가구, 지방상수도시설 425가구

여행정보

교통 | 배편 | 여수항 연안여객선터미널(061-663-0117) 1일 3회운항/ 군내항 여객선터미널 운항

섬내교통 | 버스 | 뱃시간에 맞춰 다님/ 택시 | 2대 (061-666-2651, 061-666-2652)

여행 | 직포해수욕장, 비렁길(함구미-신선대-두포-직포), 망산, 대부산 등산로, 우학-함구미 드라이브 코스

낚시터 | 홈통, 가린여, 삼도, 곰보바위 옆, 유송리 대동마을 등 여수권의 대표적인 낚시 환경

특산물 | 멸치(여름), 자연산 전복, 돌미역, 소라, 부시리(봄), 삼치(가을), 흑염소, 취나물, 단풍(봄, 나물)

특이사항 | 다도해 해상국립공원으로 등산객이 많으며, 걷기 좋은 섬 숲길인 비렁길이 유명하다. 우학리, 장지마을, 송고리에 민박과 펜션 등이 있다.

30년 변화 자료

구분	1973	1985	1996
주소	전남 여천군 남면	좌동	좌동
면적(km²)	19.63	26.999	26.999
공공기관	-	면사무소 1개, 파출소 1개	면사무소 1개, 파출소 1개, 우체국 1개
인구(명, 남자+여자)	9,193(4,703+4,490)	5,981(3,116+2,865)	3,127(1.599+1,528)
가구수	1,417	1,225	927
급수시설	공동우물 296개	우물 275개 , 간이상수도 17개	간이상수도 23개, 우물(펌프) 233개
초등학교	6개 2,166명	6개 1,008명 (분교 2개 146명 포함)	1개 100명, 분교 4개 63명
중고등학교	1개 321명	중학교 1개 602명 고등학교 1개 126명	중학교 1개 112명 고등학교 1개 183명
전력시설	-	한전 1,225가구	한전 927가구
의료시설	-	병원 1개, 약국 2개	보건지소 1개, 보건진료소 1개, 약국 3개
어선(척, 동력선+무동력선)	169(83+86)	141(141+0)	207(182+25)

＊ 공공기관은 면사무소, 파출소 등 포함

2

할머니 오래오래 사세요
여수 남면 수항도

할머니가 사립문도 없는 돌담 사이에서 일행이 사라질 때까지 손을 절반쯤 올려 손짓하며 배웅을 했다. "어여 가. 어여 가." 인생은 그렇게 오고 가는 것이여. 내가 저 할머니를 또 뵐 수 있을까. 산 정상 밭에 심어 놓은 보리를 수확하다 미끄러지신 후 허리가 굽었다고 했다. 이 섬에 살고 있는 유일한 사람이다. 남면 초포에서 시집와 6남4녀 10남매를 두었다. 할머니 집 위쪽 섬 정상 부근에 노인 부부가 살고 있었지만 집만 남겨두고 여수로 나갔다. 배도 팔고 갔으니 쉬 섬에 들어오기 어려울 것 같다.

할머니(곽후방, 84세)가 지키는 섬은 수항도水項島다. 수항도는 여수에서 가장 큰 섬인 금오도 대유마을에서 배로 5분거리에 있다. 섬목섬이라고도 했다. 맞은편 금오도에 물목섬이 있어 그리 붙인 이름일 텐데 지명이 한자로 바뀌면서 물목섬에 해당하는 수항도가 섬목섬 이름으로 둔갑했다고 한다. 이외에 큰 섬보다 먼저 사람이 살았다고 해서 수항도首項島로 했다고도 한다.

선창에서 내려 동백숲 터널을 지나자 요새처럼 쌓아진 돌담과 마늘이 심어진 작은 텃밭이 반긴다. 대문이 있을 자리에는 썬 호박이 널어져 있고, 자투리땅에는 미역이 자리를 차지하고 있다. 김발은 돌담에 기대어 봄햇살에 먹음직스럽게 마르고 있었다. 집안으로 들어서자

집이 두 채밖에 없는 작은 섬의 비탈길에 널어놓은 김이 봄볕에 마르고 마늘은 봄바람에 흔들린다.

할머니는 사람들이 오는 것도 모르고 등을 돌린 채 밤생이(성게)를 까 노란 알을 갈무리하고 계셨다. 함지박을 깔개 삼아 앉고 햇볕이 따가 운지 머리에는 예쁜 스카프를 매셨다. 마당에 온통 톳, 미역, 밤생이 (성게) 등이 널려 있었다. 할머니가 살고 계시는 집은 부엌을 포함해 방이 4개였고, 기둥과 서까래로 봐서는 제법 공을 들여 지은 듯했다. 부엌 앞에는 펌프샘과 장독대가 잘 정리되어 있었다. 해초들을 씻어 담았던 대나무 광주리와 플라스틱 함지박이 주변에 널려 있었다. 그리 고 내 눈을 반짝이게 한 김발틀이 구석에 놓여 있었다 작은 것(13×20), 길쭉한 것(18×25), 큰 것(20×24) 세 종류였다. 작은 것은 60년 전에 사 용했던 것이며, 길쭉한 것은 40년 전에, 큰 것은 지금도 사용하고 있는 것이다. 할머니는 혼자서 갯가로 오갈 수 있는 처지가 아니다. 간혹 낚 시꾼들이 오면 부탁해 배로 갱번으로 이동해 해초를 뜯어 말린다.

　수항도는 '돈섬', '돈목섬'이라고도 불렀다. 해초가 많았기 때문이 라지만 가린여와 문어, 그리고 횡간도 사이에 드는 조기와 갈치 때문일 것이다. 남면에서는 가장 어장이 좋은 곳이 수항도 주변이다. 주민들은 이곳을 '한도'라고 불렀다. 일제강점기와 한국전쟁 전후 풍선배나 통통배로 조업을 하던 시절 한도(수항도 북쪽 큰바다)는 최고의 어장이었다. 먼 바다로 가는 길목에다 조류가 좋고 주변에 섬도 많아 고기들이 산란하고 서식하기 좋은 환경이었다. 한도는 어민들에게 희망의 바다지만 동시에 슬픔과 비극의 바다이기도 하다. 한도에서 조기를 잡던 어부들이 미군이 쏜 기총소사에 많이 희생되었기 때문이다. 이곳 외에도 개도 이야포, 안도, 금오도 등 여러 곳에서 민간인들이 무참하게 희생되었다.

곽할머니 집에서 섬 정상으로 5분여 거리에 이기도(81세), 황본자(77세) 노부부의 집이 있다. 건강이 좋지 않아 모두 여수로 나가셨다. 수항도의 유일한 교통수단이었던 배도 팔았다. 집안은 깨끗하게 정리되어 있었고 빈집을 강아지가 지키고 있었다. 물이 부족했던지 빗물을 받는 집수정이 만들어져 있었다. 마루에는 금방이라도 사용할 수 있는 낚시도구가 잘 정리되어 있었다.

곽할머니 집에서 황할머니 집으로 오르는 길에 몇 개의 전봇대가 길을 안내한다. 이곳은 자가발전을 해서 전기를 사용하고 있다. 여수에 있는 대륵도, 소륵도, 수항도, 금죽도, 광도 등 5개의 섬에는 아직 전기가 들어가지 않는다. 황할머니 집을 지나 섬 정상에 오르니 금오도가 발 아래 펼쳐지고 곽할머니 집은 땅속에 묻힌 듯이 보이지 않는다. 바람과 추위를 피하기 위해 돌담을 지붕 위까지 높인 데다가 경사까지 있기 때문이다. 여수나 완도 지역 섬지방에서 볼 수 있는 민가 건축의 특징이다.

산 정상에는 제법 너른 밭이 일궈져 있다. 할머니도 여기 어디쯤에서 보리를 수확하고 땔감으로 사용하기 위해 보릿대를 쌓아올리다 미

끄러져 허리가 굽으셨을 것이다. 그 자리에는 보리 대신 방풍이 자라고 있다. 멀리 문여와 가린여가 햇살을 받아 한도에 부표처럼 둥둥 떠 있다. 저 바다에 조기와 갈치가 그렇게 많았었지. 그 고기를 잡기 위해 어장엘 나갔던 화태주민은 미군의 폭격으로 고기밥이 되고 말았지.

할머니도 그 소리를 들으셨다고 했다. 돌아오는 뱃길에 자꾸만 할머니 목소리가 들린다. "어여 가, 어여 가."

개황 | 수항도首項島

위치 | 전남 여수시 남면 유송리 **동경** 127°46′ **북위** 34°10′
면적 | 0.05km² **해안선** | 2km **육지와 거리** | 28km(여수시)
가구수 | 2 **인구**(명, 남+여) | 3(1+2) **어선** 0 **어가** | 0

전력시설 | 자가발전
급수시설 | 우물(펌프) 1개소 전가구

교통 | **배편** | 인근 금오도(여천마을)를 이용함.
특이사항 | 주생활권은 금오도 대유마을이며 주민들은 바다 주위에서 톳을 따다 생계를 유지하고 있다.

30년 변화 자료

구분	1973	1985	1996
주소	전남 여천군 남면 유송리	좌동	좌동
면적(km²)	0.03	0.054	0.05
인구(명, 남자+여자)	29(13+16)	16(10+6)	4(2+2)
가구수	4	5	2
급수시설	공동우물 1개	우물 1개	우물(펌프) 1개 자가발전 2가구
어선(척, 동력선+무동력선)	2(1+1)	1(0+1)	1(0 +1)

아름다우면서 서러운 작은 섬

여수 남면 안도

형형색색 차려입은 사람들을 실은 배가 돌산 다리 밑을 지났다. 일찌 감치 명당자리를 잡고 잠을 청하는 사람, 삼삼오오 모여 먹거리를 내 놓고 먹는 사람, 갑판에 올라 바다구경을 하며 사랑을 쌓는 연인들, 갈 매기에게 새우깡을 주는 재미에 푹 빠진 아이들. 각양각색이다.

배에 탄 손님만큼이나 많은 갈매기들이 배를 따른다. 아이는 갈매 기에게 새우깡을 두 봉지째 주고 있다. 옆에서 구경하던 아빠도 한 봉 지를 사들고 나섰다. 갈매기에게도 삶의 경계가 있을까. 새우깡에 대 한 미련을 버리지 못하고 마지막까지 따라왔던 갈매기 세 마리. 그들 은 삶의 경계를 넘어섰다. 멀리 금오도가 보인다. 갈머기는 모두 돌아 갔다. 금오도 섬산행을 하려는 사람들이 주섬주섬 바낭을 챙기고 서 성거린다. 금오열도의 대표적인 섬산행으로 개도 봉화산과 금오도 대 부산 산행을 꼽는다. 봄바람에 실려온 갯내음을 느끼고 푸른 바다를 보며 걷는 것이 섬산행의 백미다. 여기에 봄나물과 향긋한 해산물, 그 리고 개도막걸리로 허기진 배를 채우면 더 바랄 것이 없다.

금오도와 안도수도를 경계로 섬과 섬 안쪽에 있어 '안섬' 이라 불 렀다. 동도와 서도 두 개의 섬으로 이루어져 있으며 두 섬 사이에 200 미터의 수로가 뻗어 있는 천혜의 항이다. 백금만, 이갸포만, 동고지, 서고지 등 만과 곶이 발달했다.

풍성하고 아름다운 섬이다

동도와 서도 두 개의 섬이 연결된 안도는 기러기 모양이라 안호雁號라고 부르다 1910년경 안도로 불렀다. 두 섬 사이 물길이 한반도를 닮았다고 해서 화제가 되었다. 그곳 가운데에 위치한 안도리에는 80여 호가 살고 있다. 서쪽에는 60여 호가 거주하고 있는 서고지, 동쪽에는 150여 호가 머리를 맞대고 있는 동고지가 있다. 안도 앞바다에서는 '바다목장화사업'을 시범추진하고 있다. 안도에서 만난 어민들은 이 사업이 낚시꾼들 좋은 일만 시킨다고 불만이다. 거기에는 해상국립공원지역으로 묶여 바다자원을 이용하지 못하는 불만도 섞여 있다. 안도를 찾는 외지인은 대부분 낚시꾼들이지만 정작 주민들은 그들에게 밥 한 그릇 생수 한 병 팔 기회조차 갖지 못하고 있다. 모두 여수나 돌산에서 낚시배를 타고 직접 오기 때문이다. 남겨놓고 간 것은 쓰레기뿐이다. 안도 주민들이 그것을 치워야 한다. 바다목장화사업으로 치어를 방류하고 있다. 이 사업이 어민들에게 소득을 가져다주는 것이 아니라 낚시꾼들을 불러와 갯바위는 물론 바다를 오염시키는 원인을 제공한다고 불만이다. 갯바위 낚시 정도는 마을어촌계에서 직접 관리를 하면서 주민소득도 올릴 수 있는 방안을 모색했으면 하는 눈치다. 바다목장화사업이 진행되고 있는 금오열도는 다도해 해상국립공원지역이다. 외지인들은 물론 주민들도 생계와 관련된 어업 외에 낚시 등을 통해 영업행위로 해중생물을 채포할 수 없다. 인력과 재원이 부족해 배를 타고 와서 갯바위에 내려 낚시를 하고 돌아가는 태공들을 단속할 길도 없다.

안도는 모래해수욕장, 몽돌해안, 포구, 갯바위 낚시터 등 아름다운 자연해안을 갖추고 있다. 안도리 '둠벙안' 갯벌은 갯벌체험 장소로 손색이 없다. 이곳을 지나 고개를 넘으면 서고지에 있는 아름다운 포

바다목장화사업은 고갈되어 가는 수산자원을 회복시키고 마을에 활기를 줄 수 있을까.

구와 등대가 반긴다. 여기에 가두리, 정치망, 고기잡이배 등 섬과 바다가 갖춰야 할 것이 두루 갖춰져 있다. 지금은 논농사를 짓지 않지만 예전에는 약간의 논도 있었다.

서고지에서 안도리로 가는 길은 좁은 산길과 뱃길뿐이다. 학생들은 고갯길을 넘어 40여 분을 걸어서 학교에 간다. 가파른 오솔길이기 때문에 통학버스가 있을 리 없다. 급하면 배를 타야 한다. 서고지 주민들의 숙원사업이던 서고지—안도리 해안도로는 중단되었다. 해상국립공원지역이기 때문이다. 그 사이에 금오도와 안도를 잇는 다리가 놓였다. 서고지의 어항은 국가에서 관리하는 3종 어항이다. 육지로부터 멀리 떨어진 도서벽지에 위치해 있기 때문에 어장의 개발이나 어선의 대피를 위해 만든 것이다.

일본, 여수바다를 탐냈다

1910년에 발행된 《조선산업지》를 보면 안도에 5가구 20명의 일본인이 살고 있다는 기록이 있다. 규모는 울산 방어진(135호), 거제 장승포(120호), 동래부 절영도(227호, 현 부산 영도)에 비해 작다. 안도에 정착한 일본인들은 아이치현(愛知縣) 출신이었다. 일제가 추진한 이주어촌은 러일전쟁 전후 본국의 어촌과잉인구 해소를 위한 식민지 어업정책으로 한국연안에 이주시킨 일본어민의 취락을 말한다. 작은 섬 안도에도 1919년 일본인을 위한 심상소학교가 지어졌다. 안도 마을회관 옆에 어업조합이 결성되어 자리했다. 서고지에 어판장도 만들어졌다. 어업조합의 등장은 우리나라 어업사에서 의미하는 바가 크다. 이로 인해 한국에 진출한 일본어민들에게 합법적으로 어업활동을 할 수 있는 어업권을 줄 수 있었기 때문이다. 이 자료에 따르면 우리나라에 이주한 일본인 이주어촌은 39지역 1146호로 인구는 4820명이다. 지역별로는 경남이 22곳, 전남 5곳, 함북·강원·충남·평북 각각 2곳, 함남·전북·경기·황해·평남·평북 각 1곳이었다. 경남은 울산, 동래, 창원, 용남, 거제 지역이며, 전라도 지역은 안도 외에 외나로도 축정포(13호), 거문도(12호), 무안군 목포(17호) 그리고 전북 옥구의 경포와 군산 지역(21호) 등이다.

당시 이주어촌이 입지하기 위해서는 어장 근처에 적당한 항만시설과 어획물 판매시장이 있어야 했다. 경남지역은 수산자원이 풍부하고 일찍부터 그물어업이 발달한 곳으로 일본과 가까운 거리에 위치해 이주어촌이 집중되었다. 여수에서는 안도의 이야포와 백금포 어장이 멸치, 갈치, 도미 등이 많이 나는 황금어장이었다. 일제강점기 여수와 돌산에서 출어한 어선들이 안도리를 비롯한 금오열도에서 고기를 잡았다. 잡은 고기는 안도에서 판매되어 상고선이 돌산이나 일본으로 직접 운반했다. 우리나라를 침탈하기 전에 한반도 어업자원을 상세하게 조사했던 일본은 '한국수산업조사보고'를 토대로 서남해의 어업자원을 겨냥한 이주어촌을 안도와 거문도에 세웠던 것이다.

안도와 일본의 인연은 침략과 수탈만 있었던 것은 아니다. 새천년의 설렘이 가시기 전 일본에서 대여섯 명의 연구자들이 찾아왔다. 일본 고승 엔닌(794~864)의 《입당구법순례행기入唐求法巡禮行記》를 들고 행로를 추적 중이었다. 828년 후쿠오카의 하카타를 출발한 엔닌은 장보고가 세운 중국 적산법화원에 머물며 중국불교를 공부하고 847년 귀국했다. 그의 여행기록 중 847년 9월 8일자 기록에 안도가 소개되었다.

포구를 얼마쯤 나가니 갑자기 서풍이 불어와 곧 돛을 올리고 동쪽으로 향했다. 마치 영묘한 이치가 있어 우리를 도와주는 것 같았다. 산들이 있는 섬 사이를 가니 남북 양쪽은 다 산과 섬으로 겹겹이 겹쳐져 있어 태연하게 보였다. 오전 10시가 될 무렵 안드에 이르러 잠시 쉬었다. 이곳은 신라의 남쪽 땅으로 궁궐에서 말을 기르던 곳이다. 동쪽 가까이 황룡사의 장원이 있으며 띄엄 띄엄 인가 두 세 군데가 보인다. 서남 방향에는 멀리 탐라도가 보인다.

원촌현과 돌산현이 소개된 《삼국사기》 기록보다 300년 앞선 엔닌의 기록에 소개된 안도는 문헌에 등장하는 여수지역 초초의 지명이다.

아픔을 바다에 묻었다

배는 1시간을 훌쩍 넘겼다. 그렇다고 2시간을 넘지는 않았다. 배 안에 있는 시간이 지루해질 때쯤 안도리 선창에 도착했다. 한반도를 품은 호수마을이라는 표지석과 커다란 종대가 반긴다. 종대는 1918년 안도 어업협동조합에서 풍향과 풍속을 측정하기 위해 설치했다. 선착장을 지나 마을로 들어서면 작은 갯벌이 있다. 연못같아 보이는 이곳을 '둠벙안' 이라 한다. 둠벙안을 사이에 두고 동도와 서도로 나뉜다. 그 남쪽이 이야포다. 남쪽에서 밀려오는 파랑은 시나브로 동도와 서도에 몽돌을 쌓았다. 바람과 파도를 막아주는 섬이 없기 때문이다. 1959년 의 사라호 태풍으로 큰 파도가 이야포 몽돌해수욕장을 지나 둠벙안을 넘어 마을을 덮쳤다. 태풍으로 자주 피해를 입자 방조제를 쌓았다. 안 도의 시련은 자연재해만 아니라 근현대사에서도 되풀이되었다. 풍수 쟁이들은 기러기섬인 안도가 호랑이섬인 금오도 앞에 있어 근심과 걱 정이 사라지지 않는다고 말한다.

참혹한 사실과 기억

해방 후 일본인들이 안도를 떠났다. 정치망은 금오도 우학리의 명씨 가 물려받았다. 어장을 어업조합에 내놓지 않자 안도주민들이 강제 철거했다. 명씨는 주민들을 군부대에 고발했다. 여순사건 진압을 위 해 군인들이 들어오자 명씨가 여수로 나가 안도에 좌익이 많다고 알 렸다. 신고를 받은 김종원(별명 '백두산 호랑이')의 5연대는 부산과 여 수를 오가는 연락선 동일호를 타고 와 함포사격을 하며 안도에 상륙 했다. 주민들을 안도초등학교에 집결시킨 후 노인, 어린이, 여자, 청년 으로 분류하여 인민군을 찾아내라며 두들겨 팼다. 일본에 징병으로 끌 려갔던 한씨, 초등학교 교사 이씨와 김씨가 피해를 입었다. 주민 40여 명을 결박하여 둠벙안 입구 안도선창으로 끌고 가 11명을 처형했다. 좌익과 아무런 관련이 없는 민간인들이었다. 심지어 우익성향의 사람 들도 포함되었다.

　역사는 왜 되풀이되는 걸까. 한국전쟁으로 부산에 모인 피난민들 중 350명이 7월 21일 태극기를 단 여객선에 몸을 실었다. 충무와 욕지

평화로운 섬 안도. 해방이 되자 주민들은 태극기를 들고 만세를 불렀다. 일본인들에게 빼앗긴 어장도 찾을 수 있을 것이라 생각했다. 그러나 해방정국에서도 한국전쟁기에도 안도는 편안하지 못했다. 많은 피난민과 주민들이 미군의 기총사격에 목숨을 잃었다.

도를 거쳐 안도에 도착한 것은 8월 2일이다. 8월 3일 아침이 밝았다. 9시쯤 미 공군 제25전투비행단 전투기 1대가 기총사격을 한 후 전투기 4대가 배를 향해 무차별 사격을 가했다. 이야포 몽돌해변은 기총사격으로 물보라가 분수처럼 솟아올랐다. 주변에는 피비린내가 진동하고 신음과 아우성으로 생지옥이었다. 배 안에는 죽은 어머니젖을 물고 있는 갓난아이도 있었다. 다시 나타난 전투기의 기총사격으로 부상당한 피난민을 구하기 위해 구조작업을 하던 다을 사람들도 피해를 입었다. 사망자만 150여 명에 달했다. 더 끔찍한 것은 흔적을 없애기 위해서인지 시신들을 매장하지 않고 기름을 브어 태워버린 것이다.

인민군도 들어오지 않아 인근 경찰 수백 명이 피신해 올 만큼 평화로운 섬 '안도' 였다. 피난민들은 태극기를 단 여객선을 타고 섬에 들어와 이야포 몽돌해변에서 수영을 즐길 만큼 여유로웠다. 400명의 피

이 아름다운 몽돌해변에서 끔찍한 민간인 학살이 이루어졌다는 걸 누가 믿을까.

난민 중 150여 명이 사망한 끔찍한 학살의 진실은 아직도 밝혀지지 않고 있다.【《한국전쟁 전후 민간인학살 실태보고서》(한울, 2005) 참조】

갑자기 바람이 거세지면서 파도가 높아진다. 스피커에서 오늘 막 배는 좀 일찍 뜰 거라고 알려준다. 일제강점기 풍부한 어족자원을 탐했던 무리들이 오갔을 이 뱃길. 좌우익의 갈등 속에서 피비린내 나는 아픔을 바다에 묻고 사는 섬사람들. 이 바다를 오가는 사람들은 무슨 생각을 할까. 가을을 좋아하는 사람들은 북쪽에서 내려오지만, 봄을 좋아하는 사람은 남도의 섬에서부터 여행을 시작한다. 봄여행으로는 바다내음 가득한 갯것들과 함께 할 수 있는 섬만큼 좋은 것도 없다. 심술을 부리던 꽃샘추위도 풀이 죽었다. 어디는 폭설이라고 야단이지만 절기를 거스르진 못한다. 봄이 오는 길목에서 잠시 삶의 여정을 내려놓을 만한 섬이다.

개황 | 안도安島

일반현황

위치 | 전남 여수시 남면 안도리 **동경** 127°48′ **북위** 34°29′
면적 | 3.95km² **해안선** | 29km **육지와 거리** | 35km(여수시)
가구수 | 238 **인구(명, 남+여)** | 543(275+268) **어선(척)** | 75 **어가** | 71
어촌계 | 총 2개 어촌계(안도 117명, 서고지 65명)

공공기관 및 시설

공공기관 | 남면사무소 안도출장소(061-690-2632), 남면파출소 안도출장소(061-665-9412), 안도우체국(061-665-9300), 안도진료소(061-666-9521)
교육기관 | 여안초등학교(061-665-0728), 여남중학교 안도분교(061-665-9335)
폐교현황 | 여안부도분교장(1994.03.01)
전력시설 | 한전 전력 이용
급수시설 | 간이상수도 30가구, 우물(펌프) 25가구, 지방상수도 183가구

여행정보

교통 | **배편** | 여수여객터미널(061-663-0117) 〈1편〉두둥실호, 1일 3회 운항; 〈2편〉신광페리호, 1일 2회 운항
여행 | 안도해수욕장(백금포), 금오열도, 두안만, 이야포 해안, 가마섬
낚시터 | 갯바위 낚시터 1급지
특산물 | 멸치, 갈치, 방어, 김, 미역, 멸치액젓
특이사항 | 어족이 풍부하며 아름다운 해수욕장과 천혜의 **낚시터**가 형성되어 있어 관광객이 꾸준히 늘고 있는 추세이다. 금오도 장지마을과 안도리가 2010년 연도교로 이어져 금오도에서 자동차로 안도까지 들어갈 수 있다.

30년 변화 자료

구분	1973	1985	1996
주소	전남 여천군 남면 안도리	좌동	좌동
면적(km²)	3.61	3.96	3.95
공공기관	-	면사무소 1개, 파출소 1개	면사무소 1개, 파출소 1개, 우체국1개
인구(명, 남자+여자)	2,181(1119+1062)	1,777(896+881)	950(498+452)
가구수	344	325	270
급수시설	공동우물 13개	우물 11개, 간이상수도 7개	간이상수도 7개 , 우물(펌프) 67개
초등학교	1개 451명	1개 255명	1개 50명
중고등학교	-	중학교 1개 58명	중학교 분교 1개, 65명
전력시설	-	한전 325가구	한전 270가구
의료시설	-	병원 1개, 약방 1개	보건진료소 1개
어선(척, 동력선+무동력선)	61(26+35)	69(69+0)	91(32+9)

＊ 공공기관은 면사무소, 파출소 등 포함

4

부자섬이었다면 믿겠어요

여수 남면 부도

"대부도 가는데 배 있나요?" "대부도가 어디 있어요?" 선창에서 만난 횟집주인은 오히려 내게 물었다. "서고지 맞은편 섬 있잖아요." "아, 가마섬이요. 부도라고 해야죠. 가마섬이라 하든지." 지도에는 대부도 라고 씌어 있다. 금오도와 안도 사이에 있는 작은 섬을 두고 하는 말이 다. 그 옆에 있는 더 작은 섬은 소부도라고 적혀 있다. 이를 합해 '부 도'라고 한다. 행정구역은 남면 안도리 서고지에 속한다. 가마솥을 엎 어 놓은 것 같다고 해서 붙여진 이름이다. 사람이 많이 거주할 때는 정 기여객선이 운항을 했지만 지금은 여수에서 출발해 안도에서 내린 다 음 작은 배를 타고 들어가야 한다.

여안초등학교를 지나다 '영아모집' 펼침막에 멈춰 섰다. 섬에서 보기 드문 광고다. 중학교와 함께 있는 경우는 제법 있지만 병설유치 원이 운영되는 경우를 찾기는 어렵다. 안도가 어업전진기지로 주목을 받았던 때도 있었다. 최근에는 바다목장화사업을 비롯해 각종 관광자 원 발굴 및 개발사업에 나서고 있다. 선창 위로 건설되다 멈춘 볼썽사 나운 다리도 그 중 하나다. 금오도 비렁길이 주목을 받으면서 실속은 안도에서 챙긴다는 말이 나올 정도다. 배가 선창에서 나와 안도대교 를 지나자 서고지가 시야에 들어왔다. 서고지 앞에 대부도가 있고, 금 오도 장지마을 쪽으로 소부도가 접해 있다. 사람이 사는 대부도를 큰

안도 서쪽 서고지 앞에 있는 대부도와 소부도 두 개의 섬을 가마섬이라 한다. 솥을 엎어 놓은 모양이라 붙여진 이름이다.

가마섬, 무인도인 소부도를 작은가마섬이라 한다. 리저보트형 배가 속도를 높이며 소리도까지 단숨에 질주할 기세다. 잠시 후 큰가마섬 선창에 멈췄다. 선창에 주민 두 사람이 배 위에서 일을 하고 있었다. 한 사람은 통발에 넣을 작은 고등어를 썰고 있었고 또 한 사람은 배를 수리하고 있었다. 둘 다 통발배였다.

섬에는 부부가 3가구, 나머지 3가구는 할머니 혼자 거주한다. 그러니까 섬 전체 주민은 10명 중 1명이 모자라는 9명이다 통발로 장어와 고등어를 잡는 두 가구를 제외하고는 경제활동을 하지 않고 농사를 짓는다. 농사라고 해도 마을 주변 빈 집자리나 작은 터를 일궈 배추, 무, 마늘 등 먹을 채소를 심는 정도다. 가장 많은 사람이 거주할 때는 32가구가 거주했다. 그때는 분교에 초등학생도 20여 명이나 되었다. 통발배를 수리하고 있던 김윤식 씨는 60대 중반이다. 섬에는 김씨보다 젊은 사람이 한 명 더 있다. 가마섬이 고향인 김씨는 처음에는 고등어장사를 했다. 부산 소속 건착선들이 인근 바다에서 잡은 고등어를 받아서 여수로 나가 팔았다. 그 후 가마섬에 처음으로 고대구리배로 어업을 시작했다. 큰 섬에 붙어 있던 서고지에도 없던 배였다. 그 뒤로 마을에 고대구리배는 여덟 척으로 늘어났지만 조업이 금지되면서 모두 감축했다. 그 사이 젊은 사람은 늙었고, 섬에 미련이 없던 사람들은 떠났다. 지금은 두 가구가 통발어업을 하고 있다.

선창에서 김씨로부터 간단하게 섬이야기를 듣고 마을로 들어섰다. 마을 뒷길로 올라서자 금오도 장지마을과 안도 서고지 사이로 흐르는 안도수도가 한눈에 들어왔다. '도'는 여수말로 바다를 이르는 말이다. 그 위로 안도대교가 가느다랗게 이어져 있었다. 안도 뒤쪽에 있는 소리도도 보였다.

골목길을 기웃거리다 좁고 긴 골목 안에서 마을샘을 발견했다. 주변이 깨끗하게 정리된 것으로 보아 지금도 사용하는 샘이었다. 가까이 다가가다 걸음을 멈췄다. '昭和七年'. 비를 가리기 위해 우물 위에 새겨진 '세탁 및 세면금지'라는 글을 읽고 우물로 다가서다 선명하게 한자로 새겨진 글씨를 보았기 때문이다. 1932년(쇼와 7년)에 팠거나 수리한 샘이라는 이야기이다. 선창에서 만난 김씨 이야기가 생각났다. "여기에 '청루'라는 일본인 술집이 있었다고 헙디다." 주사청루酒肆靑樓. 아가씨를 두고 술도 팔고 정도 파는 술집이다. 술보다는 정을 파는 것이 목적이다. 그땐 '뭔가 잘못 알고 있겠지 이렇게 먼 섬에 무슨 손님이 있다고 청루를

1930년대 고등어잡이를 하던 어민들과 유흥업을 하던 청루술집에서 이용했을 것으로 추정되는 우물을 마을 주민들이 지금도 이용하고 있다.

열었겠는가. 자다가 봉창 뚫는 이야기지' 하고 넘겼었다. 혜원 신윤복의 〈청루소일靑樓消日〉이라는 그림이 있다. 청루에서 하루를 보내다는 의미이다. 고등어잡이를 마친 일본 어민들이 물때를 기다리며 낮술을 즐겼을지 모르겠다. '약방 기생 볼 줴지르게 잘생기다' 란 속담이 있다. 18세기 후반 단원과 혜원은 우물가, 주막, 부엌, 행상 등 일하는 여성들을 즐겨 그렸다. 조선시대 혜민서에서 의술을 돕던 의녀가 뒤에 기생과 같은 취급을 받아 의기녀醫妓女라 불렸다. 결국 약방기생이 청루기생이 된 셈이다. 대낮에 탕건을 쓰고 앉아 청루에서 술을 마실 만큼 한가한 어부가 있겠는가마는 물때가 좋지 않거나 바람이 불면 달리 할 일이 없는 어부들에게 청루는 향수병과 열병을 치료하는 약이었을 것이다. 그러니 청루에서 술과 정을 파는 아가씨들은 의녀이자 기녀가 아니었을까.

일제강점기 때는 제주도와 여수 사이 바다에서 일본인이 운영하는 건착선이 조업을 많이 했다. 대부분 부산과 제주에 공장을 둔 어선들이었다. 이 무렵 가마섬에도 고등어공장이 있었다고 한다. 그때는 마을이 지금 자리가 아니라 고개 너머에 있었다. 쇼와시대에 판 마을 안에 있는 우물은 주민들보다는 고등어사업과 유흥업을 하던 일본인들이 이용한 것으로 생각된다. 특히 건착선은 당시 중유를 연료로 사용했기 때문에 연료통에 물을 부어 기름을 위로 띄워 태웠다. 해방 후 마을은 지금 자리에 형성되었다. 김씨는 마을에 있는 초등학교를 다녔다. 하지만 선친은 노를 저어 서고지로 건너가서 다시 고개를 넘어 안도초등학교로 걸어다녔다. 당시 안도초등학교는 학생이 300여 명에 이르는 학교였다.

가마섬에도 객선이 운항을 하던 시절이었다. 여수에서 출발한 객선은 개도와 금오도를 거처 안도에 사람을 내려주고 가마섬을 통해서 소리도로 운항을 했다. 안도 서고지 주민들도 가마섬으로 건너와 객선을 탔다. 서고지와 가마섬 사이는 손을 뻗으면 닿을 만큼 가까운 거리이다. 지금은 입장이 바뀌었다. 가마섬 사람들이 객선을 타려면 서고지로 건너가야 한다. 서고지는 앞바다에 가두리양식장이 들어오기 전까지 가난한 섬이었다. 반면에 가마섬은 해방 전에는 일본인들이 정착해 고등어 가공사업을 했고, 해방 후에는 주민들이 고등어를 받아다가 가공을 해서 팔았다. 가공이라 해봤자 생고등어를 가져와 내장을 제거하고 바닷물에 씻어 말리는 것이 전부였지만 인기가 좋았다. 남면의 어떤 섬도 부럽지 않는 부자섬이었다. 이후 고대구리로 조업을 할 때도 명성은 시들지 않았다. 인근 바다가 황금어장이었기 때문이었다. 하지만 조업이 금지되면서 통발어업으로 근근이 맥을 이어가고 있다.

일제시대에 팠을 샘을 지나자 오른쪽에 폐교 건물이 그대로 남아 있었다. 교실 한 칸에 작은 운동장 그리고 선생님이 머물렀을 교무실이 그대로 남아 있었다. 아이들이 뛰어놀던 운동장에는 마늘이 자라고 통통 구슬처럼 튀던 아이들 목소리가 흘러나왔던 교실 안에는 겨우내 먹을 시래기가 말라가고 있었다. 지난 세월을 가늠할 수 없을 만큼 녹이 잔뜩 슬어 있는 아치형 정문 사이로 서고지가 들어왔다. 작은 운동장 구석에 화장실이 있고 정문 옆에 수도꼭지가 달린 우물이 있었다. 녹이 슬어 있지 않는 수도꼭지를 보고 '혹시나' 했다. 꼭지를 틀었다. 물이 세차게 흘러나왔다. 깜짝 놀랐다.

골목은 200미터나 될까. 그 사이에 듬성듬성 나이들어 빠진 이처럼 빈 집터만 남아 있었다. 가마섬 사람들이 채소를 사지 않고 생활하는 것은 고마운 집자리 때문이다. 무슨 사연을 가지고 떠났는지 알 수 없지만 그 자리에는 어김없이 남아 있는 사람들이 배추나 마늘을 심었다. 배추 몇 포기 심어져 있는 손바닥만한 작은 자리에 작은 이불을 서로 당기며 10여 명이 옹기종기 모여 살았다. 그 밭에서 따온 호박을 썰어 말리시던 아주머니가 "남면에서 제일 부자섬이라면 믿겠어요"라며 물었다. 물론 믿을 수 없다. 쓰러진 건물 중 모양이 예사롭지 않는 것이 있기는 하지만 그걸로 남면 제일 부자섬을 추측하기란 문학적 상상력을 발휘하지 않고는 어려울 것 같다. "누가 알았겠어요. 서고지가 저렇게(우리보다) 잘 살지."

● — 건착망 [巾着網, purse seine]

건착망은 중앙부가 약간 넓은 직사각형으로, 수면 위에 뜨는 '뜸줄'이 약 1,000미터, 수면 아래 잠기는 폭이 120~140미터 그물이다. 윗전에는 뜸과 뜸즐을 달아 수면에 뜨게 하고, 아랫전은 발돌(납)과 발줄을 달아서 투망 후 아랫전이 빨리 가라앉게 되어 있다. 주로 남해안에서 정어리·전갱이·고등어를, 원양어업에서 다랑어 종류를 어획하는 어구이다. 두 척의 배가 긴 그물로 이동하는 고기떼를 둘러싸 죔줄을 죄어 입구를 차단하여 고기를 잡는다.

　　1950년대 함경남도 성진 일대항 바다에서는 정어리를 많이 좇았다. 참치를 잡는 원양어선 중에 건착망을 이용하는 경우도 있다. 제주에서는 건착선을 가지고 고기잡이를 하는 거제도 쪽 사람을 일컬어 '시바리 뱃놈'이라고 한다. 씨발놈 소리를 많이 했기 때문에 붙여진 별명으로 뱃사람들이 마을 주민들이 쓰고 있는 우물을 사용하는 과정에서 마을 사람들과 감정이 많이 상했기 때문이다.

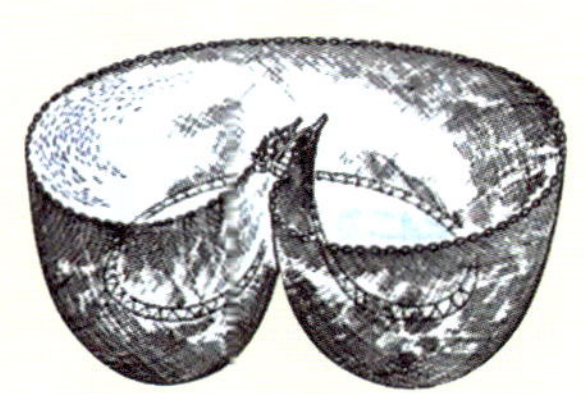

그림출처 : 네이버

개황 | 부도釜島

일반현황

위치 | 전남 여수시 남면 안도리 동경 127°47′ 북위 34°28′
면적 | 0.16km² 해안선 | 3.2km 육지와 거리 | 38km(여수시)
가구수 | 9 인구(명, 남+여) | 21(11+10) 어선(척) | 3 어가 | 4
어촌계 총 1개 어촌계(서고지 소속)

공공기관 및 시설

전력시설 | 한전 전력 이용
급수시설 | 간이상수도 5가구, 우물(펌프) 4가구

여행정보

교통 | 배편 | 안도 서고지와 연결, 안도리에서 운항하는 배가 있음.
특산물 | 우럭, 광어, 멸치, 노래미, 전복, 굴, 김, 소라, 톳
특이사항 | 다도해 해상국립공원에 속함.

30년 변화 자료

구분	1973	1985	1996
주소	전남 여천군 남면 안도리	좌동	좌동
면적(km²)	0.08	0.16	0.16
인구(명, 남자+여자)	141(69+72)	101(55+46)	50(25+25)
가구수	23	17	16
급수시설	공동우물 2개	우물 1개, 간이상수도 2개	우물(펌프) 2개
초등학교	1개 25명	분교 1개 18명	-
전력시설	-	한전 17가구	한전 16가구
어선(척, 동력선+무동력선)	6(4+2)	6(6+0)	10(9+1)

5

바다와 갱번이 희망이다

여수 남면 연도(소리도)

바닷속과 여자마음은 믿지 말라 했던가. 선창을 앞에 두고 거센 비바람에 철부선이 휘청댄다. 철부선 직원도 간신히 몸을 가눈다. 마지막 배가 될 것 같다는 뱃사람의 인사를 뒤로 하고 선창에 올랐다. 여수에서 가장 멀리 떨어져 있는 섬. 소리치면 대마도까지 들린다고 허서 붙여진 이름 '소리도'. 이 섬은 일제강점기 때 세워진 등대가 유명하다. 여수반도 끝자락을 간신히 붙잡고 있지만 큰 파도라도 치면 휩쓸려 갈 듯 아슬아슬해 보이는 섬이다. '큰말', '역포', '덕포' 세 마을이 있다.

솔개를 닮은 섬으로 솔개 연鳶자를 써서 연도로 했다. 역포마을은 제주도로 유배 보낼 때 이곳을 거쳐갔다 해서 역포라 했다. 소리도는 경남 남해에서 진주하씨가 처음 입도한 것으로 전해진다. 이후 임진왜란 후 진주김씨와 경주정씨가 입도하여 현재에 이르고 있다.

갱번으로 보릿고개를 넘다

어제 섬을 통째로 삼킬 듯 불어대던 바람은 어디로 갔을까. 역포만이 호수처럼 고요하다. 바닷물이 빠지자 선창 갱번이 속살을 드러낸다. 갯돌과 흙이 섞인 혼합갯벌이다. 이런 곳에는 어김없어 바지락이 살고 있다. 큰말 주민 열댓 명이 호미를 들고 바지락을 캐는 중이다. 매립공사가 시작되기 전에는 매일 바지락을 캐도 끝이 없었다. 지금은 손목이 시리도록 호미질을 해야 작은 바구니가 체면치레를 한다. 사람들은 연안관리라는 이름으로 갯벌을 파헤치고 해안을 시멘트로 포장한다. 이것이 갯벌생물들에게 얼마나 치명적인지 알지 못한다. 인간의 눈으로 볼 때 깨끗하고 잘 정돈된 것들이 갯벌생물들에게는 독이 될 수 있다. 차라리 그냥 내버려 두는 것이 가장 바람직한 관리방안이다.

바지락을 캐던 아주머니가 호미질이 신통치 않자 발목깊이 물속으로 들어가 돌 밑을 뒤진다. 두세 개 돌을 들추더니 익숙한 솜씨로 낙지를 잡아 올린다. 큼지막하고 실한 놈이다. 다시 호미를 들고 바지락을 캔다. 더 뒤져야 이제는 없다는 눈치다.

소리도 주민들은 톳, 미역, 천초, 가사리 등이 자라는 조간대를 '갱번' 이라 부른다. 갱번은 드는 물에 몸을 맡기고 나는 물에 어민들 생계를 책임졌다. 한때 어민들에게 육지의 논밭처럼 귀한 대접을 받았다. 갯사람들의 곳간이다. 먹을 것이 턱없이 부족했던 시절 갱번에서 뜯은 톳을 넣어 밥을 늘려 먹었다. 미역과 톳을 팔아 생필품을 구하기도 했다. 섬마을에 아이들 소리가 사라진 지 오래다. 나이든 노인들만

선창 갱번에서 잡은 낙지는 붉은 색깔이 감도는 돌낙지였다.

있어 갱번작업도 중단되었다. 일손이 부족한 탓도 있지만 바위나 여 (밀물과 썰물에 의해 물에 잠겼다 드러났다를 반복하는 바위)에 매달려 해 초를 뜯는 일이 위험해 작업할 엄두도 못 낸다. 간혹 옛날 생각이 나 자식들이 오면 반찬거리를 만들 요량으로 찾는 것이 고작이다.

갱번작업은 그 자체가 공동체다. 우선 마을회의를 통해 작업날짜 를 잡는다. 물이 많이 빠지는 바람 없는 날을 택한다. 특히 돈이 되는 미역채취는 장마 전에 해야 한다. 시기를 놓쳐 태풍이라도 맞는 날이 면 1년농사가 헛것이 되고 말기 때문이다. 이렇게 날을 잡는 것을 '영 을 튼다'고 한다. 작업날짜가 결정되면 마을주민들은 만사 제쳐두고 가구당 한 명씩 나와 갯바위에 붙은 미역, 톳, 가사리 등 하초를 뜯는 다. 300여 호가 살던 시절에는 동부, 서부, 남부, 북부로 나누어 갱번작 업을 했다. 공동작업을 해서 얻은 수입은 먼저 이장과 어촌계장 활동 비 등 마을공동기금을 제하고 똑같이 나눈다. 갱번도 해초가 잘되는 곳과 잘 되지 않는 곳이 있다. 공평한 기회를 주기 위해 매년 순서대로 갱번 이용권을 바꾼다. 소리도 해초는 여수상인들에게 인기가 높다. 작업하는 날이면 서로 물건을 달라고 해 공개입찰을 해 높은 금액을 적어 낸 사람에게 주기도 했다.

소리도 역포마을에는 70여 년 전통을 자랑하는 경로잔치가 있다. 사월초파일이면 집집마다 떡과 음식을 준비해 섬의 안녕과 풍어를 기 원하는 사당제를 모셨다. 특이한 것은 제를 모신 후 60세 이상 노인들 을 모시고 마을축제를 열었다는 점이다. 아름다운 전통이 가능했던 것도 갱번 덕이다. 1950년대 말 해초생산 구역인 갱번 중 당제비용을 마련하기 위한 곳을 정해 놓았다. 1968년 섬마을에 초중학교 분교장 을 만들 때 부지를 제공할 수 있었던 것도 학교갱번으로 번 마을공동 기금 덕분이었다. 제주 잠녀들도 아이들이 다니는 학교를 의해 '학교

바당'을 따로 몫을 지어 놓았다. 선생님들은 학생들에게 육성회비를 가져오라고 할 필요가 없었다. 모두 해초작업으로 얻은 마을공동기금으로 해결하기 때문이다. 갱번은 일종의 장학기금이다.

소리도에도 섬이 흥청대던 시절이 있었다. 1970년대는 겨울철을 제외하고 외지인 60여 명을 고용해 꽁치를 잡았다. 소리도 선장들이 돌산이나 여수수협에 들어오는 날이면 일대 유흥가는 활기에 넘쳤다. 큰말에 다방도 있었다. 대나무를 꽂아 '일본홍식'이라는 김양식을 하기도 했다. 역포에서 소규모 미역양식을 시도하기는 하지만 물살이 센 바다환경 때문에 가두리양식은 불가능하다. 그래서 소형선박을 이용해 낚시나 각망(정치망) 등 어로활동을 하고 있다. 주로 잡히는 어종은 갈치, 부시리, 오징어, 삼치, 방어, 돔, 민어 등이다. 역포마을 어업은 통발과 새우조망이 주업이다. 봄철에는 자망으로 가오리, 돔, 오징어 등을 잡고 여름철에는 통발로 장어잡이에 나선다. 이곳에서 잡은 갯장어요리가 여수 여름철 별미음식 중 최고로 꼽힌다.

갱번, 기름옷을 입다

논에 대한 애착은 육지 사람보다 섬마을 사람들이 더 강하다. 논이 적어 돈이 있어도 살 수 없기 때문이다. 그래서 조그만 틈만 있으면 논을 만든다. 대부분 갯벌을 막아 만든 논들이다. 갯벌이 없는 소리도는 이런 꿈도 꿀 수 없다. 논을 대신한 것이 갱번이었다. 얼마나 공평한가. 어디 갯것만 먹고 살 수 있는가. 소리도 주민들은 간척 대신 개간을 선택했다. 산비탈에 나무를 베고 뿌리를 뽑아 밭을 일궜다. 하늘이 내려준 물을 잠시라도 가둘 수 있는 곳은 논이 되었다. 벼농사를 짓고 고구마를 심어 보릿고개를 넘겼다. 지금은 묵혀져 잡초만 자라 누렁소 차지가 되었다. 한때 쟁기를 달고 이랑을 내던 곳이 아니던가. 그곳이 누

섬에 사람들이 머물 수 있는 것은 자연스런 선창이 있기 때문이다. 여수 사람들은 이를 드고 '석'이 좋다고 말한다.

렁소의 놀이터가 될지 누가 알았겠는가. 이 섬은 벌이가 마땅치 않아 1980년대부터 소득사업으로 염소를 키우기도 했다.

최근 갱번작업은 중단되었지만 대신 전복에 기대를 걸고 있다. 소리도 어민들이 전복이나 해삼에 관심을 갖기 시작한 것은 '해녀사업'을 하는 사람들이 제주 잠녀들을 고용해 전복채취를 하면서부터다. 이곳은 전복양식시설을 설치하기도 어렵다. 바다가 허락지 않기 때문이다. 어민들이 할 수 있는 일은 '기다림' 뿐이다. 큰말뿐만 아니라 역포마을의 주소득원도 전복이다. 자연산 전복이 줄어들면서 작은 새끼 전복을 마을어장에 뿌려 놓고 몇 년을 기다려 잡고 있다. 거친 바다에 새끼 전복을 뿌리고 바다에 오롯이 맡길 수밖에 없다. 먹이를 주는 것도 아니다. 씨를 뿌릴 뿐 자연에 맡겼다 물질을 해서 잡기 때문에 자연산과 진배없다.

　그런데 소리도 어민들의 희망을 도둑질해가는 녀석들이 있다. 아무르불가사리다. 녀석은 문어처럼 바다의 포식자다. 생명력은 질기다 못해 모질다. 큰 것은 40센티미터가 넘는다는 보고도 있다. 여덟 개의 팔로 조개를 감싸고 위장을 조개 속에 밀어 넣어 조갯살을 녹여 먹는다. 이놈이 지나간 자리는 살아남은 조개를 찾기 어렵다. 더 이상 먹을 것이 없으면 몸에 공기를 채워 부력으로 조류를 타고 이동하는 무서운 녀석이다. 바지락을 캐는 갱번 옆 바다에서 3명의 잠녀가 물질을 하고 있다. 정부지원을 받아 불가사리를 잡아내는 중이다.

　소리도 사람들에게는 아픈 기억이 있다. 10년 전 마을 앞에서 좌초한 씨프린스호가 쏟아낸 기름 때문이다. 기름띠는 평생 주민들을 지켜준 갱번을 덮었다. 태안의 기름유출사고처럼 전국민의 지원을 받지 못했다. 해당기업과 정부에서 나서기는 했지만 기름제거와 설움은 고스란히 섬사람 몫이었다. 갱번과 바다는 한동안 제 기능을 못했다. 기름유출은 소리도 해역에서 남해와 거제 남부까지 확산되었다. 이들 지역은 리아스식 해역이며 다도해 해상국립공원지역이다. 해수욕장이 좋고 경관이 아름다워 해양관광이 활발한 곳이다. 소리도, 안도, 금오도, 돌산도 일부 해안은 피해가 심각했다. 이 사고로 전복과 소라도 1/3로 감소했다. 해초들도 눈에 띄게 감소했다. 최근 종패를 넣어 조금씩 회복되고 있지만 더디다.

　고개를 넘자 10여 채의 작은 집들과 주인을 잃고 텃밭으로 변한 집터들이 한눈에 들어온다. 작은 몽돌해변이 있는 덕포마을이다. 마을을 가로질러 전봇대가 쫓기듯 숲 속으로 달아난다. 옆으로는 끝없이 바다가 펼쳐진다. 전봇대를 따라 논두렁과 솔밭을 지나 동백숲을 벗어나니 새하얀 등대가 나타났다. 이생진 시인은 소리도 '등대 가는 길'을 이렇게 노래했다.

일제강점기 시절 침략의 불빛이 어민들의 삶의 빛으로 바뀐 것은 최근 일이다.

언제부턴가 등대로 가는 버릇이 생겼다
왜 그럴까 등대는 혼자 살기 때문에
"등대로 가는 길은 어느 길이죠?"
덕포마을 돌담집에서 물어보면
"전신주 따라가시오 전신주도 그리 가오'
논두렁 지나 솔밭을 넘어
검은 동백숲길을 뚫고 가면
하얀 집, 그 집이 내 집 같은데 아무도 없다
솔밭에서 날아온 새 한 마리 그밖엔
아무도 없다.

어업자원이 줄어들고 있지만 소리도 어민들이 기댈 곳은 바다와 갱번이다. 해녀들은 거친 숨비소리를 내뱉으며 불가사리를 잡는다. 밤새 뒤척이던 바다가 잠시 숨고르기를 하고 휴일을 맞아 집을 찾은 학생들이 여객선에 오르자 뱃고동 소리가 여운처럼 소리도를 감싼다. 포구 모퉁이 작은 여객선터미널에서 기다리고 있던 10여 명의 승객이 작은 보따리를 들고 밖으로 나온다. 오전에 만났던 소리도 등대를 지키던 거문도 출신 20대 청년도 그 속에 있다.

개황 | 연도鳶島(소리도)

위치 | 전남 여수시 남면 연도리 **동경** 127°47´ **북위** 34°25´
면적 | 6.81km² **해안선 |** 35.6km **육지와 거리 |** 40km(여수시)
가구수 | 285 **인구(명, 남+여) |** 688(348+340) **어선(척) |** 82 **어가 |** 195
어촌계 | 총 2개 어촌계 313명(연도, 역포)

공공기관 | 여수농협 남면지점 연도사무소(061-666-9605), 남면사무소 연도출장소(061-690-2631), 연도파출소
(061-666-9712), 연도우체국(061-665-9600), 연도보건지소(061-666-9644), 소리도등대(061-666-9691)
교육기관 | 연도초등학교(061-666-0056), 여남중학교 연도분교(061-665-3994)
전력시설 | 한전 전력 이용
급수시설 | 간이상수도 114가구, 우물(펌프) 22개 171가구

교통 | 배편 | 여수여객터미널(061-663-0117), 두둥실호, 1일 3회 운항
여행 | 코끼리바위, 솔팽이골, 팔봉산, 소리도등대, 해송터널, 동백터널
낚시터 | 여수권 최고의 감성돔 낚시터
특산물 | 갈치젓, 돌김, 돌미역
특이사항 | 금오열도의 마지막을 장식하는 소리도는 아름다운 해안, 해식애, 동굴 등으로 둘러싸인 천혜의 관광지
이다. 수산자원이 풍부하고 주위의 풍경도 뛰어나며 여수의 끝섬으로 남해바다가 펼쳐져 있어 유명한 어장이 많
이 알려져 있다.

30년 변화 자료

구분	1973	1985	1996
주소	전남 여천군 남면 연도리	좌동	좌동
면적(km²)	3.8	6.813	6.81
공공기관	-	면사무소 출장소 1개, 경찰분소 1개	면사무소 출장소 1개, 경찰분소 1개, 우체국 분국 1개
인구(명, 남자+여자)	2,615(1,360+1,255)	1,952(1,016+936)	1,237(636+601)
가구수	418	368	313
급수시설	공동우물 8개	우물 75개, 간이상수도 5개	간이상수도 4개, 우물(펌프) 22개
초등학교	2개 507명	2개 347명 (분교1개 51명)	1개 87명, 분교 1개 16명
중고등학교	-	중학교 1개 207명	중학교 분교 1개 98명
전력시설	-	한전 368가구	한전 313가구
의료시설	-	병원 1개	보건지소 1개
어선(척, 동력선+무동력선)	51(20+31)	62(62+0)	134(130+4)

＊ 공공기관은 면사무소, 파출소 등 포함

6

고기를 가두어 기르다

여수 남면 화태도

월호도에서 화태도로 이동하는 시간은 채 10분도 걸리지 않았다. 월호, 화태, 두라, 나발 등 몇 개의 섬들이 모양과 크기를 자랑하듯 옹기종기 모여 있다. 그 사이로 바닷물이 들고 나며 낙지, 갯장어, 붕장어, 문어 등이 많고 어민들이 가두리양식을 하고 있다. 독쟁이에 도착하자 비릿한 갯내음을 느낄 수 있었다. 선창에 내리면 제일 먼저 어떤 배들이 있는가 살핀다. 대충 어민들의 바다생활을 가늠할 수 있기 때문이다. 두 번째로 선창에 쌓인 어구들을 본다. 어떻게 고기를 잡는지 알 수 있다. 바다에 어떤 생물들이 살고 있는지 알 수 있는 단서들이다. 그리고 해안이 모래인지, 펄인지, 갯바위인지 살펴본다.

선창에 작은 선외기와 작업용 선박 몇 척과 노를 젓는 작은 목선 10여 척이 정박해 있고, 한쪽에는 통발이 쌓여 있었다. 통발은 장어나 낙지를 잡을 것이다. 작은 배들은 가두리양식을 위한 배들인데 노를 젓는 작은 목선은 어떤 용도로 쓰이는 것일까. 그 답을 주려는지 70대는 넘었을 노인이 통발 사이를 비집고 선창을 내려와 목선 줄을 풀고 닻을 끌어 올렸다. 바다로 나갈 채비를 하는 것이었다. 선창에 앉아 기다렸다. 생각 같아서는 동행을 하고 싶었지만 배가 너무 작고 시간도 넉넉하지 않아 입맛만 다시고 있었다. 노인은 문어건지 세 틀을 챙겨 배 위에 올려놓고 밧줄을 풀었다. 문어건지는 문어를 잡는 외줄낚시를

노인과 함께 목선도 나이를 먹었다. 외줄에 의지해 문어를 잡는 노인의 고집스러움이 바다를 지키고 섬을 지켰다.

말하는 여수말이다. 보통 문어잡이는 통발이나 붉은 색 플라스틱 문어단지를 넣어 잡지만 화태도에서는 외줄낚시를 직접 만들어 문어를 잡는다. 문어낚시는 갈쿠리 모양의 낚시, 납으로 만든 무거운 봉돌, 모태, 경심으로 구성되어 있다.

낚시에는 잇감이 끼워져 있었다. 보통 고등어, 도루묵, 오징어, 갈치새끼 등을 미끼로 쓴다. 노인은 익숙한 솜씨로 노를 저어 선창을 빠져나갔다. "어르신 저도 동행하면 안 될까요." 노인은 빙그레 웃으며 손을 저으셨다. 화태도와 월호도 사이에 작은 목선 4척이 벌써 자리를 잡고 문어를 잡고 있었다. 노를 잡은 오른손으로 우현으로 드리운 한 줄의 낚시줄을 잡고, 왼손으로는 좌현으로 던져 놓은 두 개의 낚시줄을 잡았다. 가끔씩 낚싯줄을 톡톡 들어올렸다 놓기를 반복했다. 그러다 낌새가 있으면 낚싯줄을 들어올렸다. 아쉽게도 문어가 낚싯줄에 걸려 올라오는 상황을 보지 못한 채 자리를 옮겨야 했다.

화태도에 사람이 살기 시작한 것은 1580년 경으로 진주소씨 소영

어부는 노를 저어 외줄낚시로 문어를 잡는다. 욕심을 부리지 않는다.
처음부터 돈을 벌 생각으로 시작한 것이 아니다. 반찬하고 자식들에게 나눠주면 만족하기 때문이다.

길이 입도하여 30년 정도 살다 이주하였다. 그 후 1610년 고흥에서 박경사, 순천에서 김영진, 소라에서 황동준이 각각 이주해 와 마을을 이뤘다고 한다. 임진왜란 때 왜군이 쳐들어오는 것을 돌산(방답첨사)에 알려 횃대섬이라 불렀다. 마을 위쪽에 노적산이 있는데 군량미를 쌓아 놓은 것으로 위장해 적을 속였다고 해서 수태섬(벼이삭 수穗, 클 태太)이라 부르다 화태도(벼 화禾, 클 태太)가 되었다고 한다. 《여지도서》는 "수태도는 돌산의 서쪽에 있으며 주위는 20리이다"라고 기록하고 있다.

화태도에는 객선이 닿는 곳만 해도 독쟁이, 달밭기미(월전), 말발자국과 관련된 이야기가 전하는 마족마을 등 세 마을이 있다. 이곳 외에도 간척농지와 바다가 맞닿은 '치끝'과 고양이 머리를 닮은 괴머리(묘두)에도 선창이 있다. 이들 선창에는 크고 작은 마을이 형성되어 있다.

마을별로는 독쟁이 26가구, 묘두 20가구, 치끝 11가구, 마족 10가구, 월전 33가구, 대동마을 104가구로 구성되어 있다. 화태리와 월전리에 각각 이장이 있으며, 어촌계는 화태어촌계 하나로 구성되어 있다. 화태리 마을은 건너몰과 대동마을이 합해진 마을로 주민들은 '큰마을'이라고 한다. 화태어촌계에 가입한 계원은 115명으로 가두리양식을 많이 하고 있다. 가두리양식은 화태리 70호, 월전리 5호로 남면에서 가장 활발하여 여수시 가두리양식의 13%를 차지하며 생산량(어획량)은 40%에 이른다. 태풍 매미 전에는 150여 호 거의 전 가구가 가두리양식을 했다. 태풍으로 가두리양식이 파손된 뒤 전부 파손된 가구는 다시 시작하지 못하고 포기했다.

화태도에 가두리양식이 많은 이유는 무엇일까. 이는 화태도의 양식사를 살펴보면 이해할 수 있다. 화태도는 꽤 일찍 김양식을 했던 곳이다. 여수 남면에서 일찍 김양식을 시작한 섬은 개도, 자봉도, 제도,

월호도 등이다. 화태도는 1960년대 초반 지주식 죽홍으로 시작했다. 이 양식법은 섶양식 다음의 초기단계 양식법이다. 대나무를 가늘게 쪼개서 엮은 다음 지주에 매달아 양식하는 방법으로 오늘날 매생이 양식법과 유사하다. 1960년대 중반 약 5년간 완도 출신 송씨가 들어와 일본수출용 김을 생산하기도 했다. 수출용 김을 생산하는 것은 매우 어려웠다. 양식 국내 소비용은 김틀을 놓고 손으로 자작자작 하면서 만들었지만 수출용은 되를 이용해 균일하게 떠야 했다. 모양도 수출 용은 정사각형, 내수용은 직사각형이었다(수항도에서 사진 참조). 김발 을 널 때 귀퉁이를 나무핀(대나무핀)으로 고정시키는데 이때 구멍이 크게 나거나 완성품 귀퉁이가 조금이라도 찢어지면 상품으로 인정받 지 못했다. 수출용 김을 생산하는 것은 매우 어려운 길이었다. 이러한 김양식법은 1980년대 초반까지 이어졌다. 이 시기는 이미 완도 등에 서는 지주식 망홍이 시작된 때였다. 결국 김양식은 중단되고 말았다. 1980년대 후반부터 1990년대 초반은 어촌계 지선어장에서 개인들이 어류양식을 시작했다. 당시 마을주민들은 큰 관심이 없어 일부 어민 들이 어촌계의 허락을 받아 양식을 그만둘 경우 어촌계에 양식장을 반환한다는 조건으로 가두리양식을 시작했다. 하지만 이것도 부도가 나면서 양식어장은 어촌계에 반환되지 않고 개인에게 넘어가고 말았 다. 이후 마을어촌계원들이 가두리를 시작했다. 하지만 양식어장이 넓지 않았다. 양식어장은 좁고 하려는 주민들은 많기 때문에 한 가구 당 평균 15칸으로 제한했다. 지금은 많이 가지고 있는 사람이 30칸 정 도이다. 그리고 한 칸당 1, 2만원의 행사료를 마을어촌계에 내고 있다. 이 돈을 모아서 마을임원들 활동비인 '이정세'도 주고 마을운영 경비 로도 이용하고 있다. 가두리어장 행사료는 마을총회에서 결정한다. 이외에 해조류와 조개류 등 채취권은 입찰을 통해 판매(빈매)하고 있다. 주민들이 물질을 할 수 없어 달리 선택할 방법이 없다. 해조류는 빈매를 하며 물이 빠졌을 때 바닥이 드러나지 않는 곳의 전복과 해삼은 해녀들이 작업을 해서 50:50으로 나눈다. 가두리양식 외에 통발로 문어와 장어를 잡고 있으며 문어외줄낚시(문어건지)를 15가구 정도가 하고 있다.

가두리양식도 옛날 같지 않다. 특히 2010년 겨울에 수온이 3.5~4도로 떨어지면서 참돔과 감성돔이 동사를 했다. 가두리양식을 한 이래 이렇게 수온이 떨어진 것은 처음이다. 보통 가두리는 5도 밑으로 떨어지면 얼어 죽을 위험이 있다. 화태도 양식사를 비롯해 섬마을 생활을 이야기해 주던 박홍광(1939년생, 남면농협조합장 5선) 씨가 불쑥 던진 말에 자리를 뜨려다 돌아앉았다.

"밭농사를 짓지 않고 묵히면 바지락도 농사도 되지 않아요."

이건 또 무슨 소리인가. 밭농사를 묵힌 것이 바지락농사와 무슨 관계가 있단 말인가. 바지락농사는 모래가 섞인 혼합갯벌에서 잘 된다. 그래서 일부러 모래를 가져다 갯벌에 뿌리기도 한다. 밭농사를 지을 때는 비가 오면 물길을 따라 흘러내린 흙과 모래가 바다로 들어와 갯벌에 섞이면서 바지락이 자라기 적절한 환경을 만들었다. 한 집안에 최소 7명, 많으면 10여 명 가까이 3대가 살던 시절에 식량이 궁했던 섬마을에서 비탈진 산을 개간해 농사를 짓는 것은 흔한 일이었다. 그런데 비탈논은 말할 것도 없고 문 앞 텃밭도 묵히고 있다. 밭은 잡목과 넝쿨식물들이 우거져 흔적을 찾기 어렵게 변했다. 빗물에 흙과 모래가 흘러가지 않게 되었다. 이러한 육상의 변화가 바다환경 변화는 물론 어민들 생업을 변화시킨다는 박씨의 이야기에 생태계의 연결고리를 실감했다.

마을회관에서 나와 치끝으로 향했다. 그곳에 삼각산에서 돌산읍 군내리로 연결하는 화태대교가 만들어지고 있다. 이미 기둥은 완공되었지만 상판은 언제 연결될지 감감하다. 2012년 이전에 완공을 약속했지만 정권이 바뀌고 4대강사업을 추진하면서 예산부족으로 공사가 진행되지 못하고 있다. 1960년대 초반 삼각산과 치끝을 잇는 간척사업으로 약 2만5천 평의 농지가 조성되었다. 처음어는 40여 명의 주민들이 농사를 지었지만 지금은 25명이 약 2만 평 규모의 쌀농사를 짓고 있다. 간척농지 이전에 약간의 육답이 있었지만 대부분 고구마로 연명을 했기 때문에 쌀이 아주 귀했다. 돌산으로 이루어진 삼각산이 인근에 있고 치끝에서 마을 안쪽으로 만입한 갯벌은 매립하여 간척농지를 만들기 좋은 조건이었다.

"여기 마족선착장인데요. 배 여기 닿지요." "네." 겨우 도착했다는 안도감에 참았던 긴장이 풀리며 얼굴이 땀범벅이 되었다. 치끝에서 횡간도로 건너기 위해 월전선착장으로 이동했다. 그 사이에 1시간 가량 화태어촌계장과 이야기를 나누었다. 월호에서 호태로 이동한 후 다음 뱃시간까지 주어진 시간은 2시간뿐이었다. 마음이 급했다. 오늘따라 골목에서 주민을 만날 수 없어 길을 물어 볼 수도 없었다. 기웃기웃 집을 들여다보았지만 역시 사람이 없었다. 결국 학교 근처 밭에서 일하는 할머니를 만났다. "이리 가면 배타는 곳 맞아요." "예 맞아요." "월전인가요." "월전은 아니고 마족이야. 배 탈 수 있어. 월전을 가려면 고개를 몇 개 넘어야 해."

급한 김에 할머니가 권한 대로 월전 대신 마족을 탔다. 건너편 나발도와 대두라도를 힐끔 쳐다봤다. 두 섬만 돌아보면 금오열도 섬들은 모두 돌아본다는 생각에 마음이 뿌듯했다. 땀을 닦다 불현듯 명함 뒤쪽에 적힌 시간표가 생각났다. 다시 전화를 걸었다. "여기 마족선착장인데요. 아까 전화걸었던 사람이에요. 횡간도나 두라도나 나발도로 가려는데 여기서 기다리면 되죠.” “마족은 마지막 들르는 곳입니다. 다음은 돌산으로 갑니다.” 아뿔싸, 배가 닿는 선창은 맞는데 내가 가려는 섬으로 가려면 월전으로 가야 한다는 것이다. 시간은 2시 45분이다. 시간표대로라면 5분 후 월전에 배가 닿는다. 할머니가 말씀하신 고개를 세 개 넘어 그곳까지 갈 자신이 없다. “3시까지 오시면 탈 수 있어요.” 뒤이어 선장이 하신 말씀에 희망을 걸고 다시 오던 길을 걸었다. 뱃시간에 맞춰 차를 가지고 나오는 마을 사람이라도 만나면 좋으련만. 가쁜 숨을 몰아쉬며 마족마을 고개를 넘고 학교를 지나 건넌몰 고개도 넘었다. 이제 도로 위로 올라서면 된다. 다시 땀이 얼굴에서 줄줄 흘렀다. 돌산으로 이어질 화태대교 기둥이 삼각산과 학교 건물에 가려 윗부분만 보였다.

도로 위로 올라섰다. 작은 섬에 어울리지 않게 아스팔트로 단장한 넓은 도로다. 하지만 그 위를 달리는 차는 보이질 않았다. 다시 도로를 따라 내려갔다. 멀리 월전마을이다. 달밭기미라는 곳이다. 아름다운 이름에 취할 겨를도 없이 뛰어 내려갔다. 도로를 돌아 선창으로 접어들자 나발도에서 여객선이 출발을 하고 있었다. “빨리 가세요. 사람이 없으면 그냥 갑니다.” 상황을 파악했던지 마을 상점 앞에 앉아 이야기를 나누던 할머니 세 분이 길을 재촉했다.

개황 | 화태도禾太島

일반현황

위치 | 전남 여수시 남면 화태리 **동경** 127°44′ **북위** 34°90′
면적 | 2.17km² **해안선** | 17km **육지와 거리** | 2.17km(돌산)
가구수 | 194 **인구**(명, 남+여) | 513(263+250) **어선** | 114 **어가** | 75
어촌계 | 총 1개 어촌계, 화태 93명

공공기관 및 시설

공공기관 | 여수농협 화태지소(061-665-7035), 남면사무소 화태출장소(061-690-2633), 남면파출소 화태출장소
(061-665-9116) 화태우체국(061-665-9001), 화태보건진료소(061-665-9208)
교육기관 | 화태초등학교(061-666-9017), 화태중학교(061-665-2143)
전력시설 | 한전 전력 이용
급수시설 | 간이상수도 148가구, 우물(펌프) 46가구

여행정보

교통 | **배편** | 스타맥스호 1일 5회 운항
여행 | 묘두, 미족바위 등 기암절벽, 화두봉
특이사항 | 남해 서부의 수산업 중심지 가운데 하나로, 해안 일대의 만입부에는 간석지가 많아 김, 굴 등의 양식
업도 활발하다. 이밖에 부근 수역에서 산출되는 수산물의 가공시설도 있다.

30년 변화 자료

구분	1973	1985	1996
주소	전남 여천군 남면	전남 여천군 남면 화태리	좌동
면적(km²)	2.93	2.171	2.17
공공기관	-	면사무소 1개	면사무소 출장소 1개, 경찰분소 1개, 우체국 1개
인구(명, 남자+여자)	1,536(802+734)	1,200(632+568)	881(452+429)
가구수	228	234	223
급수시설	공동우물 22개	우물 17개 간이상수도 2개	간이상수도 5개, 우물(펌프) 15개
초등학교	1개 277명	1개 187명	1개 80명
중고등학교	-	중학교1개 128명	중학교분교 1개 113명
전력시설	-	한전 234가구	한전 223가구
의료시설	-	약방 1개	보건진료소 1개, 약국 1개
어선(척, 동력선+무동력선)	82(7+75)	77(25+52)	106(96 +10)

＊ 공공기관은 면사무소, 파출소 등 포함

7

샛바람이 몹쓸바람이지라

여수 남면 대두라도

"오늘 같은 날은 밥먹고 살기도 힘들어." 배가 선창에 닿았다. 섬에 내린 사람은 나 혼자뿐이다. 휴가도 끝났고 평일인 데다가 추석을 앞두고 있어 섬은 오히려 적막하다. "곧 정신없을 텐데, 그 사이 쉰다고 생각해야죠. 그때가 대목이죠." 몇 차례 이 배로 남면 섬을 순회했던 터라 선장과는 인사를 나누는 사이였다. 선창마을에서 가장 높은 곳으로 올라갔다. 위에서 내려보니 작은 섬 나발도와 소두라도가 한눈에 들어왔다. 소두라도는 정말 콩 반쪽이 수면에 올라온 모양새다.

대두라도는 1590년 장씨가 처음 입도했다지만 후손이 없어 알 수 없다. 1659년 나주임씨 동장東張이 돌산에서 거주하다 이주하여 마을을 형성하였다고 한다. 그 후 윤씨, 김씨, 서씨 등이 이주해 왔다. 섬 모양이 콩같이 생겼다 하여 대두라도大豆羅島라 했다. 그 옆 작은 섬은 소두라도라 한다. 한 풍수가가 이 섬은 100호가 넘으면 화가 있을 것이라고 한 말이 전해져 여지껏 100호를 넘어 본 적이 없다고 한다.

대두라도는 임기미, 벌통기미, 선창 세 개의 자연마을로 구성되어 있다. 배가 닿은 곳이 선창마을이다. 선창마을 골목길을 지나 북쪽으로 올라가면 벌통기미에 이른다. 반대로 남쪽으로 길을 따라 올라가면 임기미로 가는 길이다. 임기미에서 벌통기미로 길이 뚫려 있다. 대두라도는 다도해 해상국립공원 지역이며 대두라도는 화정면과 남면의 경계이다.

선창에서 임기미로 넘어가는 길목에 초등학교가 있다. 1950년대 화태초등학교 두라분교가 설립된 후 1980년에 두라초등학교로 승격되었다. 그 뒤 10년 후인 1991년 다시 분교장이 되었다. 두 명의 교사가 다섯 명의 학생을 가르치고 있다. 바다가 한눈에 들어오는 언덕에 학교가 세워졌다.

학교를 뒤로 하고 임기미로 향했다. 임기미 오른쪽에 소두라도가 왼쪽에는 나발도가 수문장처럼 자리하고 그 앞은 횡간도가 막고 있다. 남면의 작은 섬은 돌산도 남쪽과 금오도 북쪽 사이에 오밀조밀 모여 있다. 밀물에는 물길이 섬 사이를 지나 가막만으로 들어가고 썰물에는 빠르게 섬들을 지나 큰 바다로 빠져나간다. 많은 섬들이 연안에 위치해 있는데도 갓고기들이 많은 것은 이 때문이다. 그런데 태풍에는 쥐약이다. 특히 샛바람을 동반한 태풍은 피할 길이 없다. 특히 선창과 임기미는 의지할 곳이 하나 없다.

임기미 선창에서 남자 노인 한 분과(82세) 여자 노인 두 분(74세, 65세)이 자망을 손질하고 있었다. 이들이 하루 자망을 손질해주고 받는 일당은 2만원이다. "밀따구가 안 나니께 요런 일을 하요." 젊은 여자 노인이 물어보지도 않는 말을 건넸다. '밀따구' 라니, 농어새끼를 '깔따구' 라고 한다는 말은 들었지만 생전 처음 듣는 생선 이름이다. 옆에 있는 나이든 여자 노인이 '멸치' 를 말한다요, 라고 일러줬다. 그러고 보니 임기미에서 본 멸막은 이끼가 끼어 있었던 것 같다. 멸치어장이 호황이면 멸치를 삶고 널고 그물 손질하는 데 많은 일손이 필요해 자망 따위는 거들떠볼 겨를이 없다. 이 섬에는 선창에 한 집, 임기미에 세 집, 벌통기미에 두 집이 멸치낭장망을 하고 있다. 주인은 허리가 아프다고 그물을 걸어 두고 첫배로 여수 병원으로 나갔다. 나는 내리고 자망 주인은 타고 그랬나보다. 자망은 오후 4시나 5시에 바다에 넣은 후 새벽 1~2시에 그물을 걷는다. 보통 한 사람이 20~30가구(한 가구가 한 폭)를 넣는다. 자망그물은 수면 혹은 수중에 떠 있기 때문에 배들이 많이 다니는 낮에 넣게 되면 그물이 훼손될 뿐만 아니라 운항하는 배 스크루나 엔진에 감겨 큰 사고를 일으킬 수 있기 때문이다. 더 중요한 것은 그물로 잡는 생선인 간재미와 도다리들이 그 시간에 먹이활동을 많이 하기 때문일 것이다. 자망그물은 조류가 빠른 '시때'(사리의 여수 말)는 할 수 없고 조금물 때 4~5일 정도 한다. 오늘 잡은 것은 주로 간재미다. 팔순의 어르신은 간재미를 몇 마리 그물에서 따서 가져가라고 주셨다. 바닷가 인심은 물때 따라 다르다. 물때를 잘 알아야 생선도 얻어먹을 수 있다.

"태풍이 온다고 해 가슴이 오매조매 하요. 샛바람이 몹쓸바람이요. 하누바람은 좋은 바람이제."

샛바람을 동반한 태풍이 오면 임기미는 '절단난다' 며 노인은 횡간도가 있는 동쪽을 쳐다봤다. 샛바람을 아예 '몹쓸바람' 이라 불렀다. 태풍이야기를 들으면 가슴 졸이는 것도 지난 태풍이 동반한 샛바람때 문이었다. 여기에 비하면 하늬바람(서풍)이 불 때는 바다가 잔잔하다. 서쪽에 큰 섬 금오도가 바람을 막고 있는데다 마을이 섬 동쪽에 있어 뒷산이 막아주기 때문이다. 바람은 바닷속을 뒤흔들어 생명을 불어 넣어주지만 목숨과 재산을 앗아가는 무서운 존재이기도 하다.

점심 먹을 데가 없으면 들르라는 말을 뒤로 하고 가파른 골목길을 올라섰다. 벌통기미로 가기 위해서다. 임기미에서 벌통기미로 가는 길은 시멘트 포장이 되어 있지만 사람들이 많이 다니지는 않는 길이다. 간혹 포장이 되지 않은 흙길도 있다. 길 곳곳에 구슬보다 작은 동물똥들이 무리지어 있었다. 가파른 길을 20분쯤 오르자 평지길이 나타났

섬에 사람이 살기 시작한 것은 선사시대부터다. 하지만 오늘날의 섬사람들 혹은 섬문화와 연결된 입도조는 16세기 이후라고 한다. 그 이전에는 사람보다 먼저 동물과 식물이 섬의 주인이었다.

다. 솔숲길을 지나자마자 숨을 멈추고 망원카메라를 잡았다. 노루였다. 어디서 나타났는지 길로 훌쩍 뛰어들어 주춤하더니 겁도 없이 나를 향해 빠르게 걸어오는 것이 아닌가. 녀석 봐라. 오히려 내가 멈칫했다. 녀석도 나를 발견했던지 50미터 앞에서 고개를 돌려 오던 길로 몇 걸음 뛰더니 숲으로 사라졌다. 남쪽으로 바다 건너 금오도가 실루엣처럼 드러났다. 날씨가 흐린 게 오히려 섬을 신비롭게 만들었다. 노루가 사라졌던 긴 숲길을 지나자 비탈밭이 나타났다. 경사가 45도는 될 성싶다. 옆에 돌탑(조탑)도 쌓여 있었다. 물탱크를 지나자 마을이 나타났다. 가장 먼저 눈에 들어오는 것은 고구마밭과 두라교회였다. 경로당 옥상에 올라보면 금오도와 월호도가 한눈에 들어온다. 이곳 벌통기미는 '봉통리'로 '벌기미'라고도 부른다. 모두 16호가 거주하며 절반은 할머니만 사는 집이다. 마을에서 가장 젊은 사람이 50대 한 사람이며 나머지는 모두 70대나 80대 고령이다. 그렇지만 날씨가 좋으면 모두 밭에 일을 하러 나가고 마을이 텅 비어 있다. 마을을 한 바퀴 돌다 할아버지 한 분을 만났다. 집마당에서 보면 담너머로 월호도와 바다가 한 눈에 들어오는 전망좋은 집이었다. 노인은 걸어다니기도 숨이 차다며 앉아서 월호도를 바라보고 있었다. 올해 84세라 했다. 옛날 고대구리를 할 때는 그래도 젊은 사람이 있었다. 육지에서도 농사지어봐야 손해인데 섬에서야 오죽하겠는가. 한때 톳과 시모(세모의 여수말)를 일본에 수출하기도 했었다. 지금은 멸치낭장 2집, 가두리 3집 말고는 갯일을 하는 사람이 없다. 선창까지 내려가려면 마을에서 한참 급경사를 지나야 한다. 노인들은 객지에서 자식들이 용돈을 보내주거나 정부에서 주는 돈으로 생활하고 있다. 그래도 섬을 떠나지 않는 것은 며느리나 자식들 집에서 눈칫밥을 먹는 것보다 비탈밭에서 지심(잡초의 여수말)을 매며 밥먹고 사는 것이 훨씬 자유롭기 때문이다.

벌통기미 골목길을 배회하다 선창마을로 향했다. 여객선이 도착하려면 30분 정도 시간이 남았다. 10여 미터를 가다 고개를 돌려보니 노인이 손자와 앉아 놀고 있었다. 아이는 네댓 살 정도로 보였다. 손을

섬에는 노인이 대부분이다. 간혹 보이는 아이들은 공무원의 아이들이거나 생계형 맞벌이나 이혼 등으로 노인들에게 맡겨진 아이들이다.

흔들다 카메라를 들자 쑥스러웠던지 노인 뒤로 숨어 고개만 내밀었다. 마을에서 가장 젊은 사람의 딸인 모양이다. 그 집에서 아이들 소리가 났었다.

벌통기미에서 선창까지 걷는 길은 시멘트로 잘 포장되어 있다. 길 아래 해안까지는 급경사를 이루고 있었다. 불과 얼마전까지는 이곳에 계단을 만들어 비탈밭을 일궜다. 그 흔적들이 고스란히 남아 있다. 머지않아 흔적도 없이 사라지겠지만. 20여 분을 걸었다. 아침에 배에서 내렸던 선창에 도착했다. 선창은 열서너 가구가 살고 있다. 멸치낭장을 하는 사람은 한 가구뿐이다. 선창마을에서 멸치낭장은 수협에서 허가를 얻어도 마을 주민 중 한 사람만 반대하면 하기 어렵다. 몇 집에서 태풍으로 부서진 것을 얼기설기 묶어서 가두리양식을 하고 있다. 언제 태풍이 올지 모르기 때문에 시설투자도 쉽지 않다고 했다.

그곳에서 귀한 분을 만났다. 물질을 했던 60대 후반의 남자였다. 해녀는 자주 만났지만 물질을 하는 남자는 처음이었다. 그런데 4년 전부터 갑자기 무기력해지고 몸도 붓고 혼자 서기도 힘들어 병원을 전전했다고 한다. 서울에 있는 내로라하는 병원은 모두 다녔다. 허리디스크라고 해 수술도 했지만 별 차도가 없었다. 그렇게 4년째 투병중이었다. 이제 60대 후반, 한창 일할 나이에 누워 있자니 왜 내게 이런 불행이 찾아왔나 야속하다고 했다. 생각해보니 젊었을 때 물속에서 뭐라도 보이면 하나라도 더 하려고 욕심을 부리며 무리를 했던 것이 원인이 된 것 같다고 했다. "여기는 샛바람이 불면 밥이오." 해남海男과 마을이야기를 나누다 샛바람을 화제로 올렸다. 태풍이 오면 바로 집안까지 바닷물이 들어오기 때문에 '샛바람이 불면 선창마을은 밥'이라고 했다. 매년 반복되는 태풍 속에서도 고향을 뜨지 못하고 터전을 지키고 있는 것을 무엇으로 설명해야 할까.

개황 | 대두라도(대두도, 大斗島)

위치 | 전남 여수시 남면 두라리 **동경** 127°47′ **북위** 34°20′
면적 | 1.01km² **해안선** | 7.6km **육지와 거리** | 28km(여수시)
가구수 | 83 **인구(명, 남+여)** | 251(120+131) **어선(척)** | 60 **어가** | 38
어촌계 | 총 1개 어촌계, 두라 40명

공공기관 | 두라보건진료소(061-665-4424)
교육기관 | 화태초등학교 두라분교(061-666-9991)
전력시설 | 한전 전력 이용
급수시설 | 간이상수도 35가구, 우물(펌프) 8개소 48가구

교통 | **배편** | 돌산읍 군내항 차도선 1일 5회 운항
특산물 | 다시마
여행 | 다도해 해상국립공원

30년 변화 자료

구분	1973	1985	1996
주소	전남 여천군 남면 두라리	좌동	좌동
면적(km²)	1.96	1.013	1.01
인구(명, 남자+여자)	649(333+316)	474(226+248)	319(157+162)
가구수	95	85	77
급수시설	공동우물 10개	우물 8개, 간이상수도 2개	간이상수도 2개, 우물(펌프) 8개
초등학교	1개 147명	1개 116명	분교1개 26명
전력시설	-	한전 85가구	한전 77가구
어선(척, 동력선+무동력선)	28(6+22)	23(23+0)	26(26+0)

8

사람은 떠나는 섬,
당산나무는 외롭다

여수 남면 소두라도

선창에 이르자 낚시꾼이 먼저 반긴다. 밤새 낚시를 했는지 바람을 피할 수 있는 옴팡진 곳에 텐트까지 쳐져 있다. 정기여객선이 없기 때문에 낚싯배를 타거나 개인배로 갈 수 있는 곳이다.

오줌이 마려웠다. 배 안에서부터 신호가 왔지만 작은 배에 화장실이 있을 리 없고 바람까지 불고 추운 날씨에 밖에 나가 바다를 향해 갈 길 자신도 없었다. 꾹 참았던지라 섬에 닿자마자 화장실을 찾았다. 마을 주민이 허겁지겁 달려가는 나를 붙들더니 눈짓을 했다. 멸치를 삶는 막 뒤쪽 구석에 동이가 놓여 있었다. 가까이 가보니 오줌통이었다. 그곳에 누라는 눈짓이다. 화장실을 두고 왜 밖에 오줌통을 두었을까.

마을 뒤 밭을 지나면서 금새 그 이유를 알았다. 오줌은 천연비료였다. 손바닥만한 밭이지만 겨울 한철 식량을 마련하기 위해 씨앗을 뿌리고 심어 잘 가꾸어야 했다. 소나 돼지를 키워 퇴비를 만들 수 없고 화학비료는 비싸 엄두도 낼 수 없었다. 가장 요긴한 비료가 사람의 배설물이었다. 똥과 오줌을 분리하면 가치가 더욱 높아진다. 가을에 보리를 심고 입동을 전후해 웃거름을 줄 때 오줌만큼 좋은 거름이 없었다. 모자반, 잘피도 좋은 비료였다. 오줌을 밭으로 운반해 뿌리는 일은 여성들의 몫이었다. 오줌동이를 머리에 이고 한 줄로 보리밭 길을 가로질러 오줌을 뿌렸다. 혼자 할 수 없었기에 마을 여자들이 품앗이를 했다. 일명 '소매품앗이' 다. 이것도 다수확 품종으로 종자가 개량되고 화학비료가 많이 보급되면서 중단되었다.

급한 만큼 시원스럽게 내지르고 마을길로 접어들었다. 포장된 길에 흙은 씻겨가고 시멘트만 남았다. 주민들은 여수로 나가고 빈집만 남아 있는 것처럼. 20여 가구 중 사람이 사는 가구는 9가구에 불과하며 주민도 20명 정도다. 교회가 하나 있지만 신도는 한 명뿐이다. 9가구 중에도 3가구는 여수에 집을 두고 왔다갔다 하는 사람들이고 토박이 주민은 6가구뿐이라고 했다.

소두라도에 사람이 살기 시작한 것은 1660년경이라고 한다. 전주이씨가 처음 터전을 잡았지만 40여 년 거주하다 다른 지역으로 이사를 했고 1700년 김해김씨가 들어와 마을을 이루었다고 전한다. 마을은 대부분 노인들만 거주하며 보리와 고구마를 심어 생활하고 있다. 낭장망으로 멸치를 잡는 한 가구를 제외하고는 갯가에서 해초, 해삼, 군부 등을 잡거나 뜯어 반찬하는 것이 전부다. 그저 나가지 못해 사는 정도다.

소두라도는 정기 여객선이 없어서 주변의 화태, 대두라, 대횡간도 등으로 가는 배를 타고 가다 내리거나 개인배나 종선을 이용해야 한다. 김종필(83세) 씨로부터 소중한 선물을 받았다. 당신이 직접 만들어

문어를 잡는 외줄낚시를 '문어건지' 라고 한다.

당산나무 밑에 집을 짓고 문어를 낚으며 살고 있는 김노인은 생전에 제물을 차리고 당산제를 지내는 꿈을 꾼다.

문어를 잡던 '문어건지, 모태, 경심' 이었다. 이 문어건지는 3년 전까지 사용했던 것으로 많이 잡을 때는 한 물때에 200마리도 거뜬히 잡았다고 했다.

아무리 둘러봐도 땅농사짓고 살기 힘든 섬이다. 바다와 갱번농사에 의존할 수밖에 없었다. 자식들은 모두 커서 떠나고 노인들은 나무 끌텅처럼 섬에 뿌리를 박고 있다. 김노인은 대문 밖 당산나무 아래 섰다. 10여 년 전까지 4월과 10월에는 당산제를 지냈다. 섬을 지키고 사람을 지키고 바다를 바라보며 살아온 당산나무가 아닌가. 그 아래 오래된 철로 만든 닻은 금이 가고 조각조각 떨어지고 있다. 평생 바다와 함께 살아온 김노인의 얼굴에도 세월의 흔적이 깊게 그어졌다.

개황 | 소두라도(소두도, 小斗島)

위치 | 전남 여수시 남면 두라리 동경 127°47′ 북위 34°30′
면적 | 0.19km² 해안선 | 7.5km 육지와 거리 | 26km(여수시)
가구수 | 10 인구(명, 남+여) | 22(11+11) 어선(척) | 6 어가 | 6
어촌계 | 두라어촌계(대두라도 속함)

전력시설 | 한전 전력 이용
급수시설 | 우물(펌프) 22가구, 간이상수도시설 4개소

교통 | 배편 | 정기여객선이 없어 낚싯배를 빌려타거나 개인배를 이용해 왕래한다. 실제 절반의 인구는 타지역에서 거주하고 있어 빈집이 많다. 포구 옆 갯바위는 낚시꾼들이 많이 찾는 낚시터다.

30년 변화 자료

구분	1973	1985	1996
주소	전남 여천군 남면 두라리	좌동	좌동
면적(km²)	0.75	0.19	0.19
인구(명, 남자+여자)	127(65+62)	83(43+40)	38(21+17)
가구수	22	18	15
급수시설	공동우물 4개	우물 2개	우물(펌프) 1개
초등학교	1개 29명	분교 1개 14명	-
전력시설	-	-	한전 15가구
어선(척, 동력선+무동력선)	11(3+8)	7(6+1)	5(5+0)

9

사료가 비싸다고 굶길 수 없잖아요

여수 남면 나발도

나발도선창에 주저앉았다. 여객선이 오려면 한 시간 반은 기다려야 한다. 아침에 싸온 김밥을 꺼냈다. 한 줄은 도착하자마자 먹고 점심으로 남겨 놓은 것이다. 배낭을 풀고 물도 꺼냈다. 샛바람이 불어온다. 곧 비가 올 것 같다. 태풍이 온다는 소식도 들렸다. 어촌계 사무실 앞에서 이야기를 나누었던 윤씨를 비롯해 마을 주민들이 선창 앞 가두리 양식장에서 고기들에게 밥을 주고 있었다. 갯강구들도 냄새를 맡았는지 주변으로 몰려들었다. 우아하게 점심을 먹자며 음악도 틀었다.

여수 남면에서 유인도 중 가장 작은 섬이다. 섬 모양이 나팔모양이라 나발도로 불렀다고 한다. 1590년 임진왜란을 전후해 장씨가 입도했고, 1740년경 밀양박씨가 들어왔다는 설과 1760년경 나주임씨와 의령남씨가 들어와 마을을 이루었다는 설이 있다.

나발도는 모두 16가구가 살고 있다. 이중 13가구가 가두리양식을 한다. 5가구는 멸치낭장도 겸하고 있다. 가두리양식을 하는 사람들은 빚으로 운영을 한다. 사료값을 감당하기 어렵기 때문이다. 나발도에서 가두리를 시작한 것은 1988년이다. 그 전에는 김양식을 했다. 지주식 죽홍이다. 기둥을 세우고 대나무를 쪼개서 엮어 기둥에 매달아 하는 양식이다. 하지만 완도에서 하는 지주식 망홍이나 부류식을 당할 수 없었다. 가두리양식을 하기 전에 전복양식도 해보았다. 완도는 미역과 다시마양식이 활발해 전복먹이 걱정이 없다. 또 치패도 직접 생산하고 전복에 붙는 잡태기(따개비나 홍합)도 완도가 한 개 붙으면 나발도는 10개가 붙었다. 여러 가지로 경쟁력이 없었다. 그래서 선택한 것이 가두리양식이었다.

25년 전 처음 시작할 때는 그래도 나았다. 여수 술집에 가면 안주 놓고 술을 먹었다. 지금은 오그라들었다. 당시 사료값은 3~4천원 수준, 고기값은 우럭을 기준으로 1킬로그램에 6~7천원이었지만 지금은 사료값은 1만원에 우럭은 2천원 수준이다. 사료값은 3배 오르고 고기값은 1/3로 떨어졌다.

"가두리에 든 고기를 굶겨 죽일 순 없잖아요."

2010년 겨울, 수온이 떨어져 참돔, 줄돔, 감성돔 등 돔 종류가 모두 죽었다. 물고기는 수온이 따뜻해야 먹이활동을 활발하게 한다. 우럭은 17~18도가 가장 적절하며, 돔 종류는 더 따뜻하면 좋다. 우럭은 11도에서도 약간 먹이활동을 하지만 돔은 일체 먹지 않는다. 생존을 위해 적어도 수온이 최소 8~9도는 유지되어야 한다. 2010년 겨울에는 6~7도가 지속되었다. 나발도 어민들은 수온이 열흘 이상 7도 이하로 떨어지면 양식장 고기는 죽는다고 했다. 자식같은 물고기가 죽어가는 것을 지켜 볼 수밖에 없었다. 그렇다고 가두리 위에 이불을 덮을 수도, 밑에 전기장판을 깔 수도 없지 않은가.

어촌계 사무실 앞 길가에 윤두고(1946년생) 씨를 비롯해 다섯 명의 주민이 모였다. 윤씨의 말에 모두 공감하는 눈치다. 그래도 가두리양식을 버릴 수 없는 것이 현실이다. 그 전에는 '빼깽이'(고구마 절간)와 낚시로 잡은 고기를 팔아 생활했다. 돈은 몇 푼도 만질 수 없을 만큼 귀했다. 오죽했으면 동네사람들과 나누어 먹을 수 없어 술을 숨겨두고 먹었겠는가. 보통 사료값으로 1년에 많으면 3억, 적으면 2억이 들

사료값은 천정부지로 오르지만 가두리 안에 갇혀 있는 우럭들을 굶겨 죽일 순 없다. 개간장이 녹고 이마에 주름만 늘어간다.

섬은 비록 작지만 태풍이 불면 연도, 안도 심지어 금오도에서도 배를 끌고 나발도 주변으로 피항온다.

어갔다. 그러니 최소 4억 이상은 벌어야 기본을 유지한다. 가두리가 어디 사료만으로 운영되던가. 인건비를 '제하고 그물값과 기름값은 하늘에서 떨어지던가.

"가끔 '어때' 가 좋으면 빚갚고 또 빚내고 반복이제."

어때란 고깃값을 뜻한다. 있는 시설이니 버리지 못하고 다른 방법이 없어 한다는 것이다. 소비자들이 생선을 가장 많이 찾는 때는 모임이 많은 연말이다. 철따라 먹기 때문에 봄, 여름, 가을철에 나는 생선을 찾게 되면 양식장 어류는 소비가 줄어든다. 여수만 해도 여름철 갯장어, 가을철 전어를 먹기 때문에 양식장의 돔이나 우럭 소비가 적을 수밖에 없다. 어민들은 사람 입맛이 변덕스럽다고 한다. 며칠 전까지 갯장어(하모)가 10킬로그램에 25만원에 위판되었다. 처서가 지나고 찬바람이 일자 8만 원으로 떨어졌다. 전어가 출현한 것이다.

나발도를 둘러보는 데는 20분도 필요하지 않다. 섬이 작고 마을이 선창에 모여 있기 때문이다. "우리 섬이 작아도 배석이 좋아요." 섬이 작다는 말에 기분이 상했는지 윤씨가 섬자랑을 하고 나섰다. 배석이라니. 나도 처음에는 몰랐다. 배를 대는 선창이 좋다는 의미다. 태풍이나 폭풍우가 오면 횡간도 두라도 배들이 피항을 온다며 자랑을 했다. 인근 섬들 중 샛바람을 막을 수 있는 유일한 선창이 나발도에 있다. 심지어 금오도나 안도나 연도에서도 배들이 안쪽으로 피항을 온다. 나발도 주변의 섬들을 '안섬'이라고 한다.

마을에서는 음력 삼월이 다가오면 마을에서 제일 깨끗한 사람을 뽑았다. 당제를 지낼 제주로 뽑히면 함부로 다닐 수도 없었다. 깨끗하게 목욕하고 집안에서 부정한 것을 피하며 제를 올릴 준비를 했다. 마을 뒤 당집은 30여 년 전에 지었다. 제주가 올라가 불도 피우고 밥도 해야 하는데 비라도 오면 의지할 곳이 없어서 모래와 시멘트를 등짐으로 날라서 지은 것이다. 마을제의만 아니라 집집마다 온갖 갯것으로 음식을 장만해 어촌계 사무실 앞에 차려놓고 제를 지냈다. 바닷물은 그곳까지 들어왔다.

마침 메르세데스 소사의 '생에 감사'가 흘러나왔다.

개황 | 나발도 羅發島

위치 | 전남 여수시 남면 두라리 **동경** 127°43′ **북위** 34°40′
면적 | 1km² **해안선** | 3km **육지와 거리** | 24km(여수시)
가구수 | 18 **인구**(명, 남+여) | 56(30+26) **어선**(척) | 20 **어가** | 13
어촌계 | 총 1개 어촌계, 나발 27명

전력시설 | 한전 전력 이용
급수시설 | 우물(펌프) 4개소 전가구

교통 | 배편 | 돌산읍 군내항에서 차도선 있음.
특이사항 | 다도해 해상국립공원인 대두라도와 화태도 사이의 조그만 섬이다. 연근해 일대에서 우럭, 광어, 농어가 잡히고 자연산 전복이 채취된다.

30년 변화 자료

구분	1973	1985	1996
주소	전남 여천군 남면 두라리	좌동	전남 여천군 남면
면적(km²)	0.29	0.115	0.12
인구(명, 남자+여자)	120(64+56)	98(49+49)	95(55+40)
가구수	18	19	23
급수시설	공동우물 1개	우물 2개	우물(펌프) 4개
초등학교	-	분교 1개 35명	-
전력시설	-	한전 19가구	한전 23가구
어선(척, 동력선+무동력선)	11(4+7)	11(8+3)	21(20+1)

10

은빛 멸치가 노니는 섬

여수 남면 대횡간도

횡간도는 빗깐이라 부른다. 지명유래에는 돌산읍 신복리에 복병끝이라는 땅이름이 있는데 풍수지리에 의하면 이 지역을 빗간다하여 '빗간이' 라고 부르다 비낄 횡橫자를 써서 횡간도로 했다고 하는 설이 있다. 또, 임진왜란 때 왜병이 바다에서 활을 쏘면 이 섬이 막고 있어 비껴갔다고 하여 붙여진 이름이라고도 한다. 횡간도는 1625년 돌산 죽포에서 천안전씨 전유동이 처음으로 이주하여 살았다고 한다. 이어 돌산 시기에서 김억이 이주했고, 1630년 구례에서 강만태와 달성서씨 등이 이주했다고 한다. 여수 돌산읍과 금오도 사이에 화태도, 월호도, 두라도, 나발도, 소두라도, 횡간도, 소횡간도 등 올망졸망한 섬들이 무리지어 있다. 이들 섬을 오가는 여객선 해동스타가 마지막으로 들르는 곳이 횡간도이다. 섬무리에서 비켜나 있기 대문이다. 그래서 빗간이 아닐까.

섬이 무리지어 있기 때문에 섬그늘이 좋고 조류소통이 원활하면서 수심이 적당하다. 인근에 숲이 좋은 돌산도나 금오도처럼 큰 섬이 떡 버티고 있어 좋은 어장이 형성될 수밖에 없다. 화태도에 가두리양식이나 횡간도에 멸치낭장망이 발달한 것도 이 때문이다. 여수, 광양, 순천처럼 인근에 대형 소비시장도 형성되어 있어 양식어업이나 잡는 어업이 일찍부터 발달했다.

선창 주변에 멸치막을 짓고, 남편은 낭장망으로 잡은 멸치를 삶고 아내는 햇볕 가득한 곳에 멸치를 펼친다.

비껴난 섬 횡간도는 그 덕에 화태도와 횡간도, 횡간도와 소횡간도 등 섬과 섬 사이에 넓은 수로를 어장으로 확보할 수 있었다. 이곳은 수심과 조류속도 등을 고려할 때 멸치낭장망을 설치하기에는 최적의 장소이다. 마을에서 멸치잡이를 하는 사람만 20여 명이다. 이들은 한 틀이나 두 틀씩, 많을 때는 40여 틀의 낭장망을 섬 사이에 설치했다.

내가 섬에 도착한 날은 조금물때였다. 바다에 있던 많은 멸치그물들이 선창에 올라와 있었고 배도 포구에 정박해 있었다. 멸치는 시때(사리의 여수말) 잡는다. 계절로는 봄에 시작해서 설 직전까지 이어진다. 어장이 마을 앞에 있어 잡은 멸치를 바로 삶아 건조하기 때문에 맛이 좋다고 소문나 있다. 선창에서 내리자 한눈에 멸치잡는 마을임을 알 수 있었다. 마을까지 이어지는 선창길은 온통 멸치를 삶는 '멸막'으로 곳곳에 가마솥과 연통이 있었다. 너른 짱똘밭은 멸치 자연건조장이고, 여기저기 삶은 멸치를 담는 채반들을 볼 수 있었다. 마을로 들어가는 길목에 낭장망그물을 손질하는 주민 두 분을 만났다. 한 분은 멸치낭장망을 운영하는 김재운 씨, 다른 한 분은 멸치어장을 하다 그만두고 우체국 일을 하는 김건식 씨였다. 조금철이라 그물을 뭍으로 끌어올려 말린 후 찢어진 곳을 꿰매고 있었다.

횡간도는 조선시대부터 전라좌수영 소속 잠수군이 주둔했던 곳이다.《호좌수영지》에 따르면 "횡간도는 전라좌수영 남쪽에 있으며 육로로 40리, 수로로 20리로 조선시대 전복을 잡아 바치는 잠수군들이 살던 곳이다"라고 기록되어 있다.

> 전라좌수영에 육류를 공급하던 푸줏간肉庫은 각종 어물을 노동력을 고르게 나눈均役 뒤 별도로 보군창補軍倉을 만들어 이용하되 산 어물은 시장 가격에 따라 사서 쓰고…… 전복은 소속된 횡간도 잠수군처에서 벼 1석에 100개와 바꾸어 쓴다.─《호좌수영지》

벼 1석과 전복 100개를 바꾸었다고 하니 당시 갯것들이 얼마나 흔했는지 알 수 있다. 그만큼 먹는 사람도 잡는 사람도 적었다는 이야기이다. 그러니 섬사람이나 어민들 살기가 얼마나 박했을까.

"혹시 관왕묘는 어디 있는지 아세요." "이 길로 죽 가다가 정자길로 우회전해. 거기 가면 할머니들이 앉아 있을 것이으. 물어보면 알려 줄 것이여. 저기 꺼멓게 숲 보이제, 그 안에 있어. 근디 다 무너졌을 것인디. 저 사람 TV 좀 나오게 해줘. 지난번에 화태도는 나오던데 우리 섬은 안 나왔어. 다음 멸치잡을 때 꼭 와." 아쉽다는 눈치로 그물을 깁던 우체국 일을 하는 김노인이 친절하게 가르쳐 주었다.

가르쳐 준 길을 따라 가자 국립공원에서 지어준 정자가 마을 뒤쪽 큰 느티나무 밑에 자리해 있었다. 그곳에 예상대로 할머니 네 분이 누워서 낮잠을 청하고 있었다. 땀도 식히고 길도 물어야겠다는 생각에

배낭을 벗고 물을 마셨다. "여기 시원한 물 잡수쇼." "그럴까요." 그렇잖아도 배낭 속에서 뜨뜻해진 물을 버리고 우물에서 물을 떠 마실 생각이었다. 내친김에 이런저런 말을 붙여 보았다. 그런데 이상하게 노인들은 기억이 없다거나 잘 모른다는 이야기만 되풀이 했다. 경계심도 많아 보였다. 관왕묘를 묻는 질문에도 묵묵부답이었다. 한 노인이 손으로 숲을 가리키려고 하자 옆에 있는 할머니가 작은 목소리로 '가르쳐 주지마' 라고 말하는 소리도 들렸다. 참 별일이다 싶었다. 결국 밭에서 콩을 수확하던 주민의 도움을 받아 마을 뒤 후박나무 숲까지 찾아 갈 수 있었다. 하지만 관왕묘를 찾는 데는 실패했다. 아무리 살펴봐도 울창한 상록수림과 칙칙한 잡목들만 있을 뿐 건물을 찾을 수 없었다. 몇 번을 둘러보고 고개를 넘어 학교로 향했다.

관왕묘는 중국 삼국시대 촉한의 장수 관우를 모신 사당이다. 여수 지역에서는 유일하다. 1888년경 마을 주민 김씨가 서울에서 관왕關王을 모시면 좋다는 이야기를 듣고 관우 초상화 한 점을 가져와 집에 모시고 제사를 지낸 것이 시초였다. 제사에 참여하는 사람이 점점 늘자

위 관왕묘 아래 왼쪽부터 장비, 관우, 유비의 초상화

사당을 세웠다. 일제강점기 때 칼, 초상화, 서적 등을 빼앗겨 잠시 중단되었다. 하지만 자꾸 마을 주민들의 꿈에 현몽하자 1914년 초상화를 다시 제작하여 모시고 봄 경칩, 가을 상강 두 차례 제를 모셨다. 제사는 마을 사람들이 전체 참여하는 동제가 아니며, 제사에 참여해온 집안 후손들이 계를 만들어 운영해왔다. 사우 안에 관우, 유비, 장비, 고승 초상화가 있지만 관왕제가 중단된 후 방치되어 있다.

고개를 넘어 밭고랑을 지나 화태초등학교 여동분교로 발걸음을 옮겼다. 밭에는 고추, 깨 등이 자라고 있었지만 월호도나 여수지역에서 볼 수 있는 단풍이나 시호 같은 한약재 작물은 찾을 수 없었다. 횡간도는 밭보다 바다에 관심이 많았기 때문일 것이다. 여전히 어장이 풍성한 덕이다. 여동분교는 1951년 개교했다. 1967년에 여동국민학교(당시 학교명)로 승격되었다가 1990년 분교로 전락했다.

학교 너머 섬 동북쪽 해안에 50평 규모의 넓은 파식대가 발달해 있다. 이곳에 '전라좌도 수군절도사 류성채, 군관과 절충장군을 겸한 □탁ㆍ안해우, 순천부사 박두세, 방답첨사 이이준 무인년 5월 □일(節度使柳星彩 軍官折衝兼 □鐸安海宇 順天府使朴斗世 防踏僉使李以峻 戊寅 五月 □日)' 이라는 바윗글이 새겨져 있다. 그 건너편 돌산읍 금성리 해식동을 과녁삼아 활쏘기 등 무예를 연마했던 곳이라 전해지고 있다. 파식대는 관리들의 놀이터를 겸했다. 마을 사람들은 이곳을 '놀이청', '청노리' 라고 한다. 1880년 순천부사를 지낸 김윤식은 횡간도에 관한 시를 한 수 남겼다.

횡간도

횡간도 바다 속에서 전복을 따니

누런 눈동자 붉은 머리 생김새가 특이하다

자맥을 하자 파도가 일며 두 맨발이 없어지고

다만 깊고 푸른 물 속에서 물거품만 일어나니

잠깐 사이 다시 물 위로 나오는구나

복호장소伏瓠長嘯 후 다시 물 속으로 들어가네

아이가 해를 피해 뽕나무 아래 졸고 있으니

할머니가 때려서 깨움에 성질을 내네

이웃집 계집애는 나이 열세 살에

항상 바닷가에서 놀아 능히 깊이 들어가네

네가 남자되었다면 저와 같이 못하고

뽕나무 아래에서 오랫동안 낮잠이나 잘 것을

어느 때나 집을 넉넉하게 일으킬 것이며

성인 되어 언제 칭찬을 들으리오

가련하다 누가 그 자식을 사랑하지 않으리오마는

목숨을 걸고 이것을 가르치는구나

이것을 얻어 살아간다고 자랑하고

이것으로써 앞일을 계획하니

세간을 감개시키려는 탄식 한 마디는

뭇 부형들의 잃어버린 그 사랑을

문자를 가르쳐 나가기를 권하노라

섬을 한 바퀴 돌고 다시 선창으로 나왔다. 뱃시간은 20분도 채 남지 않았다. 상록수림을 힐끔 쳐다보며 그물을 깁던 두 노인에게 다가갔다. "관왕묘 못 찾았어요. 할머니들도 알려주지 않던데요." 이번에는 김건식 할아버지가 일어나 직접 손가락을 가리키며 저 큰 나무 밑에 있다고 알려줬다. 배낭과 카메라를 맡겨두고 작은 카메라만 들고 뛰다시피 걸었다. 그리고 할머니들이 누워 있던 정자를 지나 위로 올라갔다. 그 뒤쪽에 있다고 했기 때문이다.

길을 따라 한참을 올라갔다. 길도 잘 만들어져 있었다. 산중턱쯤에 건물이 보이는 듯했다. 뒤를 돌아봤다. 섬마을이 한눈에 들어왔다. 사진을 몇 장 찍었다. 다시 땀을 훔치며 걸어 올라갔다. 그런데 건물처럼 보였던 것은 산비탈을 일군 밭 가운에 세워 둔 부표였다. 숲에서 희끗하게 보여 관왕묘 사당 용머리쯤으로 착각했던 것이다. 이제 뱃시간까지 10분뿐이다. 할 수 없이 발길을 돌렸다. 그리고 길을 따라 내려오다 상록수림 곁을 지나쳤다. 이곳은 천연기념물로 지정된 마을숲이다. 그런데 담쟁이, 마삭줄 등 덩굴로 덮인 무너진 벽돌건물이 눈에 띄었다. 관왕묘였다. 세상에, 이곳을 몇 번이고 지나쳤는데 저렇게 위장을 하고 있으니 발견하지 못할 수밖에. 반가웠다. 급하게 안을 들여다보고 사진을 찍고 나왔다. 화태도 월전에서 배가 돌아나오는 모습이 보였다.

개황 | 대횡간도大橫干島

일반현황

위치 | 전남 여수시 남면 횡간리 **동경** 127°45′ **북위** 34°40′
면적 | 0.35km² **해안선** | 4.8km **육지와 거리** | 22km(여수시)
가구수 | 74 **인구**(명, 남+여) | 192(98+94) **어선** | 44 **어가** | 25
어촌계 | 총 1개 어촌계, 횡간 60명

공공기관 및 시설

공공기관 | 횡간보건진료소(061-666-6205)
교육기관 | 화태초등학교 여동분교(061-665-3700)
전력시설 | 한전 전력 이용
급수시설 | 간이상수도 60가구, 우물(펌프) 14가구

여행정보

교통 | 배편 | 차도선 1일 5회 운항
여행 | 요망산, 다도해 해상국립공원
낚시터 | 갯바위
특산물 | 멸치(낭장망업으로 생산된 횡간도 멸치)
특이사항 | 관왕묘, 놀이청(무예연마장) 해석문, 조선시대 병마훈련장. 민간신앙으로 관왕묘지를 모시고 있는데 경칩과 상강 때 제를 올린다.

30년 변화 자료

구분	1973	1985	1996
주소	전남 여천군 남면 횡간리	좌동	좌동
면적(km²)	1.03	0.344	0.34
공공기관	-	-	경찰분소 1개
인구(명, 남자+여자)	598(288+310)	488(248+240)	386(208+178)
가구수	90	91	88
급수시설	공동우물 3개	우물 3개, 간이상수도 1개	간이상수도 1개, 우물(펌프) 2개
초등학교	1개 118명	1개 115명	분교 ˚개 30명
전력시설	-	한전 91가구	한전 88가구
의료시설	-	-	보건진료소 1개
어선(척, 동력선+무동력선)	42(12+30)	25(25+0)	31(30+1)

＊ 공공기관은 면사무소, 파출소 등 포함

11

세 척의 배, 세 채의 집,
그리고 세 부부

여수 남면 소횡간도

섬을 둘러보는 데 채 20분도 걸리지 않았다. 그 사이 만난 주민은 모두 세 명이었다. 모두 여자였다. 한 사람은 작은 섬에 어울리지 않게 깔끔하게 새로 지은 집 마당에서 막 뜯어온 미역들을 갈무리하고 있었다. 몇 년 전 가을에 멸치를 삶는 막에서 만났던 여성이었다. 그 사이에 집을 새로 짓고 멸막도 깔끔하게 단장했다. 새집 옆에는 민박도 할 수 있게 증축도 했다. 가끔씩 찾는 낚시꾼을 위한 것이라 했다. 두 여성은 마을 뒤 밭에서 봄농사를 준비하고 있었다. 지난번에 왔을 때 분명히 남자들이 있었는데 모두 어딜 갔을까.

소횡간도는 '작은 비깐이'로 섬에 비스듬하게 자리했다고 해서 붙인 이름이다. 아무리 작은 섬이라지만 사람이름으로 치면 개똥이, 막둥이 정도나 될까.《호좌수영지》에는 "횡간도는 전라좌수영성의 남쪽에 있으니……"라고 기록되어 있다. 전라좌수영성은 진남관 일대에 있었기 때문에 뱃길로 돌산을 거쳐 방답진까지 육로를 이용했다가 굴강에서 배로 월호, 화태, 대두라, 소두라, 대횡간, 소횡간도로 오갔을 것으로 추정된다.

처음 소횡간도를 방문했을 때는 대횡간도에서 전기를 끌어오기 위한 공사가 한창이었다. 섬보다 훨씬 규모가 커 보이는 철탑을 세우는 것이 내심 못마땅했다. 태양광이나 풍력으로도 충분할 텐데. 왜 산허리를 흉측스럽게 깎고 괴기스럽게 철탑을 세우는 걸까. 멸치철이었던 것으로 기억된다. 해파리가 극성을 부리는 통에 어획량이 신통치 않았다. 멸막주인은 해안에 접안한 배바닥에 덕지덕지 붙어 있는 부착생물을 떼어내고 있었다. 아내는 선창 부두에 통발을 널어 때꿉을 제거했다. 한동안 해파리 덕에 잘 쉬었는데 겨울을 나려면 멸치를 좀 잡아야 할 거라며 애꿎게 꼬리를 치며 달라붙은 강아지만 걷어찼다. 이것저것 캐묻는 내 질문도 귀찮았던지 "작은 섬에 뭐 볼 것이 있다고?" 하며 집안으로 들어가 버렸다. 닭 쫓던 개 지붕 쳐다본다고 선창에 널린 통발만 쳐다보았다.

다시 찾은 작은 비깐이. 통발이 널렸던 자리에는 막 뜯어온 미역이 맨바닥에 누워 봄햇살을 즐기고 있었다. 돌에 붙어 자라는 자연산 미역이다. 잎이 넓지 않고 길이도 40, 50센티미터쯤 됐다. 아직도 바닷물이 남아 있어 햇살에 반짝이는 것을 보니 아침 일찍 작업을 해온 것 같다. 한 가닥을 집어 미역귀를 베어 물었다. 단단하면서 물렁물렁한 육질에 미역귀가 입안을 가득 메웠다. 오도독오도독 소리를 내며 씹었다. 바다향과 기분 좋은 비릿함이 온몸을 흔들었다. 봄맛이다.

넓은 공원 면적만도 못한 섬이다. 학교는 문을 닫은 지 오래고 아이들은 고사하고 교실 안에는 책걸상 대신 그물이 가득했다. 주민들이 창고로 이용하고 있었다. 정기여객선이 없는 탓에 인근 대횡간도라도 갈라치면 작은 멸치잡이배가 객선이 된다. 주민들은 모두 6명, 세 부부가 살고 있다. 골목길로 돌아서는데 갑자기 개 짖는 소리가 요란했다. 돌아보니 낚시꾼 몇 명이 골목으로 들어서고 있었다. 그들의 발걸음이 익숙하다. 여러 차례 와본 듯하다.

미역을 널어 놓은 자리 옆에 섬에 전기가 들어온 것을 기념하는 작은 대리석이 바닥에 박혀 있다. 2006년 12월 31일이었다. 그해 가을에

섬을 다녀갔으니까 그 후로 몇 달 뒤 전기가 들어온 것이다. 전기가 들어오던 날 여자들은 그렇게 하고 싶었던 냉장고에 반찬을 넣었을 것이다. 남자들은 맨 먼저 무슨 일을 했을까. 멸치를 잡는 사람은 멸막에 불을 켜봤을 것이고 TV를 켰을지도 모른다. 얼마나 고대했던가. 그동안 석유로 발전기를 가동해 하루에 4~5시간 불을 밝혔다. 여름에 냉장고에서 꺼내 먹는 시원한 물은 남의 나라 이야기였다. 드라마도 볼 수 없으니 라디오를 벗삼아 기나긴 겨울밤을 보냈을 것이다. 불과 1.3 킬로미터 떨어진 대횡간도에서 전기를 끌어오는데 말도 많았다. 겨우 여섯 사람을 위해서 12억의 예산을 써야 하느냐, 자연환경을 훼손해야 하느냐, 철탑이 작은 섬에 어울리냐, 지역언론의 비판도 많았다. 섬에 거주하는 인구는 6명이지만 주민등록상으로는 9명이다. 두 가구 3명의 주민은 주소만 섬에 두고 여수시에 살며 가끔씩 방문을 하는 정도다.

평생을 어둠과 함께 살아온 주민들의 고충을 이해 못할 바 아니다. 머지않아 무인도로 변할 것이 예상되는 섬에 경관을 파괴하고 처리도 힘들 흉물 철탑을 세우는 정책이 아쉬울 뿐이다. 대안이 없는 것도 아니다. 이미 햇빛과 바람 등 자연자원을 활용한 대체게너지, 신재생에너지가 실용화되고 있기 때문이다. 동행한 이재언 전 백야도 목사는 "머지 않아 무인도로 변할 작은 섬에 큰 철탑을 세우기 위해 환경을 파괴하고 예산을 낭비하는 것은 어리석은 일"이라며 여러 차례 여수시 홈페이지 등에 건의도 하였지만 공사를 진행하고 있다며 아쉬워했다. 다시 소횡간도를 찾았을 때 철탑은 하늘 높이 우뚝 솟았고 이번에는 송전이 되고 있었다. 그때 철탑 대신 태양광을 권했을 때 주민들은 전기가 약해 양식장에 사용하기 어렵다며 철탑을 원했다. 하지만 내가 만난 전문가들은 소횡간도보다 훨씬 큰 규모의 섬에서도 태양광을 활용해 전력을 공급하고 있다. 집안에 집열판을 만들어 전력을 공급할 수 있다고 했다.

우리나라 전체 섬 중 84%가 무인도다. 이중 전라남도가 전체 무인도의 63%를 차지하고 있다. 정부에서는 무인도서 보전 및 관리를 위한 조사를 시작했다. 조사결과를 바탕으로 개발할 섬과 보전할 섬을 나누어 도서정책을 수립하겠다는 것이다. 늦긴 했지단 어쨌든 바람직한 일이다. 더불어 몇 가구밖에 살지 않는 작은 섬의 즈민들을 위한 상하수도, 전기, 쓰레기 등 정주 대책을 포함한 SOC전략도 수립되어야 할 것 같다.

골목길을 지나 되돌아오는데 내 발목을 잡는 것이 있다. 마당에 널어진 김발이다. 좀처럼 보기 힘든 자연산 김에다, 손으로 직접 김을 떠서 말려 놓은 광경이 새로웠다. 30여 년 전에는 서남허안 대부분의 섬 주민들은 바위에서 김을 뜯어 칼로 잘게 다진 후 한지를 만들 듯 김을 떠서 발장에 널었다. 그렇게 김발을 떠 생활하던 사람들은 하나둘 세상을 떴거나 섬을 떴다. 섬에 남아 있는 빈집과 재래식 김발은 자꾸만

집주인은 뭍으로 떠났다. 텅빈 집 마당엔 갱번에서 뜯은 김이 자리를 잡았다. 갱번에서 나는 해초들은 남아 있는 섬사람의 식량이다.

섬의 현실을 대변해주고 있는 듯했다. 선창에서 막 출발하려는데 배 한 척이 들어왔다. 그리고 보니 들어올 때 선창에 배가 2척밖에 없었다. 어촌계 회의가 있어서 섬에 사는 남자들이 1척의 배를 타고 나갔다 돌아오는 길이었다. 배가 선창에 닿자 3명의 남자가 내렸다. 이제 섬주민들이 모두 모였다. 남자 셋, 여자 셋, 사람이 사는 집도 셋, 배도 3척이다.

개황 | 소횡간도 小橫干島

위치 | 전남 여수시 남면 횡간리 동경 127°45′ 북위 34°30′
면적 | 0.08km² 해안선 | 2.7km 육지와 거리 | 24km(여수시)
가구수 | 6 인구(명, 남+여) | 11(6+5) 어선(척) | 5 어가 | 4
어촌계 | 총 1개 어촌계, 횡간어촌계(대횡간도와 연계)

전력시설 | 자가발전(10kw)
급수시설 | 우물(펌프) 6가구

교통 | 배편 | 마을내 자체 어선 이용
특이사항 | 섬 전체 인구가 어업에 종사하고 있으며 무인등대 1개가 바다 가운데 떠 있다.

30년 변화 자료

구분	1973	1985	1996
주소	전남 여천군 남면 횡간리	좌동	좌동
면적(km²)	0.19	0.076	0.08
인구(명, 남자+여자)	73(48+25)	37(20+17)	24(14+10)
가구수	9	7	7
급수시설	공동우물 1개	우물 2개	우물(펌프) 1개
초등학교	1개 12명	분교 1개 18명	-
전력시설	-	7가구	자가발전 7가구
어선(척, 동력선+무동력선)	6(1+5)	5(5+0)	5(5 +0)

여수시 화정면

26
27
25
28
24
23
22
19
16
20 21
18
17
15
14
12
13

12

막걸리에 취하는 섬

여수 화정면 개도

펄을 잔뜩 품은 남도의 바다는 동해와 다르다. 제주바다와 다르다. 바다가 품은 색깔이 다르듯 그곳에 기대어 사는 사람들의 삶 또한 다르다. 여객터미널 맞은편 수산시장에서는 떨이를 하려는 상인들이 분주하다. 싱싱함이 생명인 수산물이라 하룻밤만 지나도 냉동실로 옮겨야 하기 때문이다. 막배에서 내린 등산객들이 좁은 시장통으로 몰려나온다. 저녁노을처럼 얼굴이 벌건 사내가 함지 안에서 낳다 꼬리를 치며 버둥거리는 숭어를 놓고 흥정을 한다. 흥정하는 솜씨가 영 아니다. 지켜보던 아내가 나선다. 남편은 옆에 있는 개불을 보고 입맛을 다신다. 철을 아는 눈치다. 개불은 찬바람이 나야 제 맛이다. 아내가 숭어값을 치른다. 개불은 서비스다. 소주 한 병을 사든 남편은 겨울을 나기 위해 잔뜩 몸을 부풀린 녀석을 한입에 몰아넣는다. 니들이 개불 맛을 알아. 그의 얼굴에서 맛을 느낀다.

화정면에서 가장 큰 섬 개도에서 나오는 길이다. 천제봉과 봉화산 모습이 개 귀와 비슷하여 '개섬'이라 했다고 한다. 반대로 모든 섬을 아우를 만큼 풍성하다는 뜻이라고도 한다. 《세종실록지리지》 순천도호부조에는 "바다에 있는 섬으로 돌산, 개도, 금오도 셋이 있다"고 기록되어 있다. 조선전기 섬에 관심이 없었던 시기에 돌산도나 금오도처럼 큰 섬과 함께 개도의 이름이 언급된 것으로 보아 당시 왜구침입에 대비한 중요한 섬이었을 것으로 생각된다. 《세종실록》에는 "왜인 38명이 4척의 배에 나누어 타고 개도蓋島로부터 나와 이로도伊老島로 향하는 것을 여도천호呂島千戶 최완이 뒤쫓아가서 사로잡았다"고 기록되어 있다. 《여산지》에는 "개도는 돌산의 남쪽에 있는 큰 섬으로 화개산의 옛 이름이 있고, …… 대동, 월항, 여석, 혼역, 모전의 다섯 마을"이 있고 또 "화개산은 천조봉이라고도 하는데, 양쪽 봉우리가 말의 귀가 쫑긋 솟은 것처럼 높게 서 있다"고 적혀 있다. 조선시대 개도에는 목장이 있었다.

쌀보다 고구마가 더 좋다

섬이라고 해서 모두 바다에 있는 고기만 잡는 것이 아니다. 바다가 한눈에 들어오는 모전마을 가파른 황토밭에서 한 노인이 고구마를 캐고 있다. 고구마는 농협에서 수매를 해주기 때문에 쌀보다 인기가 좋다. 수매된 고구마는 모두 소주공장으로 보낸다. 쌀을 아끼려고 밥 대신 먹었던 고구마가 이젠 상업작물이 되어 쌀을 밀어내고 있다. 시골에서 목돈을 만질 수 있는 방법은 우시장에 소를 팔거나 추곡수매였다. 시장개방으로 쌀은 더 이상 보호받지 못하고 추곡수매도 할 수 없다. 금이야 옥이야 가꾸던 논보다 천덕꾸러기 같았던 밭이 인기다.

천제산과 봉화산 골골에 6개의 크고 작은 마을이 똬리를 틀었다. 개도는 가막만에 빗장 걸고 여자만을 넘어 거문도로 열린 큰 바다를 넘본다. 가막만과 여자만은 호수에 가깝다. 고흥반도와 화양반도와 여수반도가 바다를 안고 개도, 낭도, 금오도, 돌산도가 징검다리처럼 바다에 떠 있다. 개도는 작은 섬을 거느린 섬이라 해서 덮을 개蓋 개도라 했다. 이 섬들을 연결해 다리를 놓을 계획이다. 불편한 뱃길보다 편리하겠지만 냉큼 두 손을 들어 환영하기 어렵다.

물길이 좋고 바다생태계가 건강해 멸치들이 많이 들고 난다. 멸치 낭장망을 하는 것도 이 때문이다. 빨간 고추와 하얀 서멸(가는 멸치)이 넓은 몽돌해변을 차지했다. 여름철에는 제법 해수욕객이 찾는 곳이다. 너울이 일 때마다 몽돌은 수많은 이야기를 쏟아낸다. 동행한 친구가 몽돌밭에 누웠다. 도시 것들이 그러거나 말거나 스염이 덥수룩한 노인은 말린 멸치를 박스에 담고 있다. 낚시꾼들도 가도를 많이 찾고 있다. 갯바위 낚시꾼들은 여객선을 타기보다 낚시배를 빌려 포인트가 좋은 갯바위로 향한다. 섬사람들은 도움은 고사하고 피해라도 주지 않았으면 좋겠다고 한다. 제발 가지고 온 쓰레기만이라도 가지고 가라는 것이다.

물길을 열면 어민들의 땅이다

큰 마을에서 나와 모전이나 월항마을로 가려면 큰개를 지나야 한다. 방조제가 막혀 갈대와 억새가 함께 자라고 있어 소를 풀어놓기 좋은 풀밭이다. 40여 년 전 이곳은 갯벌이었다. 개도에서 가장 넓은 갱번이었다. 낙지, 조개와 파래까지 갯벌에서 볼 수 있는 것은 모두 있다. 어민들은 김발을 막고 낙지를 잡았다. 돈 마를 줄 몰랐던 갯벌이었다. 농지를 조성하기 위해 물길을 막았다. 40년을 기다렸다. 그 사이 갯벌은 갈대밭으로 변하고 육상식물들이 자리를 잡았다. 주민 김연수(2006년 당시 80세) 씨는 이렇게 방치할 바에야 수문을 열어 물이 들게 해달라고 중앙에는 물론 지역에도 여러 차례 건의를 했다. 하지만 논의조차 이루어지지 않았다며 울분을 토한다.

이 갯바닥이 대롱(모시조개)에서부터 바지락까지 안 나오는 것이 없고, 갯지렁이 잡지, 파래 뜯지, 낙지 잡지, 안 잽히는 것이 없다니까.

　500호가 살 때 300호가 이 갯벌 뜯어먹고 살았지. 육지로 만들면 시
청에서 팔아먹을 수 있고, 바닷물을 넣으면 주민들 먹고 살제.

　큰개를 막기 전에는 주변에 있는 화산리와 신흥리 300호가 갯벌에
의지하며 살았다. 농지가 귀한 시절에 큰개는 주민들의 쌀이고 반찬
이었다. 진짜 쌀을 주겠다며 1960년대 IBRD(국제부흥개발은행) 차관을
받아 주민들에게 밀가루를 배급하면서 방조제를 막았다. 이제나 저제
나 기다리던 주민들도 지쳤다. 급기야 1988년에는 차라리 물길을 열
어달라고 탄원을 냈다. 방조제를 지나야만 여객선 선창에 갈 수 있는
신흥마을은 반대했다. 옥신각신 말도 많았던 간척사업은 4만여 평의
농지를 조성하는 것으로 마무리되었다. 하지만 농업용수 확보가 어려
워 농사를 지을 수 없었다. 처음부터 물이 없어 농지조성을 목적으로
간척해서는 안 될 곳이었다. 말썽 많은 그 땅은 여수시 소유로 등기가
되어 있다. 개인소유는 아니었지만 조상 대대로 갯일을 하던 곳이 아
닌가. 농지조성을 목적으로 간척을 했다면 분양을 하거나 아니면 다
시 물길을 열어 갯벌로 이용할 수 있게 해달라는 것이 김씨나 갯일을
경험한 주민들의 요구다. 여수시에서는 백야대교 완공에 이어 개도와
화태도를 지나 돌산읍으로 이어지는 다리를 세울 계획을 하고 있다.
주민들은 시에서 다른 속셈이 있는 것은 아닌가 의심하고 있다. 그럴
수밖에 없는 것이 물길을 열면 양식장이나 갯벌로 이용할 수 있지만
개발이 된다면 외부자본이 들어올 것임을 알기 때문이다.

3대가 같이 다니던 초등학교다

작은 섬 학교들은 대부분 문을 닫았다. 어린아이가 없기 때문이다. 제
법 큰 섬도 면 중심에 한 개 정도 남아 있을 뿐이다. 초등학교와 중학교

도 합쳐지고 있다. 도로 사정이 좋아져 학교를 통합해서 통학버스를 운행하면 아이들에게도 훨씬 효율적이다. 개도에는 화정면에서 제일 큰 화정초등학교가 있다. 화정면에 있는 섬 중 가장 크다. 한때 이곳에 면사무소가 있었지만 지금은 백야도에 있다. 1932년어 설립된 화정초등학교는 한때 제도분교, 자봉분교까지 두었다. 지금은 개도중학교와 통합되었다. 화정초등학교에서는 2005년에 남학생 5명과 여학생 2명이 졸업했다. 2008년에는 초등학생 6명 중학생 6명이 졸업했다. 지금까지 총 3,900여 명이 졸업했다. 아버지도 할아버지도 모두 같은 학교 출신이다. 섬에서는 흔한 일이다. 2006년 화정초등학교에서는 개교 이래 가장 큰 행사가 열렸다. 백발이 성성한 1회 졸업생부터 유치원생까지 모였다. 개교 74주년을 기념하는 총동창회 겸 체육대회가 열린 것이다. 주민들은 물론 서울과 부산, 광주 등 팔도에 흩어져 있던 졸업생들이 모였다. 수십 년 만에 만난 친구들은 금방 이놈 저놈이 된다. 여자

섬사람들은 아이들을 공부시키기 위해 땅을 기부하고 울력을 해 학교를 지었다. 아이들이 졸업하고 섬을 떠나자 학교는 문을 닫았다. 그리고 학교는 민간인에게 팔렸다. 대부분 개발이익을 노리는 사람들이다. 간혹 다행스럽게도 마을이나 어촌계에서 아버지 세대가 기부한 땅을 구입해 민박이나 체험관으로 활용하기도 한다.

동창도 예외가 아니다. 그래서 초등학교 친구들이 좋은 모양이다.

한 조사에 따르면 젊은 사람들이 섬을 빠져나가는 가장 큰 이유가 교육문제였다. 유난히 교육열이 높은 우리나라 아니던가. 자식은 절대 섬에서 가르치지 않는 것이 섬부모들의 불문율이었다. 매질을 해서라도 밖으로 내쫓아냈다. 지난 외환위기 때 명예퇴직을 한 젊은이들이 고향인 섬마을로 돌아왔다. 전복양식으로 제법 재미를 봤던지 눌러앉기로 마음을 굳혔다. 아내도 내려와 섬사람이 되었다. 문제는 아이였다. 도시에서는 영어학원, 수학학원, 논술학원은 기본으로 다녀야 했다. 여기에다 몇 가지 과외까지 더 하면 주말에도 꼼짝 못했다. 아이만 그런 것이 아니었다. 부모 역시 시간을 낼 수 없었다. 고민이었다. 몇 번을 생각하다 아이도 데려왔다. 지금은 잘 데려왔다고 여긴다. 선생님 사랑은 물론, 동네사람들의 손자가 되었다. 마을에 있는 개들도 아들녀석만 보면 꼬리를 치며 반긴다. 과외를 못해서 아쉽기도 하지만 아이는 더 큰 공부를 하고 있다.

개도에도 유치원이 생겼다. 젊은 사람들이 제법 있기 때문이다. 따지고 보면 전복양식 때문이다. 개도는 전체 가구 중 절반이 전복양식을 하고 있다. 전복정보화마을로 지정되어 여러 차례 방송에 소개되기도 했다. 학교 한가운데서 윷판이 벌어졌다. 그 옆에는 초등학생들이 얼음덩어리를 손으로 잡고 누가 오래 버티는지 시합중이다. 유치원생들은 콜라를 한 병씩 들었다. 한쪽 손에는 천원짜리 지폐가 쥐여져 있다. 뭐니 뭐니 해도 체육대회의 꽃은 줄다리기와 달리기다. 여석마을 최씨는 초등학교 때는 학교대표로도 뛰었는데 마음처럼 안 된다고 한다. 안간힘을 썼지만 꼴등을 하고 말았다. 숨을 헐떡이는 최씨를 보고 한바탕 웃는다. 초등학교가 있는 화산마을은 섬 전체 인구의 절반인 180여 호가 거주하고 있다.

지금은 초등학교에 모여서 운동회를 하지만 옛날에는 개도사람들이 봄철이면 화전놀이를 즐겼던 곳은 청석포이다. 태풍과 파도가 거센 지역으로 돌의 색깔이 푸른빛을 띤다고 하여 붙여진 지명이다. 많은 사람들이 올라가 놀 만한 넓은 바위가 있어 마을별로 돌아가며 화전놀이를 했던 곳이다.

아무리 바빠도 개도에서 꼭 해야 할 일이 있다. 막걸리를 한잔 들이키는 일이다. 향일암이나 여수에 있는 유명한 막걸리집에 가보면 어김없이 만나게 되는 것이 있다. 개도막걸리다. "개도 막걸리 한잔 하고 가세요." 그 소리에 솔깃해진 관광객들은 "그럴까. 갓김치에 막걸리 한잔 할까."하며 가게로 들어간다. 개도막걸리 한 상이면 한정식이 부럽지 않다. 조선시대부터 수백 년 역사를 지녔다는 개도막걸리는 맛이 부드럽고 깔끔하다.

막걸리맛도 보았다. 그런데 뒤가 켕긴다. 무엇 때문일까. 여석리 돌벅수를 그냥 지나쳤다. 노할 만도 하다. 숫돌이 많이 생산되어 여석礪石이라고 했다고 전한다. 지금도 광석을 채석하여 일본, 대만, 동남아에 수출한다고 하니 팔자처럼 지명도 허투루 생기지 않는 모양이다. 여석리 돌벅수는 바다쪽에 '화정려' 라 음각된 장승과 맞은편에 '남정중' 이라 쓰인 장승 두 개가 서 있다. 이들은 1921년 3월 20일 세워졌다. 이곳을 벅수골이라 하는 것으로 보면 그 이전에도 존재했을 가능성

이 크다. 특별한 치료약이 없던 시절 벅수는 아이들이 병에 걸리지 않고 건강하게 자라도록 잡귀잡신을 막고 마을 안녕을 가져다준다고 믿었다. 마을사람들에게는 온화하고 잡귀잡신에게는 근엄한 것이 벅수다. 어떤 때는 마을신이 되었고, 어떤 아낙은 아들을 점지해 달라고 코를 잘라 먹기도 했다. 또 남편이 바람 피지 말게 해달라고 빌기도 했다. 동네 어귀에 떡하니 버틴 채 두 눈 부릅뜨고 오가는 사람을 변함없이 지켜보는 그가 한없이 그립다.

● — 벅수(장승)

많은 지역에서 장승이라고 부르지만 여수를 포함한 전라남도 동남해안 지역에서는 벅수라고 한다. 벅수의 다른 이름으로는 장생(長生), 장선(長善), 장신, 당승, 벅시, 돌하루방, 할아버지, 할머니, 당산, 수살, 주살, 살맥이, 미륵, 동자석, 돌선왕, 돌대장군, 오방장군, 수문장, 우성목, 무성목, 맹자님, 옹중석, 망죽석 등 다양하다. 이와 관련된 지명도 벅수골, 장승배기, 장승거리, 장승모랭이, 장승골, 장승부리, 장승재, 장고개, 장석걸, 버수거리, 벅수머리, 벅시걸 등이 확인되고 있다.

장승의 기능은 마을수호, 질병예방(천연두와 역질 등 돌림병), 방위수호, 산천비보, 읍락비보, 불법수호, 경계표, 금표, 이정표, 성문수호, 기자신앙(아들 낳기를 기원하는 행위) 등이 있다. 장승기원과 관련해서는 민속기원, 사원전답 경계표시, 고구려 제속, 남부도작문화, 남근숭배, 무당유래설, 불교법수보살 등 다양하게 제기되고 있다.

일반적으로 장승에는 '천하대장군', '지하여장군'을 새기지만 여수 벅수는 '남정중(南正重), 화정려(火正黎)라는 명문이 많다. 남정과 화정은 중국 상고시대 관직명이며 중과 려는 사람이름이다. 남정중은 하늘을 관장하는 천신이고 화정려는 땅을 담당하는 지신으로 천하대장군이나 지하여장군과 다르지 않다. 여수에는 개도 여석마을 외에 총 10개소 25기의 벅수가 있다.

개황 | 개도盖島

일반현황

위치 | 전남 여수시 화정면 개도리 **동경** 127°55′ **북위** 34°28′
면적 | 9.94km² **해안선** | 25.5km **육지와 거리** | 5km(돌산)
가구수 | 425 **인구**(명, 남+여) | 904(440+464) **어선**(척) | 183 **어가** | 202
어촌계 | 총 어촌계 5개(호전, 신흥, 화산, 월항, 여석) 총 210명

공공기관 및 시설

공공기관 | 화정파출소 개도출장소(061-666-8712), 개도우체국(061-666-8600), 개도보건지소(061-666-8717),
농협 개도지소(061-666-8610)
교육기관 | 화정초등학교(061-666-8655), 개도중학교(061-666-0291)
전력시설 | 한전 전력 이용
급수시설 | 간이상수도 51가구, 우물(펌프) 30개소 25가구, 지방상수도 349가구

여행정보

교통 | **배편** | 여수항에서 정기여객선이 1일 3회 운항, 화정면 백야항에서 1일 3회 운항
여행 | 혼야개 해수욕장, 청석포 휴양지
낚시터 | 바끝섬, 안섬, 불무섬 등 무인도들, 고여, 해고여, 통신여
특산물 | 재래김, 흑염소, 멸치
특이사항 | 큰산어미 해안에는 기암절벽이 병풍처럼 둘러져 있으며 해고여와 같이 낚시터가 잘 형성되어 있어
감성돔, 노래미, 볼락, 농어, 갈치 등의 낚시터로 유명한 곳이다. 청석포 휴양지가 있다

30년 변화 자료

구분	1973	1985	1996
주소	전남 여천군 화정면 개도리	좌동	좌동
면적(km²)	9.46	9.94	9.94
공공기관	-	면 출장소 1개	면사무소 출장소 1개, 경찰분소 1개
인구(명, 남자+여자)	3,458(1,763+1,695)	2,494(1,245+1,249)	1,666(851+815)
가구수	513	511	466
급수시설	공동우물 30개	우물 148개, 간이상수도 6개	간이상수도 3개, 우물(펌프) 162개
초등학교	1개 790명	1개 446명	1개 103명
중고등학교	1개 183명	1개 317명	1개 93명
전력시설	-	한전 511가구	한전 466가구
의료시설	-	약방 2개	보건지소 1개
어선(척, 동력선+무동력선)	171(15+156)	200(87+113)	182(145 +37)

※ 공공기관은 면사무소, 파출소 등 포함

바다에 징검다리를 놓다
여수 화정면 월호도

눈을 뜨자마자 베란다를 열고 날씨를 살폈다. 지난 주말 섬여행을 하다 비를 잔뜩 맞았다. 어제도 비가 내려 여수 작은 섬에 가려던 계획을 취소했다. 주섬주섬 채비를 하고 김밥 두 줄과 물을 사서 카메라가방에 넣었다. 오늘 가려는 섬은 한 마을 혹은 두세 마을 정도 거주하는 작은 섬들이라 점심을 사먹기 어려울 것 같기 때문이다. 또 여객선이 순환형이라 한 섬에 머무를 수 있는 시간이 2시간 내외로 짧아 한가롭게 점심을 챙겨 먹을 겨를도 없을 것 같았다.

광주에서 돌산읍 군내리까지는 두 시간은 족히 걸리는 거리이다. 어제 저녁까지 비가 그치질 않아 아침 상황을 보려고 첫배는 포기했다. 고속도로에 접어들자 하늘이 열렸다. 가을하늘이 날 반겼다. 기분도 좋았다. 그것도 잠시, 곡성으로 접어들자 하늘은 먹구름이다. 순천을 넘어서자 빗방울이 떨어지기 시작했다. 차를 돌려야 하나. 잠시 망설였다. 나선 김에 스케치라도 하자 싶어 여수까지 달렸다. 빗방울이 멈추었다. 돌산읍 군내리 나루꼬지에 도착하니 여객선에는 차가 가득 실려 있었고 사람들로 왁자지껄했다. 사진동호회 출사여행으로 보였다. 왁자지껄함이 꺼려져 나랑 같은 섬에 내리지 말아달라고 속으로 빌었다.

월호도는 이 섬 저 섬을 연결하는 다리섬이라 해서 다리도多里島라 했다. 다리섬이 ‘달섬’이 되고 한자지명이 되어 월호月湖가 되었다고 전한다. 월호도는 개도, 대두라도, 화태도로 둘러싸여 있다. 《신증동국여지승람》,《동국여지지》,《여지도서》 등에 ‘다리도는 소경도 동쪽에 있으며, 주위는 15리이다’고 기록되어 있다. 《여산지》에는 “월도는 다른 말로 다리도라 부른다. 남쪽 10리 지점에 수태도가 있으며 주위는 15리이다”라고 기록되어 있다. 자연마을로는 큰동네, 비자금, 멀징포 등이 있다. 월호도에 사람이 많이 살았던 1960년대에는 큰동네 90호, 밀칭개 20호, 대비자금 11호, 글씬개 7호, 잔비자금 3호가 있었고 인구는 800여 명에 이르렀다. 이중 글씬개는 축지법을 하는 장사가 용마를 타고와 벼랑에 글씨를 썼다고 전해지는 곳이다. 지금은 큰동네와 대비자금 합해 78호에 200여 명이 되지 않는다. 인구 감소폭이 매우 높다. 78호 중 60호가 교회를 다니고 있다.

배는 작은 섬 ‘송도’를 지나 화태도 괴머리를 스치듯 지나 월호도로 향했다. 왜가리들이 송도에 무리를 지어 앉아 있었다. 한참 고스톱을 치며 목소리를 높이던 사진동호회 친구들이 모두 일어나 내릴 준비를 하고 있었다. 이들도 월호도에 내리는 모양이었다.

배에서 내리자마자 맞은편 선창으로 향했다. 작은 섬에 카메라를 든 사람들이 나를 포함해 열댓 명이 내렸다. 선창에서 바라본 마을 풍경은 조용하고 편안했다. 마을에 우뚝 솟은 교회는 어느 섬에서나 볼 수 있는 경관이 되었다. 마을 뒤 산자락은 밭이 일궈져 있고 그 위로 잡목과 칡덩굴이 얽혀 있다. 그 너머 산 정상으로는 숲이 우거졌다. 잡목이 우거진 곳들은 몇 년 전까지 밭농사를 짓던 곳들이다. 그런데 남은 밭들에는 연초록 꽃들이 가득 피어 아름다웠다. 저게 뭘까.

그 궁금증도 잠시 맞은편 선창으로 발길을 옮겼다. 낚싯대를 들고 부두를 오가며 바다를 응시하는 젊은 사람을 보았기 때문이다. 남자

홀치기 낚시

가 공갈낚시를 들고 숭어 홀치기를 하고 있었다. 명함 세로 길이만한 낚싯바늘 세 개를 갈고리 모양으로 붙여서 낚시를 만들고 끝이 뭉뚝한 길이 10미터 정도의 대나무에 굵은 낚싯줄을 매달고 낚시를 묶었다. 조용한 포구 수면 위로 작은 원이 그려졌다. 숭어 두 마리가 나타났다. 눈치가 빠르고 잽싼 숭어는 사람 그림자만 봐도 도망가는 물고기다. 사람이 없는 반대편으로 이동하기 때문에 낚싯대를 든 남자와 실랑이가 한참동안 벌어졌다. 그러다 홀치기 낚시를 던져 채어올렸지만 번번이 실패했다. 아쉬웠던지 탄식과 함께 뭐라고 중얼중얼거렸다. 한참을 카메라 셔터에 손을 댄 채 기다리다 포기하고 말았다. 조금 전 밭에서 봤던 아름다운 연초록 꽃무리 생각이 났다. 곧장 밭으로 올라갔다. 월호도에서 많이 재배한다는 '시호'였다. 자호, 산채, 여초茹草, 시초柴草라고도 부른다. 일본 삼도지방에서 들여와 우리나라 남쪽지방과 순천, 벌교, 여수 지방 해안가에 심어졌다. 일년생으로 경북 북부와 강원도까지 재배가 확대되고 있지만 섬에서 재배하는 '섬시호' 인기가 가장 좋다.

큰마을을 둘러보고 고개를 넘어 대비자금으로 향했다. 고갯길에 분교가 자리해 있다. 학교는 방학중이라 조용했다. 대비자금 선창에는 몇 척의 배들이 정박해 있고, 해안을 따라 늘어서 있는 10여 채 집

월호도 밭에 심어진 '시호'

들은 쓰러졌거나 어구를 보관하는 창고로 이용하고 있었다. 여객선을 같이 타고온 사진동호회원들이 모두 포구에 모여 사진을 찍고 있었다. 가두리양식장을 사이에 두고 대두라도가 자리하고 있었다. 발길을 돌려 멀칭포로 향했다. 언덕으로 올라서자 큰동네와 선창과 바다 그리고 건너편 화태도까지 한눈에 들어왔다. 멀칭포는 멀칭개, 멱진포라고도 한다. 이곳에는 빈집만 5집이 남아 있었다. 추석을 앞두고 벌초를 하는 예초기 소리가 요란했다. 멀칭포에서 1킬로미터 서쪽으로 가면 '글쓴개'라는 마을이 있었다. 글을 새겨 놓았다고 해서 '서사리'라고도 했다. 1970년 무렵 폐촌되었다. 다시 고개를 넘어 큰마을로 돌아왔다. 아직도 여객선이 오려면 2시간은 기다려야 한다. 사선이라도 얻어타고 갈까 선창을 서성이다 마을경로당 앞에서 장어주낙 채비를 위해 손질하던 어민 김두인(77세) 씨를 만났다. 김씨는 월호도에서는 금오도나 화태도보다 먼저 사람이 거주하기 시작했다고 했다. 1960년대까지 마을사람들은 이정세를 걷었다. 당시 이정세는 가구를

5~6등급으로 나눴다. 기준은 재산 정도에 따라 달라졌다. 이정세란 마을이장의 활동비를 비롯해 마을운영에 필요한 경비를 말한다. 등급에 따라 차등적으로 마을운영비를 거뒀다. 이정세를 걷는 것이 중단된 것은 해안을 팔기 시작한 뒤였다. 월호도의 해안(갱번)은 간조시 바닥이 드러나는 곳과 그렇지 않은 곳으로 구분한다. 바닥이 드러나는 곳은 톳, 미역, 우뭇가사리 등 해초를 뜨는 구역이다. 해안에서 20미터구간은 해녀들이 작업을 하는 곳이다. 더 깊은 곳은 잠수기어업자들에게 판매하고 있다. 바닥이 드러나는 곳은 주민들이 작업을 한다. 해녀와 잠수기어업자들에게 판매하는 것을 '빈매'라고 한다. 그 비용은 전부 마을기금으로 사용하고 있다. 월호도는 장어를 잡는 배가 9척, 삼중그물(삼마이)로 고기를 잡는 배가 4척이다. 인근 횡간도, 두라도와 달리 월호도는 멸치잡이를 하지 않는다.

월호도에는 초등학교(분교)만 있고 중학교는 없다. 초등학교를 졸업하면 개도나 화태중학교로 유학을 보냈다. 통학선이 없었기 때문에 여객선을 이용해서 등하교 시간을 맞출 수 없었기 때문이다. 화태중학교가 설립되기 전까지는 모두 개도중학교로 가야 했다. 시간과 거리가 멀고 방세도 비싸서 부담이 컸었다. 마침 화태중학교가 개교하면서 학교를 옮겼다. 특히 개도사람들이 비싼 방세와 '똥세'까지 받는 야박함에 너무 서운했다며 화태중학교에 통학선이 생기면서 배로 등학교를 할 수 있게 되었다고 했다. 통학선은 교육청에서 운영하며 월호, 두라, 나발, 소두라를 돌았지만 지금은 학생이 있는 월호와 두라도만 운항하고 있다.

이런저런 이야기를 해주던 김씨는 갑자기 학교이야기가 나오자 지금 앉아 있는 곳이 과거에 초등학교 자리이며, 그 옆이 관사였고 뒤가 학교자리였다고 알려줬다. 관사에는 마을주민이 1년에 50만원을

섬에 있는 학교는 전망이 좋은 곳에 위치해 있다. 아직도 남아 있는 폐교 활용 관련 각종 정책이 마을공동체를
유지하고 지역활성화를 꾀하는 방향으로 추진되길 바랄 뿐이다.

주고 살고 있다고 했다. 이 대목에서 김씨가 분개했다. 옛날 초등학교
나 지금 새로 지은 초등학교 모두 부지는 마을 주민들이 마련해 주었
다는 것이다. 교육청에서는 건물만 올리고 땅과 건물을 모두 교육청
소유로 등기를 했다. 그리고 폐교하거나 옮기게 되면 자기 재산처럼
판다는 것이다. 섬마을 사람들은 학교는 물론 보건소 등 각종 출장소
를 유치하기 위해 부지를 마련해 내놓는 일이 다반사다. "건물만 올
리면 자기들 것이라니까"라며 흥분했다. "아니 마을 주민들에게 빈
관사를 임대해 준다는 것이 말이 됩니까." 공공기관은 건물만 지으면
자기 땅이 되는 것이다. 어떤 섬에서는 땅을 제공해 줄 때 공공기관이
이전해 가거나 기능을 하지 못할 때 주민들에게 되돌려 준다는 각서
를 썼다는 이야기도 들었다. 배타적 소유권이 버젓이 살아 있는 곳에
서 벌어지는 일들을 어떻게 이해해야 할까. 그것도 섬사람들의 비애
로 돌려야 하나.

개황 | 월호도月湖島

일반현황

위치 | 전남 여수시 화정면 월호리 **동경** 127°59′ **북위** 34°26′
면적 | 1.50km² **해안선** | 7.88km **육지와 거리** | 10km(여수시)
가구수 | 91 **인구**(명, 남+여) | 213(105+108) **어선**(척) | 51 **어가** | 50
어촌계 | 총 1개 어촌계, 월호 41명

공공기관 및 시설

공공기관 | 화정파출소 월호출장소(061-666-7110), 월호 보건진료소(061-666-7595)
교육기관 | 화태초등 월호분교(061-665-7124)
전력시설 | 한전 전력 이용
급수시설 | 간이상수도 87가구, 우물(펌프) 4가구

여행정보

교통 | **배편** | 해동스타호 1일 5회 운항
여행 | 가마바위, 진선바위, 소돌바위 등 기암괴석, 해송림, 동백나무 군락지
낚시터 | 섬주변에 낚시터가 형성되어 감성돔이 잘 잡힘.
특산물 | 김, 굴
특이사항 | 가마바위, 소돌바위 등 기암괴석과 울창한 해송림 및 동백나무 군락지가 있다. 매년 음력 3월 3일 산신제를 지낸다.

30년 변화 자료

구분	1973	1985	1996
주소	전남 여천군 화정면 월호리	좌동	좌동
면적(km²)	2.07	1.51	1.5
공공기관	-	-	경찰분소 1개
인구(명, 남자+여자)	1,001(519+482)	711(345+366)	472(225+247)
가구수	138	130	117
급수시설	간이상수도 1개, 공동우물 7개	간이상수도 1개, 우물 23개	간이상수도 1개, 우물(펌프) 21개
초등학교	1개 131명	1개 131명	분교 1개 42명
중고등학교	-	중학교 1개 602명	-
전력시설	-	한전 130가구	한전 927가구
의료시설	-	약방 1개	보건진료소 1개
어선(척, 동력선+무동력선)	47(9+38)	60(22+0)	69(67+2)

＊ 공공기관은 면사무소, 파출소 등 포함

14

꼼짝없이 잡혀 살았제
여수 화정면 자봉도

"여그 김이 대한민국에서 제일 좋았제. '섶'이라고 들어봤어." "섬진 강 하구 태인도에서 했던 김양식법이죠." "그걸 어떻게 알어?" 김활 원(1930년생) 씨가 놀란 표정이다. "대나무나 잣나무 가지를 꺾어다 갯 벌에 꽂아 두면 포자가 와서 붙었제." 섶양식을 말하는 것이다. 그 김 맛이 그렇게 좋았다고 했다. 물론 김노인도 들었던 이야기이다. 갯벌 이 발달해 있는 앞선창은 섶양식의 적지였다.

자봉도는 화양면 힛도·화정면·백야도·제도·개도·월호도와 남 면 화태도, 돌산으로 둘러싸인 여수만 끝자락에 위치해 있다. 자봉도 에 입도조는 해주오씨로 임진왜란 때 피난길에 정착했다고 전한다. 그 후 40여 년 뒤에 광산김씨, 창원황씨, 전주이씨가 들어왔다. "큰 봉 황이 앉아 있다더니 갈매기만 오살라게 날아다니네.' 섬여행 동행인 이 한 마디 했다. 자봉도 옛이름은 '자방도' 혹은 큰 새가 앉아 있는 모양이라 하여 좌봉座鳳도라 했다고 한다. 봉황 중에서 붉은 봉황이 길 하다고 해서 자봉도紫鳳島라 했다가 일제강점기 행정구역 개편으로 자봉도自峰島라 했다고 한다. 《대동지지》 전라도 순천 도서조는 '자봉 도自峯島'라 기록했다. 1872년 제작된 〈순천방답진지도〉에는 "자봉도 는 방답진으로부터 물길이 15리 떨어져 있고, 수심은 30장이다"라고 기록되어 있으며, 외적의 동태를 살펴 알릴 수 있는 요망대瞭望臺가 표시되어 있다. 돌산군수가 편찬한 《여산지》(1899)에는 "자봉도는 서남쪽 10리 수태도 서쪽에 있으며 주위는 3리이다. 그 산의 생김새가 모두 정정하다"고 기록하고 있다.

하지만 80대 할머니의 이야기가 더 정겹다. "오도가도 못하게 잡와나서 자봉도라요." 여수에서 16킬로미터밖에 떨어져 있지 않지만 하루에 배를 3번밖에 운항하지 않아 여객선을 타고 뭍을 오가는 것이 쉽지 않다. 그것도 선장에게 미리 전화를 해야 지나다 들른다. 큰맘 먹어야 여객선을 탈 수 있다. 젊은 사람들이야 선외기를 타고 쉽게 오간다지만 노인들에게는 여객선이 유일한 교통수단이다. 작은 구멍가게 하나 없는 섬이다.

마을 앞 선창 주변을 배회하는 갈매기가 유난히 많았다. 양식장 탓이었다. 우럭양식장 사료는 우럭뿐만 아니라 갈매기에게도 인기가 좋다. 양식장 주변에는 입맛을 다시는 갈매기만 모여드는 것이 아니라 손맛을 즐기려는 사람들도 찾아든다.

자봉도에 가두리양식장이 생긴 것은 10여 년 되었을 것이다. 김양식에서 시작해 다시마, 홍합, 가두리로 바뀌었다. 그래도 사람들이 가장 많이 살았던 때는 김양식을 하던 때였다. 30여 년 전 일이다. 그때는 섬인구가 지금의 3배였다. 마을 이름은 벼랑끝에 있다 해서 웃몰(상촌), 중간에 위치한 중등몰(중촌), 해안가에 있는 아랫몰(하촌) 등으로 불렀다. 동쪽 달목에 새로 터를 잡은 곳을 새터몰(신기촌)이라 했다. 상촌 남쪽으로 학교가 있었지만 폐교되었다.

섬에는 초등학생이 둘 있다. 이장 이용석 씨 아들이다. 25집 중 가두리양식을 하는 집은 4집이다. 나머지는 통발이나 그물을 놓아 고기를 잡아 살아가고 있다. 사면이 바다라지만 섬이 작으니 어장도 작고 수산물로 자급자족도 어렵다고 푸념이다. 30여 척의 작은 배로 통발하고 그물어업을 하며 살아가고 있다. 고대구리어업을 하던 시절에는 젊은 사람들도 있었다. 배를 감척하고 어장이 신통치 않자 젊은 사람들은 하나둘 섬을 떠나고 섬에 남아 있는 사람들은 노인들이다.

선창에서 그물손질을 하던 김노인을 만났다. "우리 가 40년 전에는 전국에서 제일 맛이 좋은 김을 했어." 자랑하는 이야기이다. 섬은 이래도 옛날에는 살 만했다는 것을 말하려는 것이다. 김양식을 하기에 적합해 다른 지역보다 일찍 김양식이 시작된 곳이라는 것이다.

'썹'이라는 것은 섶양식을 일컫는 말이다. 가지가 많은 대나무나 산죽을 묶어 다발로 갯벌에 꽂아 두면 포자들이 붙어 자라는 초기 김 양식이다. 바위에서 자라는 김을 뜯던 것에 비하면 발전한 모습이다. 하지만 여전히 자연채묘에 의존하고 수심이 있거나 갯벌이 발달하지 않는 곳에서는 불가능한 양식형태이다. 섶양식은 본래 섬진강 하류 하동이나 광양 태인도 인근 바다에서 했다. 김노인 자신도 10살 때 보았던 것이라며 하동에서 배워와 시작한 것으로 기억했다. 자신이 직

"한번 들어오면 오도가도 못하게 (교통이 불편해서) 잡아 놓는다고 자봉도라 했다요."

접 했던 김양식은 '지주식'이라 했다. 왕대를 쪼개서 발을 엮어 지주에 걸어서 하는 김양식이다. 오늘날 매생이양식과 흡사하다. 노인은 이 양식을 '쓰다발이'라고 했다. 일본말이다. 근대식 김양식이 일제 강점기에 시작되었고, 건흥기술의 개발이 조선총독부에 의해 주도되었으니 이상할 것도 없다. 선박기술, 어구명칭 등에 남아 있는 일본말은 곳곳에 있다. 우리말을 찾는 것이 더 어려울 것이다. 김 '한 때(책)'에 지주가 15개씩 들어가기 때문에 말목 구하는 것도 쉬운 일이 아니었다. 게다가 연안 오염이 심해지면서 좀더 깊은 곳으로 나가야 했다. 이때 개발된 것이 부흥식이었다. 대나무 대신 그물처럼 김발을 만들었다. 지금도 장흥, 신안지역에서 지주식이라는 이름으로 하는 김양식법이다.

자봉도는 30년 전까지 지주식 김양식을 했다. 그 후 굴양식을 했다. 노인의 이야기로는 '바다에 가스가 차서 벌어져' 굴양식도 그만 두었다. 이어서 홍합양식도 몇 년 했지만 자라다 모두 떨어져 그만두고 임대해 주고 있다.

마을 뒤에 있는 당에 올라가 보려고 걸음을 재촉했다. 폐교를 지나 물탱크까지 오르다 포기했다. 더 이상 오르는 것을 허락하지 않았다. 김노인은 10년 전까지 당산제도 모시고 해안제도 지냈다고 했다. 정월이 너무 추워 3월로 늦춰 당산제를 모시기도 했다. 당산제는 많이 들어보고 직접 보기도 했지만 해안제는 또 뭘까. 당산제는 정월보름 무렵에 해안제는 그믐날 한다고 했다. "당에 안 올라가고 해안가에서 지내는 제사 몰라." 갯제를 말하는 것이었다. 노인은 당산제를 '산신제'라고도 불렀다. 산에 지내는 산신제, 바닷가에서 지내는 해안제 혹은 해신제. 크게 이상할 것도 없다.

선착장이 있는 달목으로 가는 길에 '야무네'라는 별호를 갖고 있는 할머니를 만났다. 삼마이라는 그물을 손질하고 겨셨다. 삼중망의 일본말이다. 불법어업이다. 큰 고기든 작은 고기든 그물에 걸리면 꼼짝없이 잡힌다. 움직일수록 주변 그물에 엉겨붙기 때문이다. "그 할머니 여수에 갖다 팔아불쇼, 그물뜨기는 선수요." 조카와 함께 봄에 고기를 잡기 위해 준비하는 중이라 했다. 할아버지는 일찍 가신 모양이다. 이런 그물은 한번 장만하여 잘 관리하고 손질하면 3년은 사용할 수 있다. "이것 좀 갖고 가실라요. 청다래요. 콩나물하고 무쳐 먹으면 맛나라." 청다래는 산에서 들어본 이름인데. 모자반이나 몰이라는 이름은 들어봤지만 청다래는 처음 들었다. 《난호어목지》에도 청다래 靑障泥魚가 소개되어 있다. 야무네 할머니는 내게 숙제를 하나 주셨다. 청다래, 청다래, 집으로 돌아오는 길에 입안에서 뱅뱅 맴돌았다. 고향 지리산 산자락에서 배가 고플 때 따먹던 청다래가 자꾸 생각났다. 가을이면 시집간 누나의 연지마냥 빨갛게 익는 열매다.

일반현황

위치 | 전남 여수시 화정면 월호리 **동경** 127°38′ **북위** 34°36′
면적 | 0.504km² **해안선** | 6.14km **육지와 거리** | 14km(여수시)
가구수 | 29 **인구**(명, 남+여) | 56(26+30) **어선**(척) | 11 **어가** | 15
어촌계 | 총 1개 어촌계, 자봉리 23명

공공기관 및 시설

공공기관 | 자봉 보건진료소(061-665-8717)
폐교현황 | 화정초등학교 자봉분교(2001.03.01)
전력시설 | 한전 전력 이용
급수시설 | 간이상수도 1개소 26가구, 우물(펌프) 3가구, 해수담수화시설 1개소

여행정보

교통 | **배편** | 여수여객터미널(061-663-0116) 한려페리호 1일 2회 운항
여행 | 동백나무숲, 선바위, 상바위
낚시터 | 주변의 작은 섬에 낚시터 형성. 광어가 잘 잡힘. 기암괴석과 해송림이 아름답다.

30년 변화 자료

구분	1973	1985	1996
주소	전남 여천군 화정면 월호리	전남 여천군 화정면 자봉리	좌동
면적(km²)	0.23	0.50	0.50
인구(명, 남자+여자)	287(155+132)	208(113+95)	135(82+53)
가구수	37	43	35
급수시설	공동우물 1	우물 10개	우물(펌프) 3개
초등학교	1개 150명	분교 1개 26명	분교 1개 8명
전력시설	-	자가발전 43가구	자가발전 35가구
어선(척, 동력선+무동력선)	25(7+18)	45(13+32)	22(12+10)

개황 | 자봉도 自峰島

15

어눌한 사람 3년만
살면 말을 한다?
여수 화정면 제도

섬은 적막하고 매미소리만 요란하다. 선창에서 바라보니 보건소, 복지회관, 사당 등 제법 모양새를 갖추고 있다. 마을길로 접어들다 고개를 들어보니 높이 쌓은 축대 위에 멋진 팔각정이 지어져 있다. 다행스럽게 그곳에서 노인 두 분을 만났다. 1929년생 배정식. 1931년생 배상준 할아버지였다. 제도에 처음 입도한 성씨는 옥천육씨이며 이후 나주임씨, 성주배씨, 김해김씨, 달성서씨, 밀양박씨 등이 들어와 정착했고 지금은 성주배씨가 많이 살고 있다.

제도는 '젤섬', '제비섬'이라 불렸다. 한자로 표기하면 제리도濟里島라 했다. 또 제비의 여수말인 '지비' 섬이라 했다. 섬모양새가 제비를 닮아서 붙여진 이름이라고 전한다. 여기에 더해 지비가 지지배배 소리가 요란한 것처럼 제도 사람들은 언변이 좋다며, 심지어 어떤 근거로 시작되었는지 모르지만 "벙어리도 3년만 제도에 살면 말을 한다"는 말도 있다.

《단종실록》에는 제리도濟里島, 《신증동국여지승람》과 《동국여지지》《여지도서》《대동지지》모두 "제리도는 백야곶의 동쪽에 있다"고 기록되어 있다. 1872년 〈순천방답진지도〉에는 한자표기가 바뀌어 제리도諸里島로 기록되었다. 《단종실록》에는 "제리도 목장은 돌산만호突山萬戶가, 송도목장은 내례만호內禮萬戶가 관리하는 땅'이라고 기록되

밭에서 일을 하던 할머니들이 점심 무렵에 하나둘 하늘담을 넘어 집으로 돌아왔다.

었다. 이로 보아 제도는 조선전기 목장으로 이용되었음을 알 수 있다. 마을지명 중에도 마장, 웃마장, 몰장본, 몰 내려가 굼턱, 마장산 등 말 관련 지명이 많고 목장성도 남아 있다.

　한때 100호가 훨씬 넘었지만 지금은 60여 호가 거주하고 있다. 이 중 30호 정도는 가두리(5호), 통발(8호), 굴양식(4호), 통발과 삼중망(16호) 등을 하고 있다. 일제시대에는 해태양식을 하다 해방 후 지금까지 굴양식을 하고 있다. 굴양식은 가구당 20줄(50미터) 정도로 주비추첨을 해서 양식자리를 정했다. 이러한 방법은 해태양식 때도 마찬가지였다. 갱번에서 톳, 미역, 둠백이 등을 채취했다. 특히 둠백이는 여름철 닭과 함께 푹 삶아서 먹는 보양식이었지만 씨프린스호 기름사고 이후 사라졌다. 과거 고대구리를 했던 사람들은 폐선 이후에 작은 선외기를 마련해 어업을 잇고 있다.

　두 어르신이 알려준 당집을 찾았다. 여름장마 탓에 당집 마당은 풀들이 제 세상을 만났지만 당집 곳곳에서 묵히지 않는 흔적을 찾을 수

바다와 하늘 사이에 나지막이 담을 치고 하늘을 지붕삼아 마을을 이루며 사람들이 살고 있다.

있었다. 제도 마을제의는 '도제' 혹은 '당제' 라고 한다. 3월 1일 당집을 청소하고 삼짓날 해가 뜰 무렵 당주부부가 당집에 올라가 제를 지냈다. 제도는 음력 삼월 삼짇날을 택해 사장둑 '하당' 에서 주민들이 마을의 안녕을 비는 제를 지냈다. 그리고 제물은 돌 밑에 묻었다. 중당은 당집 터만 남아 있는 곳에 1984년 건물을 지었다. 10년 전부터 이장이 올라가 제를 모시고 있다. 제도에는 상당, 중당, 하당이 있었다.

상당은 산신, 중당은 마을신, 하당은 원둑에서 거리신을 모셨다. 현재 마을 남쪽에 있는 당집은 중당이다. 당집 안에는 '선당신령지신위先堂神靈之神位' 라고 쓰인 위패를 모셨다. 당산제를 지내며 마을주민들이 쳤던 '제도농악' 은 여수에서도 제법 이름이 알려졌었다. 지금은 명맥은커녕 흔적도 찾기 어렵다.

당집을 뒤로하고 하늘담을 넘자 요막산자락 비탈밭에 옥수수를 따는 주민이 몇 명 보였다. 제도에서 가장 높은 산은 요막산이다. 외적의 침입을 살폈던 요망대瞭望臺가 있었을 것으로 추정한다. 이곳에서 원

둑으로 가는 길, 자갈밭 해수욕장으로 가는 길, 선창으로 가는 길로 나
뉜다. 멀리 원둑을 쳐다보았다. 아이들이 재잘거리는 소리에 뒤도 돌
아보지 않고 자갈밭해수욕장으로 발길을 옮겼다. 광복절까지 겹친 사
흘 황금연휴를 맞아 고향을 찾은 사람들이다. 하늬바람이 많아 하늘
담이라 불렀다는 곳이다. 모래는 없고 짱돌이 구르는 소리가 아이들
소리와 멋진 화음을 이뤘다. 아이들이 노는 모습을 엄마와 아빠가 옆
에서 지켜보고 있었다. 저 부모들도 어렸을 때 저곳에서 물장구를 치
며 놀았을 것이다.

발길을 돌려 원둑으로 향했다. 제도는 논농사를 지었던 섬이다. 논
농사 유무는 섬사람들에게 일종의 섬품격을 가늠하는 잣대같은 구실
을 한다. 쌀을 직접 생산해 먹는다는 것은 육지사람과 같은 격으로 생
각하는 섬성의 또 다른 단면이다. 일제강점기 때 막은 것으로 전해지
는 원둑이 그것이다. 40두락 약 8천 평 정도의 논을 20여 가구가 농사
를 지었다. 당시 제도에는 100여 가구가 거주했다. 나머지는 보리, 고
구마를 중심으로 밭농사를 지었다. 10여 년 전부터 한 사람, 두 사람
논농사를 그만두더니 3년 전에 마지막 농사를 짓고 원둑은 습지로 변
했다. 제방만 없으면 그대로 연안습지나 내륙습지로 착각할 뻔했다.
하긴 논도 습지이긴 한데. 그곳에는 소들이 놀고 있다.

개황 | 제도楮島

일반현황

위치 | 전남 여수시 화정면 제도리 **동경** 127°25′ **북위** 34°28′
면적 | 1.05km² **해안선** | 9km **육지와 거리** | 7km(여수항)
가구수 | 65 **인구**(명, 남+여) | 139(67+72) **어선**(척) | 54 **어가** | 35
어촌계 | 총 1개 어촌계, 제도리 30명

공공기관 및 시설

공공기관 | 제도 보건진료소(061-665-4982)
폐교현황 | 제도초등학교(1995)
전력시설 | 한전 전력 이용
급수시설 | 간이상수도 61가구, 우물(펌프) 4가구

여행정보

교통 | **배편** | 여수여객터미널(061-663-0116) 한려페리호 1일 3회 운항
여행 | 선바위, 얼룽바위 등 기암괴석
특산물 | 굴
낚시터 | 갯바위 낚시터가 잘 형성되어 있다.
특이사항 | 예부터 염소(식수오염), 개(고양이 번식), 도둑이 없는 마을이다. 1998년 4월 여천시, 여수시, 여천군 3여가 통합되기 이전에는 여천군에서 제일 잘 사는 고소득 마을로, 굴양식이 소득원이었다.

30년 변화 자료

구분	1973	1985	1996
주소	전남 여천군 화정면 제도리	좌동	좌동
면적(km²)	1.04	1.04	1.05
인구(명, 남자+여자)	653(305+348)	421(210+211)	243(137+106)
가구수	96	94	72
급수시설	공동우물 296개	공동우물 6개	우물(펌프) 24개
초등학교	1개 87명	분교 1개 61명	분교 1개
전력시설	-	한전 94가구	한전 72가구
의료시설	-	-	보건진료소 1개
어선(척, 동력선+무동력선)	27(2+25)	74(20+54)	71(63+8)

16

육지가 된 섬,
이젠 무슨 꿈을 꿀까
여수 화정면 백야도

내가 다닌 산골중학교는 남녀공학이었다. 등하굣길은 신작로를 따라 걷거나 지름길인 논두렁밭두렁을 타고 가는 두 길이 있었다. 학생들에게 자전거는 받고 싶은 선물 영순위였다. 산골 학교길이 그랬다면 섬마을은 어땠을까. 큰 섬 주변에 있는 작은 섬에 사는 중학생은 물론 초등학생들도 학교를 가기 위해서 배를 타야 했다. 고기잡이배가 있으면 부모님이 손수 노를 저어 큰 섬 선창까지 데려다 주었다. 등하교 나루사공을 두는 섬도 있었다. 아니면 돌아가면서 나루질 당번을 하기도 했다. 배를 타고 걸을 수밖에 없었다. 선택의 여지가 없었다. 바람이 부는 날이면 학교 가는 것은 포기했다. 어린 학생들은 좋아했겠지만 교육열이 높은 부모들은 그때마다 육지로 나가는 꿈을 꿨을 것이다. 자식만은 학교에서 번듯하게 공부를 시키고 싶어 했다. 이들에게 꿈을 실현시켜 준 것이 양식어업이었다.

백야도는 '희섬'이었다. 섬 중심의 옥정산(286미터)은 호랑이가 누워있는 형국이며 바위가 흰색이라 마을이름을 백호리白虎里라 했다가 마을이름이 너무 강하다고 하여 백야리로 불렀다고 한다. 동구지끝과 건너골 밭에서 조개더미가 발견되어 신석기시대부터 사람이 거주한 것으로 추정된다. 《신증동국여지승람》에는 "백야도는 순천부 남쪽 바다 가운데 있으며 주위는 20리이다"고 기록하고 있다. 조선시대에는 사냥터와 목장으로 활용되기도 했다.《여지도서》(1759) 전라도 순천 목장조에는 "백야도 목장은 주위가 20리로 24마리의 말을 기르고 있으며 곡초는 3,000뭇이다"라고 기록되어 있다. 고종 33년(1896) 돌산군이 설립되면서 옥정면에 속했으나 1914년 여수군이 설립되면서 화개면과 옥정면이 통합되어 화정면으로 개편되었다. 백야도는 동두, 와달, 신기, 백야 마을이 합해져 법정리 백야리로 운영되고 있다.

선창에 섬마을 우체부들이 모였다

이른 아침 백야도 선창에 선외기들이 모였다. 고기를 잡기 위해 하는 채비가 아니다. 배를 운전하는 선장 혼자 탔거나 나들이옷을 곱게 차려입은 노인들이다. 선장은 익숙한 솜씨로 배를 묶고 가방과 자루를 하나씩 들고 뭍에 내렸다. 서로 인사를 하고 안부를 묻는다. 곱게 차려입은 노인들은 보따리를 들고 기다리는 시내버스에 올랐다. 여수로 가는 모양이다. 가방을 멘 선장들은 선창에서 담배를 한 대씩 피우더니 우체국으로 들어선다. 이들은 섬마을 우체부였다. 곱게 차려입은 노인들은 여수, 광주, 부산, 서울 등 도시로 나간 자식들 집에 가는 사람들이었다. 백야도가 연륙되자 여수 시내버스가 마을선창까지 들어오기 때문이다. 백야도 인근 상화도, 하화도, 제도, 개도, 월호도, 낭도, 조발도, 둔병도, 적금도, 낭도, 사도 등 가막만 입구에 있는 작은 섬이 '화정면'을 이루고 있다. 섬마을 주민들 중 편지와 소포 등 우편물을 배달하는 일을 맡아 주는 사람은 정해진 날에 백야도로 모여 우편물을 받아간다. 전기도 들어오고 인터넷도 되지만 우편물은 사람이 직접 전달해야 한다. 게다가 자식들에게 보낼 건어물 등 택배는 또 어떤가. 지금은 20여 년 전처럼 나루질을 해 매일 학교에 보내야 할 아이들은 없다. 대신 노인들이 배를 타고 자식들을 찾아간다. 생활이 넉넉

섬사람들의 꿈은 육지와 다리를 연결하는 것이다. '섬놈' 으로 살아온 아픔 때문이다. 배를 타지 않고 자동차로 무시로 드나들 수 있는 '길' 을 원했다. 그래서 정치인들은 선거 때마다 수없이 '다리공사' 를 한다.

한 집은 소재지 섬에서 민박을 하기도 했다. 더 여유로운 사람들은 여수로 유학을 보냈다. 섬살림에 유학비를 대는 일도 만만치 않았다. 1980년대 초반 백야도 인근 하화도는 28명의 학생들이 통학용 뱃삯으로 1인당 6만원을 냈다. 만약 여수로 유학할 경우 추가되는 부담이 연 80만원에 달했다. 당시로는 매우 큰돈이었다.

서남해지역에는 뭍에서 손을 뻗으면 닿을 듯 가까운 섬들이 많다. 여수의 백야도가 그런 섬이다. 배로 불과 3분 거리지만 다리공사를 하는 데 많은 시간이 걸렸다. 정치꾼들은 선거철이면 으레 '다리공약' 으로 섬주민들의 표심을 자극했다. 최근까지 그랬다. 다리가 없는 섬은 지금도 다리공약이 통한다. 모든 섬에 다리를 놓는 것이 올바른가 하는 것은 전문가들이나 하는 소리다. 이들에게 다리는 생명줄이다. 이번엔 틀림없다며 공사착공 약속까지 했다. 그러던 다리가 지난 2005년 4월에 개통이 되었다. 정치공사까지 포함하면 공사기간은 50년이 넘는다. 이 다리는 여수와 고흥 사이, 즉 여자만과 가막만을 통과하는 11개 다리의 첫 사업이었다. 다리백화점을 만들겠다는 '환상의 연륙·연도사업' 의 시작인 셈이다.

해변산중, 무엇으로 살아야 하는가

1960년대 1만2천여 명에 달했던 백야도 인구는 지금 4천여 명에 불과하지만 화정면의 중심지이다. 화정면은 유인도 15개, 무인도 56개 등 71개의 섬으로만 이루어져 있다. 섬에서 가장 높은 산이 백호산(286미터)이다. 산세가 아주 험하다. 백호산 동북쪽에 마을이 자리하고 있다. 주민들 스스로 백야도를 '해변산중' 이라 부른다. 그만큼 바닷일이 없다는 이야기이다. 여수 인근의 어촌마을처럼 굴양식이 있는 것도 아니고 고기잡이를 많이 하는 것도 아니다. 남쪽 몽돌밭 해변에 일부 양식장이 있기는 하지만 그것도 시원찮다. 고기잡이배라고 해야 섬 주변 바다에서 멸치잡이를 위한 낭장배들이다. 통발을 위한 작은 목선들도 꽤 눈에 띈다. 모두 산중에 밭을 일구어 살아가고 있다. 마을 앞 공동어장에서 물때에 맞춘 바지락 작업이 현금 소득원이다. 논농사는 몽돌해변과 화백리 주변 그리고 백야리로 들어가는 길목에 작은 다랑이논이 전부다. 큰 산과 작은 산 일대에 엉덩이라도 붙일 수 있는 자리는 모두 개간하여 밭작물을 심고 있다. 그렇기 때문에 섬치고 경지면적이 많은 편이라고 한다. 다리가 놓이기 전까지 백야도는 식당은 물론 여관도 없었다. 우리나라에 있는 면소재지에 이런 곳은 없다. 면사무소 직원들도 인근 주민의 집에서 식사를 한다. 머지않아 이곳에도 다른 섬처럼 횟집, 주유소, 모텔을 비롯한 숙박시설이 지어질 것이다. 목이 좋은 자리는 이미 외지인들 손에 넘어갔다. 다리가 놓아지기 전에 평당 5만원에 거래되던 땅들은 이미 20만원을 훌쩍 넘어 25만원까지 거래되고 있다.

여수 나들목을 비춘 등불 백야도

다리가 놓이면서 백야도를 찾는 사람들이 늘어났다. 등대가는 길은 2차선 도로 양쪽이 주차장이 되었다. 섬구경을 온 사람들도 있지만 대부분 낚시꾼들이다. 주민들이 지게를 지고 손수레를 끌고 가던 그 길은 아스팔트로 단장되었다. 외지에서 온 차들이 질주한다. 이제 농사짓는 노인들은 도로를 건너는 것이 무섭다. 명절에 와서 이 모습을 보고 간 자식들도 새로운 걱정거리가 생겼다. 어쩌랴, 그렇게 원하던 다리가 준 선물인데. 몽돌밭해변, 등대, 백호산 등산로와 함께 다리도 새로운 볼거리로 이름을 올렸다. 그래도 볼거리라면 조강지처 격인 등대를 꼽을 수 있다. 봄동백과 가을단풍은 하얀 등대를 돋보이게 하는 조연들이다. 1928년 대한제국 시절에 여수 앞바다에 불을 밝혔다. 여수 소리도 등대가 먼 바다에서 여수항으로 들어오는 뱃길을 밝혀주면 백야도는 가막만과 여자만의 길목에서 뱃길을 알려준다. 등대는 일제강점기 때 수산자원은 물론 쌀과 면화 등 농산물을 수탈하는 제국의 불빛이었다. 지금은 근대문화유산이 되어 관광자원으로 불을 밝히고 있다. 등대 밑 갯바위는 최고 낚시포인트로 인기가 높다. 평일에도 포장도로에는 50여대의 차들이 빼곡하다. 백호산에 올라서 보는 다도해 모습도 절경이다.

백야도등대

섬 남쪽으로 겨우 차가 지나다닐 만한 좁은 길을 따라 내려간다. 바람을 막기 위해 돌을 쌓아 만든 작은 논이 정겹다. 돌담 너머는 몽돌밭과 바다다. 이곳이 짐막골해수욕장이다. 몽돌이 속삭이는 소리가 바람을 타고 들려오는 듯하다. 돌담을 둘러치고 물을 받아 농사를 짓는 풍경은 섬에서 볼 수 있는 모습이다. 등대도 좋고 백호산도 좋지만 백야도 풍경 중 으뜸이다. 자연을 거스르지 않고 적응하며 살았던 지혜로운 모습은 아직도 곳곳에 남아 있다. 몽돌해수욕장은 수심이 깊어 조심스럽지만 연인들이 조용하게 즐길 수 있는 곳이다.

교통이 편리해지자 평일에도 많은 사람들이 찾고 있다. 하지만 화장실, 식수대 등 외지인을 위한 편의시설은 전혀 없다. 섬에 차가 들어오고 낚시꾼들이 찾기 시작하면서 쓰레기가 쌓이고 있다. 다리가 놓이자 뱃길이 끊겼다. 대신 시내버스와 택시가 들어온다. 관광객들도 찾아오고 있다. 주민들의 삶의 질도 나아질까. 상대적인 박탈감만 더 커지는 것은 아닐까. 다리 못지않게 시급한 것이 백야도 주민들을 위한 소득원 개발이다. 다리처럼 중앙정부나 지방정부 지원으로만 해결할 수 없다. 주민들의 끊임없는 노력이 필요하다. 섬주민 대부분이 고령인 탓에 지역발전에 대한 적극성을 찾기 어렵다. 여느 섬이 그렇듯 다리가 놓인 후 외지자본들이 섬을 뒤집어 놓을 수 있다. 한 많은 사연과 아픔을 간직한 섬을 외지인들을 위한 장사수단으로 값싸게 넘길 수는 없지 않은가. 이렇다할 관광자원과 소득원이 없는 백야도가 연륙되면서 어떻게 변할지 주목된다.

개황 | 백야도白也島

위치 | 전남 여수시 화정면 백야리 **동경** 127°46′ **북위** 34°30′
면적 | 4.04km² **해안선** | 11.3km **육지와 거리** | 0.5km (여수시)
가구수 | 205 **인구(명, 남+여)** | 404(196+208) **어선(척)** | 54 **어가** | 37
어촌계 | 총 1개 어촌계, 백야 114명

공공기관 | 여수경찰서 화정파출소(061-685-3112), 화정면사무소(061-690-2606), 화정우체국(061-685-3200), 한전 화정출장소(061-650-2294), 백야도 항로표지관리소(061-685-7931), 화정 보건지소(061-685-1054), 화정 농협(061-685-4210)
교육기관 | 인일초등 백야분교(061-685-4246)
전력시설 | 한전 전력 이용
급수시설 | 간이상수도 191가구, 우물(펌프) 14가구

교통 | **배편** | 여수여객터미널(061-663-0116) 〈1편〉 여수: 새마을 19호 1일 1회 운항, 〈2편〉 화양면 힛도: 백야호, 수시운행
여행 | 백야 몽돌밭, 백야등대, 화백 해송림, 짐막골해수욕장
낚시터 | 와달리, 물양장, 등대, 솔곳지

30년 변화 자료

구분	1973	1985	1996
주소	전남 여천군 화정면	전남 여천군 화정면 백야리	전남 여천군 화정면 백야도
면적(km²)	4	3.08	3.08
공공기관	-	면사무소 1개, 파출소 1개	면출장소 1개, 파출소 1개, 우체국 1개
인구(명, 남자+여자)	1,320(672+648)	1,295(629+666)	706(360+346)
가구수	219	248	219
급수시설	공동우물 6개	우물 20개, 간이상수도 6개	우물(펌프) 21개, 간이상수도 6개
초등학교	1개 257명	1개 178명	1개 35명
중고등학교	1개 177명	1개 167명	중학교1개 49명
전력시설	-	한전 248가구	한전 219가구
의료시설	-	병원 1개, 한의원 1개	보건지소 1개
어선(척, 동력선+무동력선)	38(11+27)	40(19+21)	53(50+3)

＊ 공공기관은 면사무소, 파출소 등 포함

17

부추꽃에 빠지다
여수 화정면 하화도(아랫꽃섬)

꽃섬, 얼마나 매력적인 이름인가. 여수 화정면에 있는 섬이다. 위에 있는 웃꽃섬, 아래 있어 아랫꽃섬이다. 날씨마저 화창하다. 하화도에 딱한 번 잠깐 들른 적이 있다. 태양광발전을 일찍 시작해 견학차 방문했었다.

하화도는 돌산군 설군시 화개명 하화도에 편입되었다가 1914년 여수군이 설립되면서 화개면과 옥정면의 통합으로 화정면 하화리로 개편되었다. 임진왜란 당시 인동장씨가 난을 피하기 위해 가족과 함께 식량을 뗏목에 싣고 지나다 동백꽃과 섬모초(구절초)가 우거져 은신하

기 좋아 정착했다고 한다. 그 후 파평윤씨, 나주임씨, 김해김씨 순으로 입도하여 오늘에 이르고 있다. 동백꽃과 진달래꽃이 만발해 꽃섬이라 불렀다. 서북쪽 1킬로미터 지점에 또 하나의 섬이 있어 이를 웃꽃섬과 아랫꽃섬으로 구분하다 1914년 명칭을 상화도와 하화도로 개칭했다.

"순전히 미역으로 살았제, 하. 톳도 있고. 그땐 60호가 넘었제, 하."

여수말은 대화 중에 '하' 라는 말을 많이 사용한다. 상대방의 이야기에 동의한다는 말이며, 또 자신이 한 말을 강조하고 틀림없다는 것을 확인하는 어조사 격이다. 선창에서 고추를 널던 김노인(76세)은 눈을 감았다. 미역농사를 짓기 전 하화도 사람들은 지주식 김양식을 했었다. 앞바다에서 김농사를 지어 지게로 져다가 고개 너머 바람이 잘 통하는 비렁에 널었다. 마을사람들이 생계를 유지할 수 있었던 것은 갱번에 있는 미역 때문이었다. 두 반으로 나누어 미역이 잘 되는 곳은 30여 호씩 공동작업을 했다. 미역이 잘되는 곳은 채취구간을 좁게, 잘 안 되는 곳은 넓게 해서 나누었다. 매년 채취구간을 바꾸었다. 한 호당 40여 뭇씩 했다. 한 뭇이 20가닥이니까 많은 양이다. 미역작업을 중단한 것이 20여 년은 된 것 같다고 했다. 기름사고 영향이 컸다. 낚시꾼들이 늘어나면서 던진 밑밥도 갱번을 오염시키고 있다고 한다.

김노인이 이야기한 김발을 널었다던 언덕으로 가기 위해 골목길로 접어들었다. 곳곳에 빈집이 눈에 띄었다. 마당에는 부추를 심었다. 집을 허물고 밭으로 바꾼 곳도 있었다. 주인은 떠났는데 부추꽃은 속절없이 하얗게 피었다.

마을을 막 벗어나는 길에 아주머니가 참깨를 널고 계셨다. 마른 참깨를 바람에 털어 쭉정이 참깨는 날려 버리고 실한 것만 고르고 계셨다. "올해는 밭농사가 쉬원찮아요, 하. 고추농사도 건질 것이 없어요." "갱번은 어쩐가요." "봄에 미역도 흉년이었제." 갱번이 흉년이라 밭농

부추꽃. 섬마을에서 피는 꽃 중 가장 예쁜 꽃은 논밭에 심어 놓은 곡식들이 열매를 맺기 위해 피는 꽃이다.

사도 흉년인가. 하화도에 논농사는 없다.

김발을 떠서 지게에 지고 다녔던 길은 시멘트로 프장되었다. 마을 뒤 밭은 비탈밭이거나 축대를 높이 쌓은 다랑이밭이다. 다랑이밭에 하얗게 꽃이 무리지어 피었다. 메밀꽃 모양이다. 가가이 다가가보니 부추꽃이다. 그러고 보니 이 섬에는 부추농사를 많이 짓는다. 집터에도 밭에도 부추를 많이 심었다. 묵혀진 밭도 많았다. 꽃섬은 자존심을 지키고 있었다.

마을 뒷산은 등산로와 쉼터가 만들어져 있다. 멀리 제도와 개도가 한눈에 들어왔다. 그 길에서 반가운 손님을 만났다. 붉은 옷으로 꽃단장을 한 도둑게를 두 마리나 만났다. 이렇게 높은 곳까지 올라오다니. 녀석이 혹씨 갱변에 먹을 것이 없어 마을로 내려가는 중은 아니었을

도둑게, 어떻게 올라왔을까. 무엇을 훔치겠다고 족히 해발 50m, 거리로 100m가 훨씬 넘을 언덕까지 올라왔을까.

까. 잔뜩 경계하며 두 발을 높이 올려 위협했다. 또 다른 녀석은 건강한 달팽이였다. 동쪽 끝과 서쪽 쉼터에서 만났다. 느릿느릿 걷는 모습이 날 닮았다. 배낭도 무겁고 물도 한잔 먹을 생각에 달팽이가 방해받지 않을 만큼 떨어져 앉았다. 고개를 들어 바다 건너 상하도를 건너다보았다. 양쪽에 작은 산이 있고 가운데는 잘록하니 군살이 없이 날씬하다. 오후에는 저 섬에 머무를 것이다. 바다를 헤치며 객선이 들어온다. 오전에 타고 온 객선이다. 객선이 뱃고동 소리를 길게 울린다. 탈사람이 없으면 그냥 지나치겠다는 소리다. 백야도와 낭도를 오가는 객선이다.

달팽이가 어디로 갔는지 보이질 않는다. 누가 달팽이가 느리다고 했는가. 수억 년 동안 지구를 지켜온 녀석들이다.

개황 | 하화도 下花島

일반현황

위치 | 전남 여수시 화정면 하화리 동경 127°49′ 북위 34°28′
면적 | 0.56km² **해안선** | 4.9km **육지와 거리** | 4.7km(화양면)
가구수 | 30 **인구**(명, 남+여) | 75(35+40) **어선**(척) | 16 **어가** | 12
어촌계 | 총 1개 어촌계, 하화 25명

공공기관 및 시설

공공기관 | 하화보건지소(061-665-9573)
폐교현황 | 중앙초등학교 하화분교(1996)
전력시설 | 태양광발전소 설치
급수시설 | 간이상수도 28가구, 우물(펌프) 2가구

여행정보

교통 | **배편** | 화정면 백야항과 여수항에서 정기여객선이 각각 1일 3회 운항.
특이사항 | 마을앞 해상에는 밀물 때는 물속에 잠기고 썰물 때만 보이는 바위섬이 7개 있어 칠때라고 부르는데
이곳에서 자연산 농어가 잘 잡힌다.

30년 변화 자료

구분	1973	1985	1996
주소	전남 여천군 화정면 하화리	좌동	좌동
면적(km²)	0.74	0.56	0.59
인구(명, 남자+여자)	401(199+202)	265(126+139)	108(56+52)
가구수	62	49	38
급수시설	공동우물 4개	간이상수도 1개, 우물 14개	간이상수도 1개, 우물(펌프) 4개
초등학교	1개 82명	분교 1개 43명	-
전력시설	-	자가발전 49가구	자가발전 38가구
의료시설	-	-	보건진료소 1개
어선(척, 동력선+무동력선)	20(3+17)	57(19+38)	12(11+1)

18

할머니는 꽃밭의 나비예요
여수 화정면 상화도(웃꽃섬)

"백조호 선장님이시죠. 여기 하화도인데요. 상화도로 가는 사람 있어요. 11시 10분에서 20분 정도면 도착할 거에요." 이곳으로 오가는 배는 백야도에서 출발하는 대형카페리호(차도선)와 여수여객터미널에서 출발하는 백조호(유람선)가 있다. 시간을 잘 조절하면 상화도, 하화도, 사도, 추도, 낭도 등을 구경할 수 있다. 뱃고동 소리가 들리자 뜬부두에서 낚시를 하던 사람들이 낚시를 거두었다.

"얼마요." "50만원만 줄쇼." 선장이 서글서글하다. 1천원을 주었다. 5분 거리나 될까. 급히 섬전경 사진을 찍기 위해 밖으로 나왔다. 누가 캠코더를 들고 따라 나왔다. 모 방송국에서 섬여행 취재차 사도로 가는 중이라며 한 마디 부탁했다. 곧바로 내려야 한다며 사양을 했다. 요즘 부쩍 섬에 대한 관심이 높아지고 있다. 그만큼 육지에 매력이 떨어졌다는 의미다. 반갑기도 하지만 걱정도 된다. 겉모습만 볼 것이 아니라 섬의 속살도 보고 어민들의 삶도 지켜 볼 수 있는 여유가 필요하다. 여행은 그곳에 사는 사람들의 삶을 엿보는 것이다. 그냥 엿보는 것이 아니라 깊은 애정을 갖고 차이를 존중하며 다름을 배우는 것이다.

돌산군 설립시 화개면 상화도로 편입되었다가 여수군이 설군되자 화개면과 옥정면이 통합되어 화정면 상화리에 속해 오늘에 이르고 있다. 임진왜란 당시 성주배씨가 고흥군에서 입도하여 마을을 형성했다. 그 후 김해김씨, 밀양박씨, 김녕김씨, 광산김씨 등이 차례로 입도했다.

부두에 닿자 문어통발을 세척하는 물줄기가 햇볕에 반짝거렸다. 올해는 갯것도 흉년이지만 그래도 10월까지는 통발을 넣는다고 했다. 흉년은 갯것만 아니었다. 경사진 골목길을 오르다 만난 노인은 쭉정이만 남은 콩을 뙤작거리며 지난 태풍(무이파)으로 곡식농사를 망쳤다며 한숨을 내쉬었다. 게다가 또 가을장마가 얼마나 길었던가. 오늘처럼 화창한 날씨도 달포만에 처음이었다. 꽃섬 마당에는 겨우 건진 밭곡식들이 빼곡히 채워졌다.

그래도 아랫꽃섬에 비하면 이곳은 농사가 많다. 김상덕 할머니가 마당에 널어 놓은 검정콩, 노란콩, 옥수수, 고추, 팥 등 마당은 몬드리안의 그림처럼 아름답다. 할머니집은 꽃섬 산책로로 가는 골목길 옆에 있다. 내 눈에는 꽃밭처럼 보였다. 허리가 아파 코가 땅에 닿는다는 할머니는 엉금엉금 기어서 농사를 지었다. 정성이 지극해서일까 할머니 마당은 풍성한 수확물로 풍년이다. 딸 넷에 아들 하나를 둔 할머니 얼굴이 밝다. 마당 가득 곡식을 널어놓았으니 얼마나 뿌듯하겠는가. 집 그늘에 앉아 검정콩을 까고

있던 할머니 곁에 앉았다. "약콩이네요. 할머니 마당에 꽃이 피었어요. 너무 이뻐요. 할머니는 꽃밭의 나비네요."

막 예배를 마치고 뒤따라오던 노인들이 활짝 웃었다. 그리고 한사코 마을우물을 보여주겠다며 소매를 끌었다. 지금도 허드렛물이나 여름철 놀러온 손자들 목욕물로 사용한다고 했다.

김할머니 집을 지나 위로 올라가자 마당 한 켠에 장독을 가지런히 모아 놓은 집이 보였다. 멀리 아랫꽃섬이 한눈에 들어왔다. 장독마다 함지박을 덮고 제법 큰 돌을 눌러 놓았다. 바람타는 섬이기 때문이다. 마당에 핀 장독꽃이다. 섬이름을 따라 꽃을 찾다 보니 여러 곳이 꽃밭으로 보였다.

거친 숨을 몰아쉬며 마을언덕에 올랐다. 비탈밭과 마을전경이 펼쳐졌다. 김할머니가 그랬다. 이곳에서는 소가 여섯 마리 있었는데 마을 사람들은 소를 가진 사람을 중심으로 묶여 있다. 밭을 갈고 농사를 짓기 위해서 소가 사람보다 중요했다. 그렇지만 돈은 받지 않았다. 고구마농사를 짓고 나서 고구마대를 잘 말려서 소주인에게 가져다 주는 것이 삯이다. '마을언덕' 에 이르자 사방이 바다다. 꽃섬 산책길 조성은 남해안 관광벨트(2008년 수립) 사업의 일환으로 완공되었다. 산책길에 돌을 깔고 사이에 잔디를 심었다. 잘 꾸며 놓았지만 어색하기 그지 없다. 도심 공원처럼 산책로를 만들어 놓은 것이다. 차라리 섬마을에 맞는 오솔길이 훨씬 어울릴텐데. 산책로 폭도 족히 2미터는 될 성싶었다. 섬마을에 사는 사람들이 채 40가구도 넘지 않는 곳에 저렇게 넓은 산책로가 필요할까. 사실 꽃섬 조성사업도 맘에 들지 않았다.

정강산 정상에 올라섰다. 그곳 쉼터에 팔각정과 나무의자가 예쁘게 만들어져 있다. 영화촬영 장소로도 손색이 없을 정도로 전망이 좋다. 늦었지만 배낭을 풀고 물과 김밥 한 줄을 꺼냈다. 웃옷도 벗었다.

쥐어짜면 물이 뚝뚝 떨어질 것 같다. 잔디밭에 널었다. 눈 아래 펼쳐진 바다와 아랫꽂섬을 바라봤다. 점심을 먹고 소나무 밑 나무의자에 앉았다. 영화 속 주인공이 된 기분이다. 음악을 틀었다. 요즘 잘 나가는 임재범의 〈비상〉이다. 정말 날고 싶다. 저 바다로. 저 섬으로.

섬에 취해 시간의 흐름마저 잊어버렸다. 1시다. 뱃시간을 보니 1시 40분에 도착이다. 마음이 급했다. 지금 곧바로 내려가야 하나. 산책로를 마저 돌고 다음 배를 타야 하나. 오늘같은 일요일 오후는 늦게 귀가하면 월요일 출근이 부담스럽다. 배낭을 싸고 널어 놓은 옷을 챙겨 입었다. 그리고 뛰다시피 걸었다. 남은 산책로를 택했다. '낫끝'이 반환점이다. 아뿔싸, 그런데 내리막길이다. 다시 올라와야 하지 않는가. 반환점까지 10분은 내려왔다. 다행히 도중에 약수터로 우회하는 산책로가 있었다.

다시 정상까지 오르지 않고 마을언덕으로 갈 수 있는 지름길이다. 여유가 생겼다.

1996년 폐교가 된 중앙초등학교 상화분교에 들렀다. 하화분교는 교실과 운동장은 흔적도 없이 사라졌고 관사만 향우회관으로 이용하고 있었다. 그에 비해 이곳 분교는 운동장과 교실 두 칸, 관사도 잘 남아 있었다. 교실 한 칸은 캠핑용으로 사용했는지 텐트가 쳐져 있고 숙박도구들이 정리되어 있었다. 복도에는 무소유라는 글씨와 함께 냉장고 안에 요리용 생선들도 가득했다. 당장이라도 캠핑이 가능한 숙박시설이 되어 있었다. 어디서 운영하는 것일까? 궁금했다.

선창으로 가는 길에 선장에게 전화를 했다. 10여 분 후에 도착한다며 나와 있으라고 했다. 선창에는 공사를 하는 인부 네 사람과 도시에서 온 듯한 모녀(친정집에 온 것으로 보임) 그리고 트럭과 RV형 자동차가 배를 기다리고 있었다. 선창 바닥에 털썩 주저앉았다. 땀이 비오듯 쏟아졌다. 헌데 기분은 한없이 좋았다. 낫끝에서 뱃고동을 울리며 카페리호가 다가왔다. 꽃섬, 야생화보다 사람사는 모습이 더 아름다운 섬이다.

일반현황

위치 ㅣ 전남 여수시 화정면 상화리 **동경** 127°47′ **북위** 34°29′
면적 ㅣ 0.68km² **해안선** ㅣ 6.4km **육지와 거리** ㅣ 4.2km(여수시 화양면)
가구수 ㅣ 36 **인구**(명, 남+여) ㅣ 64(33+31) **어선**(척) ㅣ 15 **어가** ㅣ 19
어촌계 ㅣ 총 1개 어촌계, 상화 27명

공공기관 및 시설

폐교현황 ㅣ 중앙초등학교 상화분교(1996)
전력시설 ㅣ 상화 내연발전소(061-665-6195)
급수시설 ㅣ 간이상수도시설 1개소 전가구

여행정보

교통 ㅣ **배편** ㅣ 화정면 백야항과 여수항에서 정기여객선이 각각 1일 3회 운항.
낚시터 ㅣ 상계도, 하계도, 닭섬낚시터(감성돔 낚시)

30년 변화 자료

구분	1973	1985	1996
주소	전남 여천군 화정면 상화리	좌동	좌동
면적(km²)	0.7	0.67	0.68
인구(명, 남자+여자)	505(252+253)	322(169+153)	149(81+68)
가구수	72	66	47
급수시설	공동우물 2개	우물 1개	우물(펌프) 8개
초등학교	1개 77명	분교 1개 48명	분교 1개 2명
전력시설	-	자가발전 66가구	자가발전 47가구
어선(척, 동력선+무동력선)	29(2+27)	65(24+41)	31(20+11)

19

술도가 부부와 취하다
여수 화정면 낭도

술에 취했다. 모처럼 기분좋게 취했다. 좋은 벗들에 취했고, 좋은 술에 취했고, 멋진 술도가 부부에 취했다. 여수에서 모인 지역을 사랑하고 여행과 문화를 좋아하는 사람들 틈에 섞여 주거니 받거니. 누군가 소리도 한가락 뽑았다. 갱번에서 잡은 고둥을 '우리 영감' 주려고 아껴 놓았다며 내놓은 술도가 여주인의 말소리도 한가락 소리로 들렸다.

섬의 모양이 이리를 닮아서 이리도라 했다가, 이리 낭狼자를 써서 낭도라 했다고 전한다. 그런데 이리 흔적보다는 공룡발자국으로 더 유명해졌다. 사도, 추도, 목도, 적금도와 함께 2003년 2월 4일 백악기 퇴적층으로 '여수낭도리 공룡발자국 화석지 및 퇴적층'이 천연기념물 제434호로 지정되었다. 공룡발자국 화석은 총 3,546점으로 사도에 755점, 추도에 1,759점, 낭도에 962점, 목도에 50점, 적금도에 20점이 발견되었다. 공룡의 종류는 앞발을 들고 뒷발만으로 걷는 조각류, 육식동물인 수각류, 목이 긴 초식공룡인 용각류 등 다양한 발자국이 발견되었다. 조각류 발자국이 81%이며 보행렬발자국 중에는 84미터 화석도 발견되었다. 이외에 규화목, 식물화석, 연체동물화석, 개형충, 무척추 동물, 생흔과 연흔화석, 건열 등 다양하다.

낭도로 가는 길은 여수항 여객터미널에서 출발하는 백조호와 백야도에서 출발하는 철부선이 있다. 백조호는 백야도와 하화도와 상화도를 거쳐 공룡발자국이 많은 사도에 들른다. 여수항에서 출발해 2시간여 달려야 낭도에 이른다. 유람선이기 때문에 차를 가지고 탈 수 없다. 사실 백조호가 들르는 섬은 차가 필요없다. 걸어서 섬을 둘러볼 수 있을 만큼 작고 아름다운 섬이다. 백조호는 하루에 2번 운항을 하지만 백야도에서 출발하는 철부선 카페리호는 3차례 같은 섬을 오간다. 결국 시간을 잘 조절하면 징검다리처럼 섬들을 들러볼 수 있다. 백야도가 연륙이 되기 전에는 여수에서 낭도를 오가는 배는 하루에 한 차례뿐이었다. 아무리 바쁜 일이 있어도 하룻밤을 낭도에서 묵고 나와야 했다. 그때에 비하면 지금은 교통이 매우 편리하다.

오늘 해설도 강씨가 맡았다. 강씨 부부는 둘 다 문화해설사다. 낭도와 사도 일대의 안내는 강씨 부부가 맡고 있다. 강씨는 한때 마을이장을 맡기도 했다. 지금도 의용소방대장, 농협이사 등 다양한 활동을 하고 있다. 그 중에 돈이 되는 것은 '도가' 낭도막걸리 하나뿐이라고 강씨 아내가 귓뜸해줬다.

낭도에서 가장 큰 마을은 고울 여麗에 뫼 산山, 여산마을이다. 이외에도 답동, 탑고지, 도장개 등 자연마을이 있다. 화정면에서는 개도에 이어 두 번째로 큰 섬으로 초등학교는 물론 중학교도 있다. 1896년 돌산군 옥정면에 속하였다가 1914년 옥정면과 화개면이 합하여 화정면 낭도리로 개편되었다. 그 후 1952년 여산리와 규포리 등 두 개의 행정마을이 생겼고, 1968년 낭도출장소가 개설되었다. 임진왜란 때 강릉 유씨가 처음으로 입도하여 정착하였다고 한다.

이번 낭도행은 여수지역 문화해설사들과 동행을 했다. 선창에 내리자마자 낭도에 살고 있는 문화해설사 강씨의 안내를 받아 상산(283미터) 봉수대로 향했다. 낭도의 섬길은 선창에서 동쪽 낭도중학교와 해수욕장 방향으로 접어들어 봉수대로 가는 길과 서쪽 탑고지로 가는

공룡이 살던 시기에 형성된 퇴적암을 켜켜이 쌓아 놓은 봉수대는 해상으로 침입하는 적을 뭍에 빨리 알리기 위한 방어시설이다. ⓒ 정태균

길이 있다. 이외에 자전거나 차량을 이용해 규포마을로 가는 길도 있다. 봉화대는 임진왜란 때 왜군의 출몰을 알리기 위해 고흥 팔영산 봉화대에서 신호를 받아 화양면 장수리 봉화대로 연결했다고 한다. 봉화를 피워 소식을 전하던 바닷길에는 연도교가 놓이고 있다. 1시간쯤 오르자 사도와 추도가 한눈에 들어오는 멋진 쉼터가 반겼다. 그 옆에는 수령이 오래된 멋진 소나무가 자리를 잡고 있었다. 원래 2그루였지만 1그루는 몇 해 전 태풍과 함께 벼락을 맞고 부러졌다고 한다. 이제 본격적으로 숲길이 시작되었다. 상산은 나무가 좋아 나무가 턱없이 부족한 사도 사람들이 땔감을 마련하기 위해 많이 올랐던 산이다. 사도는 일찍부터 조기잡이 등 어장에 눈을 떠 모은 돈으로 낭도 남동쪽 땅을 사 밭을 일구고 밭농사도 짓기도 했다. 1시간 반쯤이면 오를 수 있는 봉화대를 2시간에 걸쳐 올랐다. 낭도와 사도 등 공룡발자국이 있는 퇴적암층 바위를 켜켜이 쌓아 만든 봉화대였다. 원형이 잘 남아 있으며 축조양식이 독특해 봉화대 연구에 가치가 있다고 한다.

상산으로 가는 길에 공룡들의 흔적이 남아 있는 사도, 추도 등 작은 섬들이 모습을 드러냈다.

강씨가 내려오는 길에 멀리서 손짓으로 당집의 위치를 알려줬다. 가는 길이 쉽지 않다는 것으로 보아 당제가 끊긴 지 오래인 것으로 보였다. 곧장 강씨가 운영하는 주조장으로 향했다.

전통한옥 집에 들어서자 달짝지근한 술익는 냄새가 코를 자극했다. 크지는 않지만 옹기를 구워 만든 술독 몇 개가 마당에 놓여 있었다. 마당에는 우리 일행을 위해 청주와 막걸리가 준비되어 있었다. 벌컥벌컥, 술도가에서 먹는 막걸리맛은 글로 표현하기 어렵다. 게다가 술빚는 과정을 직접 체험하고 술도가 사장의 안내까지 받았으니 더 이상 무슨 설명이 필요하겠는가. 강사장이 아버님에 이어 2대에 걸쳐 낭도주조장을 운영하고 있다. 강씨는 여수에서 대학을 마치고 화학공장에 근무하다 아버님이 돌아가시자 가업을 이어야겠다는 생각에 고향으로 돌아왔다. 잠시 동생이 맡았던 양조장을 넘겨받아 전통방식을 고집하며 막걸리를 빚고 있다. 막걸리집이 가장 번성할 때는 직원을 8명까지 두었다. 배달직원을 두기도 하고, 우체국배와 철선배를 이용하기도 했다. 막걸리를 배에 싣고 벌가로 가서 차에 싣고 여수 20여 곳에 배달했다. 그때는 벌가에 직원을 하나 두고 유통만 맡겼다. 여러 곳에서 대리점을 내달라고 했지만 '술맛' 을 제대로 전달하기 위해서 직접 배달할 수 있는 곳만 공급하고 있다.

낭도는 조선시대 궁궐 왕자방에 속한 둔전과 목장으로 활용되었다.《여지도서》전라도 순천 목장조에 "낭도 목장은 규모가 20리로 말 9필과 곡초는 3,000뭇이다" 라고 기록되어 있다. 또《각사등록》*[정조 16년(1792) 6월 3일조]에는 조선시대 낭도에 거주하는 정암회가 일본에 표류한 후 돌아온 과정이 기록되어 있다.

전라도 순천부 소라포면 낭도에 사는 정암회와 8명은 1791년 9월 29일, 고기를 팔기 위해 돈 300냥과 쌀 10석, 유자 30동을 함께 싣고 강원 평해를 향해 출발했다. 10월 4일, 울산 항도에 도착해 쌀 4석을 팔아 80냥을 벌었으나 9일 점심 때쯤 장기현 포을천 앞에서 풍랑을 만나 표류하게 되었다. 13일 새벽 어느 곳에 표착했으며, 그곳 사람들의 도움으로 겨우 목숨을 구했다. 그곳은 일본의 시마네島根현 이즈모노쿠니出雲國 간도군神門郡 오다마을小田村이었다. 11월 15일 다시 나가사키로 갔다가 다음해 4월 5일 대마를 통해 부산의 동래로 들어왔다.

다음날 평소보다 일찍 눈을 떴다. 강사장의 배려로 차를 타고 규포마을로 향했다. 여산마을에서 규포까지 이어지는 해안길이 낭도에서 차를 타고 갈 수 있는 유일한 길이다. 도장개라 불렸던 마을인데 도장방 규閨자를 써서 규포마을이라 했다. 이곳에도 분교가 있었다. 낭도에는 안일초등학교 여산분교, 화양남중 낭도분교 등 초등학교와 중학

갯벌을 일궈 바지락농사를 짓는다. 작은 돌로 경계 짓고 물이 빠지면 갯밭을 일구고 바지락씨도 부리며 가꾼다.

교가 있다. 여산분교는 2000년까지 여산초등학교였다. 여산초등학교는 일제강점기인 1939년 낭도공립심상소학교에서 시작되었다. 그 후 2001년 3월 안일초등학교와 통합되어 여산분교로 즈하되었다. 여산분교는 2011년 현재 6학년 학생 하나가 다니고 있어 이 학생이 졸업하고 나면 폐교되어야 할 운명이다. 중학교는 1970년 여천 낭도중학교로 출발했지만 학생수가 줄어들면서 2001년 화장중학교 낭도분교로 격하되었다.

도장개로 가는 길목에 꼬막과 바지락밭이 얼굴을 내밀었다. 둔병도가 한눈에 들어왔다.

* 《각사등록》

1577년(선조 10)부터 1910년까지 지방 각 관아와 중앙과의 왕복문서와 등록류(謄錄類)를 해서(楷書)로 탈초하여 편찬한 조선시대 연구의 기초 사료집이다. 원본은 규장각에 소장되어 있으므로, 책명 범례에서 규장각 소장 도서번호를 제시하였다. 현재 텍스트 데이터베이스 서비스는 칙사등록(勅使謄錄, 《각사등록》 90/91집, 1997/1998), 조하등록(朝賀謄錄, 《각사등록》 91집 1998), 전객사일기(典客司日記 : 1~8책, 《각사등록》 92집, 1999)를 대상으로 하고 있다.

개황 | 낭도狼島

일반현황

위치 | 전남 여수시 화정면 낭도리 **동경** 127°34′ **북위** 34°37′
면적 | 5.021km² **해안선** | 19.5km **육지와 거리** | 4.2km(화양면)
가구수 | 204 **인구(명, 남+여)** | 348(169+179) **어선(척)** | 65 **어가** | 86
어촌계 | 총 1개 어촌계, 낭도 108명

공공기관 및 시설

공공기관 | 화정파출소 낭도출장소(061-665-0815), 낭도 보건진료소(061-665-4077) 농협낭도지소(061-665-4887)
교육기관 | 인일초등학교 여산분교(061-666-0993), 화양중학교 낭도분교(061-665-1072)
전력시설 | 한전 전력 이용
급수시설 | 간이상수도 202가구, 우물(펌프) 1개소 2가구

여행정보

교통 | **배편** | 여수여객선터미널(061-663-0116) 1일1회 운항
여행 | 낭도해수욕장, 공룡발자국
특산물 | 고구마, 감자, 약초, 유자
낚시터 | 농어낚시터가 섬 여러 곳에 형성.

30년 변화 자료

구분	1973	1985	1996
주소	전남 여천군 화정면 낭도리	좌동	좌동
면적(km²)	6	5.03	5.02
공공기관	-	면사무소 지소 1개	면사무소 출장소 1개, 경찰분소 1개
인구(명, 남자+여자)	1,897(967+930)	1,371(675+696)	729(358+371)
가구수	295	280	227
급수시설	공동우물 13개, 간이상수도 1개	우물 15개, 간이상수도 2개	우물(펌프) 16개, 간이상수도 2개
초등학교	1개 309명	2개 227명, 분교 1개 11명	1개 33명
중고등학교	1개 139명	1개 181명	1개 51명
전력시설	-	한전 280가구	한전 227가구
의료시설	-	-	보건진료소 1개
어선(척, 동력선+무동력선)	45(15+30)	80(47+33)	140(112+28)

＊ 공공기관은 면사무소, 파출소 등 포함

20

바다를 주고
공룡에 희망을 걸다
여수 화정면 사도

섬사람들은 농사지을 땅을 갖고 싶은 욕망과 육지로 나가고 싶은 욕망을 가지고 있다. 섬의 굴레를 벗어나고 싶은 것이다. 요즘 농사짓는 일이 쓸데없는 짓이라고 한다. 그래도 손바닥만한 논게 모를 심는 섬 노인들은 경지정리가 잘된 논에 농사를 짓는 것이 토망이다. 도시로 간 자식들을 만나러 집에 갔다 오는 길에도 시선이 머무는 곳은 높은 빌딩이 아니라 네모반듯한 김제평야같은 논이다. 우물도 없다. 논도 없다. 밭이라고 해야 갓난아이 엉덩짝만하다. 무인도는 절대 아니다. 한때 500여 명이 살았다. 초등학생만 90명에 달했던 섬이다. 지금도 40여 명의 주민이 살고 있다. 쌀도 없고 물도 없는 곳에 사람 흔적을 찾는 것보다 공룡 흔적을 찾는 일이 더 쉽다.

사도는 임진왜란 당시 성주배씨가 이곳을 지나다 해초가 많아 생계를 유지할 수 있을 것 같아 정착하면서 사람이 거주하기 시작했다. 《순천부읍지》 도서조에는 "사도는 꽃섬花島의 서쪽에 있다. 9개의 섬에 사람들이 논과 밭을 경작하며 살고 있는데, 좌수영의 둔전에 속한다"고 적혀 있다.

질긴 생명줄 비탈밭에 의지하다
사도를 제대로 보려면 1년 중 바닷물이 가장 많이 빠지는 영등사리와 백중사리 때 가야 한다. 그때라야 중도, 추도, 사도, 장사도, 나끝, 연목, 중도 등 7개의 섬이 ㄷ자 모양으로 모습을 드러낸다. 섬에 둘러싸인 호수 같은 바다에 모래섬이라 하여 사호沙湖라 부르다 사도가 되었다. 사도는 여수시 화정면 낭도리에 속한다. 바로 이웃한 낭도에는 면 출장소, 파출소, 농협지소, 보건진료소, 초등학교 분교와 중학교 분교 등 행정과 생활기반 시설들이 모여 있다. 사도에 24세대 47명이 살고 있다. 연령으로 보면 50대 6명, 60대 8명, 70대 4명, 80대 12명, 90세 이상 3명이며 평균연령은 71세다. 할머니 혼자 사는 15가구를 제외하고는 민박집을 운영한다. 주민들은 민박과 해산물 채취, 고구마와 마늘 농사로 생계를 꾸린다.

사도사람들은 낭도에 8천여 평의 산비탈을 마련했다. 그곳을 일궈 고구마도 심고 보리농사 밀농사도 지었다. 땔감도 물도 그곳에서 가져왔다. 해가 뜨면 건너가 해가 질 때 돌아왔다. 마을주민들이 공동으로 이용하는 나룻배가 유일한 교통수단이었다. 1년농사라지만 독이 바닥을 드러내는 데 반 년도 걸리지 않았다. 기댈 곳은 갱번에 미역, 김, 청각 등 해초뿐이었다.

어떻게 이웃 낭도에 비탈밭을 구할 수 있었을까. 사도사람들의 뛰어난 고기잡이 기술 때문이었다. 조기잡이가 한창일 때 사도에는 대여섯 척의 조기잡이배와 30여 척의 작은 거룻배들이 있었다. 멀리 칠산바다와 연평바다까지 나가 조기를 잡았다. 조깃값을 잘 받기 위해 통영까지 나가는 일도 흔했다. 뱃길에 익숙했고 셈에도 밝았다. 오죽했으면 사도를 '돈섬'이라고 했겠는가. 선조들이 낭도에 작은 산비탈이라도 마련해 두었기에 다행이다. 칠산바다에서 잡은 조기를 팔아 마련한 척박한 땅이 사도의 생명줄이었다.

작은 행복마저도 오래가지 못했다. 1959년 9월 추석 무렵 집채만

1959년 9월 태풍 사라호 보도 기사

한 태풍이 사도를 덮쳤다. 사라호 태풍이었다. 여수를 비롯한 섬사람
들에게 사라호의 기억은 한국전쟁을 넘어서는 아픈 기억이다. 당시
사라호로 800여 명이 목숨을 잃었다. 사도에서도 30여 척의 조깃배를
잃었다. 학교 옆에 있던 아름답던 마을숲도 사라졌다. 주민들이 하나
둘 섬을 떠났다. 더 이상 고기잡이를 하지 않았다. 자식들이 뱃일을 시
작하려는 것도 허락지 않았다. 사도에서는 더 이상 고기잡이를 하지
않는다. 배를 몽땅 바닷속에 묻고 생긴 일이다. 뱃일을 하고 고기를 잡
아야 살 수 있는 사람들에게는 사형선고가 아닌가.

생명의 바다를 내놓다

설이 다가왔다. 명절이 오면 육지사람들은 대목장을 보지만 섬사람들
은 바다와 갯벌로 나간다. 마을공동어장을 여는 것도 이 무렵이다. 물
이 빠지자 점심을 먹은 주민들이 바구니와 호미를 들고 하나둘 골목
으로 나온다. 돌김과 가사리를 뜯고 바지락도 캘 참이다. 바로 이것들
이 명절에 고향에 올 자식들에게 내줄 반찬거리며 보따리에 싸줄 어

갯것 중 으뜸은 단연코 미역이다. 돈을 만들기도 하지만 시집가는 딸 혼수품으로 넣어주기도 했다.

머니표 선물이다. 청각을 뜯어서 쌀과 바꾸고 미역을 뜯어서 생필품을 구했다. 조깃배 대신 낚싯배를 운영하거나 민박집을 운영해 살림을 하고 있다.

물이 빠지자 진대섬(장사도)과 시루섬(증도) 사이에 물길이 열린다. 추섬과 사도 나끝이 연결되려면 며칠은 더 있어야 한다. 바닷길이 열리는 섬, 하면 진도를 떠올리지만 여수 사도에 일곱섬(연목, 사도, 나끝, 추섬, 간대섬, 시루섬, 진대섬)의 물 갈라짐 또한 신비로운 자연현상이다. 게다가 사도를 비롯해 낭도와 추도 등 인근 섬에서 세계적인 규모의 공룡발자국이 발견되면서 관광지로 주목받고 있다. 시루섬 주변에는 이순신 장군이 거북선 제작 아이디어를 얻었다는 '거북바위', 출산 후 젖이 나오지 않는 산모들에게 영험한 '젖샘바위', 제주 용두암과 연결되어 있다는 '용미암' 등 많은 바위들이 전설을 품고 있다. 섬은 작지만 아름다운 해수욕장도 있다. 좋은 생태환경과 경관이 알려져 찾아오는 관광객을 상대로 질긴 목숨을 이어가고 있다.

사도에서 해조류와 바지락을 얻을 수 있는 곳은 나끝, 사도 주변, 간대섬과 시루섬 주변, 나끝과 진대섬 사이 세 곳이다. 사도는 먹을 것은 적고 먹을 사람은 많은 섬이다. 기댈 것은 알량한 갯것뿐이었다. 마을어장이 생명줄인 탓에 이용방식도 엄격했다. 지금도 마을어장에서 바지락, 돌김, 가사리, 돌미역, 톳, 청각 등을 채취한다. 세 곳으로 나누어진 마을어장은 각각 채취하는 양이 다르기 때문에 1년에 한 번씩 어장을 순환하는 것이다. 완도와 진도 등 서남해역 섬들도 사도처럼 마을어장을 운영하는 곳이 많다. 이를 '돔' '뜸' '갱번', '단' 등 다양하게 부른다. 양식어업이 많아지면서 어촌의 독특한 생태자원을 이용하는 방식이 사라졌지만 사도에는 아직도 유지되고 있다. 고동과 가사리, 청각과 김은 개인이 채취할 수 있다. 미역은 지금도 공동으로 채취한다. 돈이 될 수 있는 것은 엄격히 규제하지만 반찬거리는 무시로 채취한다. 옛날에는 모두 공동작업 공동분배했다. 최근에는 관광객들에게 일부 마을어장 '영'을 터서 체험용으로 개방하고 있다.

사도 인근 해역은 철따라 다양한 고기가 잡힌다. 강태공들이 손맛을 보기 위해 줄을 잇는다. 겨울철에 잡히는 노래미, 돌김과 돌미역은 봄철까지 채취할 수 있다. 해삼과 고동은 그냥 줍는다. 전어는 봄부터 가을까지 잡힌다. 봄꽃이 피기 시작하면 문어통발이 한몫을 한다. 여름철에는 서대와 오징어가 보이기 시작한다. 가을철에는 노래미, 도다리, 해삼을 잡는다. 사도의 대표 특산물은 홍마늘과 돌미역이다. 양이 많지는 않지만 홍마늘은 오래 두어도 상하지 않고 돌미역은 인근에서 질이 좋기로 유명하다. 없어서 못 판다는 말은 사도의 홍마늘과 돌미역을 두고 하는 말이다.

공룡에 희망을 걸다

'영을 튼다' 는 말이 무슨 말인가. 섬마을에서 돌김이나 돌미역을 채취하는 시기나 명절 등 특별한 날 어장에 들어갈 수 있도록 허락하는 것을 말한다. 사도사람은 목숨줄과 같은 마을어장을 관광객들에게 열었다. 해초를 뜯고 마늘농사를 지어 살 수 없기 때문이다. 공룡덕에 평생 생각지도 않았던 관광이라는 서비스업을 시작할 판이다. 바위에 붙은 고동이나 미역과 김을 뜯어서 먹고 살 생각은 했지만 공룡발자국으로 생업이 바뀔 줄은 생각도 못 했다. 이상한 흔적들이 바위에 새겨져 있다는 생각은 했지만 공룡발자국일 줄 전혀 몰랐다. 그렇다고 아직 축포를 터트리기에는 이르다. 사도를 찾는 관광객이 홍도나 거문도처럼 많은 것도

호수의 부드러운 퇴적물 위에 남은 공룡발자국은 1억 년이 훨씬 지난 기록이다.

공룡이 살던 시기에 남해와 서해는 공룡천국이었다. 바다가 아니라 호수들이 있었고, 지주는 물론 중국과도 연결되어 있었다(사진 여수시 제공).

아니다. 1년에 유람선으로 들어오는 사람들이 5,000명을 넘지 않는다. 최근 외국인 방문도 부쩍 늘었다. 유네스코에 등록할 거라며 심심찮게 신문과 방송에 사도가 소개되고 있다. 지자체는 황금알을 낳는 거위라도 되는 양 예산을 편성하고 계획을 세우고 있다 사도 선창에 내려서면 한눈에 마을이 들어온다. 작은 마을이다. 차가 필요없다. 걸어서 돌아봐도 시간이 남는다. 마을 입구에서 2마리 공룡이 갑작스레 들이닥친 방문객을 맞는다. 처음 방문했을 때 없던 해안도로도 생겼다. 아뿔싸, 이곳도 개발이 시작되었구나.

공룡은 중생대에 활동했던 대표적인 대형척추동물이다. 지구상에서 사라진 고생물이다. 사도는 물론 인근 추도, 낭도, 적금도, 목도에서 3,500여 점이나 되는 공룡발자국 화석이 발견되었다. 물결자국화석과 규화목도 확인되었다. 물결자국화석은 '연흔Ripple marks' 이라 한다. 물과 파도에 의해 퇴적물이 쌓이면서 물결모양으로 퇴적물이 된 것이다. 공룡발자국이 발견된 퇴적층은 연흔도 함께 확인되는 경우가 많다. 규화목은 목재화석을 말한다. 목본식물이 암석화된 것이다. 여기에는 식물조직과 유기물이 보존되어 고생대 생태계를 연구하는 중요한 정보를 제공한다. 초식공룡이 50톤의 몸무게로 1억6천만 년 동안 생존했던 것에 비하면 인간은 이제 겨우 6천6백만 년 생존했을 뿐이다. 공룡이 살던 시기에 여수를 비롯한 남해안과 화성 등 서해안은 거대한 호수였을 것이다. 호수의 부드러운 퇴적물 위에 남긴 공룡발자국은 수많은 세월이 흐르면서 그대로 퇴적암으로 남은 것이다.

사도의 공룡발자국은 사도와 간대섬 사이에 많이 분포하고 있다. 추도에서는 세계에서 가장 긴 조각류 공룡발자국으로 보행 84미터가 확인되었다. 최근 세계자연유산 관계자는 남해안 공룡화석지를 둘러보고 공룡발자국, 공룡뼈, 새발자국, 공룡알에 감탄을 했다. 최근 사도는 관광지로 거듭나기 위해 변신 중이다. 작은 섬이라 치밀한 계획과 디자인을 고려해 개발계획을 수립해야 한다. 걱정도 된다. 최근 사도의 경관이 알려지기 시작하면서 화가나 사진작가들도 곧잘 사도를 찾고 있다. 머지않아 낭도와 작은 다리로 연결될 것이라고 한다. 공룡발자국에서 시작된 관광개발이지만 주민들의 삶이 오롯이 묻어난 어촌관광을 기대해 본다.

개황 | 사도沙島

위치 | 전남 여수시 화정면 낭도리 **동경** 127°45′ **북위** 34°28′
면적 | 0.09km² **해안선** | 6.4km **육지와 거리** | 7.2km(화양면)
가구수 | 24 **인구**(명, 남+여) | 45(21+24) **어선**(척) | 12 **어가** | 6

폐교현황 | 여산초등학교 사도분교(1996년)
전력시설 | 한전 전력 이용
급수시설 | 우물(펌프) 6개소 24가구

교통 | **배편** | 여수항과 백야항에서 정기여객선이 1일 3회 운행
여행 | 사도해수욕장, 양면해수욕장, 거북바위, 장군바위, 얼굴바위, 고래바위, 용꼬리바위, 미녀바위, 감자바위 등 기암괴석이 많음, 음력 2월 15일 추도 사이의 바다 열림.
특이사항 | 7개의 섬 중 4번째 섬인 시루섬에는 섬 자체가 화석층으로 이루어져 기암괴석이 많다. 2000년 12월 23일 발견된 중생대 백악기 시대의 것으로 추정되는 공룡과 익룡 발자국 화석이 다수 발견되고 있으며 이를 보기 위해 최근에는 연간 7천여 명의 관광객들이 몰려오고 있다. 세계 최장의 공룡 보행렬이 분포되어 문화재의 가치를 가지고 있어 2001년 12월 전라남도 지정문화재로 지정이 되었다. 태풍이 심해서 양식업이 이루어지지 않고 있으며, 아름다운 경관과 모세의 기적 현상, 사도해수욕장 등 관광자원이 많아 최근 관광객이 긿이 늘어나고 있다.

30년 변화 자료

구분	1973	1985	1996
주소	전남 여천군 화정면 사도리	좌동	좌동
면적(km²)	0.34	0.010	0.09
인구(명, 남자+여자)	317(161+156)	147(73+74)	66(27+39)
가구수	51	39	27
급수시설	공동우물 2개	우물 1개	우물(펌프) 2개
초등학교	1개 93명	분교 1개 16명	분교 1개 4명
전력시설	-	한전 39가구	한전 27가구
어선(척, 동력선+무동력선)	7(2+5)	20(13+7)	10(9 +1)

21

사람발자국보다
공룡발자국이 더 많은 섬

여수 화정면 추도

오전에 봤던 모습과 너무 다르다. 물속에 잠겨 있던 바위들이 층층이 모습을 드러내자 일행이 탄성을 지른다. 부안의 채석강보다 낫다. 돌산군 설군시 옥정면에 속했으나 1914년 행정구역 개편 때 옥정면과 화개면이 통합되면서 사도리에 속하는 자연마을이 되었다. 섬에 취나 물이 많아 '취' 자를 썼으나 한자지명으로 바뀌면서 추鰍자로 변음되었다. 추도는 200년 전 함안조씨가 입도했다고 전한다.

추도에는 모두 4가구가 살고 있었다. 효성 지극한 50대 중반의 조씨, 그는 팔순의 어머니를 모시고 둘이서 생활했다. 뱃일을 하다 사고로 다리를 다치고 정신마저 온전치 않다. 얼마 전 극적으로 헤어진 자식들을 만난 후 다시 보고픈 그리움을 앓고 있다. 추도대통령으로 불리는 이씨, 젊어서 몇 척의 안강망배를 부리며 칠산바다와 연평바다를 누볐던 그는 노후에 비교적 안정되게 아내와 둘이서 보내고 있다. 그리고 추도의 유일한 어부인 60대 조씨, 그는 통발로 문어를 비롯해 고기를 잡는다. 급한 일이 있으면 추도의 유일한 발이 되기도 한다. 여기에 할머니 한 가구까지 더한 게 추도 가구수였다. 벌써 5년 전 이야기이다. 전하는 이야기로는 지금은 노인 둘만 살고 있다 했다.

사실 추도에는 이들만 살고 있는 것이 아니다. 공룡들의 영혼이 수십 리의 바위에 걸터앉아 그들을 지켜보고 있다. 섬을 돌다 보면 어디에서나 공룡들의 발자국은 쉽게 찾을 수 있다. 처음에는 움푹 들어간 곳이나 불룩 솟아오른 것이 어떻게 공룡발자국이냐고 생각했지만 전문가들의 설명을 듣고 나면 이내 고개를 끄덕인다.

추도는 객선이 다니지 않는다. 사도에서 1만5천여 원을 주고 사선을 타고 와야 한다. 그만큼 사람들의 손을 타지 않아 꺼끗하고 원형이 잘 보전된 섬이다. 이런 탓에 개발계획을 잘못 세우면 섬을 쉽게 망가뜨릴 수도 있다. 전문가들의 고증과 조언을 구하지 않고 관광위주의 개발을 추진하다 보면 수억 년의 소중한 문화자산이 들담으로 이용되고 시멘트에 묻히기도 하고 방파제 보수공사에 사용되기도 한다.

추도에서 발견된 공룡발자국은 1,759점이며, 사도(755점), 낭도(962점), 목도(50점), 적금도(20점)까지 포함해 모두 3,546존이 확인되었다. 이들 지역은 모두 여수시 화정면에 속한 섬들로 아직 공룡알, 공룡뼈, 공룡분화석, 공룡이빨 등이 발견되지 않아 아쉽지만 전문가들은 발자국의 규모만으로도 세계적인 수준이라고 평가한다. 추도를 비롯한 일대의 지층들은 중생대 백악기에 발달한 퇴적암류와 이를 덮고 있는 응회암으로 구성되어 있다. 더구나 퇴적형태도 연흔(물결흔적) 구조를 비롯한 각종 변형구조들이 그대로 교과서다.

추도에도 학교가 있었다. 마을 뒷산이라고 부르기엔 어색한 언덕에 교사 한 동과 관사 한 동이 흔적으로 남아 있다. 관사 벽의 '김일성' 어쩌고 하는 바랜 붉은 글자가 사람을 맞는다. 추도에는 마르지 않는 2개의 우물이 있다. 이 중 하나는 지금도 사용한다. 전기모터를 이용해 수도처럼 물을 사용하는 가구도 있지만 조씨처럼 불편한 몸을 이끌고 언덕 중간에 위치한 샘까지 계단을 오르내리며 물을 길어다 먹는 경우도 있다. 추도의 민가들은 모두 돌담이며, 전통적인 서남해 어촌의 민가양식을 잘 간직하고 있다. 포구에서 폐교까지 이르는 길

추도에는 세계에서 가장 긴 84미터 초식공룡 발자국이 있다.

공룡이 살던 시기에 형성된 퇴적암들을 쌓아 만든 추도 돌담은 2007년 등록문화재 제367호로 지정되었다.

이 가장 긴 골목길이자 섬의 유일한 골목이다. 50여 미터의 이 길 양쪽에는 우물이 2개, 전통화장실, 텃밭, 1970년대 시멘트 지원사업으로 단장된 낡은 시멘트 계단 등이 있다.

물길이 열리면서 사도까지 갈라진 바닷길이 줄어들기 시작하자 군부를 잡고 고동을 줍던 할머니 두 분이 굽은 허리를 이끌고 공룡발자국을 따라 위로 올라선다. 군부와 삿갓조개를 가득 담은 광주리를 힘겹게 바위에 올려놓는다. 추도대통령이라는 이씨댁 할머니와 혼자 사는 할머니가 사리물때에 맞춰 갯것을 주우러 나왔다 모두 잘 갈무리했다가 추석에 자식들 주려는 심산이다. 추도의 선착장은 지난 태풍에 중간 부분에 돌들이 유실되어 무너져 있다. 드나드는 배도 적고 보는 사람도 없으니 언제 복구될지 알 수 없다. 어쩌다 관심이 있는 사람들만 이곳에 공룡발자국을 보기 위해서 찾는 정도다. 긴 꼬리의 붉은 노을이 사도 위로 흔적을 남기며 하루가 저문다.

지질학은 46억년의 긴 시간 동안 지질시대가 남긴 흔적을 땅(바위)에서 작은 편린을 찾아 재구성하는 것이다. 우리가 익히 들었던 신생대, 중생대, 고생대를 비롯해 그 이전 선캄브리아기 등으로 구분한다. 이 중 공룡이 집단을 이루며 번성했던 시기는 중생대(약 2억5천만 년 전~6,500만 년 전)라고 한다. 한반도는 중생대 백악기에 공룡들의 낙원이었을 것이라고 한다. 중생대는 트라이아스기, 쥐라기, 백악기로 구분하며, 이 중 백악기는 144만 년 전부터 66만4천 년 전까지다.

중생대 지구는 적도 근처에 판게아라는 거대한 하나의 대륙을 이루고 있었다. 극지방이지만 따뜻했고 건조했다. 식물은 고사리류, 은행, 소철 등이 많았고, 육식공룡과 초식공룡들이 등장하고 곤충, 악어, 거북, 도마뱀, 물고기, 개구리, 익룡, 어룡, 수장룡 등이 살았다. 대륙이 이동하고 다양한 공룡들이 등장했다. 또 이족보행을 하는 육식공룡으로부터 새가 진화했다. 이 무렵 한반도 남쪽에도 공룡이 살았던 곳은 가장 규모가 큰 경상분지(경상남북도 일대)를 비롯해 해남분지(전남 해남 일대), 능주분지(전남 화순 일대), 진안분지(전북 진안 일대), 공주분지(충남 공주 일대), 음성분지(충북 음성 일대), 풍암분지(강원 춘천 일대), 남양분지(화성 시화호 일대) 등 크고 작은 퇴적분지들이다.

경남 고성 하이면 상록암국립공원

공룡은 용반목(수각류, 용각류)과 조반목으로 구분한다. 용반곡은 이족보행을 하는 육식공룡 '수각류'와 사족보행을 하는 목이 긴 초식공룡 '용각류'가 있다. 육식공룡은 알로사우루스나 티라노사우루스 같은 대형공룡에서 코엘르피시스 같은 소형공룡에 이르기까지 다양하다. 초식공룡은 아파토사우루스나 브라키오사우루스 같은 거대한 공룡이 여기에 속한다. 조반목은 모두 초식공룡으로 오리주둥이를 가진 이구아노돈, 머리에 뿔이 달린 트리케라톱스, 박치기를 잘하는 파키케팔로사우루스, 등판에 골판을 가지고 있는 스테고사우루스, 꼬리가 무기인 안킬로사우루스 등이 여기에 속한다. 여수 공룡화석지에서 발견된 발자국은 조각류가 가장 많고 다음으로 수각류, 용각류 순이다.

우리나라에서는 1972년 공룡알 화석이 처음 발견되었다. 이후 경북 의성(1973)과 경남 고성(1982)에서 공룡 관련 화석이 발견되었다. 특히 경남 고성에 발견된 공룡발자국 화석은 천연기념물 제411호로 지정되었다. 이후 1990년대 경상남도와 전라남도 많은 해안지역에서 공룡화석이 발견되었다. 이어 해남 우항리에서 국내에서는 처음으로 익룡발자국이 발견되었으며, 물갈퀴 달린 새발자국, 공룡발자국 및 절지동물이 기어간 흔적 등이 발견되어 천연기념물 제394호(1998)로 지정되었다. 전 세계적으로 보고된 중생대 백악기 새발자국 화석 19종 등 6종이 우리나라에서 발견되었다.

한국 공룡화석지 분포를 보면 시화호, 화순, 해남, 보성, 여수, 고성, 의성 등이다. 이 중 중생대 백악기 공룡은 여수, 해남, 고성, 보성 등 남해안 일원에 분포되어 있다. 이들 지역의 공룡화석지는 공룡알둥지(보성), 세계에서 가장 긴 익룡발자국 보행렬(길이 7.4미터, 해남), 조각류 공룡발자국 보행렬(사도), 보행렬 길이가 84미터의 세계적 규모인 조각류 공룡발자국 보행렬(추도), 공룡발자국 화석지(사도) 등으로 유네스코 세계자연유산 잠재목록에 등록되었다.

우리나라에서 발견된 공룡화석은 크게 발자국, 뼈, 알로 구분해 볼 수 있다. 이 중 공룡발자국 화석은 세계에서 으뜸이라 해도 지나치지 않다. 경남 고성, 남해, 진주, 마산, 경북 의성, 전남 해안, 여수, 화순 일대에서 다양하게 발견되었다. 보존상태도 좋고 새발자국 등 동시대에 함께 살았던 동식물화석들도 발견돼어 가치도 높아 천연기념물(375호, 394호, 395호, 422호, 434호, 499호)로 지정되었다.

다음으로 공룡뼈도 많이 발견되었지만 작은 조각이 산발적으로 확인되었다. 하지만 전남 보성군 비봉리 해안에서 발견된 뼈는 연결된 채로 탈견되어 앞으로 한반도에 살던 공룡생태 연구에 큰 도움이 될 것으로 예상된다. 전남대학교 한국공룡센

경기도 안산 시화호 공룡알화석

터(소장 허민 교수)는 이 뼈를 기반으로 세계 최초로 한국 이름 '코리아노사우루스 보성엔시스(Koreanosaurus Boseongensis)'를 복원했다. 마지막으로 공룡알은 경남 하동, 고성, 사천과 부산 다대포, 전남 보성, 구례, 경기 화성 등지에서 발견되었다. 이 중 대규모 알둥지가 발견된 곳은 전남 보성군 비봉리(천연기념물 418호), 경기 화성시 고정리(천연기념물 414호)이며 이 중 고정리는 공룡 관련 최대규모 화석 산지로 알려져 있다.

여수 화정면 외딴섬, 낭도와 추도와 사도 일원 5개 섬에 세계적인 자연사 유산인 공룡화석지가 모여 있다. 공룡발자국화석 산지 및 퇴적층이 포함된 해안은 한국 백악기에 형성되었다. 이곳에서 발견된 공룡발자국은 기존 공룡화석지와 다르게 육지나 해안이 아닌 인접한 5개 섬에서 발견되었다. 그리고 각종 식물화석, 탄화목(나무화석), 연체동물화석, 무척추동물에 의한 생혼화석과 함께 연흔(지층 표면의 물결무늬), 건열(굳지 않는 진흙질의 퇴적물이 건조할 때 수분을 잃어 수축하면서 표면에 만드는 다각형의 균열) 등 다양한 퇴적구조가 발견돼 당시 환경을 연구할 수 있다. 연대측정 결과 공룡화석지로서는 아시아지역에서 가장 후기로 약 7천만 년 전에 생성되어 공룡멸종 연구의 적지로 학술적·역사적·자연사적 가치가 높다.

출처 한국의 공룡화석(국립문화재연구소 편, 2009)
한국공룡연구센터(Korea Dinosaur Research Center/www.dinorc.co.kr)
네이버캐스트(한반도의 공룡, navercast.naver.com)

개황 | 추도秋(鰍)島

일반현황

위치 | 전남 여수시 화정면 낭도리 **동경** 127°44′ **북위** 34°28′
면적 | 0.04km² **해안선** | 2.6km **육지와 거리** | 6.2km(화양면)
가구수 | 2 **인구**(명, 남+여) | 4(2+2) **어선** | 0 **어가** | 1

공공기관 및 시설

전력시설 | 한전 전력 이용
급수시설 | 우물(펌프) 2개소 2가구

여행정보

교통 | 배편 | 직접 연결 선박이 없고 사도와 연락을 취해야 한다.
여행 | 중생대 공룡발자국 화석
특이사항 | 중생대 백악기 시대의 것으로 추정되는 공룡발자국 화석이 전남대학교 공룡연구소 연구팀에 의해
발견되어 최근 관광객이 급증하였으며, 약 43개의 세계 최장 공룡발자국이 발견되어 문화재적 가치가 있다.

30년 변화 자료

구분	1973	1985	1996
주소	전남 여천군 화정면 하화리	좌동	좌동
면적(km²)	0.11	0.04	0.04
인구(명, 남자+여자)	79(41+38)	34(17+17)	15(7+8)
가구수	12	10	7
급수시설	공동우물 1개	우물 1개	우물(펌프) 2개
초등학교	1개(16명)	-	-
전력시설	-	-	자가발전 7가구
어선(척, 동력선+무동력선)	3(1+2)	12(4+8)	2(1+1)

22

삐틀이섬의 비애

여수 화정면 조발도

여름장마라는 말은 이제 맞지 않고 우기라 해야 할 것 같다. 조발도 선창에 들어서자 그쳤던 비가 다시 내렸다. 어쩌랴 어렵게 찾은 섬인데, 주섬주섬 비옷을 입고 우산을 펼쳤다. 카메라를 품에 안고 선창에 올라섰다. 한 분이 포구에서 낚시를 하고 있다. 마을 주민 같기도 하고 외지인 같기도 하다. 외지인이라면 인근 갯바위에 터를 잡았을 것이고 주민이라면 비가 오는데 낚시를, 그것도 선창에서 할 리가 없다.

조발도와 가장 가까운 육지는 화양면 벌가마을이다. 이곳에서 배로 10분 거리이지만 여수에서 정기여객선을 타면 2시간이 걸리는 종점 섬마을이다. 옛날 객선은 여수에서 출발해 조발도에서 하룻밤을 묵고 다시 여수로 출발할 정도로 오지 섬마을이었다. 지금도 교통편이 불편하기는 마찬가지지만 벌가에서 사선으로 들어오면 빠르다.

낚시하는 사람에게 말을 붙여 볼까 하다 그냥 마을로 들어섰다.

조발도는 1896년 돌산군 옥정면에 속하였으나 1914년 행정구역 개편 때 옥정면과 화개면을 합하여 여수군 화정면 조발리로 개편되었다. 이후 1949년 여천군에 편입되었고 1998년 여천군 삼려(여수시, 여천시, 여천군) 통합으로 여수시로 통합되어 현재에 이른다. 임진왜란 때 순흥안씨가 처음 입도하여 정착하였다고 한다. 평지가 전혀 없는 경사지로 이루어진 섬 북동쪽에 마을이 형성되어 있다. 선창에서 보

아 마을 뒤편 오른쪽에 당숲이 있다. 예전에는 마을 주민들이 각각 작은 상에 정성껏 제물을 차려 풍물을 치며 제를 지냈지만 지금은 이장이 올라가 형식만 갖춘다. 그나마 중단되지 않고 이어지는 것이 다행이다.

마을 주민들은 30여 년 전까지만 해도 옥수수와 고구마가 주식이었다. 섬은 대부분 개간하여 고구마와 옥수수를 심었다. 지금은 다시 숲이 되었다. 수심이 깊고 조류가 빠르고 해안선이 간조로워 갯벌이 형성될 수 없는 섬이다. 인근 둔병도나 적금도처럼 김양식이나 바지락이나 꼬막 등 패류양식이 활발하지 못했다. 오직 멸치어장만 형성되어 지금도 몇 집에서 멸치낭장망과 문어통발을 할 뿐이다.

조발도는 해발 171미터에 불과하지만 섬이 북서쪽에서 동남쪽으로 폭이 좁고 길게 형성되어 있어 경사가 급하다. 경사지에 마을이 들어 앉아 좁은 골목길을 따라 오르는데 숨이 가쁘다. 경운기는 말할 것도 없고 농사는 모두 사람의 힘에 의존하고 있다. 한때 소를 이용했지만 지금은 노인들이 되어 소를 건사하기도 힘들다.

낭도나 둔병도 등 인근 섬사람들은 조발도를 '삐틀이섬' 이라 놀린다. 섬이 가파르기 때문에 밭이 경사가 심하다. 여성들이 밭일을 할 때 한 발은 윗고랑에 다른 한 발은 아랫고랑에 두고 일을 하기 때문에 여성들의 거시기가 비틀어져 있다는 것이다.

내려오는 길에 경로당 앞에서 낚시를 하던 사람을 만났다. 집으로 들어가는 길이었다. "마을에 사세요." "서울에 사는데 고향이라 겨울철만 빼고는 섬에 있습니다." 몸이 불편한 기색이다. 초등학생 때 섬을 떠났다가 몇 년 전에 들어와 혼자서 낚시를 하며 요양하다 겨울에는 서울에 올라갔다 따뜻한 봄에 다시 내려온다고 했다.

일반현황

위치 | 전남 여수시 화정면 조발리 **동경** 127°43′ **북위** 34°33′
면적 | 1.06km² **해안선** | 7.9km **육지와 거리** | 0.8km(화양면)
가구수 | 30 **인구**(명, 남+여) | 54(27+27) **어선**(척) | 18 **어가** | 18
어촌계 | 총 1개 어촌계, 조발 17명

공공기관 및 시설

폐교현황 | 여산초등학교 조발분교(1996)
전력시설 | 한전 전력 이용
급수시설 | 간이상수도 27가구, 우물(펌프) 3개소

여행정보

교통 | **배편** | 도선 1일 3회 운항
낚시터 | 낮끝
특산물 | 멸치, 문어

30년 변화 자료

구분	1973	1985	1996
주소	전남 여천군 화정면 조발리	전남 여천군 화정면 조발도	좌동
면적(km²)	0.75	1.05	1.06
인구(명, 남자+여자)	444(228+216)	330(173+157)	130(69+61)
가구수	66	65	42
급수시설	공동우물 5개	우물 7개, 간이상수도 1개	우물(펌프) 7개, 간이상수도 1개
초등학교	1개 74명	분교 1개 44명	분교 1개, 4명
전력시설	-	한전 65가구	한전 42가구
어선(척, 동력선+무동력선)	31(2+29)	30(19+20)	16(15+1)

23

작은 섬 하과도가 있어 사는 섬
여수 화정면 둔병도

마을 앞에 명주실 한 타래가 다 들어가도록 깊은 '용굴' 둠벙이 있어 둔병이라 했다고 한다. 용굴전설이야 섬에서는 가장 흔한 전설이라 큰 관심거리도 아니다. 오히려 마을 앞 하과도와 잇대 있는 갯벌이 더 관심거리다. 종종 작은 섬이 큰 섬의 존재감을 갖게 하는 경우가 있다. 하과도는 면적이 0.62제곱킬로미터에 불과하다. 이 작은 섬이 있어 배들이 머물 수 있는 자연선창이 만들어졌고, 갯벌이 형성되어 바지락과 꼬막이 자란다. 또 여수지역에서 처음으로 김양식을 할 수 있었다. 그뿐인가. 작은 섬은 제 몸을 내주어 고구마와 보리농사를 지어 섬사람들의 모진 목숨을 이어줬다. 이쯤이면 둔병도 사람들은 하과도를 오가며 절이라도 해야 할 판이다. 하과도 남쪽 해안에 신석기시대 유적인 조개더미가 발견되었다. 갯벌에 의존해 살았던 신석기인들도 작은 섬의 가치를 알고 있었던 것이다.

섬은 가막만 입구에 있는 섬으로 주변에 적금도, 조발도, 낭도에 둘러싸여 있다. 섬의 모양새가 동서로 길게 누웠다. 아이들이 찰흙을 주무르다 멈춘 것처럼 삐져나온 개미목들이 많다. 그래서 지명도 목넘, 목낭골, 솔머리, 샘기미, 애딧기미 등 머리와 기미와 목 등이 많다. 이러한 지명이 많은 곳은 해안선 굴곡이 심하고 갯벌이 발달했다. 게다가 섬 앞에 있는 작은 섬 하과도와 사랑을 나누듯 붙어 있고 수심이 얕고 조류가 빠르지 않아 그 사이에 넓은 조간대가 형성될 수 있는 지형이다. 지금은 두 섬이 길이 10미터 작은 다리로 연결되어 있다. 섬속에 섬, 그리고 작은 섬을 안고 그 안에 최적의 선창이 만들어졌다. 마을은 둔병도 남서쪽 하과도를 마주보며 자리했다. 섬은 114미터로 높지 않지만 남서쪽을 제외하고는 산지이며 바다와 접한 곳은 해식애가 발달했다.

임진왜란 때 전라좌수영 수군이 고흥방면으로 이동하면서 잠시 머물렀던 곳이라 둔병(진칠 둔屯, 군사 병兵)이라 했다는 이야기도 전한다. 또 마을 뒷산은 임진왜란 때 기를 올려 신호를 보냈다는 둔병산이 있다. 우리배는 평저형이다. 둔병도와 하과도가 나란히 붙어 있어 그 사이 갯벌은 배를 숨기기 아주 좋은 곳이다. 《신증동국여지승람》과 《동국여지지》, 《여지도서》에는 둔도屯島는 백야곶의 서쪽에 있다고 기록했다. 1876년(고종 3) 돌산군이 설립되면서 둔병도는 옥정면 조발리에 속했으나 1914년 여수군이 설립되면서 화정면 둔병리르 바뀌었다.

둔병도는 육지에서 배로 10분 거리지만 교통이 불편한 섬이었다. 여수여객터미널에서 출발한 객선이 섬을 모두 돌고 2시간이 지나서 마지막으로 들르는 섬이었다. 그 배는 조발도에서 하루를 묵고 다시 여수여객터미널로 돌아갔다. 이것도 경제성이 없어 자주 결항되었다고 하니 불편함이야 어찌 말로 다하겠는가. 섬사람들에게 배는 발이다. 발을 묶어 놓으면 아무 일도 할 수 없다. 결국 10분 거리에 있는 벌가선착장에서 사선을 이용했다. 일종의 마을버스같은 배였다. 하지만 도로에서 벌가선창까지 20여 분을 걸어야 했다. 길이 너무 가파르기 때문에 노인들이 짐을 이고지고 오가기 여간 불편하다. 결국 유람선(백조호)이 하루에 2번, 2시간에서 20분 모자라는 시간을 돌아 둔병도를 오가고 있다.

둔병도는 갯벌어업과 밭농사가 발달했다. 여수 돌산실고에서 김양식을 보급하면서 시험재배했던 곳이 둔병도였다. 여수지역 50여 개의 유인도 중에서 갯벌이 발달한 곳은 적금도, 둔병도, 개도, 안도 정도다. 이 중 죽홍이라 부르는 초기 김양식 기술을 할 수 있는 곳은 둔병도와 개도의 큰개, 안도 개안 정도뿐이다. 개도 큰개는 일찍 간척을 시작했고 안도는 너무 멀다. 상과도와 하과도와 둔병도로 둘러싸인 선창은 해태양식 최적지였다. 하지만 김양식 규모가 커지고 완도, 해남, 진도는 물론 서해안 부안, 서천과 경기만갯벌까지 확산되면서 둔병도처럼 소규모 재래식 김양식은 경쟁력을 잃었다. 어쩌면 일찍 김양식이 중단된 것이 가막만 해양생태계를 위해서 잘된 일인지 모르겠다. 갯벌에는 자연산 바지락과 참꼬막이 자란다. 특히 참꼬막은 종패를 뿌리지 않고 자연번식하는 곳이다.

둔병도에는 큰뻘, 득낭골, 뻘가 세 곳에 갯벌이 형성되어 있다. 이 중 큰뻘은 하과도와 둔병도로 둘러싸여 선창으로 이용되고, 동쪽은 간척을 하려고 원을 쌓았던 흔적이 남아 있다. 쌀농사가 귀했던 시절에 한 떼기 논이라도 만들어 보려고 돌을 등에 지고 머리에 이고 물길을 막았다. 겨우 물길을 잡고 우물에서 숭늉찾는 격으로 황금들판의 꿈에 부풀어 있을 무렵 태풍이 쓸어 버렸다. 논이 없는 둔병도는 마을이 형성된 남쪽 낮은 구릉을 개간해 고구마, 보리 등을 심었다. 지금도 당집 아래에서 구릉은 밭으로 이용되고 있다. 특히 둔병도에 밭농사가 많을 수 있었던 것은 작은 섬 하과도 덕이다. 마을과 지척에 있고 물이 빠지면 노둣돌로 건너다닐 수 있어 납닥하게 누워있는 작은 섬을 한 뼘 작은 땅도 귀했던 시절에 그냥 둘 리 없었다. 그곳을 전부 개간해 농사를 지었다. 내다 팔 수 있고 오래 보관할 수 있는 것이 고구마였다. 특히 술을 만드는 원료로 이용되었기 때문에 고구마를 납작하게 썰어 말린 '빼깽이(고구마 절간)'를 팔았다. 고구마 농사를 많이 짓는 집은 빼깽이 100여 가마를 갈무리해 팔았다. 이렇다 할 기계도 없고 소도 없기 때문에 모두 사람 힘에 의존한다.

하과도 선창에서 막 배를 타고 나가던 주민을 만났다. 둔병도에는 하과도 동쪽에 있는 선창과 둔병도 서쪽 두 곳에 선창이 있다. 물이 많이 빠졌을 때는 뜬부두인 하과도 선창을 이용하고 물이 들었을 때는 둔병도 선창을 이용한다. 하과도 선창을 이용하면 하과도를 가로질러 마을까지 걸어가야 하는 불편함이 있지만 그래도 조류와 관계없이 배를 이용할 수 있다는 것은 섬사람에게 큰 행운이다. 참돔 낚시를 하기 위해 갯지렁이를 잡으러 가는 중이었다. 잘 됐다 싶어 동행을 청했다. 둔병도에서 가장 젊은 총각 마덕건(52세) 씨였다. 배는 FRP로 지어 말끔한 선외기의 모습을 갖추었지만 엔진이 갑판 밑에 들어간 구형이었다. 느릿느릿 섬 주변을 오가며 낚시도 하며 소일을 하는 배였다. 마씨와 함께 도착한 곳은 섬 동쪽으로 간척을 했다가 태풍으로 뻘가를 막은 둑이 터져 모두 등짐을 져서 한 뙈기 논이라도 만들려고 막은 원이었다. 아직도 원을 쌓았던 돌들이 잘 남아 있었다. 마씨는 도착하자마자 돌 밑을 뒤지기 시작했다. "뭘 하세요." "박사님이 오셨는데 낙지라도 한 마리 잡아 드려야 하는데." "낙지철이 아니잖아요." "그래서 돌 밑을 뒤지고 있어요. 사실 우리 동네에서 손으로 낙지를 잡는 유일한 사람인데." "낙지눈을 잘 보시는 모양이에요."

낙지 대신 돌 밑을 뒤져 독게(민꽃게)를 20여 마리 잡았다. 낙지라도 한 마리 잡을 욕심이었지만 갑자기 쏟아진 비 때문에 급하게 갯지렁이가 있는 곳으로 이동했다. 사실 갯지렁이 잡는 것을 눈으로 직접 보지는 못했다. 물론 긴 쇠스랑을 이용해 갯지렁이 잡는 것을 본 적은 있다. 또 강화갯벌에서 길이가 엄청나게 긴 참갯지렁이를 본 적이 있다. 마

나에게 선물하려고 참돔을 잡기 위해 갯지렁이를 잡으러 나온 마씨는 비를 흠뻑 맞았다.

씨가 잡으려고 하는 갯지렁이는 '홍무시' 라 했다. 그런데 갯지렁이를 잡기 위해서 이동한 곳이 원이 무너진 돌밭이었다. 무너진 돌은 갯벌에 묻혀 오랜 세월이 흐른 흔적이 역력했다. 큰 돌을 지렛대를 이용해 옮기자 바위게, 고둥, 무늬발게 등이 지천이었다. 돌 밑은 작은 돌과 펄이 섞인 혼합갯벌이었다. 호미로 조심스럽게 긁자 갯지렁이가 모습을 나타냈다. 약간 붉은색을 띠는 홍무시(홍거시) 굵기가 새끼손가락 정도에 길이는 20센티미터 정도였다. 놀랍게 이 갯지렁이는 돌을 뚫고 몸을 반쯤 집어 넣고 생활하고 있었다. 갯지렁이 전체를 잡아 낼 수 없어 호미로 자르자 붉은 피가 흘렀다. 홍무시는 주로 참돔 낚시를 할 때 사용한다. 비슷한 갯지렁이도 옆에 있었지만 마씨는 눈길도 주지 않았다. 참돔은 오직 홍무시만 좋아하기 때문이다. 이 붉은 피냄새가 참돔 같은 고급고기를 유혹하는 미끼라는 것이다. 홍무시를 잡아 파래와 지초를 뜯어 덮었다. 이렇게 해야 낚시를 하면서 오랫동안 두고 사용할 수 있기 때문이다. 보통 뭍에서는 톱밥에 묻어 둔다. 홍무시와 비슷하지만 청색을 띤다고 해서 청개비라는 갯지렁이도 있다.

참고로 갯지렁이는 참갯지렁이, 청갯지렁이, 홍갯지렁이가 있다. 참갯지렁이는 '홍무시'라고 하는 것으로 돔낚시(돌돔, 참돔, 감성돔)에 많이 사용되며 청갯지렁이는 농어낚시에 많이 사용된다. 크기가 이쑤시개 정도인 홍갯지렁이는 벵에돔 낚시를 할 때 많이 사용한다. 바위 틈에 엄지손가락보다 굵은 군부, 테두리고둥, 따개비, 담황줄말미잘, 삿갓조개, 개울타리고둥, 총알고둥 등 갯벌생물들이 많이 서식하고 있다. 해양생물학자가 아닌 문외한의 눈에도 금방 갯벌을 포함한 조간대에서 생물다양성이 보였다. 낙지를 잡아 선물하려 했던 마씨는 계획대로 되지 않고 비까지 내리자 안절부절했다. 나는 차분하게 우산에 판초까지 뒤집어썼지만 마씨는 그대로 비를 맞으며 갯지렁이를 잡았다. 내가 우산을 씌워 줄 수 있는 상황도 아니었다.

돌아오는 길에 마씨 배의 키를 잡았다. 사실 몇 년 전에 레저보트 면허를 땄지만 직접 배를 운전하는 것은 처음이었다. 그 사이 마씨는 갯지렁이를 낚싯바늘에 끼우고 채비를 했다. 낙지대신 참돔이라도 한 마리 잡을 요량이었다. 이렇게 마씨가 배를 타고 낚시를 하러 나가면 마을 어르신들은 술을 준비한다. 마씨는 장남이다. 어머니가 다리가 불편한 채 홀로 사시는 것을 볼 수 없어 서울에서 사업을 하다 내려와 섬에 머물렀다. 그 이후 마씨는 술안주를, 동네 형님이나 어른들은 술을 준비했다. 이제 관행처럼 되었다. 마씨는 이를 즐긴다.

마을을 둘러볼 겸 둔병도 선창에 내려달라고 했다. 마씨는 몇 번이고 가을에 꼭 다시 오라고 당부했다. 그때는 낙지도 많고 먹을 것도 많다며. 빗줄기가 거칠어졌다. 마씨와 헤어지고 곧장 마을을 지나 당집으로 향했다. 좁은 골목길을 접어들자 왼쪽으로 폐교가 먼저 보였다.

당집이 남아 있는 마을은 한 번 더 보게 된다. 특히 당제에 참석하게 된 마을은 오래도록 기억에 남는다.

당집으로 가는 길은 가시덩굴과 칡덩굴로 얽혀 있었다. 한 발짝 앞으로 가려면 몇 번이고 발로 넝쿨을 밟아 길을 만들어야 했다. 밭에서 당집까지는 멀어야 20미터도 되지 않았다. 하지만 20여 분을 실랑이해서 올랐다. 비까지 내려 얇은 여름옷은 몸에 착 달라붙었고 가시덩굴은 사정없이 종아리를 긁었다.

당집에 이르렀다. 오는 길과 달리 잘 정돈되어 있었다. 돌담 안에 마련된 당집은 부엌과 방 한 칸으로 구성되어 있었다. 돌담 입구에 황토흙이 놓여 있는 것으로 보아 올해도 당제를 지낸 것 같았다. 당집 안에는 위패를 모시는 함이 있고 그 안에는 길지(창호지)가 차곡차곡 접혀 걸려 있었다. 위패 아래 바닥에는 제기와 그릇이 놓여 있고 창호지로 덮여 있었다.

늘 그렇듯 불쑥 당집을 방문하면 꼭 절을 올린다. 이번에도 절을 올리고 당집을 빠져 나왔다. 상과도와 하과도가 한눈에 내려다보였다. 그 사이에 갯벌도 모습을 드러냈다. 바로 앞에 적금도와 고흥 팔영산이 한눈에 들어왔다.

개황 | 둔병도屯兵島

일반현황

위치 | 전남 여수시 화정면 조발리 **동경** 127°43′ **북위** 34°32′

면적 | 0.81km² **해안선** | 7.13km **육지와 거리** | 28km(여수시)

가구수 | 29 **인구**(명, 남+여) | 59(28+31) **어선**(척) | 5 **어가** | 14

어촌계 | 총 1개 어촌계, 둔병 24명

공공기관 및 시설

폐교현황 | 여산초등학교 둔병분교(1996년)

전력시설 | 한전 전력 이용

급수시설 | 간이상수도시설 1개 27가구, 우물(펌프) 2가구

여행정보

교통 | 배편 | 여수여객터미널(061-663-0116) 새마을 19호 1일 1회 운항

특산물 | 장어, 문어

30년 변화 자료

구분	1973	1985	1996
주소	전남 여천군 화정면 조발리	좌동	좌동
면적(km²)	0.62	0.80	0.81
인구(명, 남자+여자)	292(143+149)	220(107+113)	94(46+48)
가구수	44	41	33
급수시설	공동우물 5개	우물 2개 , 간이상수도 1개	간이상수도 1개
초등학교	1개 40명	분교 1개 35명	분교 1개 5명
전력시설	-	한국전력 41가구	한전 33가구
어선(척, 동력선+무동력선)	20(0+20)	59(22+37)	19(14+5)

24

여자만의 황금어장
여수 화정면 적금도

"마당에 널어놓은 콩처럼 바지락이 많았어요."

왜 과장이라는 것을 모르겠는가. 직접 마을어장으로 나갔다. 그리고 갯벌로 들어가 바지락을 확인했다. 호미를 챙겨오지 않아서 바지락 구멍(눈)을 확인하고 손으로 후비적후비적 파보았다. 바지락이 나왔다. 금새 네댓 개를 캤다. 상품이 되려면 1년은 넉넉히 커야 할 것 같다. 눈으로 직접 확인하니 어촌계장의 이야기를 믿을 수 있을 것 같았다.

적금도는 1896년 돌산군 설립 당시 옥정면 면소재지였다. 1914년 옥정면과 화개면이 합해지면서 화정면 적금리로 귀속되었다. 임진왜란 때 고령신씨인 여개씨가 난을 피하여 순천 낙안면에서 처음 입도하여 정착했다고 한다. 조선시대 초에는 적포 또는 적호라 불렀다. 일제강점기 전북 고창 사람이 채광을 시도하다 실패하고, 그 후 전주이씨라는 사람이 다시 시도했으나 역시 실패했다. 일제강점기 말 일본 사람이 약간의 금맥을 발견하였으나 양이 적어 흔적만 남았다. 여수군 설립시 금광이 있다 하여 쌓을 적積에 쇠 금金자를 써서 적금이라 부른다고 한다.

여자만 황금바다 적금도
적금도는 여자만 길목에 있으며 팔영산이 한눈에 들어오는 섬이다.

행정구역은 여수시 화정면에 속하지만 섬 서쪽은 고흥과 지척이다. 적금도와 고흥군 사이 수로는 물이 아주 빠르고 암석으로 되어 있어 민어, 농어, 돔 종류가 많아 낚시꾼들이 좋아하는 포인트가 많다. 동쪽은 갯벌이 좋아 최고의 마을어장을 갖추고 있다. 마을어장에서는 바지락을 선두로 참꼬막, 새꼬막, 전복, 해삼이 많으며 미역과 다시마와 김도 잘된다. 황금어장이다.

아무도 적금마을 앞 갯벌에 바지락종패가 올 것이라고 예상하지 않았다. 하지만 어촌계장은 바지락이 사라진 원인만 제거하면 종패들이 다시 와서 서식할 것이라고 믿었다. 아직 적금도 주변 해역은 오염원이 없어 종패가 서식할 수 있는 조건을 갖추고 있기 때문이었다. 1년에 국내에 필요한 바지락은 8만여 톤이다. 이 중 서해안과 남해안 갯벌에서 생산된 바지락은 3만6천여 톤에 불과하다. 절반 이상을 수입에 의존하고 있다. 대부분 중국과 북한산이다. 최근 전남해양수산과학원은 토종 여수산 바지락종패 인공종묘사업에 성공했다고 발표했다. 그런데 적금도는 그보다 훨씬 앞서 자연산 바지락종패를 마을 앞 어장에 불러온 것이다. 바지락종패는 세물이나 네물 물이 빠질 때 노출되는 부분에 부착한다. 따라서 그때 노출되는 부분 경사도를 낮춰서 넓혀주면 된다.

"시기가 중요해요. 4월이나 5월에 만들어야 해요. 5월말부터 6월초는 산란을 하기 때문이죠. 너무 일찍하면 하누바람(서풍)이 불어서 땅이 굳어 버리고 너무 늦게하면 산란이 끝난 상태에서 갯벌을 긁기 때문에 실패하게 돼요." 적금도 어촌계장 박종길(1959년생) 씨의 말이다. 그는 바지락종패가 부착할 수 있는 조건을 만들어서 유생들이 착상할 수 있도록 만들어 주는 것이 관건이라 했다. 시기와 시간을 잘 읽어야 하고 장소를 선택하는 눈썰미가 있어야 한다는 것이다. 처음에는 어장을 긁자 어촌계장이 좋은 바지락밭을 망쳐먹는다고 동네 부녀회에서 들고 있어났다. 이 일로 박씨는 사표를 내기도 했다.

적금도는 한 번 바지락을 잡으면 20여 톤씩 생산한다. 오후 5시에 광양을 거쳐 부산으로 보내면 다음날 아침 7시에 일본에서 경매가 이루어진다. 채취하는 시기도 여름에 집중한다. 이때는 수입산을 사용하기 어렵다. 수요량은 많고 날씨 탓에 쉽게 변하기 때문에 중국이나 북한산을 유통하기 어렵다. 저녁에 보내 아침에 경매를 하는 것도 이 때문이다. 요즘은 대량판매에서 소포장을 하려고 준비 중이다.

적금도는 2006년 350헥타르 마을어장 어업권을 어촌계에 귀속시키고 58명이 같은 지분으로 출자해 전국 최초로 '어민주식회사'를 여수세무서에 사업자로 등록했다. 여기까지 오는 데 우여곡절이 많았다. 황금어장이었던 적금도 주변바다는 면허만 마을에서 가지고 있었지 실제로 돈을 버는 사람들은 외지인이었다. 각종 권력(돈, 폭력, 언론, 정치)과 밀착된 어장권을 마을에서 되찾는 데 박씨가 앞장을 섰다. 생명의 위협을 느낀 적도 한두 번이 아니었다고 한다. 황금어장은 이런 것을 두고 하는 말이다. 2005년 마을공동체 전체 순소득 1억7천2백만 원에서 2009년 32억1천2백만원으로 증가했다. 총자산금만 해도 같은 해 58억9천8백만원이며, 1인당 소득분배액은 4천5백만원이다.

문어잡이 배를 없애다

어민들에게 배는 생산수단이며 이동수단이기 때문에 생명과 같다. 이들로부터 배를 빼앗는 것은 목숨을 빼앗는 것과 같다. 국가권력으로 감척을 시도해도 어려운데 마을에서 개인들이 운영하는 배를 없애는 것은 더욱 어렵다. 바지락이 마을소득으로 가장 큰 비중을 차지한다면 개인소득으로는 문어잡이가 으뜸이다. 여수 남면과 화정면 일대는 문어통발이나 문어단지, 심지어 문어걸지(외줄낚시)로 초여름부터 늦가을까지 조업을 한다. 그렇게 마을에서 문어를 잡는 사람들이 11집이 있었다. 이 배를 모두 감척시켰다. 그리고 최고의 시설을 갖춘 배 두 척을 지어주었다. 문어를 잡되 30여 건의 마을어장을 관리하는 것이 조건이었다. 조업을 하다 마을에서 배가 필요하면 언제라도 마을어장에 투입해야 한다. 이들 두 배가 1년에 5억 정도 수입을 올린다. 한 가구당 5천만원의 소득이다. 이 소득은 이들이 공동으로 분배한다. 열 척의 문어잡이배를 두 척의 마을관리선으로 대체하는 데 1년이라는 시간이 필요했다. 이렇게 해야겠다고 생각했던 것은 '마을의 모든 분란이 문어잡이에서 비롯된다' 는 것을 파악했기 때문이다.

"형제간에도 이놈저놈 해요. 마을경조사고 회의고 항상 분쟁이에요. 문어배 하나 통합하니까 거의 모든 마을문제가 해결되드라고요."

그런데 2억이라는 마을공금으로 배를 지어주니 나머지 어촌계원이 반발했다. 열 사람과 마을주민대표간에 합의서와 자체규약이행서를 만들었다. 다른 배를 만들어 문어를 잡을 수 없다, 문어단지를 제한하고 어구는 마을에 출자한다, 어겼을 때는 어촌계원에서 제명한다 등의 내용이었다.

과거에 한 배에 1만 개의 문어단지를 넣는다면 10척이면 10만 개에 이른다. 2척으로 조업을 하니 2만 개에 불과하다. 어업자원은 관리가 되고 분쟁은 없어지고 소득은 옛날 못지않게 올리고 반대할 이유가 없었다. 어촌계원들은 마을어장관리선에 들어가는 300여만원을 절약하고 마을어장을 지켜주니 안심하고 조업을 할 수 있어 나쁠 것이 없었다. 처음에는 반대를 했지만 이를 통해 조업분쟁 해결, 선원난 해소, 자원고갈 방지 등 삼중효과를 얻었다. 결과적으로 상생효과를 가져왔다.

적금도는 당도, 둔병도, 조발도와 함께 고흥반도와 여수반도의 징검다리 역할을 하며 최근 다리가 놓이고 있다.

마을공동체를 회복하다

1980년대 초반 적금리 마을어촌계원은 처음에는 92명이었다. 이들 중 마을에 거주하지 않는 주민, 주소만 두고 있는 외지인 등을 일차로 정리해 80명으로 출발했다. 지금은 58명이다. 마을어장을 빈매해서 한 해에 몇십억원씩 소득을 올렸기 때문에 이런저런 사람들이 마을에 적을 두었던 것이다. 이를 정리하는 데 5년이란 시간이 걸렸고 검찰수사만 몇 차례 받았다. 그것도 다른 마을에 비하면 짧은 것이었다. 빼앗긴 마을어장을 찾는 일은 외부와의 싸움보다는 마을 주민 사이의 싸움이 더 어려웠다.

적금어촌계는 자식이나 가족에게 승계할 수 없다. 기존에는 승계를 인정했지만 양식장이 많아지고 부동산 등 재산가치가 커져 58명이

194

동등하게 갖고 있는 1.8% 지분이 몇천만원이다. 승계하려면 58명 어촌계원 전원 동의를 받아야 한다. 여수와 쉽게 왔다갔다 할 수 있기 때문에 어촌계는 쉽게 붕괴될 수 있어 미연에 이를 방지하기 위해 다양한 규칙들을 만들었다. 어장청소, 기점표시 등 마을공동 작업에 반드시 참여해야 한다. 연말배당을 할 때는 참석률을 가지고 배당하며, 참석한 사람에게는 인건비를 지급하고 있다.

적금도는 마을어장을 철저하게 관리하고 있다. 신덕리나 백야리처럼 도심에 가까운 마을어장은 대부분 외지인 통제에 실패했다. 그 결과 마을어장은 외지인이 주인행세를 하고 있다. 적금도는 외지인은 물론 마을주민들도 일곱물부터 아홉물까지 사흘만 갯벌에서 고둥을 잡을 수 있다. 마을 주변 갯바위는 모두 유어장 허가를 내서 외지인이 낚시를 하려면 반드시 갯바위 5천원, 바지선 낚시 1만원을 내야 한다. 낚싯대를 가지고 섬에 들어올 때 배에서 징수한다. 이렇게 하지 않으면 마을어장을 유지할 수 없고 마을어장이 무너지면 어촌마을 공동체가 해체된다고 생각했기 때문이다.

또 마을규약을 강화하고 어촌계 구성원을 재정비하면서 기업형 책임운영제를 도입했다. 어촌계를 자금관리, 어장관리, 사업운영, 유어장관리, 어촌체험 등 분과별 책임운영을 시행했다. 어촌계 수익금의 30%를 재투자했다. 꼬막, 바지락, 전복자원을 조성하고 해상펜션, 직거래장터를 운영했다. 최근 적금도의 모델을 배우기 위해 어민들은 물론 학교와 기업에서도 찾고 있다. 이들이 머물고 교육을 받을 수 있도록 폐교를 구입해 자율관리어업의 산 교육장으로 리모델링해 활용하고 있다.

개황 | 적금도積金島

일반현황

위치 | 전남 여수시 화정면 적금리 **동경** 127°40′ **북위** 34°32′
면적 | 10.79km² **해안선 |** 19km **육지와 거리 |** 34.5km(여수시)
가구수 | 76 **인구**(명, 남+여) **|** 142(69+73) **어선**(척) **|** 31 **어가 |** 39
어촌계 | 총 1개 어촌계, 적금 59명

공공기관 및 시설

공공기관 | 화정파출소 적금출장소(061-665-9830), 적금보건소(061-666-9572)
폐교현황 | 여산초등학교 적금분교(1998년)
전력시설 | 한전 전력 이용
급수시설 | 간이상수도시설 1개소 70가구, 우물(펌프) 6가구

여행정보

교통 | 배편 | 1일 3회 운항(차도선)
특산물 | 장어, 문어, 멸치
특이사항 | 400~500년 된 괴목이 마을앞 동산에 있는데, 이곳은 임진왜란 당시 초병들 활터로 사용되었다고 함.

30년 변화 자료

구분	1973	1985	1996
주소	전남 여천군 화정면 적금리	좌동	좌동
면적(km²)	0.7	0.80	0.79
공공기관	-	-	경찰분소 1개
인구(명, 남자+여자)	847(427+420)	505(248+257)	246(111+135)
가구수	139	106	87
급수시설	공동우물 7개	우물 65개	우물(펌프) 52개
초등학교	1개 129명	1개 68명	분교 1개 20명
전력시설	-	한전 106가구	한전 87가구
의료시설	-	-	보건진료소 1개
어선(척, 동력선+무동력선)	43(12+31)	40(18+22)	40(35+5)

＊ 공공기관은 면사무소, 파출소 등 포함

25

작은 섬마을 사람들
여수 소라면 섬달천도

여수 신월리에서 출발한 버스는 동네 마실을 가듯 쉬엄쉬엄 고개를 넘어 섬달천에서 멈췄다. 검정 바지에 화사한 재킷을 입은 아주머니가 핸드백을 어깨에 간신히 걸친 채 양손에 무거운 짐을 들고 종종걸음으로 슈퍼를 지나 골목으로 사라졌다. 시동이 꺼지고 버스운전기사도 내렸다. 여기서 1시간쯤 쉬어 갈 모양이다. 갑자기 슈퍼에서 몇 사람들이 나오더니 잰걸음으로 선창으로 향했다. '섬마을 선생님' 노래가 들리더니 여객선이 멈췄다. 여자도와 섬달천을 오가는 새마을호였다.

섬달천은 둥근 달 모양을 하고 있어 '월천'이라 부르다 달천도가 되었다고 한다. 또 '다리섬'이라는 이두음에서 유래되었다는 설도 전한다. 호남고속도로를 타고 내려오다 17번 국도를 타고 여수로 향하다 덕양역 못 미쳐 우측 봉두로를 타고 소라면까지 내달리다 보면 만나게 되는 바닷가 마을이다. 지금은 다리가 놓였지만 1980년대 초반까지 섬마을이었다. 소라면과 지척이지만 섬달천은 한때 멀리 화정면에 속했다. 이들이 서로 다른 행정구역에 속하게 된 사연은 이렇다.

섬달천 사람이 개를 건너 육달천에 올라 나무를 하다 말다툼이 일어났다. 육달천 사람이 말다툼 과정에 '섬달천 놈하고 육달천 사람은 종자가 다르다'고 모욕을 주었던 모양이다. 화를 참을 수 없던 섬달천

섬달천은 여자만 위에 떠 있는 섬이었다. 지금은 육달천과 다리로 연결되어 시내버스가 드나드는 마을이다.

사람이 섬에 돌아와 마을 사람들에게 이 말을 전하면서 감정의 골이 깊어졌다. 마침 행정구역 개편문제로 섬달천을 육달천과 함께 화정면에서 소라면으로 편입하려 했다. 섬달천 사람들이 한사코 반대해 가까운 소라면을 두고 멀리 화정면에 속했다가 1983년 행정구역 개편으로 소라면에 속하게 되었다.

섬달천 포구에는 작은 목선부터 제법 모양을 갖춘 큰 배들이 정박을 하고 있었다. 가구는 30여 호에 불과하지만 배는 70여 척에 이른다. 배를 3척이나 가지고 있는 주민도 있다. 낮에는 큰 배로 고기잡이를 하고 밤이 되면 작은 목선으로 낙지주낙 등을 하기 때문이다. 농사라고 해야 관정에 의존하는 손바닥만한 논과 콩, 깨, 마늘, 양파 등을 심는 밭농사가 전부다. 그래도 하늘이 무심치 않았던지 좋은 갯벌과 바다를 주셨다. 섬달천과 육달천 사이에 있는 꼬막과 바지락밭이 마을 공동어장으로 섬달천 사람들의 생명줄이다. 자동차는 없어도 꼬막채취를 하기 위한 널배는 집집마다 하나씩 가지고 있다. 육달천과 섬달천을 잇는 다리가 완공되어 수돗물도 공급받고 육지로 나가는 길도 편리해졌다. 그 전에는 나룻배를 이용하거나 물이 빠지면 바지락밭 사이로 모래갯벌과 노둣돌을 건넜다.

섬달천은 속도를 내서 갈 수 있는 길이 아니다. 길이 도로 같기도 하고 좁은 골목길 같기도 하다. 구불구불 골목길을 지나면 도로가 나오고 다시 시멘트 포장길을 지난다. 화려한 불빛도 없고 빼어난 기암괴석도 없지만 길가에 피어난 하얀 찔레꽃과 모를 심고 밭을 일구는 사람들을 볼 수 있다. 운이 좋은 날은 포구와 여자만을 붉게 물들인 노을도 볼 수 있다. 달천리는 '종산포'라 섬달천은 '달래도達來島'라 했다. 좁은 길을 벗어나면 작은 사당 청사사靑莎祠가 있다. 송강 정철의 둘째형으로 을사사화 때 정랑正郞 정자鄭滋가 화를 입음을 슬퍼하며 벼슬에 나가지 않고 달래도에 은거하여 살았던 청사 정소鄭沼 선생을 모신 곳이다. 그는 이곳에서 마늘을 심고 바다에서 낚시를 하며 생활했다.

썰물에는 육달천과 섬달천 사이에 갯벌이 속살을 드러낸다. 가장 먼저 바지락밭과 모래갯벌이 모습을 보인다. 다리가 놓이기 전에는 물이 빠지면 이 길을 건너다녔다. 겨울철이면 이곳 갯벌에서 널배를 타고 꼬막을 잡는다. 전국에서 알아주는 꼬막이다. 꼬막하면 벌교라지만 어린 종패들이 자라는 곳은 섬달천에서 와온에 이르는 갯벌이다.

꼬막밭 옆 작은 논에서는 모심기가 한창이었다. 이앙기가 모를 심고 간 자리에 할머니가 뜬모를 심고 있었다. 할아버지는 무릎관절이 좋지 않다며 논두렁에 앉아 담배를 피고 있었다. "늙으면 아픈 것이 정상이여. 안 아픈 것은 죽은 것이제." 금년에 딱 팔순인 할아버지 말씀이다. 할아버지와 이야기를 나누는 동안 이앙기는 논두렁을 따라 마지막 모를 심고 밖으로 나왔다. 5월은 이앙기가 가장 바쁘다. 쉴 틈

꼬막은 찬바람과 함께 온다. 꼬막에 알이 차면 여자만의 아낙들은 널배를 타고 갯벌로 나온다. 뻘밭 사이로 널배를 타고 나가 꼬막을 잡는다.

이 없다. 이번에는 육달천에 있는 무논으로 향했다. 마지막 뜬모를 꼽고 나온 할머니는 "내가 널배를 타는 걸 방송국에서 닿이 찍어 갔어" 하시며 널배를 타는 시늉까지 했다. "잘 찍어서 신문에 내줘. 서울 자석들이 보게." 갯벌이 있었기에 자식들을 가르칠 수 있었다는 할머니에게 갯벌은 자식만큼 소중하다고 한다.

달천리 사람들은 여자만을 '넘자바다'라고 한다. 포구에 남아 있던 젊은 대학생과 시내로 일보러 가는 부부를 태운 버스가 출발했다. 배를 기다리던 여자도 주민들이 주섬주섬 보따리를 챙기고 배에 올랐다. 새마을호는 뱃고동을 울리며 떠났다. 만남과 헤어짐을 반복하는 포구는 다시 섬사람들만의 공간으로 돌아왔다. 여자만과 섬달천에 붉은 노을이 내려앉는다.

겨울바람에 꼬막이 여문다

붉은 노을이 갯벌 위에 자잘하게 부서져 내렸다. 꼬막을 캐던 여성들이 그 위에서 뻘배와 기계를 닦고 있었다. 그 모습이 마치 갓난아이 목욕시키듯 정성스럽다. 어느 화가의 '만종'이 이보다 아름다울까. 참깨만한 어린 꼬막이 밤톨만큼 자라면 이것을 이용해 꼬막을 캔다. 어민들의 생명줄이자 도시민들의 입맛을 즐겁게 할 도구인데 어찌 함부로 다룰 수 있겠는가. 꼬막은 짧게는 3~4년 길게는 10년을 갯벌 속에 몸을 묻고 있어야 한다. 더구나 달천마을 앞 갯벌에서 나는 꼬막은 요즘 보기 드물게 종패를 뿌리지 않는 자연산이다. 우리나라에서 자연산 꼬막은 벌교 장도리 인근 어장과 달천리 갯벌뿐이란다. 모두 여자만이다. 자연이 준 위대한 선물을 받았으니 하늘과 땅과 바다에 감사할 수밖에 없지 않는가.

한 알의 꼬막을 얻기 위해 여성들은 널배에 기계를 걸고 입에 단내가 나도록 갯벌을 갈아야 한다. 여성들이 꼬막을 캐면 남자들이 널배를 타고 가 자루에 담긴 꼬막을 뭍으로 가져온다. 널배에 실은 꼬막이 무거워 힘겹게 밀고 온다. 코에서 김이 폭폭 나도록 밀고 오다 지치면 뭍에서 갈무리하던 남자들이 마중을 나간다. 둘이 끌어도 여러 자루의 꼬막을 실은 널배는 쉬 움직이지 않는다. 평생 자식들을 키워준 갯벌이고 꼬막이다. 무거워도 힘들어도 불평할 수 없다.

꼬막이 뭍으로 옮겨지는 사이 여성들의 갯벌갈이는 계속된다. 꼬막농사는 '하늘쳐다보기'이다. 인간의 노력으로 지을 수 있는 농사가 아니다. 더구나 지금처럼 해양환경이 변화무쌍해 종잡을 수 없고 오염물질이 무시로 들어오는 상황에서는 더욱 그렇다. 꼬막이 다 자라기를 기다리는 것은 어리석은 일인지도 모른다. 집단폐사라는 재앙이 있기 전에 한 푼이라도 돈으로 바꿔야 한다. 자연에게 받는 것에만 익숙했던 인간들은 '자연'스럽게 사는 것이 무엇인지 잊고 살았다. 스스로 쳐놓은 덫에 걸린 꼴이다. 최고의 꼬막밭을 자랑하는 달천리 갯벌도 몇 년 전부터는 심상치 않다.

"저렇게 건들어주면 잘 크제라. 식물이나 마찬가지에요. 말 못하는 미생물인데 똑같아요." 힘겹게 널배를 끌고 온 남성이 묻지도 않는 말까지 덧붙였다. "왜 모종을 옮겨 심으면 튼튼하고 잘 자라잖아요. 스스로 움직이기에는 한계가 있으니까 이렇게 꼬막을 캐면서 건들면 자연스럽게 새로운 자리로 이동해 먹이활동을 하는 것인가 봐요."

꼬막은 찬바람과 함께 온다. 꼬막이 탱글탱글 알이 차면 여자만의 여인들은 널배를 타고 갯벌로 나온다. 허연 속살을 드러낸 뻘밭 사이로 널배를 타고 나가 꼬막을 잡는다. 맨손으로 물컹물컹 갯벌을 주물러 잡고 기계로 밀어 잡는다. '체'라고 부르는 도구를 널배에 걸고 밀어서 꼬막을 걷어올리는 것이다. 이렇게 잡는 꼬막은 참꼬막이다. 새꼬막은 아예 기계로 채취한다. 손이 많이 가는 참꼬막은 껍질이 깊고 굵은 줄이 17줄 내외지만 새꼬막은 얕고 희미한 줄이 30여 개 있다. 예로부터 우리 민족은 가장 좋은 음식은 조상에게 먼저 올렸다. 참꼬막도 그렇다. 그래서 ‘참꼬막’은 ‘제사꼬막’이라 한다. 반면에 새꼬막은 ‘똥꼬막’이라 부른다.

꼬막채취는 여자들의 몫이다. 꼭 여자들만 해야 하는 일은 아니지만 고흥, 여수, 보성의 여자만에 기대어 사는 마을에서 꼬막잡이는 여성들의 몫이다. 그래서 ‘여자만’이라 했을까. 찬바람이 일기 시작한다. 꼬막은 연체동물 중 유일하게 헤모글로빈을 가지고 있고 단백질과 필수 아미노산이 골고루 함유되어 있는 건강식품이다. 겨울을 나려면 꼬막 한 되는 먹어야 한다. 짭짤하고 달짝지근하면서 쫄깃쫄깃한 꼬막을 살짝 데쳐 까먹다 질리면 따뜻한 밥에 넣어 채소와 참기름을 넣고 살살 비벼 먹는 꼬막비빔밥을 권한다. 겨울철 보양식이자 제철음식이니 이보다 더 좋은 음식이 어디 있으랴.

개황 | 섬달천도(달천도達川島; 연륙도서)

위치 | 전남 여수시 소라면 복산리 **동경** 127°34′ **북위** 34°45′
면적 | 0.09km² **해안선 |** 5.5km **육지와 거리 |** 0.3km(돌산)
가구수 | 47 **인구(명, 남+여) |** 108(56+52) **어선(척) |** 29 **어가 |** 27
어촌계 | 총 1개 어촌계, 달천 37명

교육기관 | 분교 1개교
전력시설 | 한전 전력 이용
급수시설 | 간이상수도 47가구

섬내교통 | 달천과 섬달천 사이에 연륙교 건설
여행 | 와우산, 생명이굴, 집지락 바우, 거북바위
낚시터 | 섬 여러 곳이 낚시터
특이사항 | 보리밭길. 육지와 섬을 연결하는 연륙교 다리와 달천마을이 있음.

30년 변화 자료

구분	1973	1985	1996
주소	전남 여천군 화정면 여자리		전남 여천군 소라면 복산리
면적(km²)	0.69		0.95
인구(명, 남자+여자)	238(124+114)		164(83+81)
가구수	40		41
급수시설	공동우물 3개		간이상수도 1개, 우물(펌프) 25개
초등학교	1개 40명		분교 1개 11명
전력시설	-		한전 41가구
어선(척, 동력선+무동력선)	18(0+18)		28(23+5)

26

그 섬에는
아름다운 학교가 있다
여수 화정면 대여자도

여자도를 가기 위해 섬달천에 도착했다. 새마을운동으로 섬 신세를 면한 달천도는 여자도로 가는 객선이 오가는 포구다. 바다는 호수처럼 평온했다. 배낭을 풀고 자리에 털썩 앉았다. 오전이 묘도에 들어가 다섯 마을을 돌았더니 피곤이 몰려왔다. 깜빡 잠이 들었던 모양이다. 두런거리는 소리에 눈을 떴다. '좀 늦는다고, 알았어.' 객선 선장과 이야기를 나누는 것 같았다. 멀리서 배 한 척이 낡은 언진 소리를 내며 미끄러지듯 들어왔다. 칠순은 넘었을 노부부가 막 잡은 전어를 얼음과 함께 담아서 팔러 나오는 중이었다. 선창으로 내려가 무거운 함지 2개를 뭍으로 올려 주었다. 보통 아침 일찍 잡아 시장으로 팔러 가는데 배가 말썽을 피워 오후에 겨우 나오는 길이라고 했다. "왜 활어차에 내보내지 않고 가지고 나오세요." "한 닢이라도 더 벌라고라." 어리석은 질문을 했다는 생각에 얼른 말머리를 돌렸다. "어디로 팔러가시는데요." "서시장이라." 전어를 내려주고 할아버지는 배를 섬달천 선창으로 가지고 들어갔다. 그 사이 활어차 몇 대가 마을로 들어갔다. 예년처럼 전어가 잡히지 않아 값이 많이 뛰었다고 한다. 섬에 들어가려는 사람들도 하나둘 모여들었다. "어머니 전어 2관원어치만 주세요. 얼음 많이 넣어서 주세요. 저녁에 들어가야 하니까." 아직도 버스가 도착하지 않는 걸 보니 객선이 오려면 시간이 걸릴 것 같다. 보통 객선이 도착할 무렵이면 버스도 도착한다. 섬달천에서 여자도까지는 뱃길로 30분 정도 걸린다. 낚시꾼들이 많이 타는 주말에는 갯바위 등 낚시 포인트에 내려주고 마을로 향하기 때문에 조금 늦어지기도 하지만 불평을 하는 사람은 없다.

여자도는 섬의 높이가 낮아 파도가 섬을 넘는다 해서 '넘자섬'이었는데, 한자지명으로 바뀌면서 '넘'을 '남'의 전라도 방언으로 해석해 너 여汝, 자는 소리나는 대로 자自로 해서 여자도라 했다고 전한다. 《여지도서》에는 낙안군에는 '여음주도汝音朱島'가 장도獐島 등과 함께 기록되어 있다. 〈낙안군 지도〉(1872)에는 "여음자도는 벌교로부터 물길이 30리 떨어져 있으며, 수심이 10척이다"라고 기록하고 있다. 〈호남연해형편도湖南沿海形便圖〉에도 여음자도로 표기되어 있고 사람이 살고 있다고 기록하고 있다. '여음주도'나 '여음자도'를 이두식으로 표현하면 여자도이다. 〈비변사인방안지도備邊司印方眼地圖〉 호남지도 낙안군 지도에는 대여자도와 소여자도가 기록되어 있고, 〈해동지도〉 낙안군 지도에도 장도와 해도와 함께 대여자도와 소여자도가 표기되어 있다. 《여산지》에는 "여자도는 돌산군으로부터 120리 떨어져 있는데 적금도 북쪽에 있으며, 주위는 40리이다. 송여자도는 큰 소나무 한 그루가 있기 때문에 소나무 송松 자를 썼고, 여자도 북쪽에 있으며 주위는 20리이다"라고 기록되어 있다.

여자도는 두 번째 방문길이다. 첫 번째 여행은 작년 4월 아지랑이 피어오르던 봄이었다. 그때는 큰마을에서 시작해 마파지까지 걸었다. 그땐 대여자도와 소여자도를 잇는 다리가 완공되지 않았다. 선창에 내리자 이장님이 반겨주셨다. 날씨가 따뜻해지자 바다에서 올라오는 고기를 잡기 위해 어민들의 손길도 분주해졌다. 선창에 어민들은 낙지통발을 자줏빛 페인트로 칠하고 있었다. 바다에 넣어 두면 부착생

여자분교. 선생님이 올라가 훈시를 해야 할 교단 위에 고추가 올라섰고, 운동장은 텅 비었다.

물들이 많이 붙어 낙지도 들지 않고 손질도 자주해야 하기 때문이라고 했다. 그냥 통발도 사실 바다환경에 적절치 않은데 페인트를 칠한 통발은 괜찮을까 의심이 갔다.

여자도 최고명물은 신흥초등학교 여자분교다. 학교 동쪽에서 물놀이를 할 수 있고, 학교 운동장은 잔디가 심어져 있어 여름철 단체수련 장소로 많이 이용한다. 운동장 교단 위에는 빨간 고추가 가을햇볕에 마르고 있다.

작년 봄에 섬을 찾았을 때 전교생 4명이 나와 맞아 주었다. 학생은 4명, 선생님이 두 분이다. 2년 전에는 한 한급으로 운영을 했는데 2010년 쌍둥이가 1학년으로 입학해 하늘반과 바다반, 두 반으로 늘었다. 송여자도에 있는 분교가 폐교된 것처럼 여자분교도 폐교 위험에 직면했었다. 학교를 둘러보고 전교생과 기념사진도 찍었다. 운동장 귀퉁이에 커다란 팽나무가 학교의 역사를 이야기해 준다. 마을 골목길로 접어들었다. 빈집들이 곳곳에 눈에 띄었지만 마을은 깨끗했다.

큰마을에 50여 세대, 마파지에 40여 세대가 거주하고 있는 섬이다. 대여자도와 소여자도를 합해 보통 '여자도'라고 부른다. 이곳에는 내연발전소가 있어 두 섬에 전기를 공급하고 있다. 이장님은 전기요금이라고 해야 두 섬을 합해도 500만원 내외에 불과하지만 발전소 직원(7명)과 연료 등 비용은 3억이 넘는다고 했다. 어찌 산술적인 계산으로 섬의 가치를 평가하겠는가. 골목길 담장에 예쁜 벽화작업도 인상적이었다.

큰동네를 넘어 언덕에 올라서자 납계도와 소여자도가 한눈에 들어왔다. 납계도는 얼마전까지 한 세대가 살았다. 가끔씩 그곳에 낚시를 하거나 모래사장에 쉬기 위해 찾는 사람들이 있어 승객이 원하면 객선이 내려주기도 한다. 큰동네에서 마파지로 넘어가는 길 양쪽에는 고구마와 참깨밭이 이어져 있다. 중간에 해수욕장도 있고 섬길을 걷는 기분을 만끽할 수 있다. 지금은 대여자도와 소여자도를 잇는 낚시다리가 놓여 큰동네에서 내려 마파지를 거쳐 소여자도까지 1시간이면 걸을 수 있다. 이것저것 기웃거려도 1시간 반이면 충분하다. 모두 객선이 닿는 곳이기 때문에 여자도 큰동네에 내려 섬을 한 바퀴 둘러보고 소여자도에서 섬달천으로 나오는 객선을 탈 것을 권한다.

마파지는 마파람바지라는 뜻이다. 마파람이 남풍의 순우리말이기 때문에 남풍을 맞는 마을이라는 아주 예쁜 이름이다. 남풍을 타고 깊은 바다에서 여자만으로 고기들이 들어온다. 마을 앞에 방풍림이나 바람을 막아주는 섬들이 없으면 여름철 태풍을 직접 맞는 곳이라 피해도 많다. 마을로 들어서자 앞선 일행들이 남의 대문 앞에 서성이며 사진을 찍고 있었다. 대문 위에 수령이 꽤 오래된 나무에 예쁜 새집이 올려 있었다. 그리고 새집 입구에 조성청심鳥聲淸心이라 적혀 있었다. 새소리가 마음을 맑게 한다는 뜻이다. 그 집 주인의 심성이 내 마음을 맑게 해주

큰동네에서 마파람이 부는 마을로 가는 길목에 '새소리가 마음을 맑게 한다' 고 말해 즈는 집주인이 살고 있다.

었다. 마파지에도 분교가 하나 있었다. 지금은 마을회관으로 사용하고 있다. 밭에서 더덕을 캐던 할머니가 몇 뿌리 건네며 걱어보라고 하셨다. 쌉싸름한 맛의 진한 더덕향이 입안에 가득했다. 객선이 선창에 닿자 대여섯 명의 주민이 시장바구니와 생필품을 사들고 내렸다. 선창에 기다리던 손수레에 모두 싣고 한 사람은 끌고 두 사람은 밀고 마을로 들어왔다. 마을 주민에게 부탁해 점심을 먹고 섬달천으로 가는 객선을 탔었다.

1년 후 가을 문턱에서 두 번째로 여자도를 찾았다. 낚싯다리가 완공되어 마파지를 지나 큰동네까지 걸었다. 고기잡는 배들은 여자만 바다에서 전어와 새우를 잡는 중이었다. 특히 전어가 제철이라 많은 배들이 조업을 나갔지만 전어떼를 찾지 못해 표정이 그리 밝지 않았다. 큰마을 선창에 이르자 온몸이 땀으로 범벅이 되었다. 배낭과 카메라를 내려놓고 갯바람에 땀을 식히고 있었다. 그때 객선 선장이 마을에서 나왔다. 달천으로 나가려는 사람들도 하나둘 걸어나왔다. "많이

대여자도와 소여자도를 잇는 낚싯다리가 2011년 완공되었다.

잡았는가." 선장이 선창으로 내려서며 잡은 새우를 추리고 있는 배에 올라탔다. 새우조망배였다. "여기 좋은 것 있네. 이리 올쇼. 초장 있소"라며 사람을 불러 모았다. 모두 들어올 때 같은 배를 타고 온 사람들이다. 들어오는 길도 나가는 길도 한 길이다. 새마을호를 이용하지 않고는 방법이 없다. 선장이 발견한 것은 '꼬록(꼴뚜기)' 이었다. 막 잡은 싱싱한 꼬록을 초장에 찍어 먹으면 입안에서 살살 녹는다. 누가 어물전 망신은 꼴뚜기가 시킨다고 했던가. "어, 약이 있어야지." 선장은 맡겨 놓은 것 내놓으라는 식으로 윽박지른다. 그래도 흉이 되지 않는 것이 작은 섬의 정이다. 더구나 여자도를 들고나는 사람은 모두 이 배를 통해야 하니 그 권력이 하늘을 찌른다. 소주잔이 돌았다. 5분 남겨 두고 배 위에서 벌어진 번개모임. 이런 맛에 섬여행을 하는 것은 아닐까. 소주를 얻어마신 덕에 아줌마들이 생새우를 한 자루씩 사들고 배에 올랐다. 새우조망배 선장은 오늘은 꼴뚜기를 150킬로그램이나 잡았다. 1킬로그램에 5천원씩 상인에게 넘겼으니 75만원이다. 새우를

풀섬은 낚시꾼들이 좋아하는 섬이다. 등대섬이라고도 한다.

잡으면 덤으로 잡은 꼴뚜기가 효자노릇을 톡톡히 한 것이다. 선장 입이 귀에 걸렸다. 이런 맛에 고기잡이를 하는 모양이다.

배는 마파지를 거쳐 소여자도 선창에 멈춰 몇 명의 낚시꾼을 태웠다. 그런데 배가 섬달천으로 가지 않고 다시 큰멀로 향했다. 배가 향한 곳은 '풀섬'이었다. 그곳에는 낚시꾼 세 명이 기다리고 있었다. 풀섬은 등대가 있어 등대섬이라고도 부른다. 낚시꾼들이 좋아하는 포인트다. 풀섬 말고도 갯바위 두 곳을 더 들른 후 섬달천으로 향했다. 낚싯배를 이용하기도 하지만 객선을 이용하면 경제적이다. 낚시꾼들은 잡은 고기에 대한 정보를 서로 교환한다. 풀섬에서 탄 낚시꾼이 고기통에서 돔 한 마리를 꺼내더니 선장에게 건네주었다.

개황 | 대여자도(여자도汝自島)

위치 | 전남 여수시 화정면 여자리 **동경** 127°44′ **북위** 34°47′
면적 | 0.484km² **해안선** | 7.5km **육지와 거리** | 44.5km(여수시)
가구수 | 107 **인구(명, 남+여)** | 268(130+138) **어선(척)** | 72 **어가** | 48
어촌계 | 총 1개 어촌계, 여자어촌계 109명

공공기관 | 화정파출소 여자출장소(061-666-0786) 여자보건진료소(061-666-9574)
교육기관 | 소라초등학교 여자분교(061-665-0780)
전력시설 | 여자 내연발전소
급수시설 | 간이상수도 1개소 101가구, 우물(펌프) 6가구

교통 | **배편** | 여수시 소라면 복산리에서 출항, 1일 4회
여행 | 납계도, 간서, 검등여, 기둥여 등 주변 무인도 경관
특이사항 | 낙지와 주꾸미가 많이 난다.

30년 변화 자료

구분	1973	1985	1996
주소	전남 여천군 화정면 여자리	좌동	좌동
면적(km²)	0.52	0.48	0.48
공공기관	-	면사무소 지소 1개	면사무소 출장소 1개, 경찰분소 1개
인구(명, 남자+여자)	628(313+315)	634(338+296)	427(224+203)
가구수	100	113	120
급수시설	공동우물 9개	우물 11개, 간이상수도 2개	우물(펌프) 13개
초등학교	1개 98명	분교 1개 43명	분교 1개 34명
전력시설	-	자가발전 113가구	한전 120가구
의료시설	-	-	보건진료소 1개
어선(척, 동력선+무동력선)	42(28+14)	96(44+52)	85(82+3)

＊ 공공기관은 면사무소, 파출소 등 포함

노인과 바다

여수 화정면 소여자도(송여자도)

새마을호가 선창에 닿았다. 양식장에 사용할 굵은 줄과 여러 개의 아이스박스를 내리는 주민과 낚시꾼 두 사람 그리고 나까지 포함해 네 사람이 내렸다. 낚시꾼은 기다리던 배를 타고 선창 앞 작은 섬, 목섬을 스치듯 빠져나갔다. 나란히 마을로 들어가던 주민은 내 맘을 읽었는지 그들은 풀섬으로 갈 것이라고 알려줬다. 여자도에서 낚시 포인트가 가장 좋은 곳이다.

선창에서 마을까지 가는 짧은 시간에 환갑이 훨씬 지난 '섬젊은이' 와 짧지 않은 이야기를 나누었다. 요즘 잡히는 서우나 전어 등을 택배로 보내달라는 사람이 있어 아이스박스를 시장에서 사오는 중이라고 했다. 섬에는 모두 21집이 있고, 3집이 비어 있다. 다른 섬마을보다 빈집이 적은 것은 먹고 살만큼 어장이 좋거나 다른 벌이가 있는 것 아닐까. 젊은이는 "노인들만 살기 때문에 어디 나갈 데가 없어 마지못해 산다"고 했다. 선창에 몇 척의 배들이 한가롭게 가을햇살을 즐기고 있다. 새벽에 전어를 잡아 달천에서 기다리는 수족관을 실은 배들에게 내다 팔고 왔던 터라 밥값은 했다는 눈치다. 목섬이 파도를 막아주어 작은 섬이지만 배를 델 수 있는 좋은 선창이다. 어장을 하는 가구가 13집이다. 봄에는 통발로 낙지잡고, 가을에는 전어를 잡는다. 큰동네(대여자도)처럼 가을에 낙지주낙을 하지는 않는다.

동네 어귀 느티나무 아래서 더위를 피하는 김노인(70세)을 만났다. 할아버지를 먼저 보내고 혼자 살고 있다. 할아버지는 여자만에서 꼬막밭이 제일 좋은 장도가 고향이란다. 장도는 고흥군 벌교읍에 속하는 섬이다. 결혼 후 잠깐 그곳에서 살았지만 할머니 고향인 소여자도로 이사와 40여 년을 같이 지냈다. 무슨 급한 일이 있다고 일찍 가버리고 지금은 할머니 혼자 살고 있다고 했다. 그땐 벌교장을 종종 갔지만 뱃길이 여수로 열리면서 여수로 많이 다녔다. 벌교장을 갔던 것은 객선없이 갈 수 있는 가장 가까운 큰 장이 열리기 때문이었다. 여수와 뱃길이 열렸지만 오가는 일이 녹록지 않았다. 섬마을 선창에서 직접 객선을 탈 수 없기 때문에 새벽에 종선을 타고 가서 갈아탔다. 객선은 조발도와 세포(화양면)를 거쳐 여수여객터미널에 12시 무렵에 도착했다. 부리나케 일을 보고 다시 오후 2시쯤 출발하는 배를 타면 저녁 7시쯤에 도착했다. 젊은 사람들은 하루에 5번 다니는 객선이 얼마나 편리한지 잘 모른다. 그런 세월을 살았던 김노인에게 하루 5번의 객선은 젊은 사람들 KTX나 다름없다. 섬달천에 닿으면 여수시내버스가 기다린다. 버스를 타고 일을 보고 와도 해가 남는다.

바람이 없다며 선창을 한없이 바라보던 노인에게 인사를 하고 마을 가운데 골목길로 접어들었다. 골목길이라고 해야 100미터도 안 되는 길이다. 흙담 위로 돌을 매달아 놓은 것이 넝쿨에 호박이 열린 것 같다. 대문에 자물쇠가 잠겨 있는 걸 보니 주인이 오가는 흔적이 역력하다. 여수 큰 섬이나 작은 섬 할 것 없이 빈집들이 눈에 띄었던 것과 대조적이다. 옆에 큰 동네도 무너져가는 빈집이 꽤 있다. 그 길 끝자락에 밭과 마을 경계에 큰 소나무 몇 그루가 암반 위에 올려져 있다. 노인이 알려준 당산나무다. 소여자도에서 가장 큰 나무일 성싶다. 소나무 2그루가 우아한 자태를 드러내고 그 옆에는 느티나무가 있다.

수령이 수백 년은 되었을 것 같
다. 마을에서 수백 명의 주민들
이 살 때는 저 당산나무도 제대
로 대접을 받았을 것이다. 돼지
머리 등 음식은 물론이고 시끌
벅적한 풍물소리에 흥겨워 긴
가지를 흔들며 춤을 덩실덩실
췄을 것이다. 머잖아 불어올 남
서풍에 많은 고기를 보내달라
는 박선장의 소원이나 바다로
나가는 남편이 무사하길 비는
김노인의 소원도 들어주었다.
그런데 지금은 들어달라고 소
원을 비는 사람도 없다.

외막으로 가는 길이다. 대여자도가 빤히 보이는 외막
에는 주막도 있었다. 물길이 좋아 고기가 많이 잡혀 술
잔을 기울이는 뱃사람들이 즐겨 오가던 길이다.

　　당산나무와 대나무숲 사이를 지나 언덕에 오르자 섬달천이 한눈에
들어왔다. 주변을 개간해서 일군 밭에 고구마와 고추 등이 심어져 있
다. 평평한 황토밭이 제법 널찍하다. 오던 길을 되돌아 외막길로 향했
다. 가는 길에 선창집에서 얻었다며 병어 세 마리와 전어 몇 마리를 가
지고 집으로 가는 김노인을 다시 만났다. 외막길 초입에 노인의 집이
있었다. 일제강점기에는 외막에 주막이 있었고 새우중간상이 막을 지
어 놓고 살았다고 전한다. 외따로 떨어져 막이라는 의미일까, 아니면
대여자도와 소여자도 사이 물길이 좋은 탓에 '어살'을 놓아 '막'이라
했을까. 외막길 끝에는 몇 년 전까지 소라초등학교 송여자분교가 있
었다. 학교는 2007년에 문을 닫았다. 소여자도와 대여자도를 잇는 목
교가 놓였다. 이를 '낚싯다리'라고 한다. 주민들을 위한 생활로보다

는 관광자원으로 활용해보겠다는 지자체의 의지가 엿보인다. 노인이 되어버린 섬사람들이 그 길을 통해 얼마나 오갈지 모르겠다. 길 초입에 와 노인이 낚시를 하는 조형물을 만든 이유를 알려주었다. 낚시꾼이 제일 반길 것 같다. 평일인데도 다리 위에는 두 사람이 솔섬과 납계도를 향해 남과 북으로 낚싯대를 걸쳐 놓고 입질을 기다리고 있었다. 두런두런 말소리가 발 아래서 들렸다. 고개를 쑤욱 내밀고 내려다보니 고기잡이 배 위에 두 사람이 낚시를 하고 있었다. 병어 한 마리와 참돔 한 마리가 그릇에 담겨 있다. 이곳 여자도 주변은 농어, 돔, 숭어 등이 많이 잡힌다. 납계도 앞에 섬마을 노인이 노를 저으며 외줄로 농어낚시를 하고 있었다. 한때 한 가구가 생활했지만 지금은 무인도가 된 섬이다. 섬노인은 생계를 위해 외줄로 낚시를 하고 뭍사람들은 대여섯 개의 낚시대를 놓고 취미로 낚시를 한다. 호주머니가 가벼운 낚시객들에게 이곳보다 좋은 낚시터는 없을 것이다. 왕복 1만2천원, 객선비만 내면 하루 종일 포인트에서 즐기다 노을을 보면서 귀가를 할 수 있는 곳이다.

개황 | 소여자도(송여자도 松汝自島)

위치 | 전남 여수시 화정면 여자리 **동경** 127°44′ **북위** 34°47′
면적 | 0.17km² **해안선** | 3.75km **육지와 거리** | 5.5km(소라면 달천)
가구수 | 27 **인구**(명, 남+여) | 55(25+30) **어선**(척) | 29 **어가** | 14

폐교 현황 | 신흥초등학교 송여자분교 폐교
전력시설 | 여자도 내연발전소(061-666-0037)
급수시설 | 간이상수도 1개소 25가구, 우물(펌프) 2가구

교통 | **배편** | 달천에서 1일 4회 운항
낚시터 | 감성돔이 많이 잡힌다.
특산물 | 피조개, 새우, 낙지
특이사항 | 낚시터로는 아주 좋은 여건을 갖추고 있어 봄, 가을 강태공들이 많이 몰려와 바다낚시를 즐긴다.

30년 변화 자료

구분	1973	1985	1996
주소	전남 여천군 화정면 여자리	좌동	좌동
면적(km²)	0.12	0.17	0.17
인구(명, 남자+여자)	146(69+77)	121(67+54)	106(58+48)
가구수	28	25	25
급수시설	공동우물 1개	우물 2개, 간이상수도 1개	우물(펌프) 3개
초등학교	1개 21명	분교1개 24명	분교 1개 3명
전력시설	-	자가발전 25가구	한전 25가구
어선(척, 동력선+무동력선)	6(1+5)	11(3+8)	12(12+0)

할머니 뱃사공, 웃음을 보다

여수 화정면 운두도

20여 년 섬을 오가며 숱하게 많은 배를 타보았다. 그 중 가장 나이가 많은 선장을 만났다. 선장이 할머니다. 작은 마을로 바지락을 캐기 위해 직접 배를 운전해 가는 길이라고 했다. 빌려 타고 온 배가 마침 나가려는 참이었는데 할머니를 만난 건 행운이었다. 운두도에는 배가 10척 있다. 나이가 많든 적든 배를 움직일 줄 알아야 어디든 오갈 수 있다.

운두도는 객선이 없는 섬이다. 모두 10가구가 살고 있다. 이 중 부부가 사는 가구는 두 집, 나머지는 할아버지만 사는 집이 한 집, 할머니만 사는 집이 일곱 집이다. 마을사람들은 바지락 어장이 주업이지만 옛날에는 논농사도 지었고 밭농사도 지었다. "빨리 일보고 나오셔야 돼요." 기름값을 주고 배를 빌렸다. 옛날 선창에 내려주고 큰 마을 선창으로 배를 옮기면서 신신당부를 했다. "다 더터야 대요." 마을 주민들을 전부 만나야 되느냐는 물음이었다. "사진 몇 장 찍고 주민들 좀 만나고 금방 나올게요. 1시간이면 될 겁니다."

묵혀진 숲길을 헤치고 언덕을 넘었다. 나를 실어다 준 배는 건너편 선창으로 사라졌다. 섬에서 가장 먼저 어미소를 만났다. 풀밭에서 한가롭게 풀을 뜯고 있다 나를 발견하고 경계의 눈빛을 보였다. 보통 소들은 사람들과 친숙해 눈빛이 맑고 깊은 것이 특징인데 섬이라 사람들을 만나지 못해서일까. 조심스럽게 옆을 지나 마을길로 접어들었

외딴섬 어미소는 큰 눈망울을 굴리며 경계의 눈빛을 보였다. 어린 송아지 때문이었다. 혹시 해를 끼칠까 걱정이
되었던 모양이다.

다. 그때 작은 동물이 다랑이논에서 뛰쳐나왔다. 깜짝 놀랐다. 낳은지
몇 달 되지 않는 송아지였다. 논에 고인 물로 목을 축이고 있었던 것
이다. 어미소가 경계의 눈빛을 보였던 것은 송아지 때문이었다. 마을
로 내려가는 나를 보고 송아지에게 해를 입힐까봐 경계의 눈빛을 보
낸 것이다.

바싹 마른 논에 물을 주기 위해 섬마을에서 제일 고령인 강삼길(89
세) 어르신이 양수기에 호수를 연결해 논에 대고 있었다. 섬에서 유일
하게 논농사를 짓는 노인이다. 마을 앞에 제방을 쌓고 논을 만들어 농
사를 지었지만 지금은 모두 습지로 변해버렸다. "뭐하러 왔소. 갤쳐줘
봐." 사람이 잘 찾지 않는 섬에 외지사람이 불쑥 나타나 궁금했던 모
양이다. 자꾸만 뭐하러 왔냐고 물으셨다. 구경하러 왔다니, 뭐 이런 섬
에 구경하러 왔느냐는 표정이었다. "누가 이 섬을 사버려야 여기 안
살지. 아들한테라도 가지. 함씨들이 바지락 보고 살아. 종패 뿌려서 바
지락 보고 살지. 전기세하고 가용돈은 벌지."

할아버지는 10년 전 할머니를 보냈다. 지금은 혼자서 생활하고 있다. 어미소와 송아지까지 있으니 셋이서 생활한다고 해야 할까. 섬마을에서 농사짓는 데 어미소가 없어서는 안된다. 논을 갈고 써레질을 하고, 밭을 갈 때 어미소가 없으면 농사를 지을 수 없다.

마을로 접어들었다. 집이라고 해야 양쪽 포구에 두어 채를 제외하고 마을 가운데 대여섯 채가 있다. 조리에 물을 담아 힘겹게 들고 오는 할머니를 만났다. 금년에 일흔 살이라 하셨다. 채소밭에 물을 주고 계셨다. 논도 밭도 바싹 말라버린 섬이다. 나도 목이 말랐다. "아주머니, 저도 물 한잔 주세요." 아주머니를 따라 집안으로 들어섰다. 궁핍한 살림이지만 잘 정돈된 살림살이 틈새로 냉장고 문을 열고 시원한 물을 따라 주셨다.

운두도는 바지락농사로 먹고 산다. 그렇다고 큰 벌이가 되는 것은 아니다. 그저 전기세 내고 생활비 조금 충당하는 정도다. 그 정도면 노인들이 섬에서 생활하는 데 경제적으로 큰 어려움은 없다고 했다. 자식들에게 손을 벌리지 않아도 되는 정도다. 가끔 용돈을 보내주지만 결국 그 돈은 손주들 용돈으로 다시 가고 만다. 마을어장이 노인들에게 중요한 이유다.

배를 타고 오면서 한 시간만 선창에서 기다려 달라고 했는데 시간이 금방 지나갔다. 선창으로 부지런히 걸어 나갔다. 그래봐야 10분 거리지만. 선창에서 강행순(70세) 부부를 만났다. 공직생활을 했던 큰아들이 나와 동갑이었다. 감도까지 40분 노를 저어 아이들을 초등학교에 보냈다. 하늬바람이라도 불면 이틀이나 사흘동안 아이들만 뭍에 머물러야 했다. 큰아들(1963년 생)은 자신이 직접 노를 저어 배를 태워서 뭍에 있는 학교에 보냈다. 그렇게 3년을 하다 도저히 이렇게 생활할 수 없겠다 싶어서 뭍으로 주소를 옮기고 아이들을 전학시켰다. 큰

칠순이 넘은 여자 선장이 운전하는 배를 탔다. 맑고 환한 얼굴이 인상적이었다.

아들만 아니라 뒤따라오는 세 자식을 직접 노를 저어 학교에 보낼 수 없었기 때문이다. 공직생활을 마치고 다시 섬으로 들어왔다. 노후생활을 위해서다. 교회를 가는 주일을 제외하고 섬에서 농사도 짓고 바지락도 캐며 생활하고 있다.

이야기를 나누면서도 눈은 선창으로 향했다. 기다리고 있어야 할 배가 보이지 않았다. 가버렸나. 선비도 주지 않았는데. 강씨 어르신이 눈치를 챘던지 데려다 주겠다고 했다. 전화를 걸었다. 작은 마을 선창으로 가야 하는데 큰 마을 선창으로 온 것이다. 다시 넘어가려면 20여 분은 걸릴 것 같다. 막 일어서다 정박한 닻줄을 풀고 계시는 할머니를 만났다. 자신도 그쪽 선창으로 간다며 데려다 준다고 했다. 머뭇머뭇거리자 "왜 할미가 운전한께 불안한가." 내 마음을 읽으셨다. 흠칫, "아니요. 고맙죠." 배에 올라탔다. 할머니 얼굴을 살폈다. 맑은 얼굴이다. 나이를 가늠할 수 없다. 스스로 꽤 유명하다고 하셨다. 방송에도 몇 번 나오셨다며 사진을 찍자 어색함도 없이 웃으셨다. 서영혜. 통통거리는 기계소리와 나를 태우기 위해 기다리는 배 엔진소리에 할머니 이름을 겨우 알아들었다. 나이가 일흔셋이다. 그동안 내가 탔던 배 중에서 가장 나이가 많은 선장이 운전하는 배다. 그리고 여자다.

개황 | 운두도雲頭島

일반현황

위치 | 전남 여수시 화양면 이천리 동경 127°34′ 북위 34°44′
면적 | 0.48km² 해안선 | 4.3km 육지와 거리 | 0.3km(감도항)
가구수 | 9 인구(명, 남+여) | 10(4+6) 어선(척) | 1 어가 | 5

공공기관 및 시설

전력시설 | 한전 전력 이용
급수시설 | 우물(펌프) 2개소 9가구
특산물 | 양식굴, 가을 전어
특이사항 | 남부지방의 분묘양식인 초분이 행해짐.

30년 변화 자료

구분	1973	1985	1996
주소	전남 여천군 화정면 여자리	좌동	좌동
면적(km²)	0.72	0.48	0.48
인구(명, 남자+여자)	71(39+32)	69(35+34)	30(16+14)
가구수	11	13	8
급수시설	공동우물 2개	우물 3개	우물(펌프) 3개
초등학교	1개 12명	분교 1개 17명	-
전력시설	-	자가발전 13가구	자가발전 8가구
어선(척, 동력선+무동력선)	2(0+2)	11(10+1)	7(6+1)

여 수 시 삼 산 면

여수시 삼산면

등대길,
너무 행복해서 죄스럽다
여수 삼산면 거문도 - 동도, 서도, 고도

마을 입구에 할머니 세 분이 앉아 있었다. 똑같은 모양의 하얀 모자를 쓰고 긴 나무의자에 앉아 오가는 사람들을 구경하고 계셨다. 할머니가 앉아 계신 뒤 담벼락에 큼지막하게 써진 '원조할매민속동동주'가 한껏 유혹을 했다. 잠시 흔들렸지만 녹산등대로 가는 길을 재촉했다. 그곳에 살고 있다는 인어를 보기 위해서다. 덴마크에 있다는 인어동상은 보지 못했지만 인천 장봉도 선착장에서 인어동상을 보았다. 그러고 보니 남이섬에서 두 발이 있는 인어공주를 본 기억도 있다.

나로도에서 잠시 쉬었던 쾌속선은 한 무리 관광객을 태우고 속력을 냈다. 축정항을 벗어나자 바다가 거칠어졌다. 더 이상 고기잡이배들도 보이지 않았다. 손죽도에 몇 사람이 내렸다. 초도에서는 닭이 조심스럽게 상륙을 했다. 이제 거문도다. 거문도는 동도, 서도, 고도 세 개의 섬으로 이루어져 있다. 옛이름은 삼도, 삼산도, 거마도였다. 전하는 말로는 청나라 제독 정여창이 섬에 학문이 뛰어난 사람이 많은 것을 보고 거문도라 했다고 한다. 이 중 고도는 무인도였다. 1885년 영국군의 무단점령 이후 일본인들이 들어와 행정중심지가 되었다. 서도에는 덕촌, 변촌, 장촌 세 개의 자연마을, 동도에는 유츤과 죽촌, 고도에는 거문리가 있다. 모두 280여 호에 이르며, 100여 호가 고도 거문리에 살고 있다. 고도와 서도는 1992년 다리가 연결되었다. 머지않아 동도와 서도를 잇는 다리도 생길 것이다. 세 섬에 둘러싸여 있는 호수 같은 바다는 '도내해'라고 부른다. 최고의 양식어장이자 최적의 어항이다. 제주도를 제외한 최남단에 있는 거문도가 19세기에 열강의 다툼 속에 빠져든 것도 바로 이런 이유 때문이다. 고도에 있는 영국군 묘지와 일제가 만든 거문도등대가 이를 말해준다.

거문도가 중심인 삼산면은 초도, 손죽도 등 유인도 8개와 무인도 104개로 구성되어 있다. 조선시대에는 고흥에 속했지만 1895년 행정구역 개편으로 돌산군에 배속되었다. 초대 돌산군수였던 서병수가 광무 3년(1899)에 편찬한《여산지》에 삼산면의 특징이 잘 기록되어 있다.

삼산면에 속한 삼도三島는 돌산군의 서남쪽 700리 떨어진 곳에 있는데, '삼도'라는 땅이름은 세 개의 산이 세 개의 섬을 이루고 있기 때문에 붙여진 것이다. 삼산면에는 사람이 살고 있는 7개의 섬과 무인도 6개가 포함되어 있다. 서도, 동도, 고도로 구성되어 있는 삼도는 초도의 남쪽에 있으며 둘레가 55리이다. 이전에는 거문진이 있었고, 동도의 유자(유촌), 죽전리(죽촌)와 서도의 장작(장촌), 덕흥리(덕촌)가 있으며, 고도에는 사람이 살지 않는다.

조선초기에는 거문도를 고도孤島 또는 초도를 포함해 고초도孤草島라고 했다. 당시 거문도는 왜인들이 고기잡이를 하며 살았기 때문에 '왜섬', '이섬'이라 했던 것이 한자표기로 바뀌면서 외로울 고孤, 고도가 되었고 다시 옛 고古로 적은 것으로 추정한다. 임진왜란 이후 우리 주민들이 입도하면서 세 섬으로 이루어져 삼도라고 불렀다. 삼도는 처음에는 흥양현(고흥)에 속해 풍헌이 다스리다가 통영으로 이관 별장이 다스렸다. 그 후 다시 흥양현으로 복귀하였으며 1875년 거문진을 두어 경락사와 도첨사를 두었다가 1896년 돌산군에 포함되었다. 이후 1914년 행정구역 개편 이후 거문도로 사용되었다.

철철이 나는 생선

거문도는 일찍부터 고기잡이가 발달했다. 다른 선택이 없었다. 그물을 짓고 줄을 드리우고 노를 저어 삶을 건져냈다. 힘들고 고된 노동이었다. 외로운 삶이었다. 피할 수 없으면 즐기라 했던가. 일마저 놀이로 만들어야 했던 그들에게 노래는 삶 자체였다. 그것이 '거문도뱃노래'다. 거문도 노래는 배에 쓰이는 줄을 드리울 때 부르는 '술비소리', 출어 전에 용왕에 풍어를 기원하는 '고사소리', 노를 저을 때 부르는 '놋소리', 그물을 당길 때 부르는 '월래소리', 그물에 걸린 고기를 가래로 푸는 '가래소리', 만선으로 선창에 들어오면서 부르는 '썰소리'로 나뉜다. 고기잡이 한 매듭 한 매듭이 일이요 노래다.

거문도에서 처음 먹은 생선이 닥대매운탕이었다. 어류도감에서 확인한 결과 닥대는 '성대'라는 물고기였다. 찌개도 해먹고 말려서 구워먹기도 한다. 봄철 '닥대매운탕'은 거문도 대표음식이라 해도 손색이 없다. 해안가 손수레 위에는 참돔과 붕장어가 해풍에 꾸덕꾸덕 마르고 작은 손수레 그늘 아래서 노점상 주인은 열심히 갈치를 손질하고 있었다.

망설임 없이 갈치 한 박스를 샀다. 선창에는 승객보다 먼저 갈치와 삼치가 박스에 담겨 쾌속선을 기다리고 있다. 사람보다 박스 숫자가 더 많다. 거문도 갈치는 그냥 갈치가 아니다. 이름 앞에 꼭 성을 붙여야 한다. '은갈치'다. 여름철에 잡히는 갈치는 크지 않다. '풀치'라고 한다. 가을철에 잡히는 녀석이 굵다. '댓갈치'다. 찬바람이 불기 시작하면 '채낚기'로 거문도 바다가 시끄럽다. 채낚기라니. 처음 듣는 사람들은 동해안 '오징어 채낚기'를 떠올리시라. 방법은 똑같다. 밤에 불을 켜고 그물을 사용하지 않고 바늘이 여러 개 달린 낚싯줄을 이용하여 갈치를 잡는다. 가을 제주여행을 하고 비행기를 타거든 바다를 내려다보라. 불빛들이 장관이다. 갈치잡는 배들이다. 모두 채낚기어 선들이다. 이렇게 잡은 갈치가 그물로 잡는 것보다 은빛 비늘이 상하지 않고 싱싱하다. 가을 갈치회는 봄철 '닥대매운탕' 과 함께 거문도 대표음식이라 해도 손색이 없다.

갈치는 제주해역에서 겨울을 나고 봄에 북상한다. 찬바람이 나면 거문도 해역을 지나 월동지역으로 이동한다. 월동을 하러 가는 녀석들이 통통하다. 이런 갈치가 뱃사람들이 밤바다를 밝히고 기다리는 '댓갈치' 다. 내친김에 거문도의 제철고기를 짚어보자.

"지금 요철(봄)에 닥대 빨간고기가 최고고, 여름에는 갈치·자리돔·새우 여기는 여름에 먹을 것이 많지. 여름엔 푸지지, 돌돔도 나오고. 새우는 새우조망으로 잡아요. 가을에는 갈치, 겨울에도 삼치·숭어가 많아요."

고도에서 서도로 건너는 다리 옆에서 식당을 하는 정씨가 철철이 나는 거문도 바닷고기를 일러준다. 거문도 삼치는 살이 무른 여름보다 겨울에 맛이 좋다. 뱃살의 쫄깃한 맛과 부드럽게 씹히는 꼬리가 최고다. 주민들은 삼치를 '고시' 라고도 부르는데 통영에서는 '망에', 동해에서는 '망어' 서해에서는 '마어' 등으로 부른다. 우리나라 전 해역에서 잡히고 애호가들이 많기 때문에 고장말도 다양하다. 거문도에 가거들랑 동백꽃에 취하고 등대에 넋만 잃지 말고 값싸고 맛있는 닥대매운탕을 권한다. 물론 횟감으로 먹을 수 있다. 포구에서 말린 생선과 갈치속젓도 장만해 두면 여름 내내 거문도 맛을 느낄 수 있다.

식당입구에 '자리돔 1킬로그램 6천원' 이라는 글씨가 큼지막하게 적혀 있었다. 안으로 들어서자 다른 관광객들은 식사를 마치고 일어서고 있었다. 모처럼 거문도를 찾아와 반갑다며 지인으로부터 대접을 받았다. 맛있는 자연산 고급회였다. 그런데 자꾸만 젓가락이 멍게와 해삼으로 간다. 오면서 보았던 허리가 굽은 할머니 잠녀 생각 때문이다. 사실 닥대매운탕이 먹고 싶었다. 7년 전 거문도여행을 왔다가 맛본 생선이었다. 호주머니가 변변치 않던 시절 섬에 미쳐 다니면서 경비도 아낄 생각으로 가장 흔하면서도 맛있고 값이 싼 것만 찾던 시절이었다. 늘 맛은 혀가 아니라 문화로 맛보는 것이라고 주장해왔다. 지역음식, 로컬푸드는 지역에서 가장 많이 생산되는 식재료를 이용하는 경우가 대부분이다. 제주 자리돔물회가 그랬고 영광조기가 그랬다.

거문도는 '쑥밭'이 되었다

언제부턴가 섬사람들은 어장일은 하지 않고 밭에 쑥을 심었다. 씨가 말라가는 고기를 찾아 더 멀리 더 큰 배로 나가야 하는 사정을 모르는 바 아니다. 어장일을 하려면 돈도 필요하고 사람도 있어야 한다. 바다가 늙어가듯 섬사람들도 나이가 들어갔다. 어장일이 힘에 부친 섬사람들은 묵정밭에 주인도 없이 자란 쑥을 발견했다. 1년 내내 기온이 영하로 떨어지는 일이 거의 없는 섬, 뭍에서는 아직 싹도 나지 않을 터인데 나물로 손색이 없을 정도로 자랐다.

《동의보감》에도 "독이 없고 만병을 다스리며, 특히 부인병에 좋고 자식을 낳게 한다"고 했다. 지난 겨울 거문도에서 가장 높은 동도 망향산 기슭은 모두 쑥밭이었다. 겨우내 혹시 모를 냉허피해를 막기 위해 덮개를 씌우며 관리하고 있었다.

쑥은 겨울가뭄과 여름장마에도 쑥쑥 자라 섬사람들에게 희망이 되고 있다. 서도의 덕촌마을에도 장촌마을에도, 동도 유촌마을 산자락 밑 묵정밭에도 쑥이 심어졌다. 그뿐인가. 도시로 떠난 이웃 집터에도 어김없이 쑥이 자란다. 그동안 마땅히 해먹을 것이 없는 비탈진 밭에 마늘과 고추가 제격이었다. 그 자리를 언제부턴가 쑥이 차지했다. 거문도만 30헥타르에 250톤의 쑥을 팔아 6억원의 소득을 올리고 있다. 쑥만 캐서 팔던 것을 작목반을 만들고 가공공장을 세워서 쑥차, 쑥떡 등 부가가치를 높이고 있다.

신지께가 사는 길

포구에 내리자마자 서도 장촌마을로 향했다. 녹산등대로 가는 길이다. 장촌리의 마을이름은 '진짝지' 였다. 동쪽에 긴 자갈밭이 있고, 서쪽에는 이금포와 이해포 등 몽돌해변이 있다. 100여 년이 되었다는 초등학교를 지나자 오르막길이 시작된다. 그곳에 높은 석축을 쌓아 밭을 만들었다. 예전에는 틀림없이 고구마를 심어 식량을 했겠지만 지금은 온통 쑥밭이다. 마을을 벗어나 초등학교를 끼고 능선을 올라서자 마을이 한눈에 들어왔다. 호수 같은 바다, 섬마을, 산 그리고 쑥밭이다. 흙이 보이는 곳은 학교 운동장뿐이다. 쑥수확도 막바지로 치닫고 있다. 연한 쑥은 뜯어서 나물용으로 보내고 거친 쑥은 가공용으로 사용한다. 지난 해 겨울에 올라온 연한 싹이 어느새 어른 무릎높이로 자랐다. 길을 따라 고사리, 산두릅, 달래가 지천이다. 부드러운 억새와 풀들이 바람에 누웠다.

인어가 있는 길, 그 길은 녹산등대까지 이어져 있다. 그래서 '인어공원' 이라 붙였다. 그런데 주민들은 인어라 하지 않고 '신지께' 라 한다. 전해오는 이야기로는 "하얀 살결에 길고 검은 생머리를 하고 있으며 주로 달 밝은 밤이나 새벽에 나타나 절벽에 돌을 던지거나 소리를 내어 어부들을 태풍으로부터 구한다"고 전한다. 그녀는 오른손에 돌멩이를 들고 동도와 서도 사이 물길을 바라보며 던질 준비를 하고 있다. 신지께는 '신직개', '신직귀', '흔직끼', '흔직개' 등으로 불린다. 위는 여자이고 아래는 물고기 형상을 하고 바람이 불기 직전에 나타나거나 높은 절벽 위에 숨어서 돌을 던져 폭풍우 오는 것을 알려준다. 동도 죽촌 넙데이 해안과 백도 해상과, 서도 장촌에는 신지께여와 안간여에 잘 나타난다고 한다. 거문도 사람들 중에는 신지께를 본 사람도 있다고 한다. 한 걸음 더 나가 뱃사람 중 신지께의 경고를 무시하고 바다에 나갔다 해를 입은 사람도 있다고 한다. 신지께가 나타나지 않는 거문리와 덕촌리 뱃사람들이 다른 마을보다 태풍ㅍ 해가 크다고 하니 이쯤이면 전설이라도 귀가 솔깃하다. 거문도의 신지께가 여수세계박람회장에 나타날 것만 같다. 로렐라이와 사이렌, 안데르센의 〈인어공주〉로 대표되는 서양의 인어와 다른 '동양의 인어' 로 거문도 바다의 수호신 신지께가 재구성된다. 여수세계박람회 디지털갤러리에서 상영될 신지께 인어이야기는 프랑스의 유명감독 샤를 드 모가 만든다. 그는 2010년 칸국제영화제 황금종려상을 받은 〈엉클 분이〉를 공동제작했다. 그가 작품을 결정한 것은 '동양의 인어' '전설이 남아 있는 인어' 등에 매력을 느꼈기 때문이라고 한다. 녹산길은 동쪽길로 올라서 서쪽길로 내려오길 권한다.

오던 길을 되돌아 장촌마을에서 차를 타고 고도로 향했다. 서도를 채 빠져나가기 전에 차를 세웠다. 장촌을 빠져나와 덕촌을 지나다 물질하는 10여 명의 잠녀들을 만났다. 제주 우도에서 만난 잠녀들의 숨비소리만 못하지만 반가웠다. 바다에서 건져올리는 성게와 해삼을 생각하니 허기가 졌다.

시인은 이 길을 걸으면서 "너무 행복해서 죄스럽다"고 했다. 얼마나 아름답고 걸음걸음이 행복에 충만했으면 그랬을까. 그 길은 이제 친절하게 목재데크로 흙길을 덮었다. 너무 친절해 강과 산과 바다가 몸살을 앓고 있다. 인간에게만 친절한 탓이다. 녹산등대로 가는 길은 장촌마을 골목길에서 시작된다.

바닷물에 주기酒氣가 있었나 보다

나 술밭酒田에 누워 있을 테니

깨우지 말라

일으켜 세우지도 말고

묻埋지도 말라

주기가 있었나 보다

　　이생진 시인의 시에서처럼 길에 누웠다. 주기를 느끼기 전에 뱃소
리가 들렸다. 벌떡 일어나 카메라를 들었다. 거문도에 사는 인어동상
'신지께' 너머로 작은 배가 통발을 넣고 있었다. 신지께 상징조형물
을 녹산등대길에 세웠다. 구전되는 설화를 조형물로 만들어낸 것을
탓할 수 없다. 이제 등대로 가는 작은 오솔길은 목재데크로 치장을 하
고 신비스런 설화는 없고 동상만 남아 있다. '선바구' 위에 하얀 등대
가 앉았다. 사슴뿔 위에 등대가 세워져 '녹산등대' 라 했을까. 그 너머
는 바다다. 마을로 돌아오는 길은 서쪽길을 택했다. 그나마 다행스럽
게 낮은 돌담으로 치장을 했다.
　　점심을 먹고 나자 몸이 나른해졌다. 이번엔 녹산등대길 반대편 거
문도등대로 향했다. 거문도등대로 가는 길은 녹산등대길과 사뭇 다르
다. 국립공원관리공단에서 직접 관리하기 때문이다. 요란스런 목재데
크도 없고 안내표지판도 잘 정비되어 있다. '목너머' 에 있는 너른 바
위에는 '해조류 채취금지' 라는 글씨가 흰색으로 씌어 있다. 거문도등
대는 수월산 남쪽 끝에 있다. 목너머 수월산과 덕촌리를 잇는 목이다.
이곳 갱번은 관광객들이 쉽게 접근할 수 있는 바다밭이 많다. 특히 거
문도 미역은 청정해역과 거친 조류에서 자라기 때문에 품질이 좋다.
등대로 가는 길은 대부분 숲터널이다. 키가 큰 생달나무와 후박나무,

키가 작은 섬쥐똥나무, 다정큼나무, 중간 크기의 동박나무와 감탕나무가 등대로 가는 길을 안내한다. 바위에는 콩짜개덩굴이 가득했고 숲속에서는 동박새, 흑비둘기, 직박구리 등 새소리가 요란했다. 녹산 등대길과 다른 풍광이다. 특히 동백꽃이 피는 봄이 오는 문턱에 이 길을 걷기를 권한다.

등대에 새겨진 역사

거문도 세 섬에 둘러싸여 있는 호수 같은 바다는 최고의 어장이자 최적의 어항이다. 19세기에 거문도가 열강의 다툼 속에 빠져든 것도 바로 이런 이유 때문이다. 해가 지지 않는다는 대영제국은 해양의 중요성을 간파하고 일찌감치 조선지도까지 준비해 두었다. 조선왕조가 깨닫지 못한 사이 러시아와 영국 등은 지정학적으로 거둔도의 중요성을 알았던 것이다. 외국인으로 거문도에 가장 먼저 들어온 사람들은 왜구였다. 이때는 선박크기에 따라 세금을 바치고 정해진 뱃길과 어장을 이용한다는 조건으로 세종 5년 초도와 고도(거문도) 근해에서 고기 잡이를 허락해 주었다. 그 후 1511년 삼포왜란으로 폐쇄되었다. 러시아함대가 거문도를 점령한 것은 1854년이었다. 11일 동안 머물렀다. 그 후 1885년 4월 영국은 조선정부의 허락도 없이 거둔도항으로 들어오는 세 섬 입구에 6개의 포대를 쌓아 방어시설을 구축했다. 군인들 막사와 병원을 짓기 위해 미국인 건축업자와 중국인 곡수와 미장, 우리 주민들까지 동원했다고 한다. 러시아의 함대가 남쪽으로 내려오는 요충지이자 조선과 일본으로 가는 길목이다. 해양의 중요성을 일찍이 간파한 영국이 열강 러시아와 일본을 견제하는 데 이보다 좋은 곳이 어디 있겠는가. 영국함대 책임자의 이름을 따서 거문드항을 '포트 해밀턴'이라고 기록해서 서양에 소개하기도 했다. 영국군은 200여 명에

일본은 조선으로 들어오는 길목에 등대를 세우고 불을 밝혔다. 불빛을 따라 함대도 들어오고 수산회사도 들어왔다. 급기야 일본어민들이 들어와 마을을 이루고 어장을 탐했다.

서 700여 명이 20개월여 동안 거문도에 머물렀다. 1887년 철수할 때까지 9명의 군인이 죽었다. 지금도 무덤 3기가 남아 있다.

일본은 러일전쟁 중에 군대와 물자를 안전하게 운반하기 위해서 1905년 거문도등대를 세웠다. 《한국수산지》에 거문도등대는 '일러전쟁 시 일본 대본영에서 건조하고 주문' 하여 점화했다고 기록하고 있다. 뱃길이 유일한 교통수단이었던 시절에 암초를 피해 안전하게 항해를 하고 정박할 수 있는 곳을 먼저 확보하는 것이 국력이었다. 일본도 열강세력들의 중요한 뱃길이며 어업자원의 보고인 거문도를 탐냈던 모양이다. 이보다 1년 앞서 거문도에 이주어촌이 만들어졌다. 일본인을 위한 학교도 세웠다. 서도에 있던 면사무소도 일본인들이 많이 모여 사는 고도 거문도리로 이전했고 순천경찰서 거문도 파견소도 설치하였다. 1910년에는 일본수산회사가 진출해 수산물을 일본으로 실어 날랐다. 1918년에는 거문도 어업조합이 설치되었다.

이주한 일본인들은 잠시 고기잡이를 위해 온 것이 아니라 평생 살

일본보다 앞서 영국군이 거문도에 머물렀다. 포대를 쌓고 주둔하다 9명의 군인이 죽었다. 그 흔적이 남아 있다.

겠다며 마을을 이루고 신사도 세웠다. 조선총독부가 배려를 한 것이다. 절해고도에 작은 성을 쌓았다. 거문도에 그토록 공을 들인 이유는 삼치였다. 거문도에 들어온 일본인은 야마구치山口 12세대였다. 삼치와 고등어를 잡아 일본으로 보냈다. 섬이름도 아예 '왜도'라 불렀다. 그들은 들어오기 전에 수산자원에 대해 면밀히 조사했다. 어장 배후에 좋은 어항이 있을 만한 곳도 고려했다. 거문도는 일본인이 좋아하는 삼치와 고등어가 많았다. 고도, 동도, 서도 등 세 섬(삼산도)으로 둘러싸인 데다 수심이 10미터가 넘는다. 그리고 안전하게 배를 정박할 수 있는 거문도항(1938년)도 완공하였다. 최근 거문도의 근현대사를 지켜본 거문도등대를 근대문화유산으로 지정했다. 옛 등대 옆에 늘씬하고 멋진 새 등대가 세워졌다.

여기서 반드시 확인해야 할 것이 있다. 〈대한매일〉(1909년 4월 29일)에 거문도에서 일본인이 의병의 습격을 받아 죽었다는 기사가 있다. 한일합방 직전 노화도 당사도에서도 등대를 지키는 일본인을 습

신사가 있던 자리에 좌대만 남아 있다.

격한 사건이 발생했다. 교육은 물론 행정과 경찰체계를 갖춘 것은 일본 이주어민들을 보호하기 위한 대책이었다.

겨울철 등대가는 길은 온통 붉은 동백터널이다. 거문도의 역사를 생각하니 동백꽃도 예사롭지 않다. 일찍 핀 녀석들은 모가지를 떨구었다. 바닥에도 온통 동백꽃이다.

〈동아일보〉 1928. 7. 22.*

사진은 풀에 덮힌 영국인 묘지

島嶼巡禮
巨文島方面 ⑹
第三隊 李益相
鼎立한 三島를 擁據하던
英帝國의 雄大한 軍艦
팔구년간 조련하던 군용지가
而今엔 居民의 菜田

三島에 飄揚하던 英國의 뭉동의 정기

대영제국의 영토 안에는 해 떨어질 때가 없다는 것은 '앵글로색슨'의 높은 코를 더 높게 하는 자랑거리였다. 태산과 같은 뭉동을 동서대양에 띄우고 육대주(六大洲)의 항만(港灣)을 고이 샅샅이 뒤지고 다닐 때에 향항(香港)을 점령하고 위해위(威海衛)를 조차(租借)한 영국은 해군의 이상적인 근거지를 조선다도해(多島海) 동남편해중에서 발견하였으니 이곳이 이름 높은 거문도(巨文島)이다. 이 섬은 동도(東島), 서도(西島), 고도(古島) 세 섬이 서로 포옹하여 한 섬을 이루어서 거문도란 이름이 생기기 전에는 삼도(三島)라 하였다. 개국 사백팔십구년에 영국동양함대 사령관 '하밀톤' 중장이 함대를 거느리고 웅거하게 되어 팔구년동안 대영제국의 국기가 항내의 장두(檣頭)에서 휘날리고 있었다. 외양(外洋)에 훨씬 떨어져 있는 섬으로 거문도처럼 선박(船舶)의 이상적인 정박지는 없을 것이다.

英艦撤歸한 뒤엔 祗遺孤憤綠蕪裡

주위 육십리의 서도(西島)와 주위 삼십리의 동도(東島)가 주위 십리되는 고도(古島)를 서로 다투어 안을 듯이 머리와 발을 맞추고 허리를 구부려 누워 있는 그 안은 항만이 되어 수심이 십오심(十五尋)으로 내지 이십심이 되어 대함거

박(大艦巨舶)을 조수의 진퇴를 불관하고 능히 출입할 수 있다. 이 섬에 발을
붙이는 사람이면 누구든지 방가위지(과연 그렇다고 이를 만하게) 해군의 나라
영국이라 하여 그 안목을 칭찬 아니할 수 없을 것이다. 고도의 해안에는 지금
에도 영국육전대의 조련하기 위하여 터 다듬어놓은 운동장이 자취가 남아
있어 도민에게 채소를 제공할 뿐이다. 또한 고도 후방 상중턱에 영국장사의
분묘지가 있으니 그들이 거문도 근거지권을 내버리고 함대를 철거한 뒤에도
이 분묘를 위하여 매년 성묘객이 끊이지 않더니 최근 사오년동안은 그들의
발도 차차 멀어져서 장사의 묘표가 더 거친 풀 속에 하염없는 눈물을 뿌릴 뿐
이다. 뼈 묻기를 어찌 분묘지에만 기약하랴 인간 이르는 곳마다 청산이 있다
(埋骨豈期墳墓地　人間到處有靑山)는 비장한 문구가 저절로 머리에 떠올랐다.
방랑표박하여 어느 곳에든지 낙원을 건설하고 고향을 만드는 것이 영국민의
오늘의 번영을 누리게 한 원인인지도 알 수 없다.

目白鳥聲何處是 冬柏靑靑懷更新

대해고도(大海孤島) 중에 외로이 묻힌 그 무덤이 그의 민족성을 말함이라 생
각할 때에 며칠의 여수(旅愁)에 대륙이 그리워진 내가 유연한 회포가 우거진
동백가지에서 무심히 우는 목백조(目白鳥)와 함께 그의 고혼을 위로할 뿐이
었다. 이와 같이 이 섬은 영국사람과는 인연이 깊은 관계로 지금에도 육칠십
된 노인이 영어를 능히 해석하는 이가 있다 한다. 만일 영인이 더 오래 그곳
에 머물러 있었으면 어느 곳보다도 제일 먼저 이 섬이 영국문화를 수입하였
으리라는 것이 그 땅 유지들의 추측이라 한다. 거문도에 들어선 영국사람과
도민간의 우의는 퍽이나 두터웠던 듯하다. 지금에도 영국사람의 말을 한 사
람도 나쁘게 말하는 이가 없다. 자기네의 친구같이 말한다. 첫 번 웅거하는
바람에 섬사람들의 호감을 사려고 회유의 책을 쓴 것인지 알 수 없으나 그들
은 총을 들고 칼을 찬 군대 같이 굴지 않았다 한다.

＊ 일제강점기 시절 기사를 전재합니다. 당시 정황을 그대로 전하기 위함입니다.
　기사문은 현대에 맞게 약간 수정했습니다. ― 편집자

개황 | 거문도巨文島(고도古島)

일반현황

위치 | 전남 여수시 삼산면 거문리 동경 127°11′ 북위 34°1′
면적 | 0.42km² 해안선 | 3.7km 육지와 거리 | 114.7km(여수시)
가구수 | 360 인구(명, 남+여) | 758(422+336) 어선(척) | 67 어가 | 120
어촌계 | 총 어촌계 1개, 거문 739명

공공기관 및 시설

공공기관 | 삼산면사무소(061-690-2607), 삼산파출소(061-665-0112), (해양경찰서) 거문파출소(065-840-2237), 보건지소(061-690-2692), 거문도 우체국(061-666-8000), 여수농협 지소(061-666-8070), 거문도 수협(061-666-8020)
교육기관 | 거문초등학교
전력시설 | 한전 내연발전 이용
급수시설 | 간이상수도 3개소, 지방상수도 전가구 보급

여행정보

교통 | 배편 | 여수항 여객터미널(061-663-0116) 1일 2회 운항, 〈관광선〉 백도 관광선
여행 | 백도, 신사터 일출-삼호교-유림해수욕장-신선바위-보로봉-거문도등대
낚시터 | 섬주변이 모두 낚시터
특산물 | 은빛갈치, 자연산 돌미역, 삼치, 장어
특이사항 | 거문도를 이루는 섬 중 가장 작은 면적이지만 행정구역상 하나의 마을인 거문리로 인해 지역 주민들 대다수는 고도라는 명칭보다는 거문리로 부른다.

30년 변화 자료

구분	1973	1985	1996
주소	전남 여천군 삼산면	전남 여천군 삼산면 거문리	좌동
면적(km²)	1.11	0.42	0.42
공공기관	-	면사무소 1개, 파출소 1개	면사무소 1개, 파출소 1개, 우체국 1개
인구(명, 남자+여자)	1,524(701+823)	1,035(500+535)	904(462+442)
가구수	286	247	268
급수시설	공동우물 7개	우물 8개, 간이상수도 1개	간이상수도 3개
초등학교	1개 345명	1개 118명	1개 86명
전력시설	관영발전 253kw	자가발전 247가구	한전 268가구
의료시설	-	약방 1개, 병원 1개	보건소 1개, 약국 1개
어선(척, 동력선+무동력선)	43(23+20)	46(32+14)	64(64+0)

＊ 공공기관은 면사무소, 파출소 등 포함

개황 | 거문도巨文島(동도東島)

위치 | 전남 여수시 삼산면 동도리 **동경** 127°19′ **북위** 34°02′
면적 | 3.43km² **해안선 |** 12.5km **육지와 거리 |** 112.4km(여수시)
가구수 | 143 **인구(명, 남+여) |** 310(149+161) **어선(척) |** 50 **어가 |** 143
어촌계 | 총 2개 어촌계(유촌, 죽촌)

공공기관 | 삼산파출소 동도출장소(061-665-8290), 거문도 우체국(061-666-9576), 동도보건진료소(061-666-9576)
교육기관 | 거문초등학교 동도분교
전력시설 | 한전 전가구 사용
급수시설 | 간이상수도 2개소 전가구

교통 | 배편 | 여수항 여객터미널(061-663-0116) 순풍호 1일 1회
섬내교통 | 순항선 거문호, 1일 3회
여행 | 망치산, 거문항 전경
낚시터 | 섬 주변 전체
특산물 | 백도 자연산 돌미역, 전복, 소라, 해삼, 쑥
특이사항 | 거문도와 서도 사이에 1992년 연도교가 설치되어 있어 섬 사이의 왕래가 자유롭다.

30년 변화 자료

구분	1973	1985	1996
주소	전남 여천군 삼산면 동도리	좌동	좌동
면적(km²)	3.04	3.43	3.43
공공기관	-	-	경찰분소 1개
인구(명, 남자+여자)	1,536(738+798)	669(324+345)	398(192+206)
가구수	280	179	148
급수시설	공동우물 10개	우물 6개, 간이상수도 2개	간이상수도 2개
초등학교	1개 279명	1개 76명	분교 1개 19명
전력시설	-	자가발전 179가구	자가발전 148가구
의료시설	-	약방 1개	보건진료소 1개
어선(척, 동력선+무동력선)	25(13+12)	28(18+10)	39(37+2)

＊ 공공기관은 면사무소, 파출소 등 포함

개황 | 거문도巨文島(서도西島)

일반현황

위치 | 전남 여수시 삼산면 서도리 동경 127°18′ 북위 34°01′
면적 | 7.77km² 해안선 | 26.9km 육지와 거리 | 112.3km(여수시)
가구수 | 421 인구(명, 남+여) | 865(488+377) 어선(척) | 51 어가 | 400
어촌계 | 총 2개 어촌계(서도리)

공공기관 및 시설

공공기관 | 여수해경 서도출장소(061-840-2138), 서도우체국(061-666-8300), 서도보건·진료소(061-666-7758)
교육기관 | 거문초등학교 서도분교(061-665-8344), 덕촌분교(061-665-8314), 거문중학교(061-665-8340)
전력시설 | 한전 내연발전 이용
급수시설 | 간이상수도 전가구

여행정보

교통 | 배편 | 여수항 여객터미널(061-663-0116) 순풍호 1일 1회, 차도선 1회
섬내교통 | 나룻배 덕성호, 거문호, 콜택시 2대 운영
여행 | 서도해수욕장, 유림해수욕장, 거문도등대, 산책로
낚시터 | 섬 전체
특산물 | 거문도 자연산 쑥, 갈치, 삼치
특이사항 | 거문도 뱃노래 시연회 등이 서도에서 열리고 있으며 다도해 해상국립공운의 한 곳으로 많은 관광객들이 찾고 있다. 거문도 뱃노래는 400여 년 전부터 구전되어온 출어나 만선 때 부르는 흥거운 노래이다.

30년 변화 자료

구분	1973	1985	1996
주소	전남 여천군 삼산면	전남 여천군 삼산면 서도리	전남 여천군 삼산면
면적(km²)	6.89	7.77	7.77
공공기관	-	-	경찰분소 1개, 우체국 1개
인구(명, 남자+여자)	3,241(1555+1686)	1,608(732+876)	953(463+490)
가구수	537	435	339
급수시설	공동우물 15개	우물 3개, 간이상수도 3개	간이상수도 4개
초등학교	2개 597명	2개 309명	1개 41명, 분교 1개 21명
중고등학교	1개 356명	중학교 1개 280명	중학교 1개 94명
전력시설	-	자가발전 435가구	한전 339가구
의료시설	-	-	보건진료소 1개
어선(척, 동력선+무동력선)	63(31+32)	30(28+2)	104(104+0)

✽ 공공기관은 면사무소, 파출소 등 포함

30

풀섬에 바람이 분다
여수 삼산면 초도

아침 일찍 눈을 떴다. 비가 많이 올 것이라는 예보와 달리 바람도 없고 하늘은 청명했다. 마을회관에서 나와 마을로 향했다. 조용한 섬마을 아침은 더욱 고요했다. 마을을 가로지르는 큰길 따라 현대연쇄점, 준서네 슈퍼, 전통막걸리집 등이 있었다. 마음이 급했다. 어제 큰 마을과 진막리까지는 둘러봤지만 날이 어두워 의성리까지 갈 수 없었다. 아침 첫배로 나가려면 2시간, 다음 배로 나간다면 3시간 정도 여유가 있었다. 바람재에서 내려다 본 새벽녘 대동마을은 아늑하고 조용했다. 풀이 많아 초도라고 했다는데 풀이 많지 않는 섬이 있을까. 고개를 끄덕일 수 없는 지명유래였다. 억새와 같은 풀을 전라도에서는 '쎄' 라고도 하는데 초도를 '쎄섬' 이라고도 했다고 한다. 지명이 한자화되면서 '새섬' 이 되고 조도鳥島라고도 했다고 한다.

임진왜란 전후 염씨 형제가 처음 입도했고 방씨, 강씨 등이 들어와 마을을 형성하고 살았다고 전한다. 조선초에는 흥양군(현 고흥군)에 속했고, 풍헌(지금의 면장)을 두어 삼도(거문도, 초도, 손죽도)를 다스렸다. 세종 때에 50여 년간 왜인(대마도인)들의 요청을 받아들여 고초도(거문도·초도) 부근 바다에 한해서 어로행위를 허가한 적도 있었다. 1896년 돌산군, 1914년 여수군, 1949년 여천군에 속하다가 1998년 4월 3려 통합에 따라 현재는 여수시 삼산면에 속한다. 여수를 출발한 쾌속선이 고흥 나로도 축정항에서 한숨 돌리고 거문도로 질주하다 잠시 쉬어가는 곳이다.

바다를 누비던 뱃사람들, 어디로 갔을까

《조선왕조실록》에 왜구들이 고초도에 와서 낚시를 할 수 있도록 허가해 줄 것과 조선정부에서 이에 대해 논의한 내용이 상세하게 기록되어 있다. 고초도는 고도와 초도를 합해 부르는 것으로 고도는 거문도로 추정된다. 세종 24년(1442) 기록에 따르면 고도와 초도에서 왜인들이 낚시를 하기 위해서는 "병기를 휴대하지 않고, 선박수와 크기와 승선인원을 기록한 대마도주 문인을 발급받은 후, 경상도 거제도 지세포에서 만호의 문인을 받아야 가능하며, 낚시 후 다시 지세포로 들어와서 만호의 문인을 반납하고 선세를 바친 후 떠나야 한다"고 했다. 하지만 이대원 장군의 손죽도해전에서 보듯이 왜구의 침탈이 심했던 것 같다.

삼산면의 손죽도, 초도, 거문도를 삼도라고 부른다. 삼도 주민들도 일찍부터 울릉도까지 진출해 미역을 채취하거나 배를 지었다. 검찰사 이규원李奎遠의 《울릉도 검찰일기》에는 "1882년 4월 30일 아침 8시경 울릉도 서변 황토구미(학포)에 도착하니 전라도 낙양 삼도사람 김재근이 인솔한 23명이 조선과 미역채취에 종사"하고 있었다고 기록되어 있다. 또 "5월 3일 전라도 낙안사람 상선 선주 이경칠이 인솔한 객졸 20명과 낙양 초도사람 김근서가 인솔한 객졸 19명이 각기 결막조선結幕造船했다"고 기록되어 있다. 40년 전까지만 해도 삼도 사람들은 봄에는 칠산바다와 연평바다로 조기잡이를 나갔고, 여름과 가을에는 동해로 오징어잡이를, 겨울에는 가덕도 인근 바다로 대구잡이를 나갔다. 이렇게 동해, 남해, 서해를 주름잡았던 어민들의 흔적은 그들이 불렀던 어업요 '술비소리'에 잘 나타나 있다.

어기영차 배질이야 어기영차 배질이야

울고 간다 울릉도야 어기영차 배질이야

이물에 이사공아 고물에 고사공아

허리띠 밑에 하장이야 돛을 달고 닻을 감아라

어기영차 배질이야 술렁술렁 배질이야

진태중이 떠나간다 술렁술렁 배질이야

이 돈 벌어 뭐할꺼나 늙은 부모 봉양하고

어린 자석 길러내서 먹고 쓰고 남은 놈은

부귀영화로 살아보세

바람에 의지해 동해와 남해와 서해를 누비던 사람들에게 뱃길이
무탈하고 풍어를 기원하는 마을의례는 당연한 것이었다. 대동마을과
진막마을은 음력 초하루 상당과 하당에서, 의성은 그믐날 물이 빠지
면 마을 앞 해변가에서 마을의 안녕과 해상안전과 풍어를 기원하는
제를 지내기도 했다.

초도에는 대동리, 의성리, 진막리 세 마을이 있다. 이 중 가장 큰 마
을은 이름으로 알 수 있듯이 대동마을이다. 큰 마을은 1896년 돌산군
시절에 구미리九味里라 했고, 《여산지》에는 읍동邑洞이라 불렀다. 1914
년 행정구역 개편으로 큰 마을이라 부르다 대동리大洞里라 하였다. 대
동리는 삼산면에서 가장 높은 상산봉 북서쪽 완만한 곳에 자리하며,
물길이 좋아 삼산면에서 유일하게 벼농사를 지었다. 대동마을에 딸린
작은 마을 예미리와 사슴목에도 몇 가구가 거주했었다. 대동리는 면
사무소, 초도보건소, 파출소, 초등학교, 중학교 등 우체국을 제외한 공

진막에 살고 있는 8명의 해녀는 마을의 마스코트다. 마을 축제를 개최할 수 있었던 것도, 웰빙해산물 축제를 열 수 있었던 것도 그녀들이 있었기 때문이다.

공기관이 위치해 있는 중심마을이다. 초도초등학교는 1937년 개교해 같은 섬에 있는 의성과 진막에 분교를 두었고, 이웃한 광도·평도·소거문도·손죽도 등 섬에 분교를 두었다. 한때 300여 가구가 거주했던 큰 마을은 50여 가구만 남아 있다.

이렇게 풀섬에 인구가 급격하게 감소한 결정적인 이유를 주민들은 고대구리(소형기선 저인망)어업의 금지 때문이라고 생각한다. 고대구리어업은 1980년대부터 20여 년 동안 초도사람들의 삶을 지탱해온 어업이었다. 대동마을에 70여 척, 진막마을에 60여 척, 의성마을에 60여 척 등 모두 200여 척이 있었다. 삼산면 전체가 고대구리에 의존했다. 초도에 중학교가 필요했던 것도 고대구리어업으로 젊은 사람들이 섬에 남아 있었기 때문이다.

지금은 젊은 사람들을 찾기 어렵다. 아이들 울음소리가 멈춘 지 10여 년이 되어간다. 현재 초등학교에 다니는 아이들은 10여 명으로 대부분 공공기관에 일하는 사람들 아이들이다. 빈집도 늘어가고 있다.

어족자원을 보호한다는 명분을 반대할 사람은 아무도 없지만 고대구
리는 거친 파도로 양식어업이 불가능한 외딴섬의 유일한 소득원이었
다. 대체어업도 마련되지 않고 몇 푼의 보상금을 손에 쥐어준 채 금지
시킨 어업은 젊은 사람들에게 '섬에서 나가라' 는 퇴출통보와 같았다.

조용한 섬마을 '축제바람' 이 분다

대동마을을 지나 큰 길로 올라섰다. 삼거리였다. 왼쪽으로 가면 의성
리로 오른쪽으로 가면 진막으로 이어지며 섬을 순환할 수 있다. 대동
마을 포구가 한눈에 들어왔다. 본래 오지바구에 작은 대동리선창이
있었다. 이때는 쾌속선이 직접 접안을 할 수 없어 종선을 띄워야 했다.
성머리끝과 굴섭 사이에 일(一)자형 방파제를 쌓아 포구를 넓혔다. 지
금은 여수에서 거문도로 가는 쾌속선이 직접 큰 마을 앞에 접안을 할
수 있다.

진막으로 가는 길을 택했다. 진막리까지 20여 분을 걷는 동안 주민
은 한 명도 만나지 못하고 10여 마리 소들만 반겼다. 순환길 아래 계절
풍을 피할 수 있는 옴팍한 곳에 자리잡은 마을이 나타났다. 마을 앞에
는 안목섬과 밖목섬이 바람과 파도를 막아 주었다. 멀리 완도 금일도
와 평일도가 실루엣처럼 아른거렸다.

진막마을은 한때 100여 호에 500여 명이 살았던 마을이다. 임진왜
란 때 조선수군이 진을 쳐 '진막' 이라 했다고 전한다. 1974년 마을 지
도자 박정남(당시 53세)은 해발 400미터 상산봉과 망금산 골짜기에서
사철 맑은 물이 많이 흘러 내리는 것을 보고 소규모 수력발전을 개발
해 언론의 주목을 받기도 했다. 인근 거문도가 1977년에 전깃불을 켜
기 시작했으니 외딴섬치고 일찍 전기를 공급했다. 지금은 30여 가구
100여 명이 살고 있다. 이 마을도 고대구리어업이 금지되면서 젊은이

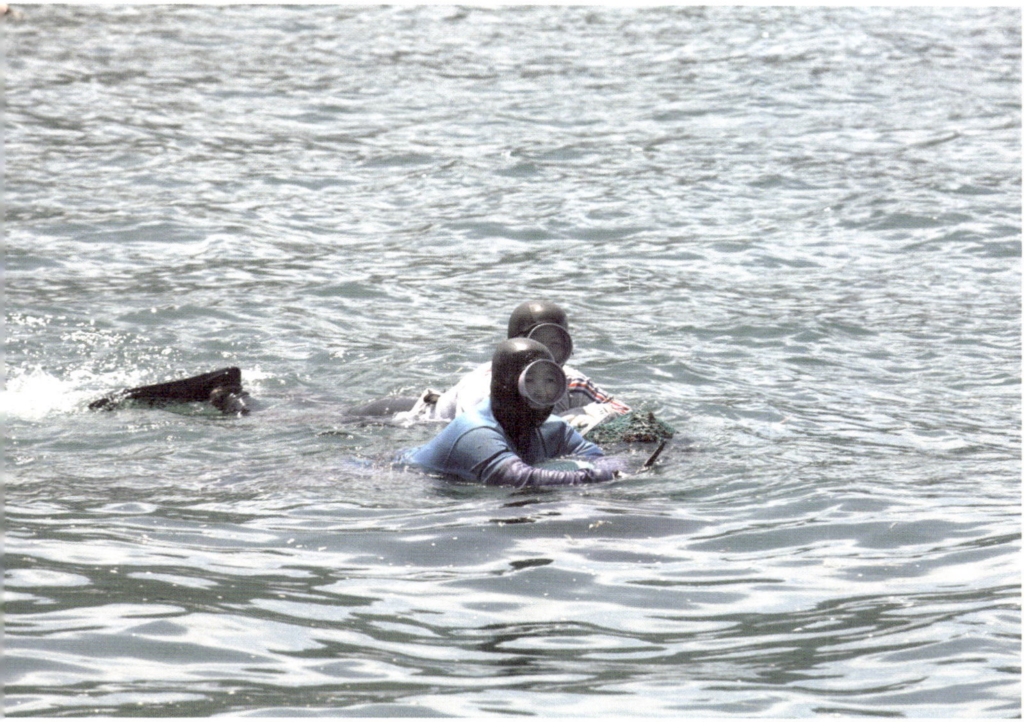

진막마을이 다시 활기를 띨 수 있었던 것은 해녀와 안목섬 그리고 마을 지도자 리더십의 결과였다.
모두 8명의 해녀들을 중심으로 전복, 뿔소라, 홍합 등을 채취해 직접 소비자들에게 판매하고 있다.

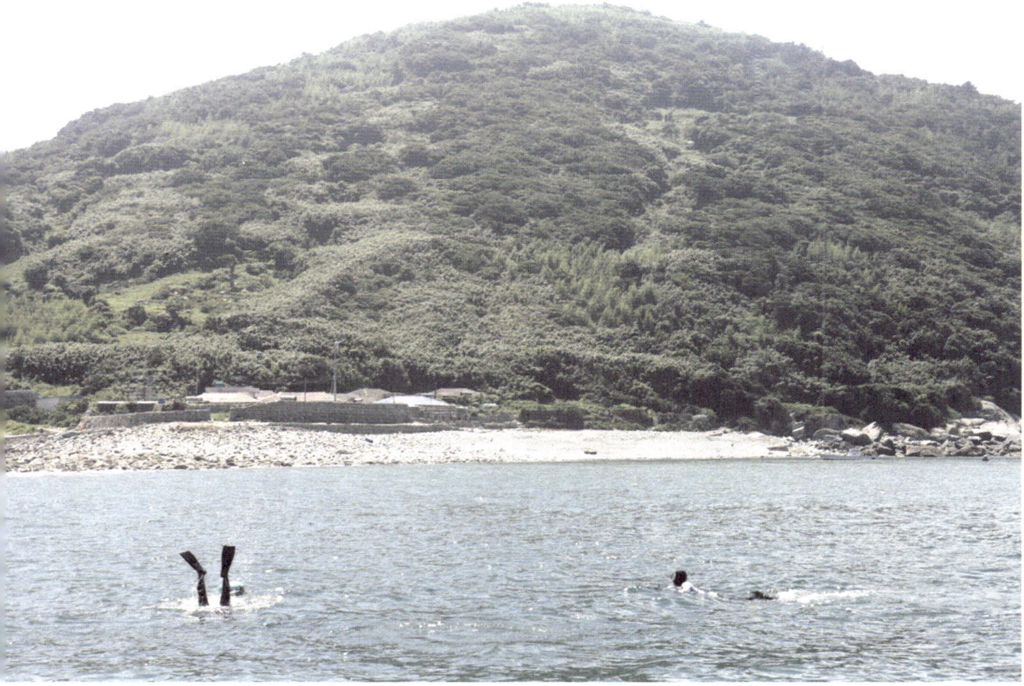

들이 하나둘 뭍으로 나갔다.

　진막마을이 다시 활기를 띨 수 있었던 것은 해녀와 안목섬 그리고 마을 지도자 리더십의 결과였다. 모두 8명의 해녀들을 중심으로 전복, 뿔소라, 홍합 등을 채취해 직접 소비자들에게 판매하고 있다. 이들은 대부분 제주에서 물질하러 왔다가 이곳 사내와 눈이 맞아 머무른 경우다. 이렇게 직거래를 만들어내기 위해 선택한 것이 '축제'였다. 특히 봄 영등철에 안목섬과 마을 사이에 물이 갈라지는 자원을 해산물과 결합해 축제자원으로 활용했다. 2009년부터 봄 영등철을 맞아 '웰빙해산물축제'를 개최하고 있다. 특히 의성리, 진막리, 대동리 세 마을 부녀회가 중심이 되어 자연산 해산물로 웰빙음식을 만들어 판매하며 현지에서도 판매하고 있다. 이 축제로 세 마을 어촌계는 각각 1년에 1억5천여만원의 어획고를 올렸다. 그리고 지역 특산물을 브랜드화 하기 위해 택배용 포장상자를 제작하고 섬주민과 도시민의 직거래를 추진하고 있다.

은혜 갚은 팽나무

운이 좋았다. 바람재를 막 지나칠 때 의성리로 가는 트럭을 만났다. 운전을 하던 어르신도 고대구리가 금지되면서 젊은 사람들이 모두 떠났고, 다섯 명 남아 있는 중학교도 곧 폐교될 것이라 했다. 의성리는 '솜널이' 부근에서 철이 많이 나와 '이성금利成金'이라 불렀다가 1914년 행정구역이 개편되면서 '의성리義成里'라 했다고 한다. 상산봉의 줄기를 타고 내려온 줄기가 동서 두 갈래로 나뉘어 마을을 감쌌다. 바다가 산자락 사이로 깊이 들어와 개안과 큰짝지를 만들어 물이 좋고 아늑해 마을을 이루고 포구를 만들었다. 어쩌면 저리도 자연을 읽고 머무를 자리를 알았을까 감탄스러웠다. 여수를 오가는 쾌속선은 오후에

은혜 갚은 팽나무

의성리항을 거쳐 거문도와 여수를 오간다. 마을 아라 개안에는 돌로 쌓아 만든 옛선창이 잘 남아 있다. 마을 맞은편 몽돌해변에는 10여 가구가 거주하는 작은 마을 경촌리가 있다.

의성리가 한눈에 보이는 큰길에서 내렸다. 고맙다는 말을 하기도 전에 트럭은 진막리 쪽으로 달아났다. 좁고 가파른 골목길을 내려갔다. 마을 가운데 풀과 잡목으로 가득한 열녀비가 을씨년스러웠다. 옛 선창이 있는 개안으로 내려섰다. 고양이가 생선을 찾듯 이곳저곳을 기웃거리던 내 눈을 멈추게 한 것은 팽나무였다. 500년 가량 되었다는 나무는 선창 옆에 마치 분재처럼 서 있었다. 그 밑에는 작은 비석이 세워져 있다. 가까이 다가가 살펴보니 '은혜 갚은 팽나무'라고 새긴 비석과 내력이 적혀 있었다.

1950년 7월 무장괴한들이 3척의 배에 나누어 타고 와서 어업조합에 비축된 물자와 지도선 초어호를 훔쳤다. 마을 청년들이 이를 발견하고 총탄을 무릅쓰고 팽나무 주위에서 석전을 벌여 몰아내고 고향을 지켰다. 그 후 사라호(1959년) 태풍으로 선창이 무너지고 팽나무가 바닷물을 뒤집어써서 시들어 갔다. 당시 정치망을 하던 김승복(1909~1975) 씨가 선원들에게 막걸리를 마실 때 한 잔씩 나무에 주도록 했다. 두 해쯤 지나 죽은 줄 알았던 팽나무 가지에 싹이 나고 살아났다. 그 후 김 씨가 중병으로 서울에 있는 병원에 입원했으나 날마다 병이 깊어져 퇴원을 독촉당하는데 꿈에 흰옷을 입은 노인이 나타나 팽나무 목신인데 서북쪽으로 가면 너를 살려 줄 한약방이 있다고 알려줬다. 그곳에서 약을 지어 먹으니 기적처럼 일어나 생명을 구했다고 한다. 그 후 그 팽나무를 '은혜 깊은 팽나무' 라고 부르고 있다.

　의성리는 양식어업을 할 수 없는 마을이다. 일찍부터 정치망어업이 발달했던 것도 이런 이유 때문이다. 일제강점기에 상술바구 인근 바다에 정치망면허를 얻어 어선과 전마선과 운반선을 갖추고 삼치·방어·부시리·조기·갈치·고등어·병어·가라지·갑오징어 등을 잡았다. 일본 무역선은 삼치와 방어 등 고급생선들을 운반해 갔다. 당시 정치망에는 길이 10미터에 이르는 물치(고래의 일종)가 잡히기도 했다. 물치가 잡히는 날이면 초도주민들이 모두 모여 잔치를 벌여 나누어 먹었다고 한다. 당시 정치망어업은 금산흥업 김승복과 김충석(1940생, 현 여수시장) 씨가 운영했다. 이들은 의성리초등학교와 초도중학교 설립에 많은 기여를 했으며 초도우체국을 세우기도 했다. 초도초등학교 의성분교는 1959년 문을 열어 1999년 초도초등학교에 통합될 때까지 40년 동안 운영되었다. 개교 당시 1학교 56명으로 출발해 1971년 의성초등학교로 승격되었고 1972년에는 4학급 201명의 학생이 있었다. 1985년에는 다시 초도초등학교 의성분교로 격하되었다가 1999년 3학급 9명을 마지막으로 분교장이 폐지되었다. 이때까지 모두 311명의 학생이 배출되었다. 고대구리어업 금지조치 이후 어장촌은 급속하게 퇴색하고 젊은 사람들은 마을을 떠났다. 초등학교가 폐지된 것도 그 무렵이다.

마을 건너편 동쪽으로 뻗은 산자락 벼랑에 소나무 한 그루가 아슬아슬 뿌리를 내린 채 자라고 있다. 이 곳 '상술바구(상술박영)'에는 슬픈 이야기가 전한다. 아주 옛날 장래를 약속한 처녀 총각이 사이좋게 살았는데, 언제부턴가 청년이 다른 여자를 좋아했다. 돌아선 총각의 마음을 돌려놓기 위해 아무리 노력을 해도 소용이 없자 처녀는 상술바구에서 뛰어내렸다. 그 후 총각이 가는 곳마다 뱀이 쫓아다녀 마을에 살 수 없었다. 마을사람들은 처녀가 뱀이 되어 복수하는 것이라 수군댔다. 총각은 뱀에게 잘못했다고 빌어도 소용없자 같은 바위에 도착해 잘못을 뉘우치고 후회하며 손가락을 깨물어 유언을 써놓고 뛰어내려 죽었다. 뒤따라온 뱀도 떨어져 죽었다.

전화가 요란스럽게 울렸다. 아침을 먹자며 찾는 전화였다. 시계를 보니 8시 30분이다. 9시 30분 배를 타야 하는데 마음이 바빴다. 가는 교통편이 없기 때문에 걸어가면 아침은 고사하고 뱃시간도 맞추기 어려울 것 같았다. 지나가는 차를 타기 위해 마을 위 드로로 올라섰다. 초등학생 한 명과 중학생 두 명이 길가에 앉아 있었다. 어머니는 영어책을 들고 여학생이 중얼중얼 외우고 있었다. 영어시험을 보는 모양이었다. 잠시 후 노란색 통학차가 멈췄다. "저도 대동마을까지 타고 갈 수 있을까요." 후덕하고 편안한 얼굴을 한 운전기사가 반갑게 맞아주었다. 초등학교와 중학교 학생 외에 아침 배를 타기 위해 대동마을로 가는 두 명의 주민이 타고 있었다.

● — 고대구리어업(소형기선 저인망어업)

고대구리는 '소형기선 저인망'을 말한다. 60~70미터 줄을 30미터의 자루그물에 달고 배로 끌면서 바닥이나 바다 저층에 있는 수산 동식물을 잡는 어법이다. 그물 끝에는 들어온 어패류가 빠져나갈 수 없는 함정 역할을 하는 불꼬리(1.5미터)가 달려 있다. 배를 끌 때 그물 입구를 넓게 벌려주는 전개판(오따, 1.5×4미터 내외)과 길이 40센티미터의 개떼(갯대)가 '그물을 서서 가게' 잡아주어 그물을 위아래로 넓게 벌려서 싹쓸이한다. 그물땀에 무거운 납덩이를 달고 끌기 때문에 "방금 던진 숟가락도 건진다"는 우스갯소리가 있을 정도로 밑바닥까지 긁는다. 조류가 빠를 때는 수심 10미터(간조시 3~4미터)쯤 되는 곳에서 그물을 끈다.

고대구리는 배 두 척이 하는 쌍끌이와 배 한 척으로 하는 두 가지가 있다. 고대구리로 잡히는 고기는 아구, 가자미, 갑오징어, 양태, 조기, 호리기, 뿔가재, 장어, 서대, 삼식이, 소라 등이 있다. 일제강점기 우리나라 남해안에서 불법으로 성행하던 일본 저인망어업이 광복 이후 우리나라 어민들에게 도입되면서 비롯됐다. 경상남도 남해, 전라남도 여수와 고흥, 전라북도 위도와 어청도 일대에서 2,000여 척이 조업을 했었다. 조업에 필요한 선원이 많이 필요하지 않고 작은 선박으로도 가능하기 때문에 불법어업이지만 근절되지 않고 오랫동안 지속되었다. 고대구리어업은 바닥을 깨끗하게 긁어버려 수산 동식물의 산란과 생태계를 파괴하고 치어까지 싹쓸이한다는 비난을 받아왔다. 정부에서는 수산자원의 보호와 증식, 연근해 어장의 어업질서 확립을 위해 해양경찰을 통해 강력하게 단속했고, 최근에는 고대구리어업을 하던 배를 보상 후 폐선조치해 근절시켰다. 반면에 먼 바다에서 같은 방법으로 어업을 하던 중대형 트롤링 어선들이 연근해로 들어와 조업을 하고 있다. 새로운 한일, 한중어업협정으로 트롤링 어선들의 조업면적이 크게 줄어들었다. 또 해양국가들이 자원관리 강화정책으로 입어료 인상과 쿼터조절을 요구하며 국제유가인상 등으로 대형 트롤링 어선들이 연근해로 몰려들어 불법조업이 기승을 부리고 있다. 이들 어선들은 바깥쪽 그물은 합법적인 그물로 위장하고 안쪽 내장망 그물은 손바닥만한 치어조차 빠져나가지 못할 정도로 촘촘한 불법그물을 사용하고 있다. 이런 식으로 잡아들이는 어획량은 소형기선 저인망어선(속칭 '고대구리')들이 잡는 불법어획량의 수십 배를 웃도는 엄청난 물량으로 지속적인 연근해어업을 위협하고 있다.

개황 | 초도草島

일반현황

위치 | 전남 여수시 삼산면 초도리 동경 127°15′ 북위 34°13′
면적 | 7.71km² 해안선 | 22.6km 육지와 거리 | 92.4km(여수시)
가구수 | 111 인구(명, 남+여) | 221(123+98) 어선(척) | 32 어가 | 111
어촌계 | 총 3개 어촌계(대동, 의성, 진막)

공공기관 및 시설

공공기관 | 여수농협 초도지소(061-666-8570), 면사무소 출장소(061-690-2637), 초도보건소(061-690-2697), 초도우체국(061-665-8500), 거문도수협 초도지소와 출장소 3개소(061-665-8618)
교육기관 | 초도초등학교 (061-665-8784), 진막분교
폐교현황 | 의성분교(2000)
전력시설 | 한전 내연 발전 이용
급수시설 | 간이상수도 3개소 전가구

여행정보

교통 | 배편 | 여수항 여객터미널(061-663-0116) 순풍호 1일 1회, 차도선 1일 1회
여행 | 정강해수욕장, 대동해수욕장
낚시터 | 섬 주변 해안선 일대. 모자바위 등 기암괴석이 아름다우며 울창한 상록수림이 있다.
특산물 | 전복

30년 변화 자료

구분	1973	1985	1996
주소	전남 여천군 삼산면 초도리	좌동	좌동
면적(km²)	7.68	7.65	7.705
공공기관	-	면사무소 지소 1개	면사무소 출장소 1개, 경찰분소 1개
인구(명, 남자+여자)	3,205(1,666+1,539)	1,671(798+873)	681(339+342)
가구수	513	319	216
급수시설	공동우물 17개	우물 60개, 간이상수도 2개	간이상수도 5개
초등학교	3개 682명	3개 260명	1개 13명, 분교 2개 14명
중고등학교	1개 133명	중학교1개 156명	분교 1가 26명
전력시설	-	자가발전 319가구	한전 216가구
의료시설	-	약방 1개	보건지소 1개, 약국 1개
어선(척, 동력선+무동력선)	39(13+26)	103(74+29)	72(67+5)

✽ 공공기관은 면사무소, 파출소 등 포함

31

전라좌수사 '마을신' 이 되다

여수 삼산면 손죽도

아침 일찍 여수여객터미널에서 출발한 배는 1시간만에 나로도 축정항을 거쳐 다시 1시간이 채 못 되어 손죽도 댓머리선창에 닿았다. 댓머리에 설치된 부잔교를 통해 낚시꾼 몇 명과 승객들이 내리고 그 옆으로 화물이 내려지고 올려졌다. 부잔교가 설치되기 전인 1995년까지 쾌속선이 도착하면 종선이 나가서 승객과 화물을 운반했다.

손죽도損竹島라는 지명은 조선시대 선조 수정실록 21권(1587, 선조 20년 2월)에 이대원 장군과 함께 나와 있다. 손대도損大島라는 이름은 이순신 장군이 큰 인물을 잃었다하여 손대損大라 했다고 전해온다. 1908년까지 초도와 손죽도를 상도, 거문도를 하도라 했다. 그리고 상도와 하도에 각각 오늘날 면장에 해당하는 집강執綱을 두었다. 일제강점기 면장제가 도입되면서 거문도 서도리에 삼산면사무소가 설치되고 초대면장은 서도리 김상렬이 취임하였고, 손죽리에는 구장(이장)을 두었다. 손죽도巽竹島라는 지명은 1914년 일제강점기 행정구역 개편 때 돌산군이 폐지되고 여수군에 편입될 때 개칭된 이름이다.

손죽도는 최남쪽 '남끝' 을 꼭짓점으로 북서쪽 삼각산과 북동쪽 댓머리가 마주보며 긴 삼각형을 이루고 있으며 댓머리와 삼각산 사이 깊게 만입된 곳에 안선창(굴강)과 마을이 형성되었다. 댓머리선창과 안선창은 1900년 이전부터 이용되어온 접안시설로 병어잡이 투망

배들이 사용해 오다 1920년대 중선배들이 보급되어 고기잡이배들이 수십 척으로 늘어나면서 중선배 선주들의 분담금과 해초판매금으로 댓머리선창과 안선창이 두 배로 확대되었다. 현재 여객선 대합실 부근이 사라진 댓머리선창이며 안선창은 굴강을 말한다.

손죽도를 비롯해서 거문도, 초도, 소거문도, 평도, 광도 등 유인도와 상섬(유인도에서 무인도로 바뀜), 반초섬, 나무여, 북여, 용섬, 질마섬, 갈키섬, 중절섬, 역만섬 등 무인도를 포함한 섬무리를 손죽열도라고 한다. 바다 수심은 10~20미터에 달하며 해변에는 홍합, 전복, 소라 등 패류와 미역, 김 등 해조류가 풍부하다. 손죽열도는 평지가 아주 적으며 비자나무, 동백나무, 팔손이나무, 풍란 등 온난대성 식물이 많다. 섬주변에 다양한 고기들이 많아 갯바위 낚시꾼들이 사시사철 찾고 있다.

이장군, 마을신이 되었다

손죽리항에서 바라본 마을은 산자락에 안긴 형국이었다. 선창에서 마을로 들어가는 길에 옛 선창이 잘 남아 있었다. 몇 척의 배가 안에 정박해 있었다. 굴강이라 부르는 이 선창에서 조선시대 이대원 장군이 배를 수리했을 것이라고 했다. 굴강이 있는 곳의 마을은 '선소'라는 이름을 갖고 있는 곳이 많이 있다. 대부분 전선을 수리하거나 숨겨 두는 장소로 사용했던 곳이다.

민박집에 짐을 풀고 바로 손죽리해전의 주인공인 이대원 장군을 찾아 나섰다. 장군의 흔적은 마을 안에 사당과 가장골에 있는 동상과 무덤에서 찾을 수 있다. 선조 20년(1587) 2월 손죽도 앞바다에 왜구가 침입하였을 때 당시 녹도만호(고흥 녹동) 이대원 장군이 왜구들과 싸워 큰 승리를 거두었다. 이때 전라좌수사 심암은 장군의 전공을 가로

채려다 실패하자 전투가 끝난 10여 일 뒤 다시 이 바다에 출몰한 대규모 왜구를 이대원 장군과 지쳐 있는 100여 명의 군사로 하여금 싸울 것을 명령하였다. 사흘간 격전을 벌였지만 중과부적으로 죽음을 예감하고 절명시를 남기고 붙잡혀 처참한 죽음을 맞았다.

《수정선조실록》 21권(선조 20년, 1587)에는 대원장군이 손대도損大島에서 전사한 것으로 기록되어 있다.

절명시

진중에 해 저무는데 바다를 건너와 (日暮轅門渡海來)

슬프다. 외로운 군사. 끝나는 인생 (兵孤勢乏此生哀)

나라와 어버이께 은혜를 못 갚아 (君親恩意俱無報)

원한은 구름에 엉켜 풀릴 길 없네 (恨入愁雲結不開)

이대원 장군 ㅣ 1566~1587

본관은 함평(함평), 자는 호연(浩然)이다. 1566년 3월 7일 포승면 내기리 194번지 정문동(당시 양성현 승량동)에서 태어났다. 선조 16년(1583) 무과에 급제하여 3년 뒤 전라도 고흥 녹도만호가 되었다. 1587년 2월 10일 손죽도 해상에서 왜선 20여 척을 대파하고 왜적의 목을 베어 대승을 거두었다. 직속상관 수사 심암(沈巖)이 장군의 전공을 빼앗으려다가 창피만 당하자 원한을 품게 되었다. 1주일 후 다시 왜적이 대부대를 결성하여 쳐들어왔는데, 이대원 장군이 '날이 저물고 준비가 불충분하니 명일 진격하자'는 제안을 무시하고 피로한 병졸 100여 명을 주며 적과 싸우게 했다. 전투 끝에 붙잡혀 항복을 거부하다 참살당했다. 이 전투에 앞서 관찰사에 의해 지난 해 전의 승전 소식이 조정에 알려져 심암은 파면되고 이대원 장군이 수군절도사가 되었지만 교지가 도달하기 전에 절명하였다. 장군이 속저고리에 써서 보낸 절명시 28자를 받아 고향 대덕산 밑에 장사를 지냈다고 한다. 현종 때 병조참판직과 충신정문을 내렸다.

　　내연발전소를 지나 서쪽 삼각산 쪽으로 난 길을 따라 10여 분 걸었을까, 할머니가 죽은 소나무 가지와 끌텅을 머리에 이고 고개를 넘어오고 계셨다. "할머니, 이장군님 동상 이쪽으로 가면 볼 수 있어요." "그리 가면 큰 무덤도 있어요"라며 알려주셨다. 할머니 말대로 자그마한 동상이 선창을 바라보며 서 있었다. 그곳에서 300여 미터 떨어진 장소에 일반 봉분보다 큰 장군무덤이 있었다. 주민들은 이곳을 가장골이라 불렀다. 마을에서 떨어진 섬 서쪽에 있는 한적한 골짜기다. 섬사람들은 그곳에 초분(가장假葬)을 했다. 가장골이 일찍부터 '무구장터'라 해서 임진왜란 때 왜적과 싸우다 순직한 군인들의 무덤자리로 알려졌던 곳이어서 여기를 장군무덤으로 정한 것이다.

　　손죽도 주민들은 22살의 젊은 나이로 손죽도 앞 바다에서 순국한 이장군의 시신을 거두어 마을 남쪽 '똑바끝' 목에 안치하고 사당을 지어 봄과 가을에 제사를 지냈다. 두세 번 사우를 중수한 후 1983년 다시 중수하였으며 당시 여천군은 사당을 충렬사라 이름을 붙였다. 1990년 3월 경기도 평택에 사는 이장군 11대 후손들이 손죽도 남쪽에 이대원 장군의 묘를 쓰고 음력 3월 3일 이대원 장군 숭모제崇慕祭를 지내고 있다.

이장군을 모시는 사우는 고흥 녹동 쌍충사와 여수시 남산동 영당(이순신, 이대원, 정운 장군 화상이 모셔진 사당)이 있다. 이곳은 어업과 관련된 사람들이 바다를 지키는 장군을 추모하고 있다. 고향인 경기도 평택시 포승읍에 피로 물든 절명시를 봉안해 산소(경기도기념물 56호)와 확충사를 만들고 매년 제를 지내고 있다.

이장군의 비장한 죽음을 듣고 고흥 연안에 있는 사람들은 슬픈 노래인 '녹도가'를 지어 불렀고, 조정에서는 장군을 시기하여 억지로 출전시킨 좌수사 심암을 장군이 순국한 지 44일만에 서울 당고개에서 처형했다. 그 후 장군을 추모하는 노래가 호남 해안에 널리 퍼졌고, 기생들도 불렀는데, 눈물짓지 않는 이가 없었다고 한다. 추모의 노래 중 송강 정철의 아들 정기명이 이대원 장군 순국 당시 지었던 문학작품 〈녹도가〉와 한천寒泉 정협(1561~1611)이 17세에 지었다는 〈이장군에게 드리는 조사〉도 전한다. 아래 노래는 제목 없이 이곳 사람들에게 전해져 오는 노래이다.

어허 슬픈지고 녹도만호 이대원은(咄憐哉 鹿島萬戶 李大源)
오로지 나라 위해 충신이 되었도다.(端只與國爲忠臣)
배가 바다로 들어갈제(船入海洋兮)
왜적들은 달려들고 수사는 물러가니(虜進主將退)
백만 명 진중에 빈 주먹만 휘둘렀도다.(百萬陣中 空張拳)

충렬사 옆에는 마을주민들이 모시는 당산나무가 있다. 손죽리가 우데미와 알데미, 새터 등 마을을 나누는 기준도 당산나무이다. 마을 주민들은 이대원 장군 사당에서 '당제'라는 이름으로 제를 지낸다. 음력 3월 3일과 11월 3일 두 차례 제를 지냈지만 최근에는 3월에만 지내고 있다. 주신은 이대원 장군이며 제주는 마을에서 덕망이 높고 깨끗한 사람으로 정한다. 제주는 상가집이나 출산한 집에 가서는 안 되며, 이웃과 싸우거나 욕을 해서도 안 된다. 화장실에 가는 것도 조심하고 부부관계도 금했다. 제를 지내기 사흘 전부터 금줄을 치고 제주는 매일 삼막골에서 나오는 물로 목욕을 했다. 제는 장군에게만 지내는 것이 아니라 병졸들의 원혼도 달래야 하기 때문이 장군에게 올리는 제물 외에 큰 양판(넓다란 양은 그릇을 일컫는 전라도말)에 밥을 가득 담아 제상에 올린다.

이대원 장군님 충효를 높이 공경하며, 수하 병졸들의 충성심을 높이 찬양합니다. 많이 운감殞感하시고 마을의 액운을 막고 나라의 액을 막아 농사도 잘 되고 바다에서 무사히 고기잡이도 잘 되도록 도와주십시오.

이렇게 축원을 한 후 바닷가로 가서 종이에 밥과 든을 싸서 바다에 헌식을 한 후 매구를 치며 뒷풀이를 한다. 마을의 중요한 회의나 모임은 사당 앞에서 했고, 시신이 외지에서 들어오거나 나갈 때도 사당을 피해 뒷길을 이용했다.

화전놀이 큰애기는 어딜가고 어미소만 집을 지키다

손죽도 마을 뒤로 길을 따라 올랐다. 고갯마루에서 내려다본 손죽도는 두 팔을 뻗어 바다를 안고 있는 모습이 포근했다. 지지미재를 넘어 깃대봉(242미터)을 오른쪽에 두고 한참을 내려갔다. 숲길이 이어지면서 간혹 바다가 눈에 들어왔다. 숲속길을 지나면 초도가 한눈에 보였다. 지지미는 한때 10여 가구가 작은 마을을 이루며 살았던 곳이다. 큰 마을에서 산 능선까지 이르는 길은 묵은 오솔길 흔적이 잘 남아 있었다. 또 우회하는 넓은 길이 새로 조성되어 있었다. 나중에 안 일이지만 레이더기지를 만들면서 낸 길로 산정상까지 이어진다고 했다. 큰길을 가로질러 능선을 넘어 남서쪽으로 난 길을 따라 내려갔다. 10여 분쯤 내려가니 그물로 길을 막아 놓았다. 방목하는 소나 염소들이 넘어오지 못하게 하는 것이었다. 길에 소똥이 많았다. 양지바른 곳에 돌담과 무너진 집 등 사람이 살았던 흔적들이 여기저기 남아 있었다. 집의 형체가 남아 있는 곳은 소막으로 이용하고 있었다. 배가 불룩한 어미소가 돌담 옆에 서서 물을 마시며 햇볕을 즐기고 있었다. 이곳이 섬주민들이 모여 화전놀이를 즐겼던 곳인가. 해방 전 손죽도 중선배 사업이 한창일 때는 고흥, 나로도, 내발 등지에서 장사꾼들이 손죽도 화전놀이에 맞추어 들어와 지지매 재에서 장사를 했으며, 화전도 부쳐서 팔기도 했다고 전한다. 화전놀이를 하면서 불렀던 노래 중에 재미있는 표현만 옮겨보자.

끼니도 굶고서 물애질하여, 못된 낭군 술값으로 다 들어간다.
나로도 판장에는 전깃불이 반짝, 우리 오빠 팔뚝에 금시계가 반짝
이 아래 갱번에 꿀까는 처녀야, 언제나 다 깨고 내 사랑이 될래.
저기 가는 저 큰 애기 엎으러나 지거라, 일으켜 준 채 하고 보듬어나 보자.
남남이 만나서 부부라치고, 수십 년 뱃삯 없이 내 배를 탔네.
뱅어배 선장아 돈자랑 말아라, 우리 낭군 내일모레 중선배 간단다.

‘진도아리랑’ 가락에 맞춰 뒷소리 “아리 아리랑 스리 스리랑 아라리가 났네 아리랑 응응응 아라리가 났네”를 반복하며 사회풍자적인

앞소리를 화전놀이에 참여한 사람들이 돌아가며 만들어내는 것이다. 이때 여자들은 '화전花煎'을 만들어 먹으면서 춤도 추며 잔치를 했다. 화전놀이할 때 주로 불렀던 뒷소리는 '진도아리랑' 외에 "제화諸花 좋소 제諸 제화諸花가 좋음도 좋소, 명년明年 춘삼월에도 화전놀이를 합시다" 이지만 '진도아리랑' 이나 '청춘가' 나 '쾌지나칭칭나네' 등도 불렀다. 혹은 "얼씨구 절씨구 지화자 좋네, 얼씨구나 절씨구" 또는 "얼씨구나, 좋네 저절씨구, 아니 놀지는 못하겠네", "강강술래" 또는 "쾌지나 칭칭나네" 등도 포함된다.

학생 셋에 교사 둘, 폐교위기에 몰리다

지지미를 다녀와 늦은 점심을 먹는 사이에 빠졌던 바닷물이 들기 시작했다. 굴강을 지나 객선을 타는 곳까지 걸었다. 그곳에 낚시를 하는 아이와 젊은이가 있었기 때문이다. 이들은 손죽분교 6학년 장용석(13세)과 성현(34세) 선생님이었다. 방과후 선창에서 낚시를 즐기고 있었다. 아침에 학교에 잠깐 들르겠다며 헤어졌다. 분교에 들러 선생님과 아이들 모습을 보고 싶었던 참이었다.

손죽도에 처음으로 교육기관이 생긴 것은 1923년이다. 당시 이기동씨 부친 이형진씨가 4년제 사립 죽림학원을 설립하였다. 그 후 1932년 사립 손죽보통학교로 인가되었고, 1936년 6년제 사립 손죽심상소학교로 전환되어 1938년 첫 졸업생을 배출했다. 손죽국민학교로 바뀐 것은 해방 1년 후인 1946년 10월 15일이었다. 이어 손죽초등학교 소거문도분교(1953.4.13.), 평도분교(1960.6.16.), 광도분교(1964.3.1.) 등이 설립되었다. 손죽초등학교 학생수가 감소하여 1985년 3월 1일 초도초등학교 손죽분교로 개칭되었다.

아침을 먹고 학교로 향했다. 생각보다 운동장이 넓었다. 석재를 벽에 붙여 만든 건물은 낡았지만 품위가 있었다. 살며시 문을 열려다 멈추었다. 안에서 여선생님(이화자, 38세)이 식탁에 반찬을 놓고 계셨기 때문이다. 어제 선창에서 성선생님에게 아침에 들르겠다고 이야기했지만 식사를 방해하고 싶지 않았다. 한참동안 학교운동장과 놀이터와 옛날 관사를 기웃거리다 학생들이 있는 교실로 돌아 들어갔다. 마침 선창에서 만났던 선생님이 반갑게 맞아 주셨다. 손죽분교에는 학년이 다른 학생 3명과 교사 2명이 있다. 복식수업까지는 가능하지만 3부복식(3개 학년을 한 교실에서 가르치는 수업)은 할 수 없기 때문에 선생님이 두 분 있어야 한다. 성현 선생님과 이화자 선생님은 부부교사다. 2011년 초에 부임을 했다. 이렇게 벽지학교를 원하는 선생님들이 많아 오래 있을 수 없다고 한다. 도심에서 10년 근무를 하면 다시 벽지에서 점수를 확보해야 도심으로 진입을 할 수 있기 때문이다.

이들 부부교사는 3명의 아이가 있는데 아이들이 크기 전에 벽지학교에서 근무한 후 아이들이 초등학교에 들어갈 무렵 도시에서 근무하기 위해 자원했다고 했다. 이곳으로 오기 전에도 여수 남면 안도에서 근무했다. 도서벽지에서 근무하면서 많은 것을 느꼈다고 한다. 아이들 입장에서 보면 또래집단이 없다는 것이 가장 문제점이지만 학습권의 입장에서 보면 최고의 시설과 최고의 지원을 받고 있다고 했다. 손죽분교 아이들은 한 사람이 2대의 PC를 사용할 정도로 갖춰져 있어 교육방송을 시청할 수 있고, 매년 서울을 비롯해 각지역으로 수학여행도 무료로 가고 있다. 도시에서는 생각할 수도 없는 혜택이라는 것이다. 한편으로는 오지에 있으면서 당연한 혜택이라 할 수도 있지만 다른 한편으로는 역차별이라는 생각이 들 때도 있다고 했다.

분교를 방문했을 때 아이 둘은 부모님을 만나기 위해서 아침에 뭍으로 나갔고, 6학년 아이만 수업을 하고 있었다. 하루에 2번 뭍으로 연

결하는 뱃길 탓에 부모님을 만나려면 금요일날 나갔다 일요일이나 월요일 아침배로 들어오는 경우가 있다. 여선생님은 어제 저녁 늦게까지 잠을 자지 못하고 업무처리를 했다며 커피를 내오셨다. 큰 학교와 다를 바 없는 일상업무에 직접 세 끼를 만들어 먹어야 하는 것까지 작은 섬학교에 근무하면 수업 외에 해야 할 일이 한두 가지가 아니라고 했다. 선생님이 함께 데리고 온 둘째 아이는 뭍에서 병원을 자주 다녔는데 섬으로 들어온 뒤로는 감기 한번 안 걸리고 건강해졌다며 좋아했다. 교실문을 열면 선창이 한눈에 들어오고 배가 오가는 것을 볼 수 있다. 벽지학교에서 근무하면서 잃은 것도 있지만 얻은 것이 더 많다며 교실구경도 시켜주었다. 이제 6학년 용석이가 졸업해 뭍에 있는 중학교에 가면 2명만 남는다. 이들은 발전소에 근무하는 직원 아이들이다. 학교의 존재가 위태롭다. 섬마을에 학교가 있는 것과 없는 것의 차이는 엄청나다. 젊은 사람이 들어올 수 있는 조건이 만들어지지 않는 한 1~2년 사이에 손죽분교도 폐교될 것이다.

● ── 안강망鮟鱇網

긴 자루형 그물 입구에 전개장치를 부착한 어구를 조류가 강한 해역에 닻으로 고정시켜 놓고 조류에 의해 어군이 그물 안으로 들어가게 하여 어획하는 어업이다. 안강망 그물을 배에 싣고 다니며 투입위치를 수시로 변경할 수 있으며, 수심에 관계없이 조업이 가능하다. 어선의 크기에 따라 3통 이상 어구를 동시에 사용할 수 있으며, 어획을 조류에 의존하기 때문에 어류소모량이 적어 경제적이다.

안강망의 어로법은 우리나라 전통 중선망(中船網)과 비슷한 어법으로 일본에서 1896년 마사바야시 히데오(正林英雄)가 고안한 그물어업이다. 중선망과 비슷하여 '일중선(日中船)'이라 불렀다. 100여 미터에 이르는 기다란 주머니 모양의 그물(낭망, 囊網)을 사용하는 점은 같지만 중선은 어선을 배에 달고 다니는 반면에 안강망은 어선이 어장에 이르러 닻을 내리고 어망을 해저에 설치한다. 둘 다 조류가 센 곳에 설치하기 때문에 닻이 크고 그물에 암해와 수해도 튼튼한 나무를 사용한다. 서해에 조기를 잡기 위해 도입되었지만 중선망에 비해 능률적이기 때문에 새우잡이 등 다양한 어법으로 변형되어 사용했다. 특히 기존 선박에 그물만 개량하면 가능한 어법이었기 때문에 급속도로 확대되었다.

1899년 목포, 전북, 충남 해역에서 시험조업을 실시한 후 1900년 13척의 안강망 어선으로 위도, 연도(소리도), 연평도로 이동하면서 고기잡이를 하였다. 1901년 25척이었던 것이 1903년 30척이 되었다. 1911년 말 안강망은 한국인 179통, 일본인 407통이었지만 1932년에는 한국인 2,597통, 일본인 611통으로 바뀌었다. 어선이 범선에서 기선(機船)으로 바뀌면서 연안어업에서 근해어업으로 확대되고 조기떼를 따라 안강망 어선이 북상하면서 흑산도, 위도, 연평도 등에 파시도 형성되었다.

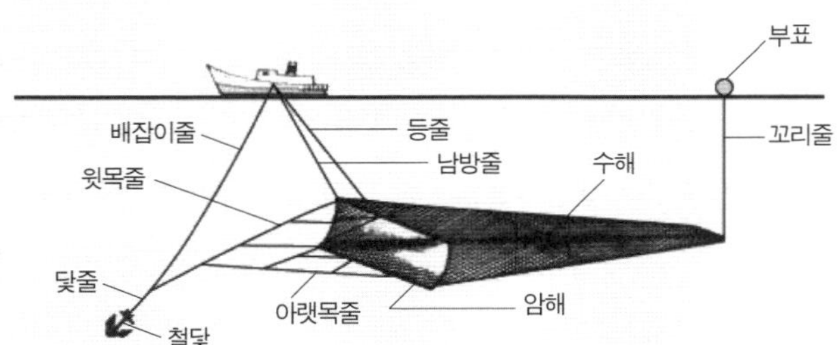

어망 재질은 무명에서 합성섬유로 바뀌고 어망 입구를 여닫는 장치인 수해와 암해 자재도 맹종죽(참나무와 가시나무도 사용)에서 철제파이프로 대체되면서 크게 발달하였다.

소형안강망(7.93톤~30톤)과 대형안강망은 그물을 놓는 위치가 다르다. 소형안강망은 선미에서, 대형안강망은 배의 좌현에서 그물을 올린다.

배의 좌현에는 수해와 암해를 묶고 우현에는 큰 닻을 달고 어장으로 이동한다. 안강망은 근해안강망, 연안개량안강망, 연안안강망 등이 있다.

연안안강망은 총 톤수 8톤 미만의 동력어선으로 안강망을 사용하여 수산동물을 포획하는 어업을 말하며, 근해안강망은 총 톤수 8톤 이상 90톤 미만의 동력으로 안강망을 사용하여 수산동식물을 포획하는 어업을 말한다.

연안안강망으로는 남서해안 일대에서 갈치, 젓새우, 병어, 멸치, 꽃게, 붕장어, 강달어, 밴댕이, 갑오징어 등을 잡는다.

근해안강망은 자루그물코 안지름 35밀리미터 이하는 사용하지 못하도록 제한하며, 주로 서해와 동중국해에서 갈치, 참조기, 새우류, 강달어, 병어 등을 잡는다. 조류가 빠르고 거센 곳에 그물을 내리기 때문에 닻이 크고 무거워야 한다.

일반적으로 10톤 미만의 개량안강망의 경우 450~750킬로그램의 닻을 사용하는 것이 적절하지만 1500킬로그램의 무거운 닻을 사용하여 전복사고가 자주 발생하기도 한다. 개량안강망은 근해안강망 선을 축소하여 선체가 가벼워 무거운 닻으로 조업을 할 때 위험하다. 하지만 수산자원관리법상 어구수량에 대한 규정은 있지만 닻 무게는 규제가 없다.

출처 : 한국민족문화대백과사전

개황 | 손죽도巽竹島

일반현황

위치 | 전남 여수시 삼산면 손죽리 **동경** 127°21′ **북위** 34°16′
면적 | 2.92km² **해안선** | 11.6km **육지와 거리** | 48km(고흥군 도화면)
가구수 | 96 **인구**(명, 남+여) | 189(94+95) **어선** | 10 **어가** | 96
어촌계 | 총 1개 어촌계, 손죽 11명

공공기관 및 시설

공공기관 | 삼산파출소 손죽출장소(061-666-7712), 우체국(061-665-3900), 보건진료소(061-665-9662) 면사무소
출장소(061-690-2638)
교육기관 | 초도 초등학교 손죽분교(061-666-7703)
전력시설 | 한전 내연 발전 이용
급수시설 | 간이상수도 2개소 전가구

여행정보

교통 | **배편** | 여수항 여객터미널(061-663-0116) 1일 2회 운항 **섬내교통** | 섬사랑호
여행 | 손죽 해수욕장
낚시터 | 갯바위 낚시
특이사항 | 임자없는 혼령들을 한자리에 불러 위로하는 대보름 헌식굿이 행해진다.

30년 변화 자료

구분	1973	1985	1996
주소	전남 여천군 삼산면 손죽리	좌동	좌동
면적(km²)	3.1	2.92	2.92
공공기관	-	면사무소 지소 1개	면사무소 출장소 1개, 경찰 분소 1개, 우체국 1개
인구(명, 남자+여자)	1,201(595+606)	362(174+188)	202(83+119)
가구수	202	124	88
급수시설	간이상수도 12개	우물 19개, 간이상수도 1개	간이상수도 1개
초등학교	1개 204	1개 42명	분교 1개 5명
전력시설	-	자가발전 124가구	한전 88가구
의료시설	-	약방 1개	보건 진료소 1개, 약국 1개
어선(척, 동력선+무동력선)	8(4+4)	33(20+13)	10(9+1)

＊ 공공기관은 면사무소, 파출소 등 포함

32

바람도 쉬어가는 손죽열도

여수 삼산면 하삼리, 광도 평도 소거문도

손죽도에서 출발한 낚싯배는 광도까지 1시간을 달렸다. 밀물을 거슬러가야 한데다 파도까지 높아 예상한 시간을 훨씬 지났다. 이물에 부딪히는 파도가 가슴을 둥둥 울렸다. 바람이 점점 거칠어졌다. 무사히 광도, 평도, 소거문도를 돌고 나올 수 있을까. 걱정이 앞섰다.

여수나 고흥에서 소거문도를 직접 갈 수 있는 뱃길은 없다. 쾌속선을 타고 손죽도에 내려 섬사랑호를 이용해야 한다. 섬사랑호는 부정기여객선으로 오가는 승객이 있어야 움직이기 때문에 접근성이 아주 좋지 않다. 소거문도를 포함해 평도와 광도를 손죽리에 속하는 '하삼리'라 했다. 이들 섬을 오가는 뱃길은 1978년 해운항만청 소속 43톤급 배에 선원 5명이 승선한 새마을호가 운항하면서 열렸다. 그 전에는 노를 젓는 쪽배나 소형발동선을 이용했다. 새마을호가 노후화되자 1999년 선원 4명이 타고 운항하는 50톤급 섬사랑호를 운항하고 있다.

막걸리맛에 취하고 바다에 취하다

손죽도 남동쪽 17.6킬로미터에 있는 마을로 예전에는 너푸리 또는 광초도廣草島로 불렀다. 1914년 행정구역 개편으로 광도로 개칭되었다. 너푸리는 재난을 당하지 않을 길지라고 알려졌는데, 전쟁시 화를 입지 않는 곳이라고 한다.

마을 동쪽 징판이란 곳에 제당을 만들어 놓고 음력 섣달 그믐날 온 마을의 평안을 기원하는 제를 지냈다고 한다.

먼 바다에 우뚝 솟은 돌섬에 붙어 있는 민가 6채가 위태롭다. 바다에서 보는 것과 달리 선창에 이르러 고개를 들어 보니 파란 하늘만 눈에 들어올 뿐 민가는 보이지 않을 정도로 가파르다. 쌀과 일상용품을 운반하기 위해 운반용 케이블이 만들어져 있다.

삭도라는 짐을 운반하는 케이블카이다. 케이블카가 없을 때는 가스통, 소금, 쌀 등 무거운 짐을 지고 80도에 이르는 가파른 길을 올랐었다. 삭도는 2009년 만들어졌다. 1917년 처음 사람이 거주했다고 한다. 많이 살 때는 17가구 100여 명이 살았다고 한다. 현재는 셋방에 사는 사람까지 모두 6집에 7세대가 살고 있다.

다행히 선창 앞에 툭 튀어나온 바위를 사이에 두고 계절풍에 따라 좌우로 배를 잠시 댈 수 있다. 예전에 배를 맸던 돌들이 바위틈에 박혀 있었다. 숨을 가쁘게 몰아쉬며 겨우 민가가 있는 섬 능선에 올랐다.

광도는 2009년 태양광발전설비가 완료되었다. 발전용량은 12킬로와트이다. 그동안 자가발전으로 제한적으로 가동했지만 태양광발전설비로 큰 도움이 되었다. 하지만 발전용량이 작은 데다 비가 오거나 구름이 끼면 자가발전을 가동해야 하는 불편함이 남아 있다. 여수에는 초도, 손죽도, 상하도, 하화도에서 발전시설을 직접 운영하고 있으며, 대늑도, 금죽도, 광도 등은 마을에서 관리하고 있다.

선창 꼭지바위에서 낚시를 하던 방광준(79세, 광도) 할아버지가 뒤따라 올라오셨다. 동행했던 지역사회연구소 정태균 부장이 내려가 할아버지 낚시도구를 받아들고 올라왔다. 숭어 1마리와 학꽁치 20여 마리가 잡혔다. 할아버지는 도착하자마자 익숙한 솜씨로 꽁치를 손질하며 할머니에게 막걸리를 내리라고 하셨다. 침이 꿀꺽 넘어갔다.

절해고도라는 말은 광도를 두고 하는 말이다. 거친 파도에 철제로 만든 계단 옆 안전편스가 납작 누워버렸다.

여느 섬과 마찬가지겠지만 광도사람들에게 무서운 것은 바람이다. 갱번은 바람과 함께 파도가 동반한다. 선창에서 민가로 오르는 벼랑 길 양쪽에 쇠파이프로 만들어 놓은 안전펜스가 마치 큰 망치로 두들겨 맞은 것처럼 바닥에 납작하게 누워버렸다. 파도 때문이었다. 한참을 오르다 내려다본 선창 구석에 테트라포트(삼발이)가 뒹굴었다. 포구를 만들기 위해 쌓았던 모양인데 역시 파도가 옮겨놓았다.

이런 바람에 주민들은 어떻게 집을 짓고 살고 있을까. 가파른 길을 올라서 첫 번째 집을 보고 바람과 광도주민들이 동거하는 방법을 알 수 있었다. 지붕 위에 그물을 엮듯 밧줄을 씨줄날줄도 엮어 큰 물통을 매달아 놓았다. 지붕이 바람에 날아가지 못하도록 한 조치였다. 언젠가 태풍으로 집은 물론 사람들도 피해를 입었던 기억이 있는 이들에게 바람은 두려운 존재였다. 앞마당 쪽 밧줄에 매달린 물통만 해도 족히 20개는 될 성싶었다. 바람과 공존하기 위한 조치였다. 제주의 집들이 그렇듯이. 벼랑 끝에 걸린 6채의 집들이 태풍이나 큰바람에 안녕하려면 꽤 신경을 써야 할 것 같았다.

이 섬에 거주하는 사람들이 바람을 어떻게 견뎌냈는가 살펴보는 사이 막걸리가 나왔다. 광도사람들에게 막걸리는 '식량'이다. 바닷일을 하다가 허기가 지면 한잔 쭉 들이켜 허기를 면했다. 일제강점기 밀주단속을 하던 시절에도 끊이질 않고 술을 빚었다. 손죽도에도 초도에도 집집마다 막걸리를 빚었지만 지금은 한두 집에서 가용으로 빚어 먹고 있다. 방할아버지는 송봉림(79세) 할머니와 함께 살고 계신다. 여수에 집이 있지만 바람도 많고 자주 뱃길도 끊기는 광도가 더 편한 것은 바다와 바람과 벗하며 평생을 살아온 탓일 것이다. 할머니가 방안에서 막걸리를 한 병 더 걸러 내오셨다. 잠깐 얼굴만 보고 가려던 일행은 선창과 삭도가 한눈에 보이는 전망 좋은 곳에 자리를 잡고 앉았다. 막걸리를 한 사발 털어 넣고 할아버지가 방금 잡아온 학꽁치를 초장에 묻혀 입안에 가득 넣고 바다를 보면서 우물거렸다.

"저 위에 초등학교 부지가 있네요." 동행했던 지인이 먼저 다녀와 알려줬다. 광도에 가장 많은 사람이 거주하던 시절에는 17호가 거주했다. 당시 초등학교가 있었다. 지금은 부지와 무너진 교실 흔적만 남아 있다. 초등학교로 가는 길에 태양광발전소가 있었다. 2009년 여수시가 2억6천여만원을 들여서 설치했다. 아마도 그때 자재를 올리기 위해 삭도를 만들었을 것이다.

광도 6가구 7세대 10명은 지난 나로호발사 때 모두 여수 뭍으로 대피했다. 평도와 함께 나로호가 날아가는 궤도 주변에 설정된 발사안전 통제해역에 위치해 있기 때문이다. 나로호가 추락할 경우에 대비해 고흥군 봉래면 나로우주센터 남쪽 75킬로미터 폭 24킬로미터 통제해역을 설정했다. 평도 17세대 33명도 같은 이유로 대피했다.

벼랑길을 걸어 올라와 목도 탔던 터라 큰 플라스틱 병에 담긴 막걸

광도에서 평생 살아오신 방광준, 송봉림 부부. 생면부지 젊은 방문객에게 식량같은 막걸리를 내놓으셨다.

리 두 병을 게눈 감추듯 해치웠다. 갈증과 허기를 면하기에 이보다 좋은 간식거리가 있을까. "어머니, 막걸리 한 병 주세요. 가다 먹게. 이건 돈을 받으셔야 합니다." 술값이라고 하면 안 받으실 것 같아 몰래 주머니에 찔러드렸다. 그리고는 두 노인의 사진을 카메라에 담고 돌아섰다.

고요한 섬, 평도

석란이 많아 석란도石蘭島라 불렀으나, 섬의 형태가 평평하여 평도라 불렀다. 평도는 본섬인 대평도와 북쪽에 있는 소평도로 이루어져 있다. 섬 중앙부가 낮아 평탄하고 해안 주위로 암석해안이 발달해 있으며, 비석바위·앞여·검등여·큰여·작은여 등이 분포한다. 주민들은 고구마, 콩, 마늘 등 농사와 문어, 갈치, 조기 등 고기를 잡으며 살아가고 있다. 전복, 김, 미역을 채취한다. 낚시꾼들이 많이 찾으며 여름에는 뱅에돔과 돌돔, 겨울철에는 감성돔이 많이 잡힌다.

여수에서 바로 평도로 가는 배편은 없다. 쾌속선을 타고 손죽도에 내려서 섬사랑호를 타고 들어가야 한다. 섬사랑호는 손죽도에서 소거문도, 평도, 광도를 다니는 보조항로 여객선이다. 하루에 1회 손님이 있을 때만 운항하기 때문에 선장님과 미리 통화를 해야 한다. 그렇지 않으면 낚싯배를 빌리거나 사선을 이용해야 하는데 비용이 만만치 않다.

평도에 사람이 살기 시작한 것은 300여 년 전으로 오씨와 이씨가 처음 들어왔고 그 후 김씨·전씨·방씨·송씨·정씨 등이 들어와 마을을 이루었다. 평도는 18가구 28명이 거주하며 이 중 13명이 어촌계원으로 어업에 종사하고 있고, 2010년도 어업소득은 1800만원으로 손죽열도에서 가장 낮다. 마을어업은 총 4건으로 110헥타르에서 전복, 톳, 미역을 채취하고 있다. 하지만 평도는 몇 년 전 마을어장과 어촌계 운영과 관련하여 송사에 휘말리기도 했다. 삼산면 손죽리 평도, 광도어민들이 중심이 된 송사는 평도출신 모씨가 "어촌계 총회 결의나 승인 없이 마을어장 임대차계약서를 작성하고 수산업법으로 금지된 호수작업으로 해안을 황폐화시켰다"는 것이다. 광주지방법원 순천지원 민사합의1부(재판장 선재성)는 2008년 5월 15일 평도 길모씨 외 3명이 거문도수산업협조합 외 1명을 상대로 낸 평도어촌계장 임명무효확인 소송에서 "송씨는 평도어촌계장이 아니다"며 원고승소 판결을 내렸다.

재판부는 판결문에서 "현재까지 15년 이상 어촌계의 총회를 소집하여 새로운 계장을 선임하지 않고 어촌계의 계장으로 자처하면서 계장의 임무를 수행해 왔다"며 "1992년 6월 30일 이후부터 어촌계장의 지위에 있지 않으므로 송씨로 하여금 어촌계장으로서의 업무를 수행케하는 것은 부당하다"고 밝혔다. 이후 2009년 여수와 고흥에서 최초

274

전자레인지 우편함에는 반가운 자식들 소식보다는 전기세, 전화세 등 각종 공과금 청구서만 가득했다(평도).

의 여성 어촌계장으로 박점덕(당시 49세) 씨가 선출되었다.

마을로 들어가는 길은 고요했다. 개 짖는 소리도 들리지 않았다. 그래서 평도일까. 마을 중심에 이른 일행은 담 위에 올려진 붉은 색 전자레인지 앞에서 걸음을 멈추었다. 버린 것치고는 너무 얌전하게 시멘트축대 위에 올려져 있었고 음식이 조리되는 모습을 볼 수 있도록 유리로 된 문에는 흰색으로 글씨가 쓰여 있었다. 가까이 가서 보니 '우편물'이라 적혀 있었다. 안에는 각종 청구서와 우편물이 가지런히 들어 있었다. 섬사랑호에 실려 평도에 도착한 우편물은 이곳에 보관되었다 주인에게 전달되는 모양이다.

섬을 한 바퀴 돌면서 두 노인을 만난 게 전부였다. 같이 모여 점심을 드시고 오는 길이었다. 한 노인은 허리가 굽었고 다른 노인은 허리를 꼿꼿하게 세웠지만 두 노인 모두 지팡이를 짚고 있었다. 좀처럼 외지사람들이 마을까지 들어오는 일이 없는데 신기했던지 어디서 왔냐며 반갑게 맞아주셨다. 잘 정돈된 돌담과 우물, 그리고 당산나무까지

섬사람들은 뭍으로 나가고 없지만 마을 한가운데 심어진 당산나무는 꿋꿋이 마을을 지키고 있다(평도).

섬 경관이 잘 남아 있는 곳이다.

소거문도

손죽도가 빤히 보이는 소거문도 따순기미. 그곳에는 배닫머리가 있다. 배를 매었다는 곳이다. 선창에서 내려 마을로 오르는 길이 가파르기 때문에 지그재그로 길이 만들어졌다. 위에 올라 선창을 내려다보니 우리가 타고 온 배를 제외하고 뭍에 올라와 있는 한 척을 포함해 세 척이 정박해 있었다. 마을로 오르는 길 왼쪽에 보이는 큰 바위산이 범상치 않다. 상상봉(328미터)이라 부르는 바위산은 섬 중앙에 있는 절경으로 일제강점기에 정찰기가 이곳 바위에 충돌해 추락했다고 전한다. 바위산에서 아래로 10여 호가 바람을 피해 자리했다.

삼각산 자락과 맞은편 반촌섬까지 튀어나온 곳이 마치 두 팔로 끌어안듯 반겼다.
거친 파도에 몹시 흔들렸던 송씨의 배도 한시름을 놓은 듯 편안하게 선착장에 접안했다(소거문도).

섬의 모습이 톱날같이 생겼다하여 톱 거鋸자를 써서 거문도鋸文島라 했다가 거문도巨文島와 음이 같아 소거문도라 했다고 전한다. 소거문도 마을을 '거커리' 라고 하는데 옆에 있는 작은 섬을 '잔커리' 라고 하는 것으로 보아 '큰 커리' 라는 의미로 생각된다. '커리' 는 제주말로 마을이나 길을 의미한다.

이웃한 광도나 평도와 달리 소거문도 주민들은 어업이 활발하지 않았다. 15가구 25명이 거주하고 마을어업 1건에 무동력선 3척과 동력선 1척. 이것이 수협자료를 통해서 본 소거문도 현황이다. 마을 주변 비탈논에 고구마와 마늘을 심는 것 외에는 달리 농사라 할 것도 없다. 선창에서 낚시를 하던 주민이 노래미와 학꽁치 몇 마리를 잡아 올라왔다. 낚시꾼들이 즐겨 찾는 섬이지만 어민들에게는 그림의 떡이다. 마을어장 바닷속에 소라와 전복도 채취능력이 있는 사람에게 권리를 양도해 운영하고 있어 큰 수입원이 되지 못한다. 겨우 갱번에서 톳과 미역을 뜯는 정도다.

소거문도를 끝으로 손죽열도를 돌아보고 손죽항으로 돌아왔다. 삼각산 자락과 맞은편 반촌섬까지 튀어나온 곳이 마치 두 팔로 끌어안 듯 반겼다. 거친 파도에 몹시 흔들렸던 송씨의 배도 한시름을 놓은 듯 편안하게 선착장에 접안했다.

개황 | 광도廣島

위치 | 전남 여수시 삼산면 손죽리 동경 127°32′ 북위 34°15′
면적 | 0.67km² 해안선 | 5.1km 육지와 거리 | 85.5km(여수시)
가구수 | 6 인구(명, 남+여) | 9(3+6) 어선 | 2 어가 | 6

전력시설 | 태양광발전 시설
급수시설 | 간이상수도 6가구

교통 | 배편 | 섬사랑호(손죽-평도-광도간) 필요시 운행
여행 | 신추몰, 둥글섬, 보튼여, 가리여
낚시터 | 섬 주변 전체가 낚시터. 여름에는 벵에돔, 돌돔, 가을과 겨울에는 감성돔이 많이 잡혀 낚시꾼들이 즐겨 찾고 있다.
특산물 | 미역

30년 변화 자료

구분	1973	1985	1996
주소	전남 여천군 삼산면 손죽리	좌동	좌동
면적(km²)	1.2	0.66	0.67
인구(명, 남자+여자)	151(79+72)	45(23+22)	9(6+3)
가구수	22	11	5
급수시설	공동우물 2개	우물 3개	우물(펌프) 3개
초등학교	1개 32명	분교 1개 7명	-
전력시설	-	자가발전 11가구	자가발전 5가구
어선(척, 동력선+무동력선)	4(2+1)	5(2+3)	2(0+2)

일반현황

위치 | 전남 여수시 삼산면 손죽리 **동경** 127°27′ **북위** 34°14′
면적 | 0.41km² **해안선** | 5.5km **육지와 거리** | 83.7km(여수시)
가구수 | 22 **인구**(명, 남+여) | 35(19+16) **어선**(척) | 4 **어가** | 15
어촌계 | 총 1개 어촌계, 평도 13명

공공기관 및 시설

전력시설 | 자가발전소 19가구
급수시설 | 간이상수도 전가구

여행정보

교통 | **배편** | 섬사랑호 운항
낚시터 | 섬 해안선을 따라 낚시터 형성
특산물 | 평도 막걸리, 홍합

30년 변화 자료

구분	1973	1985	1996
주소	전남 여천군 삼산면 손죽리	좌동	좌동
면적(km²)	1.25	0.41	0.41
인구(명, 남자+여자)	306(161+145)	125(60+65)	62(30+32)
가구수	44	30	18
급수시설	공동우물 3개	우물 2개, 간이상수도 1개	간이상수도 1개
초등학교	1개 58명	분교 1개 27명	-
전력시설	-	자가발전 30가구	자가발전 18가구
어선(척, 동력선+무동력선)	5(2+3)	7(7+0)	4(2 +2)

일반현황

위치 | 전남 여수시 삼산면 손죽리 **동경** 127°23′ **북위** 34°17′
면적 | 0.14km² **해안선** 7.5km **육지와 거리** | 80.1km(여수시)
가구수 | 17 **인구**(명, 남+여) | 27(15+12) **어선** | 2 **어가** | 17
어촌계 | 총 1개 어촌계, 소거문도 18명

공공기관 및 시설

폐교현황 | 초도초등학교 소거문분교(1996)
전력시설 | 한전 내연발전 이용
급수시설 | 간이상수도 1개소 17가구

여행정보

섬내교통 | 섬사랑호 운항
낚시터 | 해안선 전역
특산물 | 소거문도 막걸리, 전복, 소라, 해삼

30년 변화 자료

구분	1973	1985	1996
주소	전남 여천군 삼산면 손죽리	좌동	좌동
면적(km²)	1.5	0.14	0.14
인구(명, 남자+여자)	307(153+154)	139(69+70)	54(23+31)
가구수	46	30	21
급수시설	공동우물 4개	우물 2개, 간이상수도 1개	간이상수도 1개
초등학교	1개 70명	분교 1개 13명	분교 1개 6명
전력시설	-	자가발전 30가구	한전 21가구
어선(척, 동력선+무동력선)	3(1+2)	4(2+2)	4(4+0)

여수시

여수시

33 송도(율촌면) 36 묘도 39 소경도, 야도 42 금죽도
34 대륙도, 소륵도 37 오동도 40 돌산도 43 가장도
35 장도(율촌면) 38 대경도 41 송도(군내리) 44 장도(시전동)

이제 '둠벙'이 되어 부렀어

여수 율촌면 송도

송도 가는 배를 타려면 조화리로 가야 한다. 조화리라면 몇 차례 방문을 했던 마을이라 주저하지 않고 남해고속도로로 접어들어 여수로 향했다. 율촌을 지나 17번국도에서 빠져나와 지하도를 지나 조화리로 접어들었다. 조화리 앞바다는 온통 굴과 바지락밭이라 객선이 오가기 어려운데 어디서 타지. 추석 명절을 맞기 위해 대청소를 하던 주민들에게 물었다. 조화리가 맞기는 한데 여남3리 모래목으로 가야 한다고 일러줬다. 조화리는 몇 개의 자연마을이 합해진 행정리였다.

선창에는 새벽에 나가 잡아온 고기를 받으려고 수족관을 실은 몇 대의 차들이 기다리고 있었다. 전어를 잡은 배들이 들어오자 무게를 달고 돈을 건넸다. 여수 미평에서 횟집을 운영하는 상인은 빵과 우유를 간식으로 드리고, 명절이라며 샴푸 등 선물세트를 노인에게 전했다. 일종의 고객관리라고 했다. 봄에는 도다리를 받고, 가을에는 전어를, 찬바람이 나면 물메기를 받아 장사를 하는 사람이었다. 벌써 수십 년째 이곳 모래목을 드나들며 활어를 받아 오고 있다. 작은 어선들이 긴 물줄기를 남기며 선창으로 들어왔다. 그 뒤로 광양제철과 컨테이너부두가 아련하고 왼쪽으로는 율촌 제1공단, 오른쪽으로는 제3공단이 떡 버티고 있다. 그 가운데 바다에 송도, 대륵도와 소륵도가 위태롭게 떠 있다. 한참 소란스럽던 선창은 활어차에 잡은 전어를 넘긴 배들이 떠나자 다시 조용해졌다. 활어차가 떠나자 선창에서 낚시를 하려는 사람들이 한두 명 모여들었다. 멀리서 고동을 울리며 객선이 들어오고 있었다.

소가 누워있는 모습이라 우도라 했는데 언제부턴가 송도로 불렀다. 임진왜란 당시 강호회씨가 황해도 해주에서 살다가 형제들과 함께 난을 피하기 위하여 한 사람은 경남 하동으로 가고 다른 한 사람은 송도로 입도하였다. 임란 이후 전주이씨 등이 입도하였다. 임진왜란 당시 도요토미 히데요시가 이끄는 왜군이 바다 건너 신성포에 왜성을 쌓고 전투를 했는데 바로 옆 송도는 무사했다고 한다. 그 이유는 '전쟁을 하면서 솔松을 조심하라' 는 도요토미 누나의 말 때문이었다고 전해지고 있다.

"율촌 2공단도 만들어지지도 않았는데, 왜 율촌 3공단이 먼저 생긴 줄 아세요. 이쪽에 똑똑한 놈이 없어서 그라요." 선장은 물어보지도 않았는데 말을 붙여왔다. 율촌 2공단에 송도가 포함되어 있다. 율촌 1공단에 장도가 포함되어 모두 뭍으로 집단이주했다. 광양만 지도를 보면 율촌면 신성리와 조화리 사이 갯벌이 율촌 제1산업단지로, 신풍리와 소라면 대포리 앞 갯벌은 율촌 제2산업단지, 맞은편 광양시에 광양컨테이너부두와 광양제철소가 건설되어 있다. 게다가 제2산업단지 우측에 여천국가산업단지도 자리해 있다. 그리고 광양만 입구에는 큰 섬 묘도가 떡 버티고 있다. 묘도 북쪽에 컨테이너부두와 광양제철이 들어오기 전만 해도 바닷물 소통이 원활했다. 지금은 사방으로 섬과 갯벌을 매립해 공장을 지은 탓에 바다인지 갯벌인지 구별하기 힘들다. "바다가 아니라 둠벙('웅덩이' 의 사투리)이어라." 담배를 한 대 피던 선장은 내가 추임새를 넣자 속에 있는 이야기를 꺼내기 시작했다. 바다는 물이 활농(소통)해야 고기도 살고 바지락도 서식하는

데 '둠벙'이 되었으니 죽을 수밖에 없다는 의미이다. 이번 가을장마처럼 비가 많이 오면 염도가 쉽게 낮아져 피해가 커진다. 그리고 장마에 공장폐수를 방류했다는 것이 섬주민들의 주장이다.

배가 선창에 도착했다. 송도는 객선이 닿는 송도선착장 말고 학교 앞 작은방섬(큰방섬은 객선이 닿은 선창 왼편에 있는 섬이다)에 조금나루 선착장이 있다. 대륙도와 소륙도로 가는 선창이다. 물이 많이 들지 않으면 이용할 수 없기 때문에 '조금나루'라 했다. 승객이라고 해야 전기검침을 하는 한전 직원과 나, 단 둘이었다. 송도는 30여 년 전에 공단지역으로 묶였다. 섬주민들은 곧 이주할 것이라는 생각에 마음은 이미 뭍으로 건너간 지 오래다. 61가구가 거주하고 있지만 대부분 순천과 율촌에 집이 있어 섬과 뭍을 오가며 생활하고 있다. 바지락철에는 섬에 사람들이 들어와 분주할 터인데 썰렁했다. 선창어는 10여 마리의 백로와 왜가리 2마리, 알락꼬리마도요가 먹이사냥을 하고 있었다. 마을회관을 거쳐 목너머 당산에 이를 때까지 사람을 만날 수 없었다. 당산나무는 변함없건만 주변은 어구들 보관소가 되었고 옆에는 교회가 자리했다. 언제 이용했는지 당산나무에 그네가 매어져 있었다.

섬을 못 떠나고 바지락밭을 일군다

객선선창에서 조금나루까지 이어지는 선창길을 제외한 골목길은 좁고 구불구불하며 경사진 전형적인 섬길이다. 섬 남쪽으로 다닥다닥 작은 집들이 모여 마을을 이루었다. 마을 주변으로 공동바지락어장이 있고 그 뒤로 개인어장이 이어져 있다. 개인어장은 바지선으로 모래를 사다가 집어 넣어 만든 것들이다. 공단이 조성되기 전에 송도 주변은 황금바다였다. 섬진강 하구에 위치해 있어 영양염류가 풍부하고 갯벌이 발달해 회유성 어류들이 산란하고 어린 새끼들이 서식하기 좋은 곳이었다. 송도사람들은 바지락밭에 코를 박고 살 이유가 없었다. 부녀자들이 반찬거리를 만들기 위해 가끔 기웃거리는 것이 갯벌이었다. 모두 배를 가지고 고기를 잡아 생활했던 사람들이다. 바지락에 목숨을 걸기 시작한 것이 불과 20여 년 전 일이다. 더 이상 바다에서 고기를 잡아 생활하기 어렵자 하나둘 갯벌에 남은 바지락을 캐기 시작했다. 마을공동어장 너머에 남아 있는 갯벌은 개인들이 수백 만원씩 투자해 모래를 가져다 뿌려 바지락밭으로 바꾸었다. 그리고 밭에 씨를 뿌리듯 어린 바지락을 사서 갯벌에 뿌렸다. 송도 주민들이 섬을 버리지 않고 지키는 것은 두 가지 이유 때문이다. 하나는 율촌공단에 포함되었지만 본격적으로 개발되지 않아 섬을 떠날 수 없다. 율촌 제1산단 조성으로 성에 차지는 않았지만 마을어장이나 양식어장은 간접피해보상을 받았다. 또 하나는 조성해 놓은 바지락밭이다.

마을에서 가장 높은 곳으로 올라가기 위해 가파른 골목길을 오르다 멈칫했다. 할아버지 한 분이 작은 마당에 놓인 평상에 우두커니 앉아 선창을 바라보고 있었다. 내가 가까이 있다는 것도 모르고. "할아버지 안녕하세요." "누구 집에 왔는가." "그냥 놀러왔어요." "뭘 볼 것이 있다고." 할아버지 곁에 앉았다. 이런저런 마을이야기를 들었다. 막 이야기를 끝내고 돌아서려다 "할머니는 어디 가셨어요." "보냈어." 다시 자리에 앉았다. 할머니를 보냈단다. 멀리. 그것도 두 달 전에. 할아버지 나이는 한 살 부족한 아흔 살이다. 할머니는 할아버지보다 다섯 살이 적다. 할머니는 30대 초반에 다리를 다친 후 방안에 들어앉으셨다고 한다. 그때부터 할아버지는 할머니 대소변을 받아내셨다. 두 달 전 할머니 상태가 이상해 병원에 갔더니 어떻게 할 수 없다고 해서 요양원으로 옮겼다. 두 달 후, 할머니는 운명하셨다. 요양원에 계시는 동안 식음을 전폐한 것이 원인이었다. 집에서는 할아버지가 주시는

평생 병수발해 귀찮기도 하련만 먼저간 할머니 생각에 할아버지는 넋을 잃고 바다를 보고 있었다. 갯벌을 보면
할머니 얼굴이 떠오르는 것일까.

곡기를 조금씩이라도 드셨는데 요양원으로 가면서 더 이상 살아서 폐를 끼치고 싶지 않다며 스스로 죽음을 선택한 것이다.

"할머니 보고 싶지 않아요." "하, 낮에는 보고 싶어. 납골당에 가끔씩 가." 평생 뒷바라지를 하느라 할머니가 원망스럽기도 했을 텐데. 할아버지는 할머니를 보내고 멍하니 선창을 바라보는 시간이 길어졌다.

송도에는 '참세미(참샘)' 전설이 전해온다. 참샘들을 3년 동안 계속 먹으면 벙어리가 말을 한다는 이야기이다. 마을 주민들은 실제로 100년 전 말 못하는 벙어리가 송도로 시집와서 참세디 물을 4년 동안 마시고 나서 남들이 알아들을 수 있는 말을 했다고 한다. 할아버지 집을 지나 뒷산 참샘골로 가는 숲길은 한적하고 아름답다. 무릇이 줄지어 피었다. 무릇은 7~9월 한여름에 분홍빛 작은 꽃송이가 줄기 끝에 모여 핀다. 난초같은 잎 사이에 꽃자루가 나와 끝에 꽃을 피운다. 옛날에는 알뿌리(비늘줄기)를 캐서 조청처럼 고아 먹었다. 배고픈 시절 구황식품이었다. 송도사람들도 고기가 귀해지면 무릇을 캐먹었을 것이다. 그 길 끝자락에 참샘이 있다. 주변에 묵은 천수답도 있다. 송도에서 물이 흐르는 유일한 계곡이 아닐까 싶다. 더 이상 길이 없다. 과거에는 그 너머 남동끝머리까지 길이 이어졌지만 발길이 끊긴 길은 넝쿨식물들 차지가 되었다. 발길을 돌렸다. 꼬박 1시간은 걸렸을 것이다. 할아버지는 여전히 같은 자리에 그대로 앉아계셨다. 내 눈가에 이슬이 맺혔다.

노인을 뒤로 하고 작은방섬에 있는 학교로 향했다. 율촌초등학교 송도분교는 1947년 개교해 2001년 폐교되었다. 작은방섬은 물이 빠지면 송도와 연결되는 자그마한 섬이었다. 그곳에 방조제를 쌓고 학교를 지었다. 작은방섬은 송도 마을소유지였다. 마을 주민들이 학교를 짓기 위해 땅을 내놓고 학교를 지었을 것이다. 대부분 섬들도 마찬가지였다. 여수 관내 분교들이 대부분 1960년대 개교한 것과 달리 송도는 여수시내 일반 초등학교가 개교하던 시기와 비슷한 시기에 문을 열었다. 그만큼 황금바다였고, 주민들이 많이 거주했고 교육열도 높았다는 것을 의미한다. 작은방섬 북서쪽 송도선창 앞에 큰방섬이 있

다. 작은방섬이 남동풍을 막아 준다면 큰방섬은 북서풍을 막아주기 때문에 송도마을이 형성될 수 있었다.

선창에서 기다리다 순천으로 나가는 주민을 만났다. "저 배들이 전부 바지락 작업하는 배들인데 전부 묶어놨잖아요. 깨끗하게 죽었어. 여름에 다 놀고 있어요." 예년 같으면 바지락작덕을 하느라 정신이 없을 시기였다. 섬을 빙 둘러 마을어장에 공동바지락밭이 있고 더 깊은 곳은 개인바지락밭이 있었다. 마을 주민들이 수백만원씩 주고 큰 바지선에 모래를 싣고 와서 갯벌에 뿌려 일군 바지락밭이다. 송도 주민들이 유일하게 의지하는 생계수단이다. 그런데 지난한 가을장마에 바지락이 모두 입을 벌리고 죽어버렸다. 바닷물이 싱거워졌기 때문이라는 주장과 공단에서 장마에 폐수를 버렸기 때문이라는 주장이 맞서고 있다. 이런 일은 늘 분명하게 원인규명을 하지 못한다. 주민들은 안 하는지 못 하는지 알 수 없는 것이 더 답답하다. 신성리, 월산리, 송도리, 조화리, 취적리 등 율촌주민들이 나서서 시위도 했다.

조화리 모래목으로 이어지는 바다는 갯골만 남겨드고 온통 바지락밭이다. 부쳐 먹는 바지락밭 경계를 표시한 나무기둥들이 빠진 바닷물 수면 위로 빼꼼히 모습을 드러냈다. 전어잡이배들이 부리나케 드나들던 모래목 선창에는 몇 명의 낚시꾼들이 자리를 잡고 세월을 낚고 있었다.

개황 | 송도松島

일반현황

위치 | 전남 여수시 율촌면 여동리 **동경** 127°37′ **북위** 34°53′

면적 | 0.53km² **해안선** | 5.4km **육지와 거리** | 1.5km(율촌면)

가구수 | 74 **인구(명, 남+여)** | 257(110+147) **어가** | 71

어촌계 | 총 1개 어촌계, 송도 60명

공공기관 및 시설

전력시설 | 한전 전력 이용

급수시설 | 간이상수도 1개소 전가구

여행정보

교통 | **배편** | 새마을호 1일 12~13회 운항

30년 변화 자료

구분	1973	1985	1996
주소	전남 광양군 골약면 송장리	전남 여천군 율촌면 송장리	좌동
면적(km²)	0.6	0.53	0.53
공공기관	-	-	경찰분소 1개
인구(명, 남자+여자)	488(262+226)	364(186+178)	302(157+145)
가구수	62	66	66
급수시설	공동우물 2개	우물 34개	우물(펌프) 34개, 간이상수도 7개
초등학교	1개 76명	분교 1개 49명	분교 1개 15명
전력시설	-	자가발전 66가구	자가발전 66가구
어선(척, 동력선+무동력선)	25(5+20)	35(17+18)	122척(105 +17)

＊ 공공기관은 면사무소, 파출소 등 포함

34

전기가 없는 도시 속 섬
여수 율촌면 대륵도 소륵도

바로 앞에 대륵섬, 중륵섬, 소륵섬이 한눈에 들어왔다. 모두 송도에 딸린 섬이다. 송도에서 보았을 때 가운데가 중륵도, 왼쪽 큰 섬이 대륵도, 오른쪽이 소륵도이다. 대륵도는 한때 바지락양식과 고구마농사를 지으며 20여 가구가 자가발전(12킬로와트)을 하며 살았던 섬이다. 송도와 모래목을 오가는 객선도 웃돈을 주어야 가는 섬이 되었다. 수심이 낮아 물이 많이 빠지면 배를 타고 오갈 수 없다. 물때를 잘 맞춰야 갈 수 있는 섬이다. 작은방섬에 있는 조금나루도 상황은 마찬가지이다. 2000년대 초반 소륵도까지 포함해 15명의 어촌계원이 어업에 종사했었다. 대륵도는 약 150년 전 송도에서 진주강씨가 처음 입도하여 마을을 이뤘다고 전한다. 섬모양이 늑대를 닮아서 붙여진 이름이다. 소륵도는 1939년 무렵 대한예수교 순천노회 소속 선교사 2명이 섬 일부를 매입해 기도원으로 활용하면서 신도들이 살기 시작하였다고 한다. 두 섬에 사람이 많이 살 때는 마을공동으로 송도선을 1일 1회 운항하였다.

여수 50여 개 섬 중에서 전기가 들어오지 않는 섬은 수항도, 금죽도(장도), 광도, 대륵도, 소륵도 등 5곳이다. 대륵도는 섬을 빙 둘러 꼬막밭과 바지락밭이었다. 그 이전에는 낭장망과 소두망 등으로 멸치를 잡아 생활했었다. 사방으로 공장이 들어서면서 고기들도 광양만을 찾

지척에 여수시와 광양시가 있지만 자가발전을 해서 전깃불을 켜는 도심 속 오지다. 위 대륙도 전경 아래 소륵도

지 않자 갯벌에 의존해 겨울에는 굴을 까고 꼬막을 따며 봄부터 가을까지는 바지락양식을 해서 생활했다. 이제는 그것도 어려워지고 있다. 황금바다 청정해역의 명성은 사라졌다. 광양만에서 나온 것이라면 오히려 못 먹을 것이라도 되는 양 고개를 돌린다고 한다. 지금도 대륙도에는 14가구 50여 명이 자가발전으로 살고 있다. 소록도는 여수에서도 매우 작은 유인도이다. 섬 위로는 비행기 소리가 요란하고 바다 건너에는 우리나라 최강 제철이 있다. 뭍까지 뱃길로 채 10분도 되지 않는 여수시에 속한 마을이지만 인터넷은 고사하고 전깃불도 맘대로 쓸 수 없는 도심 속의 오지다.

개황 | 대륵도 大勒島

위치 | 전남 여수시 율촌면 여동리 **동경** 127°38′ **북위** 34°52′
면적 | 0.16km² **해안선** | 1.5km **육지와 거리** | 4km(율촌)
가구수 | 13 **인구(명, 남+여)** | 59(34+25) **어가** | 10
어촌계 | 총 1개 어촌계, 늑도 11명

전력시설 | 공동 자력발전(12kw)
급수시설 | 우물(펌프) 전가구

교통 | **배편** | 송도선이 1일 1회 운항
특산물 | 멸치

30년 변화 자료

구분	1973	1985	1996
주소	전남 광양군 골악면 송장리	전남 여천군 율촌면	전남 여천군 율촌면 송도리
면적(km²)	0.07	0.16	0.16
인구(명, 남자+여자)	81(42+39)	52(30+22)	60(36+24)
가구수	12	11	15
급수시설	공동우물 1개	우물 3개	우물(펌프) 1개
전력시설	-	자가발전 11가구	자가발전 15가구
어선(척, 동력선+무동력선)	12(3+9)	11(7+4)	16(13+3)

개황 | 소륵도小勒島

일반현황

위치 | 전남 여수시 율촌면 여동리 동경 127°37′ 북위 34°52′
면적 | 0.03km² 해안선 | 1.2km 육지와 거리 | 4.0km(조화)
가구수 | 10 인구(명, 남+여) | 47(23+24) 어가 | 9
어촌계 | 어촌계 1개 7명

공공기관 및 시설

전력시설 | 공동 자력발전(12kw)
급수시설 | 우물(펌프) 전가구

여행정보

교통 | 배편 | 송도선 1일 1회 운항

30년 변화 자료

구분	1973	1985	1996
주소	전남 광양군 골약면 송장리	전남 여천군 율촌면	전남 여천군 율촌면 송도리
면적(km²)	0.02	0.02	0.03
인구(명, 남자+여자)	15(6+9)	40(19+21)	49(22+27)
가구수	3	9	13
급수시설	공동우물 1개	우물 1개	간이상수도 1개, 우물(펌프) 9개
초등학교	-	분교 1개 3명	-
전력시설	-	자가발전 9가구	자가발전 13가구
어선(척, 동력선+무동력선)	2(0+2)	10(5+5)	12(9 +3)

35

코끼리를 귀양 보내다
여수 율촌면 장도

앙상하게 가지만 남은 당산나무를 보자 가슴이 턱 막혔다. 송도가는 객선을 타는 곳에 마련된 무인휴게소에서 만난 한전 직원은 2010년까지 몇 사람들이 거주해 검침을 했다고 한다. 마을로 들어가는 전봇대가 사람이 살았던 유일한 흔적이다. 집도 모두 철거했는지 찾기 어렵다. 바지락이 지천이던 바다는 이제 육지가 되어 흙을 실어 나르는 덤프트럭이 먼지를 날리며 질주했다. 공사를 위해 만들어 놓은 임시 찻길 옆에 먼지를 둘러쓴 채 운명을 다한 당산나무가 마지막 자존심

마지막 자존심 당산나무는 언제까지 버틸까.

갯벌과 바다를 메워 조성된 율촌산업단지 안에 남아 있는 장도.

을 지키며 서 있었다. 까치가 당산나무 마른 가지에 앉아 속절없이 울어댔다. 마을사람들은 모두 떠났건만 어디서 솟아나는지 샘물은 느티나무 곁으로 졸졸 흐르고 괴물같은 양수기는 이를 퍼올려 공사장으로 가져가 마지막 남은 바다의 흔적을 지우고 있다. 1년 전까지 주민들이 먹던 물이다. 고구마를 심고 고추를 따던 밭은 칡넝쿨에 덮여 도저히 밭이라 상상할 수 없다.

섬은 광양군 골약면에 속하였으나 1973년 여천군 둔촌면 송장리로 편입되었고, 1998년 여천군이 여수시로 통합되면서 여수시 장도리로 편입되었다. 섬의 모습이 노루를 닮아 장도(노루 獐)라 했다고 전한다. 면적이 0.4제곱킬로미터에 가장 많이 살 때는 100여 가구에 수백 명이 거주했다. 율촌공단을 조성하기 위해 매립에 필요한 흙과 돌을 장도와 송도 두 섬에서 마련하기로 결정해 우선 장도 절반이 사라졌다. 지역에서 반발이 거세자 장도 절반을 폭파하고 송도는 뒤로 미뤘다고 한다. 지금은 절반은 폭파해 바다를 메워 율촌공단을 조성하는 흙과 돌로 사용하고 6만 평 정도만 남아 있다. 이마저도 언제 흔적도 없이 사라질지 모를 위태로운 운명이다.

장도 주민들 80여 가구 중 60여 가구가 인근 월산리로 집단이주하고, 젊은 사람들은 순천과 여수 등 도시로 나갔다. 집단이주한 주민들 중 30여 호가 어장일을 계속하고 있다. 장도가 빼꼼히 보이는 모래목 선창에서 새벽 3시에 나가 전어를 잡고 돌아오는 예전에 장도에 살았다는 부부를 만났다. 그래도 오늘은 전어를 많이 잡아 15만원 벌이는 했다며 배를 정박시키고 죽은 전어와 백조기 두어 머리가 담긴 함지박을 부두 위로 올려 놓았다. 광양만에서는 봄에 부서, 서대, 꽃게를 잡지만 돈이 되는 것은 ‘서대’ 뿐이다. 서대철이 끝나면 잠깐 쉬었다 가을 전어를 잡는다. 겨울철에는 할 일이 없다. 돈이 있는 사람은 통발을 사서 물메기도 잡고 바다에 꼬막양식도 하지만 그렇지 않은 사람들은 겨울에 할 일이 없다.

벌이가 날 때까지 놀아야 한다. 봄어장이 시작될 때까지 기다리는 수밖에 없다는 말이다. 봄철이면 바다에서 고기들이 올라오기 시작하기 때문이다. 쭈꾸미가 어장 시작을 알린다. 고향을 묻는 말에 손가락으로 철탑을 가리켰다. 장도 주변은 황금바다였다. 바다에서 벌어 아이들을 학교 보내고 시집장가 보냈다며 고시가격으로 준 보상금은 어디에 썼는지 기억도 없다고 했다.

언제 사라질지 모르는 장도는 코끼리를 사육한 섬과 임진왜란 최후의 격전지라는 두 가지 이야기를 간직하고 있다. 지금으로부터 600여 년 전인 조선 태종 때 이야기다. 태종 12년(1412) 일본국왕이 즉위하면서 조선의 건국을 축하하는 친교의 뜻으로 대만에서 새끼 코끼리 한 쌍을 구입해 길러서 암놈은 일본에 두고 수놈을 조선에 선물로 보냈다. 왕이 타던 말과 수레 등을 관리하던 사복시에서 코끼리 사육을 맡았다. 하루는 사육관 이유란 자가 엄청난 먹성을 당해내지 못해 굶겼다. 화가 난 코끼리는 코를 휘둘러 사육관을 내동댕이치고 발로 밟아 죽여버렸다. 병조참서 유정현이 코끼리에게 살인죄를 물어 귀양을 보내라고 상소를 올렸다. 태종은 코끼리가 상륙하여 잠시 머물렀던 순천부 해도(현 광양만 율촌 장도)로 귀양을 보냈다. 지금도 코끼리를 옮기는 일이 간단치 않는데 조선시대는 어땠을까. 통나무 우리에 가두어 걸어서 한양에서 순천부 여수현까지 왔다고 한다. 율촌까지 왔으나 섬으로 옮기는 것이 더 큰 문제였다. 병선 20척을 동원하여 어선 10척씩 묶어 노를 젓고 코끼리가 헤엄치게 하여 섬으로 들어왔다.

작은 섬 장도가 코끼리 먹성을 해결할 수 없었다. 순천, 광양, 여수 등 순천부 각 현에서 부역으로 먹이를 구해오도록 했다. 백성들은 사람 먹을 것도 부족한데 코끼리를 위해 세금을 내놓으라고 하니 원성이 자자할 수밖에 없었다. 코끼리를 죽이라고 아우성이자 순천부사는 코끼리를 사육할 수 없다고 상소를 올렸다. 태종은 코끼리를 다시 한양으로 불러들였다. 이후 세종조까지 사복시에서 사육을 하다 먹이 때문에 팔도에 1년씩 사육토록 하였다. 이곳에서도 코끼리는 사복시를 밟아 죽였다. 그 죄를 물어 코끼리를 장도로 유배보냈는데 이듬해 굶어죽고 말았다.

장도를 파괴해 공단조성에 필요한 돌과 흙으로 사용하려고 할 때 여수 지역사회의 뜻있는 사람들은 크게 우려했었다. 여수지역사의 초기연구자라 할 수 있는 고 김계유 선생(국사편찬위원회 사료조사위원)이 〈동아일보〉(1995년 12월 21일)에 기고한 글의 일부다.

현대그룹이 여수 율촌공단을 조성하면서 없애려 하는 장도는 일명 유도柚島라는 섬이다. 이 섬의 넓이가 고작 11만3천 평밖에 안 되지만 그 옆에 있는 송도, 그리고 검단산성과 더불어 임진왜란 7년을 마지막 승리로 이끈 전승지다. 이 장도와 송도의 전황에 대해서는 《난중일기》나 《선조실록》 그리고 《임진전란사》 등에 너무나 또렷하게 기록돼 있다. 정유재란 때 왜군의 퇴각을 막기 위해 벌인 싸움이 바로 이 장도 송도 해전으로 전라도땅에서는 보기드문 큰 전투였다. 그때 1만2천 명의 고니시 유키나가小西行長 군이 왜교성을 쌓고 석 달동안 머물면서 바다로 빠져나가려 했다. 육지에서는 권율과 유정이 거느린 3만6천 명의 조명(조선, 명나라) 연합군이 검단산성에 의지하여 이를 압박했고 바다에서는 이순신과 진린陣璘이 이끄는 1만2천 명의 우리 수군이 적군의 퇴로를 차단하기 위해 진을 쳤다. 1598년 9월 20일부터 11월 17일까지 48일 동안 장도 송도 해역을 초계하면서 치열한 전투를 벌여 적을 대파한 것이 저 유명한 노량대첩이다. 이 싸움은 임진왜란 7년 동안 전라도땅에서 벌어진 가장 큰 싸움이었고 그 장소가 장도다. 공단조성으로 없애기에는 그 역사적 의의가 너무나 큰 역사유적지다.

장도는 임진왜란 당시 이순신과 진린이 이끄는 조명 연합군이 왜장 고니시 유키나가를 상대로 최후의 승리를 했던 곳이다. 순천왜성전투라 일컫는 장도전투에서 승리함으로써 7년간의 긴 전쟁이 끝날 수 있었다. 장도는 한국, 중국, 일본 등 삼국이 격돌한 전투의 현장으로 그 의미가 매우 크기 때문에 보전해야 한다는 것이다. 최근에 순천왜성전투 역사공원화 사업의 하나로 절반밖에 남지 않는 여수 장도를 역사박물관으로 조성하려는 움직임이 일고 있다.

● — 순천왜성

왜성은 정유재란 때 조선에 침입한 일본군이 1597년 충청도 직산 전투에 패배한 후 남해안 지역으로 남하하여 본국의 병참보급선이 원활한 지역에 군사력을 집중하여 다시 북상할 기회를 마련하기 위해 쌓은 일본식 성곽이다. 순천왜성, 남해왜성, 사천왜성, 고성왜성, 창원왜성, 양산왜성, 울산왜성 등이 있다.

순천왜성(順天倭城)은 전라남도 순천시 해룡면 신성리에 있는 왜성으로 축조연대를 정확히 알 수는 없지만 1597년 9월부터 12월 사이에 축조된 것으로 추정하며, 형태가 잘 남아 있다. 1922년 일본군 참모본부가 편찬한 《일본전사조선역(日本戰史朝鮮役)》에는 성을 쌓은 사람은 우키타 히데이에(宇喜多秀家)와 도도 다카토라(藤堂高虎)로 알려졌지만 《난중잡록》에는 축성을 담당한 장수가 고니시 유키나가로 기록되어 있다. 축성 후 고니시 유키나가가 13,700명의 병력으로 주둔해 조명 수륙연합군과 두 차례에 걸쳐 최후 · 최대의 격전을 벌인 곳이다.

위순천왜성 천수대(복원공사 전) 아래순천왜성 천수대(복원 후)

　　조선 중기 광해군 때 이수광이 순천부사로 있을 당시 순천왜성은 망해대(望海臺)라는 새로운 명칭으로 바꾸었다. 임진왜란이 끝나고 약 100년 후 신성리로 주민들이 이주를 해왔다. 주민들은 왜교성 전투에서 죽은 왜인의 악귀로 불안해지자 1697년경 충무사(忠武祠)를 짓고 충무공 이순신의 위패를 봉안하였다. 1938년 조선 고적명승천연기념물 보존령(1934년 제정)에 의거하여 사적으로, 해방 이후 문화재 보호법에 의하여 1963년 1월 21일 국가지정문화재인 사적 제49호 '승주 신성리성(昇州 新城里城)'으로 지정되었다. 그 후 1996년 일제강점기에 일제가 지정한 문화재 재평가에 의해 1997년 1월 1일에 국가지정문화재에서 해제하고 왜성임을 명기토록 하면서 도지정문화재 지정권고를 하였다. 1999년 2월 26일 전라남도기념물 제171호 순천왜성으로 지정되었다.

위 순천왜성 외벽(복원공사 전) 아래 순천왜성 외벽(복원 후)

개황 | 장도獐島

일반현황

위치 | 전남 여수시 웅천동 동경 127°40´ 북위 34°34´
면적 | 0.09km² 해안선 | 1.85km 육지와 거리 | 0.15km(쌍봉)
가구수 | 6 인구(명, 남+여) | 25(14+11) 어선 | 9 어가 | 5

공공기관 및 시설

전력시설 | 한전 전력 이용
급수시설 | 우물(펌프) 6가구

30년 변화 자료

구분	1973	1985	1996
주소	전남 광양군 골약면 송장리	전남 여천군 율촌면	전남 여천군 율촌면 장도리
면적(km²)	0.3	0.37	0.37
인구(명, 남자+여자)	350(183+167)	424(220+204)	466(241+225)
가구수	56	71	106
급수시설	공동우물 2개	우물 34개	우물(펌프) 24개
초등학교	1개 73명	분교 1개 44명	분교 1개 40명
전력시설	-	자가발전 71가구	자가발전 106가구
어선(척, 동력선+무동력선)	17(7+10)	25(13+12)	216(197+19)

36

그 많던 바지락은 모두 어디로 갔을까

여수 묘도동 묘도

고양이섬으로 가는 길을 찾기 위해 공업단지 한복판을 가로질러 차를 몰았다. 정말 이곳으로 가면 섬으로 가는 배를 탈 수 있을까 의심할 정도로 도로 양쪽에 화학공장을 중심으로 크고 작은 공장건물들이 빼곡했다. 그렇게 한참을 달렸을까. 묘도로 가는 이정표를 발견했다. 작은 팻말 하나 박혀 있는, 찾는 사람을 위한 배려가 없는 인색한 이정표였다. 결국 나도 지나쳤다 차를 되돌렸다. 도로공사를 하는 차들이 점령한 길을 차량을 안내하는 사람들의 수신호를 받고 가로질러 월내항에 도착할 수 있었다. 여수 월내동에서 묘도를 거쳐 광양으로 이어지는 이순신대교가 건설중이었다. 그런데 왜 이순신대교라 했을까.

정유년(1598년)에 일본은 조선을 다시 침략했다. 파죽지세로 조선반도를 점령해 가던 일본군은 충청지역 전투에서 패배하고 남하해 남해안 일대에 성을 쌓고 전열을 가다듬었다. 묘도 앞 순천시 신성리 순천왜성이 당시 쌓은 성이다. 묘도에서 동쪽으로 물길을 따라 거슬러 올라가면 작은 섬 대도를 지나 좁은 노량해협에 이른다. 남해대교가 하동 노량리와 남해 노량리를 잇고 있다. 이곳이 노량진이다. 이순신이 최후의 전투 노량해전이 벌어진 곳이다. 묘도, 장도, 송도 등 광양만 일대는 당시 이순신과 진린이 이끄는 조명 연합군과 일본군이 치

광양만에서 거대한 공룡같은 공장을 배경으로 쪽배에 의지해 그물로 고기를 잡고 있다.

열한 전투를 펼쳤던 곳이다. 그 위를 지나는 다리를 당시 수군통제사 이순신의 이름을 따서 이순신대교라 했다.

이순신대교 주탑 높이는 270미터로 세계최대라는 덴마크 그레이트 벨트교 주탑 높이(254미터)보다 높다고 한다. 주탑과 주탑 사이의 거리를 '주경간장' 이라 하는데 그 길이가 1,545미터이다. 이순신이 태어난 해와 같은 숫자다. 다리는 여수 월내항에서 출발해 묘도를 거쳐 광양제철소와 광양컨테이너부두 사이를 가로질러 뭍으로 향하고 있다. 여천국가산업단지와 광양국가산업단지를 연결하는 다리이다. 경남과 부산에서 여수엑스포 주전시장으로 들어오는 육상교통의 관문이기도 하다.

광양만은 두 개의 대형 국가산업단지와 포항제철과 컨테이너부두 그리고 두 개의 지방산업단지에 바다를 내주었다. 묘도는 그 바다 한가운데 마지막 바다의 자존심을 지키려는 듯 섬으로 남아 있었다. 월내항에서 출발하는 객선이 묘도 선창에 도착하는 데는 10분도 필요없었다. 30분 간격으로 수시로 오가는 뱃길이다. 순전히 묘도 사람들이 호주머니를 털어 만든 뱃길이다. 시내버스가 들어와 선창에 멈추자 배에서 내린 주민들은 지체없이 버스에 올랐다. 선창에서 차를 가지고 기다리던 사람들은 배에 올랐다. 묘도 선착장은 창멀(창촌)에 위치해 있다. 묘도에서 제일 큰 마을이다. 이 마을 외에도 묘읍, 온동, 도독, 광양포 자연마을이 있다. 섬이 커서 걸어서 돌아보기는 버겁다.

1896년 돌산군은 홍양(고흥), 낙안, 순천, 광양 지역의 섬들을 묶어 하나의 군을 만들었다. 묘도는 당시 태인면에 속했다. 당시 자연마을은 남산동, 읍포, 광양포, 도독포, 온돌동, 유두, 지신도 등 7개가 있었다. 1899년 돌산군수 서병수가 만든 《여산지》에는 "묘도는 돌산군으로부터 80리 떨어진 곳에 있는데 태인도의 남쪽에 있으며, 둘레는 80리이다. 창촌, 읍동, 온동 3개의 마을이 있다"고 기록되어 있다. 1914년 돌산군이 해체되었을 때 묘도는 여수군 삼일면에 포함되었다가 여수시, 여천시, 여천군 '삼려통합'으로 여수시 묘도동에 속해 오늘에 이르고 있다. 지명에서 남산동과 유두와 지신도는 창촌, 읍포는 묘읍, 온돌동은 온동으로 지명이 바뀌었고 광양포와 도독은 그대로 전해오고 있다. 특히 도독은 정유재란 당시 조명 연합군의 장수였던 명나라 진린 도독이 머물렀던 마을이라 해서 붙여진 지명이라 전한다. 이 마을 뒤에 당시 쌓았던 성이 있다.

장구미 선창에 내리자 역시 마을버스가 기다리고 있었다. 섬사람들은 배도 버스도 모두 스스로 알아서 해야 한다. 도선은 30분 간격으로 운항한다. 배가 2척에 7명 직원이 일하고 있다. 도선운영은 모든 일을 도선운영위원회에서 결정한다. 김효남(1960년생) 씨는 연륙으로 다리가 완공되면 도선운영으로 얻은 수익금으로 마을경로당 겨울난방비, 경로잔치 등 부대사업들을 지원했는데 어떻게 될지 모르겠다며 걱정을 했다. 오랫동안 그들 나름대로 섬생활에 적응해온 삶의 방식이다. 엄청난 예산으로 다리를 놓는 것을 반대하지는 않지만 섬마을 사람들의 삶엔 관심이 없고 시혜적으로 제공하는 것들이 때로는 폭력적일 때도 있다. 이들에게 국가는 때때로 귀찮은 존재로 기억되기도 한다. 뭍에서는 SOC라는 이름으로 국가가 해야 할 당연한 일이지만 '섬사람'은 '국민'의 반열에 오르기 위해서는 우선 섬이 국가의 개발 정책에 포함되는 국토이거나 희귀한 자원(관광자원, 부존자원)이 있어야 한다. 묘도가 섬에서 육지로 운명을 바꿀 수 있었던 것은 여수엑스포라는 국가이벤트 덕분이다.

묘도 남쪽에는 영취산과 제석산이 있다. 진달래가 아름다워 봄이면 많은 사람들이 찾는 명산이다. 이곳에서 내려다본 섬의 모습은 고양이 형국이라 묘도라 했다고 전한다. 고양이와 함께 살 수 없는 동물이 쥐라 해서 묘도에는 서씨가 살지 못한다는 이야기도 있다. 그런데 실제로 묘도에는 서씨가 살지 않으며 주변에 쥐섬(서치도)이 있다. 섬사람들은 묘도를 두고 '괴섬'이라 하는데 이는 '괴'는 '고이'라는 고어에서 비롯된 것으로 해석한다. 고이는 굴과 고양이라는 뜻을 가지고 있다. 섬에 큰 굴모양의 바위가 있어 괴섬이라 부르던 것이 한자지명으로 바뀌면서 묘도가 되었을 것으로 추정한다.

묘도는 임진과 정유 양란의 기록에 등장하는 지명이다. 《난중잡록》에는 "고니시 유키나가가 선발대 10척이 묘도 밖에 이르자 수군이 모조리 격파하여 죽였다"고 기록하고 있다. 《선조실록》에는 고니시 유키나가가 강화를 부탁해 왔을 때 이순신 장군과 진린 도독 사이에 이견을 보인 전술에서 묘도를 거점으로 '파수하여 적을 차단' 하는 것을 놓고 이견을 보이는 상황이 나온다. 그런데 《난중일기》에 유도柚島라는 지명이 나온다. 그동안 유도를 송도로 해석해 왔는데 지역향토사가들은 이순신이 쓴 초서체의 《난중일기》를 번역또는 해석하는 과정에서 묘猫를 유柚로 잘못 인식한 것으로 이해하고 있다.

《신동국여지승람》 순천도호부조에 "묘도는 순천부 동쪽에 있으며 둘레가 60리요, 목장이 있다"고 기록되어 있다. 《여지도서》 전라도 순천 목장조에는 "묘도의 목장은 세금을 걷기 위한 둔전으로, 잘 먹이고 길러서 3개월 이내에 가려내 해마다 말 2마리를 진상한다. 진상과 분양에 관한 사무는 해당 관청인 사복시에서 가려서 행한다"라는 기록이 있다. 그 밖에 기록들에서 당시 묘도에 살던 호수는 60호(1895년)와 94호(1871년)로 기록되어 있다.

묘도는 섬이지만 밭농사는 물론 논농사도 많은 섬이다. 1년 농사지어 3년을 먹고 살 수 있는 섬이다. 3년이면 절간한 고구마(빼깽이) 100여 가마를 수매하고 쌀과 고추와 참깨 등을 내다 팔았던 섬이다. 섬살림이 궁해 한 해 농사지어 3개월이면 식량이 떨어지는 곳도 많았다. 또 쌀 서 말 먹고 시집가기 힘들다는 섬도 많았다. 묘도는 상황이 다르다. 그렇다고 인구가 적은 섬도 아니다. 창촌 선창에서 만난 한 주민은 지금도 유권자가 1,300여 명이라며 섬이라 얕보지 말라는 눈치다. 한때 6,000여 명의 주민들이 살았다고 하니 그럴 만하다. 그 많은 사람들이 먹고 남아 쌀을 뭍으로 내보냈다. 창촌에서 내려 섬을 관통하는 고가연륙교 밑을 통과해 묘읍에 들어서면 이 말을 실감할 수 있다. 곳곳에 육답들은 물론이고 간척한 논들도 많다.

묘읍에서 고개를 넘어 온동마을로 가는 길 오른쪽에는 여수 제석산과 남해도가 바라보이는 동쪽으로는 준설토 투기장 매립이 완료를 눈앞에 두고 있다. 이곳은 골프장, 산업단지, 택지, 익스트림 스포츠시설 등 다양한 계획들이 세워지고 있다. 서쪽 광양포 인근은 선박수리 조선업체가 입주예정되어 있다. 도로 두 곳에 전망대와 휴게소 등이 설치될 계획이다. 이런 움직임을 감지한 기획부동산들이 뛰어들어 많은 땅이 외지인에게 팔렸다. 고개를 넘자 온동마을도다 포스코 광양제철이 손에 잡힐 듯 한눈에 들어와 마을은 눈에 띄지도 않았다.

시골마을에 어울리지 않게 마을회관이 대리석으로 멋지게 지어져 있다. "회관이 멋지네요." "회관만 멋지면 뭐한다요. 바다가 말랐는데." 마을회관 앞에서 가을장마통에 어렵게 수확한 참깨를 말리던 박씨가 심드렁하게 쏘아붙였다. 묘도는 북쪽에는 금오도와 태인도가 있고 남쪽으로 여수반도, 동쪽으로는 남해군이 있다. 이들 섬과 반도 사이로 섬진강과 남해바다가 소통하며 펄갯벌을 형성해 참꼬막이 많았다. 그리고 섬진강을 따라 흘러온 풍부한 영양염류를 찾아온 전어, 병어, 낙지 등을 마을 앞에서 잡았다. 광양 금오도와 태인도에 광양제철이 들어서기 전까지 참꼬막 산지였다. 그 전에는 재래식 김양식 산지였다. 이웃한 섬진강 하구 태인도가 우리나라 김양식을 처음으로 했던 곳이다. 대형선박들이 컨테이너부두와 광양항을 오가면서 펄갯벌이 유지되기 어려워지자 꼬막 대신 바지락양식을 시도했다. 묘도는 하루에 바지락 4~5천 자루(20킬로그램)를 캐 전량 일본으로 수출했다. 창촌마을만 500여 자루를 캐 몇백 만원의 소득을 올렸으며 온동마을은 창촌의 2배정도 바지락이 많이 생산되었다. 금년은 가을장마로 바지락이 전량 폐사했다. 염분이 너무 낮아졌기 때문이다. 바지락이 정상적으로 서식하기 위해서는 염분은 36~34퍼밀이 적당한데, 최근 26퍼밀로 떨어졌다. 묘도만 아니라 율촌 일대 바지락도 전량 폐사했다. 바지락만 아니라 주꾸미와 낙지도 전혀 잡히지 않고 있다. 갯벌에서 낙지만 잡아도 생활이 가능했던 마을이다.

마침 대형 컨테이너를 실은 배가 마을 앞을 지나고 있었다. 그 옆에 작은 통발배와 낚시배가 위태롭게 흔들렸다. 마치 큰 파도가 치듯 높

은 파도가 선창길로 올라왔다. 하루에도 몇 차례씩 반복되기 때문에 바지락종패가 자라기 어렵고 치패를 사다가 뿌려도 예전같지 않다는 것이다. 이렇게 주민들의 불만이 높아지면 마을회관을 지어주는 등 무마용 당근들이 주어진다. 박씨가 심드렁한 이유를 알 것 같다.

온동마을을 지나 해안도로를 따라 5분쯤 달리면 도독마을에 이른다. 정유재란 때 명나라 진린 도독이 머물렀다는 마을이다. 광양으로 이어지는 이순신대교의 위용이 한눈에 들어오는 곳이다. 그곳을 지나 묘읍으로 이어지는 비포장길을 올라 오른쪽 좁은 길로 내려서면 광양 포마을이다. 언덕 위에서 내려보는 광양포는 '갱개' 라고 부르는데 '바닷가 포구마을' 이라는 의미이다. 갱개마을은 광양컨테이너부두와 정면으로 마주보고 있다.

묘도 너머에 있던 금호도와 태인도는 광양제철이 세워지면서 사라졌다.

일반현황

위치 | 전남 여수시 묘도동 **동경** 127°43′ **북위** 34°53′
면적 | 11.517km² **해안선** | 19.1km **육지와 거리** | 1.5km(월내)
가구수 | 550 **인구(명, 남+여)** | 1,337(708+629) **어선** | 42 **어가** | 401
어촌계 | 총 4개 어촌계(묘도, 묘읍, 온동, 도독) 272명

공공기관 및 시설

공공기관 | 경찰출장소(061-685-9112), 우체국(061-685-0006), 동사무소(061-690-2627), 보건진료소(061-685-3386), 농협 묘도지점(061-686-3336)
교육기관 | 묘도초등학교(061-685-4487)
전력시설 | 한전 전력 이용
급수시설 | 간이상수도 전가구

여행정보

교통 | **배편** | 묘도 1호, 묘도 2호 수시 운행
섬내교통 | 여천운수 버스 1대가 1일 6회 운행

30년 변화 자료

구분	1973	1985	1996
주소	전남 여천군 삼일면 묘도리	좌동	전남 여천시 묘도동
면적(km²)	8.53	8.29	9.47
공공기관	-	-	동사무소 1개, 경찰분소 1개, 우체국 분국 1개
인구(명, 남자+여자)	2,993(1,554+1,439)	3,026(1,572+1,454)	1,919(977+942)
가구수	353	467	480
급수시설	공동우물 21개	우물 114개, 간이상수도 6개	간이상수도 4개, 우물(펌프) 103개
초등학교	2개(628명)	1개 273명	1개 137명
중고등학교	-	-	중학교 분교 1개 105명
전력시설	-	한전 467가구	한전 480가구
의료시설	-	병원 1개, 약방 3개	보건진료소 1개
어선(척, 동력선+무동력선)	103(12+91)	171(66+105)	175(173+2)

＊ 공공기관은 면사무소, 파출소 등 포함

37

오래된 미래 '섬과 바다' 그리고 여수엑스포

여수 한려동 오동도

오동도로 들어가는 길목 작은 포구, 잔잔한 바다 위로 검은 오리발이 하늘을 향해 솟아오르더니 어느 순간 밑으로 사라진다. 물수제비처럼 퍼지는 물결을 뚫고 수경을 쓴 잠녀가 불쑥 나타난다. 수경 속 잠녀의 얼굴을 본 순간, 놀란다. 오랜 가뭄에 쩍쩍 갈라진 논바닥 마냥 잠녀의 얼굴은 온통 주름투성이다. 숨비소리조차 내지 못하는 할머니 잠녀. 그 고난한 삶이 바닷속에 고스란히 들어 있다. 할머니가 물 속에서 건져 태왁에 담는 것은 해삼이다. 작은 고기잡이배 3척이 여수엑스포의

바다가 잠녀인가, 잠녀가 바다인가.

성공을 기원하는 깃발을 달고 바다에다 세월을 묻어버린 나이든 잠녀를 묵묵히 지켜보고 있다. 바다가 잠녀인지, 잠녀가 바다인지 그 경계마저 사라져 버린다.

오동도는 여수관광1번지이다. 1935년 일본에 의해 방파제가 착공되어 1940년 완공되었다. 일본해군 군사시설로 사용되다가 해방 후에 일반인의 출입이 가능해졌다. 옛날에는 대섬이라 불렀으며 조선후기에 오동도라 했다. 대섬이란 대나무가 많이 자라는 섬이라는 의미보다는 육지에 가깝게 대어 있기 때문에 '대섬' 이라 했다. 송도가 우리말의 작다는 '솔' 에서 비롯된 한자지명과 같은 원리이다.

이곳에 각종 전시관과 이벤트시설 등 2012년 여수세계박람회장이 만들어졌다. 여수엑스포의 주제는 '살아있는 바다, 숨 쉬는 연안' 이다. 여수엑스포의 경제적 효과가 10여 조, 부가가치 4조, 고용창출효과 8만9천 명에 이를 것이라고 한다. 엑스포 주요행사는 여수신항을 중심으로 개최되지만 그 파급효과는 순천, 광양을 넘어 인근 서남해역까지 확산되길 기대하고 있다. 바다와 연안의 가치에 관심이 높아질 무렵 태안 앞바다 유조선 원유유출로 바다와 어민들이 몸살을 앓고 있다는 소식이 전해졌다. 2007년 세밑 우리나라 '바다의 두 얼굴' 이었다.

여수엑스포는 국제적으로 해양과 연안의 역할 및 위기

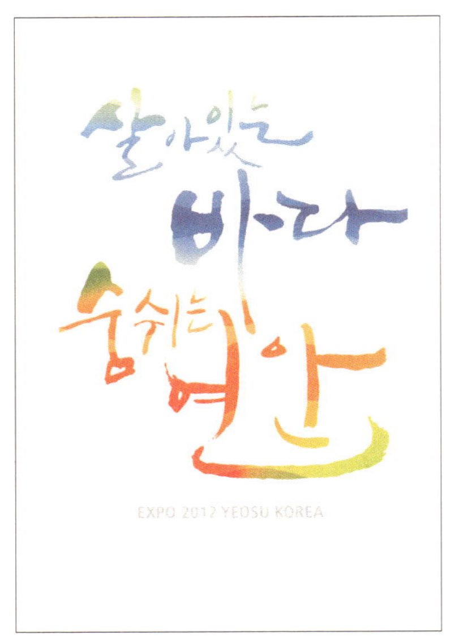

인식과 극복, 문화적 다양성 교류, 국내적으로 해양산업·기술의 발달과 지역균형발전, 지역적으로 여수를 중심으로 하는 해양관광을 꿈꾼다. 여수는 광양만, 여수만, 가막만, 순천만, 여자만으로 둘러싸인 반도지역이다. 광양만의 갯벌과 섬, 그리고 바다는 제철과 정유산업으로 사라졌지만 나머지는 어류의 산란과 서식처로 어민들에게는 말 그대로 생활과 생업의 터전이다. 여수반도 주변에는 크고 작은 317개의 섬들이 산재해 있으며 가막만과 여자만 등은 잘 발달된 리아스식 해안선과 넓은 간석지로 이루어졌다. 엑스포의 메인행사장인 오동도 일대는 1968년 우리나라 최초의 해상국립공원으로 지정된 곳이기도 하다. 경상남도 거제시 지심도에서 여수 오동도에 이르며 6개 지구(거제, 통영, 사천, 하동, 남해, 여수오동도)로 구성된 해상국립공원은 '한려해상' 이라 부른다. 즉 "한산도에서 여수까지 300리의 아름다운 뱃길을 가리키는 한려수도閑儷水道" 에서 유래되었다.

여수엑스포와 함께 주목을 받는 곳은 여수·순천·고흥을 연결하는 여자만과 보성·고흥·장흥을 둘러싼 득량만이다. 특히 여자만은 람사르습지로 지정된 순천만이 있다. 순천만은 2003년 12월에 해양수산부로부터 습지보존지역으로 지정되어 관리되고 있다. 국제적으로 2004년 동북아 두루미보호 국제네트워크에 가입하였으며, 2006년 1월 연안습지로는 전국 최초로 람사르협약에 등록되었다. 여자만과 득량만은 남도의 질펀한 갯살림을 대표하는 곳이다. 겨울철 술꾼들의 입맛을 돋우는 꼬막, 속풀이의 으뜸인 매생이, 찰진 숭어도 이 갯벌과 연안에서 나는 것을 으뜸으로 친다. 남도음식의 '간' 을 맞추는 일도 바다와 연안에서 비롯된다. 어디 그뿐이랴, 바다와 연안에 기대어 살아온 어민들의 삶은 그대로 신화와 전설이요 문학이다. 인류가 바다와 더불어 문명의 터를 닦고 진화의 역사를 써왔듯이, 전라도 사

람들은 갯벌과 바다에 삶을 새겨왔다. 경계 없는 연안과 바다를 두고 마을과 마을이 도시와 도시가 다양한 삶의 공동체를 만들어 왔다. 삶의 씨줄날줄이 그대로 갯벌에 새겨지고 지워지길 수백 년, 전라도 사람들은 자연의 시간에 맞춰 삶을 살았고 그대로 자연이 되었다.

여수엑스포를 통해 국제적으로 해양환경에 대한 재인식, 국내적으로 해양산업의 발전, 지역적으로 해양관광의 메카로 발돋움하는 계기가 되어야 함을 다시 말할 필요가 없다. 덧붙여 지난 한 세기 동안 인간의 삶의 가치를 지배해온 육지중심의 가치에서 벗어나 바다와 섬의 가치를 재인식하는 계기가 되어야 할 것이다. 바다가 희망이고 미래이기 위해서다.

● ― 여수만, 가막만, 순천만, 광양만

여수만은 일반적으로 화양면 일대 여수반도와 돌산도 · 화태도 · 개도 · 백야도 등으로 둘러싸인 가막만을 말하지만, 넓은 의미로 전라남도 여수반도와 경상남도 남해도 사이에 있는 만을 말하기도 한다.

여수만에는 명승 오동도를 비롯하여 돌산도 향일암 등 명소가 있으며, 역사적 유적은 임진왜란과 정유재란 때 이순신 장군이 수군을 집결시켰던 긋인 진남관, 충무사, 순천왜성 등이 있다.

여수만은 가막만, 광양만, 쌍봉만 등을 포함하며 묘도 · 송도 · 장도 · 오동도 · 돌산도 · 장군도 · 경도 · 까막섬 등을 비롯한 많은 섬과 작은 반도들이 있어 해안선이 매우 복잡하다. 이중 광양만의 섬과 갯벌매립지에 여천국가산단, 율촌산단, 컨테이너부두, 광양제철 등 대형 국가 및 지방공단들을 건설하였다. 가막만은 중앙에 무인도인 까막섬이 있어서 붙여진 이름으로 천연의 방파제 역할을 해주는 등 선박의 출입이 편리한 양항(良港)으로 여수항과 광양항이 있다.

수산물이 풍부하여 경도 근해의 새조개, 광양 망덕과 여수 근해의 전어, 개도 · 화태도 근해 멸치, 율촌과 묘도 일대 바지락이 유명하다. 최근 신월동에 공장이 많이 들어섰고, 광양만 일대에 산업단지가 집중되고 대형선박이나 컨테이너선과 유조선이 빈번하게 오가면서 어류와 패류의 서식환경이 악화되어 어획량이 급격하게 감소하고 있다.

개황 | 오동도梧桐島(연륙도서)〈2002년 자료〉

위치 | 전남 여수시 한려동 **동경** 127°47′ **북위** 34°44′
면적 | 0.13km² **해안선** | 14km **육지와 거리** | 0.76km(여수항)
가구수 | 3 **인구**(명, 남+여) | 14(10+4) **어가** | 2

전력시설 | 한전 전력 이용
급수시설 | 상수도 전가구

교통 | **배편** | 도선 7척(1일 14회) **섬내교통** 입구에서 안으로 들어가는 동백열차
여행 | 남해안 생선요리축제(매년 5월), 동백숲, 신의대
특산물 | 동백분재, 풍란, 선인장,
특이사항 | 5명의 해녀가 직접 잠수하여 잡은 해삼, 소라, 전복, 낙지 등을 좌판에서 판매하는데 관광객의 인기가 높다.

30년 변화 자료

구분	1973	1985	1996
주소			전남 여수시 수정동
면적(km²)			0.12
공공기관			경찰분소 1개
인구(명, 남자+여자)			17(11+6)
가구수			5
급수시설			상수도시설 1개
전력시설			한전 5가구

＊ 공공기관은 면사무소, 파출소 등 포함

38

오복리 여자들은 돈이 안 아수워

여수 월호동 대경도

점심 무렵 사람들이 삼삼오오 짝을 이뤄 포구로 몰려온다. 늦여름비가 마중물마냥 가을을 반기지만 햇살은 여전히 뜨겁다. 할머니는 손자 녀석 얼굴에 햇볕이 들지 않도록 양산으로 그늘을 만든다. 자꾸만 고개를 내젓는 손자와 할머니의 모습이 정겹다. 그 사이 승용차를 4대 정도 실을 수 있을까 말까 한 작은 배가 포구에 도착했다. 배타는 시간은 5분이나 될까. 육지와 불과 500미터 거리에 있는 섬이다. 배는 외동마을 입구에 손님을 내려놓기 무섭게 다시 자동차 3대를 싣고 뭍으로 달음질친다.

섬모양이 고래를 닮아 고래섬鯨島이라고 했다던가. 혹자는 고려말 왕비(후궁)가 시종들을 데리고 들어와 경도京島라고 했다고 전하기도 한다. 소경도 가장도 불무섬 등 10여 개의 딸린 섬을 거느리고 있다. 큰 섬 대경도는 외동마을, 내동마을, 오복마을 등 세 마을로 이루어져 있다.

작은 섬이지만 선사시대 조개더미와 성혈이 있는 고인돌이 있는 것으로 보아 선사시대부터 사람이 거주했던 것으로 보이며 산성이 있는 것으로 보아 장군도처럼 인근 왜적에 대항하는 중요한 섬이었던 것으로 추정할 수 있다. 지척에 전라좌수영이 있다. 뿐만 아니라 일제강점기에는 일본인들이 이곳에 어업전진기지를 마련하고 유곽을 짓고 장사를 했던 여수 최초의 홍등가였다.

몸이 허하거든 이 섬으로 가라

요즘 경도는 개발바람이 거세다. 곳곳에 골프장 반대 현수막이 걸려 있다. 외동마을에는 수상펜션과 낚시터도 등장했다. 배에서 내린 손님들은 곧장 선창 주변 식당으로 들어간다. 경도 어민들의 주업은 주낙이다. 연승어업이라는 주낙을 이용해 봄여름에 참장어를 잡고 찬바람이 나기 시작하면 낙지를 잡는다. 일제강점기부터 참장어잡이로 유명했다. 오죽했으면 조선인들이 함부로 참장어를 잡지 못하도록

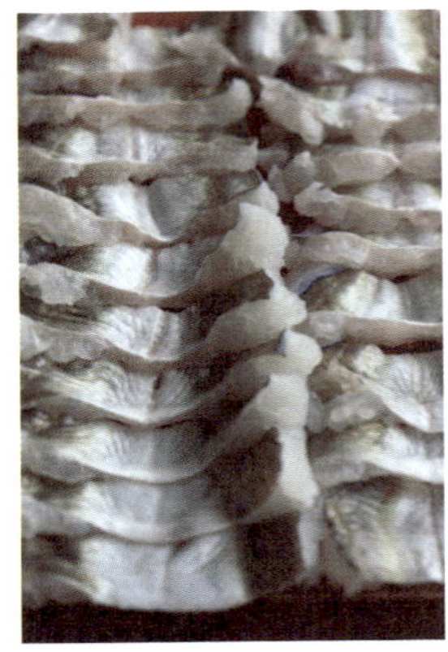

여름철이면 갯장어를 먹기 위해 많은 사람들이 대경도를 찾는다.

규제를 했겠는가. 여름철에는 보양식 갯장어(하모)를 즐기려는 맛객들이 줄을 잇는다. 찬바람이 일자 몇 식당들은 벌써 문을 닫았다.

여수는 봄 서대, 여름 갯장어, 가을 전어, 겨울 새조개로 유명하다. 특히 여름철 '하모가 한철' 이다. 하모는 갯장어를 일컫는 일본말이다. 해장어, 갯장어, 녹장어, 갯붕장어, 이장어, 참장어라 부른다.《자산어보》에는 '견아려' 라 했다. "입이 툭 튀어 나오고 이는 개와 같아서 고르지 못하다. 가시가 매우 단단하며 사람을 잘 문다"고 했다. 횟감으로 많이 이용하는 '붕장어(아나고)' 와 달리 갯장어는 이빨이 날카롭다.

외동마을에는 할아버지와 할머니 당집이 있다. 고기잡이가 성했던 시절에는 당제를 지내다 개 짖는 소리만 들려도 '부정을 탔다' 고 해 목욕재계하고 다시 올라가 제사를 지냈다. 집집마다 상을 차려 당산나무 밑에 놓고 제를 지냈다. 참장어잡이가 시원치 않는 해에 당주들은 얼굴을 들지 못했다. 풍어를 점지해주는 당 할아버지와 할머니

골프장이 지어지고 해양관광단지가 조성되는 틈바구니에서 용케도 잘 버텨준 당집이 대견스럽다.

를 잘못 모셨다는 책임 때문이었다. 지금도 섣달 그믐이면 어김없이 제를 올린다. 칠월칠석에는 아들을 결혼시킨 집에서 음식을 장만해 소지를 한다. 옛날에는 돌을 맞는 아이가 있는 집안에서 준비를 했다. 포구에서 청각과 고구마를 내놓고 손님을 기다리는 할머니는 옛날이야기가 나오자 섬자랑이 끝없이 이어진다. 참장어 외에 굴, 바지락 등 갯것과 황토밭 고구마 등 밭작물을 가지고 여수 중앙시장을 내 집 드나들듯 오갔다. 해산물은 갯벌이 발달한 알여묵, 웃여묵, 선두끝, 우앙바우 등에서 많이 난다.

고개를 넘자 10여 가구가 바다와 접해 있다. 오복리다. 그늘막 아래서 가을출어를 위해 그물을 만들던 여성의 손길이 바쁘다. 오직 '바닥(바다)'에 의존해 살아간다. 마을사람들은 바닥에는 다니지 않아도 모두 작은 통통배를 가지고 있다. 장어도 잡고 낙지도 잡기 위해서다. '바닥'이란 5~6시간 정도 배를 타고 나가 조업을 하는 것을 말한다. 오복리 60여 척의 배 중에 20여 척이 바닥을 오가며 고기를 잡는다. 무안이나 신안에서는 봄과 가을철에 낙지주낙을 하지만 여수에서는 추석을 지나 가을에서 봄까지 낙지잡이를 한다. 무안낙지는 얕은 바닥에서 잡지만 여수낙지는 깊은 바다에서 이루어진다. 배로 대여섯 시간 거리에 있는 초도나 거문도 주변까지 낙지잡이를 나간다. 겨울에도 낙지맛을 볼 수 있는 것이다. 최근에는 여름철에 전어가 잡힌다. 민어나 노랑조기 등도 예전에 경도 어민들이 잡지 않던 고기들이다. 섬사람들은 모두 기후변화 탓이라고 생각한다.

난 여기가 세상에서 제일 좋아

다시 대경도를 찾은 것은 2010년이었다. 딱 12년만이다. 그 사이 대경도는 놀랄 만큼 바뀌고 있었다. '경도 해양관광단지 조성' 계획으로 여수시 경호동 대경도가 크게 바뀌는 것이다. 대경도 일대 200만여 제곱미터에 해양복합리조트와 아일랜드 골프장이 만들어지고 있다. 바깥몰과 안몰을 지나 오복리로 향했다. 이 마을은 관광단지 조성으로 마을이 통째로 사라진다. 이미 어업보상과 건물보상 그리고 이주보상이 마무리되어 이사를 한 주민들도 있다. 이곳저곳을 기웃거리다 회관 앞에 한옥형으로 잘 지어진 정자에서 쉬고 있는 할머니를 만났다. 올해 85세로 45년 전에 여수 돌산에서 경도로 들어오셨다고 했다. 경로당 할아버지방 안에 '이주자 택지계약' 을 안내하는 공고문이 화이트보드에 쓰여 있었다. 경도초등학교 옆으로 집단이주단지를 조성해 택지를 분양하고 있기 때문이다. 마을회관은 여느 마을과 마찬가지로 할머니방과 할아버지방으로 나누어져 있었고 정자도 반으로 나누어 남자와 여자들이 사용했다. 여름철에는 이곳에서 같이 밥도 해먹고 지냈다고 한다.

할머니는 처음 이곳으로 왔을 때 이런 곳에서 어떻게 사나 싶었단

고구마를 캐던 주민들도 관광단지가 조성되면서 이주했다.

다. 그런데 지금은 이보다 더 좋은 데가 없다고 한다. 돌산에 있을 때는 여자들이 할 일이 없어 남자들이 벌어다 준 돈에 의존해 살았다. 여기로 오니까 여자들 일이 많고 돈도 벌 수 있어 호주머니에 돈 마를 날이 없었다.

처음에는 순전히 배로 먹고 살았다. 남자들은 배로 낙지와 고기를 잡았다. 팔도 것들이 다 바다에 있었다. 큰 배는 없어도 경도 앞바다에서만 잡아도 충분히 먹고 살만큼 고기가 많았다. 여자들은 물이 빠지면 갱변에 나가 굴도 까고, 바지락도 캐고, 고둥도 주웠다. 오복리에 식량자급을 한 사람은 논이 있는 3집밖에 없었고, 나머지는 밭에 감자와 옥수수를 심어 식량을 했다. 갱변에서 벌어 쌀을 팔았다. 농사짓는 것보다 배로 고기잡는 것이 훨씬 돈벌이가 좋았다. 특히 여자들에게는 갱변일보다 큰 벌이가 없었다. "갱변 것이 제일 큰 돈이라. 생기기는 이래도 살기 좋아. 여자들이 돈이 안 아수워." 배를 타면 바로 여수시내로 들어가 인근에 시장까지 있어 언제나 돈을 마련할 수 있었다.

할머니는 개발이 되면 벌이가 없을 것 같다며 걱정을 했다. 무엇보다 자식들과 함께 살아야 하는 것도 부담스럽다. 자식들은 잘 해준다고 하지만 "아파트 생활이 징역살이제"라는 할머니의 푸념에서 이사가기 싫은 맘을 읽을 수 있었다. 지금도 영만 트면(어촌계에서 갱번에서 채취를 허락하는 물때) 이틀이고 사흘이고 가서 갯것들을 해서 팔고 있다. 이제 집단이주 지역으로 가면 어장도 이용하기 힘들 것이다. 다른 마을에 가서 갱번을 이용하는 것이 어렵기 때문이다. 세 동네 중에서 단체심이 좋고 살기 좋은 곳이라 소문난 오복리가 없어진다고 생각하니 서운한 마음이 크다고 했다.

저 소들은 어디로 갈까

오복리를 돌아보고 안몰로 들어왔다. 경도의 중심마을이다. 빙 둘러 파헤쳐진 한가운데 예사롭지 않는 소나무가 서 있고 그 옆에 작은 기와집이 자리했다. 당집이다. 최근까지 당산제를 지냈던지 흔적이 남아 있다. 그래도 이렇게 남겨 뒀으니 얼마나 다행인가. 몇 달 전 초도를 다녀오다 섬이 확 뒤집혀 황토밭으로 바뀌고 언덕 위에 있던 당집도 보이질 않아 안타까워했다. 섬에 들어와 보니 다행히 당집은 남아 있었다. 마을 역사만큼 나이를 먹었을 소나무도 주변에 시끄러운 개발을 아는지 가지를 늘어뜨리고 슬퍼하는 것 같았다. 소나무 옆 바위 밑에는 헌식을 했던 것으로 보이는 흰 사발도 그대로 있었다.

안몰을 가로질러 선창과 소경도와 가장도가 한눈에 보이는 언덕 위로 올라갔다. 그곳 너머로 아일랜드 골프장을 조성중이라 덤프트럭들이 오가는 길이 만들어져 있었다. 소 두 마리가 시위를 하듯 길을 막아섰다. 녀석들도 보금자리를 잃을까 걱정이 되는 것일까. 조심스럽게 옆으로 비껴 조망이 좋은 곳으로 올라섰다. 언덕 너머에는 6마리

소와 골프장과 리조트단지가 공존할 수 있는 방법이 있을까.

소가 풀을 뜯고 있었다. 한가롭기 그지없는 풍경이다. 멀리 소경도가 바다 위에 떠 있고 그 옆에 풍낙도와 노랑도, 그리고 어머니 뱃사공으로 유명한 가장도도 있었다. 그 너머는 여수 월호동 아파트단지가 위압적으로 나타나고 멀리 소호동과 용주리, 그리고 나진리까지 이어진 여수반도가 작은 섬들 뒤로 펼쳐졌다. 전원적이며 목가적인 풍경 뒤로 골프장이 들어선다니 아쉽고 안타깝다. 도선이 닿은 바깥몰로 나와 배를 기다렸다.

작은 배들 사이로 여수와 돌산을 잇는 다리가 걸렸다. 그 너머에서 여수엑스포가 개최될 것이다. 개발바람이 불면서 몇천원하던 땅은 몇만원에 다 팔렸다. 지금은 나뭇가지만 앙상하게 남아 있는 당산나무마냥 집터만 남았다. 그나마 참장어나 낙지라도 잡을 수 있는 바다가 있어 다행이다. 고급형 휴양단지와 가족호텔 등 경도를 '꿈의 섬 Dream Island'으로 만들겠다고 구상중이다. 주민들의 삶도 덩달아 좋아졌으면 좋겠다.

개황 | 대경도大鏡島

위치 | 전남 여수시 경호동 **동경** 127°43′ **북위** 34°42′
면적 | 2.374km² **해안선** | 11.7km **육지와 거리** | 0.8km(여수시 국동항)
가구수 | 399 **인구**(명, 남+여) | 1,182(637+545) **어선** | 121 **어가** | 300
어촌계 | 총 3개 어촌계(오복, 내동, 외동) 300명

공공기관 | 대경 낙도출장소(061-665-5607)
교육기관 | 경호초등학교(061-665-1207)
전력시설 | 한전 전력 이용
급수시설 | 상수도 전가구

교통 | **배편** | 〈1편〉 월호호(차도선) 수시 운항, 〈2편〉 여운호 2시간 간격 운항
섬내교통 | 택시 1대
여행 | 참장어구이, 참장어 요리축제
특산물 | 옥수수
특이사항 | 외동과 내동마을을 잇는 도로가 남북 방향으로 나 있으며, 북쪽 외동에 등대가 있다.

30년 변화 자료

구분	1973	1985	1996
주소	전남 여천군 돌산면 경호리	전남 여수시 금호동	좌동
면적(km²)	2.8	2.33	2.32
공공기관	-	면사무소 1개	면사무소 1개, 경찰서 분소 1개
인구(명, 남자+여자)	1,740(880+860)	2,432(1,253+1,179)	1,853(979+874)
가구수	269	407	436
급수시설	공동우물 12개	간이상수도 2개, 우물 59개	간이상수도 3개, 우물(펌프) 41개
초등학교	1개(340명)	1개(333명)	1개(128명)
전력시설	-	한전 407가구	한전 436가구
의료시설	-	-	보건진료소 1개, 약국 1개
어선(척, 동력선+무동력선)	84(22+62)	131(56+75)	210(205+5)

＊ 공공기관은 면사무소, 파출소 등 포함

39

도시에 작은 섬
여수 월호동 소경도, 야도

소경도에 사람들이 많이 거주할 때는 70호에 학생이 100여 명이나 있었다. 지금은 50여 가구에 학생은 4명이다. 젊은 사람은 홍합 등 양식을 하고 있고 나이가 많은 주민들은 농사를 짓고 있다. 섬이 나지막한 구릉을 이루고 있어 고구마, 콩, 참깨, 옥수수 등을 많이 심는다. 소경도의 특산물은 바지락이다. 물이 빠지면 직접 나가 호미로 파는 참바지락이다. 한 집에 1명씩 나와 공동작업을 하며 물이 많이 빠지는 시대(사리)는 2명씩 나가서 바지락을 캔다. 캔 바지락 중 일정한 비율은 마을공기금으로 제하고 나머지는 공동판매한다. 보통 2월부터 시작해 6월까지 길으면 네 차례 정도만 바지락작업을 한다. 그리고 남은 기간은 캐지 않고 어장관리를 해서 다음해에 다시 작업을 한다. 고기를 잡는 사람은 십여 집으로 통발로 낙지나 갯장어를 잡고 가을에 전어를 잡는다.

객선은 마을에서 직접 운영하고 있다. 명령항로라 일부 시에서 지원을 해주고 있다. 객선운영은 마을에서 결정하며 1년간 운영권을 주고 있다. 마을사람은 1천원, 외지인이나 낚시꾼은 왕복 3천원이다. 이 외에도 소경도에 딸린 무인도에 바지락을 캐기 위해 입도하는 외지인에게는 5천원의 선비를 받는다. 마을에서 무인도 주변어장을 유어장으로 허가를 냈기 때문에 마음대로 들어가 채취할 수 없다. 이렇게 한 이유는 여객선을 운영하는 비용을 마련하기 위해서였다. 바지락을 채취할 때 따로 비용은 받지 않고 선비만 받으며 이 비용은 선장의 몫이다. 시내에서 많은 사람들이 바지락을 캐기 위해 소경도 주변에 무인도를 찾고 있다.

신월동을 출발한 객선은 야도와 가장도를 지나 30분 후에 소경도에 도착했다. 선창에서 마을로 들어가는 입구에 두어 마지기는 충분히 될 논이 있었다고 한다. 하늘을 보고 농사를 짓는 천수답이지만 나락이 아주 잘되었던 논이다. 지금은 묵혀져 습지로 변했다. 그곳을 기준으로 오른쪽 언덕에는 당집이 있고 왼쪽 언덕에는 소경분교가 있다. 그 사이에 마을이 다닥다닥 붙어 있다.

마을을 가로질러 오른쪽 언덕에 오르면 당집이 있는 소나무 숲에 이른다. 당집 안에는 돌을 창호지(길지)로 곱게 싸서 한지로 만든 줄로 묶어 모셔 놓았다. 예전에는 섣달 그믐이

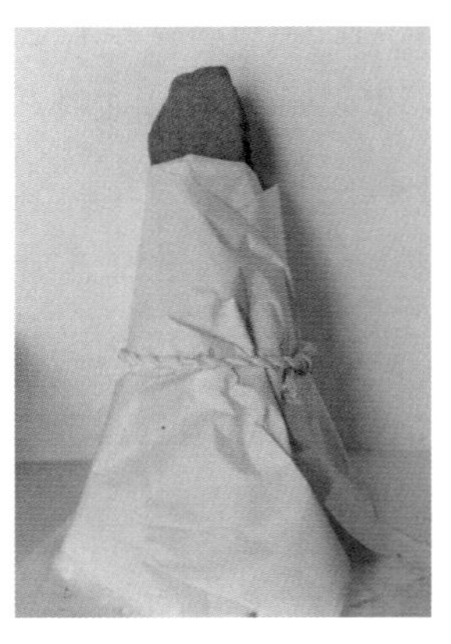

면 꽤 크게 당제를 모셨지만 지금은 조용히 제관만 올라가 제를 지내고 있다. 그나마 끊기지 않고 이어지는 것이 대견할 뿐이다. 당집에서 내려다보는 소경도 마을 모습은 아늑하고 평온하다.

당집에서 내려와 경호초등학교 소경분교로 향했다. 옥수수, 깨, 콩 등 가을걷이를 해서 말리는 곡식들이 조용한 골목길을 차지했다. 학교 바로 밑에 혼자 사는 할머니는 참깨를 수확해 마당에 널어 두고 김장을 하려고 선창에서 받아온 새우껍질을 벗기고 있었다. 학교 운동장 왼편 구석에 학생 4명이 모여 놀고 있었다. "쉬는 시간이니." "아니요. 체육시간이에요." 밖에서 체육활동을 하는 아이는 6학년 1명, 4학년 2명, 3학년 1명이었다. 이 중 부모님과 함께 섬

소경도마을 뒷산에는 당숲이 우거져 있다. 당집 안에는 길지(한지)에 싸인 신체(돌, 좌측사진)가 자리했다.

에 살고 있는 아이는 4학년 아이 하나밖에 없었다. 나머지는 할머니와 함께 사는 조손가정이었다.

여수에서 육지와 가장 가까운 섬은 돌산 송도와 신월동 야도가 아닐까 싶다. 돌산의 송도는 큰 마을을 이루고 있지만 야도는 무인도에 가깝다. 신월동 소경도여객터미널에서 마주보이는 선창에는 멸치잡이 어구들만 쌓여 있을 뿐 사람 흔적을 찾기 어렵다. 경도개발을 위해 오가는 전용화물선 소리만 요란하다.

이 중 야도는 1900년 초반 일제강점기 때 유흥가가 세워질 정도로 파시가 형성되었던 섬이다. 이후 무인도로 방치되어 있다가 최근 조선소와 멸치건조장이 들어오면서 3가구가 거주하고 있다. 대장간 풀무를 닮아 '풀무섬'이라 했다가 '불무섬' 그리고 한자지명이 '야도'로 바뀌었다. 야도는 소경도를 가는 객선을 타 선장에게 이야기하면 섬에 잠시 들러 내릴 수 있다. 나오는 시간은 소경도어서 여수로 들어오는 뱃시간을 확인해서 선장에게 미리 연락을 해야 한다.

개황 | 소경도小鏡島

일반현황

위치 | 전남 여수시 경호동 **동경** 127°42′ **북위** 34°42′
면적 | 0.42km² **해안선** | 3.5km **육지와 거리** | 2.2km(여수시 국동항)
가구수 | 66 **인구**(명, 남+여) | 185(82+103) **어선** | 32 **어가** | 20
어촌계 | 총 1개 어촌계(소경도) 54명

공공기관 및 시설

공공기관 | 경호초등학교 소경분교(061-665-2569)
전력시설 | 한전 전력 이용 **급수시설** | 상수도 전가구

여행정보

교통 | **배편** | 여수시 신월동에서 출발하는 도선 1척 10회 운항(마을 공동 운영)
특산물 | 피조개, 새조개

30년 변화 자료

구분	1973	1985	1996
주소	전남 여천군 돌산면 소경리	전남 여수시 금호동	좌동
면적(km²)	1.35	0.40	0.42
공공기관	-	파출소 1개	-
인구(명, 남자+여자)	502(261+241)	429(249+180)	254(134+120)
가구수	66	74	66
급수시설	공동우물 6개	우물 12개, 간이상수도 1개	간이상수도 1개, 우물(펌프) 4개
초등학교	1개(60명)	1개 85명	분교 1개(26명)
전력시설	-	한전 78가구	한전 66가구
어선(척, 동력선+무동력선)	40(15+25)	21(20+7)	42(40+2)

＊ 공공기관은 면사무소, 파출소 등 포함

개황 | 야도也島

일반현황

위치 | 전남 여수시 경호동 **동경** 126°42′ **북위** 34°44′
면적 | 0.05km² **해안선** | 1.3km **육지와 거리** | 0.5km(여수시)
가구수 | 3 **인구**(명, 남+여) | 5(3+2) **어가** | 1

공공기관 및 시설

전력시설 | 한전 전력 이용 **급수시설** | 우물(펌프) 3가구

여행정보

특이사항 | 동력선 1척으로 낚시배와 교통수단으로 활용

40

한복 입은 여인에게 홀리다

여수 돌산읍 돌산도

버스가 굴전마을 앞에 멈췄다. 아주머니가 홍합이 가득 담긴 바구니를 들고 힘겹게 버스에 올랐다. 운전기사가 얼굴을 찡그렸다. 주말이라 버스 안은 복잡했다. 관광객들이 많이 오기 때문에 아주머니는 홍합을 평소보다 서너 배 더 바구니에 담았다. 평일보다 몇천원은 더 손에 쥘 수도 있을 것이라는 생각에 운전기사의 눈총도 몸이 힘든 것도 참을 만했다. 홍합 한 자루를 팔면 5천원은 손에 쥘 수 있었다. 버스비 170원, 화물요금 800원, 뱃삯을 제하면 3천원은 남았다. 30년 전 돌산 굴전마을 사람들의 생활이었다. 군내리와 율전마을 사람들이 여수로 나가기 위해서 반드시 지나야 하는 길목이 굴전이다. 교통이 좋지 않던 시절 쉬어가던 주막거리였다. 지금은 사람 대신 겨울이면 흰 고니가 떼를 지어 찾고 있다. 고니 덕에 굴전마을 앞바다는 지방기념물 제43호로 지정되는 호사를 누리고 있다. 자동차는 순식간에 돌산대교를 건너 우두리로 접어들었다.

돌산은 여수와 금오도, 안도, 소리도를 연결하는 중심포구였다. 여수에서 운반해온 비료가 돌산포구를 거쳐 섬으로 운반되었다. 섬에서 운반해온 말린 고구마(절간)는 반대로 뭍으로 옮겨졌다. 군내리에 큰 창고가 많았던 것도 이 때문이다. 돌산대교가 놓이기 전에는 포구와 뭍을 연결하는 3척의 배가 있었다. 그 중 하나가 장배 중복호였다.

장을 보러가는 사람, 장을 보고 오는 사람들을 운반했기 때문에 붙여진 이름이다. 돌산대교 밑 진두마을까지 걸어가 나룻배를 타고 건너는 방법도 있었다. 이 배는 수시로 오갔기 때문에 장배를 놓친 사람들이 이용했지만 시간은 6시간, 반나절이 걸렸다.

돌산도는 돌산현, 식산현, 여산현 등 이름을 갖고 있다. 돌산 최초 군지《여산지》는 "섬 가운데 이름난 팔대명산이 있어 그 이름을 식산이라 하였고 방언에는 섬 가운데 돌이 많은 산이 많아서 돌산이라 칭한다"고 기록하고 있다. 돌산 주변에는 크고 작은 섬이 많다. 섬이 까맣다는 까막섬, 근대섬(금죽도), 북섬, 송아지를 닮은 새앙치섬, 장군모양을 닮은 장군섬, 여수에서 돌산으로 오면서 만나는 첫섬, 시누대가 많은 대섬, 긴 목처럼 생긴 목대섬, 쫄구섬(닭섬), 물고기를 담는 조락을 닮은 조락섬, 해안돌이 하얀 흰섬(노인섬), 솥뚜껑을 닮은 소두병이, 시루떡을 닮은 시루섬, 섬이 작고 가는 솔섬, 밤섬 등 다양하다.

돌산은 여수보다 먼저 설군設郡이 되었다. 향교도 먼저 설치되었다. 군내리 사람들의 자존심이다. 일찍 개교를 했다. "어촌꼬지 농사꼬지는 아니어도 학교는 어떡허든지 보냈어." 여수는 물론 고흥에서도 돌산으로 유학을 왔다. 지금 행세깨나 하는 사람들 중에는 이곳 출신이 많다. 한때 '외촌' 사람들은 군내리 와서는 고개도 들고 다니지 못했다는 소리도 있었다. 돌산에는 농사지을 마땅한 땅이 없다. 오직 바다에 의존해야 했다. 바다에서 번 돈을 자식들 교육에 투자했고 틈틈이 둔전은 물론 멀리 고흥까지 나가 논을 마련했다. 외지사람들이 지주였던 군내리 사람들에게 수(소작료)를 내려고 지게를 지고 골목을 이은 적도 있었다. 다른 마을은 '석달부자'라 했다. 석 달 식량하고 나면 먹을 것이 없었기 때문이었다.

조선의 운명 섬에 달렸다

돌산도는 본래 다리섬과 말뫼섬으로 나뉘어져 있었다. 두 섬을 연결하는 것은 몽돌이었다. 바다가 만들어낸 조화였다. 학술용어로는 '육계사주'라 한다. 제주도와 성산도(포)를 연결하는 것드 영등살에 진도와 모도를 연결하는 것도 같은 원리다. 두 섬이 마주브는 끝자락에 대미산과 소미산이 있다. 유난히 흘러내리는 바위들이 많다. 너덜이라 부르는 애추(崖錐, talus)다. 오랜 세월이 모래를 만들고 몽돌을 만들었을 것이다. 돌산도 동쪽은 파랑의 영향을 직접 받아 연안에 모래와 돌이 많이 쌓여 있다. 바람과 파도의 피해를 막기 위해 솔숲을 조성했다. 여름철 피서객들이 이용하는 방죽포와 무술목 해수욕장과 솔숲은 자연과 인간이 만들어낸 최고의 조형물이다. 옛날에는 무술목에 물이 들면(밀물) 잠기고 쓰면(썰물) 연결되었던 모양이다. 정유재란 때 충무공이 이 지형을 이용해 왜구를 물리쳤다고 전한다. 다리섬 우두리와 여수를 잇는 다리가 1984년에 연결되었다. 옛날에는 나루가 있어 여수로 가는 다리 역할을 했다. 돌산읍의 중심이었던 군내리는 말뫼섬이라 불렀다. 나라에 바치는 말을 길렀던 곳에서 유리한 것이다. 옛지명에는 땅의 생김새와 쓰임새가 고스란히 담겨 있다. 여수 화양면 용주리 돌산진이 1523년 군내리로 옮겨왔다. 남해안어 왜구의 침입이 자주 발생하자 《중종실록》에는 "미조항, 방답, 가리포는 중요한 방어지로 성을 쌓아 남쪽 방어에 신중을 기해야 한다"고 했다. 방답진성은 돌산읍 군내리에 있는 돌산진성을 말하고 미조항은 통영에 있으며 가리포는 완도에 있다. 돌산도 동쪽해안인 임포, 두모포, 월전포, 방죽포 등 15개 지역에는 왜구의 침입을 살펴볼 수 있는 요당소(망산)가 있었다. 모두 방답진성 봉수와 연결되었을 것으로 추정하고 있다. 적의 침입으로부터 전선을 보호하고 출동준비를 할 수 있는 굴강(인공으로 못을 조성해 배를 띄울 수 있게 한 작은 만)이 남아 있다. 여수와 돌산은 모두 순천부에 속했다. 1894년 행정구역 개편으로 돌산군은 1896년, 여수군은 1년 뒤인 1897년에 군이 되었다. 1군 1교 원칙에 따라 돌산 군내리 향교가 설치되어 교육과 행정의 체계를 갖추었다. 군내리라는 지명도 이때 유래한 것이다. 이곳에 고등학교, 중학교, 초등학교가 생겼으니 명실공히 교촌임에 틀림없다.

돌산이 육지였다면 중심은 군내리가 아니라 죽포였을 것이다. 이곳에서 향일암이 있는 임포로 갈 수 있고 군내리로 갈 수 있으며 다리섬 우두리로 갈 수 있다. 섬이었기 때문에 포구를 중심으로 발전했다. 군내리 중심마을은 동내다. 성 동쪽문 안에 있는 마을이라 해서 동내리라 했다. 동내리 포구 앞에서 신석기시대 유물인 조개더미와 집자리 등이 발견되었다. 유적과 유물이 많이 발굴되었던 송도가 방파제 구실을 하고 있다. 천혜의 포구다. 이곳에 방답진성을 쌓은 것도 이 때문이다.

한복 입은 마을신을 뵙다

"동네마다 당집이 있었제. 길나면서 없어져 부렀어." 마을마다 당집이 있었다. 섣달 그믐부터 정월 보름까지 당제, 도제, 당산제, 풍어제, 갯제 등 끝없는 마을축제가 이어졌다. 당산나무와 당집은 뿔뿔이 흩어져 먹고사는 일에 정신없던 사람들을 연결하는 구심점이었다. 신작로가 뚫리면서 당산나무들은 사라졌고 당집은 폐허가 되었다.

"거석을 모르는데 누가 허겄어." 제사 지내는 방법을 모르는데 누가 귀찮게 그걸 하겠느냐는 대동회 회장 전기남(75세) 씨의 말에 모두 고개를 끄덕였다. 흔적만 남아 있는 전통도 언제 중단될지 모른다는 생각이 들었다. 돌산읍의 중심이 되는 마을이 동내리다. 여수 돌산읍 군내리 동내마을에서 주관하던 당산제도 대동회로 바뀌었다. 더 이상 작은 마을에서 감당하기 어려웠기 때문이다. 군내리는 돌산포구를 중심으로 동내, 군내, 서편, 남외 네 마을로 이루어져 있다. 대동회는 네 마을을 아우르는 군내리 자치조직이다.

음력 섣달 그믐날 밤 자시, 동내리 이장과 개발위원장, 마을 어른 몇 명이 웃본산을 오른다. 마을 오른쪽에 위치한 나지막한 산이다. 10여 분 후 솔숲 아래 아담하게 자리한 돌담에 도착했다. 이곳이 본당이라 부르는 당집이다. 마을제사를 지내는 당집이다. 일제강점기는 민족말살정책으로, 해방 후에는 새마을사업으로, 그리그 미신이라는 이름으로 당집들이 사라졌다. 심지어 당집에 예배당이 들어선 섬마을도 있다. 충청도 어느 섬은 당제를 지내는 날 신자들이 올라와 예배를 드리는 풍습이 생겨난 마을도 있다. 섬마을 당제는 용왕제나 갯제와 연결된다. 풍어와 선원들에 대한 안전을 기원하기 때문에 고기잡이가 활발한 일부 어촌에서는 명맥이 유지되고 있다. 간혹 전문가들의 눈에 띄어 문화재로 지정되거나 무대공연용으로 만들어지기도 했다. 당제는 마을안녕과 풍요를 기원하는 의례지만 사물놀이, 춤, 노래가 따르는 마을종합예술이다.

송도에 노을이 내려앉을 무렵 경운기에 제물을 싣고 당집으로 향했다. 대동회 회장, 마을 이장 박정태(57세), 오랫동안 제관을 맡았던 노인, 그리고 나까지 모두 4명이다. 산길을 오르는 데는 지게보다 좋은 것이 없다. 제물을 지게에 지고 산에 올랐다. 노을이 포구를 물들이고 있었다. 노인들은 모두 마스크를 했다. 제사를 지내는 동안에는 말을 하지 않고 정갈하게 모시기 위해서다.

동내리 당집은 돌담과 당집 내부구조가 잘 보전되어 있다. 본당 대문 입구에 '수성문' 이라 적힌 수수한 현판이 걸려 있다. 본강 안에 들

어서면 '영위당靈位堂'이라는 현판과 기부자명단이 적힌 '본당 중수
겸 수성문 건립의연록本堂 重修兼 守城門 建立義損錄'이라는 명문이 걸려
있다. 성을 지키는 문이라니 아무래도 방답진성과 관련이 있는 모양
이다. 돌산 방답진성은 조선 중종 연간에 쌓은 남해안 방어용 전초기
지 역할을 하는 성이다. 둘레가 694보, 높이가 19척이나 되는 제법 규
모가 있는 성이다. 지금은 그곳에 집들이 들어서 그 흔적을 쉽게 찾기
힘들다. 성문은 북문을 제외하고 동서남쪽에 3개가 있었다. 읍사무소
별관으로 이용되고 있는 곳이 동헌자리다. 본당 가운데 한복을 곱게

동네마을 한 켠에 위치한 아담한 당집. 당집 안 가운데에는 모녀삼신이, 좌우에는 수병위패가 있다.

동내리 영위당 당집 안에 모셔진 모녀삼신.

입은 모녀삼신이 모셔져 있다. 왼쪽에는 성황지신城隍之神이, 오른쪽에는 방답진에 근무했던 수병들 위패 15위가 모셔져 있다.

마을이장이 가지고 온 제물을 정성스럽게 진설을 했다. 모녀삼신 앞에 있는 작은 항아리 단지 안에 있는 쌀을 꺼내고 준비해온 새로운 쌀로 바꿨다. 마른명태, 과일, 메, 국, 술, 나물, 떡을 올렸다. 분향한 후 절을 올리고 마을의 평안과 풍농과 풍어를 기원하는 소지를 올렸다. 옛날 도로확장공사를 하기 전에는 본당 뒤쪽에 나무 벅수가 있어 벅수제를 지냈다.

수병과 성황신을 모시는 것은 이해가 가지만 모녀삼신을 주신으로 모시는 것은 무슨 까닭일까. 거기에는 두 이야기가 전해온다. 옛날 이곳에 부임한 원님이 자주 병이나 점을 쳤더니 물에 빠져 죽은 여자 3명 때문이라고 했다. 그 혼령을 위로하기 위해 본당에 모시고 제를 지내게 되었다는 것이다. 다른 이야기는 이곳이 옥녀탄금형국玉女彈琴形局이라 모시게 되었다는 것이다.

풍수지리상 옥녀탄금형이란 '선녀가 비파를 타는 형상' 으로 금학포란형(金鶴抱卵形, 학이 알을 품고 있는 형상)과 함께 길지라 했다. 이곳에 묘를 쓰면 개인은 아주 번성하지만 마을에는 좋지 않는 일이 자주 일어난다고 한다. 옥황상제의 딸인 옥녀가 목욕을 할 수 있도록 성 안에는 3개의 우물을 만들고 옥녀를 마을 수호신으로 모셨다. 그래서 모녀삼신 옆에 성황지신이 있으며 본당을 성황당이라고 하는 것이다.

소찬입니다. 잘 드시고 마을에 아무 탈 없이 보살펴 주십시오. 회장님의 축원은 간결했다.

향일암에 금칠이라니

다리가 놓이면 여수여객터미널의 기능이 이곳으로 옮겨올 것으로 여겼지만 큰 변화는 없는 듯하다. 여전히 대다수의 관광객들은 여수여객터미널을 이용하고 있다. 돌산읍을 찾는 외지인들은 두 부류다. 향일암으로 향하는 관광객과 금천, 작금으로 향하는 낚시꾼들이다. 소리도와 안도 인근 바다까지 나가 갯바위낚시를 한다.

돌산은 해맞이와 해넘이를 함께 할 수 있는 최고의 섬이다. 해맞이 으뜸은 당연히 향일암이다. 일출사진을 찍으려는 사람은 향일암보다는 동쪽 포구마을이 좋다. 해넘이로는 서쪽 금천마을, 항대, 모장, 평사, 도실, 굴전마을까지가 일품이다. 이곳은 굴양식을 많이 하고 있다. 굴구이와 함께 해넘이를 권할 만하다.

농어촌 할 것 없이 모든 지자체는 관광객 유치를 위해 안간힘을 쓰고 있다. 한때 영화촬영장이 인기더니 얼마 전까지 드라마세트장이 주목을 받았다. 이젠 인기 MC를 앞세운 오락프로그램 유치가 대세다. 그 덕에 향일암 근처에 있는 소율마을이 주목을 받았다. 이 마을은 2008년 어촌체험마을로 지정을 받았다. 마을 포구 일부분을 그물로

일출이 아름다운 향일암의 화재 전 모습. 향일암 대웅전은 2009년 화재로 전소되었다.

막아 낚시터를 만들고 민박과 식당도 준비를 했다. 꽃샘추위에도 불구하고 아이들을 앞세운 관광객들이 아침 일찍부터 눈에 띤다. 운영은 마을어촌계에서 한다. 마을 주민들이 하루 4명씩 번갈아가며 근무를 한다. 그렇다고 일당을 주는 것도 아니다. 향일암 가는 길목이라 목이 좋다. 게다가 체험마을로 지정된 첫해, 방송에 소개되면서 사람들이 찾아들었다. 체험거리는 바다낚시, 무인도체험, 통발체험, 그물체험 등이다. 직접 잡은 고기로 회나 매운탕을 끓여 먹을 수 있다.

아무래도 돌산기행의 으뜸은 향일암이다. 기암절벽에 아득히 걸린 대웅전과 관음전은 절집을 좋아하는 사람들에게 로망이었다. 바닷가에 위치한 해맞이장소로 이보다 좋은 곳은 없다. 게다가 절집이지 않는가. 겨우 한 사람이 지나다닐 만한 바위틈을 돌아 나오면 절집이 반긴다. 그런데 이게 어찌된 일인가. 원효대사가 수행한 고즈넉한 사찰을 기대했던 나는 몸을 비틀어 바위틈을 겨우 빠져 나와 절집을 보는 순간 당황스러웠다. 온통 금빛이다. 게다가 남은 절집도 금빛으로 치장할 모양이다. 목탁소리 대신 금빛치장을 위한 보시를 하라는 소리가 귓전에 맴돈다. 절집 곳곳에 거북상이 놓여 있고 어김없이 100원짜리 동전이 올려져 있다. 아뿔싸, 이것도 관광객이 사서 올려놓은 것이란다. 어쩌다 이리 되었단 말인가. 가슴이 꽉 막혀온다. 10여 년 전 새벽에 올랐던 기억이 아련한데. 일출을 보고 내려오던 길에 따끈한 홍합탕을 먹으며 몸을 녹였는데. 절집은 관광객을 상대로 한 위락시설이 되고 말 것인가. 사람들이 끊임없이 올라온다. 앞으로 어떻게 변할지 걱정이 앞선다.

고대구리어업이 활발할 때는 돌산이 흥청댔던 적도 있었다. 싹쓸이어업은 결국 어족자원 고갈과 어선감척으로 이어졌다. 그래도 기댈 곳은 바다밖에 없다. "아직도 돈은 바다에 있어. 바다가 무진장한 보물창고여." 군내리 이장 박씨의 말이다. 젊은 사람들의 귀향을 기대할 수 있는 것도 어장뿐이다. 그렇지만 옛날 방식의 고기잡이는 아니라고 한다. 포구마을의 부활을 위해서는 바다자원의 회복과 함께 어민들의 사고의 전환이 필요하다.

개황 | 돌산도突山島

일반현황

위치 | 전남 여수시 돌산읍 **동경** 127°46′ **북위** 31°37′
면적 | 70.58km² **해안선** | 111.0km **육지와 거리** | 0.4km(송도)
가구수 | 5,918 **인구**(명, 남+여) | 14,811(7,497+7,314) **어선** | 819 **어가** | 931
어촌계 | 총 20개 어촌계(군내, 신복, 작금, 성두, 대포, 방죽, 중앙, 굴전, 평사, 금봉, 상동, 하동, 백초 등) 총 2,086명

공공기관 및 시설

공공기관 | 돌산읍사무소(061-690-2601) 등 다수, 여수농협 돌산지점(061-644-1181) 외 2개 지점
교육기관 | 돌산초등학교(061-644-5131) 외 7개교, 돌산중학교(061-644-1203), 돌산중앙중학교(061-644-6980),
여천실업고등학교(061-644-0207)
전력시설 | 한전 전력 이용
급수시설 | 상수도 4,394가구, 우물(펌프) 1,524가구

여행정보

교통 | 돌산대교 이용, 〈관광선〉 3편 부정기적 운행
섬내교통 | **버스** | 101,108,111,111-1,113 수시운행 **돌산택시** | 061-644-9225
여행 | 방죽포 해수욕장, 무술목 해수욕장, 돌산대교, 은적암, 향일암, 방답진선소, 달암산성, 본산산성, 거북선 모형, 봉수대, 돌산 향교
낚시터 | 섬 주변 사방이 낚시터
특산물 | 돌산 갓김치, 고들빼기
특이사항 | 9번째로 큰 섬으로 1984년 12월 15일에 준공된 돌산대교가 여수반도와 기어져 있다. 돌산대교 준공으로 육지와 교통이 편리하며 매년 1월 1일이면 향일암 일출제를 보기 위해서 전국 각지에서 관광객들이 몰려든다.

30년 변화 자료

구분	1973	1985	1996
주소	전남 여천군 돌산면		전남 여천군 돌산읍
면적(km²)	66.69		70.58
공공기관	-		군청1개, 동사무소 1개 출장소 2개, 파출소 2개, 우체국 2가
인구(명, 남자+여자)	23,345(11,909+11,436)		16,573(8,451+8,122)
가구수	3,651		4,178
급수시설	상수도1, 공동우물 193		상수도시설 1개, 간이상수도 24개, 우물(펌프) 138개
초등학교	12개(4,622명)		11개 1,418덩
중고등학교	2개(863명)		중학교 2개 720명, 고등학교 1개 526명
전력시설	한전 946가구		한전 4,178가구
의료시설	-		병원 1개, 보건소 1개, 보건지소 1개, 보건진료소 5개, 약국 3개
어선(척, 동력선+무동력선)	432(120+312)		908(788+120)

＊ 공공기관은 면사무소, 파출소 등 포함

41

효자 일소와 농사짓기
여수 돌산읍 군내리 송도

"유리창 시 개를 겹쳐 놨는데 안방 침대로 씨려져 부렀어. 나가 없었응께 말아제. 이 세상사람 아닐거이여."

송학호 선실 안은 다섯 아줌마들의 수다로 시끌벅적했다. 학생들 등교를 위해 지은 마을배라 이름도 솔 송에 배울 학자를 써서 '송학호'라 했다. 학생들이 줄어들면서 이 배는 여수를 오가는 마을사람의 발이 되었다.

화제는 태풍이었다. 섬 사람들에게 날씨는 최고의 관심사다. 특히 태풍은 재산은 물론 생사를 결정하게 한다. 최근 무이파 태풍으로 완도 보길도 일대의 가두리양식장이 쑥밭이 되었다. 보험에 들어 있지 않은 어민들이 최대로 받을 수 있는 보상은 5천만원에 불과하다. 자망을 손질하던 할머니의 얼굴에 근심이 어렸다. 지난 매미 때 기억이 새록새록 떠올랐던 것이다. 당시 바람이 심상치 않았다. 침대에 누워 있다 느낌이 이상해 거실로 나가 앉아 있었다. 그때 벼락치는 소리가 들리면서 침대가 있는 안방 이중창이 무너지면서 침대를 덮쳤다. 순식간에 일어난 일이었다. 침대에는 작은 유리가 박혔고 폭풍우로 물침대가 되었다. 태풍이 지나가고 겨우 수습을 했지만 침대는 버려야 했다. 지금 생각해도 아찔했다.

3시 30분에 출발하기 때문에 20분은 더 기다려야 한다. 출발시간을 잘 아는 마을 주민들이 하나둘 타기 시작했다. 교회목사님, 추석을 앞두고 벌초를 하기 위해 타는 아버지와 아들, 수다를 떠는 5명의 어머니들, 다리가 불편한 남자 1명을 태운 송학호가 출발을 했다. 그 사이 고추가 담긴 자루 3개와 과일박스 2개가 들어왔고, 안에 있던 옥수수, 생선이 담긴 박스 2개가 택배기사에 전달되었다. 얼추 송학호가 하는 일이 짐작이 갔다. 한때 수십 명씩 학생들을 태우고 승도와 군내리를 오갔던 배지만 지금은 초등학생은 물론 중고생까지 포함해 5명이 전부다. 이유는 간단하다. 가임연령기인 젊은 사람들이 섬을 빠져 나갔기 때문이다. 송도처럼 도시와 가깝고 가두리양식을 많이 하는 탓에 젊은 사람이 많이 있는 곳도 이런 상황인데 다른 섬은 말할 필요도 없다. 이제 송학호는 섬사람보다 고구마, 옥수수, 고들빼기 등 농산물을 뭍으로 내보내고 각종 택배를 받는 역할을 하고 있다. 주민들 선비는 800원, 외지인은 1천원을 받고 있다. 매년 마을총회를 열어 배를 운항할 사람을 뽑는다. 일부는 여수시 지원을 받지만 전적으로 운항권을 낙찰받은 사람이 책임운영을 한다. 매월 정기적으로 통학하는 주민은 2만원(15일 이상), 낚시꾼은 왕복 5천원, 택배는 1박스 400원, 백미 40킬로그램 400원, 비료, 시금치, 고들빼기 등 20킬로그램 200원 으로 정했다. 하루에 왕복 8회를 반드시 운항하여야 한다. 요즘처럼 기름값이 오르면 선장은 울상이다. 그렇다고 운항횟수를 줄이거나 운임을 인상할 수 없다. 모두 마을총회에서 결의를 해야 하기 때문이다.

선실 벽면에 놓여 있는 긴 의자 두 곳은 수다를 떠는 어머니들 차지이고 한쪽은 내가 앉았고 다른 한쪽은 다리가 불편한 주민이 어머니들이 놓아둔 가방들과 함께 차지했다. 가운데는 택배상자들이 쌓여있다. 목사님과 벌초를 하러 온 부자가 배운전을 하는 선미로 나갔다. 나도 조용히 따라 나갔다. 선장은 30대 후반이나 40대 초반으로 보이는

돌산 군내리와 송도를 오가는 송학호는 택배, 통학, 객선을 겸한 주민들의 손발이다.

젊은이였다. 선미에도 긴 나무의자가 놓여 있었다. 장판을 깔아 놓아 빗물이 고여 있었다. 선장이 한 손으로 키를 잡고 다른 손으로 황급히 수건으로 물기를 닦아내며 앉기를 권했다. 배는 군내리 위판장 포구를 빠져 나왔다.

"사발이(불가사리)가 너무 많이 자라서 바다가 엉망이야. 옛날 고대구리로 긁어 줄 때가 나았어. 그때는 바닥에서 냄새도 나지 않고 고기도 많았다니까." 다리가 불편한 주민이 하는 말이다. 듣고 있던 목사님이 거들었다. "현장을 와보지 않고 탁상행정을 하기 때문에 그래요. 일본처럼 해야 한다니까요." 설교조의 톤이었다. 벌초를 하러 가던 출향 주민이 한 마디 했다. "옛날에는 학생들이 30~40명씩 타고 다녔는데요. 지금은 많이 줄었죠." 다리가 불편한 주민이 자리를 고쳐 앉으며 이야기했다. "5명 밖에 없어. 옛날 고대구리배 할 때는 노인들도 나가면 하루에 30~40만원을 벌었으니까. 여수경제가 활기찼지." 서로 선후배 사이인 것 같았다. 목사님의 설교가 이어졌다. "기업들이 농어촌에 공산품 팔아먹고 돈 벌어서 외국에서 농수산물 사와서 싸게 파니까, 섬사람들 살 수가 있겠어요. 대한민국이 이런 나라요."

송도에만 고대구리배가 수십 척이 있었다. 고대구리어업은 노무현정부 들어 부정어업으로 전면금지되었다. 그전까지 돌산읍은 물론 여수시내 경기까지 들썩들썩했다. 고대구리는 바닥을 그물로 긁기 때문에 작은 고기까지 잡는 '싹쓸이어업'이라 부정어업이라는 불명예를 달았다. 하지만 통발을 비롯해 각종 어구와 쓰레기들도 건져내며 바닥을 뒤집어줘 저층에 사는 고기들 서식환경이 매우 좋았다는 것이 어민들 이야기이다. 오히려 고대구리어업을 금지한 후 뻘이 쌓여 썩고 각종 어구들이 쌓여 고기들이 없다는 것이다.

동쪽 끝을 돌아서자 가두리양식장이 펼쳐졌다. 송도는 앞 장구섬을 기준으로 좌우로 양식장이다. 양식장물고기들에게 사료를 주는 주민들 옆에 왜가리와 백로가 앉아 있다. 수시로 장구섬과 양식장을 오가는 녀석들이다. 쫓는 것도 한계가 있다. 언제부턴가 새들이 양식장을 넘볼 수 없게 그물을 덮었다. 그래도 녀석들은 양식장 주위를 맴돌며 호시탐탐 기회를 엿본다.

운이 좋았다. 배에서 내리자마자 이문길(1939년생) 이장님을 만났다. 선창에서 내려 골목길을 따라 마을회관으로 들어섰다. 송도는 동서로 길게 늘어서 있고 서남쪽에서 고개를 넘어 서북쪽까지 마을이 형성되었다. 주민들은 장구섬이 방파제 역할을 하는 선창을 동쪽 선창, 반대편을 서쪽 선창이라 부른다. 송학호는 동쪽 선창에 닿는다. 송도에 실제 거주하며 사는 주민은 모두 67호에 섬에서 밥 먹고 사는 사

람이 190명이란다. 이중 20여 가구가 가두리양식을 하고 있으며, 문어 건지(외줄낚시)를 하는 배가 8척, 삼치잡이를 하는 배는 5척이다. 농사만 짓는 집도 36호에 이른다.

마을을 기준으로 동쪽 구릉은 전부 일궈 밭을 만들었다. 특히 군내리와 마주보는 동쪽은 군내리 사람들이 농사짓는 땅이다. 지금도 송도의 절반 군내리 쪽(돌산읍 쪽)은 송도 주민들보다 군내리 사람들이 소유하고 있다. 송도사람들은 섬 서쪽 마을에 땅을 갖고 있다. 이들은 농사를 짓기 위해 진선조합을 만들어 군송호라는 배를 운항했다. 농사를 짓는 사람들이 배를 짓고, 추렴을 해 선장 월급을 주었다. 군내리 주민은 물론이고 소를 싣고 송도로 건너와 농사를 지었다. 그 배는 지금도 군내리 선창에서 어선으로 운항중이다. 송학호를 운항하였지만 급한 일로 송도사람들이 이용할 때는 500~1천원을 선장 손에 쥐여 주고 얻어 타기도 했다.

송도에도 고구마와 옥수수가 주식이었던 시절이 있었다. 구릉지 밭에 심기 좋은 마늘과 콩은 빼놓을 수 없는 작물이었다. 팔아서 돈으

348

로 바꿀 수 있는 작물로 잠시 고들빼기 농사도 지었다. 지금은 대부분 밭이 묵혀졌다. 선산에 벌초를 하러 온 부자가 배 안으로 들어왔다. 밭에 칡넝쿨이 자라서 머지 않아 선산에 가기도 힘들겠다고 했다. 벌초는 힘들지 않는데 그곳까지 가는 길이 너무 어렵다는 것이다. 예전에 한 뙈기 밭을 마련하기 위해 비탈진 산을 개간하고 어른 키보다 높은 축대를 쌓아 흙을 넣고 땅을 넓히던 시절에 비하면 격세지감일 것이다. 지금도 주민들이 가장 많이 심는 작물은 옥수수와 고구마일 것이다. 마늘과 콩도 빼놓을 수 없다. 고구마를 많이 심는 데는 이유가 있다. 비탈진 자갈밭에 농사를 짓기 위해서는 반드시 소가 필요했다. 송도에 농사짓는 사람이 30여 집이다. 트랙터는 고사하고 경운기도 없다. 있어도 비탈밭에 사용하기는 어렵다. 유일한 농기계는 관리기이다. 작기 때문에 돌이 없는 밭 로타리를 치고 골을 만들 때 요긴하다. 지금도 송도에서 농사를 짓기 위해서는 일소가 효자다. 모두 3마리가 있다. 일소 외에 비육우나 송아지를 목적으로 키우는 소는 모두 20여 마리에 이른다. 봄철에 밭을 갈기 위해 일소를 빌리면 반드시 고구마를 수확하고 난 후 줄기를 말려 일소 주인에게 가져다 주어야 한다. 혹은 일소 주인이 일손이 필요할 때 품앗이를 해야 한다. 이것은 송도에서 오랫동안 유지되어 온 농사관행이다. 비슷한 관행은 여수 작은 섬에서 곧잘 볼 수 있다.

양식어업을 하지 않던 시절 송도사람들은 낙지를 잡고 살았다. 노를 젓는 배를 이용해 50여 호가 낙지주낙(연승)을 하기도 했다. 가을에 시작해 겨울과 봄까지 낙지잡이를 했다. 한 번 낙지잡이를 갔다 오면 쌀 몇 가마는 쉽게 벌 수 있었기 때문에 쌀농사가 없는 섬사람들에게 낙지는 쌀과 바꿀 수 있는 유일한 생선이었다. 낙지주낙을 위해 '찔룩게(칠게)'를 뭍에서 사왔다. 여수 낙지는 찔룩게보다는 돌짱게(무늬발

가막만 끝자락에 있는 송도 앞바다는 문어가 많다. 문어단지를 바다에 던지는 어부의 손길이 바쁘다.

게, 풀게)가 훨씬 잇감으로 좋지만 잡기 어렵기 때문에 대신 찔룩게를 이용했다. 낙지주낙도 직접 만들었다.

이장님으로부터 섬이야기를 자세히 듣고 서쪽 선창으로 향했다. 넘어가는 고갯길에 돌산초등학교 송도분교가 있다. 아쉽게도 2010년에 문을 닫았다. 한때 학생수만 100여 명에 이를 정도로 북적댔던 학교는 일반인의 출입을 금하는 경고문이 세워져 있었다. 1회 졸업생들이 기증해 새긴 교명이 교문에 아직도 남아 있다. 학생들이 수없이 오르내렸을 계단에는 마삭줄이 자리를 잡았다. 보통 섬마을 학교는 바다를 바라보는데 송도분교는 계단을 오르자 교회가 한눈에 들어왔다. 이곳도 학교부지는 주민들이 기증했다. 폐교된 지금 학교는 교육청 재산이 되었다. 주민들은 학교를 매입해 마을공공기관으로 이용하려

350

고 노력중이다.

　학교에서 나와 서쪽 선창길로 내려갔다. 이곳 선창은 동쪽에 비해서 규모가 작다. 뿐만 아니라 북서계절풍에 영향을 크게 받을 것같다. 그래서일까. 정박되어 있는 배는 단 2척뿐이었다. 등쪽 선창의 북적거림에 비하면 한산하기 그지없다. 다시 오던 길을 되돌아 동쪽 선창으로 발길을 옮겼다. 긴 장대 2개를 꽂은 배 주변에 열댓 명의 아주머니들이 모여 있었다. 삼치잡이배가 들어온 모양이다. 오늘 첫 출어를 했다는 주민은 잡은 삼치를 동네사람들에게 하나씩 나눠 주고 있었다. 삼치를 잡으려면 여수 끝섬 소리도까지 나가야 한다. 배로 두어 시간은 가는 거리다. 새벽에 나가 오후 5시 무렵에 돌아온 것이다. 많이 잡지는 않았지만 첫 출어이기 때문에 위판을 할 큰 삼치만 남겨두고 마을 주민들에게 1마리씩 나눠 주고 있었다. 보통 많이 잡는 사람은 10뭇(100마리)도 잡는다고 했다. 내게도 한사코 1마리 주겠다는 것을 사양했다. 갖고 가고 싶은 마음은 있었지만 곧바로 집으로 갈 수 없는 형편이라 아쉬웠다.

종고산(198.9미터) 아래 진남관이 있고 뒤에 있는 산은 마래산(385.2미터)으로 보인다. 조선초 내례포(內禮浦)라 했으며 수군만호를 두었다. 이후 좌도수군절도사영과 삼도수군통제영까지 증설되었다. 현재 매립되어 시가지와 공원이 조성되어 있다. 사진 좌측에는 금오도, 안도, 연도는 물론 거문도, 손죽도, 초도, 거문도 등을 오가는 연안항로의 출발점인 여수여객터미널이 있다. 이곳에 연안항로가 개설된 것은 1907년이다. 매일 기선이 부산을 오갔고, 목포와 여수를 오가는 뱃길도 있었다. 동쪽으로는 자산공원과 여수항 그리고 여수세계박람회장으로 이어져 있다.

사진은 《전남사진지全南寫眞誌》[목포신보사, 1917년]에서 인용.

개황 | 송도松島

일반현황

위치 | 전남 여수시 돌산읍 군내리 **동경** 127°46′ **북위** 34°37′
면적 | 0.91km² **해안선** | 5.8km **육지와 거리** | 1.2km(돌산읍 군내리)
가구수 | 87 **인구**(명, 남+여) | 241(112+129) **어선** | 82 **어가** | 42
어촌계 | 총 1개 어촌계, 송도 82명

공공기관 및 시설

공공기관 | 송도보건지소(061-666-9363)
교육기관 | 돌산초교 송도분교(061-665-0378)
전력시설 | 한전 전력 이용
급수시설 | 상수도 전가구

여행정보

교통 | **배편** | 송학호(돌산 군내리에서 출발) 1일 8회 운항
낚시터 | 해안가

30년 변화 자료

구분	1973	1985	1996
주소	전남 여천군 돌산면 송도리	좌동	전남 여천군 돌산읍 군내리
면적(km²)	1.43	0.91	0.91
인구(명, 남자+여자)	638(355+283)	622(351+271)	509(233+226)
가구수	92	109	98
급수시설	공동우물 3개	우물 45개	간이상수도 1개, 우물(펌프) 44개
초등학교	1개(78명)	분교 1개 64명	분교 1개 14명
전력시설	-	한전 109가구	한전 98가구
의료시설	-	-	보건진료소 1개
어선(척, 동력선+무동력선)	42(27+15)	44(24+20)	85(80+5)

맘대로 담배필 수 있어 좋아

여수 돌산읍 금죽도

"여기 옹께 만고에 편하요. 젊었을 때는 술집 간내들하고 있고, 다방
에도 가고 했지만 늙으니까 기운 없응께 누가 오라고 합니까. 여기 옹
께 만고에 편하요."

섬면적은 3만3천 평이다. 이중 김노인의 땅은 5천 평이다. 나머지
는 서울 투기꾼들이 구입했다. 땅을 사두고 와본 사람이 1명도 없다.
금죽도에는 김재윤(82세) 노부부가 상주하며 간혹 아들 부부가 찾는
다. 집도 2채가 전부다. 아들 집은 최근에 1층 양옥집으로 지었다. 김
노인에게 외딴 섬에 사는 이유를 묻자, 대답이 의외로 단순했다. "담
배를 맘대로 피울 수 있잖아." 여수 아파트 어디 길가에서 담배를 맘
대로 피겠냐는 것이다. 끽연가들은 그 심정을 이해할 수 있을 것이다.
술자리에서도 담배를 피려면 밖에 나가서 피고 들어와야 하며 밖에
서도 주변 사람들 눈치를 봐야 하는 실정이다. 할아버지는 10살때 섬
을 떠났다. 여수에서 초등학교를 다녔고 여수공고를 1회로 졸업했다.
군대 갔다 와서 봉급생활도 해보고 장사도 해봤다. 6남매를 키우고
공부시키고 결혼시킨 후 미련없이 고향으로 들어왔다.

할머니는 갯것을 하기 위해 갯벌에 나가시고 할아버지만 마루에
앉아 드는 볕을 벗삼아 담배를 피고 계셨다. 노인이 태어난 곳은 지금
살고 있는 집 위쪽 대나무밭이라고 했다. 무성하게 자란 대나무밭에

섬에는 우물이 세 개나 있다. 작은 섬치고 물이 좋아 식수 걱정을 하지 않는다고 했다.
눈앞이 여수 돌산읍 군내리지만 절도나 다름없다.

서 흔적을 찾기가 쉽지 않다. 섬에는 우물이 3개나 있다. 작은 섬치고 물이 좋아 식수 걱정을 않는다고 했다. 눈 앞이 여수 돌산읍 군내리지만 절도絶島나 다름없다. 여객선이 없는 것은 물론이고 누가 소식을 전해주기 전에는 마을소식을 접할 기회가 없다.

섬을 한 바퀴 돌아보기로 했다. 생각보다 둘레길이 잘 만들어져 있다. 김노인의 아들이 중장비를 가지고 직접 만들었다고 했다. 길 양쪽으로 참나무들이 빼곡히 들어차 낙엽길을 만들었다. 바스락바스락거리는 소리가 유난히 컸다.

섬을 한 바퀴 도는 데 10여 분이나 걸릴까. 해찰을 부리며 돌았더니 30여 분이 금새 지났다. 큰아들이 사는 집 아래쪽은 바다다. 멀리서 할머니가 허리를 굽히고 파래도 뜯고 고둥도 잡고 계셨다. 다가가 인기척을 내자 깜짝 놀라신다.

한 달 내내 며느리나 아들 아니면 찾는 사람이 없는 고즈넉한 섬에 예닐곱 명의 장년들이 갑자기 나타났으니 놀라우면서도 반가웠던 모양이다. 바위밑을 뒤적뒤적 하더니 해삼 몇 마리를 꺼내 준다. "내장은 빼불고 드시다." 내가 익숙하게 이로 꽁지를 잘라내고 말랑말랑한 몸통을 누르자 내장이 쏙오옥 빠졌다. 짭짤하면서 오도독오도독 씹히는 맛과 함께 봄을 가득 담은 바다냄새가 났다. 금오도에서 만났던 할머니도 처음 만난 나에게 해삼을 잡아 주시고 먹는 방법도 일러주셨다. 긴 장대에 낫을 감아 물속 미역을 뜯던 할머니는 몸이 아파 갱번에 나온다고 하셨다. 처음엔 그 말이 무슨 말인지 이해를 못했다. 몸이 아프면 쉬거나 병원엘 가야지 왜 바닷가에 일을 하러 나가지. 그런데 나의 어머니도 그러셨다. 밭에서 일을 하면 덜 아프다고. 하물며 수십 년 물때에 맞춰 갯바람을 맞고 생활한 할머니에게 바다는 치료약이었던 모양이다.

할머니는 올해 80살로 곽수엽 어르신이다. 여수시 문수동이 친정이다. 할아버지를 만나 작은 섬으로 오게 되었다. 할아버지 밉지 않냐는 말에 이 나이에 밉고 안 밉고 그런게 어딨어 하셨다. 또 쓸데없는 질문을 하고 말았다.

갯가에서 할아버지가 빨리 나오라고 하신다. 이거 키조개 아닌가. 일행 중 한 사람이 갯벌에 머리를 처박고 물구나무를 선 키조개를 보고 소리쳤다. "여기도 있어." 다른 일행도 외쳤다. 모두들 키조개 찾기에 빠졌다. 곳곳에 키조개들이 자라고 있었다. 물속에서 키조개를 촬영한 것을 본 적은 있지만 물이 빠진 갯벌에서 직접 보는 것은 처음이었다.

그새 물이 많이 빠졌다. 들어올 때도 배를 바지선에 묶고 바지선에

서 작은 뗏마에 한 사람씩 올라타고 상륙을 했었다. 그런데 이제 바지
선도 움직이기 어려울 만큼 물이 빠졌다. 어찌하나 아직 맨발로 물속
에 들어가기는 제법 차가운 날씨다. 징검다리를 몇 개 놓고 어렵사리
바지선에 올랐다. 할아버지는 그 사이 선창까지 배웅을 나오셨다. 귀
가 어두워 큰 소리로 이야기해야 대화가 되는데 두 손을 흔들며 인사
를 했다. 할아버지 등 뒤로 뉘엿뉘엿 해가 진다.

개황 | 금죽도金竹島

위치 | 전남 여수시 돌산읍 금봉리 동경 124°22′ 북위 37°40′
면적 | 0.11km² 해안선 | 1.6km 육지와 거리 | 4.9km(여수시)
가구수 | 2 인구(명, 남+여) | 4(1+3) 어선 | 1 어가 | 1

전력시설 | 자가 발전
급수시설 | 우물(펌프) 1개소

교통 | 배편 | 여수 신월동 선착장에서 요구시 소경도를 거쳐 운항

30년 변화 자료

구분	1973	1985	1996
주소	전남 여천군 돌산면 금죽도리	전남 여천군 돌산읍 금봉리	좌동
면적(km²)	0.14	0.11	0.11
인구(명, 남자+여자)	38(20+18)	5(3+2)	2(1+1)
가구수	5	2	1
급수시설	-	우물 3개	우물(펌프) 1개
전력시설	-	한전 2가구	한전 1가구
어선(척, 동력선+무동력선)	4(1+3)	3(1+2)	1(0+1)

43

모정의 뱃길 3만리
여수 경호동 가장도

"옛날에는 노 저어서 다녔지. 가장도 그것이 현실이야. 영화도 나왔고. 국동이 아니고 시내에 초등학교가 있었어. 국동어는 없었으니까. 옛날처럼 노저어서 가면 30분 걸려. 바람불고 그러면 가지도 못하고. 1960년대일 거야. 영화 나온 것이."

소경도 여객터미널 바로 앞에 있는 섬이 불무도(야도)다. 그 뒤에 가장도와 풍낙도가 있다. 가장도는 소경도와 불무도 사이에 있는 섬이다. 지금은 그 섬에 사람이 살지 않는다. 큰 섬도 젊은 사람은 도시로 나가고 나이든 사람은 섬에 묻혀 무인도가 되고 있는데 1960년대에는 단 두세 가구만 살던 섬이었는데 오죽하겠는가. 그런데도 그 섬에 가보고 싶었다. 우연한 기회에 보게 된 영화 〈모정의 세월〉 때문이다. 1960년대 어머니의 진한 모정 때문에 전 국민의 심금을 울렸던 영화이다. 그 주인공이 살았던 섬 가장도는 가쟁이섬이 한자지명으로 바뀌면서 붙여진 이름이다.

1962년 2월, 여수의 어느 남초등학교 졸업식에서 '6개년 개근상'을 받는 13살짜리 딸과 그의 어머니가 받은 '장한 어머니상'으로 졸업식장은 울음바다가 되었다. 이들 모녀는 학교에서 3킬로미터 떨어진 외딴 섬 가장도에 살았다. 집이 3채 밖에 안 되고 주민은 겨우 20명 남짓하여 육지에 일을 보기 위해서는 직접 만든 배를 타고 갈 수밖에 없는 형편이었다. 그래서 가장도 사람들은 학교교육은 감히 생각도 못했다. 하물며 딸을 교육시킨다는 것은 상상도 못하던 상황이었다. 딸이 7살이 되자 어머니는 남편과 의논했지만 예상대로 단호하게 반대했다. 사실 학교에 다니는 걸 허락해도 무슨 수로 누가 20리가 넘는 먼 뱃길을 6년간 다니겠는가. 가장도에서 교육을 받은 사람이 한 사람도 없었다. 어머니는 몰래 딸을 데리고 육지의 학교에 입학시켰다. 그리고 직접 노를 젓는 법을 배워 비가 오나 눈이 오나 6년 동안 작은 배의 노를 저어 딸을 학교에 보냈다. 졸업식날 딸은 어머니가 고마워서 울었고 어머니는 딸이 대견스러워 울었다.

이러한 내용이 1963년 2월 14일자 〈한국일보〉에 '모정의 뱃길 3만 4천리' 라는 제목의 기사로 소개되었다.

노 젓는 어머니와 단발머리의 초등학생 소녀. 눈비가 오고 풍랑이 와도 모녀의 나룻배는 6년 동안 단 하루도 거르는 날이 없었다. 졸업식날, 학교에서는 6년 개근상을 탄 소녀의 어머니에게 '장한 어머니상' 을 드렸다. 친구와 아우들과 선생님과 정든 교실과 한꺼번에 헤어지는 마지막날은 나룻배 모녀의 사연으로 더욱 숙연했다.

"빛나는 졸업장을 타신 언니께……"

'졸업식의 노래' 첫 구절처럼 소녀의 졸업장이 빛나는 것은 그 어머니의 지극정성과 그것도 학교 문턱을 넘어본 사람이 없는 외딴섬에서 처음 생긴 남다름에 있었다. 섬에 집이라곤 세 가구에 스무 명 안 되는 사람들이 모여 살았다. 작은 통통배조차 오지 않는 곳이라 섬사람들은 장을 보거나 다른 볼일을 보러 나룻배로 육지를 건너다니곤 해서 아이들이 커도 학교에 보내는 것은 엄두조차 내지 못했다. 그러나 이 어머니는 비록 딸자식이지만 가르쳐야 한다고 마음을 먹었다. 아버지는 펄쩍 뛰며 반대했다. 딸을 학교에 넣어본들 20리나 되는 바닷길을 무슨 수로 왕래하느냐는 것이었지만 모진 결심으로 딸을 입학시키고야 말았다. 전기도 시계도 없는 섬마을에서 새벽어둠에 딸을 깨워 밥을 먹이고 나룻배를 저어 학교에 보내고, 공부가 끝날 때면 다시 가서 데려오곤 했다.

어머니의 나룻배는 강풍이 불어도 눈보라가 몰아쳐도 단 하루도 쉬지 않았다. 어머니의 일은 그것뿐이 아니었다. 병든 남편을 대신해 농사도 도맡아 했다. 농번기에는 소를 빌려 논밭일을 하고, 장이 서는 날에는 채소를 팔아 생필품을 사고 아버지의 약도 사왔다. 그래도 어머니는 공부하는 딸이 대견스럽기만 하서 육신의 고달픔을 모르고 6년 세월을 훌쩍 넘겼고, 그 세월 동안 모정의 뱃길을 손꼽아 보니 3만4천리를 헤아렸다.

"잘 있거라 아우들아 정든 교실아……."

1962년 매서운 추위가 가시지 않은 2월, 목포의 한 초등학교 졸업식은 신문보도를 통해 널리 알려져 많은 사람들의 눈시울을 적셨다.

1962년 당시 박정희 의장이 육영수 여사의 부탁을 받고 모녀를 만나 더욱 널리 알려졌다. 이후 영화 〈모정의 뱃길〉과 라디오 연속극도 만들어졌다. 영화주제가 '사랑의 뱃길 삼만리'라는 노래도 만들어져 백설희와 황금심이 부르기도 했다. 그 노랫말이다.

가장도 바닷바람 휘몰아쳐도
어머님 약한 팔에 노를 저었소
6년을 하루같이 어린 딸 위해
사랑의 뱃길 3만리

눈물의 뱃길 3만리

장하신 우리 엄마

그 은혜를 저는 압니다.

여수 남초등학교 졸업장을 들고

내 딸을 얼싸안고 나는 울었소

외로운 섬 속에도 봄철은 왔소

동백꽃 곱게 피는데

물새는 노래를 하는데

오늘도 노를 저어

너를 학교에 보내어 주마

사랑의 뱃길이라 몇만리라도

딸 하나 엄마 하나 같이 가려오

가난은 할지라도 희망은 있소

굳세게 살아가리라

바르게 살아가리라

하느님 우리 모녀

영원토록 지켜 주소서

1968년 3월 23일 〈경향신문〉에는 '모정의 뱃길 정양 서울에 취직'이라는 제목으로 기사가 실렸다.

모정의 뱃길의 주인공 정숙현 양(19세, 전남 여천군 돌산면 경호리 가장도)이 상경, 풍원실업(무교동 25)의 신입사원으로 23일 상호 첫

돋보기

母情의 뱃길 서울에就職 김丁양

◇…「모정의 뱃길」 丁淑賢양(19·全南麗川군돌산면경호리 가정도)이 상경, 豊源실업(무교동25)의 신입사원으로 23일 상오 첫출근했다. 이부양은 어머니 朴承伊씨(40)와 사장 丁光鎭씨(38)등의 격려를 받으며 첫펜을들자 잠시 감격의 눈물이 글썽—.

◇…丁양이 이회사에 취직하게된 것은 지난 1월 대학에 진학 못하는 사연을 신문을 통해 알게된 丁사장이 丁양의 모교인 여수여교 장 金甲씨에게 연락, 취직시켜주고 야간대학에 보내겠다고 나선데서 비롯됐는데 丁양은 여수에서 「뱃길로5리 나 떨어진 가정도에서 자라 12년간을 어머니가 젓는 나룻배를 타고 여수시내국민학교, 중고교를 다녔고 어머니는 62년에 장한 어머니로 상을 받기도—.

◇…희망의 첫발을 내디딘 丁양은 섬안에 집이두 채밖에없는 가정도의 생활을그린「고독의세월은흘러도」를 곧 발표하겠다고—.

모정의 뱃길로 알려진 丁양이 첫출근, 丁사장(오)과 어머니가 흐뭇해한다

출근했다. 이 날 정양은 어머니 박승이 씨(40세)와 사장 정광진 씨(38세) 등의 격려를 받으며 첫 펜을 들자 잠시 감격해 눈물이 글썽.

정양이 이 회사에 취직하게 된 것은 지난 1월 대학에 진학 못하는 사연을 신문을 통해 알게 된 정사장이 정양의 모교인 여수여교 교장 김갑에게 연락, 취직을 시켜주고 야간대학을 보내겠다고 나선 데서 비롯됐는데 정양은 여수에서 뱃길로 5리나 떨어진 가장도에서 자라 12년간을 어머니 가 젓는 나룻배를 타고 여수시내 초등학교, 중고교를 다녔고 어머니는 62년 장한 어머니로 상을 받기도.

희망의 첫발을 내디딘 정양은 섬 안에 집이 두 채밖에 없는 가장도의 생활을 그린 '고독한 세월을 흘러도'를 곧 발표하겠다고.

2004년 7월 8일 〈한국일보〉에 '모정의 뱃길 주인공 정숙현' 씨가 다시 소개되었다.

내 어머니 박승이는 그렇게 6년간 전남 여천군(현재 여수시) 가장도에서 목포(여수를 잘못 기억한 것으로 생각됨)까지 20리 바닷길 노를 저었다. 시계는커녕 수탉도 없던 새벽, 어머니는 오직 바람소리와 파도소리로 그날의 날씨를 가늠하며 조각배를 띄웠다. 초등

학교 3학년 때 태풍 사라로 산산조각이 난 배의 파편을 안고 통곡했던 어머니, 한겨울 추위에 갈라진 손등으로 여자도 배워야 한다는 일념만으로 파도를 헤쳐 나가던 어머니였다. 말로는 표현 못할 6년의 세월. 마침내 졸업식날이었다. 어머니는 박수갈채와 울음바다 속에 '장한 어머니상'을 받았다. 그리고 당시 우리의 사연을 취재했던 〈한국일보〉 이문희 기자로 인해 '모정의 뱃길 3만4천리'는 전국 방방곡곡에 알려지며 우리 모녀는 한국일보와 인연을 맺게 됐다. 1962년 2월 14일자로 날짜까지 정확히 기억한다. 그때 받은 격려 편지는 국내외에서 하루 200통 이상이었다. 얼마 지나지 않아 〈모정의 뱃길〉이란 이름으로 영화가 만들어졌고 어머니를 소재로 한 노래도 불려졌다. 라디오 연속극까지 만들어졌다. 당시 박정희 대통령이 여수에 내려와 어머니와 나를 격려하며 장학금을 주던 일을 잊을 수 없다. 이제 아이 세 명을 키우는 나는 당시의 어머니보다 나이가 많다.

뭍에서 걸어 들어가는 섬

여수 시전동 장도

바다로 둘러싸여야 섬이다. 한 곳이라도 뭍과 연결되거나 바닷물이 미치지 않는다면 섬이 아니다. 경기도 제부도가 대표적이다. 그런 곳이 어디 제부도뿐이겠는가. 그런데 여수 도심 한가운데 매일 물이 갈라지는 바닷길이 있는 것을 아는 사람은 드물다. 여수시 시전동에 있는 장도다.

장도는 옆에 무인도인 가덕도와 함께 시전동에 있는 선소(배 만드는 곳, 즉 조선소)를 가려주고 바람과 파도를 막아주는 역할을 했다. 여수에서 이순신이 거북선을 만들었다고 하는 선소는 돌산군 군내리 방답진에 있는 선소, 전라좌수영이 있던 중앙동에 있는 선소, 그리고 시전동 선소 등 세 곳이 있다. 이 중 시전동에 있는 선소는 거북선을 만들던 굴강, 무기를 만들던 대장간 등을 복원해 재현해 놓고 있다. 《난중일기》에 순천부 선소로 기록되어 있으며 《여지도서》에도 순천부 지도에 현 위치를 선소라 표시하고 있다. 선소시설로 선소창, 수군기물을 보관하는 수군기가 있다. 이곳을 장생포라 했는데 입구에 판옥선을 매었을 것으로 추정되는 선박접안시 계류용 밧줄을 묶는 계선주도 있다. 주변에서 여러 개의 돌벅수가 발견된 것으로 보아 바다로 나가는 입구에 있던 벅수로 추정하고 있다. 선소는 1995년 국가사적 제392호로 지정되었다.

선소 앞에 있는 장도는 무인도였으나 1932년 정채민이라는 사람이 입도하여 거주하기 시작했다고 전한다. 당시에는 여천군 돌산면 경호리에 속했지만 1973년 돌산면이 여수시로 편입되면서 장도는 여천군에 속하였다가 1988년 삼려통합으로 시전동에 편입됐다.

노둣길은 몇백미터에 불과하지만 물길이 매일 바뀌기 때문에 아이들이 초등학교 다닐 때는 코 앞에 방을 얻어 두집 살림을 했다. 예나 지금이나 당산나무 아래 우물은 변함이 없지만.

노두로 연결된 시전동에 있는 아파트는 여수시에서 평당 분양가격이 가장 비싼 아파트다. 맞은편 소호동 아파트는 호수같은 가막만과 여수 야경이 한눈에 들어오는 경관이 가장 좋은 곳이다. 장도는 그 가운데 위치해 있다. 주변의 아파트 숲속에 호수 같은 바다 가운데 있는 섬이다. 물이 빠진 노두 위로 총알고둥이 올라와 자리를 잡았다. 녀석들은 물 없이 달포도 지낼 수 있다. 노두를 건너자 한적한 마실길을 점령한 바위게들이 갑작스레 나타난 인간들을 보고 혼비백산 바위틈으로 숨어 눈자루를 두리번두리번거렸다. 섬이라고 해야 큰 학교 운동장 크기에도 미치지 못할 만큼 작다. 작은 섬이지만 논농사도 밭농사도 짓고, 배를 정박할 선창도 있다. 욕심 같아서는 해양생태학습장으로 활용하면 정말 좋겠다는 생각을 했다. 따로 조성할 필요도 없이 주변이 모두 학습장이다. 민가 두어 채는 그대로 리모델링해서 전시관으로 활용하고 선착장을 예술적인 감각으로 재구성하면 그대로 설치작품으로 활용해도 손색이 없다. 마을 뒤에 있는 작은 야산은 바다에 떠 있는 도시숲으로 바꾸어 새들이 모여들고 밤에는 별을 관찰하며 다양한 프로그램을 운영하는 공간으로 이용하면 어떨까.

*진섬과 장도

진(전라도말로 길다는 뜻) 섬이라 해서 장도라 했다고 하지만 어딜 봐도 긴 섬 같아 보이지 않는다. 폭에 비해 길이가 길어서 그랬을까 다섯 가구 십여 명은 언제 터전을 비워 두어야 할지 모른 채 하루하루 생활하고 있다. 아트 커뮤니티 사업의 일환으로 여수 망마산, 장도, 고락산 일대에 국제 규모의 공연장과 전시실 등 대형 문화공간[240여만 제곱미터(약 75만 평)]을 계획하고 있다. 이 프로젝트는 여수시가 용지매입을, GS칼텍스가 사회공헌사업의 하나로 시설물공사를 맡아 추진하고 있다. 장도에는 카페테리아와 상설전시장이 계획되었다.

광양시

광양시
45 금호도
46 태인도

섬에 제철공장이 들어오다

광양시 금호도

축문을 읽는 동안 까치가 요란하게 울어댔다.

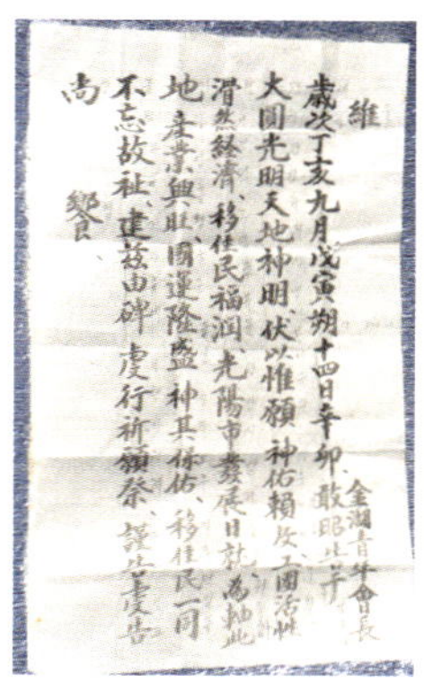

대원광명천지 신령님 엎드려 원하오니, 천지신명께서는 굽이 살피고 도우셔서, 광양제철소가 활성화되고 경제가 윤활유처럼 잘 돌아, 이주민의 복이 윤택하며, 광양시가 일취월장 발전하여, 산업이 왕성하고, 국운이 강해질 수 있도록, 천지신명께 도와주시길 비옵니다.

우리 이주민 일동은, 옛 고향을 잊지 못하고 이 비를 세우고, 정성을 다하여 경건하게 제를 올리오니, 삼가 흠향하시기 바랍니다.

고향을 잃고 편하게 영면하지 못하던 원혼들이 가족과 친척과 동네 사람들을 만나기 위해 이주민의 탑 주위로 모여든 모양이다. 이주민의 탑은 2006년 10월 24일 금호도에 살던 옛 이주민들이 고향땅에서 죽은 혼령들과 살아남은 이주민들 그리고 광양제철이 번성하길 기원하는 의미로 제막을 한 탑이다. 그 후 이주민들은 매년 같은 시기 주말을 이주민의 날로 정하고 탑을 찾고 있다. 수백 년을 지켜온 고향을 내준 옛 금호도 주민들은 새 주인이 된 광양제철 식구들과 함께 탑 아래 모였다. 이주민의 날 행사를 주관하는 이주민회는 이주 1세대를 중심으로 만들어진 조직이며, 금호회는 청년들이 중심이 된 2세대 모임이다. 금호도에는 도촌, 내동, 양도, 대동 등 4개의 자연마을이 있었다. 이주한 후 마을구분 없이 뒤섞여 정착을 했다. 금호도에서 유지되던 마을공동체는 모두 사라졌다.

금호도에서는 옛 주민들의 흔적은 찾을 길이 없다. 잘 다듬어진 도로와 어느 도시 부럽지 않는 주민편의시설이 있을 따름이다. 깔끔하게 정돈된 공원과 숲, 그 사이로 작은 오솔길, 자전거를 타는 청소년과 골프를 즐기는 어른들, 각종 스포츠와 레저시설들이 갖추어진 곳이다. 누가 이곳을 30여 년 전 김양식을 주업으로 하면서 농사를 짓던 섬마을이라 생각하겠는가.

그 섬마을 사람들을 만나려고 동광양시 광영동으로 향했다. 운이 좋았다. 마침 1년에 한 번씩 이주민들이 모여 금호도에 세워진 이주민

의 탑에 제를 지내는 이주민의 날이었다. 한꺼번에 이주민 1세대를 만날 수 있을 거라는 생각이 들었다.

그곳에서 금호도에서 살다 광영으로 이주한 박선흐(1948, 금호도 내동 출신) 씨를 만났다. 박씨는 다방에 앉자마자 "광양에서 가장 못사는 동네가 이주민이 사는 신광하고 하광이요"라며 말문을 열었다. 여기가 막 개발할 때는 다방이 26개나 되었는데 이렇게 앉아서 이야기할 데도 없다며, 광양에서 옥곡이나 백운산 골짜기보다 낙후된 곳이라며 말문을 열었다. 그는 이주 당시 개발추진위원회 실무를 담당했고, 그 후 광양시의원에 당선되기도 했다.

금호도에서 마지막까지 살다 이주한 주민은 모두 292세대로, 이중 20여 세대는 본인들이 원해 다른 곳에 정착했고 나머지는 모두 광영에 마련된 주거단지로 집단이주했다. 그곳에는 이미 150여 가구의 원주민들이 살고 있었다. 이들 1세대 명단은 금호도 이주민의 탑에 새겨져 있다. 이들 중 상당수는 그 사이 세상을 떠났다.

위령제를 지내던 날(2011년) 이주 1세대 주민들을 모두 만났다. 언제 또 이렇게 모두 모여 안부를 물을 날이 있겠는가.

위령제는 금호회 회장이 먼저 술을 따르고 축문을 읽은 후, 이주민 1세대, 제철 및 기관장, 회원들이 술을 따르고 절을 올렸다. 금호도에서 뿌리를 내린 이후 고향땅에 묻히지 못하고 타향을 떠도는 원혼을 위로하는 것이리라. 1세대 주민들이 음복을 하는 사이 할머니 몇 분이 주민의 탑 위로 올라왔다. 주민의 탑은 전면에서 보면 사람 인人자, 뒤에서 보면 들 입人자 모양이다. 제철과 이주민이 화합을, 그리고 외지인들의 금호도 입도를 상징하는 것이라고 했다. "영감 잘 계실쇼, 갑니다. 여기가 우리 영감입니다." 1세대 명단이 도촌, 내동, 대동, 양동 순으로 가지런히 적혀 있었다. 한 할머니가 먼저 가신 영감님 이름을 발견하고 기뻐했다.

축문의 기원처럼 금호도는 크게 번창했고 그 덕에 광양시는 전남은 물론 전국에서 가장 높은 재정자립도를 자랑하는 도시가 되었다. 반면에 옛 금호도 주민들이 이주한 광영은 광양에서 가장 낙후된 지역으로 전락했다. 이주세대 총 300세대가 받은 보상금은 50여억원이었다. 또 이주보상비로 받은 2천만원으로 집을 짓고 몇 달 생활비를 하고 나니 빈손이었다. 김과 고기잡이밖에 모르던 이주민들은 앞날이 캄캄했다. 그 사이에 원주민과 외지인들이 이주단지에 좋은 목을 잡고 장사를 하기 시작했다. 원주민들은 육지사정을 잘 알지 못하고 잇속도 밝지 못했다. 결국 집을 새마을금고에 잡히고 생활비를 충당했다. 지금도 30% 정도는 자기집이 아니다. 박씨는 한때 일류기업으로 인해 이주한 주민들은 빈민이 되었다는 글을 적어 청와대 앞에서 1인 시위를 할까 생각도 했다고 한다.

금호도라는 기록은 고려시대는 물론 《세종실록지리지》에도 나타나지 않는다. 《동국여지승람》에 우도牛島, 《명례궁수세절목》에는 금도金島라는 섬이 기록되어 있다. 금도는 우리말로 하면 '쇠섬'이며,

‘우도’를 의미하기도 한다. 쇠섬이 다시 한자화되면서 쇠 금金으로 쓰여져 ‘금도’가 된 것이다. 이를 입증이라도 하듯 금호도에 있었던 초등학교 이름이 ‘금도국민학교’였다. 1947년 공립국민학교로 설립되었다. 제철건립으로 폐쇄되기 직전에 8학급 310명의 학생이 다녔다. 금도가 바다의 호수같아 금호도가 된 것이다. 금호도라는 이름은 1895년 행정구역 개편으로 남원부에 속했던 광양군이 13도제 실시로 전라남도에 귀속된 이후부터다. 전라남도 섬들이 지도군, 완도군, 돌산군으로 배치되면서 금호도는 태인도와 함께 돌산군 북면에 속하였다. 이후 북면은 태인면으로 개칭되었다. 1914년 일제강점기 행정구역 개편으로 태인면에 속한 태인도, 금호도, 길호도, 승장도 등은 골약면에 편입되었다. 당시 금호리는 금호도 외에 삼화도와 비운도가 포함되었고 태인리는 장내, 용지, 도촌 등 네 동네가 있었다. 금호도는 1966년 6월 설치된 태인출장소가 금호도를 관할하고 1981년 11월 금호도 일대가 제철공장부지로 확정되면서 1983년 태금면으로 분리되었다. 1986년 6월 골약면과 태금면이 광양군에서 독립하여 광양지구 출장소가 생겼다. 이후 1989년 광양제철소를 중심으로 이 일대에 동광양시가 생겨났다. 제철공장 이전 1981년 불과 1만3천여 명에 불과했던 태금면과 골약면은 광양제철소 4기가 마무리된 이후 1993년 5만 6천여 명으로 증가했다. 광양뿐 아니라 인근 순천시 인구도 감소에서 증가추세로 돌아섰다. 순천, 광양, 승주 일대가 광양제철 배후도시로 자리를 잡았다. 그 후 1997년 광양컨테이너항만이 1단계 5만톤급 4선석 규모로 완공되었고, 현재는 12선석이 운영되고 있다(선석이란 컨테이너 적재 선박이 컨테이너를 하역하기 위해 접안하는 부두공간(길이)으로 통상 1개 선석의 규모는 350미터 정도이다). 2004년에는 광양만권경제자유구역청이 개청을 했다.

금호도에 광양제철이 들어오기 전에는 둘레가 8킬로미터이며 육지와 거리는 100미터에 불과했다. 당시 금호도에는 제철이 들어서기 직전인 1982년 도촌에 80호, 내동에 90호, 대동에 106호, 양도에 50호가 거주했다. 본섬에 딸린 양도羊島, 내도(內島, 2호), 날개섬(翼島, 3호), 비운도飛雲島, 금당도(金糖島, 3호), 소당이섬(小糖島, 6호), 삼화도三和島, 똥섬 등이 있었다. 도촌과 양도와 대동 사이에 내동들과 대동들(원안들) 130여 두락이 되는 비교적 큰 간척지가 있어 김양식으로 옥곡 등에 땅을 사 농사를 짓기 전에도 부자섬으로 불렸다. 지금은 모두 흔적도 없이 사라졌다. 태인도에 딸린 모래섬沙島, 서취도西吹島, 소서취도小西吹島도 같은 신세가 되었다. 금호도는 간척지와 밭을 이용해 농사를 짓기는 했지만 농업보다는 어업의존도가 높아 부족한 쌀은 하동군을 통해 들여왔다. 반면에 섬진강과 수어천 하구에 형성된 삼각주로 인해 김양식은 물론 백합, 우럭, 바지락 등 패류가 풍부하고 작은 어선을 이용해 고기를 잡았다.

* 제철소 건설 직전 금호도 현황 (《도정백서》 1981, 전라남도).

272가구에 1,567명이 166.2ha에 거주하고 있었다. 이 중 논이 73.3ha(간척지 32ha), 밭이 64.7ha, 임야 27.2ha, 기타 1.0ha이다. 생업을 보면 농업이 87가구, 어업이 118가구, 농어업 겸업이 52가구, 상업 6가구, 공무원 9가구이다. 쌀 260톤, 보리 163톤, 콩 28톤, 고구마 108톤, 김 81만속, 굴 190톤, 백합 42톤을 생산했다. 식량은 총 필요량 638톤과 보리 215톤이 부족하여 하동군에서 들여온다. 호당 평균소득은 330만원으로 전남 평균 308만원보다 높은 수준이었다. 소득의 90%는 김양식으로 얻었다. 선박은 대부분 김채취선으로 동력선 53척, 무동력선 49척이었다. 대동마을에 금도국민학교가 있어 9명의 교사가 352명의 학생을 가르쳤다. 선착장은 육지로 나갈 수 있는 도촌선착장과 태인도와 잇는 대동나루터가 있었다. 도촌에는 망덕과 연결하는 연락선도 운항하였다.

암행어사 박문수는 "팔도에서 전라도가, 전라도어서 광양이 사람 살기 가장 좋다"고 했다. 백운산과 섬진강과 남해 바다가 어우러져 물산이 풍부하고 기온이 따뜻하여 온갖 것들이 풍요롭고 먹을 것이 넘쳤기 때문이다. 그곳에 우리나라 최대의 제철공장이 지어지리라 누가 생각인들 했겠는가.

금호도와 섬주민들의 운명을 바꿔 놓은 것은 광양제철소였다. 그때까지 금호도는 김, 백합, 새조개 양식을 하던 부촌이었다. 제철소 입지선정을 놓고 아산만과 광양만이 최후까지 치열한 접전을 벌였다. 당시 전남에는 이렇다 할 공장이 없던 터였기 때문에 제철소 유치가 더욱 절실했다. 마침내 1981년 11월 4일 제철소 건립부지가 금호도와 태인도 앞바다 450만 평으로 결정되었다. 전하는 이야기로는 당시 금호도를 매입할 계획이 아니었다고 한다. 박태준 당시 회장이 헬기로 부지를 시찰하는 도중 "금호도 섬도 사버려"라는 말 한마디에 300여 호 주민들은 꼼짝도 못하고 집단이주 계획이 수립되었다고 전한다. 지금은 상상도 할 수 없는 일이었다.

금호도에는 도촌, 내동, 대동, 양동 등 4개의 자연마을이 있었다. 광영리 도촌나루로 건너가는 큰도나루가 있어 붙여진 이름이다. 주민들은 '나룻가'라고도 불렀다. 마을 주민들은 1년에 쌀 5되와 보리 5되를 뱃삯으로 거두어 나룻사공에게 주었다. 지금은 나루 대신 광영리와 금호도를 연결하는 금호대교가 놓였다. 광영리에는 도촌나루터 흔적이 남아 있고 고기잡이 배들이 정박해 있다. 구덕개 안쪽에는 수원백씨가 많이 살았던 '안몰'이라 부르는 내동마을이 있었다. 그곳에는 제철소 사원주택과 장미아파트가 들어섰고, 부자섬이라는 이름을 얻었던 '원안들' 농지에는 초·중·고 제철학원이 들어섰다. 금호도에서 가장 큰 마을인 대동은 이름에 맞게 '큰몰'이라 불렀다. 이 마을도 내동마을과 마찬가지로 수원백씨 집성촌이다. 수원백씨 사당은 금호대교를 건너 건너편으로 주민들과 함께 옮겨졌다. 임진왜란 때 염소를 키워 제공했다는 양도는 안씨 성을 가진 집이 많았다. 해안지대로 어패류 채취를 생업으로 했으며 제철소 본관이 세워졌고, 주변에 사원복지회관, 헬기장, 운동장 등 주요건물이 들어섰다.

이주민들은 그동안 어떻게 살았을까. 제철소부지로 확정될 것이라는 소문과 갖가지 유언비어로 정부의 최종발표 전까지 섬마을은 뒤숭숭했었다. 이후 포항제철을 견학하고 나서야 모두 마을을 떠나야 한다는 사실도 확인했다. 이후 주민들은 1982년 1월 5일 각 마을이장들과 주민 150여 명이 참석하여 광양군 골약면 금호리 이주대책협의회를 구성했다. 그리고 몇 차례 회의를 거쳐 집단이주, 토지 현실보상, 어업권보상, 학자금면제, 제철회사 취업 등 11개항의 결의 사항을 작성하기도 하였다.

제철소 측과 주민들 간에 '선보상, 후이주' 등 보상과 이주를 둘러싼 갈등은 1982년 내내 계속되었다. 보상금을 둘러싼 갈등은 제철과 대책위만 아니라 주민들 간에도 발생하기도 했다. 개발과 보상이 이루어지는 지역은 어디서나 나타나는 현상이기도 했다. 마침내 11월 초순 건물과 토지보상 54억6천8백만원, 어업권보상 1백55억3천만원, 어구 및 어선보상 31억2천2백만원이 완료되었다. 집단이주를 희망했던 주민들은 1983년 10월말까지 옥곡면 광영리로 이주대상 304세대 중 개별이주를 원했던 42세대를 제외한 262세대가 이주를 완료했다. 농지와 어장을 잃은 이주민들은 제철연관업체에 일일노동자가 되거나 장사를 시작하기도 했다.

도시생활에 익숙하지 못하고 사업수완도 없는 이주민들이 얼마간 받은 보상금도 장사밑천이나 생활비로 바닥이 났다. 새로 형성된 도

금호도와 광양을 잇는 금호대교 앞 도촌나루에 아직도 배들이 정박해 있어 나루의 전통을 이어가고 있다.

시의 상권은 외지인들이 장악했다. 주민들이 거주하는 광영동 신광과 하광마을은 슬럼현상이 나타나고 있었다. 높은 위치에 지어진 광영평생학습관에 올라서서 도심을 내려다보면 광영로를 사이에 두고 오른쪽은 단층에 낮은 슬라브 건물이 빼곡하며, 왼쪽은 아파트를 비롯해 반듯한 건물들이 대조적이다. 이주민들이 사는 마을은 대부분 20년이 지난 건물들이며 그 사이에 들어선 좋은 건물들은 이주민들이 팔고 떠난 부지를 외지인들이 사들여 새로 지은 건물들이다. 이렇다 할 생업활동을 할 수 없어 마당에도 빼곡하게 집을 지어 서를 받았다. 도심개발이 활발하던 1980년대 후반만 해도 집을 찾는 사람들이 많았지만 지금은 건축비만 빚으로 남았다.

옛고향 금호도 이주민의 탑에 모였던 노인들이 제2의 고향이 되어

버린 광영동 식당으로 모여들었다. 소고기 전골이 부글부글 끓자 산
낙지를 2마리씩 넣어 주었다. 금호도에 살 때 평생 낙지를 잡아 자식
들을 가르쳤다는 머리가 허옇게 센 90대 노인이 익숙한 솜씨로 낙지
먹통이 터지지 않도록 먹기 좋게 잘라주셨다. 저 노인은 금호도 이주
민의 탑을 보면서 무슨 생각을 했을까. 자꾸 금호도 제철초등학교에
서 운동회를 하던 아이의 밝은 얼굴이 생각났다. 금호도에 태를 묻은
어른들과 새로 금호도 주인이 된 아이들. 그들의 고향은 같지만 금호
대교를 사이에 두고 서로 다른 삶을 살고 있다. 노인은 바다에 의지해
살았고 아이는 철에 의지해 살 것이다.

● ― 섬진강

섬진강은 전라북도 진안군 백운면 신암리 동북쪽 봉황산에서 발원한다. 전라북도 마령면 강정리를 지나 임실군 오원천, 구림천, 오수천과 합해져 적성강으로 흐른다. 그리고 순창읍과 남원군의 경계인 경천과 만나고 전라남도와 전라북도 경계를 이루며 흐르다 곡성군 옥과천을 만나 탄진강이 되고 남원군에서 발원한 요천과 수지천과 합하여 압록에서 보성강을 만난다. 그리고 마침내 구례군 문척에서 황전천과 만나 섬진강이 된다. 이 구례읍 서시천, 토지면 연곡천, 전라남도와 경상남도 경계인 화개천과 중대천이 합해지고 경상남도 하동 횡천강과 만나 하동 금남면 고포리와 전라남도 광양군 진원면 선소리를 지나 남해도 흐른다.

은어와 누치가 살고 참게가 서식하는 섬진강이 흐르는 방방골골 사람들은 집을 짓고 마을을 이뤘다. 지리산 골짜기를 등에 지고 섬진강을 바라보며 사는 주민들은 '갱조개(재첩)'를 잡고, 은어를 홀치며, 강에 통발을 놓았다. 때로는 어부가 되었고 때로는 심마니가 되고 때로는 농부로 살았다. 태인도와 금오도가 있는 광양만은 지리산과 백운산 뭇 생명들의 염원으로 안고 550리를 달려온 물길이 만들어낸 생명의 갯벌이다.

섬진강 풍부한 영양염류에 의해 만들어진 광양만은 일찍부터 김과 바지락 등 양식어업의 최적지이며, 다양한 물고기가 알을 낳고 자라는 산란장이요 서식처였다. 섬진강 하구에는 태인도와 금호도 그리고 배알도와 갈도 등 크고 작은 섬들이 자리하고 있다. 좌우로 여수반도와 남해도가 있어 방파제처럼 큰 파도를 막아주고 있어 좋은 갯벌이 만들어질 수 있었다. 공업단지가 조성되기 전에는 동서 길이가 17킬로미터, 폭은 넓은 곳이 9킬로미터에 이르는 넓은 갯벌이 형성되어 최적의 패류와 해조류 양식장이었다. 특히 전어, 뱀장어, 문어, 김, 고막, 백합 등 다양한 어류가 서식하고 해조류와 패류 양식이 활발하였다.

● ― 광양만

광양만은 전라남도 여수시와 광양시 사이에 있는 만으로 동쪽이 남해바다로 열려 있으며 태인도와 금호도를 비롯해 13개의 유인도와 21개의 무인도가 있었다. 1967년 여천공업단지 조성을 시작으로 1982년 광양제철 조성 등 대형국가산업단지가 조성되었다. 광양만은 대형선박이 자유롭게 입출항할 수 있는 20미터 수심의 천연수로와 산과 섬으로 구성된 자연방파제로 둘러싸여 있어 정온수역을 유지할 수 있는 천혜의 만이다. 이로 인해 광양 골약동 일대에 컨테이너부두와 국제무역항이 조성되었다. 이러한 광양만 개발로 인해 장도, 태인도, 금호도 등 크고 작은 섬이 사라졌으며, 묘도는 여수와 광양을 잇는 이순신대교 건설로 연륙되었다. 역사적으로 광양만 서쪽 해안은 임진왜란과 정유재란 때 격전지이며 순천시 신성포에는 순천왜성이 있다.

●—광양제철

광양제철은 경제개발로 인해 증가하는 철강수요를 감당하기 위해 1974년 포항제철에 이어 두 번째로 광양 금호도에 세워진 제철소다. 당시 금호도와 태인도 주변은 김양식과 굴양식으로 살아가는 800여 가구 5,500여 명이 거주하는 어촌이었다. 제철공장이 지어지기 직전 금호도는 272가구 중 118호가, 태인도는 530가구 중 274가구가 어업에 종사했다. 면적은 금호도 116ha, 태인도 407ha였으며 논면적은 금호도가 73ha, 태인도가 92ha였다. 1981년 호당평균소득은 금호도 330만원, 태인도 350만원으로 전남호당평균소득 308만원에 비해서 높았다.

　제철부지를 마련하기 위해 금호도와 태인도 주변 11개의 섬을 폭파해 얻은 돌로 14.9km에 달하는 사각형 둑을 쌓았다. 김과 백합이 자라던 섬진강 하구 모래와 갯벌을 퍼올려 제방 안쪽을 메우고 연약지반을 다지기 위해 110만 개의 쇠말뚝을 박았다. 그 위에 18평형 14만 가구를 지을 수 있는 양의 시멘트를 부어 여의도 면적의 5배인 456만 평 부지를 조성했다. 광양제철소는 단위제철소로는 세계 최대이며, 매년 1,500만여 톤의 철강제품을 생산해 국가경제 발전에 기여하며, 이를 바탕으로 포스코는 창립 30여 년만에 세계 철강업을 이끌고 있다. 1992년 종합 준공된 광양제철소는 세계 최고수준의 기술력과 첨단설비를 갖추고 있으며 철강업계에서는 가장 우수한 환경설비와 녹지를 갖추고 있다. 뿐만 아니라 인근에 25만톤 화물선 2척 등 7척 화물선이 동시에 접안할 수 있는 천혜의 조건을 갖춘 국제무역항도 갖추고 있다.

개황 | 금호도 金湖島

위치 | 전남 광양시 금호동 **동경** 127°21′ **북위** 37°41′
면적 | 19.71km² **해안선** | 15.4km
가구수 | 5,187 **인구**(명, 남+여) | 16,052(8,593+7,459)

광양제철소 매립공사 때문에 원래의 섬모양이 달라짐.

30년 변화 자료

구분	1973	1996
주소	전남 광양군 골약면 금호리	전남 광양시 금호동
면적(km²)	1.36	13.93
공공기관	-	동사무소 2개, 파출소 1개, 우체국 분국 2개
인구(명, 남자+여자)	1,556(775+781)	20,429(10,949+9,480)
가구수	233	6,352
급수시설	공동우물 3개	상수도시설 1가
초등학교	1개 415명	2개 2,616명
중고등학교	1개 120명	중학교 1개 1,525명, 고등학교 1개 1,017명
전력시설	한전 182가구	한전 6,352가구
의료시설	-	병원 2개, 약국 2개
어선(척, 동력선+무동력선)	127(7+120)	-

＊ 공공기관은 면사무소, 파출소 등 포함

46

갯벌을 잊지 못하는 사람들
광양시 태인도

해가 뉘엿뉘엿 질 무렵 태인도와 금호도 사이 빼꼼히 모습을 드러낸 갯벌에서 주민들이 조개를 캐고 있었다. 줄잡아 10여 명이 넘을 듯했다. 바로 옆에 광양제철이 있고 맞은편에는 제철관련 공장들이 즐비한 사이에서 조개들이 자란다고 상상할 수 있겠는가. 먹을 수 있을까 하는 의문은 둘째치고 조개가 서식한다는 것이 신기했다. 물길을 따라 조금만 올라가면 망덕포구와 섬진강으로 이어진다는 사실을 알지 못했다. 진안에서 시작한 물길이 전라도와 경상도를 가로질러 500여 리를 달려와 만나는 섬이 태인도와 금호도였던 것이다.

문헌에 태인도가 처음 나타난 것은 영조 때 만들어진 《여지도서》(1759)이다. 《고려사》에는 대안도, 《세종실록지리지》에 태안도太安島가 등장하며 《명례궁수세록》(1861)에는 태인도가 등장한다. 《대동지지》에는 태인도, 대안도, 소안도가 함께 등장하기도 했다. 특히 《명례궁수세록》에는 태인도 상황과 궁터 내력이 소개되어 있다. 태인도와 금호도 등 진월면 일대는 훈련도감에서 관장하는 둔토였다. 훈련도감이 폐지된 후 1882년 후에는 명례궁 무토지면세지로 변했다. 명례궁은 어의궁, 용동궁, 수진궁 등 네 궁궐 중의 하나다. 선조 때 궁실의 왕자나 공주, 대왕 및 세자 사친들이 살림에 쓸 수 있는 세금을 사사로이 거둬들일 수 있도록 땅을 주었다. 명례궁은 1천 결(1결은 5백만 평)의 면세토지를 가지고 있어 1결에 7냥6전7푼의 서금을 받아가기도 했다.

태인도는 광양군 옥곡면에 속했으나 1896년 돌산군 설군으로 북면에 편입되었다가 1899년 태인면으로 개칭되었다. 당시 태인면에 속한 섬은 묘도苗島, 길도(吉島, 吉湖), 우순도牛脣島, 삼간도三干島, 송도松島, 력도, 장도獐島 등 유인도와 소아서小兒嶼, 배알서拜謁嶼, 서서鼠嶼 등 무인도가 있었다. 오늘날 묘도는 여수에 속하는 섬으로 광양과 연결하는 이순신대교로 연륙된 섬이며, 장도와 삼간도는 공단이 조성되면서 집단 이주하여 개발되고 있다.

1914년 행정구역 개편으로 광양군 골약면에 속하였다가 1981년 금호도와 딸린 섬 금당도, 소당도 등을 포함하여 태금면으로 분리되었다. 당시 태인도에 속한 섬은 넉섬, 모래섬沙島, 서추도, 소서취도, 북도, 애기섬, 지진도 등이었다. 제철공장이 지어지면서 금호도 주민들은 집단이주를 해야 했지만 태인도는 다행히 마을어장만 잃었다. 최초로 김양식을 했다는 애기섬도 흔적도 없이 사라졌다. 섬 동쪽 작은 대섬에서 명당을 거쳐 궁기와 용기와 장내 마을까지 제철관련 산업단지들이 조성되었다. 마을을 완전히 공장이 포위했다. 인구가 증가하자 1989년 태인도는 태인동으로 개칭되어 동광양시로, 1995년 1월 1일 동광양시와 광양군이 통합되어 광양시에 편입되었다.

'김' 이라 부르도록 하라

태인대교를 건너 궁기마을로 향했다. 그곳 영모재라는 사당에 마련된 김시식지전시관을 보기 위해서였다. 영모재는 태인도에서 처음으로 김양식을 시도했다는 김여익 선생을 모신 사당이다. 김여익은 조선 선조 39년(1616) 영암군 학산면 몽해에서 김의 여섯 아들 중 둘째로 태어났다. 광양현감을 지낸 허담이 1714년 쓴 묘표에 따르면 이괄의 난(1624)으로 아버지를 잃고 병자호란(1636)이 일어나자 의병을 일으켜 참여하기도 했다. 이후 장흥 동백동으로 옮겼다가 1640년 인호도(지금 태인도)로 들어와 해의를 시식試植하며 생활했다고 기록되어 있다. 허담이 김여익을 추모하고 김양식 보급에 대한 업적을 기린 비문은 아쉽게 없어지고 비문만 영모재에 전하고 있다. 이곳은 1987년에 도기념물로 지정되었고, 이후 1992년에 김시식 전시관이, 1999년에 용지마을 입구에 김시식지 유래비가 건립되었다.

해태海苔 · 감태甘苔 · 청태靑苔라고 하는 김은 신라시대부터 먹기 시작했다고 전한다. 김은 《신증동국여지승람》에 '해의'라는 이름으로 등장하며, 홍주, 서천, 태안, 광양, 영광, 장흥, 나주, 영암, 진도, 강진, 해남, 순천, 보성, 고흥, 광양, 하동 등 46개 고을의 토산품으로 소개되어 있다. 1424년 만들어진 《경상도지리지》에도 울산, 동래, 영일 등지에서 해의가 생산된다고 기록되어 있다.

해태라는 명칭은 정약용이 강진유배지에서 쓴 《경세유표》에서 처음 사용되었다. 이 책에서 '태자 해태지苔者 海苔地'란 글에서 '해태에는 감곽 또는 감태라고 하는데, 태는 여러 종류가 있어서 그 중 자태는 속말로 해의라 하고 사투리로 짐朕이라 한다'고 설명했다[김을 전라도 말로 '짐'이라 부른다. 김치를 '짐치', 김샌(김씨 성을 가진 남자—보통 일꾼이나 머슴인 경우가 많음)를 '짐샌'이라 부른다]. 일본에서는 김을 노리(のり), 중국에서는 자채紫菜라고 한다.

해태 혹은 해의가 '김'으로 불리기 시작한 사연도 있다. 광양김이 특산품으로 왕실에 바쳐졌는데, 하루는 왕이 광양김으로 맛있게 수라를 젓순 후 음식의 이름을 물었으나 아는 사람이 없었다고 한다. 한 신하가 "광양땅 김 아무개가 만든 음식입니다"라고 아뢰자, 임금이 "그

럼 앞으로 이 바다풀을 그 사람의 이름을 따서 '김'이라고 부르도록
하여라"고 분부하여 '김'이 되었다고 전해온다. 광양 태인도에는 그
어부가 김여익으로 알려져 있다.

김양식 시식지(始植地) '태인도'

1924년 발간한 《조선의 수산》 제1호에는 "지금으로부터 100여 년 전
완도군 조약도(약산도) 김유몽金有夢이 마을 앞 해안을 거닐다 우연히
떠밀려온 나무에 많은 해태가 붙어 자라는 것을 보고 나뭇가지를 바
다에 꽂았더니 해태가 자라 이 방법을 마을 사람들에게 전한 것이 해
태양식의 시초가 되었다"라고 기록되어 있다. 1925년 발행한 같은 책
제2호에는 "지금으로부터 300여 년 전 갈도(葛島, 하동에 속한 섬으로 태
인도 동쪽에 위치함) 사람들이 이곳을 순시하러 온 간찰사 수행원들로
부터 해태양식법과 제조법을 배웠다"고 기록되어 있다.

또 1966년 〈가락월보〉 1월호에는 "해태를 김이라 한 것은 우리 선
조 여익 할아버지가 태인도에서 해의양식법을 창안하여 그 생산품을
하동장에 내다 팔 때 이것이 태인도 김가가 기른 것이다"라고 하는 것
에서 비롯된 것이라고 기록되어 있다.

김, 즉 해태는 우리나라 최초의 근대 양식어업이다. 일본이 조선의
수산자원 수탈과 일본인 어업이민을 목적으로 시작한 것이다. 이를
위해 전국해역을 조사한 후 섬진강 하구에 수산시험장을 설치하고 해
태, 석화 등 양식을 시도하였다. 일본은 일찍이 도쿄 간이나 오사카 만
그리고 세토나이카이 등 크고 작은 만과 다도해 주변해역에서 김양식
을 많이 했었다. 이들 지역은 대부분 중화학공업단지로 바뀌었다. 일
제는 해태양식기술의 보급과 관리를 위해 1911년 광포(지금 광영)에
수산해태전습소를, 1922년에는 망덕에 광양해태조합을 설립하였다.

해태양식은 지금 광양읍, 골약동, 중마동, 광영동 등 어촌마을 갯벌에서 양식되었다. 광양제철과 연관산업단지가 있는 금호도와 태인도, 그리고 컨테이너부두 자리가 그곳이다.

광양만이 얼마나 풍요로운 어장이었는가는 《한국수산지》(3권, 1910) 기록에 잘 나타나 있다. 당시 "광양의 물산은 쌀, 면화, 철기, 식염, 해태 등이며, 이중 특히 면화와 해태가 으뜸이다"라고 적고 있다. 수산물로는 "해태 외에 뱀장어·새우·농어·가오리·서대·대합·석화 등 다양한 어패류가 포획되었다"고 기록되어 있다. 당시 태인도에 거주하던 89호 중 59호가 어업으로 살아가며 주로 해태와 조개와 새우잡이로 살고 있다고 기록했다.

마을 노인들은 일본인들이 좋아하는 갯장어는 일본인 어부들이 직접 포획했다고 기억하고 있다. 이들은 구마모토, 히로시마 지역 어민들로 당시 조선선박에서 볼 수 없었던 활어 보관설비를 갖춘 수십 척 일본배들이 섬진강 하구 망덕포구에 머물렀다. 광양제철이 들어

김시식지전시관

서면서 해태양식은 흔적을 찾기 어렵지만, 뱀장어 · 농어 · 가오리 등
은 잡히고 있다.

궁기마을에 있는 영모재 안에 김시식지전시관이 있다. 그곳에는
일제강점기와 해방 후 태인도 일대에서 김양식을 하는 사진 몇 점과
김양식과 김가공 관련 도구들이 전시되어 있다. 영모재를 방문하던
날 문화재 보수공사가 마무리되고 있었다. 더불어 영모재 오른쪽에
김시식지전시관이 새롭게 문을 열 준비를 하고 있었다. 전우치와도
관련이 있는 마을이다. 전우치는 조선시대 작자와 연대를 알 수 없는
고전소설 《전우치전傳》의 주인공으로, 구미호의 구슬을 삼켜 도술을
얻어서 폭정과 기근으로 도탄에 빠진 백성들을 구하는 영웅이다. 김
시식지로 알려진 궁기宮基마을이 전우치가 궁궐을 짓고 성을 쌓았으
며 말을 조련했던 터라는 이야기가 전해오고 있다.

뜬눈으로 밤새 김을 뜨고, 다시 바다로

태인도주민들은 채취한 김을 큰 대나무 광주리에 담아 공동우물에서
갯벌과 짠물을 씻어낸 다음 짧게 토막을 내고 손으로 김발을 떴다. 이
작업은 손잡이가 달린 되로 잘게 부순 김을 한지를 뜨듯 얇게 발 위에
펼쳐 뜨는 것을 말한다. 김 뜨는 작업은 여자들에 의해서 동이 틀 무렵
까지 4~6시간 가량 계속되었다. 그리고 남자들과 아이들은 날이 새면
논이나 밭두렁의 양지, 혹은 대나무 가지에 김발을 널어야 했다. 한창
바쁜 철에는 식사도 거르며 찐고구마로 끼니를 때우고 물때에 맞춰
김을 채취하기 위해 갯벌로 다시 나가야 했다.

광양만에 기대어 사는 어민들은 물론 갯벌도 이곳이 포항제철 이
후 제2제철 부지로 선정되면서 큰 변화를 겪었다. 박정희정권은 1970
년 포항제철 건설 이후 중화학공업을 본격적으로 추진하였다. 이어

해수면 상승으로 섬진강 재첩 서식지는 섬진강 중상류로 이동하고 있다.

권력을 잡은 신군부는 금호도 전체와 태인도 앞바다 일대 450만 평을 제2제철 입지로 선정하고 중화학공업을 이어갔다. 당시 광양만 섬진 강과 남해가 만나는 한국의 대표적인 김양식지역으로 주민들은 김양 식과 자연산패류를 채취하며 생계를 꾸리고 있었다. 김양식을 통한 소득만 1년 평균 600만원 이상이었으며, 개별적으로 행해지는 어패류 채취를 통한 소득까지 포함하면 1년에 가구당 소득은 1천만원에 이르 렀다. 태인도와 금호도 일대 610헥타르에 이르는 광활한 김양식장에 서 연간 150만 속의 김을 생산했다.

광양제철 사업으로 피해를 입은 주민들은 생존권보장을 요구하는 주민운동을 전개하였다. 이 주민운동은 양식어장과 생활터전을 내주 고 집단이주를 해야 하는 금호도 주민, 김양식장을 잃은 태인도 주민, 김양식어장에 피해를 입은 하동군 금남면 주민들이 중심이 되었다. 집단이주한 금호도 주민들과 달리 연관산업단지 조성으로 어장을 잃 은 태인도 주민들은 보상 후 일부 외지로 이주하였지만 80%는 태인도에 남아 있다. 이들은 광양제철에 우선적으로 취업을 할 수 있었기 때문에 어장을 잃은 후, 제철노동자로 취업하거나 노동자를 상대로 장사를 해 생계를 유지하고 있다.

금호도와 태인도 사이 바다를 태인대교가 잇고 있다. 그 아래 갯벌에는 대나무를 꽂거나 돌로 경계를 표시해 놓은 구간들이 수십 조각의 피자처럼 나뉘어져 있었다. 점심시간이 훨씬 지나 물이 빠지자 나이든 할머니와 아줌마 몇 명이 플라스틱 함지를 끌고 갯벌로 들어갔다. 대나무나 돌로 경계를 표시한 것은 영역을 구분해 놓은 것이다. 모시조개 종패를 사거나 인근 갈도(태인도 인근 하동군 금성면에 위치한 섬)에서 캐 이곳에 저장해 놓았다가 파는 것이다.

값이 헐할 때 보관해 두었다가 겨울철에 팔기 위한 것이다. 남자들은 대부분 제철에 일 나가고, 여자들은 농사를 짓지만 아직도 갯벌을 잊지 못하는 사람들은 인근 섬진강 하구나 갈도에서 모시조개를 잡고 있다. 단순노무직도 나이가 많아지면 눈치가 보이고 그만두어야 하지만 갯벌은 나이가 많아도 은퇴하라는 말을 하지 않는다.

광양 태인도에 해태제조전습소를 세우고 조선 재래해태를 도쿄식 아사쿠사 해태제
조방법으로 바꾸었다. 이를 위해 수학생과 지방유력자를 중견(中堅)으로 개량조합을
조직하였다. 태인도 일대는 오래전부터 섶양식이라 해서 김양식을 해왔다. 《전남사
진지》는 '해태의 싹을 채집하여 종래처럼 바닷속에 넣어 채취하는 방법을 개량지도'
하는 모습이라고 설명했다. 섶에 포자가 자연스럽게 바닷속에서 부착되어 김이 자라
는 방식에서 포자를 채집하여 김양식을 하는 방법으로 바꾸려는 것이다. 이곳에서
생산한 김은 경남 하동, 부산, 서울 등으로 출하되었다.

사진은 《전남사진지全南寫眞誌》[목포신보사, 1917년]에서 인용.

●─김양식사

김은 우리나라 서·남해안, 제주도, 일본, 중국 등에 70여 종이 있으며 우리나라는 약 12종이 분포되어 있다. 우리나라에 주로 양식되는 품종은 김밥김이라 불리는 일반김과 씹는 맛이 일품인 돌김(모무늬돌김, 잇바디돌김)이 있다. 김양식은 일제강점기인 1920년대 양식기술이 보급되기 시작한 후, 1960년대에 인공채묘기술의 발달과 망홍(김발)의 보급으로 양식어장이 크게 확대되었다. 이후 '냉장발(김양식을 위해 포자를 채묘하여 냉장보관하는 기술)' 이 개발되면서 대량생산 체제가 갖추어졌다.

　김양식 기술은 섶양식-죽홍-지주식 망홍-부류식 망홍으로 변해왔다. 섶양식은 하동과 광양 일대의 섬진강 하구 광양만에서 이루어진 가장 오래된 김양식법이다. 김포자는 굴껍질이나 나뭇가지에 잘 부착한다. 섶양식법은 시누대나 밤나무가지를 경남 하동, 화개, 산청 등지에서 구입해 섬진강 하구 갯벌에 꽂아 양식하는 방법이다. 여름장마가 지나면 이들 가지를 4~5개로 묶어 '한씨(사리)' 에 물이 빠진 갯벌에 꽂아 양식을 했다. 지금은 광양제철 부지로 변해버린 새발등, 세녀등, 복해등, 와우, 길호, 하포 앞의 광활한 갯벌이 모두 김양식장이었다. 죽홍은 왕대를 가늘게 쪼개서 엮은 대발을 마장(기둥)에 걸어 양식하는 방법이다. 지주식 김양식은 수심이 낮은 연안이나 섬주변에서 많이 했던 양식법이다. 이후 양식방법이 발달하여 1960년대에는 망홍이 개발되었다. 대나무로 엮어 만든 김발 대신에 나일론을 이용해 망지를 만들었다. 이를 망홍이라 부른다. 대나무로 만든 김발에 비해 관리도 쉽고 오래 사용할 수 있었다. 뿐만 아니라 채취방법도 손으로 직접 뜯던 방식에서 기계를 이용하는 채취법이 개발되어 생산성이 크게 높아졌다. 이와 함께 스티로폼을 이용한 부류식이 개발되면서 지주 대신 부표를 띄워 양식하는 방법이 도입되었다. 이로 인해 수심이 낮은 곳에서만 가능했던 김양식은 외해까지 어장이 확대되었고 대량생산이 가능해졌다.

　김양식은 생산량, 소득, 수출, 종사자수 등으로 볼 때 우리나라 양식어업 중 가장 영향력이 큰 양식품목이다. 특히 수산업이 기업이나 특정인에 의해 대규모로 생산되거나 어획되는 것과 달리 김은 많은 어민들이 직접 생산하고 있기 때문에 어촌공동체에도 큰 영향을 주었다. 최근에는 마을어장에서 소규모로 하는 양식에서 외해에서 대규모로 기업화하는 추세로 바뀌고 있다. 이에 따라 채취방법과 가공기술도 크게 바뀌었다.

사진은 김시식지전시관에 있는 자료를 재촬영한 것임.

394

개황 | 태인도太仁島

위치 | 전남 광양시 태인동 **동경** 127°21′ **북위** 37°41′

면적 | 6,091km² **해안선** | 10,86km

가구수 | 1,140 **인구**(명, 남+여) | 2,804(1,510+1,294) **어선**(척) | 54 **어가** | 53

태인동 궁기마을의 광양 김시식지가 1987년 지방기념물 제113호로 지정. 유적으로는 패총이 몇 군데 있다. 광양 제철소가 위치한 금호동과 600미터 길이의 연륙교가 연결되어 있다.

30년 변화 자료

구분	1973	1985	1996
주소	전남 광양군 골약면 태인리	전남 광양군 태금면 태인리	전남 광양시 태인동
면적(km²)	4,03	4,07	5,87
공공기관	-	파출소 1개, 면사무소 1개	등사무소 1개, 파출소 1개, 으체국 분토 1개
인구(명, 남자+여자)	3,342(1,635+1,707)	3,604(1,787+1,817)	4,293(2,162+2,131)
가구수	518	563	1,239
급수시설	공동우물 8개, 간이상수도 2개	우물 17개, 간이상수도 8개	상수도시설 1개
초등학교	1개 702명	1개 454명	1개 367명
중고등학교	-	1개 298명	증학교 1개 242명
전력시설	한전 481가구	한전 563가구	한전 1,239가구
의료시설	-	한의원 1개	브건지소 1개, 보건진료소 1개, 약국 2개
어선(척, 동력선+무동력선)	95(24+71)	91(0+91)	-

＊ 공공기관은 면사무소, 파출소 등 포함

보성군
고흥군

보성군

순천만
보성군
여수시
48
해도
47
48
지주도
고흥군
여자만

보성군
47 장도
48 해도, 지주도

사람보다 뻘배가 더 많은 섬

보성군 장도

"실가리국인디 밥 한 술 말라요."

아주머니 두 분과 밥을 먹고 있던 주인 할머니가 나를 돌아보며 밥을 권한다. 연탄난로 위에서 끓고 있는 된장국 냄새에 군침이 돌던 터라 김장거리가 어지럽게 널려 있는 틈 사이로 수저를 들고 자리를 잡는다. 손님이라고는 나와 맞은편 탁자에 앉아 있는 두 사람뿐이다. 홍합국물을 앞에 두고 노인이 막내동생뻘 되는 사내에게 소주 한잔을 건네고 자신은 맥주컵에 가득 따라 벌컥벌컥 마신다.

"갑자기 꼬막작업을 한다면 어쩐다요, 며칠 전에는 연락을 줘야 먼 대로 간 사람들 내려오제."

노인은 안주로 국물을 한 숟가락 입안에 넣고 누구에게 한 말인지 모를 말을 뱉고 밖으로 휑하니 나간다. 아직도 배가 오려면 반 시간은 더 기다려야 한다. 장암과 장도를 잇는 철부선이 새로 생겼지만 섬사람들은 여전히 객선을 많이 이용한다. 벌교장으로 가기 쉽고 마을과 가깝기 때문이다.

장도는 보성군에 속한 몇 안 되는 섬 중 하나다. 여자만에 있는 11개의 섬 중에서 맏형쯤 될 만큼 면적도 넓다. 섬의 모양이 노루모양을 닮아 노루 장 '장도獐島'라 불렀다고 한다. 1914년 행정구역 통폐합으로 고흥군 동강면에 편입되었다가 1983년 벌교읍에 편입되었다. 1500년 여양진씨가 대촌마을에 정착하였으며 그 후 남평문씨, 진주강씨, 광산김씨, 밀양박씨 등이 이주해 마을을 형성했다.

꼬막밭을 트다

어제 저녁 갑자기 장도 박씨에게서 전화가 왔다. "내일 꼬막작업 하기로 했소. 오실라믄 새벽 6시에 철부선을 타던지 8시에 객선을 탈쇼." 이렇게 장도행은 갑작스럽게 결정되었다. 다행히 주말이었다. 장도는 보성군 벌교읍에 속한 섬으로 여수반도와 고흥반도로 둘러싸인 여자만 가운데 있다. 이곳은 꼬막 주산지이며, 벌교꼬막이라는 이름으로 수산물 지리적표시 1호로 등록될 만큼 지역성이 강하다. 특히 장도는 펄갯벌이 발달해 예로부터 참꼬막이 많이 서식했다. 집집마다 참꼬막을 잡을 때 타는 뻘배(널배)가 가족보다 더 많은 곳이다. 이것 없으면 펄바탕에서 한 발짝도 움직일 수 없다. 마누라가 없어도 남편이 없어도 뻘배는 있어야 사는 곳이다.

벌교천을 따라 여자만으로 이어지는 물길은 뱃길이요 벌교사람들의 생명줄이다. 벌교 꼬막이 유명한 것은 벌교천에서 내려오는 강물이 살아 있기 때문이다. 강과 바다는 소통해야 한다. 강이 막히면 바다는 죽는다. 벌교가 보성과 어깨를 견주는 것은 순전히 벌교천, 바로 벌교강 때문이다. 여자만 귀퉁이를 '벌교'가 차지하고 있다. 대한민국 꼬막을 대표하고 있다. 얼마나 대단한가. 보성을 꼬막의 고장으로 우뚝 서게 한 것은 벌교천과 갯벌이다. 사람들은 보성꼬막이라 하지 않는다. 벌교꼬막이라고 한다. 벌교천은 벌교의 자존심이다. 여자만 서쪽 중앙에 위치한 장도는 물이 빠지면 섬을 빙 둘러 섬보다 훨씬 넓은 뻘밭이 모습을 드러낸다. 이 시꺼먼 뻘밭이 장도사람들의 생명줄 꼬막밭이다.

어민들이 허리춤까지 빠지는 갯벌에 기대어 살 수 있었던 것은 뻘배가 있었기 때문이다.

　남자들은 일찍 갯골에 정박해 놓은 바지선으로 올라 바닷물이 빠지기를 기다리고 있었다. 여자들이 꼬막을 캐오면 깨끗하게 씻어 정해진 양을 자루에 담는 작업을 하기 위해서다. 물이 빠지자 50여 명의 여성들이 뻘배를 타고 꼬막밭으로 미끄러져 왔다. 모두 가슴까지 올라오는 긴 장화를 신고 눈만 나오는 겨울용 보온 털모자 위에 챙이 넓은 여름용 햇볕가리개를 겹쳐 썼다. 꼬막작업은 공동작업이다. 어촌계원은 모두 참석해야 한다. 공동작업에 빠지면 벌금이 10만원에다 작업일당 7만원마저 받지 못하기 때문에 17만원의 손해를 보는 셈이다. 그래서 인천이나 부산 등 멀리 출타했다가도 갑작스럽게 꼬막작업이 결정되면 마을로 돌아와 마을공동작업에 참여한다. 벌교선창에서 만난 노인이 갑작스럽게 결정된 꼬막작업 때문에 투덜거렸던 이유를 알 것 같았다.

　벌교갯벌에는 벌교, 대포리, 장암리, 호산리, 장도리 등 14개 어촌계 580여 가구가 갯벌에서 꼬막양식을 하고 있다. 이들이 생산하는 꼬막은 연간 3천여 톤 100억원 대의 수익을 올리고 있다. 특히 장도는 꼬막으로 먹고사는 섬이다. 일제강점기에는 이웃 게섬[蟹島]에 일본인이 정착해 득량만 일대 꼬막밭을 차지했다. 장도 주민들은 자신들의 바다를 잃고 일본인 꼬막밭에 고용되어 날일을 해야 했다. 해방이 되자 일본인 꼬막밭 관리를 했던 조선사람이 주인행세를 했다. 청년회와 마을 주민이 나서 꼬막밭을 되찾고 마을어촌계에서 관리하기 시작한 것은 1960년대 후반이었다. 섬사람들이 텃밭처럼 가꾸었던 꼬막밭은 주인을 떠난 지 50여 년만에 주민들의 품으로 돌아왔다.

　꼬막밭은 개인이 운영하는 ‘방천’과 마을공동으로 운영하는 ‘마을공동양식장’이 있다. 전자가 개인사업에 속한다면 후자는 마을공동사업이다. 관리주체도 개인관리와 마을공동관리로 다르다. 종패자금이나 꼬막선별기 구입 등 꼬막관련 국가지원사업은 마을공동어장에 한해 지원하고 있다. 벌교꼬막이 품질을 유지하고 꼬막밭이 제기능을 하는 것도 따지고 보면 마을공동어장으로 남아 있기 때문이다.

꼬막밭이 있는 마을은 갯벌이 ‘금밭’이다. 이러다보니 갯벌자원을 관리하는 규칙들도 매우 엄격하다. 외지인에게는 꼬막밭 지분을 나누어 주지 않는다. 저금난(분가한) 차남도 마을총회에서 승인을 받은 후 천5백만원 정도의 마을기금을 납부해야 지분을 인정받는다. 비로소 진정한 마을주민이 되는 것이다. 장남은 따로 지분을 인정해주지 않는다. 당연히 아버지의 지분을 승계받아야 한다. 그것도 부모가 살아 있을 때 마을로 들어와야 인정받을 수 있다. 한정된 자원을 효율적으로 이용하기 위해 갯사람들이 만들어낸 지속가능한 자원관리방안인 셈이다. 그만큼 갯벌은 그들의 삶이자 생활의 동력이다.

꼬막맛을 모르면 죽을 날이 가깝다

꼬막은 참꼬막, 새꼬막, 피조개가 있다. 참꼬막은 17기의 골이 깊은 방사륵을 가지고 있다. 조가비 가장자리에 털이 있는 새꼬막은 32개 내외의 골이 깊지 않은 방사륵이 있다. 참꼬막 골모양이 마치 대갓집 기와지붕 모양같다 해서 와농자瓦壟子라 했다. 꼬막은 강요주, 꼬막, 괴륙, 괴합, 꼬마안다미조개, 복로, 살조개, 안다미조가 등 다양한 별명도 가지고 있다. 새꼬막과 참꼬막의 결정적인 차이는 맛에 있다. 참꼬막은 피가 붉고 짭쪼름하며 깊은 맛이 나지만 새꼬막은 피가 붉지 않고 맛도 덤덤하다. 이러한 차이는 참꼬막의 붉은 피 속에 헤모글로빈이 있기 때문이다. 참꼬막은 제사상에 오르는 대접을 받지만 반면에 새꼬막은 그렇지 못해 ‘똥꼬막’이라는 별칭도 갖고 있다. 조정래의 《태백산맥》 덕에 꼬막 앞에 ‘벌교’라는 지명이 고유명사처럼 붙었다.

찬바람이 불기 시작하면 벌교꼬막은 실해지고 맛이 들기 시작한다. 그 무렵 미식가들은 벌교시장을 기웃거린다.

그 덕에 수산물 가운데 최초로 '지리적표시'로 등록되었다.

장도 앞 갯벌에 꼬막이 많이 서식하는 이유는 뭘까. 이곳 갯벌은 무안 일대 갯벌과 달리 황토흙이 전혀 섞여 있지 않고, 인근 장흥처럼 모래도 섞여 있지 않아 바지락 등 조개류보다 꼬막이 서식하기 적절하다. 더구나 펄 깊이가 20미터까지 내려가는 곳도 있다. 꼬막축제에서 꼬막잡기체험을 한 사람들은 긴 장화를 신고 몇 미터 가지 못하고 늪에 빠진 듯 허우적거린다. 이런 특성 때문에 보성갯벌은 인간의 접근을 허락하지 않았다. 오직 갯벌의 특성을 알고 적응한 어민들만이 이용할 수 있었던 것이다. 그것이 오늘날 벌교꼬막을 가능케 한 것이다. 널을 이용해야 갯벌을 건널 수 있다. 그래서 꼬막맛이 좋다. 그래서 찰지다. 꼬막은 전라도 특산물이다. 특히 여자만과 득량만이 주산지다. 꼬막을 대표하는 벌교는 여자만에 속한다.

《자산어보》는 꼬막을 감, 새꼬막은 작감이라 했다. 꼬막맛은 가을걷이를 마치고 찬바람이 여자만 갯골에 밀려들기 시작해 봄바람이 살

랑거리며 진달래가 필 무렵까지 좋다. 특히 설을 전후해 알이 탱탱하고 달고 쌉싸름한 맛이 최고다.

꼬막맛은 기후, 수온, 토질이 결정한다. 새꼬막은 1년만에 상품으로 낼 수 있지만 참꼬막은 5년은 키워야 한다. 최근에는 플랑크톤이 부족한지 갯벌환경이 좋지 않은지 크는 것이 더뎌서 마음이 급한 어민들을 안타깝게 하고 있다. 꼬막이 잘될 때는 깨알만한 어린 것들이 참깨를 넌 것처럼 갯벌 위에 하얗다. 이렇게 꼬막씨들이 오면 장도가 한 5년은 활기에 넘친다. 벌교와 보성은 물론 멀리 남광주시장과 서울 노량진수산시장까지 풍성하다. 하지만 갯바닥에 흉년이 들면 벌교에서 소비할 양도 부족하다. 벌교꼬막을 먹으려면 벌교에 와야 믿을 수 있다. 벌교 참꼬막의 생산량은 예전같지 않지만 찾는 사람들은 매년 늘어간다. 참꼬막맛이 특별해서다.

뭇사람들의 사랑을 받았던 꼬막인지라 "꼬막맛이 변하면 죽을 날이 가깝다"고 했다. "감기 석 달에 입맛은 소태 같아도 꼬막맛은 변함이 없다"고도 했다. 피가 뚝뚝 떨어지는 막 삶은 꼬막의 맛을 모르고 겉만 보면 돌멩이나 다름없다. 그래서 "고양이 꼬막 보듯 한다"고도 했다. 갯벌이 그렇다. 그 속에 얼마나 많은 이야기와 남도의 삶이 녹아 있는가.

갯사람들에게 뻘배는 자가용이다

뻘배를 타고 여성들이 이동하는 것이 마치 고둥이 움직이는 것 같다. 왼발은 뻘배 위, 오른발은 갯벌 속에 집어넣은 채 가슴은 판자 위 물동이에 고정시켰다. 오른발을 움직여 조금씩 앞으로 이동해가며 두 손으로 갯벌을 주물주물하며 꼬막을 찾는다. 널판자는 '뻘배'라 부르는 도구로 갯벌의 교통수단이다. 뻘배는 손뻘배와 기계뻘배로 나뉜다.

손뻘배가 단순 이동용 뻘배라면 기계뻘배는 꼬막채취용 기계를 걸어서 작업을 하는 배다. 꼬막채취용 기계뻘배는 폭이 좀 넓고, 꼬막채취를 할 때 뻘물이 넘어오지 못하도록 널 한쪽 면에 턱이 있다.

뻘배는 힘으로 타는 것이 아니다. 뻘의 특징을 알아야 하다. 펄과 갯물을 적절히 이용해야 한다. 왼무릎을 널에 마련한 똬리(짚이나 스티로폼)에 올려놓고 오른발로 갯벌을 밀어야 한다. 뻘배가 다니는 길을 '널고랑' 이라 한다. 아무 데나 가는 것이 아니다. 남자들은 손뻘배를 타고 짱뚱어나 낙지를 잡거나 깊은 펄에 놓은 건강망 등 그물을 거둔다. 여자들은 기계뻘배를 타고 주로 꼬막을 채취한다.

이들이 꼬막수입을 올릴 수 있는 것은 순전히 뻘배 덕분이다. 굴양식을 하는 집안엔 숟가락은 없어도 조새는 가족 수만큼 있다. 꼬막으로 먹고사는 이들에게 자가용은 없어도 뻘배는 몇 개씩 있다. 뻘배는 길이 250~300센티미터에 폭이 25~30센티미터에 이른다. 꼬막을 채취하는 방법은 기계를 뻘배에 걸고 꼬막밭을 긁어 잡는 방법, 저어새가 먹이를 찾는 것처럼 손을 휘저으며 잡는 방법, 손으로 조물조물해서 꼬막을 찾는 방법 등 세 가지가 있다. 기계를 사용하는 방법은 꼬막이 많이 있을 때 사용한다. 장도 여성들은 손으로 주물주물해서 꼬막을 잡았다. 갯벌을 보고 꼬막이 있는지 없는지 알아내는 동물적인 감각이 있어야 가능한 작업이다. 갯벌을 손으로 저어서 꼬막을 찾아내는 것이 아니라 꼬막이 있을 성 싶은 곳을 조물조물 해서 잡는 것이다. 남성들은 기계로 꼬막밭을 밀고 다니며 잡았다. 꼬막밭이 좋기로 소문난 장도지만 최근에는 꼬막종패들이 많이 오지 않아 어민들 걱정이 크다. 꼬막작업은 물이 들면 끝이 난다. 작업 시작도 물때가 결정하지만 끝도 마찬가지이다.

장도에서 뭍으로 나오는 배는 한 시간 늦게야 도착했다. 왜 늦었는지 묻는 사람도 답하는 사람도 없다. 지역 물때에 익숙하지 않는 사람은 기다림 외에 방법이 없다. 뭍으로 나가는 주민들은 약속이나 하듯이 배가 도착할 무렵에 선창으로 나왔다. 오늘 같이 맞바람이 부는 날에 물이 드는 시간이 예정보다 늦다는 것을 안 것만 히도 소득이었다. 섬사람들의 '시간'을 읽지 못했는데 누굴 탓하겠는가.

● — 꼬막을 맛있게 삶는 방법

물을 80~90도로 끓이거나 물을 100도로 끓인 후 찬물 10분의 1 정도를 혼합하여 80~90도로 유지시킨다. 참꼬막을 완전히 잠기게 한 다음 한쪽으로만 1~2분 이내 돌려 젓는다. 꼬막을 건져서 물을 뺀 후 까면 약간 붉은 피가 있는 상태가 좋다.

● — 참꼬막 보관방법

그물망에 담아서 냉장고나 김치냉장고 야채실에 보관하면 3, 4일 이상도 보관할 수 있다. 이때 햇볕은 피해야 한다. 그물망이 없을 때는 물기가 빠지는 바구니도 좋다. 참꼬막은 물에 담가서 해감을 토하게 할 필요가 없다. 해감을 토하게 하면 꼬막 특유의 짠맛이 없어지고 몸에 좋은 붉은 피가 다 빠지기 때문이다. 참꼬막은 겨울이 지나면 추위에 동상을 입어 상하는 참꼬막이 하나둘씩 나올 수 있다. 상한 참꼬막은 냄새가 상당히 고약하지만 상한 것을 빼버리면 다른 참꼬막은 아무 이상이 없다.

개황 | 장도獐島

위치 | 전남 보성군 벌교읍 장도리 **동경** 127°28′ **북위** 34°47′
면적 | 2.202km² **해안선** | 15.9km **육지와 거리** | 6.43km(벌교선착장)
가구수 | 186 **인구**(명, 남+여) | 379(200+179) **어선**(척) | 75 **어가** | 117
어촌계 | 총 2개 어촌계(대촌, 신개) 156명

공공기관 | 장도치안센터(061-857-5113)
교육기관 | 벌교초등학교 장도분교(061-857-5124)
전력시설 | 한전 전가구
급수시설 | 광역상수도 전가구 보급

교통 | **배편** | 목포: 수미, 금화(소요시간 40분, 1일 2회 운영, 벌교선착장-대촌, 부수선착장)
특산물 | 꼬막, 새꼬막, 연체류 및 장어, 벼, 배추
특이사항 | 만입부에 펼쳐진 간석지를 방조제로 막아 염전 및 농경지로 이용한다. 고기잡이 떠날 때 잘 다녀오라
는 인사를 하지 않으며, 고기 잡는 동안 마을 주민들이 개고기를 먹지 않는 풍습이 있다.

30년 변화 자료

구분	1973	1985	1996
주소	전남 고흥군 동강면 장도리	전남 보성군 벌교읍 장도리	전남 보성군 벌교읍 대촌리
면적(km²)	1.87	2.2396	2.237
공공기관	-	-	경찰분소 1개
인구(명, 남자+여자)	1,222(621+601)	1,066(544+522)	756(415+341)
가구수	191	193	180
급수시설	공동우물 8개	우물 15개, 간이상수도 6개	우물(펌프) 2개, 간이상수도 6개
초등학교	1개 231명	1개 150명	1개 110명
전력시설	-	한전 193가구	한전 180가구
의료시설	-	-	보건진료소 1개
어선(척, 동력선+무동력선)	12 (8 +4)	38(35 +3)	59(55 +4)

＊ 공공기관은 면사무소, 파출소 등 포함

48

벌교꼬막 오리도 좋아한다?

보성군 해도 지주도

말리기 위해 옥상 빨래줄에 걸어 놓은 대갱이가 땡땡 얼었다. 갯벌 속에 사는 녀석들이 엄동설한을 만났으니 버틸 재간이 없었을 것이다. 빵모자를 쓰고 장갑을 끼었지만 한기가 온몸을 파고든다.

어촌계장님과 만나기로 한 상진항에 도착했다. 벌교에 오면 자주 들렀던 선창이다. 웃나루라고 부르는 장암리에 있는 선창이다. 이 선창을 통해 장도와 지주도와 해도를 오간다. 최근에 차를 싣고 다닐 수 있는 배가 운항을 시작했다. 하지만 물이 들고 나는 것을 고려하지 않고 선창공사를 하는 통에 해도는 혜택을 받지 못하고 있고, 장도만 겨우 배가 닿는다. 그곳도 보강공사를 해야 한다고 하니 섬사정을 고려하지 않는 개발이 얼마나 예산을 낭비하는지 알 수 있다. 결국 해도로 들어가는 배는 없다. 이럴 때 손을 내밀 수 있는 사람은 어촌계장이나 이장이다. 다행히 벌교에 있던 어촌계장도 마을공사 때문에 들어가야 한다며 상진항에서 만나자는 연락이 왔다.

옛날에는 노를 저어 웃나루까지 다녔다. 철부선이 다니기 전에는 객선이 다녔지만 철부선이 다니면서 객선은 없어졌다. 대신 철부선이 다니고 있다.

해도는 게모양을 닮아 게섬이라 한다. 옆에 있는 장도는 노루섬이라 부르고, 지주도는 거미섬 혹은 거무섬이라 부른다. 세 섬은 모두 꼬막으로 먹고 사는 섬들이다. 일제강점기 시절 득량만을 탐한 일제는 장암리에 꼬막통조림 공장을 짓고 해도에 일본인을 거주시켜 양식장을 점령했다. 형식적으로는 어업이민이었지만 법과 제도를 바꾸어 마을어장을 이용할 수 있도록 합법화시켰다. 이렇게 해서 만들어진 것이 어업조합이다.

해도는 조선말에 진주강씨가 들어와 정착하면서 마을을 이루었다. 해도, 장도, 지주도가 함께 장도리를 구성하고 있다. 갯벌이 넓어 꼬막, 바지락, 백합, 굴 등을 양식한다. 지주도는 대촌마을에서 3킬로미터 밖에 떨어지지 않는 섬으로 한국전쟁 전까지 무인도였지만 장암과 대포리 주민들이 피난을 와서 정착해 마을을 이뤘다. 고흥반도와 장도의 중간에 위치했다. 옛날에는 낙안군에 속하였지만 여수군 돌산에 편입되었다. 1914년 행정구역 개편으로 고흥군 동강면에 편입되었다가 1983년 보성군 벌교읍에 속하였다. 지주도는 모두 5가구가 거주하며 평소에는 육지에서 생활하다 '씨' 때가 되면 들어와 고기를 잡는다. 씨때란 조류가 빠르고 많이 들고 나는 사리를 말한다. 이때 고기들이 많이 움직이기 때문에 그물로 고기를 잡는다.

해도와 지주도는 참꼬막양식으로 사는 섬이다. 해도 꼬막밭은 모두 61헥타르로 1년 소득이 호당 겨우 3천만원을 넘겼을 정도이다. 그래도 벌교에서는 젊은 사람 비율이 가장 높다. 어촌계원은 모두 20명이다. 이중 절반은 40대 전후의 젊은 층이다. 섬의 면적으로 보면 지주도가 훨씬 넓다. 하지만 주민들은 서너 가구에 불과하고 해도는 20여 가구가 살고 있다.

꼬막양식장은 모두 마을공동어장이다. 개인면허는 없다. 찬바람이 불기 전에 꼬막채취를 끝낸다. 겨울철은 휴업기이다. 봄바람이 부는 4월 정도에 시작해 5월까지 작업을 한다. 한여름에는 쉬었다가 가을에

지주도 앞 갯벌은 온통 꼬막밭이다. 장도와 지주도 사람들은 논밭처럼 꼬막밭을 일군다.

또 작업을 한다. 개인구간으로 나누어져 있으면 마을 주민들 간에도 싸움이 잦다. 해도는 오리관리도 공동으로 하고 있다. 오리관리라니? 겨울철에 찾아오는 불청객인 물오리를 말한다. 오리들이 먹어 치우는 꼬막이 만만찮다. 그래서 12월부터 3월까지는 오리와 전쟁이다. 바다 한가운데 바지선을 띄워 놓고 오리를 쫓기 위해 불침번을 선다. 어촌 계원이 두 명씩 돌아가며 오리쫓기 불침번을 서기 때문에 9일에 한 번 씩 근무를 해야 한다. 한 사람은 바지선 안에서, 다른 한 사람은 섬에 서 해안도로를 오가며 깡통을 두드리며 오리를 쫓는다.

선창에 내리자 그물을 손질하는 부부가 반갑게 어촌계장과 우리를 맞았다. 물이 많이 드는 사리인데도 선창에 배를 대지 못하고 바지선 에 의지해 섬에 올랐다. "선창이 저리 길게 나가야 하는데 짧아서 물 이 빠지면 접안을 할 수 없어요." 어촌계장은 선창부터 보여줬다. 그 곳에 마련된 대합실에는 오리불침번을 알리는 공고문이 붙어 있었다.

불침번에 불참을 하면 벌금은 물론이고 마을 주민들의 눈총을 한 몸에 받아야 한다. 바쁜 일이 있으면 대신 서줄 사람을 찾아야 한다. 울력을 할 때나 꼬막채취를 할 때도 마찬가지이다.

해안을 따라 마을로 들어가는 길이 이어져 있다. 새마을운동을 하던 시절에 만들었던 도로인데 물이 부족해 바닷물로 시멘트와 바다에서 파낸 모래와 돌을 섞어 만든 도로였다. 마을은 섬 동남쪽에 장도를 마주보며 형성되어 있다. "장도가 형님이어라. 저기가 장도요." 어촌계장이 마을 앞에 있는 섬을 가리켰다. "우리 마을은 장도리 부수마을에 속하고 지주도는 대촌마을에 속했제라. 어촌계도 그곳에 딸려 있다 최근에 분리되었어라." 해도 이장은 부수에 있다. 마찬가지로 지주도 이장은 대촌에 있다. 보통 마을은 분리되어 있어도 어촌계가 통합되어 있다. 마을어장이 함께 붙어 있기 때문이다. 그런데 세 섬은 각각 자기 마을어장을 가지고 있기 때문에 어촌계가 통합되어 있어 불편함이 많았다. 10년 전에 분리되었다. 장도는 대촌, 부수, 신기 세 개의 어촌계로 나누어져 있다.

해도와 지주도는 꼬막 외에 다른 어장을 할 수 없다. 특히 해도는 꼬막에만 매달린다. 그래서 관리도 엄격하다. 1년 수익이 크지는 않지만 그래도 가구소득에서 차지하는 비중이 크다. 젊은 사람이 많기 때문에 다른 마을 어장일도 다니면서 생활하고 있다. 매년 지원을 받아 종패를 뿌리고 있고 자연종패도 생성되고 있어 어장이 나쁘지는 않다. 어촌계장은 젊은 사람이 많아 마을사업을 하려 해도 이장이 장도에 있기 때문에 쉽지 않다며 아쉬워했다. 어장사업을 활성화하기 위해 꼬막종패 개발에 힘을 쏟고 있다.

옛날에는 꼬막밭을 둘러싼 어장분쟁도 심심찮게 발생했다. 해도꼬막밭도 서울, 부산 등 외지에서 돈 있는 사람들이 운영하기도 했다. 지금은 모두 마을어장으로 정리를 했다. 만조시 바닷물과 섬의 경계부터

겨울철새들이 순천만을 찾아들 때면 해도 주민들은 바빠진다. 순번을 정해 꼬막밭을 지키며 불침번을 서야 하기 때문이다.

500미터까지를 마을어장으로 엄격하게 제한했다. 어촌계장은 이곳은 대통령도 손댈 수 없는 곳이라고 했다. 그의 말 속에는 과거 어장분쟁으로 인한 주민들의 애환이 담겨 있는 듯했다. 이곳에서 채취한 꼬막은 '벌교꼬막' 이라 하여 전국에서 최고의 상품으로 인정받고 있다.

"마을 전체가 나오게 사진을 찍을 수 있나요. 마을회관에 하나 걸어 두고 싶은데." 마을을 돌아 선창으로 나오는 길에 어촌계장이 조심스럽게 부탁을 했다. "물론이죠." 배를 타고 장도와 해도 사이로 나갔다. 그 사이에 바지선이 떠 있었다. "저것이 오리관리하는 바지선이에요." 가장 좋은 꼬막밭이 있는 곳이다. 오리가 먹어치우는 작은 꼬막 량이 만만치 않다. 더구나 떼로 몰려다니기 때문에 피해가 더욱 크다. 얼마 떨어지지 않는 곳에 순천만이 있다. 보성 벌교갯벌과 함께 습지보호지역으로 지정되었고 람사르습지로 등록된 곳이다. 특히 순천만은 흑두루미를 비롯해 오리류 등 새들이 몰려와야 좋아한다. 정기적으로 모니터링을 하며 방문하는 개체수를 발표하고 있다. 갯벌을 이용하는 방식이 다르기 때문이다. 옳고 그름의 문제가 아니다. 더불어 살 수 있는 지혜는 정치로부터 나와야 한다. 그것이 정책이다.

개황 | 해도 蟹島

위치 | 전남 보성군 벌교읍 장도리 **동경** 127°28′ **북위** 34°47′
면적 | 0.134km² **해안선** | 2.4km **육지와 거리** | 6.59km(벌교선착장)
가구수 | 20 **인구**(명, 남+여) | 50(26+24) **어선**(척) | 20 **어가** | 17
어촌계 | 총 1개 어촌계, 해도 20명

교육기관 | 벌교초등학교 해도분교(061-857-5020)
전력시설 | 한전 전가구
급수시설 | 광역상수도 전가구

교통 | 배편 | 벌교 장암선착장 철부선 운항(1일 2회)
낚시터(유어장) | 육지에서 망둥어낚시
특산물 | 꼬막, 새꼬막, 연체류 및 잡어, 벼
특이사항 | 고기를 잡는 동안에는 개고기를 먹지 않는 풍습이 있다.

30년 변화 자료

구분	1973	1985	1996
주소	전남 고흥군 동강면 장도리	전남 보성군 벌교읍 장도리	전남 보성군 벌교읍 부수리
면적(km²)	0.25	0.221	0.221
공공기관	-	지파출소 1개	경찰분소 1개
인구(명, 남자+여자)	93(44+49)	111(64+47)	81(42+39)
가구수	18	22	21
급수시설	공동우물 1개	우물 4개	간이상수도 1개
초등학교	분교 1개 22명	분교 1개 21명	분교 1개 7명
전력시설	-	한전 22가구	한전 21가구
어선(척, 동력선+무동력선)	1 (0+1)	8 (8+0)	12(1+11)

＊ 공공기관은 면사무소, 파출소 등 포함

개황 | 지주도蜘珠島

일반현황

위치 | 전남 보성군 벌교읍 장도리 **동경** 127°26′ **북위** 34°47′

면적 | 0.466km² **해안선** | 4.7km **육지와 거리** | 6.29km(벌교선착장)

가구수 | 12 **인구(명, 남+여)** | 25(14+11) **어선(척)** | 10 **어가** | 12

어촌계 | 총 1개 어촌계, 지주도 10명

공공기관 및 시설

전력시설 | 한전 전가구

급수시설 | 광역상수도 전가구

여행정보

교통 | **배편** | 여객선 및 도선이 운행되지 않아 섬접근이 불편

특산물 | 패류(꼬막, 새꼬막), 연체류 및 잡어

특이사항 | 한국전쟁 때 피난민들이 정착하면서 마을이 형성되었고, 그 이전까지는 무인도였다.

30년 변화 자료

구분	1973	1985	1996
주소	전남 고흥군 동강면 장도리	전남 보성군 벌교읍 장도리	전남 보성군 벌교읍 대촌리
면적(km²)	0.5	0.46	0.46
공공기관	-	지파출소 1개	경찰분소 1거
인구(명, 남자+여자)	9(5+4)	51(27+24)	57(30+27)
가구수	2	14	15
급수시설	공동우물 1개	우물 2개	己 이상수도 1개, 우물(펌프) 4개
초등학교	-	분교 1개 4명	분교 1개 4명
전력시설	-	-	자가발전 15가구
어선(척, 동력선+무동력선)	-	8(8+0)	19(15+4)

＊ 공공기관은 면사무소, 파출소 등 포함

고흥군

64

61
이덕도

61
진지도

61
백일도

62
원주도

62
여도

53

고흥군

63

50

49

상화도

51
하화도

59

60
수락도

60
사양도

55

54

58

57

56

60
애도

52

고흥군

49 소록도	57 죽도
50 오마도	58 외나로도
51 화도(상화도, 하화도)	59 내나로도
52 시산도	60 사양도, 애도, 수락도
53 득량도	61 백일도, 진지도, 미덕도
54 거금도	62 여도, 원주도
55 연홍도	63 취도
56 지죽도	64 우도

당신들의 천국
고흥군 도양읍 소록도

앞서가던 승용차 불빛이 블랙홀에 빨려들듯 사라진다. 한 치 앞도 구별하기 힘든 지독한 안개다. 반사적으로 브레이크에 발을 올린다. 고갯길이다. 운전대를 잡은 손에 흥건히 땀이 고인다. 저 멀리 안개 속에 붉은 헤드라이트 불빛이 깜빡거린다. 순간 와락 반가운 마음이 든다. 행여나 불빛을 놓칠까봐 기를 쓰고 쫓아간다. 하지만 어김없이 달아난다. '소록도 가는 길'. 시인 한하운이 절망과 싸우면서 찾아갔던 그 길엔 안개만 자욱하다. 시인은 썩어가는 발가락 고통보다 더 깊은 절망과 싸워가며 이 길을 걸었을 것이다. 사람들은 한센병을 신에게 버림받은 불치의 병이라고 믿었다. 그 병은 "몰라 3년, 알아 3년, 썩어 3년 간다" 했다.

해방 후까지 강요된 단종수술

안개를 헤치고 녹동항에 들어서자 소록도가 앞을 막는다. 소록도와 녹동을 잇는 다리가 한센인들 목숨줄처럼 가늘다. 이제 더 이상 아가리를 벌리고 뭐든 삼킬 기세인 철부선을 탈 필요가 없다. 차를 가지고 다리를 건너면 되기 때문이다. 배를 타고 소록도를 4번이나 오갔지만 다리가 놓인 후 처음 가는 길이다. 여전히 마음은 무겁다. 관광버스가 무시로 다리를 건넜다. 소록도 중앙공원으로 들어가는 솔숲 길 앞에

관광단지에서나 볼 수 있는 커다란 주차장이 만들어졌다. 차에서 내
린 단체관광객들이 꼬리를 물고 숲속으로 사라졌다. 아이들과 함께
온 부모들은 솔숲 앞 갯벌에서 바지락을 캐느라 정신이 없었다.

한센인 격리수용소가 만들어지기 전 소록도에는 외국인 선교사들
이 운영하는 '시립나요양원' 이 있었다. 한센인들을 강제수용할 장소
를 찾던 일제는 이곳을 보고 무릎을 쳤다. 날씨도 좋고 육지와 가까워
물자수송이 쉬웠다. 게다가 뭍과 섬 사이 물길이 거칠어 인간의 힘으
로는 거센 물길을 헤치고 쉽게 건널 수 없기 때문이었을 것이다. 일제
는 「조선나예방령」을 근거로 거처할 곳이 없어 다리밑 움막에서 유
랑·걸식하며 생활하는 한센인을 닥치는 대로 잡아들였다. 그 결과
소록도에는 6,000여 명이 수용되기도 했다.

한센인들이 생활하는 여덟 마을은 지금도 여전히 통제구역이지만
병원, 중앙공원, 단종대, 검시실, 감금실, 역사관 등은 외부인들에게 개
방되어 있다. 한센인들에게 가족은 사치였다. 부부 인연을 지속하기 위

한센인들은 섬에 갇히고 다시 섬 안의 감금실에 갇혔다. 다리가 놓이고 관광객들이 무시로 오가지만 지금도 섬
안에 갇혀 있다.

한센인을 없애기 위해 단종수술을 강요했다.

해서 남자는 단종대에 올라 정관수술을 받아야 했다. 죄를 지은 환자들도 벌로 단종수술을 강요받았다. 놀라운 것은 해방 후 한국사회에서도 한센인은 일제강점기와 다름없이 '전염병 동물' 취급되어 단종수술이 계속되었다는 것이다. 일제강점기에는 단종수술을 거부하거나 도망치다 잡힌 사람은 이마에 낙인을 찍었다. 또 죄를 지은 사람은 문턱이 높은 '물방' 이라는 독방에 가두었다. 그곳에 물을 채웠다고 한다. 겨울철이면 그 물과 함께 사람이 얼어 죽기도 했다. 한센인을 멸하기 위한 조치였다. 이러한 비인간적이고 비인간적인 조치들은 대부분 제4대 병원장인 수오 원장이 주도했다. 당시 감금실에 갇혔다 단종수술을 받고 풀려난 환자의 시가 차가운 방안에 걸려 있다.

> 그 옛날 나의 사춘기에 꿈꾸던
>
> 사랑의 꿈은 깨어지고
>
> 여기 나의 25세 젊음을
>
> 파멸해가는 수술대 위에서
>
> 내 청춘을 통곡해가며 누워 있노라

장래 손자를 보겠다던 어머니의 모습

내 수술대 위에서 가물거린다

정관을 차단하는 차가운 메스가

내 국부에 닿을 때

모래알처럼 번성하라던

신의 섭리를 역행하는 메스를 보고

지하의 히포크라테스는

오늘도 통곡한다

"여기 공원은 처음에 황토흙만 있었습니다. 아무리 땅을 파도 돌 하나 나오지 않는 곳이었지요. 이 돌은 완도에서 가져왔습니다. 배에 싣고 노를 저어 왔지요. 목도로 이곳까지 운반해와 정원을 꾸몄습니다. 돌을 운반하다 목숨을 잃기도 했습니다." 까무잡잡한 얼굴을 거의 덮을 만큼 큰 선글라스를 낀 공원지킴이 '소록도 해설사'의 설명이다. 한하운 시인의 〈보리피리〉를 새긴 넓적한 바위에서 걸음을 멈춘 그는 직접 낭송을 해준다. 목소리가 떨린다. 이곳 섬사람들은 이 바위를 '죽는 바위'라 부른다. 목도를 메면 허리가 부러져 죽고 내려놓으면 맞아 죽는 바위라서 붙인 이름이다. 유창하고 현실감 있는 말솜씨가 관광객을 사로잡는다. 그가 관광객을 사로잡은 설명은 '말솜씨'가 아니라 자신의 경험이었다. 그도 병력자였기 때문이다.

아! 중앙공원

소록도를 찾는 관광객들이 가장 많이 찾는 곳은 중앙공원이다. 잘 관리된 나무와 숲은 어디에 내놓아도 손색이 없다. 그런데 관광객들은 이 공원이 채찍을 맞아가며 손가락이 없는 한센인들의 손으로 만들어진 공원이라는 것을 알까.

중앙공원 공사는 1936년 12월에 시작해 3년 4개월 동안 연인원 6만 명의 환자가 강제동원되었다. 당시 수오 원장(4대, 수으 마사스에周防正季)은 소록도를 세계 최고의 '나요양시설'로 만들겠다며 원생들을 노예처럼 부렸다. 가장 먼저 한 일이 섬 복판 야산에 매년 140만 장의 벽돌을 만들 수 있는 공장을 만드는 일이었다. 한센인들은 뭉그러진 손으로 벽돌을 찍어 내어 병원, 회관, 예배당, 식당, 목욕탕, 병동 등을 지었다. 섬 일주도로도 원생들이 직접 만들었다. 이런 일을 할 수 없는 환자들은 송진을 따고 바지락을 캤다. 그리고 어둠이 내리면 가마니를 짜야 했다. 전라북도 한 정착촌에서 생활하는 박 모(당시 86세) 씨의 증언은 당시 상황을 생생하게 전해준다(《참여사회》 2003년 7월호 참조).

소록도에서 안 한 것이 없어. 벽돌 구워야지. 가마니 짜야지, 또 금산(거금도) 가서 나무 해와야지. 비가 오나 눈이 오니 말이지. 소록도에 있으면 눈 없는 봉사도 가마니를 짜야 돼요. 짜다가 보면 눈이 안 보이니까 손이 훌떡 까지고 피가 벌겋게 나고. 참 이 이야기 다 할라고 하면……. 소록도 6부락에다가 숯공장을 맨들어 놓고 숯을 구워서 내보내고. 지방에서 송탄, 그러니까 관솔가지에서 송진 많이 흐르는 거 그거를 개다가 송탄유 그놈을 냈지(공출했지), 또 피마자 지름 짜가지고 냈지. 토끼도 잡아다가 냈어요. 껍데기 갖다가 군인들 옷 속에다가 넣는다고. 일이 힘들다고 안 나가면 작업시키는 일본놈들이 커다란 몽둥이를 들고 댕겨요. 쾅쾅 뚜디리면서. 그래 나가면 웃통을 홀라당 벗겨요. 벗겨다가 고갯만대이에 딱 꿇어앉혀 놔요. 일 끝날 때까지. 그럼 나중에 일어나지도 못해요. 얼어 가꼬. 안 죽을 수가 없어요.

박씨는 원인은 알 수 없지만 10살 무렵에 병에 걸려 제대로 치료 받지 못하고 18살에 소록도에 들어왔다. 지금은 대한민국 법정전염병 3종으로 결핵이나 감기 정도에 불과하지만 당시에는 치료약이 없어 서툰 의사들이 찔러대는 주사와 심지어 양잿물에 팔과 다리를 집어넣기도 했다.

수오 원장은 자신의 동상을 세워 참배까지 하게 했다. 구라탑이 서 있는 자리가 동상이 있던 자리다. 원장 동상이나 비석을 세우는 일은 원생 스스로 터득한 생존의례였다. 손가락과 발가락이 떨어져 나가는 노역으로 번 돈을 동상건립기금으로 내놓아야 했다. 남은 손발을 움직여 원생들이 동상을 세웠다. 끊임없는 강제노역을 이기지 못하고 자살하거나 바다로 뛰어드는 사람이 늘어갔다. 물귀신이 되거나 운이 좋으면 도망을 쳤다. 해방을 3년 앞둔 1942년 6월 참았던 분노가 폭발했다. 견디다 못한 원생 이춘삼은 정례 보은감사일에 동상 앞에서 원장을 가로막았다. "너는 환자에 대해 너무 무리한 짓을 했으니 이 칼을 받아라"고 소리치며 칼로 원장을 찔렀다. 사형에 앞서 "원장을 죽인 것은 개인감정이 아니라 소록도의 비참한 생활을 폭로하여 시정하고 싶었기 때문"이라고 살해동기를 밝혔다. 원생들이 일본인에게 모두 적대적인 것은 아니었다. 원생들 스스로 원장 공덕비를 세운 경우도 있었다. 그 주인공이 2대 소록도 원장인 하나이 젠키치花井善吉다. 그는 신앙의 자유를 허락하고 일본식 신사참배를 강요하지 않았다. 감동을 받은 원생들이 공덕비를 세우려는 것도 반대했다. 원장이 순직한 후 원생들은 모금을 해 자혜병원 앞에 공덕비를 세웠다.

섬 안의 섬 '소록도 2번지'

소록도에도 어김없이 해방이 찾아왔다. 철권통치를 휘두르던 병원장을 비롯한 일본인들은 모두 섬을 빠져나갔다. 원생들은 가장 먼저 병원지대에 있는 신사를 불태웠다. 그리고 교도소와 감금실에 갇혀 있던 동료들을 석방했다. 하지만 해방의 기쁨도 잠시였다. 행정직원과 의사들 간에 운영권을 둘러싼 다툼이 벌어졌다. 투표를 통해서 직원들이 운영권을 가져갔지만 일부 의사들이 원생 대표에게 "직원들이 식량과 의약품을 섬 밖으로 빼돌리려 하니 막아야 한다"는 거짓정보를 흘렸던 것이다. 이게 화근이었다. 생계문제와 직결된 원생들은 몽둥이와 삽으로 무장하고 직원지대로 들어가 충돌이 발생했다. 이 과정에서 사상자가 발생하자 직원들은 고흥 치안유지대에 도움을 요청했다. 치안대는 협상을 위해 나온 원생대표들을 모두 사살하고 모래구덩이에 송탄유를 붓고 불태워 묻었다. 이 사고로 원생대표 90명 중 84명이 죽었다. 이후 56년만인 2001년 유골 발굴작업을 거쳐 그 자리에 한센 가족의 이해와 온전한 인권회복을 위한 추념비를 건립하였다.

소록도에는 1번지 직원지대와 2번지 병사지대, 두 부류의 인간이

해방은 또다른 갈등의 시작이었다. 많은 한센인이 병원운영을 둘러싼 행정직원과 의사의 갈등 속에서 억울하게 희생되었다.

살고 있다. 무독지대와 유독지대라고도 한다. 다리가 놓이기 전 포구에 내려 가다보면 감시초소와 면회소부터 고개마루에 있는 직원들을 위한 성당과 교회가 있는 곳까지가 직원지대다. 오른쪽으로 접어들어 소록도 해수욕장으로 왼쪽 길을 택하면 병사지대라고 불리는 한센인들이 사는 곳으로 접어든다. 두 공간 사이에 병원과 중앙공원이 있다. 그 경계에 1960년대까지 철조망이 있었다. 소록도에 들어온 한센인 중 아이가 있는 사람은 직원지대를 지나 이곳 경계에서 아이와 이별을 해야 했다. 아이는 직원지대 보육소나 학교로, 부모는 병사지대로 들어갔다. 그들에게는 한 달에 한 번씩 만남이 허락되었다. 곰솔숲 사이에서 부모는 바람을 안고 아이는 바람을 등지고 양쪽에 줄을 지어 얼굴만 보는 면회였다. 그곳을 탄식의 장소 '수탄장愁嘆場'이라 부른다. 아이들은 아직 감염이 안 되었다 해서 '미감아未感兒'라고 불렀다. '미감아'는 공교육을 포함한 기본적인 권리도 박탈당했다. 고향에서 쫓겨난 한센인들은 1963년 국가가 부여한 '소록리 2번지'를 본적으로 받았다. 최근까지도 교육, 종교 등 일상생활에서 두 개의 주소는 계속되었다.

이들의 아픔은 소록도 '2번지'보다 뭍으로 나와 정착촌에 거주할 때 더욱 크다. 전국에 80여 개의 정착촌이 있다. 정착마을은 한센병의 편견과 격리를 극복할 수 있는 방법으로 제안된 사업이었다. 이들은 지금도 변함없이 가축을 기르고 농사를 지으며 공동체생활을 하고 있다. WHO를 비롯한 세계 한센병 전문가들은 환자들에게 일을 시킨다고 비난하기도 했다. 정착마을 사업은 환자들의 경제적·심리적·정신적 재활에 큰 도움이 되었다. 절반은 성공했지만 일반인과 같이 생활할 수 있는 사회적 재활이 남아 있다. 이들의 육지생활은 순탄치 않다. 초기 정착촌과정에서 한센인 아이들과 함께 학교에 보낼 수 없다, 우리 마을 인근에 정착촌을 만들지 말라는 등 갈등이 이어졌다. 스록도 앞 오마도 간척사건이나 경남 삼천포의 비토리섬 사건 등이 대표적이다. 1990년 대 세상을 떠들썩하게 했던 개구리소년 실종사건도 그렇다. 당시 신문 은 "칠곡 나환자촌 건물 지하실에 실종 성서국교생 5명 암매장" 이라는 내용을 보도했다. 거짓이었다. 이로 인해 한센인들은 살인을 넘어 아이 를 잡아먹는 식인종이라는 이야기도 감수해야 했다.

빼앗긴 건 땅이 아니라 희망

소록도에서 나와 녹동항으로 향했다. 오마도로 가기 위해서였다. 이 섬을 처음 알게 된 것은 20년 전쯤이다. 당시 박사과정 중이었다. 지도 교수와 함께 소록도를 찾았다 오마도 이야기를 들었다. 하지만 큰 울 림으로 다가오지는 않았다. 2000년대 초반 새만금 간척사업에 관심을 갖기 시작하면서 당시 갈무리해 두었던 오마도 지도와 간척사업 이야 기를 다시 꺼냈다. 오마도는 도양면 봉암반도와 풍양반도 사이에 있 는 섬이다. 옆에는 오동도가 있다. 오마도간척사업은 이들 섬을 연결 해 3개의 제방(3,753미터)을 쌓아 1,070.4헥타르를 매립하고 714헥타르 의 농지를 조성하는 대규모 사업이었다. 제방 옆에 차를 멈추고 가장 긴 제1호방조제(오마-봉암) 위로 올라갔다. 그곳에는 최근 오만도 간 척의 역사를 알리는 사진 몇 장이 포함된 안내판에 서워졌다. 도로 이 름도 '오마로' 라 붙였다. 기뻐해야 할지 슬퍼해야 흩지. 해가 뉘엿뉘 엿 소록도 너머로 넘어가고 있었다. 푹푹 빠지는 펄탕에서 일하던 어 민들이 하나둘 제방으로 나오고 있었다. 그곳에 세워진 안내판에는 '오마도간척지 조성내역' 이 이렇게 소개되어 있다.

　이곳 오마도 간척지 조성사업은 1962년 보사부주관 하에 소록도

음성나환자들의 정착목적으로 그해 6월 1일자로 정부로부터 사업 인가를 득하여 시작되었다. 이에 따라 당시 소록도 원생을 주체(당 시 병원장 조창원)로 방조제 축조를 위하여 '오마도 개척단' 을 창 설하였으며, 방조제 축조공사는 그해 7월 10일 착공하여 1964년 6 월 56.7%의 공정상태에서 본 사업을 보사부에서 전라남도로 이관 하였다. 방조제를 축조하는 과정에서 수많은 나환자들의 희생과 노동력이 수반되었으며, 본 사업권의 이관과 당시 지선주민들이 이곳에 나환자들의 정착반대에 따라 나환자들은 방조제 절강완공 을 이루지 못하고 철수하였다. 이후 방조제 절강사업은 전라남도 에서 완공하였고 간척 조성사업은 농림부로부터 공유수면 매립면 허를 얻어 1988년 12월 30일 고흥군에서 완공하였다.

국토확장과 한센인 정착촌 건립이라는 당시 재건정부의 정책과 한 센인들의 욕구가 맞아 떨어진 사업이었다. 간척구상은 조창원 소록도 원장의 부임으로부터 시작되었다. 한센인들은 병이 알려지는 순간 사 회는 물론 가족으로부터 버림을 받았다. 스스로 소록도를 찾는 사람 도 있었다. 치료제보급으로 완치된 환자들이 크게 증가하였다. 그러 나 가족들은 그들을 원치 않았고 사회도 받아주질 않았다. 그렇다고 언제까지 소록도에 남아 있을 수도 없는 처지였다. 조원장이 부임한 것은 1961년이었다. 당시 원생은 5,000여 명으로 가뜩이나 부족한 물 자로 완치된 한센인을 계속 수용하는 것이 큰 부담이었다. 그렇다고 섬 밖으로 나가면 거지 외에는 할 수 있는 일이 없다는 것을 잘 아는지 라 대책 없이 내쫓을 수도 없었다. 조원장은 원생들의 인권을 존중하 는 보기 드문 원장이었다.

그래도 원장이 갯벌을 막아 정착촌을 만들어 완치된 원생들이 살

가족마저 거부한 한센인들은 완치된 후 자신들이 살 수 있는 땅을 갖고 싶었다. 무딘 팔과 다리를 작업도구 삼아 뻘을 막는 간척사업은 한센인의 마지막 희망이었다.

수 있도록 해주겠다는 제안은 받아들이기 어려웠다. 일제강점기부터 속아만 살아왔기 때문이었다. 가족도 믿을 수 없는데 누굴 믿을 수 있었겠는가. 조원장은 서약서를 쓰기도 했다. 당시 국가재건최고회의도 농토가 절대 부족한 상황에서 정부지원 없이 추진하겠다는데 반대할 이유가 없었다. 국가재건최고회의 의원, 보사부장관, 전라남도 도지사 등이 참여해 기공식이 열렸다. 박정희 의장도 참여할 계획을 가질 정도로 주목을 받았다.

간척사업 추진은 전투적이었다. 몸을 움직일 수 없는 원생들을 3개 조로 나누어 섬과 섬 사이에 투입했다. 심지어 작업장에 상주하면서 일을 했다. 하지만 문제는 물때와 파도였다. 물이 빠져도 갯벌이라 블랙홀처럼 나무와 돌을 집어넣어도 쌓이질 않았다. 좀 쌓았다 싶으면 파도가 와서 무너뜨렸다. 배고픔과도 싸웠다. 소금물과 풀로 쑨 죽이 끼니였다. 작업도구는 삽과 곡괭이였다. 이것도 부족해 뭉뚝한 팔과 다리를 도구로 사용해야 했다. 방조제가 거의 완공되어 기쁨에 부풀어 올라 있을 때 태풍이 쓸어가 버렸다. 낙심천만이었다. 폭동이 일어날

기세였다. 조원장의 강요와 설득으로 겨우 진정이 되었다.

그 무렵 국회의원 선거(1963.11.)가 치러졌다. 오마도간척사업은 당시 고흥선거의 쟁점으로 떠올랐다. 대부분 고흥군민들은 오마도에 나환자들이 정착하는 것을 반대했다. 모든 후보자들도 이를 공약으로 내세웠다. 조원장은 신형식 당시 공화당 후보를 만나 소록도 원생 표를 만들어줄 테니 당선 후 도와달라고 부탁을 했다. 약속도 받았다. 하지만 선거가 끝난 후 신후보는 당선이 되었지만 병원장은 교체되었다. 조원장은 "오마도는 죽어도 뺏기지 말아라. 뺏기려면 차라리 목에다 돌을 매달고 바다에 빠져 죽어라"라는 말을 남기고 떠났다.

그 후 간척사업주체는 오마도개척단에서 전라남도 산하 한국정착사업개발홍업회로 바뀌었다. 원생들은 체불임금도 받지 못했다. 군사혁명시절에 누구에게 원망을 말할 수 있었겠는가. 준공 후 토지는 매각되었다. 물론 원생들이 아니라 일반인들에게.

곰솔숲을 지나자 소나무 사이에 숨어 있던 해수욕장이 모습을 드러낸다. 철 지난 해수욕장을 찾은 연인들의 모습이 영화 속 한 장면을

연상시킨다. 그 너머에서 할머니 세 분이 무릎까지 바지를 올리고 파래를 건져내고 있다. 굽힌 허리를 들어 올리면 어김없이 파래가 한 주먹이다. "소록도 파래는 나라님이 먹는 파래라. 맛이 좋아라!" 사진을 찍고 있는 나를 보고 할머니는 파래를 내민다. 남편과 함께 파래를 매기 위해 소록도 해수욕장을 찾은 할머니는 해수욕장 인근 마을이 고향이란다. 그녀는

일제강점기에 할머니손에 끌려 섬에서 쫓겨났다. 그리고 1960년대 강제수용정책이 폐지되면서 아버지와 함께 고향으로 돌아와 바다를 생활의 터전으로 삼아 살아가고 있다. 세월이 흘러 이제 머지않아 소록도와 녹동을 잇는 한맺힌 뱃길도 사라질 것이다. 시인이 고통과 절망을 벗삼아 걸었던 황톳길은 아스팔트길로 변했다. 뱃길은 다리가 놓였다. 그뿐만 아니다. 소록도를 관광지로 만들려는 야심찬 계획도 추진 중이다. 쫓기듯 섬으로 피해왔던 한센인들, 그들은 이러한 변화를 어떻게 받아들일까. 자유롭게 다리를 건너 뭍으로 갈 수 있을까. 소록도만 아니라 육지에 그어진 1번지와 2번지의 경계도 므너질까.

● — 대한민국 법정전염병

대한민국 법정전염병은 모두 10종으로 구분되어 있다. 제1종은 마시는 물 또는 식품을 매개로 발생하고 집단발생의 우려가 커서 즉시 방역대책을 수립해야 하는 감염병으로 콜레라 · 장티푸스 · A형간염 등이다. 제2종은 예방접종을 통해 예방 및 관리가 가능하여 국가 예방접종사업의 대상이 되는 감염병으로 디프테리아 · 백일해 · 파상풍 · 홍역 · 일본뇌염 · B형간염 · 수두 등이다. 제3종은 간헐적으로 유행할 가능성이 있어 계속 감시하고 방역대책 수립이 필요한 감염병으로 한센병 · 말라리아 · 결핵 · 비브리오패혈증 · 에이즈 등이다. 이외에 국내에서 새롭게 발생하였거나 발생할 우려가 있는 제4종 감염병, 기생충 감염으로 발생하는 제5종 감염병, 유행여부를 조사하기 위해 감시활동이 필요한 제6종 감염병, 고의 또는 테러 목적으로 이용된 병원체에 의하여 발생한 제7종 감염병, 성접촉으로 발생하는 제8증 감염병, 동물과 사람간에 전파되는 제9종 감염병, 환자나 임산부 등이 의료행위 과정에서 발생한 제10종 감염병 등이 있다.

이 중 한센병(Hansen病)은 원인균인 나균에 의하여 피부와 말초신경을 주로 침해하는 만성전염성 면역질환으로 나병(癩病)이라고도 한다. 전타도나 경상도에서는 욕설에 해당하는 '문둥병'이라고 부르기도 했다. 한센인들은 문둥병은 물론 나병도 듣기 싫어한다. 한센병이라 부르는 것이 옳다.

● — 충절과 반역의 사잇길, 섬 아닌 섬 '녹도'

소록도가 사슴섬인 줄만 알았다. 그리고 녹도는 진도 울돌목 인근에 있는 작은 섬으로만 알았다. 유배지를 새로운 시각에서 소개한 《절해고도에 위리안치하라》(이종목·안대회 지음)는 책을 보고 알았다. 녹동항은 '녹도'에서 비롯되었고 소록도는 녹도 앞의 작은 섬이라는 사실을.

지금의 지세로 보면 이해하기 힘들다. 그런데 고지도를 보면 녹도가 섬으로 보인 까닭을 이해할 수 있다. 흥양(고흥의 옛이름)에는 녹도와 비슷한 처지에 있는 섬이 또 있다. 여도가 그곳이다. 두 섬 모두 수군진이 있는 중요 뱃길이다. 녹도는 간척과 매립으로 옛날 모습을 가늠하기 어렵다. 특히 한센인들이 막은 오마도 간척과 최근 막아진 고흥만 간척지를 바다나 갯벌로 복원하면 봉암리와 장계리로 이어지는 녹도는 딱 섬이다. 그 길목에 관리라는 마을이 있다. 고지도에 녹도, 녹도진과 쌍충사, 오마도 등 주변에 섬과 주요 건물들이 잘 표시되어 있다.

가느다란 도로로 연결되어 있는 섬 아닌 섬. 지금도 서울에서는 말할 것도 없고 전라도에서도 큰 마음을 먹어야 간다는 곳이 고흥반도이며 나로도가 아니던가. 옛날은 어땠겠는가. 그래서 녹도를 유배지로 사용했던 것이다.

녹동수협이 있는 봉암리에는 쌍충사라는 사당이 있다. 이곳에는 손죽도전투의 명장 이대원 장군(여수편 손죽도 참조)과 한산대첩의 영웅 정인 장군의 위패

위 흥양 녹도진지도 아래 쌍충사

를 모시고 있다. 봉암리 초입에서 돌계단을 타고 오르는 길에 수군만호 공적을 기리는 비석 몇 기가 서 있다. 쌍충사에 오르면 녹동항은 물론 소록도와 소록대교를 한눈에 볼 수 있다. 녹동항은 지금도 고흥 일대의 섬으로 통하는 뱃길 요충지이다. 거금도, 소록도, 화도, 시산도, 연흥도, 득량도는 물론 제주도 뱃길도 녹동항에서 열려 있다. 최근에 거금도와 소록도는 다리가 연결되어 뱃길 대신 차를 타고 갈 수 있다.

녹도진은 158.7미터의 낮은 야산 남쪽 사면에서 해안선으로 이어지는 평산성으로 반원형이다. 시설물은 문지 네 개소와 군관청, 객사터, 집무실, 내아, 선창이 있었다. 시설물은 모두 훼손되고 위치만 가늠할 수 있다.

손죽도해전은 1587년(선조 20) 일본 무장세력이 전라도 흥양 손죽도를 침입한 사건이다. 정해년에 일어나 정해왜변이라고도 한다. 1555년 을묘왜변 이후 최대의 침략행위로 호남은 물론 조선에 큰 영향을 미쳤으며, 당시 전투에서 전라좌수군은 무기력하게 패했지만 흥양은 녹도만호 이대원의 순국으로 인근 연해민의 흠모의 대상이 되었다.

이대원 장군과 같이 배향되어 있는 정운 장군도 녹도만호였다. 정운은 전남 영암 출신으로 성품이 강직해 관직에 오래 있지 못했다. 그의 재주를 애석하게 여긴 서애 유성룡의 천거로 녹도만호에 임명되었다. 만호로 부임해 갑옷, 전선, 노 등 병기를 손질하고 전선을 건조하고 군마를 잘 보살피고 훈련을 게을리 하지 않았다. 전라좌수사로 있던 이순신이 그를 신뢰한 것도 이 때문이었다. 임진왜란 당시 원균이 전라좌수군의 출병을 요청할 때 일부 장수들이 관할론을 들어 출전을 거부할 때 정운과 어영담과 송희립은 출전을 원하였다. 당시 정운은 "영남도 우리의 땅이고 호남도 우리의 땅이니…… 지금 적은 아직 호남을 침범하지 못하였으니 마땅히 이때에는 급히 병사를 이끌고 반격하여 한편으로는 호남을 지키고 한편으로는 영남을 구하는 것이 옳은 일입니다"라며 출병을 원하였다. 이순신이 이끌던 전라도수군이 경상도해전에 참전하게 된 결정적인 역할을 했던 것이다. 정운은 옥포해전에서 큰 전과를 올리고 부산포해전에서 선봉에서 싸우다 장렬하게 순국했다. 그는 전투 중 '나의 죽음을 적이 알지 못하게 하라"는 말을 남겼으며, 이순신은 그의 순국소식을 듣고 "오른팔을 잃었다"며 탄식했다고 한다. 보성 출신으로 임진왜란 때 의병을 일으켰던 안방준(1573~1654)은 《부산기사》에 "국가의 보전이 호남의 보전에서 연유하였고, 호남의

보전은 순신의 수전에서 연유하였고, 순신의 수전은 모두가 녹도만호 정운이 앞장선
데서 나온 것"이라고 평했다.

　이대원 장군이 순국하자 조정과 녹도수군의 노력으로 녹도사라는 사당을 지어 장
군을 배향했다. 그리고 정운 장군이 순국하자 이순신의 요청으로 함께 배향했다. 정
유재란 때인 1597년 녹도사가 왜군의 방화로 소실되자 수군들이 초당으로 집을 지어
두 장군의 위패를 모셨다. 그 후 흥양유림들이 도내 유림과 이대원의 증손 이석의 협
조를 받아 녹도사를 와당으로 중창하였다. 이후 지역 사림소청士林疏請으로 1683년
쌍충雙忠이라 액을 받았다. 이때 상소글은 1682년 임척林滌과 서봉령 등 호남유림이
연명하고 신명규(1618~1688, 제주에서 강진으로 이배)가 글을 지었다. 쌍충사는
1864년 대원군의 서원 훼철령으로 철폐되었다가 1924년 고흥향교 선비들의 노력으
로 중건되었다. 그리고 1942년에 일본에 의해 헐렸다가 해방 후 1947년 고흥유지들
에 의해 중건되어 1957년에 완성되었다.

　녹동항은 인근 섬을 연결하는 거점항이다. 녹동의 중심마을은 봉암리로 벼농사로
마을을 이뤘기 때문에 들 평坪자와 벼 화禾 '평화'라고 불렸다. 녹동항은 1971년 12
월 21일 국가어항으로 지정되었다. 19세기 지도인 〈광여도廣輿島〉에는 도양면에 녹
도진과 쌍충사가 표시되었으며 오마도 간척사업으로 육지가 된 오마도와 고발도와
분매도 등 작은 섬도 그려져 있다. 녹도
는 수군진이 설치된 전략적 요충지이다.
그리고 중죄인 유배지로 이용된 절해고
도였다. 수군진은 쌍충사에서 흔적을 찾
을 수 있지만 유배지의 흔적은 어디에서
도 찾기 어렵다. 녹도에 유배된 이는 신
헌(1810~ 1884)이라는 무신이었다. 그는
충북 진천군 이월면 노원리에서 태어났
다. 그의 생가는 충북 문화재자료 제1호
로 지정되어 있다. 본관은 평산平山이요
자는 국빈國賓, 호는 위당威堂, 금당琴
堂, 동양東陽, 우석于石이었다. 무관집에

흥양현지도

서 태어나 정약용과 김정희 문하에서 공부를 해 무관이면서 학문적 소양을 쌓았다. 1828년 무관에 급제하여 1849년 철종이 즉위했을 때 헌종 위독시 사사로이 의사를 불러 진찰한 죄로 녹도에 위리안치되었다. 헌종의 신임으로 전라우도 수군절도사, 전라도 병마절도사, 금위대장, 어영대장, 판의금부사 등을 지냈고 강화도조약, 조미수호조약 등을 체결하는 등 조선의 개항에 중요한 역할을 하였다. 남해안 수군의 요충지였다지만 신헌이 유배생활을 할 때는 녹도진이 남루했던 모양이다. 신헌은 유배생활 동안 녹도의 일상을 〈녹서잡절鹿嶼雜絶〉에 기록했다.

초가집 문루와 흙으로 쌓은 진보가 겨우 이어지고
그 안에는 한 자리씩 차지한 민가들이 들어찼네.
게딱지 같은 살림살이를 거북등같이 착취하니
풍년에도 굶주려 흉년의 얼굴일세.

한시는 《절해고도에 위리안치하라》에서 인용

그는 성곽에 100여 호가 모여 물고기를 잡아 생계를 꾸린다고 밝히고 녹도진을 푸른 바다 한 굽이에 달팽이처럼 작은 곳이라 표현했다. 각 섬에서 생산되는 낙지, 장어, 감성돔, 김, 미역, 멸치, 다시마 등 활어와 선어, 그리고 해조류가 녹동항에 집산한다. 김이나 미역처럼 대규모 양식해조류들은 지죽, 발포, 내발 등 위판장이 따로 있다. 겨울철인데도 굴, 꼬막, 파래, 물메기 등 겨울철 미각을 돋우는 해산물 외에 전어, 병어 등이 눈에 띄었다.

일반현황

위치 | 전남 고흥군 도양읍 소록리 **동경** 127°07′ **북위** 34°31′
면적 | 1.943km² **해안선** | 6.5km **연륙연도** | 2009년(도양-소록) **육지와 거리** | 0.5km(녹동항)
가구수 | 65 **인구**(명, 남+여) | 109(54+55) **어선**(척) | 23 **어가** | 18

공공기관 및 시설

공공기관 | 도양읍사무소 소록출장소(061-830-5617), 소록우체국(061-844-0604), 국립소록도병원(061-840-0500), 고흥축협 도양지소(061-843-1945)
교육기관 | 녹동초등학교 소록도분교(061-844-0371)
전력시설 | 한전 전가구
급수시설 | 우물(펌프) 65가구

여행정보

교통 | **배편** | 녹동매표소(061-843-9184) 15분 간격 철부선 운행
섬내교통 | 소록도 병원 버스
여행 | 중앙공원, 한하운 시인의 시비
특산물 | 마늘, 돼지사육
특이사항 | 역사테마박물관의 설립과 한센병 역사테마관광코스를 개발하고 상업시설, 위락시설, 해양레포츠, 조경, 휴게시설을 조성하는 개발계획이 잡혀 있다.

30년 변화 자료

구분	1973	1985	1996
주소	전남 고흥군 도양읍 소록리	좌동	좌동
면적(km²)	3.25	4.42	4.42
공공기관	-	면 출장소 1개	면사무소 출장소 1개, 경찰분소 1개, 우체국 1개
인구(명, 남자+여자)	4,948(2,761+2,187)	2,996(1,570+1,426)	1,492(762+730)
가구수	1,389	769	1,152
급수시설	상수도 1개	우물 48개, 간이상수도 6개	간이상수도 5개, 우물(펌프) 25개
초등학교	1개 208명	분교 2개 93명	분교 1개 37명
중고등학교	1개 56명	-	-
전력시설	한전 1,389가구	한전 769가구	한전 1,492가구
의료시설	-	병원 1개	병원 1개, 약국 1개

* 공공기관은 면사무소, 파출소 등 포함

50

천국을 그리다
뭍이 되어 버린 섬 '오마도'

땅은 그 자체로 몇억 년의 역사를 고스란히 기록한 책이다. 이를 지사地史라고 한다. 그런데 몇십 년 전 사람들의 기록도 지워지는 경우가 있다. 오마도의 역사가 그렇다. 소록도에서 나와 녹동항으로 향했다. 활기차고 사람사는 냄새가 물씬나는 녹동항에서 불과 몇백 미터 떨어진 곳에 전혀 다른 섬이 있다는 것을 알았다. 한센인들이 죽음을 무릅쓰고 건너려고 했던 바다 위를 걸었다. 관광버스들은 속절없이 소록도로 향했다. 이젠 소록도는 고흥을 대표하는 관광지가 되었다.

녹동을 지나 오마리로 향했다. 그곳은 섬이었다. 누구도 반겨주지 않던 자신들의 '천국'을 만들려 했던 곳이다. 봉암반도와 풍양반도 사이에 오마도와 오동도를 연결해 방조제를 쌓아 간척지를 조성했다. 50년 전 이야기이다. 그 이야기는 이청준의 소설 《당신들의 천국》에 고스란히 기록되었다.

풍양반도(풍양면 매곡리)에서 도덕면 오동도까지 843미터, 오동도에서 도덕면 은전까지 350미터, 오마도에서 도양읍 봉암까지 1,560미터 총 3,753미터 제방을 쌓아 농지를 조성하는 대규모 사업이었다. 조원장의 말대로 된다면 수백 개의 불빛 안쪽에 분매紛梅, 고발古發, 현도峴島 세 섬과 방조제로 연결되는 오마도五馬島와 오동도梧桐島까지 5개의 섬이 사라지는 것이다. 병원장은 바닷물이 흐르는 갯벌에 기둥을 세우고 전깃불을 켰다. 조원장은 이미 외지인들을 고용해 간척계획을 추진하고 있었다. 이제 한센인들의 도움이 필요했다.

> 지금은 저 바다 위에 한 줄 전등불 밖에 늘어선 것이 없습니다. 하지만 언젠가는 저 전등불에 둘러싸인 바다가 여러분이 씨를 뿌리고 수확을 거둘 여러분의 땅으로 바뀌어질 날이 올 것입니다.
>
> ─《당신들의 천국》에서 ─

원장은 장로들을 배로 모시고 간척이 진행되는 장흥 대덕 간척지를 방문했다. 제방공사가 끝나지 않았는데 광활한 간척지를 개답을 해서 벼를 심고 있는 모습을 한센인들에게 직접 보여주었다. 그리고 어두워질 무렵 오마도로 건너와 전등을 켜고 했던 이야기이다.

오마도 남쪽에는 거금도라는 큰 섬이 있고 서쪽에는 작은 녹도 '소록도'가 있다. 간척사업 전까지 오마도는 세인의 주목을 받지 않는 섬이었다. 완치된 후에도 가족들로부터 버림을 받고 고향으로 돌아갈 수 없는 한센인들에게 조원장의 제안은 매력적이었다. 간척사업은 그렇게 추진되었다.

몇 년 전 늦가을이었다. 방조제 위에 올라 소록도로 지는 해를 바라보았다. 갯벌에서 일을 하던 어민들이 밖으로 나오고 있었다. 무릎까지 푹푹 빠지는 갯벌에서 큰 고무대야에 뭔가 가득 담아 허리에 묶고 힘들게 걸어 나오고 있었다. 저 자리에 한센인들이 있어야 하는 것은 아닐까. 다시 그 방조제에 올랐다. 바지락양식장에 함부로 들어가지 말라는 표지판이 마을어장 위에 꽂혀 있고 그 뒤로 긴 방조제가 봉암반도를 향해 뻗어있다. 끝자락에는 매생이양식장이 들어섰다. 오마리 입구에 한센인기념공원이 조성되었다. 공원에 간척지를 조성하

는 모습을 조형물로 만들었다. 방조제 위에 사진과 간척과정을 적은 안내판 하나만 있던 것에 비하면 놀라운 변화다. 하지만 사회로부터 격리된 채 사람 대접도 받지 못했던 삶을 이제는 관광자원으로만 이용한다는 생각에 가슴이 아팠다. 아직도 한센인들은 갯벌을 막고 있다. 그들의 사연을 알지 못한 젊은이 한 쌍이 공원에 올라 기념촬영을 하고 있었다. 저들은 이 땅에 새겨진 이야기를 알고 있을까. 그들과 《당신들의 천국》 속 이야기를 나누고 싶어진다.

30년 변화 자료

구분	1973	1985	1996
주소	전남 고흥군 도양읍 오마리		
면적(km²)	1.25		
인구(명, 남자+여자)	1,088(544+544)		
가구수	158		
급수시설	공동우물 4개		
초등학교	1개 287명		
전력시설	한전 154가구		
어선(척, 동력선+무동력선)	93(0+93)		

전남 고흥군 도양읍 오마리

1,088(544+544)

51

굴밭이 있어 행복하다
고흥 도양읍 화도(상화도, 하화도)

일찍 도착했던지 배 안에는 아무도 없었다. 시간을 잘못 안 것일까. 과일을 파는 아줌마에게 물었더니 1시간 후에 출발한다고 했다. 오전에 2번, 오후에 2번. 녹동에서 화도까지 하루에 4번 배가 오간다. 시간은 물때에 따라 계절에 따라 다르기 때문에 확인을 해야 한다. 아침을 거르고 왔던 터라 녹동에서 짭짤한 게장으로 해결하고 배에 올랐다. 그 사이 아주머니 두 분이 선실방을 지키고 계셨다. 첫태로 나와 수협에 굴을 팔고 시장을 보고 오는 길이라고 했다. 아직도 출발하려면 20여 분은 기다려야 한다.

위꼬치섬과 아래꼬치섬, 상화도와 하화도라는 이름보다 훨씬 정겹다. 두 섬을 행정에서는 편리하게 '화도'라고 적고, 예쁘게 '꽃섬'이라 부른다. 최씨(1900년 최효근)가 처음 입도해 꽃봉우리 같은 두 개의 섬 중 아래에 있다하여 '아래꼬치섬'이라 불렀다고 한다. 위꼬치섬은 경주김씨가 처음 입도할 때 두 섬의 수목과 꽃이 만발하여 꽃봉우리와 같아 붙여진 이름이라고 전한다.

화도는 두 섬으로 이루어져 있지만 어촌계는 '화도어촌계' 하나로 구성되어 있다. 1983년 이전까지는 금산면 신촌리에 속하였지만 1983년 2월 1일 시산도, 득량도, 화도와 함께 고흥군 도양읍으로 편입되었다. 현재는 도양읍 봉암리에 속해 있다. 화도는 섬 뒤쪽에 거금도가, 앞쪽에 소록도가, 옆으로는 녹동이 있다. 그 사이 호수 같은 바다에 떠 있는 작은 섬이다. 소록도와 거금도를 잇는 다리와 소록도와 녹동을 연결하는 연륙교가 한눈에 들어온다. 꽃섬에서 보는 석양은 한 폭의 그림이다. 두 섬에는 각각 20여 가구가 굴을 까고 멸치를 잡으며 생활하고 있다. 두 섬 주위가 갯바위 낚시터지만 특히 상화도와 하화도 선창가는 낚시가 잘 돼 인근의 순천이나 광양의 낚시꾼들이 많이 찾고 있다.

여객선 선실은 10여 명이 앉을 수 있도록 가장자리에 나무의자를 놓았고, 세 계단을 오르면 7~8명이 앉을 수 있는 방이 있다. 방 옆에는 배를 운전하는 선장실이 미닫이로 연결되어 있다. 출발시간이 가까워오자 남자 몇 명이 선장실 옆 자리를 잡았다. 여자아이 둘을 데리고 들어온 젊은 새댁은 방 아래 의자에 앉았다. 나는 방에 앉아 있던 아주머니들과 이야기를 나누기 위해 엉덩이를 걸치고 앉았다. 그 사이 아주머니 한 분이 막 떨이를 했다며 빈 그릇을 배 고물에 놓고 선실로 들어왔다.

"많이 팔았어." "마지막 남은 것 2만원에 넘기고 와부렀네." "자네는 일찍 팔았네." "주문한 사람이 있어서 주고 와부렀어." 회갑을 갓 넘긴 아래꼬치섬 윤씨가 뒤따라오는 위꼬치섬 이씨에게 말을 건넸다. 요즘 섬사람들은 굴을 까서 파는 재미에 쏙 빠졌다. 찬바람이 나기 시작하면 두 섬 사이 '목'에서 굴을 주워와 까서 굴을 녹동수협이나 주문한 사람에게 팔고 있다. 보통 아침 7시, 첫 배로 나와 팔고 다음 배로 들어간다. 2시간 간격이 아주머니들이 굴을 팔고 잠깐 시장을 보는 시간이다. 물때에 따라 조금씩 차이가 있지만 보통 5만원 벌이는 하고 있다.

녹동에서 거금도를 오가는 큰 배가 매일 여러 차례 섬 앞을 오고가지만 들르지는 않는다. 주민들이 직접 배를 지어 운항에 나선 것도 이런 이유 때문이다. 배를 운전하는 선장도 이용하는 승객도 모두 마을 주민들이다. 가끔 주말이면 낚시꾼들이 배를 탈 뿐이다. 주민들은 왕복 3천원, 외지인은 4천원, 낚시꾼들은 1만원의 선비를 받고 있다. 그래봤자 뱃삯만으로 배를 운영하기는 힘들다. 지자체에서 일부 지원을 하고 마을에서도 보태고 있다.

녹동을 출발한 배는 15분만에 위꼬치섬에 도착했다. 선창 방조제에 '전복양식장' 이라는 흰 글씨가 눈에 들어왔다. 선창에 내리자 길 위에 멸치가 가득했다. 위꼬치섬에 네 집, 아래꼬치섬에 한 집. 모두 다섯 집이 멸치를 잡고 있다. 멸치어장은 소록도와 거금도 사이에 있다. 수심이 깊지 않고 조류가 좋은 곳에 멸치낭장만을 설치했다. 위꼬치섬을 기웃거리는 데 1시간도 걸리지 않았다. 선창에 앉아 배를 기다렸다. 아래꼬치섬으로 가기 위해서였다. 점심시간은 1시간이나 지났다. 마을을 돌아보며 말려 놓은 멸치 사이에 널려 있는 '꼬록' 을 주워 먹고, 새참으로 고구마도 얻어먹었더니 시장기는 면했다. 두 섬 사이 거리는 500미터나 될까. 물때를 잘 맞추면 걸어서 두 섬을 오갈 수 있다. 아래꼬치섬은 변신중이다. 고흥군에서 '추억의 섬' 프로젝트를 진행하고 있다. 폐교를 펜션으로 개조하고 갯벌체험을 비롯한 프로그램을 준비중이다. 녹동에서 10여 분 거리이며 두 섬을 잇는 바닷길이 열리기 때문에 관광자원으로 활용해보려는 시도다. 한대 김양식과 고대 구리어업으로 인근의 큰 섬인 거금도가 부러워했다는 곳이다.

선창을 가득 메운 멸치들 사이에 아주머니 몇 분이 몽당빗자루를 들고 다니며 멸치를 쓰는 모습이 보였다. "뭐하시는 거에요." 멸치가 잘 마르라고 한데 뭉쳐 있는 멸치를 떼어내고 뒤집는 작업이라 했다. 위꼬치섬 선창 옆에 잘 지어진 마을회관은 10여 년 전까지 분교장이었다. 1963년 금산중앙초등학교 상도분교장으로 개교했다. 화도가 지

선창은 사람이 앉을 자리도 없이 멸치가 차지했다. 바닷속 멸치는 큰 고기들의 먹이지만 선창 위의 멸치는 어민들의 생계수단이다.

금은 도양읍 봉암리에 속하지만 당시에는 금산면에 속했다. 그 후 1967년 녹동국민학교 상도분교장으로 병합되었고, 1996년 명칭변경으로 녹동초등학교 상도분교장으로 변경되었다. 그리고 1999년 3월 1일 녹동초등학교로 통폐합되었다. 개교 당시 8명으로 출발해 폐교할 때 2학급 4명이었다. 학생 수가 가장 많을 때는 44명이었고, 24회에 걸쳐 166명의 졸업생을 배출했다.

아래꼬치섬에는 내연발전소가 있어 위꼬치섬에 전기를 공급하고 있으며 교회도 있다. 섬 능선에는 유자나무가 많이 심어져 있고 곳곳에 배추를 비롯해 채소도 가꾸고 있다.

배에서 만난 윤오네 아주머니는 환갑을 막 넘겼다. 섬이 어떻게 생겼는지 모른 채 20살 무렵에 뭍에서 작은 섬 화도로 시집을 왔다. 당시 아버지는 김양식도 하고 농사도 짓는 곳으로 가야 잘살 것이라며 딸을 섬으로 시집보냈다. 하화도에 도착을 했는데 오갈 데 없고 바다로 꽉 막힌 섬을 보고 울었다. 배에서 만난 아주머니들은 고흥과 영암은 물론 멀리 나주에서 섬으로 시집온 사람들이었다. 아버지가, 고모가, 혹은 중매쟁이가 맺어준 인연으로 얼굴도 보지 않고 시집을 왔지만 '해우(김)양식'으로 돈을 만질 수 있을 것이라는 희망 때문이었다. 당시에도 김양식을 하는 곳은 농어촌에서 부자마을이었다. 당시에 김값이 한 톳에 5~6천원 했다니 지금과 별반 가격차이가 없는 셈이다.

금산면에 20여 개의 어촌계가 있다. 이들 어촌계 몇 개를 합해도 하화도 김양식 양을 넘지 못했다. 당시 금산면 어촌마을들이 10여 척 정도 김양식을 할 때 화도 어민들은 50여 척 넘게 김양식을 했었다. 그만큼 화도의 김양식장이 좋았다. 그 무렵 녹동에는 유덕한 술집이 있었다. 그냥 술집이 아니고 여자를 데리고 술을 마시는 '방석집'이라는 곳이다. 김을 팔고 나서 막걸리 한잔으로 시작되어 결국 방석집에 가서 돈을 다 쓰고 오는 날이 허다했다. "집에 오면 각시가 물어요, 돈 어디에 있냐고, 그러면 전부 저축해 불고 왔네, 하고 넘어갔제라. 술집에다 김을 얼마나 팔았는지 모롱게." 수심이 낮고 조류가 좋은 화도 일대의 갯벌은 당시 지주식으로는 최고의 자리였다. 아래꼬치섬에서 만난 윤씨 부부는 김양식을 하기 위해 큰 섬 거금도에서 작은 섬으로 이사를 왔다 이곳에 정착을 했다. 큰 섬은 김양식을 할 자리가 많지 않고 할 사람은 많기 때문이었다. 이곳에서 김양식과 고대구리로 자식들을 모두 키웠다.

1970년대 후반 부류식 양식기술과 인공포자가 가능해지면서 김양식은 급속하게 대규모화 하기 시작했다. 이제 화도 김양식도 한계에 이르렀다. 대신에 시산이나 죽도나 지죽도 같은 수심이 깊고 넓은 바다로 자꾸 확산되어 갔고 수백~1천여 척으로 양식규모가 확대되었고 채취와 가공도 기계화되었다. 이 무렵 화도 주민들이 선택한 것이 고대구리어업이었다. 두 섬에 30여 척의 고대구리배가 있었다. 화도 사람들의 고대구리어장은 멀리 추자도까지 이어졌다. 간혹 추자도를 지나 제주도 인근까지 어장을 하러 나가기도 했다. 더 이상 가격경쟁력이 없는 김양식을 그만두고 고대구리로 전환했던 것이다. 우선 김양식으로 큰 돈은 아니지만 어느 정도 자본을 갖추고 있었고, 고대구리는 안강망과 달리 많은 선원이 필요하지 않고 부부나 가족노동으로 충분했기 때문이었다.

윤씨 아주머니는 올해 예순둘이다. 아이들은 모두 출가했고 부부만 섬에 머물고 있다. 한때 김양식도 했고 고대구리도 했다. 지금은 오직 바지락을 캐거나 굴을 까서 생활하고 있다. 어제는 수협에 위판해 28만원을 벌었다. 찬바람이 나면 석 달 정도 굴을 까서 생활한다. 두 섬에 사는 30여 호는 대부분 굴밭에 의존해 생활하고 있다. 논과 밭이

거금도와 소록도를 잇는 다리 위에 해가 걸렸다. 물이 빠지자 섬사람들은 굴을 줍기 위해 갯벌로 나왔다.

없는 작은 섬을 지키며 살 수 있는 것은 굴밭 때문이다. 바위와 모래펄에서 자라는 굴이라 깨끗하고 굴에 지글거리는 것도 없어 단골로부터 인기가 좋다. 아이들을 키울 때는 돈 버느라 바다와 갯벌이 이렇게 소중하고 아름다운지 몰랐다. 아직 두 섬 사이를 잇는 '목'이 완전히 드러나지는 않았다. 양쪽에서 주민들이 물길을 따라 굴을 줍고 있다. 선창에서 선장이 불렀다. 배가 떠난다고.

찬바람을 피해 잠시 마을회관에 머물다 선창으로 나왔다. 막배가 출발할 시간이 가까워졌다. "모두 굴 주우러 갔어요. 빨리 가보세요." 아침에 배에서 만난 선장이 일러주었다. 사진을 찍으라는 이야기였다. 두 섬 사이 모래등이 길을 만들었다. 그 사이 어민들이 가득했다. 윤씨 아주머니도 점심을 먹고 어제 모아둔 굴을 까다 굴을 주우러 들어왔다.

일반현황

위치 | 전남 고흥군 도양읍 봉암리 **동경** 127°09′ **북위** 34°30′
면적 | 0.06km² **해안선** | 3.2km **육지와 거리** | 2.9km(녹동항)
가구수 | 23 **인구**(명, 남+여) | 39(17+22) **어선**(척) | 13 **어가** | 23
어촌계 | 총 1개 어촌계 34명

공공기관 및 시설

전력시설 | 자가발전 전가구
급수시설 | 우물(펌프) 8개소 전가구

여행정보

교통 | **배편** | 도양읍에서 1일 3회 개인소형어선 운항
특산물 | 멸치, 어류, 김
낚시터 | 감성돔이 잘 잡힘.
특이사항 | 매년 음력 8월에 상화도와 하화도 사이의 바닷물이 빠지는 오후 8시를 기해 해태풍작과 마을평안을 비는 갯제를 지낸다.

30년 변화 자료

구분	1973	1985	1996
주소	전남 고흥군 금산면 신촌리	전남 고흥군 도양읍 봉암리	좌동
면적(km²)	1.80	0.03	0.03
공공기관	-	-	경찰분소 1개
인구(명, 남자+여자)	187(102+85)	182(91+91)	95(45+50)
가구수	31	33	27
급수시설	공동우물 6개	우물 12개	우물(펌프) 7개
초등학교	분교 1개 31명	분교 1개 33명	분교 1개 11명
전력시설	-	자가발전 33가구	자가발전 27가구
어선(척, 동력선+무동력선)	-	31(27+4)	14(14+0)

＊ 공공기관은 면사무소, 파출소 등 포함

개황 | 하화도下花島

위치 | 전남 고흥군 도양읍 봉암리 **동경** 127°09′ **북위** 34°29′

면적 | 0.067km² **해안선** | 6.0km **육지와 거리** | 3.2km(녹동항)

가구수 | 27 **인구**(명, 남+여) | 53(27+26) **어선**(척) | 14 **어가** | 27

어촌계 | 총 1개 어촌계 35명

공공기관 및 시설

전력시설 | 자가발전 전가구
급수시설 | 간이상수도 전가구

여행정보

교통 | **배편** | 도양읍에서 1일 3회 소형어선 이용
특산물 | 멸치, 어류
특이사항 | 돔, 감성돔 등 고급어종이 잡혀 청정해역의 바다 낚시터로 유명하다. 썰물 때 상화도와 이어진다.

30년 변화 자료

구분	1973	1985	1996
주소	전남 고흥군 금산면 신촌리	전남 고흥군 도양면 봉암리	좌동
면적(km²)	0.68	0.06	0.06
공공기관	-	-	경찰분소 1개
인구(명, 남자+여자)	201(106+95)	215(117+98)	108(52+56)
가구수	37	40	27
급수시설	공동우물 8개	우물 7개	우물(펌프) 6개
초등학교	분교 1개 32명	분교 1개 48명	분교 1개 7명
전력시설	-	자가발전 40가구	자가발전 27가구
어선(척, 동력선+무동력선)	24(0+24)	35(0+35)	21(21+0)

＊ 공공기관은 면사무소, 파출소 등 포함

52

자식처럼 요것만 껴안고 사요
김양식의 메카 시산도

매년 겨울이면 꼭 한번 가보려고 벼르던 섬이 있었다. 여름이나 가을보다는 북서풍이 쌩쌩 부는 계절이라야 제대로 그 섬의 맛을 느낄 것 같았다. 몇 번이나 달력에 붉은 펜으로 동그라미를 그렸다. 그 섬 출신으로 연안보전운동을 하는 김환용 이사와도 같이 한번 들어가자는 약속을 만날 때마다 했다. 그런데 뱃길이 문제였다. 하루에 한 번 가거나 나올 수 있지만 당일왕복은 불가능한 섬이었다. 그렇다고 섬이 큰 것도 아니었다. 자연마을이 하나 있어 빠른 걸음으로 마실을 한 바퀴 도는데 채 두 시간도 걸리지 않을 규모였다. 섬에 사는 사람들의 삶이 명주실 몇 꾸러미를 풀어도 미치지 못할 것이라는 생각은 하지 못했던 것 같다.

마을이름은 시산示山, 청산請山, 시산時山, 시산矢山 등 다양하게 기록되어 전한다. 오죽했으면 주민들이 이름을 통일하기로 뜻을 모아 시산도詩山島라는 선언을 했을까. 마을 앞에 있는 작은 솔섬에서 바라보면 시산의 모습이 활처럼 생겼고, 물이 빠지면 화살모양의 돌무지가 마을을 감싸고 있다 해 시산矢山이라 불렀다고 한다. 섬에는 조선시대에는 도양목장에 소속된 목장이 있었다. 동서 1리, 남북 10리, 섬 주위가 30리이며 호수 46호로 말 12필을 방목했다고 기록되어 있다. 1896년 군의 설립으로 돌산군에 속했다가 1963년 편입되었다. 거리

'흥양목장지도'《전남의 옛지도》에서 인용.

상으로 녹동보다는 도화면에서 가깝고 풍남, 구암, 지죽 등 나루터에서 낚싯배를 이용하는 것이 편리하지만 1983년 도양읍에 편입되었다. 나루질을 해서 다닐 때에는 지죽도를 이용했었다. 지죽도로 건너와 다시 버스를 타고 녹동읍에서 시장을 보는 것보다 곧바로 녹동을 오가는 뱃길이 주민들에게 더 편리했기 때문이다.

녹동과 시산을 오가는 배는 마을에서 지어서 운항을 하고 있다. 아침 8시에 시산에서 나갔다 오후 3시에 녹동에서 시산으로 들어온다. 그 사이 주민들은 볼일을 보는 것이다. 주민들의 생활을 위해서 운항하는 생활수단이다. 외지인들이 방문하기에는 불편하다. 녹동을 출발한 배는 소록도와 꽃섬을 뒤로 하고 거금수도를 통과해 거금도 신평리를 끼고 돌자 지죽도를 왼쪽에 두고 시산도가 모습을 드러냈다. 눈으로 보는 뱃길이 가까워 보여도 실제로 걸리는 시간은 한참이다. 배는 거금도 명천마을에서 오천리 앞바다까지 남쪽으로 내려와 다시 동남쪽으로 향했다. 거금도와 지죽도 사이를 가로질러 시산으로 향하면 가깝지만 미역양식장이 빼곡하기 때문에 배가 다닐 수 없었다. 옛날 나루질을 해서 건널 때는 지금의 뱃길이 아니었을 것이다. 또 양식기술이 발달해 깊고 넓은 바다까지 확대될 줄도 몰랐다. 거금도에 속한 미역양식장을 벗어나자 흐릿한 섬의 형태가 점점 분명해졌다. 양식장은 김양식장으로 바뀌었다. 미역양식장은 외줄 부표들이 줄지어 있는 반면에 김양식장은 사다리 모양으로 두 줄이 쌍을 이루고 있다.

살푸섬과 솔섬을 지나 포구로 들어섰다. 뿌-웅 뱃고동을 울리며 부잔교에 정박을 했다. 하루에 한 번씩 배가 들어오기 때문에 생필품과 김발양식을 위한 로프와 스티로폼이 승객보다 더 많다. 이를 받으려는 주민들이 선창에 나와 있었다. 선창에 올라서자 발디딜 틈이 없이 김발이 널려 있었다. 포구에는 김발을 실은 배들이 쉴새없이 오갔다. 그 사이에 주민들은 삼삼오오 짝을 지어 김발을 정리하고 있었다.

우선 급한 게 숙소였다. 이장에게 전화부터 걸었다. 마을회관이 유일한 숙소이기 때문에 미리 잡아 두어야 했다. 혹시 마을에 공사라도 있어 숙식을 한다면 큰 낭패이기 때문이다. 다행히 방 3개 중 2개가 비어 있었다고 했다.

섬의 동쪽 배가 닿은 선창을 샛구무라 하고 맞은 편인 서쪽을 섯구무(석금)라 했다. 두 곳 모두 마을이 있었다. 샛구무는 동쪽에 있는 선창을 의미하는 우리말이다. '샛'은 '동쪽'을 구무는 '구미' 즉 배를 정박하기 좋은 만입한 곳으로 곶과 반대되는 말이다. 그럼 섯구무는 무슨 말일까. 아마 서쪽에 있는 구미가 전이된 말이 아닐까 생각된다. 시산도도 인구가 감소하면서 섯구무는 폐촌이 되었고 지금은 샛구무에만 사람이 살고 있다. 마을회관 앞에는 도양읍출장소, 리사무소, 녹동초교 시산분교장, 보건지소, 한전발전소 등 대부분 기관들이 모여 있었다.

시산도를 둘러싼 적벽해안이 아름답다. 파도와 바람과 비가 만들어 낸 자연미술의 극치로 구름바위, 부처바위, 사방 6척 석불상이 유명하다. 특히 석불상은 수천 년 파도와 비바람이 빚어낸 천연석불로 섬주민들이 풍어를 기원하며 불공을 드리는 곳이라고 전한다. 또한 학이 많이 날아왔다는 무학도無學島와 어린애를 업은 모습의 부이도負兒島가 있다. 시산도 입구의 솔섬과 살푸섬도 절경이다. 주민들이 사는 체도를 비롯해 16개의 크고 작은 섬이 시산도를 이루고 있다.

한때 300여 가구가 살았던 적도 있었다. 그땐 살푸섬 안쪽 용지공원까지 바다에 지주를 세우고 김발을 막았다. 당시 한 집에 많으면 30여 때의 김발을 막아 손으로 채취하고 가공을 했다. 전기도 들어오기 전 이야기다. 지금은 많이 하는 집은 2,000여 때에 이르며, 보통 500~600 때는 기본이다. 옛날 김발의 몇백 배로 커졌다. 채취선에 가득 물김을 싣고 지죽이나 구암에서 위판을 한다. 1년에 시산도 김판매액이 작년(2010년) 기준으로 80억이 넘었다고 한다. 불과 30년 사이에 이렇게 바뀌었다. 그런데 바뀌지 않는 것이 있다. 김값이다. 20여 년 전이나 지금이나 김 한 톳에 거래되는 가격은 비슷하다고 한다. 그래서 옛날에는 작은 규모의 김양식으로도 자식들을 가르칠 수 있었던 것이다.

마을 주민들만으로는 김양식철 일손이 부족해 외지에서 80여 명이 들어온다. 한 사람을 데려오는 데 양식장 주인들은 60여 만원의 소개비를 준다. 계약서를 쓸 때는 3개월을 보장한다고 하지만 한 달을 채우면 으레 나갈 줄 알고 있다. 소개소도 그래야 돈을 번다고 하니 이런 걸 눈 가리고 아웅이라 하는 것이다. 섬인데 어떻게 나가느냐고 반문하겠지만 집집마다 김양식관리를 위한 배가 있기 때문에 20여 분이면 지죽이나 발포로 나갈 수 있다. 그곳에 배만 두고 가버린다. 그럼 주인은 배를 찾고 또 소개소에서 사람을 찾아야 한다. 이런 일이 한철에 많게는 대여섯 번 반복된다. 배 안에서 만난 주민이 김양식을 하는 데 제일 어려운 것이 인력문제라고 했던 말이 이해가 갔다. 한 달이라도 채워준 사람이 고마울 때도 있다고 했다. 시산에는 100여 가구가 거주하고 있다. 이중 40가구가 김양식을 한다. 김양식을 하는 집은 적어도 한 집에 한 명은 외지에서 일하는 사람을 고용하고 있다. 많은 규모로 양식을 하는 사람은 10여 명의 일손이 필요하다.

짐을 풀어 두고 골목길을 지나 마을 뒷산에 올랐다. 한눈에 마을과 포구가 들어왔다. 김양식장 너머 지죽도도 아련히 보였다. 누가 바다에 김발을 막아 살 생각을 했을까. 참 인간이 사는 방법은 다양하다는 생각을 하며 포구로 발길을 돌렸다. 골목길은 구불구불했지만 생각보다 넓었다. 마을 중간에 발길을 멈추었다. 슬레이트 지붕 위에 흰 페인트로 글씨가 쓰여 있었다. 가까이 가보니 '웃자 웃자' 라는 글씨였다. 배시시 웃었다. 누가 저런 글씨를 썼을까. 김양식을 하는 마을은 삶이 팍팍하다. 겨울철에 짓는 바다농사다 보니 매서운 북서계절풍에 맞서야 한다. 양식시설로 섬은 쾌적하지 않고 사람들은 늘 바쁘다. 고기잡이 어장이 있는 마을처럼 고기를 주고받는 정도 없다. 게다가 시산처럼 외지에서 온 젊은이들이 섬사람보다 더 많기 때문에 거칠다. 오죽

했으면 지붕에 '웃자 웃자' 라고 썼을까 혼자 생각해 보았다.

선창에는 김발과 스티로폼과 대나무들로 가득했다. 그 틈새에서 멸치 삶는 가마를 발견했다. 솥은 어디로 가버리고 화덕만 남아 있었다. 멸치를 잡는 낭장망 허가는 있지만 김양식 때문에 짬을 낼 수 없다고 했다. 물김은 채취해서 위판만 하면 되지만 멸치는 매일 몇 차례 그물을 털어야 하고 삶고 말려야 하는 번거로운 과정을 거쳐야 한다. 힘들기야 김양식이 몇 배 힘들지만 손이 덜 가고 가공과정을 거치지 않고 바로 판매할 수 있기 때문에 멸치는 뒷전으로 밀렸다. 이런 이유로 포구에서 김발을 정리하던 아들과 어머니도 멸치낭장망 허가가 있지만 중단하고 김양식에 전념하고 있다고 했다. 김발이 끝나고 멸치를 잡으면 될 것 아니냐는 물음에 곧바로 철거하고 새로 시설을 준비하면 또 김양식철이 돌아온다는 것이다. 시산 사람들이 1년 내내 자식처럼 껴안고 사는 것이 김발이라고 했다.

포구를 한 바퀴 돌고 나니 날이 저물었다. 숙소는 이미 마련해 놓았지만 밥이 걱정이었다. 섬에는 식당이 딱 하나 있다. 해줄지 모르겠다는 이장의 말을 듣기는 했지만 그래도 거절이야 하겠나 싶었다. 굳게 닫혔던 식당 철문이 열려 있었고, 안에서 인기척도 들렸다. 아주 조심스럽게 "밥 먹을 수 있어요"라고 물었다. "오늘 못 해요." 예상은 했지만 돌아오는 말에 한기를 느꼈다. 고양이손이라도 빌릴 만큼 바쁘다는 섬사정을 알고 있었다. 한 사람 밥을 해주는 것보다 일당을 받는 일을 하는 것이 더 낫기 때문에 손님이 많지 않으면 밥을 하지 않는다는 이장의 이야기도 있었다. 공사라도 있어 매일 밥을 먹는 사람이라도 있다면 다행이지만 그렇지 않아 힘들 거라 했다.

걱정이 되었던지 이장님이 마을 앞으로 나왔다. 마누라도 일을 나가서 아직 돌아오지 않았다며 반찬을 몇 가지 가져다 주면서 회관에 있는 컵라면을 권하셨다. 다행히 마을에 상점이 있어 막걸리라도 한 잔 하고 라면을 사가지고 가서 끓여먹어야겠다는 생각을 했다. 슈퍼는 생각보다 컸다. 막 김발작업을 하고 들어온 노인 두 분이 맥주를 한 잔 하면서 피로를 풀고 계셨다. "식당에서 밥 안 해주던가요." 가게주인이 물었다. "일당을 받고 일을 하고 와서 밥을 해주기 어렵다고 하네요." 그 사이 막 담은 김치라며 한 보시기를 내왔다. 유자향이 가득한 고흥생막걸리를 단숨에 들이키고 김치 한 가닥을 입안에 넣었다. 허기가 가셨다. 이래서 막걸리를 농주라고 했던가. 밥 한 공기만 있으면 좋겠다는 생각을 했다. "김치에다 식사라도 할래요." 인심이 후한 주인이 아내와 내 마음을 읽었던 모양이다. "고맙습니다." 앞뒤 가릴 것 없이 우리는 안방으로 들어섰다. 갑오징어 초무침, 병어무침, 묵무침, 갓 버무린 김치, 생선찜, 꼬막무침 등 진수성찬이었다. "여행도 좋지만 배가 불러야지." 슈퍼 주인네도 김발작업을 하면서 10여 명의 식사를 부탁했다 거절당했다고 했다. 하나 있는 식당에서 해주지 못한

다고 해서 집에서 인부들 줄 밥과 반찬을 장만할 수부에 없었다. 덕분에 우리가 호사를 누렸다. 뒤늦게 우리를 기다리다 슈퍼로 온 마을 이장이 미안하다며 섬사정을 이야기해줬다. 식당주인데게 서운했던 마음은 슈퍼주인의 인심 덕에 싹 가셨다. 이제 막 물김채취가 시작되었고 자연산 김양식 시설도 바다에 넣고 있어 섬이 제일 바쁜 철이다. 이럴 때 섬을 찾아온 내가 잘못이지만 그걸 보려고 왔으니 이 정도는 감수해야 했다.

지금 채취하는 김을 '무노출김'이라고 하며, 이제 시작되는 김양식은 '자연산 김'이라고 부른다. 자연산이란 양식포자를 붙여서 김발을 설치하는 것이 아니라 김발을 바다에 넣고 매일 한 차례씩 뒤집어서 햇볕에 노출시켜 바다에 떠다니는 자연산포자를 부착시켜 양식한다. 한 달 정도 스티로폼으로 만든 부표를 뒤집어 노출을 반복하면 김발에 포자가 붙는다. 그 사이 양식김은 두어 차례 채취를 한다. 한철 김양식을 하는 동안에 보통 대여섯 번 채취를 하며 값이 좋을 때면 물

김 한 배에 500~1,000만원에 이른다. 배가 부르니 걱정이 싹 가시고 세상에 부러울 것이 없었다. 유자막걸리 한 병과 라면을 사들고 숙소로 돌아왔다.

아침이 밝았다. 김을 채취하는 어민들은 벌써 바다로 나갔다. 섬마을 아침공기는 상큼하다. 코끝에 닿는 느낌이 다르다. 한적한 분교운동장에 오르니 선창이 한눈에 들어왔다. 김발을 가득 실은 배가 포구를 빠져 나갔다. 뿌웅. 여객선 뱃고동이 울렸다. 발걸음이 빨라졌다. "천천히 갈쇼, 출발하려면 아직도 멀었소." 이른 아침부터 김발을 손질하던 주민이 급하게 뛰어가는 우리를 보고 시간을 일러줬다.

혹독하게 추운 겨울이면 작은 섬에 살고 있는 대부분의 섬사람들은 뭍으로 떠나지만 시산도는 기지개를 켠다. 고흥군에서 김양식이 가장 활발한 섬이다. 한겨울이면 부엌의 부지깽이도 일손을 거들어야 하고, 만원짜리 지폐를 물고다닌다는 시산도 개도 김양식장 주변을 배회한다. 벼 한 포기 심을 곳 없는 섬에 많을 때는 수백 명이 살았으

양식장에서 채취한 물김은 채취선에서 등급이 매겨진다. 그 후 공장으로 옮겨져 가공되고 식탁에 오른다.

니 고구마와 감자가 식량이고 보리도 귀한 대접을 받았다. 갯가에서 미역과 김을 뜯어다가 쌀, 보리, 된장하고 바꿔먹고 살았다.

김양식으로 섬이 유명해졌다. 조류가 좋기 때문이다. 어느 곳에도 거칠 것이 없는 섬이다. 뱃길이 수월치 않았지만 조류 하나는 소통이 좋아 김양식이 잘되었다. 옛날 지주식 김양식을 할 띠는 많은 면적을 하지 못했지만 지금은 한 집에 수백 척씩 행사를 하고 있다. 시산김이 빛깔이 좋은 것도 이런 이유 때문이다. 8, 9월에 포자를 붙이고 10월에 바다에 시설을 하면 한 달 뒤부터 다음해 3월까지 수확을 한다. 이때 부터는 정신이 없다. 친정식구도 귀찮고 부지깽이도 거들어야 할 판이다. 봄이 되면 철거하고 김발 손질하고 나면 여름철에 다시 김발을 만들면서 포자붙일 준비를 한다. "1년 내내 자식도 아니고 요것만 껴 안고 사요." 김양식은 시산도 섬사람들의 일상이다. 새벽에 채취한 물 김은 맞은편 발포에서 위판을 할 것이다. 녹동에 도착하자마자 발포 로 차를 몰았다.

● — 임진왜란과 전라좌수영

조선시대 수군제도는 진관체제로 바뀌면서 각 도마다 주진, 거진, 제진으로 편제되었다. 주진은 수군절도사, 거진은 수군첨절제사, 제진은 만호가 배속되었다. 임진왜란 후 1593년(선조 26년)에는 경상도 전라도 충청도의 수군을 지휘하는 통제영을 두고 통제사를 임명하여 남해안 방어를 강화했다. 1627년(인조 5년)에는 수도권 방위를 위하여 강화에는 통어영을 설치하고 경기도 황해도 수군을 통솔하게 하였다. 조선 수군의 직책은 선장(船長), 포도장(捕盜將), 사부(射夫), 포수(砲手), 격군(格軍), 타공(舵工)으로 나누어져 있다. 그리고 선장은 배의 지휘관으로서 군선과 수군을 통솔하며, 포도장은 선내의 치안과 질서를 담당한다. 사부는 활을 쏘는 군사이며, 포수는 승자총통이나 조총을 쏘는 군사이다. 격군은 노를 젓는 사람으로 노군이나 농노문이라고도 하며, 타공은 키를 조정하는 사람이다.

임진왜란 당시 조선 수군은 함경도 경성에 북병영과 북수영, 북청에 남병영, 함흥에 남수영이 있었고, 전라도 강진에 병영, 여수에 좌수영, 해남에 우수영, 경상도 울산에 좌병영, 진주에 우병영, 동래에 좌수영, 거제에 우수영이 있었다. 조선수군 병력은 전라우수영(해남) 전함 30척 해군 5천 명, 전라좌수영(여수) 전함 25척 해군 4천 명, 경상우수영(고성, 삼도통제영 겸함) 전함 75척 해군 1만2천 명, 경상좌수영(동래) 전함 75척 해군 1만2천 명이었다. 이외에 충청수영(보령) 전함 30척 해군 5천 명 등 경기도수영(교동, 삼도통어영 겸), 황해도수영(옹진 소강진), 평안도, 함경도 등에 수군이 있었지만 편제만 있을 뿐 가동하지 못했을 것으로 추정한다.

전라좌수영 관할 5관(육지행정)은 순천도호부, 낙안군, 보성군, 흥양군, 광양현이고, 5포(수군행정)는 사도진, 방답진, 여도진, 녹도진, 발포진 등이었다. 이들 5관 5포는 임진왜란 당시 남해안 제해권을 장악하여 왜군을 격파하고 국난을 극복하는 원동력이었다. 이 중 발포진은 충무공 나이 36세인 1580년 발포만호로 수군으로는 최초 발령지이다. 이곳에서 18개월을 재임했다. 바다를 마주한 발포만호성에는 병선을 정박시켜 유사시에 대비하는 굴강이 있다. 이곳에 거북선 등 3척의 병선이 있었다.

구분	지역	지휘관(벼슬)	관할구역
5관 (육지행정구역)	순천도호부	부사(종3품)	여수시, 순천시 일원
	광양현	현감(종6품)	광양시 일원
	낙안군	군수(종4품)	보성군 벌교읍 순천시 낙안면
	보성군	군수(종4품)	
	흥양현	현감(종6품)	고흥권 일원, 여수 삼산면
5포 (수군행정구역)	방답진	첨사(종3품)	여수시 돌산읍 군내리
	사도진	첨사(종3품)	고흥군 영남면 금사리
	여도진	만호(종4품)	고흥군 점암면 여호리
	녹도진	만호(종4품)	고흥군 도양읍 봉암리
	발포진	만호(종4품)	고흥군 도화면 발포리

임진왜란에서 전라좌수영에 주목하는 이유는 무엇일까. 우선 이순신의 장계《이충무공전서》에 수록된 〈옥포파왜병장〉, 〈견내량파왜병장〉, 〈부산파왜병장〉에 그 이유가 잘 남아 있다. 옥포해전에서 부상자 1명, 당포해전에서 전사자 13명 부상자 37명, 견내량해전에서 전사자 19명 부상자 110명, 부산포해전에서 전사자 6명 부상자 25명으로 모두 211명이 전사하거나 부상을 당했다. 이들을 수군진 소속별로 보면 흥양수군 39명(전사 6, 부상 23), 사도수군 34명(전사 4, 부상 30), 여도수군 29명(전사 6, 부상 23), 녹도수군 16명(전사 4, 부상 12), 발포수군 13명(전사 2, 부상 11) 순이다. 총

211명의 사상자 중 고흥수군은 131명(전사 22, 부상 109)으로 전체 62%를 차지했다. 그만큼 임진왜란에서 고흥수군이 차지하는 비중이 컸음을 알 수 있으며 고흥수군이 전라좌수군의 정예부대였음을 의미한다. 고흥수군이 최적의 전투력을 갖출 수 있었던 것은 무엇 때문이었을까.

고흥의 수군장수들을 살펴보자. 판옥선을 만들었고 이순신과 함께 각종 해전에 참여한 정걸(丁傑, 1514~1597), 아우 송희립과 함께 이순신 휘하에서 해전에 참여하고 의병을 모집한 송대립(宋大立, 1550~1597), 임진왜란 당시 녹도만호 정운의 군관으로 영남지역 원병 파병을 주장하고 지도만호로 이순신 휘하에서 활약한 송희립(宋希立, 1553~1623), 통제사 이순신의 선봉장 신여량(申汝樑, 1564~1593), 이순신 휘하에서 중군으로 당포해전에서 전공을 세운 진무성(陳武晟, 1566~미상), 진도군수로 명량대첩에 큰 공을 세운 송덕일(宋德馹, 1566~1616), 정운(鄭運, 1543~1592) 등이다.

무엇보다 전라좌수영의 전력은 해전에 동원된 인력과 물력이 모두 지역에서 마련되었다는 점이다. 특히 전선의 격군과 사부 등 실전을 수행할 병력도 현지 토착민들이었다는 것이 최근 연구에서 밝혀졌다. 여기에 임진왜란 직전에 이순신이 발포만호를 지내 전술과 전력 등 지략을 펼치는 데 큰 도움이 되었다. 당시 객사뜰에 서 있는 오동나무를 가야금 재목으로 사용하려고 베어 올리라는 명령을 거부해 첫 파직을 당한 곳이다. 발포마을 가운데 느티나무 밑에 '충무공이 머무신 곳'을 기념한 비석이 세워져 있다. 그 탑에 "저 관사에 있는 오동나무는 나라의 물건입니다. 나라의 물건은 사사롭게 쓸 수 있는 것이 아닙니다"라고 새겨져 있다.

자료출처 〈1592, 여수의 전라좌수영군〉(이순신해양문화연구소)
〈고흥군임진왜란〉(이순신해양문화연구소)
발포역사전시체험관

개황 | 시산도(矢山島, 時山島)

일반현황

위치 | 전남 고흥군 도양읍 **동경** 127°16′ **북위** 34°23′
면적 | 3.57km² **해안선 |** 24km **육지와 거리 |** 9.7km(녹동항)
가구수 | 126 **인구(명, 남+여) |** 263(139+124) **어선 |** 130 **어가 |** 64
어촌계 | 총 1개 어촌계, 시산 85명

공공기관 및 시설

공공기관 | 도양읍사무소 시산출장소(061-850-5618), 도양파출소 시산출장소(061-834-5681), 시산보건진료소
(061-830-5131)
교육기관 | 녹동초등학교 시산분교(061-834-0900)
전력시설 | 자가발전 전가구
급수시설 | 우물(펌프) 105개소 전가구

여행정보

교통 | 배편 | 녹동–시산도 협성호(061-843-9184)
특산물 | 김, 미역, 멸치, 막걸리, 다시마, 감성돔
특이사항 | 해변에 파도와 비바람의 조화에 의해 만들어진 사방 6척의 석불이 있다.

30년 변화 자료

구분	1973	1985	1996
주소	전남 고흥군 도양읍 시산리	좌동	좌동
면적(km²)	4.25	3.65	3.65
공공기관	-	면 출장소 1개, 지파출소 1개	면사무소 출장소 1개, 경찰분소 1개
인구(명, 남자+여자)	1,445(735+710)	1,006(534+472)	471(259+212)
가구수	214	193	136
급수시설	공동우물 3개	우물 142개	우물(펌프) 107개, 간이상수도 1개
초등학교	1개 286명	1개 194명	분교 1개 30명
전력시설	-	자가발전 193가구	자가발전 136가구
의료시설	-	약방 1개	보건진료소 1개
어선(척, 동력선+무동력선)	29(9+20)	159(131+28)	93 (0+93)

＊ 공공기관은 면사무소, 파출소 등 포함

53

암환자도 섬이 안는다
고흥 도양읍 득량도

"네 마지기 밭을 괭이로 팔 때도 이보다 힘들지 않았어. 지금 내 나이 보는 사람이 없었는데 병원에서 많이 늙었어."

득량도로 가는 배 안에서 만난 할머니는 일흔넷 나이보다 젊어 보였다. 고추도 심고 깨도 심으려고 할아버지와 할머니는 삼동에 밭을 파고 거름을 넣었다. 그리고 할아버지는 뇌출혈로 쓰러져 대학병원에서 8개월을 누워 있다 퇴원했다. 할머니가 곁을 지켰다. 딸 넷을 낳고 아들 하나를 얻은 노부부는 병원생활을 하면서 딸을 많이 낳길 잘했다고 생각했다. 지금도 할아버지는 보조기구에 의지해 운동을 하고 있으며 할머니의 도움이 절실하다. "할머니, 병원에서도 그렇고 지금도 그렇고 힘드시잖아요. 혹시 차라리 둘 다 편하게 할아버지가 돌아가셨으면 하는 생각을 하시지는 않았어요." "자식들이 아무리 잘해도 누워있는 남편만 못해." 질문을 한 내가 무안했다. 옆에 있던 아내가 "할아버지 주려고 장어 사가지고 가는 것 보면 몰라라"며 거들었다. 아침 8시 첫 배로 나와서 제일 먼저 옥수수를 볶고, 참기름을 짜고, 할아버지를 위해 갯장어를 샀다.

"저한테 전화했던 분이죠." "이장님이세요." 지난 시산도의 기억 때문에 미리 이장님에게 숙소와 밥을 먹을 수 있는 집을 부탁했었다. 배가 소록대교 밑을 지날 무렵이었다. 선장님이 위로 올라오라며 손짓했다. 매달 첫 번째 일요일은 배가 운항을 하지 않는다며 발전소 직원에게 전화를 걸었다. 일찍 교대근무자를 싣기 위해 도덕면 장계리에서 배가 오가는데 그걸 타면 될 것 같다고 소개해 줬다. 작은 섬은 배편과 숙식이 걱정인데 모든 게 잘 해결되었다. 조선시대에는 장흥부에 속하는 목장이 있었으며 본래 완도군 득량면 관청리였다가 1914년 이후 행정구역 개편으로 도양면에 편입되었다.

득량도는 바다와 산이 만들어낸 섬이다. 동쪽에 팔영산과 조계산을 시작으로 서쪽에 제암산, 사자산, 천관산이 껴안고 계곡과 마을을 지나 바다에 갯벌로 머무는 곳이 득량만이다. 그곳에 진질이 자라고 물고기가 알을 낳는다. 어린 물고기가 자라기 좋은 곳이다. 득량도 사람들은 인근해역에서 새우, 멸치, 고등어, 전갱이, 갈치 등을 잡으며 보성만은 굴, 김, 백합, 바지락양식이 활발하다.

고기잡이를 마치고 득량만을 가르며 녹동항을 들어오는 배를 따라 갈매기들이 무리를 지어 뒤따랐다. 그 뒤로 득량도가 아련히 모습을 나타냈다. 뭍사람에게 고기잡는 배와 갈매기와 섬이 어우러진 모습은 한 폭의 풍경화처럼 아름다웠다. 섬이 가까워지자 작은 배를 타고 주꾸미 낚시를 하는 배들이 객선이 지나가자 위태롭게 흔들거렸다. 득량도에는 관청마을과 선창마을이 있다. 관청마을은 남쪽에 있어 아늑하고 온화한 기운이 감도는 반면에 선창마을은 하늬바람(서풍)을 맞는 북쪽에 있어 겨울에 바람이 많다. 장흥어서 처음 입도한 할머니가 선창마을로 들어와 마을을 이루었기 때문에 마을은 작아도 큰마을이라 부른다.

관청마을에서 가장 젊은 사람은 67세이며 나이가 많은 사람은 96세라고 한다. 한때 100여 호가 살았던 마을은 40여 호로 줄었다. 고대구리어업을 하던 많은 청년과 장년들이 섬을 떠났다. 쌍끌이라고도

갈매기들도 배의 모양새만 보고도 고기잡이 배인지 여객선인지 구분을 한다.

하는 고대구리어업의 금지는 관청마을보다 선창마을에 타격이 컸다. 농사는 거의 없고 어장으로 먹고사는 마을이었다. 당연히 어장배가 많았고 젊은 사람도 꽤 있었다. 60여 호가 대부분 고대구리배를 가지고 있었다. 지금은 20여 호로 줄었다. 지금도 통발배와 낙지연승으로 생계를 이어가고 있다.

관청마을에 도착하자마자 이장님이 소개해준 숙소에 짐을 두고 선창마을로 향했다. 선창마을로 가는 길은 사람만 겨우 다닐 수 있는 좁은 샛길이었다. 차들이 다닐 수 있는 넓은 길이 만들어지고 나서 마을 사람들은 '천지가 개벽' 하는 줄 알았다고 했다. 모두들 넓은 길을 구경하러 나섰다고 했다.

당산을 끼고 돌아서자 마을과 성재봉이 한눈에 들어왔다. 포근한

468

느낌이다. 비탈진 산밭에 고구마를 캐고 난 후 작은 고구마들이 흩어져 있었다. 마늘이 바다와 어울려 색감이 아름다왔다. 인적이 뜸한 시멘트길 위에 칡넝쿨이 자리를 잡았다. 빠른 걸음으로 20분이면 갈 것이라는 민박집 장씨는 고개를 넘어서면서 어긋났다. 파란 바다와 늦가을 하늘빛, 그리고 가을억새와 겨울을 준비하는 나뭇잎이 걸음을 붙들었다. 이렇게 아름다울 줄 몰랐다. '혹시 가다가 멧돼지 만날 줄 모르니까 조심해요.' 뒷통수에 대고 했던 말도 기억났다. 호젓한 섬길이었다. 이렇게 아내와 걸어본 것이 얼마만일까. 같이 오길 잘했다는 생각을 했다. 사진을 찍는 동안 아내는 길가에서 먹딸기를 찾아냈다. 거멓게 익은 먹딸기는 어린 시절 밭에서 따먹을 수 있는 간식이었다.

길가에 벼농사를 짓던 다랑이논들은 모두 묵정밭으로 변했다. 큰 섬은 아니지만 주민들이 식량을 자급했다는 말이 떠올랐다.

득량도는 조선시대에는 장흥부에 속한 목장이 있었다. 이후 완도군 득량면 관청리에 속했다가 1914년 행정구역 통폐합으로 도양면에 편입되었다. 임진왜란 당시 이순신 장군께서 이곳에서 식량을 얻어 득량得糧이라 부른다고 전한다. 장흥과 보성과 고흥군에 둘러싸인 바다 한가운데 득량도가 있다. 《난중일기》 1592년 2월 13일자에 다음과 같이 기록되어 있다. "도양둔전에서 벼 300석을 실어 군량미로 사용하였고 동년 11월 13일에도 도양에서 콩과 벼 820석을 받았다."

《난중일기》에 나오는 '둔전'은 '고려시대나 조선시대 군량을 충당하기 위해 변경지대나 군사요지에 설치한 토지'를 말한다. 초기에는 둔전에 농사짓는 병졸을 두어 군량미를 확보했지만 조선말기 권문세도가에 겸병되는 폐해를 가져왔다. 이로 인해 경작농민들은 조세와 소작료 등 이중 삼중의 과세부담을 지기도 했다. 1908년 국유화되면서 일제통감부에 속하였다.

조선시대에는 목장별로 벼, 잡곡 등을 납부하도록 되어 있기 때문에 득량도는 당시 장흥부목장과 함께 도양둔전에 속했을 것으로 추정된다. 득량만에는 삼산방조제, 관덕방조제, 득량만방조제, 고흥만방조제 등 크고 작은 간척사업으로 갯벌을 막아 넓은 농경지를 조성하여 간척지쌀을 생산하고 있다. 만을 막아 식량을 얻었으니 오늘날에도 '득량' 은 의미를 갖는 이름임에 틀림없다.

보성 회천면과 고흥 풍류면 사이에서 조업중인 배들이 낙엽처럼 흔들렸다. 동쪽으로 고흥반도를 훑고 지난 득량만은 보성을 휘감고 장흥에 이른다. 득량도 섬길도 바닷길을 따라 이어지다 선창마을에서 멈추었다. 맞은편 뭍이 장흥 안양면 수문리이다. 작가 한승원 선생이 해산토굴을 짓고 작품활동을 하는 마을이다. 선창이 굽어보이는 고갯마루에 올라섰다. 관청마을보다 포구가 크고 큰 배도 있었다. 고대구리어업이 금지된 후 배가 줄어들고 젊은 사람들은 빠져나갔다. 늘어나는 것은 빈집과 빚뿐이었다. 마을 가운데 큰 우물이 2개, 그리고 선창 옆에도 1개 있었다. 지금도 우물을 사용하고 있다. 선창에서 마을로 올라갈수록 빈집이 많았다. 사람이 사는 집보다 빈집이 더 눈에 띄었다. 곳곳에 유자나무와 양다래(키위)나무가 주인의 손길을 기다리고 있었다. 골목에는 '수상하면 살펴보고 이상하면 신고하자' '식량증산' 등 1970년대 새마을운동 게시판과 구호가 남아 있었다.

마을을 한 바퀴 돌고 다시 선창으로 내려왔다. 곳곳에 통발이 가득 쌓아졌고 포구 안 바지선에도 통발이 쌓여 있었다. 모두 낙지를 잡는 어구들이다. 고흥에서는 통발로 낙지를 잡는다. 12월에 시작해서 다음해 6월까지 잡는다. 통발 안에 똘장게를 넣어 두고 낙지를 유인한다. 이 무렵은 무안이나 신안갯벌에서 잡는 뻘낙지가 나오지 않기 때문에 고흥낙지가 제값을 받는다. 선창에서 통발을 정리하는 두 쌍의

부부를 만났다. 칠순이 넘었을 부부가 인사를 하자 누구 집에 왔느냐고 반갑게 물었다. 그냥 놀러왔다는 말에 할머니는 양다래를 한 보따리 싸서 주셨다. 김장을 준비하려고 집 앞 배추밭을 돌아보러 가는 중이라고 하셨다. 또 다른 부부는 이제 회갑을 넘겼을 정도로 젊었다. 포구에 바지선을 띄우고 통발을 쌓고 있었다. 그리고 통발로 낙지를 잡는 방법을 자세히 일러주셨다. 고대구리어업을 할 때는 통발을 많이 하지 않았다. 그 전에는 멸치낭장망도 많이 했다.

몇 년 전 선창마을에 젊은 여자가 들어왔다. 소문에는 큰 병원에서 암선고를 받았다는 소문이 퍼졌다. 항암치료 탓인지 머리도 빠지고 백발이 되어 들어왔다. 그리고 몇 년 후 그녀가 관청마을 보건소에 나타났다. 머리가 새까맣게 바뀌었고, 병원에서 더이상 항암치료도 필요없다는 진단을 받았다고 했다. 사람들은 물이 좋고 공기가 좋은 데다 스트레스를 받지 않아 암이 완치된 것이라고 했다. 이 여자는 장씨에게 관청마을에 살 집을 구해달라고 부탁을 했다.

다시 관청마을로 향했다. 4시가 되지 않은 이른 시간이었다. 돌아오는 길은 훨씬 짧았다. 관청마을은 빈집은 적었지만 거주하는 노인들 평균연령이 높았다. 문이 반쯤 열린 대문 사이로 할머니가 고추를 썰어서 말리고 계셨다. 올해 일흔넷이라는 할머니는 고추를 심고 몸이 아파 병원에 있어 고추농사를 망쳤다고 아쉬워했다. 골목길에는 간혹 벽화들이 그려져 있었다. 폐교된 초등학교로 가던 중 메주를 만들고 계시는 할머니도 만났다. 메주를 삶고 있는 옆집에서 삶은 콩을 얻어와 메주를 만들고 계셨다.

1990년대 초반에 폐교된 학교 정문에는 아직도 '득량국민학교'라는 문패가 남아 있었다. 건물은 낡아 사용하기 힘들고 나무와 잡초들이 자라 폐허가 되어 있었다. 해가 뉘엿뉘엿 넘어갈 무렵 숙소로 돌아

비어가는 섬집이 늘어가자 마을 당산에는 잡목과 잡초가 무성하고 가는 길도 사라져갔다.

왔다. "당집은 갔다오셨어." "못 찾았어요." "거기 보이요." 뜀박질을 하듯 마을 오른쪽에 있는 산길로 들어섰다. 돌담으로 예쁘게 둘러진 당에는 비석이 세워져 있었다. 3년 전까지 풍물을 치며 성대하게 지냈다는데 지금은 이장과 몇 사람만 올라가 격식만 차린다고 했다.

득량도 주변은 수심이 깊지 않고 조류가 좋아 김양식을 하기 좋을 것 같았다. 그런데 어디에서도 양식시설을 찾기 어려웠다. 저녁을 차려주던 장씨가 "물이 차가워 양식이 안 된다"며 이유를 알려줬다. 갯바위에 미역이 자라지 않는 것도 같은 이유 때문이라는 것이었다.

아침에 일어나자마자 마을 앞 우물터로 갔다. 세수를 하고 물을 한 움큼 떠서 마셨다. 차갑지 않고 시원했다. 마을 앞 바다는 호수처럼 고요했다. 장계리 너머로 아침해가 붉게 떠올라 득량만을 물들였다.

득량만은 작가 이청준과 한승원을 배출한 장흥 회진면에서 시작하여 관산면 용산면 안양면을 거쳐, 보성 대서면과 고흥 남양면, 과역면, 두원면, 도덕면으로 이어진다. 그 사이에 삼산방조제와 득량만방조제와 고흥만방조제가 있다. 주목할 만한 포구로는 장흥에 회진포, 수문포, 보성에 율포, 고흥에 녹동항 등이 있다. 수문리는 키조개와 바지락으로 유명하며, 율포는 가을에 전어가 많이 잡히는 곳이다. 특히 득량만은 국내 최적의 키조개양식장이다. 여수지방해양수산청 장흥수산관리소가 1999년부터 2년간 연구한 보고서에 따르면 "득량만은 키조개양식에 적합한 1등급 해양환경 조건을 갖추고 있어 종묘는 자연상태에서 성장기간이 4~5년 이내, 이식할 경우 1년이나 1년 반 이내에 상품으로 출하가 가능하다"고 분석했다.

득량만에 찬바람이 세차게 불기 시작하면 득량갯벌에 키조개가 여물기 시작한다. 조개가 너무 커서 잠수부가 물속에 들어가 쇠갈고리로 찍어내야만 끌어올릴 수 있다. 키조개가 서식하는 곳은 한정되어 있다. 득량도를 중심으로 보성 율포와 장흥 수문포 앞 바다 양질의 갯벌에서 자란다. 단백질이 풍부하고 정혈작용이 있어 임산부에게 좋다.

삼산방조제는 장흥군 관산읍 삼산리와 신동리를 잇는 3천63미터의 방조제다. 장흥과 보성을 연결하는 득량만방조제는 1928년 일제강점기 시기 고흥군 대서면 남정리와 보성군 득량면 해평리를 연결하는 방조제로 1천425정보의 비옥한 간척농지를 조성하였다. 해평리 조양마을에는 하원당장군과 상원주장군으로 부르는 돌장승이 부리부리한 눈망울과 주먹코를 벌렁이며 환영인사를 한다. 이 돌장승은 마을 액막이를 위해 오봉산 개흥사 입구에 세웠던 것을 옮겨왔다고 전하며, 어민들과 조세(세곡을 모아 두던 해창이 있었음)를 운반하던 배들의 안전을 기원했다고 한다. 인근 비봉리 선소마을에서는 공룡알화석이 발견되었다. 이곳은 자그마치 8천3백만 년 전 백악기 공룡들의 서식지이자 산란장이었다. 단일화석지로는 가장 많은 공룡알화석이 발견되어 화순, 해남, 고성 등 남해안 공룡화석 유적지와 함께 유네스코 세계유산 잠정목록에 등록되기도 했다.

고흥쪽으로 이어지면서 우도와 풍류어촌체험마을을 지나 고흥만간척지로 이어진다. 고흥지구간척사업은 1991년 시작해 15년만인 2006년 내부개답공사가 마무리되었다. 이 사업으로 바다 31제곱킬로미터가 매립되어 간척지로 편했으며, 17.01제곱킬로미터의 농경지, 2.8제곱킬로미터의 인공습지, 7.451제곱킬로미터의 담수호(고흥호)가 조성되었다. 방조제의 길이는 2.9킬로미터에 이르며 고흥호 내부 간척지에 항공센터와 경비행장이 계획중이다. 방조제 주변에 유채꽃과 벚꽃이 피는 봄철이면 많은 관광객들이 찾고 있으며 학꽁치를 잡으려는 낚시꾼들도 즐겨 찾는 명소다.

장흥 수문리 일대는 피조개와 새조개와 바지락이 많고, 보성 율포에는 바지락이 많고 고흥 과역 일대에는 참꼬막이 많이 서식한다. 이렇게 같은 만이지만 다른 이매패류(조개류)가 서식하는 것은 물의 흐름과 갯벌종류가 다르기 때문이다. 유속이 느리고 갯벌이 무른 펄갯벌에는 꼬막이 많이 서식하고, 유속이 빠르고 혼합갯벌이 발달한 곳은 바지락이 많이 서식한다. 가을철에는 팔팔 뛰는 전어들로 포구가 요란스럽다.

득량만은 다양한 생명들만큼 많은 인물을 배출했다. 《당신들의 천국》으로 소록도와 한센인들의 삶을 조명한 이청준, 해산이란 토굴을 파고 눌러 앉은 한승원, 송기숙, 이승우, 김영남 모두 득량만을 탯줄로 자란 문학인들이다. 《태백산맥》의 조정래, 송수권, 유금호 등도 득량만과 무관치 않다.

순천에서 인물자랑 말고, 광양에서 '깡' 자랑, 여수에서 돈자랑, 벌교에서 주먹자랑, 고흥에서 힘자랑 하지 말라고 했다. 권투선수 유제두, 박치기 하나로 만인의 영웅이 된 레슬링선수 김일, 화가 천경자가 고흥 출신이다.

개황 | 득량도得良島

일반현황

위치 | 전남 고흥군 도양읍 득량리 **동경** 127°06′ **북위** 34°34′
면적 | 1,943km² **해안선** | 6.5km **육지와 거리** | 3.0km(도양읍 신흥)
가구수 | 65 **인구**(명, 남+여) | 109(54+55) **어선**(척) | 23 **어가** | 12
어촌계 | 총 2개 어촌계(관청, 선창)

공공기관 및 시설

공공기관 | 득량보건진료소(061-830-5130)
전력시설 | 자가발전 전가구
급수시설 | 우물(펌프) 2개소 전가구

여행정보

교통 | **배편** | 녹동항-득량도 하루 2회
특산물 | 키조개, 피조개, 멸치, 장어
특이사항 | 여수지방해양수산청 장흥수산관리소에서 득량만을 국내 키조개 양식의 최적지로 확인하였다. 감성돔, 농어 등 고급어종이 잘 잡힌다.

30년 변화 자료

구분	1973	1985	1996
주소	전남 고흥군 도양읍 득량리	좌동	좌동
면적(km²)	1.75	1.35	1.35
공공기관	-	-	경찰분소 1개
인구(명, 남자+여자)	1,055(538+517)	825(471+354)	260(136+124)
가구수	153	145	89
급수시설	공동우물 4개	우물 1개, 간이상수도 1개	간이상수도 1개, 우물(펌프) 15개
초등학교	1개 348명	1개 98명	분교 1개 2명
전력시설	-	자가발전 145가구	자가발전 89가구
의료시설	-	-	보건진료소 1개
어선(척, 동력선+무동력선)	35(0+35)	78(24+54)	29(29+0)

* 공공기관은 면사무소, 파출소 등 포함

임자, 소원이 뭐야
고흥 금산면 거금도

가을 한복판에서 봄꽃을 이야기하는 것이 멋쩍다. 그래도 동초 무덤 앞에서 단가 '이산 저산 꽃이 피면'을 생각하지 않을 수 없다. 신금 선창에 도착하자마자 거금면이 내려다 보이는 용두봉으로 올랐다.

> "이산 저산 꽃이 피면 산림풍경 너른 곳
> 만자천홍 그림병풍 앵가접무 좋은 풍류
> 세월 간 줄 얼 모르게 되니
> 분명코 봄일러라"

거금도를 가려면 반드시 들러야 하는 곳이 녹동항이다. 27번국도의 종점이자 뱃길이 시작되는 곳이다. 소록도, 득량도, 시산도 등 고흥 내 유인도로 가는 배들이 정박하는 선창이다. 고흥보다는 녹동이 더 잘 알려져 있다. 배는 소록도를 스치듯 지났다. 소록도와 거금도 금진 선창을 잇는 다리교각이 하늘을 뚫을 듯 솟아 있다. 소록도와 녹동은 다리가 놓였다. 거금도 뱃길은 금진선창 외에 신평선창이 있다. 적대봉을 가운데 두고 동서로 길게 산자락을 펼치며 누워 있는 거금도는 섬 자체가 적대봉이다. 섬 동쪽 신평, 명천, 오천마을은 해조류양식과 전복양식이, 서쪽 행정중심 대흥리와 신촌리, 신전긔는 간척지가 발

2002년에 시작한 거금대교 공사는 2011년 말 완공되었다.

달해 있다. 산자락에 마을이 있고 논과 밭이 있다. 동초 김연수가 말년에 다시 짜서 즐겨 불렀던 소리가 '이산 저산 꽃이 피면'이다. 거금도 인물을 또 한 사람 꼽으라면 동초제를 창시한 국창 김연수(아호 동초, 1907~74)를 빼놓을 수 없다. 동초제는 동편제의 호탕함과 서편제의 애잔함이 적절하게 어우러진 소리다. 특히 문학성을 중시해 사설이 분명하고 너름새(동작)가 정확하고 붙임새(장단)가 다양하다.

고수도 울고 관객도 울었다

동초는 1964년 무형문화재 제5호로 지정되었다. 동초와 관련해서 스승 김연수와 제자 오정숙의 애틋한 사제지간이 판소리계는 물론 세간에 회자된 적이 있다. 특히 죽음을 눈앞에 두고 필답으로 〈수궁가〉 완창을 앞둔 제자를 지도했던 일화는 유명하다. 오정숙의 〈수궁가〉는

〈춘향가〉와 〈흥보가〉에 이어 세 번째 완창무대였다. 오정숙이 〈수궁가〉를 완창하던 날 동초는 죽음을 맞았다. 관객도 알고, 고수도 알았던 부고를 오정숙만 몰랐다. 공연에 방해될까봐 숨겼던 것이다. 공연이 시작되자 고수도 울고, 관객들도 울었다. 〈수궁가〉 공연에 훌쩍이는 관객이 오정숙 명창이 보기에 아무래도 이상했다. 동초의 소리를 제대로 이어받은 오정숙은 '동초제'의 '동' 자만 나와도 눈물이 난다며 "죽거들랑 선생님 발밑에 묻어 달라" 했다.

동초가 소리에 매진한 것은 당골자식이라는 출신의 설움을 넘어서고자 하는 몸부림이었다. 당시 당골자식들은 아이들에게도 하대를 받았다. 특히 진도나 거금도같은 섬에서는 더 심했다. 거금도에는 2만여 명이 거주하고 있어 당골판치고는 괜찮은 벌이였다. 그래서 당골판은 세습무 사이에서 거래가 되기도 했다. 판소리는 입으로 전하는 예술이다. 서양음악처럼 악보가 있는 것도 아니다. 스승이 제자에게 입으로 전승한다. 기억에 의존할 수밖에 없다. 이 전승과정에서 사설이 누락되거나 잘못 전해질 수 있다. 동초가 판소리계에서 주목을 받는 것은 신재효본을 중심으로 각 판소리를 유파별로 다양하게 발전해온 근세 5명창시대의 판소리 5바탕을 다시 집대성해 이를 5권의 사설집으로 출간했기 때문이다. 소리꾼 세계에서 드물게 어릴 적에 9년간 서당을 다녔다. 또 일제강점기에 서울 중동중학교를 졸업한 지식인이었기에 가능한 일이었다. 늦깎이 소리꾼 생활에도 불구하고 신재효가 정리한 판소리 사설 중에서 잘 불리지 않던 대목을 자신의 소리제에 살

명창 김연수(위)와 애제자 오정숙(아래)의 산소에서 바라보면 금산면 소재지와 적대봉이 한눈에 들어온다.

려 넣기도 했다. 신재효에 버금가는 인물로 평가받는 이유이다. 그는 당대 판소리 사설 다섯 바탕을 정리해 후대 판소리연구의 기틀을 마련했던 인물이다. 게다가 주류 판소리에서 벗어난 연희성을 띤 '창극 판소리'를 만들어냈다. 지금이야 창극이 대세고, 매년 국립창극단에서 작품을 올리고 있지만 당시에는 전통을 왜곡했다는 판소리계의 거센 비난을 감수해야 했다. 판소리의 현대화를 위한 창극단 활동이 그것이다. 김연수는 늘 외로웠다. 그의 애제자 명창 오정숙은 이를 너무도 잘 알았다. 출생에 대한 낙인은 죽은 후에도 계속되었다. 김포 공동묘지에 묻힌 그를 고향 안산 용두봉에 이장할 때도 고흥군청 뒤에 비석을 세울 때도 유림의 거센 반대를 받기도 했다. 동초와 함께 당대 소리꾼 임방울은 늘 비교대상이었다. 즉흥성과 감성이 탁월한 임방울은 민중들로부터 찬사를 받았다. 반면에 발음이 정확해 가사전달이 빠르고 정형화된 동초의 소리는 지식인들로부터 사랑을 받았다. 애제자 오정숙도 용두봉 스승 발 아래 누웠다.

전기를 놓아 주십시오

중학교 시절에 갖고 싶은 것 중 하나가 컬러TV였다. 그 이유는 오직 프로레슬링을 보기 위해서였다. 레슬링이 중개되는 낮이면 온동네 사람들이 마을회관으로 모여들었다. 김일 선수가 자신보다 훨씬 큰 외국 레슬러를 박치기로 쓰러뜨리면 마을회관이 함성소리로 떠나갈 듯했다. 코너로 몰리던 김일 선수가 박치기 한 방으로 일본인 레슬러를 쓰러뜨리면 어른 아이 할 것 없이 얼싸안고 좋아했다. 그는 아이들은 물론 어른들에게도 영웅이었다. 한동안 그를 잊고 살았다. 그러다 우연히 매스컴을 통해 그의 죽음을 알았다. 뉴스를 접한 순간 왠지 모르게 가슴 한켠이 허전했다. 어릴 적 영웅이었던 그가 사라져 버린 것 같은 아픔이 명치를 자극했다. 그의 존재를 확인하고 싶었다. 영웅이 태어난 곳. 그를 만나러 가는 길이다. 동초가 머물던 용두봉에서 곧장 평리로 내려오면 영웅을 만날 수 있다.

고(故) 김일 선수

영웅이 태어난 집 앞에는 ‘평지마을 만석궁 선참봉 다락방에서 1929년 태어났다’고 적힌 기념비가 세워져 있다. 가난하고 낮은 신분을 솔직하게 새긴 글귀에 눈길이 오래 머문다. 고흥은 씨름이 유명하다. 그중 힘깨나 쓰는 장사는 대부분 거금도 출신이다.

그의 고향사랑은 애틋했다. 잘 알려진 이야기가 대통령 박정희와 얽힌 '거금도 전기' 이야기다. 그도 김일의 열렬한 팬이었다. 시합이 끝나면 곧잘 영웅을 청와대로 불렀다. 영부인이 손수 만든 요리를 영웅은 대통령과 함께 들곤 했다. 1960년대 말 대통령이 영웅을 불렀다. "임자, 소원이 뭐야." 영웅은 "거금도에 전기를 가설해 달라"고 요청했다. 마침내 1968년 거금도 사람들은 호롱불 대신 전깃불을 켤 수 있었다. 육지에서도 읍면에만 전기가설이 되었던 시절이었다. 김일 선수가 대통령에게 전기가설을 요청한 것은 순전히 '김양식' 때문이었다.

김일 선수가 국민영웅으로 환영받던 시절 거금도는 일본 수출용 김양식이 한창이었다. 지금처럼 대량양식이 아니라 대나무를 쪼개서 만든 소규모 지주식 죽홍이었다. 김가공도 공장이 아니라 가족들이 호롱불을 켜놓고 하는 가내수공업이었다. 직접 손으로 물김을 훑어 수확하여 깨끗하게 씻은 후 칼로 다진 후 김을 떠서 건장에 말리는 고된 작업이다. 이렇게 손으로 만든 김은 비싼 값에 전량 일본으로 수출되었다. 당시 김발을 할 수 있는 거금도 북쪽 마을 신촌, 석정, 신평리는 부자마을이었다. 일본에서도 '금산김'을 최고로 쳐주었다. 이런 사정을 보면서 자랐기 때문에 대통령의 질문에 거침없이 전기가설을 요청했을 것이다. 해태양식 덕분에 거금도 사람들은 일찍부터 자식들을 큰 도시로 유학 보낼 수 있었다. 자식만은 '섬놈' 소리 듣지 말고 육지에서 펜을 잡기를 원했던 것이 당시 섬에 사는 부모의 심정이었다. 겹겹이 껴입은 옷 속을 파고드는 새벽 갯바람에 맞서 꽁꽁 언 손으로 대발에 붙은 김을 훑어 낼 수 있었던 것도 그 때문이다. 이곳에서도 "김수출이 한창 잘될 때는 개들이 만원짜리를 물고 다녔다"고 한다. 김양식을 많이 한 마을에서 어김없이 듣는 이야기다.

영웅의 이름이 희미해진 것은 프로야구가 등장하고부터다. 그러고 보면 박정희나 전두환이나 프로스포츠로 국민들을 혹세무민했다는 말이 전혀 틀린 이야기는 아닌 것 같다. 광주민중항쟁으로 제주도를 제외한 전국에 계엄령이 내려졌다. 그해 제주도에서 김일 선수는 마지막 경기를 가졌다. 물론 마지막 경기가 되리라고는 생각도 못했다. 이후 박정희가 지어준 체육관도 몰수당하고 한국프로레슬링은 TV에서 사라졌다. 나의 영웅은 쇠락해 갔다. 새로 시작한 명란젓갈 대일수출사업도 재미를 보지 못하고, 자식과 아내마저 잃었다. 그리고 15년 후 1994년 일본 도쿄돔에서 6만 명의 팬들이 오키 긴타로(大木 金太郞, 역도산이 지어준 김일의 일본식 이름으로 스승 사후에는 한국이름을 사용했다)를 연호하는 가운데 김일 선수는 휠체어를 타고 눈물로 은퇴경기를 참관했다.

적대봉에 오르다

조선시대 거금도는 도양목장에 속한 마목장으로 절이도라 불렀다. 도양목장은 제주도의 말을 육지로 운송할 때 이용하는 중간기착지였다. 육로를 통해 멀리 함길도(현 함경도)까지 보낼 말의 건강상태를 점검하는 중요한 섬이었다. 당시 서남해의 많은 섬들은 마목장으로 이용되었다. 도양목장의 딸린 섬 중에서 절이도 목장 규모가 가장 컸다. 이렇게 거금도가 목장의 적지가 되었던 가장 큰 이유는 겨울에도 춥지 않아 말이 먹을 풀을 얻을 수 있기 때문이다. 게다가 고흥(당시 흥양현)은 곶이 발달해 목장설치에 적합했다. 임진왜란 이전까지 이곳에는 16개의 목장이 있었던 것으로 확인되었다. 그 중 가장 컸던 목장이 절이도 목장이었다. 한때 기르는 말이 800마리에 이르기도 했다.

적대봉 정상에는 보기 드문 원형 봉수대가 잘 남아 있다. 고흥에서

는 팔영산 다음으로 높은 산이다. 정상에 서면 서쪽으로 완도 섬들이, 남쪽으로 거문도, 동쪽으로 여수 다도해가 한눈에 들어온다. 조선시대 적대봉 정상에 봉수대를 설치하여 왜적의 침입을 살폈다.

그리고 시간이 나거들랑 해안도로를 돌아보라. 강산이 수려해 '금산錦山'이라 했다는 말이 거짓이 아님을 알 수 있다. 특히 거금도 남쪽 해안도로는 빼어난 절경이다. 이제 소록도와 거금대교가 개통되어 손꼽히는 드라이브코스가 될 것이다. 자전거를 타고 섬을 돌고 싶다면 금진선착장에서 신평선착장 방향으로 도는 것이 좋다. 가는 길에 상화도·하화도·대취도·소취도·시산도·연홍도 등 크고 작은 섬들을 바라볼 수 있다. 그 사이에 익금해수욕장, 금장해수욕장, 연수해욕장, 고라금해수욕장이 있어 여름철에는 피서객들이 많이 찾는다.

다시 거금도를 찾은 것은 《섬문화답사기》 첫째권을 탈고할 무렵이었다. 소록도를 잇는 다리공사는 2002년 시작하여 2011년 말 완공되었다. 전국 최초로 보행자·자전거도로(1층)와 자동차도로(2층) 형

484

식의 복층교량으로 건설되어 주목을 받았다. 녹동 상인들은 소록대
교가 2008년 완공되고 이어 거금대교 공사가 진행되면서 도양읍 녹
동 경기가 위축될 것이라 걱정했다. 그런데 관광객이 증가하면서 오
히려 반색이다. 소록도를 지나 다리로 접어들자 몰려드는 차량으로
정체가 시작되었다. 자전거를 타고 섬을 일주하는 형렬도 이어졌다.
거금도는 적대봉 산행과 해안도로 자전거여행 등 일찍부터 여행객들
에게 사랑을 받았던 섬이다. 뿐만 아니라 생활낚시인들도 많아지고
있다. 거금대교는 나로도 우주센터와 함께 고흥군의 새로운 상징물
로 자리매김할 것 같다.

　　김일 선수와 국창 김연수를 배출한 거금도는 산과 물이 좋고 땅이
기름지며 바다가 좋아 물산이 풍부하다. 당연히 인심도 좋을 수밖에.
오죽했으면 "빈손으로 나가는 사람이 없다"고 했겠는가. 적대봉을 가
운데 두고 동서로 길게 산자락을 펼치며 누워 있는 거금도는 섬 자체
가 적대봉이다. 산자락에 마을이 있고 논과 밭이 있다. 한때 남해안 도
서지방 중 가장 큰 오일장이 섰던 풍요로운 섬이었다. 일출과 일몰을
동시에 볼 수 있는 남해안 최고의 섬이다. 다리가 놓이면서 관광객 수
입증가와 함께 물류비용도 절감되었다. 이제 거금도는 뭍에서는 양파
와 마늘을 심고 바다에서는 미역, 전복, 매생이를 키워 새로운 희망을
일구고 있다.

● — 판소리 다섯 유파 특징

동편제 섬진강을 기준으로 동쪽 소리를 동편제라 한다. 기교를 부리지 않고 목으로 욱이는 소리를 말한다. 기교를 쓰지 않기 때문에 동편제 소리를 내려면 풍부한 성량을 타고 나야 한다. 장단은 템포가 빠른 편이다. 속도가 빨라 발림(창자의 몸짓, 손짓)할 여유가 줄어들어 연기면에서는 건조한 편이다. 장단 마디끝을 졸라매는 정도를 달리하는 것으로 단조로움을 상쇄시키기도 한다.

서편제 섬진강 서쪽 소리로 선천적 음량에 의존하는 동편제와 달리 후천적 노력이 승패를 좌우한다. 가공과 기교가 중요한 부분을 차지한다. 동편제에 비해 소리가 애상적이고 소리의 끝부분이 길게 늘어진다. 소리가 늘어져 발림할 여유가 그만큼 많아 연기도 큰 볼거리 중 하나다.

중고제 동쪽도 서쪽도 아닌 중간의 소리지만 동편제에 가까운 인상이다. 동편제와 마찬가지로 성량이 풍부한 사람에 유리하다. 중고제 시조는 모흥갑이었고 근세에는 송만갑이 꼽히나 그 후로는 기법을 쓰는 이가 드물어 맥이 거의 끊어져 가는 유파다.

강산제 중고제와 마찬가지로 비동비서를 취한다. 소리의 큰 맥은 우렁찬 동편제를 닮았지만 서편제의 기교를 취해 중고제보다 음색이 더 다양한 편이다.

동초제 송만갑의 제자였던 김연수 명창의 창법을 일컫는다. 동초는 그의 아호다. 동편제에 가까운 소리이나 강산제보다 더 뚜렷한 발음과 조리에 맞는 언어를 취한다.

개황 | 거금도居金島

일반현황

위치 | 전남 고흥군 금산면 동경 127°10′ 북위 34°26′
면적 | 64.765km² **해안선** | 54.0km **육지와 거리** | 6.0km
가구수 | 2,435 **인구**(명, 남+여) | 4,976(2,472+2,504) **어선**(척) | 526 **어가** | 322
마을 | 대흥리 어전리 신전리 신촌리 석정리 신평리 오천리
어촌계 | 총 33개 어촌계(금장 外) 1,932명

공공기관 및 시설

공공기관 | 금산면사무소(061-830-6525), 금산우체국(061-843-8004), 금산보건지소(061-830-5457), 신평보건진료소(061-830-5135), 오천보건진료소, 금산파출소(061-843-8112), 금산파출소 금남출장소(061-843-9112), 금산소방파출소(061-843-8119), 거금도 농협(061-843-7795), 오천지점(061-843-9203), 수협(061-840-3172)
교육기관 | 금산초등학교(061-843-8043) 금산중학교(061-843-8041), 금산종합고등학교(061-843-8178)
전력시설 | 한전 전가구
급수시설 | 지방상수도 1개소 1,840가구, 간이상수도 1개소 46가구, 우물(펌프) 549가구

여행정보

교통 | 배편 | 터미널(061-843-9184) 여객선터미널 1일 20회 운항
섬내교통 | 중촌으로 가는 버스, 중촌에서 내린 뒤 신평행버스 이용(각 2대로 운행)
낚시터(유어장) | 갯바위, 바지선, 선상(체험마을 등), 천혜의 바다낚시터임.
특산물 | 김, 미역, 톳, 다시마
특이사항 | 부속무인도로 무학도, 부아도가 있다. 금산청석마을 생태숲 조성중.

30년 변화 자료

구분	1973	1985	1996
주소	전남 고흥군 금산면	전남 고흥군 금산면 어전리	전남 고흥군 금산면
면적(km²)	5.92	62.08	62.086
공공기관	-	면사무소 1개, 면출장소 1개, 경찰관서 2개	면사무소 1개, 출장소 1개, 경찰분소 2개, 우체국 2개, 농업인상담소 1개
인구(명, 남자+여자)	19,860(1,0242+9,611)	16,069(8,048+8,021)	9,326(4,740+4,585)
가구수	2,996	2,848	2,661
급수시설	공동우물 380개, 간이상수도 2개	우물 1,400개 간이상수도 19개	우물(펌프) 1,934개 간이상수도 13개
초등학교	7개 4,555명	8개 2,461명	9개 748명
중고등학교	1개 687명	2개 1,612명, 고등 1개 615명	2개 663명, 고등 1개 315명
전력시설	한전 2,552가구	한전 2,848가구	한전 2,661가구
의료시설	-	약국 1개	병원 1개, 보건지소 1개, 보건진료소 2개, 약국 2개
어선(척, 동력선+무동력선)	1,554(10 +1,544)	1,621(62+1,559)	789(622+167)

* 공공기관은 면사무소, 파출소 등 포함

작은 미술관이 있어 아름다운 섬

고흥 금산면 연홍도

가는 날이 장날이었다. 소록대교를 건너자 차가 막히기 시작했다. 대형버스에서 작은 승용차까지 거금대교로 들어가는 길이 꽉 막혔다. 섬과 육지를 잇는 다리를 처음 본 것도 아닌데 저렇게 사람이 많을까. 궁금증은 거금대교로 이어지는 터널에 붙은 현수막에서 풀렸다. 어제 (2011. 12. 16)가 거금대교 개통식이었고, 오늘은 '김일체육관' 개관식이 있는 날이었다. 단순한 개관식이 아니라 개관기념 세계프로레슬링이 열리는 날이었다. 대부분 50대 이상 장년층이었다. 흑백과 컬러TV가 공존하던 시절에 축구와 프로레슬링은 텔레비전의 존재이유 자체였다. 나중에 프로야구가 그 자리를 차지했다. 겨우 금산면 소재지에 도착했다. 새로 지은 체육관이 아침햇살에 빛났다. 주차장이 되어버린 진입로를 피해 우회전을 했다. 내 목적지는 거금도 서쪽 금당도 사이에 있는 연홍도였기 때문이다.

연홍도는 거금도와 금당도 사이에 있으며 돌산현에 속하였으나 1895년 행정구역 개편으로 고흥군 금산면에 편입되었다. 300년 전 밀양박씨가 처음 입도하여 마을을 형성했다고 한다. 넓은 바다 위에 떠있는 연鳶과 같다 하여 연홍도鳶洪島라고 부르다 일제강점기 거금도와 맥이 이어져 있다고 하여 이을 연連자로 바뀌었다고 한다. 섬의 지형이 말의 형상과 같아 마도라고 불렀다는 이야기도 전한다.

주민들은 마늘, 콩 등 밭농사를 짓고 멸치낭장(3가구)을 하며 미역과 톳(4가구)양식을 하고 있다. 사람이 많이 살 때는 바다 건너 간척지에서 농사를 지었지만 주민들이 나이가 많아지면서 대부분 팔았다. 연홍도는 마을회관을 기준으로 서쪽 선창에 가구가 많은 큰 마을, 마을회관 동쪽 작은 마을, 그리고 객선이 닿는 선창마을, 연홍미술관이 있는 목넘이로 구분되어 있다. 1985년 559명이 거주했지만 지금은 50여 가구에 100명이 살고 있다.

연홍도를 가려면 녹동에서 배를 타고 내려 차로 신전리 선착장까지 간 뒤 잠깐 배를 타야 한다. 선착장에서 보면 섬이 눈앞에 있지만 물길을 그냥 건널 수는 없다. 가까워도 다리가 없다면 배를 타야 한다. 이것이 귀찮으면 녹동항에서 직접 섬으로 들어가는 배를 타도 된다. 그렇지만 하루에 한 번뿐이니 시간 맞추기가 쉽지 않다. 요즘엔 녹동-소록도-거금도를 연결하는 연륙 연도교가 만들어져 불편함을 조금 덜었다. 덕분에 군내버스 편도 더 많아졌다.

선창에 도착하자 연홍도쪽에서 작은 쪽배가 파도를 가르며 다가오고 있었다. 외지인으로 보이는 젊은이 10여 명도 배에 올랐다. 연홍도와 거금도를 오가며 주민과 외지인을 나르는 배는 군에서 배와 운영비를 지원하고 있다. 뱃삯은 외지인은 성인 기준 3천원, 주민은 1천원이다. 섬에 닿자 같이 온 일행은 모두 교회로 올라갔다. 나중에 알고 보니 목사님 초등학교 동창생들이 잠깐 다니러 왔다고 한다. 선창마을과 작은 마을을 둘러보고 밭 사이로 난 왼쪽 작은 산길로 올라갔다. 좀 멀리서 마을 전체를 보고 싶었다. 햇볕에 반짝이는 바닷물을 가르며 배 한 척이 거금도와 연홍도 사이를 지나갔다. 위에서 내려다보니 연홍도 마을이 한눈에 들어왔다. 서쪽으로 제법 큰 마을과 선창이 있고 동쪽으로 작은 선창과 객선이 닿은 포구가 있다. 서남쪽으로 완도

당숲에서 내려다본 연홍도 모습

금당도의 기암들이 햇살에 반짝이고 동쪽으로는 거금도에서 가장 큰 농지가 마주하고 있다. 이곳 농지는 신전리와 신촌리 사이 갯벌을 막아 농지를 조성한 간척지였다. 연홍도 주민들이 바다에서 돈을 벌어 장만했던 논도 그곳에 있었다.

조금 더 올라 숲속으로 접어들었다. 아무래도 당집이 남아 있을 것 같았기 때문이다. 5분쯤 걸어 올라가자 돌담에 둘러싸인 작은 집이 보였다. 예상대로 당집이었다. 허름하지만 당집에 오르는 길이 묵혀 있지 않고 집도 모양새를 갖춘 것으로 보아 당제가 최근까지 이어진 듯했다. 나중에 객선 선장님이 작년까지 지내고 '일콘' 했다고 알려줬다. 일콘은 또 뭐람? "작년에 마지막으로 지내면서 귀신들에게 이게 마지막 드리는 음식입니다, 하고 이야기했다는 거여." 더 이상 당제를 지내기 어려워 작년을 마지막으로 정리했다는 것이었다. 연홍도 당제는 10여 년 전만 해도 소를 잡아 지내는 큰 마을제의였다. 작은 마을에서 소를 잡는다는 것은 여간 부담스럽지 않았을 것이다. 게다가 매번

490

깨끗한 제주를 선정하는 일도 녹록지 않았다. 그래서 나물과 생선 그리고 고기로 간단하게 이어왔지만 이젠 이것도 더 지속할 수 없었던 것이다. 다른 마을의 당제와 달리 이곳에서는 풍물을 치지 않고 제의만 깨끗하게 지내왔다고 한다.

당집을 뒤로 하고 큰마을을 지나 선창으로 내려왔다. 선창 입구에 멋진 소나무가 곱게 늙어 있었다. 선창에서 목넘이까지는 먼발치로 금당도 기암괴석을 바라보며 해안도로를 따라 걸을 수 있다. 바다에는 미역과 톳양식장이 줄지어 있었다. 목넘이에는 겉으로 보기에는 20여 집이 되지만 실제로 8집만 사람이 살고 있다. 그곳에 분교가 있었다. 연홍초등학교는 1946년 공립학교로 설립허가를 받았다. 1988년 분교로 개편된 후 1995년 취학아동이 없어 폐교되었다. 그곳에 2005년 연홍미술관을 개관했다. 그리고 두 번에 걸쳐 '섬 in 섬' 전시회를 했다. 섬 속의 섬. 예술가들 중 연홍미술관의 매력에 빠져 '연홍회'가 만들어졌다. 뿐만 아니라 크고 작은 작품전시가 이어지고 있다. 지금 관장은 선호남(50세) 씨로 서양화를 전공한 화가다. 근인이었던 그가 예편을 하고 그림을 그리기 시작해 우리나라에 하나밖에 없는 바닷가 미술관 관장이 되었다. 매년 3천여 명이 찾는다. 미술관을 개관한 사람은 김정만(81세) 씨로 폐교를 임차해서 개관을 했다. 연홍도가 고향인 김씨는 14살에 고향을 떠나 직업군인으로 생활하다 예편한 늦깎이 화가다. 몇 년 전에 선씨에게 미술관 운영을 맡겼다. 선씨는 미술관을 기반으로 아름다운 섬마을을 복원하는 것이 꿈이다.

학교는 폐교되었지만 여전히 충무공 동상과 책을 읽는 소녀상은 운동장 가장자리를 지키고 있었다. 미술관으로 리모델링을 하고 가꾸었지만 겨울철 작은 섬 바닷가 미술관은 조금은 스막했다. 봄철의 파릇함과 가을철의 풍성함도 없는 쨍한 겨울날씨. 차라리 눈이라도

연홍미술관

연홍 미술관
SEUL IN SUM YEONHONG FAM Foundation

연 홍 미 술 관
생활친화적
문화공간★
연홍미술관

와서 운동장이라도 덮었더라면 하는 생각도 들었다. 게다가 인기척도
없다. 운동장을 몇 바퀴 배회하고 뒤에 관사를 둘러 봤지만 사람이 없
다. 그런데 미술관은 문이 열려 있다. '섬 in 섬' 주인은 섬 밖으로 잠
깐 외출한 것 같다. 문이 열려 있는 것으로 보아 객들이 들어가도 좋다
는 의미이리라. 문을 열고 안으로 들어갔다. 어둡다. 스위치를 올렸다.
넓은 교실에 불이 켜졌다. 그림이 벽면에 가득 걸려 있고 가운데는 차
를 마실 수 있도록 식탁과 다기세트도 갖춰져 있었다. 누가 볼 사람도
없는데 조심스럽게 발걸음을 옮기며 그림을 구경했다. 미술관 옆으로
주방과 거실과 숙소가 있다. 두 가족 정도는 이용할 수 있다.

　다시마가 많이 나는 겨울철에는 젊은 사람들은 대부분 큰 섬(거금
도)으로 일을 하러 가고 노인들만 섬에 남아 있다. 섬을 슬렁슬렁 한
바퀴 도는데 반 시간이 채 걸리지 않는다. 미술관 안에 들어서면 양쪽
에 방이 있다. 이게 펜션이다. 스스로 준비해서 먹어야 한다. 연홍도에
는 부식가게가 없다. 차를 가지고 들어올 수도 없다. 거금도에서 준비
를 해와야 한다.

　바람을 막고 햇볕이 잘 드는 객선 대합실에서 나가는 배를 기다렸
다. 한 시간 반은 기다려야 한다. 대합실에 제비가 집을 지어놓았다.
정교하기 이를 데 없다. 내년에 분명 제비는 돌아올 텐데, 고향을 떠난
사람들은 돌아올까. 연홍도 정도라면 거금도까지 다리도 놓였겠다,
멋진 섬으로 거듭났으면 좋겠다.

일반현황

위치 | 전남 고흥군 금산면 신전리 **동경** 127°06′ **북위** 34°27′
면적 | 0.411km² **해안선** | 4.0km **육지와 거리** | 10.5km(녹동항)
가구수 | 60 **인구**(명, 남+여) | 106(52+54) **어선**(척) | 25 **어가** | 24
어촌계 | 총 2개 어촌계(궁전, 연홍) 45명

공공기관 및 시설

공공기관 | 연홍보건진료소(061-830-5136)
전력시설 | 한전 전가구
급수시설 | 지방상수도 전가구

여행정보

교통 | **배편** | 거금도에서 소형배를 이용, 또는 도양읍 사이에 1일 2회 정기선
특산물 | 김, 미역, 톳, 다시마, 양파, 마늘
특이사항 | 서쪽의 모래 해변에 동백나무, 곰솔 등이 무성한 해수욕장이 있다. 지리적 여건으로 사계절 낚시 가능.
폐교된 연홍초등학교를 개보수해서 연홍미술관 운영.

30년 변화 자료

구분	1973	1985	1996
주소	전남 고흥군 금산면 신전리	좌동	좌동
면적(km²)	1.80	0.548	0.549
인구(명, 남자+여자)	859(424+435)	559(282+277)	196(101+95)
가구수	128	99	79
급수시설	공동우물 37개	우물 48개	우물(펌프) 82개
초등학교	1개 132명	1개 104명	분교 1개 6명
전력시설	한전 117가구	한전 99가구	한전 79가구
의료시설	-	-	보건진료소 1개
어선(척, 동력선+무동력선)	48(0 +48)	73(6+67)	84(50 +34)

섬이 육지가 되면 좋을까?

고흥 도화면 지죽도

작은 마을 선창에서 나이가 지긋한 할머니가 푸성귀를 씻고 계셨다. "할머니 물김치 담그려고요?" "여기다 소금 약간만 뿌려서 자작자작 해두면 소금간만 한 것보다 더 깊은 맛이 나고 맛있어." 시산도가 친정이라는 할머니는 지죽도로 시집을 와서 고향에서 했던 것처럼 이렇게 김치를 담가 먹고 있다. 제주도 우도에서도 같은 모습을 본 적이 있다. 소금이 귀한 섬에서 김치를 담글 때도 같은 방법을 사용한다. 지금은 바닷물로 절인 김치를 브랜드화해서 판매하는 김치공장도 있다. 청정해역에서나 가능한 일이다. 지죽도 동쪽은 내나로도와 외나로도가 있고 남쪽은 시산도, 손죽도, 초도, 거문도로 이어진다. 큰바다와 접해 있는 섬이다. 여기가 청정해역이 아니라면 대한민국에 깨끗한 바다는 없다. 지죽도는 20여 년 전 도화면 구암리와 다리가 놓여 무시로 뭍을 오갈 수 있다. "그래서 좋아졌습니까." 선창에서 만난 40대 초반 젊은이에게 궁금했던 것을 물었다.

"개인적으로 좋지 않다고 생각해요." "왜요." "옛날에는 10만원 벌면 못해도 5만원은 모았는데, 지금은 10만원 전부 써부요. 어쩔 땐 번 것보다 더 많이 쓰제. 김발하고 멸치어장하고 하모잡고 돈은 궁한 줄 모르는디. 늦게라도 차를 가지고 나갈 수 있으니까. 젊은 사람들 밤늦게 뭐하겠소. 다 도시로 나가서 술 한잔 하고 들어오제. 그래도 다리가

김농사를 준비하는 것은 1년 농사의 시작이다. 찬바람이 불자 어민들의 손길이 분주해진다.

있어야제라."

　다리가 연결되기 전에는 구암리 단장마을 돌샘선착장에서 지죽항을 연결하는 객선 한 척을 마을에서 공동으로 하루 10회 운항했다. 그때가 그리워서 그러는 것은 아니다. 섬에 남아 있던 전통들은 사라지고 도시와 별반 차이가 없는 문화들이 다리를 통해 여과없이 들어오는 것이 아쉬워서 하는 말이다.

　섬사람들은 뭍과 연결하는 다리를 간절히 원한다. 그런데 독이 되기도 한다. 들어오는 것은 쓰레기고 나가는 것은 사람과 돈이다. 옛날에는 육지와 가까운 섬은 다리를 놓아야 한다고 생각했다. 그런데 요즘은 고개를 갸우뚱한다. 오히려 섬으로 두는 것이 더 가치가 있기 때문이다. 나루질을 해서 바다를 건너는 옛날과 다르다. 바다를 건널 수 있는 배도 다양해졌고 속도도 빠르다. 수륙양용 이동수단도 개발되어 있다.

　지죽도 작은 마을 선창에서 김양식을 준비하는 주민을 만났다. 김씨는 처음부터 김양식으로 어업을 시작한 것이 아니었다. 선원 1명을 데리고 고기잡이 어선을 운영했다. 30년 전 이제 더 이상 고기잡이를 하며 살기 어렵겠다고 판단해 김양식으로 전환했다. 지금 생각해보면 참 잘했다는 생각이다.

지죽도는 다도해해상국립공원에 속하는 섬으로 주변에 대염도, 죽도 등이 있고 남쪽으로 시산도가 있다. 섬 안 호수가에 지초라는 풀이 많이 자라 지호도라 부르다가 인근 죽도라는 섬의 글자를 따서 지죽도라 했다고 전한다. 다리를 건너 안쪽에 있는 큰마을과 죽도를 바라보는 작은 마을로 이루어져 있다. 가난했던 시절 섬사람들은 보리와 고구마농사로 끼니를 해결했고 근해에서 참장어, 멸치, 문어, 낙지 등을 잡고 조개, 굴, 꼬막을 캐며 생활했다. 지금 대부분 주민들은 김양식을 하며, 5집이 멸치낭장망을 겸하고 있다. 여름에 병어나 갯장어를 잡기도 한다. 지죽도는 서쪽 해변에 200~300미터 해수욕장과 암벽 절경 금강죽봉이 아름답다. 도화면 남쪽 단장리와 지죽도 사이 바다는 남해안 최대의 감성돔 낚시터로 꼽힌다. 지죽도 서쪽에 있는 목섬 서쪽해안, 소염도 주변, 대영도 남쪽해안, 지죽도 남서해안, 죽도와 고흥반도 주변이 전부 낚시포인트다. 이들 지역은 유속이 빠르고 바위(여)가 발달해 돔 등 손맛을 원하는 낚시꾼들이 즐겨 찾는다.

개황 ┃ 지죽도支竹島

위치 ┃ 전남 고흥군 도화면 **동경** 127°19′ **북위** 34°26′
면적 ┃ 1.177km² **해안선 ┃** 5.00km **육지와 거리 ┃** 0.3km(도화면 구암리 단장마을 기점)
가구수 ┃ 117 **인구**(명, 남+여) **┃** 250(128+122) **어선**(척) **┃** 93 **어가 ┃** 115
어촌계 ┃ 총 1개 어촌계, 지죽 105명

공공기관 ┃ 지죽보건진료소(061-830-5140)
교육기관 ┃ 도화초등학교 지죽분교(061-834-0780)
전력시설 ┃ 한전 이용 전가구
급수시설 ┃ 간이상수도 전가구

교통 ┃ 배편 ┃ 다리가 연결되어 있음.
낚시터(유어장) **┃** 남쪽 단장리 앞 바다(5월, 감성돔) 배낚시는 단장리 앞 내만, 대암도와 지죽도 사이, 대영도 남쪽 지역, 죽도와 고흥반도 사이의 유속이 있는 지역
특산물 ┃ 쌀, 마늘, 멸치, 김, 미역, 참장어, 기타 어류
특이사항 ┃ 지죽도 서쪽 해변에 하늘을 솟을 듯한 암벽이 있어 금강죽봉이라 부르고, 이곳에 동굴이 있는데 그 속에서 사철 약수가 흐르고 있다.

30년 변화 자료

구분	1973	1985	1996
주소	전남 고흥군 도화면 지죽리	좌동	좌동
면적(km²)	1.25	0.99	0.996
공공기관	-	지파출소 1개	-
인구(명, 남자+여자)	852(437+415)	714(378+336)	518(274+244)
가구수	117	140	143
급수시설	공동우물 7개	우물 10개, 간이상수도 1개	간이상수도 1개, 우물(펌프) 11개
초등학교	1개 128명	1개 117명	1개 69명
전력시설	자가발전 117가구	한전 140가구	한전 143가구
의료시설	-	약국 1개	보건지소 1개
어선(척, 동력선+무동력선)	67(4+63)	113(30+83)	87(87+0)

＊ 공공기관은 면사무소, 파출소 등 포함

57

김양식이 전부어

고흥 도화면 죽도

지죽도에 도착하자마자 죽도 가는 배편을 확인했다. 죽도로 가는 배는 지죽도 작은 마을을 떠나 죽도에 다다르고 있었다. 다음 배는 2시간 후 고흥 군내버스가 들어오는 시간이 되어야 올 것이다. 조금만 빨리 왔으면 좋았을 걸, 휴게소에서 커피만 마시지 않았어도. 그래도 운이 좋았다. 지죽도 작은 마을 선창에서 마을 주민과 이야기를 나누다 이왕재(41) 씨를 만났다. 마을에서 젊은 층에 속하는 사람이다. 멸치낭장과 김양식을 하고 있었다. 죽도로 들어가지 못해 아쉬워하는 이야기를 듣고 선뜻 자신의 배로 실어다 주었다.

1914년 흥양군 봉래면에 속하였으나 1963년 행정구역 개편으로 고흥군 도화면에 편입되었다. 지호리 지죽마을로 지죽도 작은 마을에서 손에 잡힐 듯 가까운 곳에 위치해 있다. 대나무가 많아 대섬이라 부르다가 봉황새가 대나무 열매를 따먹으려고 날아와 섬에 경사스러운 일이 많이 생겨 죽도로 불렀다고 전한다. 가장 흔한 섬이름이 송도와 죽도다. 송도는 소나무가 많아서, 죽도는 대나무가 많아서라는 이유다. 하지만 정말 그럴까. 그런데 한결같이 송도는 섬이 작그, 대섬은 육지나 큰 섬 옆에 있다. '송' 은 순우리말 '솔' 작다가 한자지명으로 바뀌면서 솔섬이 '송도' 가 되고, '대' 는 '달려 있는' 또는 '딸린' 섬이 '대섬' 이 되고 한자지명으로 바뀌면서 '죽도' 가 된 경우가 많다.

지죽도와 구암리를 연결하는 다리가 완공되었다. 지죽도와 죽도를 오가는 새마을호는 하루 7번 운항한다.

이곳 죽도나 지죽도 모두 고흥반도 끝 도화면에 딸려 있는 작은 섬이다. 죽도는 작지만 32가구나 사는 섬이다. 한때 학생수만 수십 명이었다. 죽도분교를 다니다 뭍으로 나간 아이들은 지금 대학생이 되었다. 하루에 7번 운항하는 '새마을호'가 객선이다. 마을에서 운영하는 탓에 선비도 싸다. 외지인이나 주민이나 편도 천원이다. 그런데 주민들은 젊은 사람은 1년에 2차례 20만원을, 노인들은 3~5만원의 선비를 내고 있다. 고흥군에서 일부 지원을 해주지만 그것으로는 턱없이 부족하다. 지죽도 외에도 마을에서 운영하는 객선이 5곳이나 된다.

지죽도에서 죽도로 가는 시간은 5분도 걸리지 않았다. 그 사이에 전복양식 시설이 몇 개 있고 바지선이 수없이 떠 있었다. 그리고 앞이 트인 선창에 배들이 정박해 있었다. 파도와 바람을 막아야 할 선착장 구조가 잘못되어 있었다. 앞에 지죽도가 버티고 있기는 하지만 샛바람(동풍)에는 속수무책일 듯 싶었다. 특히 지죽대교 사이로 거친 파도와 바람이 바로 죽도로 들어오게 되어 있어 태풍이라도 올라치면 대

500

책이 없어 보였다.

선창에서 김발에 붙일 부표를 만들고 있던 주민은 선창이 2종 어항으로 건설되다 관리항이 되었다면서 공사가 마무리되지 않고 중단된 채로 끝났다며 아쉬워했다. 태풍이 오는 날이면 아예 배에서 생활하며 닻줄이 끊어지지 않을까 노심초사한다며 다리는 고사하고 안전하게 배라도 정박할 수 있게 해줬으면 좋겠다고 하소연을 했다.

죽도 사람들은 여름에는 갯장어를 잡고 겨울에는 김양식을 한다. 논과 밭이 전혀 없는 섬이다. 빈집이나 손바닥만한 마당 한 켠에 고추나 배추를 심는 것이 고작이다. 여름에는 20여 집이 갯장어 주낙을 하고 어기가 끝나면 곧바로 늦여름이나 초가을부터 김양식을 준비한다. 겨울철에 본격적으로 김채취를 시작하고 봄철에 철거하기 때문에 겨우내 이 일을 반복하며 생활한다.

학교는 마을과 선창 그리고 지죽도와 지죽대교가 한눈에 내려다보이는 곳에 위치해 있다. 선창은 김양식용 부표와 김발을 만들고 있는 어민들로 가득 차 있었다. 객선이 닿은 부두에는 낚시꾼 네 명이 앉아서 낚시질을 하고 있었다. 오른쪽으로는 시산도가 손에 잡힐 듯하고 다리 건너에는 나로도가 봉긋 얼굴을 내밀었다. 다닥다닥 붙은 집들 사이로 한 사람이 겨우 지나갈 만한 좁은 골목길이 구불구불 이어져 있다. 생각보다 빈집이 적고 50대와 60대 주민들이 많았으며 40대 청년들도 몇 사람 눈에 띄었다. 김양식 때문이다. 주민들은 양식규모를 늘리고 싶지만 고흥군 허가면적이 다른 지역보다 작아 겨우 300척(1척은 50미터) 정도 양식을 하고 있다. 섬주민들의 유일한 생존수단인데 양식면적을 확보하지 못했다며 주민들이 분통을 터뜨리기도 했다. 부안이나 서천은 말할 것도 없고 해남이나 진도 등 김양식을 하는 사람들은 1천여 척 규모로 양식을 하는데 군에서 더 이상 면적을 확대해 주

죽도사람들은 여름철이면 그늘막 아래서 김발을 만든다. 일년농사를 준비하는 것이다. 찬바람이 불면 김발을 들고 바다로 간다.

지 않기 때문이다.

대나무발로 김양식을 하던 시절에는 한 집에 많으면 20여 척씩 섬 주변에서 양식을 했다. "장갑이 어디 있어. 장화는 있었가니." 창고 앞에서 가을바람을 맞고 있던 할머니 몇 분이 객선을 타려고 가는 나를 잡고 이야기했다. 작은 섬이라 오고 가는 것을 보고 있었던 모양이다. 이제 김양식을 하는 것을 도와줄 기력도 없고 걸음도 겨우 걷는 팔순이 넘는 할머니들이다. 한때 새벽 찬바람을 맞으며 김을 뜯어와 칼로 잘게 썰어서 되로 김을 떴었다. 지죽도 너머로 동이 틀 무렵 학교 주변 골목길 볕이 잘 드는 곳에 건장을 세우고 김을 말렸다. "지금은 기계로 헌께 일도 아녀." 입맛을 다시듯 자꾸 오물거리다 말을 하는 할머니가 김발을 만들고 있는 젊은 사람들을 보고 혼잣말처럼 중얼거렸다.

개황 | 죽도竹島

일반현황

위치 | 전남 고흥군 도화면 지죽리 **동경** 127°19′ **북위** 34°26′
면적 | 0.227km² **해안선** | 5.0km **육지와 거리** | 0.6km(도화면 구암리 단장마을 기점)
가구수 | 34 **인구**(명, 남+여) | 102(53+49) **어선**(척) | 52 **어가** | 34
어촌계 | 총 1개 어촌계, 죽도 48명

공공기관 및 시설

전력시설 | 한전 전가구
급수시설 | 간이상수도 1개소 전가구

여행정보

교통 | 배편 | 구암리 단장마을 돌샘선착장-죽도항 1척 1일 10회 운영(육지정기 노선버스와 연결)
특산물 | 참장어, 돌김
특이사항 | 동쪽으로 금강죽봉을 마주보는 구멍바위가 있으며, 바람이 세차게 불면 이상한 소리가 나는데 이 해풍
소리로 섬사람들에게 풍랑 정보를 알려주고 있다.

30년 변화 자료

구분	1973	1985	1996
주소	전남 고흥군 도화면 지죽리	좌동	좌동
면적(km²)	0.31	0.221	0.221
공공기관	-	지파출소 1개	경찰분소 1개
인구(명, 남자+여자)	258(132+126)	258(126+132)	157(76+81)
가구수	37	47	45
급수시설	공동우물 3개	우물 5개	우물(펌프) 3개
초등학교	분교 1개 61명	분교 1개 38명	분교 1개 25명
전력시설	-	한전 47가구	한전 45가구
어선(척, 동력선+무동력선)	15(6+9)	35(11+24)	53(53+0)

＊ 공공기관은 면사무소, 파출소 등 포함

58

파시어촌에서 우주센터로

고흥 봉래면 외나로도

높지 않는 밭 구릉이 바다로 내려오다 멈춘 작은 공간에 서너 채씩 집
들이 다닥다닥 붙어 있다. 듬성듬성 비어 있는 곳은 섬사람들이 집을
버리고 도회지로 나간 흔적들이다. 부잣집 잔치에 배는 곯지 않는다
했다. 축정항에 고깃배들이 불야성을 이루던 시절에는 먹고살 만했
다. 마음씨 좋은 선주들을 만나면 명절 보너스도 받았다. 마을 뒤 바다
가 내려다보이는 마늘밭 양지바른 곳 무덤가에서 초등학교 5, 6학년
쯤 되는 사내아이와 막 입학했을 여자아이, 부모와 할머니 다섯이 이
른 성묘를 한다. "저 마늘밭이 아빠가 태어난 곳이란다." 아버지가 불
쑥 던진 말에 어린 초등학생은 두 눈만 끔벅인다. 도심 한복판에 있는
산부인과에서 태어났을 아이가 마늘 밭으로 변한 곳이 아빠 출생지라
니 선뜻 이해가 가지 않은 모양이다. 마을로 내려오는 길에 자꾸 고개
를 돌려 마늘밭을 쳐다본다.

마늘밭은 그래도 낫다. 바다
와 잇대어 쌓은 축대 위 오솔
길 옆 함석집은 오히려 쓸쓸
하다. 안방, 광, 작은방, 부엌
까지 딸린 4칸짜리 집이 과거
를 대변하고 있다. 옛날에는

제법 살 만했던 집이었던 것 같다. 자물쇠 대신 보습이 빠진 쟁기가 알몸을 드러낸 채 안방 문지기 노릇을 하고 있다.

일제강점기에 수도시설과 전화가

남도의 크고 작은 섬들이 이름을 갖기 시작한 것은 조선 세종 때부터라고 한다. 섬에 관심을 갖게 된 것은 무엇 때문이었을까. 가장 큰 이유는 사람보다는 '말' 때문이었다. 조선시대 나로도는 군軍이나 관아에서 쓰는 말을 키우는 목장이었다. 그래서 '나라 섬'이었다. 한자이름으로 바뀌면서 나로도羅老島가 되었다고 한다. 하긴 해산물이 풍부해 돈이 되거나 마목장으로 쓰임새가 있는 섬치고 왕가나 권문세도가의 손길이 미치지 않는 곳이 있었던가. 어느 해 입춘 즈음 여수 거문도에 갔다 갈치 1박스를 샀다. 거문도는 삼치뿐만 아니라 은갈치 주산지이기도 하다. 하루에 1번 왕복하는 쾌속선에는 손님브다 전국 각지로 배달되는 삼치와 갈치박스가 더 많다. 내가 산 박스에는 도착지가 '나라도'라 적혀 있었다. 거문도 사람들은 지금도 나로도를 '나라도'라고 부른다.

나로도항은 '축정항'이라고도 한다. 가까이 쑥섬과 사양도, 외도와 내도에 둘러싸여 아무리 큰 파도가 와도 호수처럼 잔잔하다. 게다가 수심이 깊어 큰 배들도 포구까지 곧장 들어온다. 천혜의 포구다. 일제강점기 우리나라 활어를 일본으로 가져가기 위해 전초기지를 찾던 일본인들이 그냥 둘 리 없었다. 섬마을 도로는 시멘트로 포장이 되었다. 운반선이나 어선에 필요한 제빙공장이 들어섰다. 여기에 상수도시설과 전화와 자가발전 전기시설까지 갖추었다. 일제강점기에는 이곳으로 군청을 옮긴다는 이야기까지 나돌았다. 서해 전 어장에서 잡힌 고기들이 축정항을 통해 일본으로 실려 갔다. 조선인은 물론 일본인 중 "축정을 모르면 뱃사람이 아니다"라고 할 정도였다. 선창에 일본식 2층집이 즐비했고, 일본인 500여 명이 거주하였다. 실제로 나로도에 전기가 공급된 것이 1970년대 초반이었으니 당시 나로도의 번성함을 짐작할 수 있다.

당시 축정항에는 인근해역에서 참치를 잡는 배들이 많았다. 일본인들이 좋아하는 참치는 "조선 사람이 먹기는 아깝다"며 잡히는 대로 일본으로 실어갔다. 이곳 어장에서 잡은 생선은 수심이 깊고 물이 깨끗해 고기맛이 좋고 비린내가 적어 최상품으로 꼽혔다. 가을이면 수백 척의 배들이 모여들어 장관을 이루었다. 뒷산에는 신사가 마련되었다. 돈이 있고 사내들이 있는 곳에 유곽과 술집이 빠질 리 없다. 모습은 바뀌었지만 지금도 당시 유흥업소 흔적들, 제빙공장, 시멘트로 포장된 골목에는 일제강점기 유적들이 남아 있다.

나로도 어업사

좋은 어장과 자연이 준 포구 탓에 1923년 나로도어업조합이 설립되었다. 그리고 1962년 나로도어업 협동조합으로 바뀌었다. 그리고 어청도, 흑산도, 청산도, 성산포, 거문도 등 11개의 포구와 함께 1966년에는 어업전진기지로 지정되었다. 나로도의 영화는 1970년대까지 이어졌다. 삼치잡이철인 10월 한 달 축정항은 흥청댔다. 당시 "나로도에 전국의 돈이 다 몰렸다"는 말이 돌았다. 나로도 학생들은 "교복단추를 금으로 한다"고 소문도 났다. 삼치가 자취를 감춘 후 새우가 한철을 지켜주었다. 이후 나로도항을 들고나는 배는 급속하게 줄어들었다. 하루 100여 척씩 드나들던 배들이 몇 년 사이에 10여 척으로 급속히 감소했다.

삼치이야기를 좀 더 해보자. 나로도 삼치는 8월말부터 12월까지 절정이다. 여수를 비롯해 남해 먼 바다에서 같은 시기에 삼치를 잡지만 나로도 삼치만큼 좋은 값을 받기 어렵다. 맛도 맛이지만 삼치잡이도 역사가 있다. 이곳 삼치잡이는 대나무에 낚싯줄을 매어서 잡는 끌 낚시다. 낚싯바늘에 달린 가짜 미끼가 빙글빙글 돌면서 삼치를 유인한다. 묵직한 삼치가 낚시를 물면 낚시줄에 달린 고무줄이 늘어난다. 일제강점기에는 그물로 삼치를 잡았다. 그때는 아예 축정항에 무역선이 떠 있었다. 이곳 삼치는 5킬로그램이 넘어야 대접을 받는다. 그 이하는 중치라고 한다. 성어기에 나로도에 삼치파시가 열렸다. 1960년대부터 1970년대 중반까지 삼치는 축정항을 흥청거리게 했다. 물론 일본으로 전량 수출되었다. 이렇게 일찍부터 나로도가 어업전진기지로 주목을 받았던 것은 축정항이라는 좋은 어항이 있었기 때문이다. 내나로도와 외나로도 중간에 위치해 있고 사양도와 애도(쑥섬)가 바람을 막아주기 때문에 천혜의 어항이 되었던 것이다.

나로도항이 위축되기 시작한 가장 큰 이유는 어선이 대형화되고 어업기술이 발달해 연근해 어장에서 옛날처럼 고기를 잡기 어려워졌기 때문이다. 그물 종류도 면사에서 나일론으로 변하면서 폭이 넓고 길어졌다. 어장은 고갈되고 선박과 그물은 더욱 커졌다. 나로도에서 더 멀리 나가야 했기 때문에 기름값도 더 들었다. 어민들의 허리는 더욱 휘어졌다. 이 무렵 교통이 발달하면서 수산물 유통이 대량소비지 인근 항구에 집중되었다. 생선을 위판하기 전까지 비용은 뱃사람들의 몫이지만 위판 이후 판매까지 물류비용은 매수인의 경비이기 때문이다. 육로교통수단이 발달하면서 나로도 축정항을 이용하던 선박들이 육상소비지와 가까운 여수, 목포, 심지어는 부산항을 이용하면서 나로도는 경유하는 곳으로 전락했다. 당연히 수산물이 모이고 위판되는 곳이 대도시 인근 부산, 여수, 목포에 집중되었다. 나로도 선주들도 잡은 고기를 가지고 대도시 인근 항에서 팔고 그곳에서 출어준비를 마

천연양항인 축정항. 나로도항으로 알려져 있다. 일제강점기에는 전국의 돈이 모여들었던 포구였다.

친 후 잠깐 축정항에 들렀다 바다로 나갔다. 번성했던 나로도 축정항은 쇠락의 길을 걷기 시작했고, 나로도 수협은 고흥군 수협에 흡수되고 지소로 전락하고 말았다. 1980년대 초반 나로도수협 조합원수는 745명이며 이 중 근해안강망 어업을 하는 조합원이 31명에 36척의 선박을, 연안안강망 어업을 하는 조합원이 16명에 16척의 선박을, 유자망이 75명에 75척의 선박을 갖고 있었다.

"우리들이 안강망 구신들이여 우리들이 59년생이여. 안강망은 목포로 여수로 여기도 많았어. 인천도 많았고. 그것이 동지나 남지나 제주에서 열 몇 시간 두들고 나가. 바다하고 하늘하고 갈매기들이나 보고, 노상 잡는 것은 갈치제"라고 말하는 축정마을의 김평록씨는 열일곱에 안강망 배를 타고 팔도를 돌아다녔다. 특히 위도와 흑산도에 갔을 때 그곳은 술집들이 즐비한 무법천지였다고 기억했다. 고기도 잡히지 않고 정권이 바뀌면서 정화작업이네 뭐네 하면서, 맘대로 할 수 있었던 고기잡이도 여러 가지 규제로 어려워지자 남아 있던 술집들도

508

하나둘 정리하고 떠나기 시작했다. 흑산도처럼 상가가 형성되고 마을로 남아 있는 경우는 흔적이라도 남아 있지만 나로도는 당시 정취를 느끼기 어렵다.

안강망어업이 한창일 때 고흥에서 제일 부자마을이 축정항 맞은편 쑥섬이었다. 지금은 10여 가구가 살고 있지만 당시 500여 명이 거주하고, 가구마다 대부분 안강망 배를 갖고 있었다. 되지에서 배타러 온 사람들로 문전성시를 이루어 셋방이 없을 정도였다고 한다.

나로도에서 알아줬던 중선배('안강망'을 그곳 사람들은 중선배라고 부른다) 선장 김씨(70세). 30여 년 전 나로도 포구의 정취를 묻는 말에 손사래를 치며 자리에서 일어선다. "배 있으면 뭐할 거요, 속만 아프제. 아이고 골치 아프요 그런 소리 하지 마쇼." 점심을 먹고 양지바른 곳 의자에 앉아 햇볕을 즐기던 자리를 내주며 일어섰다. 삼치잡이가 시원찮아지면서 1980년대 초반까지 수십 척의 안강당배들은 포구에 생선을 공급했다. 이곳에 다방이 들어오기 시작한 것도 이 무렵이었다. 이곳의 50대 주민들 중 안강망배를 타지 않는 사람들이 거의 없다. 당시 돈 있는 사람들은 그걸 종잣돈으로 빚을 내서 큰 배를 짓고 갈치잡이에 나섰다. 하지만 어디로 갔는지 갈치는 잡히지 않고 불법어업에 대한 규제가 강화되면서 투자한 돈을 모두 날리고 말았다. 한때 잘나갔던 지역 선주들은 이후 백수가 되고 말았다. 당시 이야기를 해달라는 말에 아픈 기억을 곱씹는 것이 싫었던지 김씨는 담배를 물고 자리에서 떴다.

나로도항에 큰 배들이 감소하면서 축정항은 고대구리배들이 들어찼다. 이 배들이 30여 년 동안 나로도 포구에 생선을 공급했다. 나로도에서 고대구리배를 부렸던 어민들도 답답하기만 하다. 엄남마을 송씨는 아직 결혼을 하지 못한 자식들이 둘이나 있다. 불법인 줄 모르고 평생 바다에 의존해 살았는데 유일한 생계수단을 이제는 계속할 수 없다. 정부가 어자원보호와 불법어업 근절을 위해 '싹쓸이 어업'의 불명예를 달고 다니던 고대구리배를 폐선조치했기 때문이다. 보상해준다지만 빚을 내서 배를 마련하고 어구를 준비했기 때문에 돈이 송씨 손에 들어오기 전에 빚잔치가 되고 말았다. 이제 나이도 칠순이 훨씬 넘었다. 새우조망이라도 하려면 목돈이 필요하지만 설령 전업을 하더라고 엎친 데 덮친 격으로 일본과 중국 등 새로운 어업협정으로 근해 어장이 축소되어 연안으로 몰려드는 어선들과 경쟁해야 한다.

우주선 발사의 최적지, 하반마을

내나로도와 외나로도를 관통하는 15번국도를 우주로라고 부른다. 우주센터가 들어오면서 붙여진 이름이다. 우주로를 타고 축정항을 오른쪽에 두고 섬 끝까지 가면 만나는 마을이 외초리 염포마을이다. 대한민국에서 손꼽히는 해넘이 마을이다. 몽돌해수욕장으로 유명한 곳이다. 좌르르 돌 구르는 소리와 파도소리를 들으며 휴식을 취할 수 있는 곳이다. 우주센터를 찾는다면 우주로를 타고 오다 삼거리에서 좌측 길 하반로로 들어서야 한다. 10여 분쯤 외길을 타고 가면 창포마을과 예내마을로 가는 갈림길이다. 오른쪽 길로 가면 예내리를 지나 우주센터에 이른다. 우주센터가 들어선 곳은 예내리 하반마을이다. 지금은 모두 이주했다. 이 마을을 처음 찾았던 것은 20여 년 전 신년 해맞이를 위해서였다. 그 후 겨울철에 복수초를 보기 위해 종종 이 마을을 찾았다. 마을로 들어서는 고갯마루에 나가 즐겨 찾던 복수초 군락지가 있었다. 겨울에도 쌓인 눈을 비집고 꽃을 피우는 꽃이다. 그곳에서 본 꽃은 눈밭에 피어난 것은 아니었지만 가슴을 설레게 했다. 지금은 도로확장과 인근 개발사업 등으로 도로와 산이 파헤쳐졌지만 그 당

시에는 시멘트포장이기는 했지
만 솔숲 샛길과 바다가 어우러져
섬다운 풍광이 있었다. 하반마을
포구에서 동쪽으로 여수 금오열
도가 한눈에 들어온다. 해를 맞고
해를 보내며 섬여행을 즐길 수 있
는 곳이 나로도다.

　말이 나온 김에 우주센터 이야
기를 해보자. 우주센터 후보지 11
곳을 전부 조사해 위성 발사각(15
도)이 가장 큰 외나로도 하반마을
이 선정되었다. 뿐만 아니라 발사
체의 발사 후 안전거리 확보, 지난 백년간 기상조건들도 고려되었다
고 한다. 2009년 우주센터 문을 열고 야심차게 나로호(KSLV-1)를 발사
했다. 모든 국민들의 눈은 TV에 쏠렸고, 가까이서 보기 위해 고흥 해
안가와 심지어 센터 맞은편 여수에도 사람들이 모여들었다. 소형위성
로켓 발사가 성공하면 세계 9번째 스페이스 국가이자 우주 독립국가
가 되는 것이라며 요란한 소리를 냈다. 고흥군에서는 우주축제를 비
롯해 우주마케팅에 나섰다. 이를 시작으로 2030년에는 달탐사로켓을
쏘아 올릴 계획이라고 했다. 지금까지 우리나라는 실용위성인 아리랑
1호와 2호 등 모두 10개의 위성을 발사했다. 모두 외국에서 외국기술
력으로 쏘아 올렸다. 세계적으로 위성발사장을 보유한 국가는 우리나
라를 포함해 13개국이다. 이 중 자국에서 자국 기술력으로 위성을 쏘
아 올린 나라는 러시아, 미국, 일본, 중국 등 8개국에 불과하다. 이번에
개발한 소형위성은 러시아로부터 기술을 전수받아 국산화한 것으로

우리나라에서 발사한 최초의 위성이었다. 첫 발사는 실패였다. 기대가 컸기 때문에 실망이 컸다. 다음해 다시 시도했지만 137초 만에 끝내 폭발하고 말았다.

갓고기가 없어서 개맥이 안 해라

지나쳐 왔던 왼쪽길을 택하면 길 끝자락에 갯벌과 작은 포구가 한눈에 들어온다. 10여 년 전까지 특이한 개맥이로 방송에 소개되었던 곳이다. 창포리 이철진씨가 그 주인공이다. 아저씨는 물메기 잡으러 바다에 나가고 아주머니만 집안 정리를 하고 있었다. 다른 마을 같으면 벌써 어디서 왔느냐 뭐 하러 왔느냐 할 텐데, 카메라를 들고 왔다갔다 하는 외지인들에 익숙한 눈치이다. 이씨 부부는 물론 마을 주민들까지 독특한 숭어잡이 덕에 팔자에도 없는 방송출연을 여러 번 했다. 사실 알고 보면 독특할 것도 없다. 남도에서는 개맥이라면 널리 알려져 있는 어법이기 때문이다. 창포리는 마을 앞에서 그것도 이씨집 바로 앞이 갯가인 탓에 방문을 열고 줄을 당겨 개를 막고 숭어를 잡는다는 이유로 널리 알려졌다. 그만큼 고기가 흔했다는 이야기일 것이다. 이렇게 잡은 숭어가 몇 가마니씩 되었다고 하니 '갓고기'가 얼마나 흔했는지 알 수 있다.

“요즘은 바닷일 안 하세요. 아저씨는 어디 가셨어요.” “물메기 잡으로 갔어요.” “개맥이는 요즘도 하나요.” “갓고기가 없어서 안 해요. 어디 방송국에서 왔어요.”

이씨의 아내는 대뜸 어느 방송국에서 왔냐고 묻는다. 몇 해 전 여름에도 마을 뒤 바닷가에서 문어잡이 하는 것을 촬영했다. 요즘에도 간간히 방송국에서 연락이 오지만 고기가 나지 않아 개맥이를 할 수 없다며 극구 오지 말라고 말린다고 한다. 창포마을은 전부해야 30여 가구에 불과하다. 이씨가 사는 마을은 창포리에 속한 작은 마을로 모두 7가구의 집들이 있다. 그 중 빈집도 눈에 띤다. 창포리 어민들도 고대구리로 생업을 했지만 배를 전부 팔고, 어부흉내라도 낼 수 있는 사람들은 간혹 삼마이(부정어업임)나 낙지주낙, 통발 등이 전부다. 말이 어촌이지 어업으로 생활하기 어려운 게 어디 창포리뿐이겠는가.

나로도 주민들 생활의 중심이었던 고대구리어업은 멈추었다. 어민들은 아직 이렇다 할 대체어업을 마련하지 못하고 있다. 이번 봄에 사라졌던 갓고기들이 봄바람과 함께 나로도 포구에 몰려들었으면 하는 꿈을 꿔본다. 그러면 창포마을 이씨의 개맥이줄 당기는 모습도 다시 볼 수 있을 것이다.

나로도는 일제강점기 삼치파시와 해방 후 새우파시로 번성기를 누렸다. 모두 자연이 준 천혜의 포구와 풍요로운 어장 덕이다. 다리가 놓이면 동지나어장 등 원양어선과 연안어장의 길목으로 삼치파시의 영화가 재현될 것이라며 ‘연륙의 꿈’ 을 키웠다. 인간의 손길이 닿지 않는 빼어난 경관과 해수욕장 등 관광자원으로 새로운 파시를 기대했다. 하지만 기대만큼 성이 차지 않는다. 일제강점기 최고 문화시설과 천혜의 포구였던 축정항은 이제 집터가 무너지고 마늘밭으로 변했다. 달리 생계를 해결할 방법을 찾지 못해 시작한 고대구리배는 연안어장을 황폐화시켰다. 그리고 연륙 후 몰려온 육지자본들이 아름다운 섬에 많은 생채기를 남겼다.

이제 나로도는 새로운 삶을 준비해야 한다. 고흥근은 나로도의 청정해역과 우주항공센터를 관광자원화하여 풍요롭고 살맛나는 지역을 만들겠다고 한다. 하지만 지역주민들에게는 나로도에 건설되는 우주항공센터보다 바다와 갯벌이 훨씬 삶에 가까이 있다.

● ― 나로우주센터 및 국립청소년우주체험센터

나로우주센터는 2000년 12월 고흥군 봉래면 예내리에 개발사업을 착수해 2009년 6월 준공했다. 항공우주연구원과 우주과학관으로 구성되어 있으며, 나로항공우주연구원은 대전에 있는 한국항공우주연구원과 함께 국가 미래전략기술 분야인 우주개발 전초기지로 인공위성을 자력으로 발사할 수 있는 발사장을 건설하고 발사운영기술을 확보하고 운용하기 위해 설립된 것이다. 이를 통해 우주센터는 한국형발사체를 개발하고 우주기술개발 전초기지, 우주과학교육과 홍보의 장, 우주센터연계 지역관광자원으로 활용될 것이라고 밝혔다. 특히 홍보와 교육을 위해 연구원 인근에 우주과학관을 개관했다. 우주에 관한 기본원리, 로켓, 인공위성, 우주탐사 등을 테마로 구성된 상설전시관을 포함해 기획전시실, 3D 입체영상관, 4D 돔영상관, 야외전시장 등 우주과학을 쉽게 접하고 즐길 수 있어 교육 및 체험학습으로 활용되길 기대하고 있다. 또 2010년 10월에는 내나로도에 있는 덕흥리에 국립고흥청소년우주체험센터가 개원했다. 청소년의 우주에 대한 관심, 흥미, 이용유발을 위한 현실적이고 경쟁력 있는 체험 중심의 우주과학에 대한 기초인프라 구축이 목적이다. 특히 나로우주센터와 중복되지 않게 하기 위해 청소년을 위한 전용공간이라고 한다.

개황 | 외나로도外羅老島

일반현황

위치 | 전남 고흥군 봉래면 **동경** 127°50′ **북위** 34°40′
면적 | 26.06km² **해안선** | 45.6km **연륙(연도)** | 1994년
가구수 | 1,037 **인구(명, 남+여)** | 2,041(978+1,068) **어선(척)** | 112 **어가** | 127
마을 | 신금, 예내, 외초리
어촌계 | 총 13개 어촌계, 동광 外 323명

공공기관 및 시설

공공기관 | 봉래면사무소(061-830-6584), 봉래파출소(061-833-4112), 나로도우체국(061-833-7004), 봉래소방출장소(061-833-4119), 봉래보건지소(061-830-5460), 해양양경찰서 나로도지서(061-840-2234), 나로도수협(061-833-8101), 흥양농협 봉래지소(061-833-6390)
교육기관 | 봉래초등학교(061-833-6384), 봉래남분교(061-833-6128), 봉래중학교(061-833-6764), 나로고등학교(061-833-6613)
전력시설 | 한전 전가구
급수시설 | 지방상수도 905가구, 간이상수도 132가구

여행정보

교통 | **배편** | 고흥터미널에서 외나로도 버스정류장까지 약 1시간 소요, 여수항에서 외나로도까지 1시간 소요.
특산물 | 삼치, 새우, 바지락, 꽃게, 도미, 김, 미역, 꼬막
특이사항 | 소나무숲, 사철 따뜻한 날씨, 상록수림(천연기념물 제362호), 한국 최초의 우주발사체 기지인 나로우주센터가 있다.

30년 변화 자료

구분	1973	1985	1996
주소	전남 고흥군 봉래면	전남 고흥군 봉래면 신금리	전남 고흥군 봉래면
면적(km²)	26.5	26.465	26.456
공공기관	-	면사무소 1개, 지파출소 1개	면사무소 1개, 지파출소 1개, 우체국 1개, 농업인상담소 1개
인구(명, 남자+여자)	8,273(4,182+4,091)	6,508(3,323+3,185)	3,404(1,744+1,660)
가구수	1366	1,278	1,100
급수시설	공동우물 208개, 상수도 72개	우물 306개, 간이상수도 10개, 상수도 1개	상수도 1개, 간이상수도 12개, 우물(펌프) 313개
초등학교	4개(1,920명)	4개 1,166명	4가 310명
중고등학교	1개(774명)	1개 578명, 고등 1개 462명	1개 270명, 고등 1개 320명
전력시설	자가발전 250가구	한전 1,278가구	한전 1,100가구
의료시설	-	병원 1개, 약국 2개	보건지소 1개, 보건진료소 1개, 약국 2개
어선(척, 동력선+무동력선)	238(172+66)	147(97+50)	54(50+4)

＊ 공공기관은 면사무소, 파출소 등 포함

59

갯벌에 희망을 걸다
고흥 동일면 내나로도

딸아이 결혼식 날짜를 잡아 놓은 김씨는 며칠째 잠을 설쳤다. 매일 라디오를 품에 끼고 살다시피 했다. 일기예보만 나오면 밥을 먹다가도 숟가락을 놓고 마누라에게 손을 저었다. 소리를 내지 말라는 거다. 섬사람들에게 결혼날짜는 사주단지만으로 결정할 수 없다. 용왕님이 노하기라도 해 뱃길이 열리지 않으면 영락없이 부모없는 결혼식을 올려야 한다. 예식장에서 하는 결혼이 일반화되면서 이런 일은 더 많아졌다. 그래도 경사스런 일은 상황이 낫다. 자식이 아프기라도 하면 밤새 아이를 안은 채 뱃길이 열리기를 기다리며 뜬눈으로 지새야 했던 에미의 심정은 어떠했겠는가. 섬사람들에게 연륙은 숙원사업 이상의 의미를 갖는다. 그래서 정치인들은 선거철만 되면 다리를 놓아주겠다는 공약으로 표를 얻으려 한다. 어쩌면 섬사람들에게 연륙은 생명의 끈과 같은 것인지도 모른다.

내나로도와 외나로도 두 섬을 '나로도'라고 부른다. 오래된 비단이 바람에 날리듯 아름답다고 해서 비단 라羅, 늙을 로老, 나로도羅老島라 불렀다고 전한다. 또 중국상인들이 이곳을 지나다 마치 헌 옷(낡은 천)이 널려 있는 것 같아 나로도라 했는데 육지에 가까운 곳을 내나로도 먼 곳을 외나로도라고 했다고도 전한다. 조선시대에는 나라섬, 국도國島라고 했다. 조선시대 왕의 말을 키우던 목장이 있었다. 거금도,

소록도와 함께 도양목장에 딸린 속장이었다. 그래서 마을 사람들은 음력 정월 초사흘 마을당에 올라 마신제를 지내기도 했다. 외나로도에는 외초리, 내초리, 상초리 등 풀을 의미하는 지명이 많다. 이곳 사람들은 지금도 나로도를 부를 때 '나라도'라고 부른다. 일제강점기 지명이 한자로 바뀌면서 나로도로 불려지기 시작했다고 한다. 내나로도는 덕흥리와 백양리와 봉영리 등 세 개의 큰 마을르 이루어져 있다. 외나로도와 함께 봉래면에 속했다가 1964년 내도출장소가 설치되었고, 1990년 7월 면으로 승격되어 동일면이 되었다. 부속 무인도서로 동백도, 견도, 시호도, 야도, 장재도, 형제도 등이 있다.

섬사람들의 소원 '연륙'

섬과 육지를 연결하는 우리나라 최초의 다리는 현수교인 남해대교다. 1970년대에 학교를 다녔다면 초등학생이나 중고등학생 시절에 한번은 가봤을 것이다. 나라도 연륙사업은 전라남도가 '광주광역권 2단계 사업' 사업의 하나로 진도·돌산 연륙과 함께 IBRD 차관사업이 추진될 때 검토되었다. 1979년 전문가들이 수시로 나로도를 찾았고 측량도 했다. 섬사람들은 가슴이 들떴다. 버스를 타고 서울도 가고, 시집간 여수 딸네집, 부산 작은아들집 가는 꿈을 꿨다. 당시 나로도 두 섬 내도와 외도 인구는 1만5천여 명, 공사비는 70~80억으로 전문가들은 경제성이 없다고 판단했다. 대신 덕흥, 신금, 소영, 축정 네 곳에 차량을 운반할 수 있는 철부선이 운항되었다. 사실 철부선단 해도 섬에는 큰 변화였다. 철부선에는 바지락을 가득 실은 트럭들이 하루 10여 차례씩 오갔다. 그동안 섬사람으로 괄시받고, 일제강점기부터 개화바람이 불었던 외도에 주눅이 들었던 내도 사람들의 어깨가 으쓱해졌다. 이제 나로도 관문은 외도 축정항이 아니라 내도 덕흥이라는 자부심이었다.

다리는 섬사람들의 희망이다. 하지만 희망이 '독' 이 되기도 한다. 사람도 돈도 쉽게 들어오면 쉽게 나간다. 들어오는 것이 '쓰레기' 라면 나가는 것은 사람과 돈이다.

당시 검토되었던 곳이 지금 연륙교가 있는 고흥 포두면 남성리와 동래면 내나로도(내도) 사이 350미터 좁은 해협이다.

이런 뱃길은 어김없이 한두 가지 사연들을 품고 있다. 조선 경종 때 노론의 중추인물이었던 이건명이 왕위책봉을 둘러싸고 소론의 미움을 사 고흥군 동래면 덕흥리에 유배를 당해 사약을 받았다. 이를 신임사화라고 한다. 그 후 세자책봉을 주장했던 노론들의 충절이 밝혀졌다. '사약중지' 라는 급보를 가지고 사신이 달려왔을 때 배는 이미 건너나루에 도착하고 있었다. 때마침 풍랑이 일어 앞섬에 사약을 든 사신이 내리는 것을 보면서도 형집행을 중지시키지 못했다. 사약을 받았던 충신은 덕양마을 위 덕양서원(도지정문화재 자료 제 53호., 1975)에 모셔져 뱃길과 연륙교를 내려다보고 있다.

일제강점기에 개발된 나로도항(축정항)은 외도에 있다. 당시 상수도시설과 전기시설이 갖추어져 있을 정도로 근대화된 포구였다. 전국 수산물들이 나로도항에 모아져 일본으로 옮겨졌다. 즉 어업전진기지

518

이자 수탈 전초기지였다. 해방 이후 1970년대 초반까지 나로도항은 호황을 누렸다. 삼치파시가 형성되기도 했고, 동지나 원양어업의 길목으로 외양선들이 쉬어가는 곳이었다. 고속도로를 비롯한 육로가 개발되면서 대도시 인근 포구로 어선들이 모여들면서 나로도항은 쇠퇴하기 시작했다. 그래도 내나로도와 비교할 바가 아니었다. 하지만 1980년대 중반 고흥과 내나로도 연륙계획이 발표되면서 상황이 바뀌었다. 당장 트럭 1대를 싣고 다닐 수 있는 철부선 1척이 고흥 남성리와 내나로도 덕흥리를 오가기 시작했다. 이제 내나로도 사람들이 외나로도 사람들에게 '섬사람'이라고 농을 할 정도가 되었다. 그 뒤 우여곡절 끝에 1994년 고흥 남성리와 내도 덕양, 1995년에 내도와 외도가 연결되었다. 당시 나로도가 육지와 연결되면 육지로 떠난 '부'가 돌아오고 수산물 위판고가 10배 정도 늘 것으로 예상했다. 특히 삼천포나 부산으로 옮겨간 선주들이 나로도 축정항으로 돌아오리라 생각했다. 다리는 연결되었지만 섬사람들 소원대로 배들이 돌아오고 떠난 '부'가 돌아오지는 않았다. 다리가 만들어지기 전에 돈 많은 도시사람들이 도로변이나 경관이 좋은 노른자위 땅을 차지했을 뿐이다.

새로운 희망 '갯벌'

외도와 내도를 잇는 다리 밑으로 찬바람이 몰아친다. 물바지락 작업을 마친 배들이 바람과 물살을 힘겹게 헤치며 뱃머리를 선창에 댄다. 운전기사가 익숙한 솜씨로 트럭 꽁무니를 뱃머리에 대자 작업벨트가 배와 트럭을 연결한다. 10여 명의 작업인부들이 20킬로그램 망에 담긴 바지락을 트럭에 옮긴다. 말씨로 보아 작업인부들은 나로도 사람들이다. 그런데 작업을 지시하는 사람은 이곳 고장말이 아니다. 물바지락을 외부업자에게 판매한다는 덕양리 선창에서 만난 아주머니 말

이 생각났다. 마을공동어장인 물바지락밭을 통영이나 삼천포에서 살고 있는 업자가 낙찰받은 모양이다. 내나로도는 갯벌어업이 발달했다. 특히 덕흥리를 중심으로 바지락어업은 매우 활발하다. 덕흥리는 덕양, 덕흥, 구령 등 세 마을을 가리킨다. 내나로도에서 갯일이 가장 활발한 마을로 덕흥어촌계가 구성되어 있다. 일명 바지락마을로 통한다. 이곳 바지락은 참바지락과 물바지락으로 구분한다. 참바지락은 물이 빠진 후 갯벌에서 마을사람들이 직접 호미를 이용해 캐는 바지락이다. 물바지락은 깊은 바다에서 배로 형망이라고 부르는 어구를 이용해서 캔다.

해방 이후 고흥군에서 인구감소가 가장 큰 곳은 내도다. 생활이 어려웠기 때문이다. 외도처럼 바다에 기대를 걸기도 힘들었다. 이들에게 희망으로 다가온 것이 갯벌이다. 덕흥마을을 중심으로 시작한 바지락양식이 가난과 절망을 떨쳐내는 계기가 되었다. 1982년 바지락어업으로만 마을부녀회가 6천여 만원의 소득을 올렸다. 철부선 운항도 큰 계기가 되었다. 이 중 2천만원은 새마을 사업 주민분담금과 아이들 육성회비 명목으로 학교에 지원했다. 일찍부터 초등학교 학자금도 마을에서 부담했다. 남은 돈은 마을 주민들이 나누어 가졌다. 바지락이 호황을 누릴 때는 하루에 트럭 40대의 물량이 나오기도 했다. 봄철이면 가구마다 한 사람씩 나와 마을어장에서 바지락을 캤다. 공동작업 공동분배하는 마을 갯벌어장은 덕흥리의 자랑이며 버팀목이다. 1990

덕흥마을의 최고급 요리는 '바지락꼬쟁이' 다. 지금도 노인들은 바지락을 곶감처럼 꼬쟁이에 끼워 말린다.

년대 중반까지 바지락양식은 호황을 누렸다. 지금도 여전히 바지락에 의존하고 있다. 이곳에서는 바지락을 곶감처럼 꼬챙이에 60~70개를 끼워 말린다. 이를 '바지락꼬쟁이' 라 부른다. 양념을 해서 내놓은 바지락꼬쟁이 요리는 잔칫집에서 최고급 평가를 받는다. 좀처럼 맛보기 어려운 요리다. 이 요리는 나이든 노인들이 어렸을 때 먹었던 도시락 반찬이었다.

덕흥마을은 내도 북쪽 구룡산과 남쪽 상산자락 사이 옴팍진 곳에 자리했다. 마을 앞 바다는 수천 년 동안 바다가 쌓아 놓은 모래 위에 소나무가 심어져 바람과 모래를 막아준다. 방풍림 뒤에는 마을과 논이 생겼다. 내도에 있는 유일한 논이다. 한때 내도에 살고 있는 전체 인구의 10%가 거주할 정도로 큰 마을이었다. 이곳에 청소년을 위한 우주체험센터가 있다(외나로도편 참조). 내도갯벌은 주민들의 생계터전일 뿐만 아니라 관광객들을 위한 체험장소로 손색이 없다. 인근 동포마을 바닷가에는 예쁜 숙박시설과 체험센터가 마련되어 있다. 바지락캐기와 독살체험, 갯벌생물 관찰 등을 할 수 있어 가족들을 위한 휴식공간일 뿐만 아니라 어른 아이 할 것 없이 체험의 장으로도 손색이 없다.

다리가 놓이기 전 나로도는 외나로도 축정항을 중심으로 여수생활권이었다. 여수와 해로가 열려 있었기 때문이다. 직선거리로 따지면고흥읍까지 30킬로미터에 미치지 않고 여수까지는 1980년 당시 뱃길로 3시간을 가야 하는 거리였다. 다리가 놓이면서 생활권이 고흥읍을 넘어 광주권으로 바뀌었다. 지금도 여수에서 거문도와 백도를 오가는 쾌속선이 나로도항에 잠시 멈춘다. 정부에서 시행하고 있는 고대구리어업 금지로 인해 어선어업에 의존하고 있는 외도 축정항은 활기를 잃었다. 이를 대신할 어업을 마련하지 못했기 때문이다. 반면에 내도는 패류양식 어장을 개발했다. 갯벌이 있었기 때문이다. 눈발이 날리는 마을앞 갯가에서 바람막이에 기대어 예닐곱 명의 여성들이 굴을 깐다. 바지락작업이 없는 겨울철 소일거리다. 설날 고향을 찾는 자식들에게 줄 고향선물을 만드는 중이다. 젊은 여성이 굴을 까다 말고 조새로 바다를 가리키며 "여기 바다가 황금바다요"라며 자랑을 한다. 그 갯벌도 이제 휴식이 필요하다. 갯벌이 가져다주는 바지락이 예전 같지 않기 때문이다.

● — 나로도 어장 羅老島漁場

남도 최고의 양항(良港)을 꼽는다면 흑산도와 거문도 그리고 나로도라 할 것이다. 수심이 깊고 섬으로 둘러싸여 있고 주변에 어장이 좋아 일제강점기게 모두 어업전진기지 역할을 했던 어항이다. 나로도항은 내나로도와 외나로도 사이를 사양도와 봉호도가 둘러싸고 있다. 파시가 형성되어 성어기에는 음식점, 요리점, 잡화점 등 20, 30호에 이르렀다.

사진은《전남사진지全南寫眞誌》[목포신보사, 1917년]에서 인용.

일반현황

위치 | 전남 고흥군 동일면 **동경** 127°30′ **북위** 34°26′
면적 | 20.63km² **해안선** | 44km **연륙(연도)** 1995년
가구수 | 862 **인구(명, 남+여)** | 1,749(858+891) **어선(척)** | 77 **어가** | 90
마을 | 봉영리, 백양리, 덕흥리
어촌계 | 총 7개 어촌계(대흥, 덕흥, 동포, 백초, 봉남, 소영, 와교)

공공기관 및 시설

공공기관 | 동일면사무소(061-830-5609), 동일파출소(061-833-7112), 동일보건지소(061-830-5461)
교육기관 | 백양초등학교(061-833-7024), 백양중학교(061-833-7028)
전력시설 | 한전 전가구
급수시설 | 지방상수도 650가구, 우물(펌프) 212가구

여행정보

교통 | **배편** | 고흥터미널에서 군내버스 이용
섬내교통 | 동일택시(061-833-7655), 개인택시
특산물 | 바지락, 낙지, 장어, 기타해산물, 쌀
특이사항 | 800여 그루의 송림과 주변의 기암괴석 등 해안 경관이 수려하며 간조시에도 물이 깨끗하고 경사가 완만하여 수심이 낮아 가족단위 피서지로 적당하고 주변에서 갯바위낚시도 즐길 수 있다. 도문화재자료인 덕양서원을 비롯하여 민간신앙 등이 보존됨.

30년 변화 자료

구분	1973	1985	1996
주소	전남 고흥군 봉래면 오취리	전남 고흥군 봉래면 백양리	
면적(km²)	19.0	19.691	
공공기관	-	면출장소 1개, 지파출소 1개	
인구(명, 남자+여자)	6,602(3,365+3,237)	4,821(2,479+2,342)	
가구수	981	865	
급수시설	공동우물 281개	우물 238개, 간이상수도 3개	
초등학교	2 개 1,234명	2개 651명	
중고등학교	-	1개 443명	
전력시설	-	한전 865가구	
어선(척, 동력선+무동력선)	85(49+36)	131(83+48)	

＊ 공공기관은 면사무소, 파출소 등 포함

60

주연보다 빛나는 조연들

고흥 봉래면 사양도, 애도, 수락도

혼자서 북치고 장구칠 수 없다. 사물놀이를 제대로 하려면 네 사람이 있어야 한다. 그런 걸 두고 어울림이라 한다. 그런데 섬에도 어울림이 있다. 특히 좋은 어항은 몇 개의 섬이 잘 어울려야 좋은 어항이 될 수 있다. 거문도는 동도, 서도, 고도가 어울려 거문도라는 좋은 어항이 만들어졌고, 무녀도와 선유도와 장자도와 신시도가 어을려 고군산항이 만들어졌다. 진도의 조도와 거차도도 마찬가지이다. 사양도와 애도가 없었다면 나로도항이 조선 최고의 양항이 될 수 없었을 것이다. 일본인들이 수산자원 수탈을 위한 전초기지로 나로도항을 선택한 것도 이 때문이다. 사양도와 애도가 없었다면 오늘날 축정항 즉 나로도항이 가능할까. 조연 없이 주연만으로 좋은 영화가 만들어질 수 있을까. 적어도 좋은 어항이 되려면 주변에 두세 개의 섬이 큰 섬을 둘러싸고 있어야 한다. 마치 주연을 빛내기 위해서 몇 명의 조연들이 온몸을 던져야 하는 것과 같다.

사양리는 사양도, 애도, 수락도 세 섬을 포함한다. 본래 동산군 봉래면에 속했으나 1914년 고흥군에 편입되었다. 이 중 사양도는 가장 큰 섬으로 사양리와 선창마을이 있고, 애도에는 봉호리가 있어 봉호도라고도 한다. 사양도四梁島는 섬 주위로 큰 바다를 이루고 네 곳으로 물길이 드나든다고 해서 붙여진 이름이다. 남쪽에 최고 높은 산지

(207미터)와 북쪽과 동쪽 사면은 경사가 완만해 농경지로 이용했다. 해안선은 단조롭고 대부분 사질해안이며 남쪽해안에 해식애가 발달했다. 주변에 삼치, 멸치, 전어, 가자미, 쥐치, 도미, 민어, 고등어 등 어족자원이 풍부하다. 사양도와 애도와 내나로도와 외나로도 사이에 500미터 가량의 좁은 수로를 나로도만이라 하는데 바지락이 많이 서식하고 있다. 사양도는 조선 선조 때 영암에 거주하던 김덕상이 난세를 피해 이 섬으로 들어와 마을을 형성하였으며 이후 장성에서 고씨와 고흥 동강에서 신씨가 들어와 마을을 이뤘다.

축정항에서 출발하는 사양호는 봉호—선창—사양—축정을 순환하는 객선이다. 애도와 사양도 두 섬 주민들이 운영하는 배로 마을 주민 중 선장을 선출하면 1년에서 3년 정도 운항권을 준다. 섬사람들은 월 1만원을 내고 일반인은 편도 1,500원이다. 20톤 규모의 사양호는 차는 한 대만 실을 수 있다. 주로 섬에서 공사를 하는 차들이 이용한다. 사양호를 운전하는 신동춘 선장과 선비를 받고 도선접안과 차량

애도와 사양도를 운항하는 도선은 나로도항에서 출발한다.

애도는 한때 풍선배가 많아 연평도까지 올라가 조기를 잡고 동해에서 오징어를 잡아 '돈섬' 이라 불렸다.

승선을 안내하는 아주머니는 부부다. 마을에서는 도선운항권을 부부에게 주는 것이 불문율이다. 객선유지비도 넉넉지 않기 때문에 사람을 채용해 인건비를 지급할 수 없다. 객선은 세 마을 사람들의 발이기 때문에 하루도 쉴 수 없다. 부모가 돌아가서도 자식이 결혼을 해도 객선을 멈출 수 없다. 사람을 사서 대신 운항할 수 있도록 조치를 취해야 한다. 더구나 교육청에서 운항하던 통학선이 폐선되면서 하루에 4차례에서 6차례로 늘어나면서 잠시 쉬는 시간도 없어졌다.

신씨 고향은 사양도 큰마을 사양리이다. 부인은 강원도 속초 아가씨였다. 어떻게 만났을까. 궁금했다. 섬마을 사람들 한두 명이 저마다 필요한 물건들을 사들고 배 안으로 들어왔다. 아직도 배가 출발하려면 20분은 남았다. 배 안에는 아주머니 한 분은 누워 있고 두 분은 앉아서 이야기를 나누고 있다. 그 옆에 신씨 아내가 앉아서 같이 이야기를 나누고 있었다. 갑자기 나타난 이방인에 특별한 경계도 없이 어디서 왔냐며 심심하던 차에 잘되었다는 눈치였다. 이런저런 이야기 끝에 선장 신씨 부부이야기가 나왔다.

"이카쓰리(오징어잡이) 가갔고 오징어배로 실고 왔다요."

"오징어는 한번 묵고 말지만 아가씨는 두고두고 쓰잖아."

"'이카' 가 무슨 소용 있냐, 아가씨만 낚어갔고 와부렀어."

사양도사람들은 풍선배로 칠산바다와 연평도까지 조기잡이를 다 녔다. 그뿐만 아니었다. 오징어잡이 어선을 가지고 주문진과 속초 앞 바다까지 조업을 나갔다. 속초 아가씨와 나로도 총각의 만남은 전혀 이상할 것도 없었다. 하지만 대부분 섬내혼을 하던 시절이었기에 멀 리서 그것도 오징어낚시를 하러 갔다 아가씨를 데려왔으니 두고두고 말이 많았다. 옆에 앉혀 두고 세 명의 할머니들이 배꼽을 잡으며 하는 이야기가 재미있었다.

"아저씨가 괜찮게 생겼는갑소. 올라가 볼쇼. 위에서 배운전해라."

위에서(선장실) 운전하는 남자와 표를 받는 여자가 부부라는 사실 도 이 때문에 알았다. 얼굴이 훤하고 영판 좋게 생겼다는 말과 함께 '거시기가 좋~타' 는 말도 덧붙였다. 장난 섞인 이야기에 선실에서 배 가 출발하길 기다리던 사람들이 또 한바탕 뒤집어졌다. 이야기가 무 르익어 갔다.

풍선배 시절 칠산바다로 조기잡이하러 갔던 3명의 마을 주민이 법 성포 목냉기에서 아가씨 3명을 배에 싣고 돌아와서 마을이 발칵뒤집 혔다고 한다. 바람과 노에 의지해 오가던 시절이라 한 달이 걸리기도 했던 뱃길이었다. 봄철에 마을을 떠나 여름에 돌아오기 때문에 오랫동 안 바다에서 생활해야 했다. 칠산바다에서 조기잡이를 하다 물때가 좋 지 않으면 인근 법성포에서 머물렀다. 그곳 목냉기파시는 조기잡이 선 원들에게 작부집으로 유명한 곳이었다. 이곳에서 아가씨와 술을 싣고 고향 섬마을까지 숨겨와 며칠 배에 두고 있다 발각되었던 것이다.

배꼽을 잡고 웃는 사이 사양호가 뱃고동을 울렸다. 포구에서 기다리던 서너 명의 남자들이 배에 올랐다. 모래와 블록을 가득 실은 트럭 한 대가 힘겹게 배 위로 올라왔다. 그렇게 배가 출발했다. 선실로 올라갔다. 선장이 보고 싶었다. 나이가 들었지만 호남형이 골격도 남자다웠다. 속으로 쿡 하고 웃었다.

선창으로 향하던 사양호가 머리를 돌렸다. 애도에 손님이 기다리고 있었던 것이다. 선장 얼굴이 일그러졌다. 미리 연락을 주지 않았기 때문에 그냥 지나칠 뻔했다. 객선이 접안을 하자 익숙하게 올라탔다. 사양도에서 애도로 시집온 아주머니였다. 친정어머니가 늙어 밭일을 할 수 없기 때문에 어머니밭에 씨를 뿌리러 가는 길이라고 했다.

사양도 옆에 있는 애도는 14가구가 사는 섬이다. 그곳에 조기잡이 풍선배가 40여 척이 있었다면 누가 믿을까. 큰 섬 사양도보다 조기잡이 배가 많았다. 배를 정박할 수 없어 두 줄로 정박해야 할 만큼 어업이 활발했다. 당시 조기잡이 풍선배는 7~8명이 타서 조업을 했기 때문에 조기어기가 시작되는 봄철이면 작은 섬이 선원들로 북적댔다.

애도는 돌산군에 속했던 섬으로 1914년 행정구역 개편으로 고흥군에 편입되었다. 조선 인조 때 장흥 고나산에 살던 박종립이라는 사람이 처음 입도했다고 한다. 섬에 쑥이 많아 쑥섬이라 불렀으며 한자지명으로 바뀌면서 애도라 했다. 마을 앞 바다가 호수같다 해서 봉호도라고 부르기도 했다.

사양도 서남쪽에 애도가 위치해 있다. 물길이 섬 사이 네 곳으로 빠져나가는 최고 어항이다. 바지락어장이 형성되었을 때는 전국에서 소득이 가장 높은 어촌이었다. 두 섬 사이 물길은 손에 잡힐 듯 가깝다. 선창마을에 배가 닿자 우체부 가방을 맨 젊은이와 담양우체국에 근무하는 젊은이가 내렸다. 뒤따라 모래와 블록과 긴 건축용 나무를 실은 트럭이 내렸다. 우체국에 근무하는 젊은이는 사양도에 우편물을 배달하는 임시직 직원으로 일하다 정식직원이 되어 담양에서 근무를 한다고 했다. 맑은 미소를 간직한 젊은이는 이곳이 한때 전국 최고의 소득을 올리는 어촌이었다고 자랑했다. 선창마을은 30여 호가 살고 있다. 1978년 전국어가소득 1위로 대통령상을 탔던 마을이다. 봉화산을 등지고 외나로도 축정항을 바라보며 마을이 형성되었다.

조선 선조 때 난을 피해 섬으로 들어와 마을을 이뤘고 장성에서 들어온 고씨와 고흥 동강에서 신씨가 들어와 살았다. 노가 인근 바위로 밀려왔다 해서 노섬(뇌섬)이라고도 했고, 바다가 사방으로 물이 흐른다고 해서 사양도라고도 했다고 전한다.

사양도 선창마을은 작은 마을이라 하고 사양리는 큰 마을이라 부른다. 두 마을 사이에 폐교가 되어버린 학교와 보건소가 있다. 지금은 해안도로가 만들어졌지만 옛날에는 언덕 위로 작은 오솔길이 있었다. 작은 돌을 쌓아 축대를 만들고 흙을 채워 만든 손바닥만한 밭에는 들깨, 고추 등을 심었다.

옛길을 따라 걸으면 축정항에서 나로 2대교로 이어지며 진터와 진기마을 내나로도 외교마을을 바라보며 걷는다. 천천히 걸어도 20분이면 사양리에 이른다. 마을 앞에 후박나무와 동백나무가 우거져 마을이 보이지 않는다. 마을숲을 지나면 100여 호에 이르는 마을이 나타난다. 지금은 70여 호가 살고 있다. 선창에는 삼치잡이바 들이 정박해 있다. 삼치, 멸치, 전어, 가자미, 민어, 고등어, 바지락, 새우, 굴 등 풍성한 어장이 형성되었을 때는 섬이 홍청댔다. 풍선배와 기계배로 조기잡이를 했다는 할아버지는 선창에서 할머니와 수확한 들깨를 바람에 일고 있었다.

객선이 출발하려면 30여 분은 기다려야 해 해안도로를 따라 북쪽으로 돌아갔다. 바다 건너 내나로도 삼암산 축정항으로 이어지는 다리를 붙들고 있는 모습이 한눈에 들어왔다. 북서쪽으로 삿갓처럼 우뚝 솟은 섬이 수락도다. 2가구가 살고 있다. 생선을 말리고 있던 주민은 그곳에 가려면 선비를 두둑히 달라고 했다. 수래기섬이라 부르다가 수락도로 바뀌었다. 2002년까지 8가구가 거주했었다. 낙지와 삼치를 잡아 생활했다. 객선이 없기 때문에 사선을 타고 가야 한다.

개황 | 사양도 泗洋島

위치 | 전남 고흥군 봉래면 사양리 **동경** 127°44′ **북위** 34°47′
면적 | 0.915km² **해안선** | 4.0km **육지와 거리** | 1.0km(축정항 기점)
가구수 | 110 **인구**(명, 남+여) | 205(92+113) **어선**(척) | 28 **어가** | 63

공공기관 | 사양보건진료소(061-830-5145)
전력시설 | 한전 전가구
급수시설 | 간이상수도 전가구

교통 | **배편** | 축정-사양 1일 4-6회 15분 소요, 축정-선창 1일 4-6회 10분 소요
특산물 | 삼치, 멸치, 전어, 도비, 민어, 고등어
특이사항 | 순어촌마을로 1978년 전국 어가소득 1위로 대통령상을 받은 바 있다.

30년 변화 자료

구분	1973	1985	1996
주소	전남 고흥군 봉래면	전남 고흥군 봉래면 사양리	좌동
면적(km²)	0.87	0.78	0.78
공공기관	-	지파출소 1개	경찰분소 1개
인구(명, 남자+여자)	1,155(582+573)	980(510+470)	503(243+260)
가구수	180	161	143
급수시설	공동우물 14개	우물 9개, 간이상수도 1개	간이상수도 1개, 우물(펌프) 16개
초등학교	1개 263명	1개 156명	분교 1개 44명
전력시설	-	한전 161가구	한전 503가구
의료시설	-	-	보건진료소 1개
어선(척, 동력선+무동력선)	98(29+69)	94(78+16)	85(83+2)

＊ 공공기관은 면사무소, 파출소 등 포함

개황 | 수락도(水洛島, 수래기섬)

위치 | 전남 고흥군 봉래면 사양리 **동경** 127°30′ **북위** 34°30′
면적 0.465km² **| 해안선** 0.7km **| 육지와 거리** 4.3km
가구수 | 5 **인구**(명, 남+여) **|** 8(7+1) **어선**(척) **|** 1 **어가 |** 5

전력시설 | 한전 전가구
급수시설 | 우물(펌프) 1개소 전가구

교통 | 배편 | 봉래면에서 소형어선으로 이동
특산물 | 낙지, 새우, 삼치
특이사항 | 외나로도와 20리 떨어진 고도로 섬 주변에는 해산물이 풍부하며 경관이 아름답다.

30년 변화 자료

구분	1973	1985	1996
주소	전남 고흥군 봉래면 사양리	좌동	좌동
면적(km²)	0.5	0.374	0.374
공공기관	-	지파출소 1개	-
인구(명, 남자+여자)	106(46+60)	84(44+40)	35(14+21)
가구수	20	17	12
급수시설	공동우물 5개	우물 1개	우물(펌프) 1개
초등학교	분교 1개 25명	분교 1개 23명	-
전력시설	-	자가발전 17가구	자가발전 12가구
어선(척, 동력선+무동력선)	7(1+6)	6(2+4)	6(6+0)

＊ 공공기관은 면사무소, 파출소 등 포함

61

'해나리' 일월명지
이름이 아름다운 섬
고흥 과역면 백일도, 진지도, 미덕도

백일도는 관광지는 고사하고 농촌이나 어촌체험마을도 없다. 그렇다고 내놓을 만한 특산물이 있는 것도 아니다. 그냥 평범한 섬이다. 옥금도, 외백도, 내백도, 소백도 네 개 섬마을을 간척과 매립을 통해 연결한 섬이다. 외백리는 농사를 많이 짓고 내백리는 굴양식과 꼬막양식이 많은 마을이다. 외백리는 인구가 줄어들고 내백리는 흔하지 않지만 젊은 사람들이 들어오기도 한다. 가구수도 이를 반영하듯 외백이 40여 호, 내백은 70호가 넘는다. 옥금리는 10여 호에 불과하며 소백리도 10여 호가 거주하는 선창마을이다. 진지도로 가는 사선을 탈 수 있는 포구로 많은 배들이 정박해 있다. 백일리 옥금마을과 연등리 독대마을 사이에 다리가 놓인 것이 20여 년 전이다. 그 전에는 나루사공이 노를 저어 건네주었다. 나루사공은 동네 회의에서 결정했다. 사공으로 추천되면 옥금리에 마련된 집에서 일년간 생활하며 나루사공 일을 해야 한다. 뱃삯은 보리 두 말이었다. 나루사공은 내백리에도 있었다. 내백리에서는 뱃삯으로 미영(목화)과 옥수수, 보리철에는 보리를 뱃삯으로 주었다. "왜 쌀을 주지 않았어요." 어리석은 질문이다. 먹을 쌀도 부족한데 뱃삯으로 줄 수 있겠는가. 외백리에는 동일보건진료소가 있고, 폐교가 되었지만 과역초등학교 백일분교가 있었다.

백일도는 조선시대 전라좌수영에 딸린 여도진(점암면 여호리)에 속

했으며 조선후기에는 박길도라 했다. 진이 없어진 뒤 돌산군 옥정면
에 편입되었다가 1914년 행정구역 개편으로 고흥군 낙면(현 과역면)에
소속되었다. 조선후기 문헌에는 박길도라 하여 흥양현 북쪽 50리 바
다에 있으며 섬둘레가 50리라 기록되어 있다. 조선 선조 때부터 영조
때까지 이씨, 최씨, 오씨 등 세 성이 거주하기 시작했다. 섬안에 일월
명지가 있어 밝고 흰 것을 나타낸다는 뜻으로 '해나리' 라고 불리우다
백일도라 했다.

　내백리 마을회관에서 교회로 넘어가는 고갯길에서 마을 주민 두
분을 만났다. 그늘에 앉아서 이것저것 마을이야기를 듣고 있는데 할
머니 두 분이 지팡이를 짚고 교회를 가다 숨이 차신지 옆에 앉으셨다.
덕동댁은 팔순에 한 살 부족하고 소등댁은 팔순에 한 살 더 했다. 지
금은 지팡이를 짚고 숨가쁘게 올랐지만 젊은 시절에는 꼬막을 이고
지고 이 고개를 넘어 과역장에 나가 팔았다. 남자들만 지게질을 한다
고 천만에 말씀이다. 더 많은 꼬막을 가져가려면 머리에 이는 것보다

머지않아 사전에서 '섬' 을 '노인들만 모여 사는 곳으로 바다로 둘러싸인 곳' 이라 정의할지 모른다.

섬에 사람이 살기 위해서 가장 필요한 것은 물(샘)이었다.

지는 것이 더 나았다. 그래서 소등댁 허리가 더 굽었을까. 내백에서 옥금리까지 배를 타기 위해서 가는 길도 만만치 않았다. 지금처럼 넓은 길이 아니다. 좁은 산길을 걸어서 고개를 몇 개 넘어야 선창에 닿았다. 배로 잠시 건너 다시 과역장까지 가려면 독백을 지나 꼬막재를 넘어야 했다. 새벽에 나가 가져간 꼬막을 팔고 다시 섬에 들어오면 저녁이었다. 그렇게 자식들을 키우고 남은 것은 굽은 허리와 주렁(지팡이)뿐이다. 이젠 자식보다 주렁이 더 효자다. 지팡이 없이는 한 걸음도 걸을 수 없다.

내백리와 소백리를 연결하는 잘록한 허리모양의 습지를 지나 고개를 넘으면 제법 모양새를 갖춘 선창이 한눈에 들어온다. 고기잡이배들이 이른 아침에 들어오기 때문에 물때에 맞춰 백일도에서 유일하게 생선을 살 수 있는 곳이다. 멀리 진지도가 한눈에 들어왔다. 백일도에서 1킬로미터 거리에 있는 진지도는 남북으로 길게 누워 있다. 고려시대 수군만호가 이곳에 진지를 설치하여 붙여진 지명이라고 전한다.

536

자가발전에 의존하며 2000년대 초반까지 나룻배가 오갔지만 지금은 사선을 이용해야 갈 수 있다. 현재 진지도에서 생활하는 가구는 한두 가구에 불과하다. 백일도에는 유인도에서 무인도로 변한 미덕도가 있다. 미덕도에는 2002년까지 한 가구가 자가발전하며 생활했다.

나이는 섬사람들만 먹는 것은 아니다. 외백에 있던 학교도 늙어 문을 닫았다. 2007년 문을 닫고 남은 아이들은 과역면 소재지로 다니고 있다. 다행히 다리가 놓여서 교육청 차가 들어와 아이들을 데리고 간다. 백일도에 사는 10여 명의 학생들이 통학차를 이용해 학교를 오가고 있다. 들어가면 큰일날 것처럼 경고문을 적어 놓은 교문을 밀치고 학교 안으로 들어갔다. 운동장에 풀이 무성했지만 그래도 묵정밭 정도는 아니었다. 독서하는 소녀상과 만년 초등학생 이승복 동상은 나무숲에 묻혀 있었다. 교실건물 두 동에 관사 하나로 이루어진 학교였다. 운동장에서 교실로 가는 길은 수십 개의 계단이 있었다. 어린아이들에게 꽤 높았을 것 같았다. 그곳에 오르니 외백리가 한눈에 들어왔다. 이 교실에서 초롱초롱 눈망울을 굴리던 섬아이들, 저 운동장에서 공을 차며 뛰놀던 아이들은 지금 어디에서 무엇을 하고 있을까. 이번 추석에는 다녀갔을까.

여자만이 그렇듯이 백일도 갯벌에서 얻는 대표적인 수산물은 꼬막과 바지락이다. 개인방천(어장)이 있고 마을 공동방천이 있다. 이곳에서는 꼬막밭을 방천이라고 한다. 그리고 밭에는 마늘을 많이 심는다. 작은 섬이지만 간척사업으로 벼농사를 지을 땅이 꽤 마련되었다. 갯일로는 초겨울에 잠깐 굴작업을 하지만 겨울철 주업은 꼬막이다. 인근에 고사리가 많은 고사리섬, 사람이 정좌하고 앉은 모습의 좌도, 봉수터가 있는 해화도 등 무인도가 딸려 있다

몇 년 전 여름이었다. 외백리에 있는 초등학교 앞에서 할머니를 만

났다. 막 추수를 끝낸 나락을 길가에 널고 계셨다. 자식처럼 소중하게 나락을 감싸안고 널고 계시는 모습을 보면서 쌀도 남아도는데 뭐가 저리 소중할까 이해하지 못했다. 오늘 허리가 굽은 두 분의 이야기를 듣다 이분들에게 쌀은 그냥 쌀이 아니라는 사실을 깨달았다. 내백리로 넘어가는 골목에 허리가 굽은 할머니가 퇴비를 만들고 계셨다. 지난 번 방문했을 땐 분명 할아버지와 함께 일을 하고 계셨는데 그 사이에 할아버지는 가신 것일까.

일반현황

위치 | 전남 고흥군 과역면 백일리 **동경** 127°44′ **북위** 34°69′
면적 | 2.435km² **해안선** | 5km
가구수 | 131 **인구(명, 남+여)** | 254(116+138) **어선(척)** | 49 **어가** | 56
어촌계 | 총 1개 어촌계, 백일 120명

공공기관 및 시설

공공기관 | 백일보건진료소(061-830-5149)
교육기관 | 과역동초등학교 백일분교(폐교)
전력시설 | 한전 전가구
급수시설 | 간이상수도 2개소 전가구

여행정보

교통 | **배편** | 고흥터미널에서 군내버스 이용
특산물 | 새꼬막, 굴, 기타 해산물
특이사항 | 섬 주위에는 간석지가 넓게 발달하여 만의 일부 지역은 방조제를 쌓아 농경지로 이용한다. 해마다 정월 대보름에 당산제를 지낸다.

30년 변화 자료

구분	1973	1985	1996
주소	전남 고흥군 과역면 백일리	좌동	
면적(km²)	2.24	2.048	
인구(명, 남자+여자)	1,034(512+522)	743(372+371)	
가구수	172	160	
급수시설	공동우물 28개	우물 32개	
초등학교	1개 270명	1개 118명	
전력시설	-	한전 160가구	
어선(척, 동력선+무동력선)	58(4+54)	61(9+52)	

개황 | 진지도陣地島

일반현황

위치 | 전남 고흥군 과역면 백일리 동경 127°71′ 북위 34°36′
면적 | 0.576km² 해안선 | 8km 육지와 거리 | 6.0km
가구수 | 6 인구(명, 남+여) | 9(5+4) 어선 | 4 어가 | 0

공공기관 및 시설

전력시설 | 자가발전 6가구
급수시설 | 우물(펌프) 6가구

여행정보

교통 | 배편 | 백일도와의 사이에 나룻배
특산물 | 기타 해산물
특이사항 | 고려 말기에 수군만호가 이곳에 진지를 설치하여 진지도라고 함.

30년 변화 자료

구분	1973	1985	1996
주소	전남 고흥군 과역면 백일리	좌동	좌동
면적(km²)	0.75	0.549	0.549
인구(명, 남자+여자)	51(25+26)	58(28+30)	15(9+6)
가구수	11	10	4
급수시설	공동우물 2개	우물 7개	우물(펌프) 8개
초등학교	분교 1개 12명	분교 1개 6명	-
전력시설	-	-	자가발전 4가구
어선(척, 동력선+무동력선)	6(4+2)	4(0+4)	3(3+0)

개황 | 미덕도美德島 〈2002 자료〉

위치 | 전남 고흥군 과역면 백일리 **동경** 127°19′ **북위** 34°19′
면적 | 0.17km² **해안선** | 1.5km **육지와 거리** | 1.0km
가구수 | 1 **인구**(명, 남+여) | (1+0) **어선** | 1 **어가** | 1

전력시설 | 자가발전 1가구
급수시설 | 우물(펌프) 1가구

특산물 | 기타해산물
특이사항 | 섬의 지형이 자라와 비슷하고 자라는 덕을 베푼다는 뜻에서 미덕도라 함.

30년 변화 자료

구분	1973	1985	1996
주소	전남 고흥군 과역면 연등리	전남 고흥군 과역면 백일리	좌동
면적(km²)	0.05	0.169	0.169
인구(명, 남자+여자)	4(2+2)	2(1+1)	2(1+1)
가구수	1	1	1
급수시설	공동우물 1개	우물 1개	우물(펌프) 1개
전력시설	-	-	자가발전 1가구
어선(척, 동력선+무동력선)	-	-	1(0+1)

62

가짜 섬과 진짜 섬
고흥 과역면 여도와 원주도

"이거 전부 지지금(제각각을 뜻하는 전라도말) 주인이 있어요." 선창 건
너로 고둥을 주우러 가던 할머니가 일러주셨다. 작은 선창 안에 작은
논배미처럼 둑을 쌓아 구분을 한 갯벌들이 10여 개는 될 성싶었다.
'틀림없이 바지락밭일 거야' 생각하며 사진을 찍고 있었다. "이 섬에
뭔 구경할 것이 있다고 왔어." 할머니는 통발 한 개와 호미를 들고 있
었다.

"왜 배타고 가지 않고 이쪽으로 오세요." "배가 없으니까." 더 이상
물어볼 수 없었다. 새로 만든 선창에서 조금 전에 젊은 아주머니 예닐

곱 명이 진지도 근처로 고둥을 줍는다고 배를 타고 떠났다. 젊다 해도 모두 회갑은 넘었겠지만 칠순, 팔순이 넘은 노인들 생각에 그들은 젊은 새댁이다. 꼬사리섬을 돌아 긴 꼬리를 남기며 배가 사라졌다.

원주도로 들어가려면 반드시 여호리를 지나야 한다. 이곳은 조선시대에는 여도呂島라 했다. 섬이 아니지만 섬이었다. 간척과 매립한 곳을 옛날 상태로 복원하면 여호리는 섬처럼 보인다. 점암리에 속한 여도는 고흥반도 동쪽에 있다. 무안의 해제반도처럼 잘록한 허리가 섬처럼 보인다. 신곡리, 화계리, 강산리로 둘러싸여 직접 와보지 않으면 영락없이 섬이다. 절해고도로 생각했던지 조선말기 김옥균과 교분을 갖고 동도서기론東道西器論을 주장한 신기선을 갑신정변에 가담한 혐의로 이곳에 유배를 보냈다. 당대의 정치가이자 학자였던 김윤식이 주창한 동도서기론은 우리의 전통적인 제도와 사상東道을 지키면서 서양의 근대기술西器은 받아들이자는 것이다. 중국의 양무운동洋務運動이나 일본 개화론자들이 내세운 '화혼양재론和魂洋才論'도 같은 맥락이다.

서해안과 남해안을 감싸는 77번 도로는 여호리 고개를 넘지 못하고 강산리에서 다리를 건너 여수 적금도를 거쳐 여수반도로 이어진다. 원주도 동쪽이 여수반도이다. 과역을 지나 점암으 좁은 길을 따라오면서 내내 팔영산이 길을 안내했다. 반기는 이 하나 없는 여도에서 신기선이 큰 위안을 삼았던 것이 팔영산이라고 전한다. 그는 이곳을 "동방의 산수가 빼어나고 아름다운데 그 중 호남이 최고다. 호남의 남쪽 해안에 있는 여러 고을이 산이 끝나고 바다가 둘러 있어 아스라하면서도 맑은 기운이 있는 곳으로 홍양만한 곳이 없어 신선의 땅 영주瀛洲라 하였다. 영주의 아름다운 산으로 열 곳을 꼽는데 빼어나게 솟아 있어 엄연히 온 고을의 진산이 될 만한 산은 팔영산 한 곳밖에 없다"

고 극찬을 했다고 전한다.

여도는 조선시대 수군진이 있었던 요충지였다. 앞에 원주도 북쪽, 백일도 동쪽에 항도 등으로 둘러싸여 여자만을 방어할 수 있는 천연 요새지였다. 여자만은 순천부로 바로 진격할 수 있는 길목이다. 광양만과 여자만이 양란에서 중요한 요충지였던 것이 이런 이유 때문이다. 조선초기에는 전라도를 총괄하는 수군진 전라수군처치사水軍處置使 영을 무안현(현재 함평관내)에 두고 그 밑에 좌우 도만호영都萬戶營을 두었다. 좌도 도만호영은 여도에, 우도 도만호영은 무안 원포(무안 해제면)에 두었다. 전라좌도수군 도만호영에서 내례(여수), 돌산(여수), 축두(고흥), 녹도(고흥), 회령포(장흥), 마도(강진), 달량(해남), 어란(해남) 등 8개 수군만호영을 지휘했다.

원주도는 여도진에 속하였다가 폐진 후 돌산군 옥정면에 편입되었다. 1914년 지방행정구역 통폐합으로 고흥군 남면(과역)에 속하였다. 77번 국도를 빠져나와 843번 지방도로 접어들어 잠시 달리면 여호리 이정표가 나온다. 그리고 이내 원주도로 이어진다. 여자만 남서쪽에 위치해 있으며 맞은편이 여수반도 끝자락이다. 원주도는 고흥군 점암면 여호리와 원주연륙교로 연결되어 있다. 여호리도 우모도, 계도, 계목도를 방조제로 연결하여 간척농지를 조성해 생활하고 있다. 섬은 발대끝, 막끝, 불드렁끝 등 세 끝이 있고 술식금, 이개금, 동금, 농금, 모래금 등 다섯 금이 있다. 일제시대 금을 판 곳이기도 하지만 '구미'와 같이 바다에서 육지로 만입된 지형을 말한다. 이런 곳은 바람과 파도를 막을 수 있고 지형에 따라 모래나 갯벌이나 작은 돌이 퇴적되어 모래금, 뻘금(벌가), 자갈금이라 부른다. 섬모습이 구슬 같다 또는 새우가 구슬을 건진다는 뜻으로 으뜸 원元 자와 구슬 주珠 자를 따서 마을 이름을 원주로 개칭하였다.

마을회관 뒤로 언덕을 오르니 백일도, 해하도, 윗돔배섬, 아랫돔배섬 등이 한눈에 들어왔다. 과역면 송곳산과 접하며 바다 사이에 크고 작은 섬들이 올망졸망 자리잡았다. 수군진이 있던 자리는 최고의 마을어장이다. 마을마다 굴양식장을 만들었다. 군사적으로나 경제적으로 바다를 이용할 수 있었던 것은 작은 만 입구에 원주도가 바람과 파도를 막아주기 때문이다. 첫눈이 왔다고 요란한데 밭에는 붉은 고추와 아직 익지 않는 파란 고추가 그대로다. 날씨가 따뜻해 아직도 한참은 더 있어야 딸 것이라고 했다. 고추밭 옆에는 김장을 하기 위해 소금에 절인 배추가 놓여 있었다. 채 녹지 않은 소금이 배추의 하얀 속살 위에서 물기를 머금고 햇볕에 반짝였다.

개황 | 원주도元珠島

일반현황

위치 | 전남 고흥군 과역면 백일리 **동경** 127°28′ **북위** 34°40′

면적 | 0.704km² **해안선** | 3km

가구수 | 24 **인구(명, 남+여)** | 41(16+25) **어선** | 17 **어가** | 13

어촌계 | 총 1개 어촌계, 원주도 20명

공공기관 및 시설

전력시설 | 한전 전가구

급수시설 | 우물(펌프) 1개소 전가구

여행정보

교통 | **배편** | 고흥터미널에서 군내버스 이용

특산물 | 새꼬막, 바지락

특이사항 | 남쪽 200m의 여호섬을 거쳐 간석지로 이어져 있음. 지형이 구슬같다 하여, 또는 새우가 구슬을 건진다는 뜻으로 원주도라 했다고 함.

30년 변화 자료

구분	1973	1985	1996
주소	전남 고흥군 과역면 백일리	좌동	좌동
면적(km²)	0.78	0.511	0.511
인구(명, 남자+여자)	165(84+81)	121(62+59)	75(39+36)
가구수	26	25	27
급수시설	공동우물 14개	우물 18개	우물(펌프) 18개
초등학교	분교 1개 37명	분교 1개 19명	-
전력시설	-	한전 25가구	한전 27가구
어선(척, 동력선+무동력선)	11(2+9)	17(4+13)	27(18+9)

63

가을전어, 사람만 좋아할까

고흥 포두면 취도

마을 앞 선창에 정박중인 한 척의 고기잡이배 주변으로 갈매기가 모여 들었다. 잠시 후 일부 갈매기들이 맞은편 선박으로 날아갔다. 그렇게 10여 마리 갈매기가 두 섬 사이를 오갔다. 가까이 다가가도 갈매기들은 날아갈 생각을 하지 않았다. 갈매기가 뱃사람들과 친밀한 관계를 맺는 것은 가끔씩 던져주는 생선들 때문이다. 바다에 쳐놓은 정치망에 고기가 들었는지는 갈매기들의 움직임을 보면 쉽게 알 수 있다. 정박해 놓은 배에 갈매기가 모여드는 것은 배 안에서 어민들이 무슨 일인가 하고 있다는 것을 의미한다.

상오마을에서 오취리로 들어가는 길은 외길이다. 양쪽에 갯벌이 드러나 있고 백로 몇 마리가 한가롭게 먹이를 찾고 있었다. 나룻배를 타고 건넜거나 물이 빠지면 노두를 이용했을 것이다 섬으로 이어진 도로를 지나 오른쪽 해안도로를 따라 돌아가면 네댓 개의 굴공장이 눈에 들어온다. 첨도와 취도 사이에 수하식으로 많은 굴양식을 하고 있다. 섬 남서쪽에 100여 호의 마을이 언덕 위에서 바닷가까지 이어져 있다. 해안도로를 따라 들어오다 보면 마을입구가 보인다. 그곳에서 언덕 위에 있는 좁은 길을 따라 올라가 한 바퀴 돌면서 마을을 내려다보면 해창만이 보인다. 해창만을 바라보며 상오마을로 나갈 수 있다. 겨우 차가 1대 지날 수 있는 길이다.

그 길을 따라 가다 보면 폐교가 된 학교에 이른다. 운동장 구석에 학교연혁비가 세워져 있었다. 그래도 얼마나 다행인가. 1950년 6월 17일 개교했으니 한국전쟁 직전에 문을 열었다. 문을 닫은 것은 1999년 9월 1일이다. 개교 당시 3학급 87명 학생으로 시작해서 가장 학생이 많았던 때는 6학급에 148명이었다. 폐교 당시에도 학급수는 3학급이었지만 학생은 9명이 전부였다. 남은 학생들은 교육청에서 제공한 통학차를 이용해 포두초등학교로 다녔다. 그 많던 학생들은 하나둘 섬을 떠났고, 이제 마지막 1명이 남았다. 그 사이 41회 967명의 졸업생을 배출했다.

해창만 중심에 첨도, 취도, 오도 등 유인도와 와도, 면도, 비사도, 대옥대도, 소옥대도 등 무인도가 있었다. 오도를 사이에 두고 고흥 도

548

화면과 포두면을 잇는 방조제가 만들어졌다. 그리고 오도 상오마을과 취도 오취리를 이었다. 고흥군 해창만 간척사업으로 육지가 된 섬이다. 취도 오취리는 1772년 창원 황씨가 처음 입도하여 마을을 이루었다. 오동나무가 많고 봉황이 많이 살았다는 이야기가 전해와 '오동도'라 부르기도 했다. 섬은 동서로 누워 있고 마을은 서남쪽에 형성되어 있다. 본래 여천군 봉래면에 속했다가 1903년 봉래면이 고흥군에 편입되었다. 1914년 행정구역 개편과 함께 지명은 취도로 바뀌었고, 1962년 행정구역 개편으로 포두면에 속하였다. 취도는 진석화젓이라 하는 굴로 만든 석화젓이 특산물이다. 해창만간척사업으로 굴양식을 할 수 없게 된 인근 마을 주민들이 모여들었다. 오도 사람들은 취도로 모여들어 마을이름도 '오취리'로 했다고 한다. 그래서인지 섬마을치고 마을이 제법 컸다.

노인들 중에 젊은 층에 속하는 사람들은 밭에서 가을걷이를 하고, 나이가 들어 거동이 불편한 사람들은 그늘막에 앉아 갯장어주낙을 정리하고 있었다. 몸줄에 연결된 아릿줄에 150여 개 낚시를 새로 달아 바구니에 정리해서 꽂는다. 이렇게 한 바구니를 정리하면 3천원을 받는다. 반나절에 10개 정도 작업을 한다. 갯장어를 잡을 때 낚시가 달린 채로 줄을 자르기 때문에 매번 손질을 해야 한다. 한 번 조업을 나갈 때 바구니를 수십 개씩 가지고 나간다. 주민들이 채비를 해준 장어주낙에 미끼를 끼우는 일은 주인몫이다. 미끼로 이용하는 생선은 전어다. 갈매기가 모여 있었던 이유는 배 안에서 미끼를 끼우던 부부가 던져주는 전어를 먹기 위해서였다. 고흥갯장어는 오래전부터 여름철 보양식으로 유명하다. 그래서 옛날부터 고흥출신 장사들이 많았던 모양이다. 박치기왕 김일 선수도 고흥갯장어를 먹었을 것이다. 이곳에서는 갯장어를 잡기 위한 미끼로 가을전어를 얼려두었다 이용한다. 전

장어를 잡기 위한 미끼는 전어이다. 그런데 양식전어는 장어가 입질을 하지 않는다. 자연산끼리의 교감인가.

갱이를 많이 사용하는 경남지역 전어잡이와 다르다. 그곳에는 정치망이 있어 전갱이를 잡지만 쥐도 주변에서는 구하기 어렵다.

"양식전어는 묵도 안 해라. 가을전어 자연산으로 써야제."

양씨가 전어머리를 갈매기에게 던져주며 말했다. 배에서 전어를 썰어 장어연승을 위해 낚시에 미끼를 끼우는 양씨는 71살이다. 젊었을 때는 쌍끌이어선으로 고기를 잡았지만 나이도 들고 고기도 나지 않아 그만두었다. 도심에서 특별히 할 일도 없고 일자리찾기도 쉽지 않아 장어잡이를 선택했다. 여수에 집도 있고 아이들도 있다. 젊었을 때 탔던 배에 비하면 소꿉장난처럼 작은 어선이지만 욕심 부리지 않고 일할 수 있는 곳은 여기보다 좋은 곳이 없다. 게다가 아내 고향이기도 하다. 많이 잡히지 않아 사람들에게도 귀한 전어를 미끼로 사용하다니. 그런데 양씨는 전어가 잘 물어서가 아니라 여기서는 전갱이가 잘 잡히지 않기 때문이라고 이유도 알려줬다. 큰 배들은 100킬로그램 이상 잡지만 양씨 부부는 50킬로그램에 만족한다. 전어 머리를

550

떼어내 갈매기에게 주고 몸통을 4~5등분해서 미끼로 끼웠다. 채비를 갖추고 해질 무렵에 나가서 주낙을 놓고 1시간만에 건진다. 이들 부부는 나로도 인근 꼬뚜리섬 옆으로 장어잡이를 나간다. 큰 배들은 배에서 잠을 자면서 주낙을 한다.

　장어연승을 주민들은 '장어주낙'이라고 부른다. 마을 주민들이 갈무리해준 장어주낙을 배에 가득 싣고 와서 던지고 걷고를 반복하는 사이에 장어들이 어창에 가득 찬다. 여름장어는 '하모회', '하모유비키' 등 일본 이름으로 인기가 높지만 값이 비싸다. 갯장어는 일본사람들이 즐겨 먹던 보양식이었다. 잔가시가 많아서 한국사람들은 갯장어보다는 붕장어를 더 좋아했다. 지금은 웰빙에 관심이 높아지면서 갯장어요리가 인기다. 산지에서 여름에 1킬로그램에 2, 3만원에 거래되지만 전어가 나와버리니까 값이 싸져 1만원에도 못 미친다. 가을장어는 싸고 맛있게 갯장어를 즐기려는 사람들이 주고객들이다. 대부분 장어즙을 내서 두고두고 먹으려는 사람들이다. 어제도 매년 찾아오는 단골이 와서 장어회와 장어구이를 실컷먹고 잡은 장어 60킬로그램을 모두 사갔다. 마치 이월상품을 싸게 사듯이 막바지 힘을 쓰는 갯장어를 가을전어로 유혹해 겨우내 보양식으로 즐기는 것이다.

개황 | 취도翠島

일반현황

위치 | 전남 고흥군 포두면 오취리 **동경** 127°25′ **북위** 34°34′
면적 | 1.05km² **해안선** | 5.5km **육지와 거리** | 0.2km(연륙)
가구수 | 139 **인구(명, 남+여)** | 284(138+146) **어선(척)** | 40 **어가** | 139
어촌계 | 총 1개 어촌계

공공기관 및 시설

공공기관 | 오취보건진료소(061-830-5144)
전력시설 | 한전 전가구
급수시설 | 간이상수도 시설 45가구, 우물(펌프) 94가구

여행정보

교통 | 배편 | 연륙(고흥읍 군내버스 이용)
특산물 | 굴젓
특이사항 | 해창만의 간척으로 굴 양식이 폐지됨에 따라 일대의 굴 양식업자들이 취도로 모여들면서 생산량이 증가하였다.

30년 변화 자료

구분	1973	1985	1996
주소	전남 고흥군 포두면 오취리	좌동	
면적(km²)	1.37	1.05	
공공기관	-	지파출소 1개	
인구(명, 남자+여자)	832(427+405)	685(358+327)	
가구수	123	139	
급수시설	공동우물 4개	우물 29개	
초등학교	1개 155명	1개 150명	
전력시설	-	한전 139가구	
어선(척, 동력선+무동력선)	29(12+17)	51(49+2)	

＊ 공공기관은 면사무소, 파출소 등 포함

64

반은 육지, 반은 섬
고흥 남양면 우도

"잘 좀 박아 줄쇼."

섬을 다니다보면 대부분의 사람들이 한참 이야기를 나눈 후에야 그것도 얼굴은 나오지 않게 해달라는 조건을 달고 촬영을 허락한다. 그런데 이 청년은 달랐다. 얼굴이 잘 나오게 해달라고 했다. 꽃미남은 아니지만 검게 그을린 피부에 힘 꽤나 쓰는 준수한 얼굴이다.

마흔을 갓 넘긴 그는 집도 있고, 차도 있고, 배도 있고, 어장도 가지고 있다. 신체 나무랄 데 없고 생각도 바르다. 왜 생각이 바르냐고. 지난 설에 들어와 어머니가 편찮아 갯일을 할 수 없게 되자 고향에 눌러앉았다. 도시에 직장이 없었냐고. 아니다. 컴퓨터를 이용한 선반작업(CNC) 기술도 가지고 있었다. 부모님을 모시겠다고 (결혼)대책없이 눌러앉은 것이 문제였다. 도시에서 달고 와야지. 섬에서 신부감 찾으면 누가 오겠느냐는 말에, 그걸 생각하지 못했다고 머릴 긁적였다. 이 정도면 바르지 않을까.

청년이 사는 우도는 득량만 깊숙한 곳에 자리하고 있다. 물이 들면 육지가 되고 물이 빠지면 섬이 되는 하루 반은 육지요 반은 섬이다. 우도로 가는 길은 사리에는 6시간, 조금에는 5시간 동안 매일 30분에서 1시간씩 늦게 두 차례 열린다. 푹푹 빠지는 펄에 노둣길을 만드는 데 10년 이상 세월이 필요했다. 고려말 황씨가 처음 입도하여 소머리 모양을 한 바위를 보고 소섬이라 했다가 우도로 음역하였다고 전한다. 또 섬에 많이 자생하는 대나무로 화살을 만들어 국가에 바쳤는데 그 것을 이용해 임진왜란 때 대승을 거두어 우죽도牛竹島라고 부르다 우도로 개칭했다고도 한다. 고흥군 남양면 중산리에 속한 섬이다. 주변에 큰구렁이섬, 작은구렁이섬, 아래구렁이섬 등 딸린 섬이 있다. 모두 40여 세대 100여 명이 봄에는 주낙으로 낙지를 잡고, 여름에는 병어와 꽃게를 잡고, 가을에는 전어를 잡으며 살고 있다.

우도가 육지가 되던 날 섬으로 들어갔다. 섬이 내게 허락한 시간은 3시간도 안 된다. 물론 하룻밤 묵을 생각이라면 다르다. 노둣돌 대신 시멘트로 포장된 길 위로 트럭과 자동차 몇 대가 들어갔다. 노둣길은 1.5킬로미터는 될 듯했다. 길을 따라 물이 들어도 길을 확인할 수 있도록 닳고 닳은 나무들이 꽂아져 있다. 물이 들어온 후에 걸어다닐 수 있도록 길을 표시한 것이다. 섬에 사람들이 많이 살 때 이야기이다. 마을 주민들이 꼭 참석해야 하는 주민들 애경사는 미리 물때를 계산하지

반은 육지가 되고, 반은 섬이 되는 우도는 물때를 맞춰야 들어갈 수 있는 섬이다.

않으면 꼼짝없이 하루를 뭍에서 보내야 한다. 잔치음식을 제대로 장만 못하는 것은 흉이 아니지만, 물때 못 맞춘 것은 두고두고 입살에 올랐다. "죽는 날도 물때 맞춰 받아야 한다"는 말이 나올 법하다. 지금이야 장례식장이 있어 빈소를 찾는 어려움을 덜 수 있지만 옛날에는 상상할 수 없는 일이 많았다.

바다가 속살을 보이면 길이 열린다. 만물상 트럭이 들어가고 어제 잡은 꽃게와 병어와 전어를 동강장에 팔려는 어머니를 실은 트럭은 뭍으로 나간다. 섬으로 들어온 만물상 트럭에는 주전부리 과자, 반찬, 과일, 칼 등이 있다. 트럭은 움직이는 백화점이다. 10여 년 동안 노둣길을 건넜기 때문에 누구집에 무엇이 필요한지 잘 안다. 동강장은 1일과 6일에 열린다. 장에는 우도주민들 자리가 있어 싱싱한 갯것을 찾는 사람들은 으레 그곳으로 온다. 물때에 맞춰 나와야 하기 때문에 시장이 열리는 아침시간에 맞추려고 새벽에 나오는 일도 잦다. 또 들어가는 물때에 맞추려고 떨이도 잘하고 나서야 한다. 무, 양파 등 반찬거리와 생필품이라도 사려면 마음이 바쁘다. 그렇지 않으면 6시간 후 밤늦게 들어가야 하기 때문이다.

처음 우도를 들어가기 위해 포구로 왔다가 낮술만 먹고 갔다. 그때 포구에서 망둑어 낚시를 하던 주민이 했던 말이 인상적이었다.

"여기를 까딱했다간 정주영이가 전부 막았을 것이오. 박정희가 막아라고 하니까. 헬기로 와서 보고. 째깐한 도랑을 막아라고 한다고. 올라가서 천수만을 막았다요."

간척비사를 확인할 길은 없지만 나이 지긋한 노인이 들려주는 이야기가 흥미롭기고 하고 물때도 맞지 않아 옆에 주저앉아 이야기를 나눴다. 득량만에는 득량만 간척지와 고흥만 간척지 두 곳이 있다. 우도로 들어서는 물길이 굽이치는 길목이다. 간척으로 물길이 바뀌고 바닷고기들의 산란지와 서식환경이 완전히 바뀌었다. 우도 주변에는 쥐섬, 각도섬, 상구룡섬, 중구룡섬, 하구룡섬 등 작은 섬들이 모여 있다. 특히 쥐섬 주변은 갑오징어 산란지였다. 번개가 치면 뒤집어진 갑오징어를 주울 정도로 많았다고 한다. 또 가을철에는 전어들이 몰려들어 고깃배들이 가득했었다.

노두를 건너면 10여 호가 사는 작은 마을이 반긴다. 담을 사이에 두고 바다와 마당이 잇대어 있다. 언덕을 올라서면 70여 명이 다녔다는 학교가 있다. 학생이 1명이다. 작년까지 2명이었는데 1명이 졸업을 했다. 야외수업을 갔는지 뭍으로 나갔는지 학교가 텅 비어 있다. 아직 교문에 '남양초등학교 우두분교' 라는 교명이 달려 있는 것으로 보아 폐교가 된 것은 아닌 듯했다. 분교가 만들어지기 전에는 갯길을 걸어 학교를 다녔다. 새벽에 갔다가 늦은 밤, 갯길이 열렸을 때 걸어서 섬으로 들어온 아이들이 기다리는 부모품에 안겨 우는 일은 다반사였다. 겨울철에는 수심이 낮아 갯벌에 성에가 끼면 살대로 깨면서 가야 했고, 뭍에 접안을 못하면 큰 애들이 작은 애들을 업고 건넜다. 살얼음이 언 갯벌을 맨발로 건너는 어린아이들 고통이 오죽했을까. 마을 주민들은 갑오징어, 굴, 바지락 모두 짊어지고 머리에 이고 과역장에 장사를 다녔다. 지금처럼 시멘트길도 아니고 돌로 만든 노둣길이었다. 물때가 끼어 미끌미끌한 노둣길을 이른 새벽에 건너다 넘어지기 일쑤였다.

물이 들기 시작하자 포구에 묶여 있던 배들이 그물을 실고 구렁이섬 주변 득량만으로 향했다. 주로 자망이다. 병어를 잡는 그물에 꽂게도 걸리고 농어도 걸린다. 바다가 주는 대로 생활하는 사람들이다. 사람들과 차들이 오가는 노둣길에 바닷물이 들면 고기들이 노니는 바다가 된다.

주민들에게 고통을 주었던 갯벌과 바다, 자연의 시간을 거스르지

갯벌에 나무만 박아 놓았을 뿐인데 굴이 자라 어민들의 삶을 풍요롭게 한다.

않고 살아온 덕에 지금은 굴, 바지락, 게로 넘치고 봄과 여름에는 병어, 새우, 꽃게, 서대와 양태를 잡고 가을에는 전어, 겨울에는 굴이 넘치는 풍요로운 섬이다. 그렇게 시간에 맞춰 살다보니 바다는 주민들에게 풍성한 갯것을 가져다주었다. 신비로운 바닷길, 아름다운 낙조가 있는 섬, 자연을 거스르지 않고 살아온 사람들이 사는 섬이 우도이다. 최근 우도가 변신을 꾀하고 있다. 갯벌체험길을 만들고 수산물판매장도 마련했다. 이제 우도는 청년과 함께 새로운 꿈을 꾼다.

오늘날 고흥은 농지가 넓지만 사실 해창만과 고흥만 간척지가 조성되기 전에는 크고 작은 산이 많고 해안선 굴곡이 심한 지역이었다. 해창만 간척지는 1963년 시작하여 1993년까지 30년에 걸친 대공사였다. 포두면 옥강리와 영남면 금사리를 잇는 방조제로 2,736헥타르의 농지가 조성되고 500헥타르의 담수호가 생겼다. 뿐만 아니라 최고의 해안도로인 남열해수욕장과 팔영산 휴양림과 나로도를 연결하는 77번국도가 나로도우주센터로 연결되면서 고흥관광에 큰 기여를 하고 있다. 방조제는 오도를 사이에 두고 제1방조제와 제2방조제로 나뉘어져 있다. 오동나무가 많았다는 오도와 인근 취도는 도로로 연결되었다. 오도에 살며 굴양식과 바지락농사를 짓던 사람들 중에는 취도로 옮겨간 사람들도 있다.

고흥에는 해창 간척지 외에 오마도 간척지와 고흥만 간척지가 있다. 고흥에는 팔영산, 천등산, 봉래산, 마복산, 운암산, 적대봉 등 명산이 있지만 높지 않다. 가장 높은 팔영산이 608.6미터다. 농사지을 땅과 물이 부족한 고흥군의 실정에 계곡이 깊지 않고 굴곡이 심한 해안선은 간척으로 귀결되었다. 이제 '해창'은 갯것이 아니라 곡식을 저장하는 간척지가 되었다. 해창만은 간척으로 그 규모가 반으로 줄었지만 대옥대도, 첨도, 조도 등 크고 작은 섬들이 있어 방파제 역할을 해주며 김, 바지락, 꼬막, 굴, 장어 등 해조류와 어패류가 풍부한 수산물의 보고이다.

일반현황

위치 | 전남 고흥군 남양면 남양리 **동경** 127°19′ **북위** 34°19′

면적 | 0.626km² **해안선** | 3.3km **육지와 거리** | 2.0km(남양리 선착장)

가구수 | 51 **인구**(명, 남+여) | 111(47+64) **어선**(척) | 12 **어가** | 25

어촌계 | 총 1개 어촌계, 남양 38명

공공기관 및 시설

교육기관 | 남양초등학교 우도분교(061-833-1494)

전력시설 | 한전 전가구

급수시설 | 우물(펌프) 51가구

여행정보

교통 | 배편 소형 어선

특산물 | 굴

특이사항 | 썰물 때 하루 두 차례 바닷길이 열리며, 간조 때에는 6킬로미터나 떨어진 논토의 남쪽 도성리 · 중왕리까지 육지와 연결된다.

30년 변화 자료

구분	1973	1985	1996
주소	전남 고흥군 과역면 도천리	전남 고흥군 남양면 남양리	좌동
면적(km²)	0.75	0.4591	0.459
공공기관	-	지파출소 1개	-
인구(명, 남자+여자)	345(173+172)	341(183+158)	178(87+91)
가구수	55	68	53
급수시설	공동우물 4개	우물 41개, 간이상수도 1개	우물(펌프) 43개
초등학교	1개 82명	분교 1개 47명	분교 1개 14명
전력시설	-	한전 68가구	한전 53가구
어선(척, 동력선+무동력선)	26(1+25)	39(1+38)	28(4+24)

＊ 공공기관은 면사무소, 파출소 등 포함

장흥군
강진군
해남군

장흥군
강진군

장흥군
강진군
67
해남군
65
강진군
장흥군

장흥군
65 노력도
66 장재도

강진군
67 가우도

제주로 뱃길을 열다

장흥 노력도

멀리 회령진성이 보였다. 회진이다. 장흥하면 생각나는 사람이 있다. 미백 고故 이청준과 한승원 작가이다. 동갑내기 두 작가는 회진이 고향이다. 이청준 작가는 회진에서 조금 더 들어간 진목마을에서, 한승원 작가는 회진리 맞은편에 있는 덕도에서 태어났다. 모두 갯벌과 바다를 보면서 문학적 상상력을 키웠다. 외동리를 지나 좁은 길로 우회전을 했다. 삼산간척지를 가로지르는 길이다. 국토확장과 농지조성, 수자원개발과 복지농어촌건설을 목적으로 바다(420.5헥타르)를 메워 농지(294헥타르), 담수호(120.6헥타르), 방조제(5.9헥타르)를 조성했다. 1960년대부터 시작된 작은 매립과 간척은 1990년대 삼산방조제를 쌓으면서 마무리되었다. 그곳에 관덕농장, 포항농장, 순흥농장, 덕촌농장, 장산농장 등이 들어섰다. 이렇게 간척을 할 수 있었던 것은 항아리형 내만의 좁은 입구를 덕도가 막고 있어, 회진리와 격도와 삼산리를 잇는 방조제를 쌓을 수 있었던 덕분이다. 왼쪽으로 수동저수지를 지나 회진리로 접어들었다. 덕도와 노력도로 들어가는 관문이다.

회진은 자주 출몰하는 왜구를 막기 위해 성종 21년(1490)에 성을 쌓았던 곳이다. 최근 복원을 했다. 회령포진은 외해에 금당도, 금일도, 약산도, 생일도, 청산도, 내해에 덕도, 노력도, 대마도, 구도로 싸여 있는 요새다. 조선 세종 때 군선 4척이 주둔하였고, 성종 때 수군진성이 구축되어 전라좌도 만호진 여도 관하에 녹도, 축두, 내예, 돌산, 마두, 달량, 어란과 함께 만호가 배치되었다. 주로 군량과 군기를 쌓아두고, 유사시 하번선군이 집결하는 장소로, 평상시는 병선의 기항지와 보급 기지 역할을 했다. 충무공이 백의종군 후 다시 통제사로 임명되어 경남 진주에서 시작해 구례~압록~곡성~옥과~석곡~순천 부유창~순천~낙안~벌교~보성 조양창~보성을 거쳐 12척의 배를 수습하고 전투에 임한 곳이 장흥 회령포(회진)였다. 장군이 보성을 지날 무렵 선조로부터 한 장의 교지를 받는다. 수군 전력이 너무 약하니 권율의 병력과 합류해 전쟁을 하라는 내용이었다. 그때 이순신은 그 유명한 "신에게는 아직 전선 12척이 남아 있습니다"라는 장계를 올렸다. 백의종군을 마치고 전장으로 복귀하면서 걸었던 대장정의 길을 '백의종군로'라고 칭하고 경상남도와 전라남도가 걷는 길로 만들고 있다. 장군은 대장정을 통해 흐트러진 민심을 수습하고 병력과 무기와 군량미를 모으는 것은 물론 가장 중요한 군기를 다시 세웠다. 이곳 회진포에 도착해 칠천량 전투에서 경상우수사 배설이 버리고 도망간 전선 12척을 인수했다. 역설적으로 이것이 명량해전의 시작이었다. 배를 인수한 장군은 해남 이진梨津→해남 어란포→진도 벽파진으로 진영을 옮긴 후 9월 16일(음력) 해남과 진도 사이 울돌목에서 서해로 진출하려던 일본 수군을 격파했다.

노력도와 덕도는 500미터 정도나 떨어져 있을까. 지금은 다리로 연결되어 있다. 《세종실록》에는 덕도와 노력도는 불과 1리(400미터) 정도 떨어져 있는 장흥부 부속도서로 소개되어 있다. 중종 때에는 둘레 30리 규모의 목장이 덕도에 설치되었고, 경종 때는 토지를 개간하여 농사를 지었다. 당시 덕도는 내덕도內德島(來德島)라 했다. 1896년에는 내덕도와 노력도老力島를 통합해 래덕도萊德島라 불렀다. 《호남진지湖

南鎭誌》(1895)에 덕도는 "회령포진의 동쪽 2리에 위치하며, 인구는 많고, 전토田土는 협소하다. 거주민 태반이 해산물을 채취하여 생계를 유지하고 있다"고 기록되어 있다. 노력도가 처음 언급된 것은 《장흥읍지長興邑誌》(1747)로 "회령포진에 있다"는 기록뿐이다. 오직 지명만 언급되었다. 이후 《호남진지》에 "노력도는 회령포진 동남쪽 3리에 위치하며, 거민居民이 불과 8~9호이다"고 기록되어 있다.

복원된 회령진성에 올랐다. 간척지와 덕도와 회진포구가 모습을 드러냈다. 장흥을 대표하는 천관산이 우뚝 서 있다. 그 사이에 너른 농지가 끝없이 펼쳐졌다. 저 넓은 곳이 전부 갯벌과 바다였다는 말이지. 자연을 이겨낸 인간의 위대함보다는 오만함이 앞섰다. 노력도로 가려면 회진에서 좌회전을 해서 덕도로 건너야 한다. 여행은 목적지를 바꿀 수 있어 좋다. 이것이 인생과 여행의 차이다. 미백의 생가를 보고 싶었다. 진목리로 향했다. 회진리와 맞닿아 있는 마을은 바다와 섬(약산도)을 앞마당 삼아 들어앉았다. 임권택 감독은 이청준의 소설만 영화화한 것이 아니라 미백이 작품으로 구상한 공간도 영화에서 살려냈다. 그곳에서 천년학이 날아오르는 장면을 촬영했다. 도로변에 차를 세우고 골목길을 따라 생가로 접어들었다. 얼마 전까지 친척이 살았다는 생가는 화려하지 않고 시골집 그대로 남아 있었다. 마당 구석 장독대에 있는 몇 개의 옹기들이 빈집을 지키고 있었다. 오던 길을 거슬러 덕도로 들어섰다. 이곳은 한승원의 고향이다. 아마도 〈앞산도 첩첩하고〉를 구상할 때 이곳 방조제를 걸었을 것이다. 1960년에 쌓은 방조제였다. 그 위로 도로가 만들어져 제주도로 가는 배를 타기 위해서 차들이 오간다. 뱃길을 막고 뱃길을 만들어낸 것이다. 제주도를 잇는 뱃길이 열리면서 좁은 길이 넓어지고 말끔하게 단장했다.

고개를 넘으면 아늑한 시골마을 장산마을이다. 회진마을이 내 가

슴속에 새겨진 것은 이 작은 마을 때문이었다. 2005년 이곳에서 처음
으로 매생이양식을 하는 김춘식(74세) 신봉녀(68세) 부부를 만났다. 학
위를 받고 불확실한 미래를 붙잡고 갯벌과 바다로 쏘다닐 때였다. 한
인터넷신문에 〈바다에서 바다를 보다〉라는 제목으로 섬과 갯벌이야
기를 연재하고 있었다. 한 독자가 메일로 자신의 고향과 부모님 이야
기를 적어 보냈다. 그게 인연이 되어 장산마을을 방문했다. 매생이양
식을 하던 부부이야기를 소개했다. 당시 매생이양식장 건너편이 노력
도였다. 그때 아주머니가 차려준 점심상은 지금도 잊을 수 없다. 당시
노력도는 매생이양식을 하지 않았다.

그때 시작한 장흥 회진면 덕도(죽도) 삭금이와 노력도 정기미를 잇
는 연도교는 2007년 개통되었다. 그리고 제주를 잇는 항로가 만들어
지면서 장산마을도 많이 바뀌었다. 앞도로가 말끔하게 단장되었고,
새로 지은 집들도 몇 채 보였다. 마을이 활기차 보였다. 노력대교에서
차를 멈추었다. 김씨부부가 매생이 하던 자리에 몇 척의 양식시설만
남아 있고 덕도와 회진과 노력도 사이 바다는 매생이양식장으로 변해
있었다. 그뿐만 아니었다. 노력도와 진목리 사이 탱자섬 주변과 장흥
노력도항 여객터미널로 가는 진그름 일대에도 매생이가 가득했다. 그
자리는 모두 김양식을 했던 자리이다. 김에 붙으면 천덕꾸러기였던
매생이가 이제 주인공이 되어 자리를 차지했다. 길가와 포구 주변에
매생이를 채취하기 위한 목선도 즐비했다.

노력도는 덕도 장사리가 뱀모양이고 죽도가 너구리 형국으로 뱀이
너구리를 잡아먹기 위해 오다가 노룡이 노력도에 위치해 있기에 죽도
에 머물렀다고 한다. 노룡이 머물던 섬이라 하여 노룡도라 하다가 노
력도라 했다. 물이 좋아 노인들이 장수하는 섬이라 노력도라 했다는
설과 회진만호가 자신에게 해가 될까봐 노룡을 늙을 노耂 힘 력力 노력

도라 했다는 설도 있다.

장흥도호부 저도면에 속한 섬이었으나 1895년 완도군 설군으로 완도에 편입되었다. 그후 1914년 행정구역개편으로 장흥군 대덕면에 편입되었다가 1986년 회진면에 속하게 되었다. 1300년 전 진주강씨가 마을을 형성했다고 하지만 후손은 없고 광산김씨, 김해김씨, 경주최씨 등이 들어와 마을을 이루었다.

다리를 건너자 마을로 이어졌다. 덕도와 접한 섬 북쪽에 마을이 형성되었다. 마을입구에 매생이를 채취하는 작은 작업선들이 층층이 쌓여 있다. 한때 김양식이 활발했지만 2007년부터 그 자리를 매생이가 차지했다. 논이나 밭은 뭍에서 한 가구가 짓는 농사에도 미치지 못할 만큼 작다. 게다가 논농사는 중단된 지 오래다. 섬 주변에서 배를 가지고 장어, 전어, 멸치 등을 잡고 있다. 수십 명의 학생들이 다녔던 명덕초등학교 노룡분교(1996년 개교)는 2006년 폐교되어 '해양응용실험센터'로 리모델링해서 연구실로 사용하고 있다.

노력도는 지금도 당산제와 갯제가 지속되고 있다. 당산제는 음력 1월 14일에 동남골에서 당산제와 풍어제를 지내고 7월이나 8월에 갯제를 지내고 있다. 노력도의 갯제는 '무제'라고도 한다. 섬 서편 '청성금'과 동편 '거무너리'에서 동해용왕과 서해용왕에게 제사를 지낸다. 한 달 전에 제관을 선정하는데 먼저 한 해 동안 유고가 없는 9명을 선출하고 이 중 3명을 뽑는다. 가장 운이 좋고 깨끗한 사람은 제를 주관하는 도유사로 나머지 두 사람은 심부름을 한다. 제관으로 선정되면 외부출입을 금하고 부부간 잠자리를 피하고, 마을방송을 통해 주민들에게 알리고 외부인들 출입을 금하도록 제관집 입구에 금줄을 친다. 제물은 메밀떡, 세 가지 나물, 돼지고기, 생선, 배, 포도, 사과, 곶감, 대추, 밤, 밥 두 그릇, 술, 초 등이다. 특히 메밀떡은 꼭 준비해야 한다. 메밀떡은 도깨비가 좋아하기 때문이라고 한다.

이날은 마을 주민이 바다에 나가는 것을 금한다. 이를 '개를 막는다' 라고 말한다. 개를 막는 경우는 마을어장의 생태계보전 측면이나 마을 공동사업을 하는 두 가지 경우에 시행한다. 제주도에서 상품성이 높은 수산물을 채취하기 위해 일정기간 '바당' 의 전복이나 미역채취를 금하는 경우, 서남해안 연안이나 도서지역 어촌마을에서 갯가에 미역, 톳, 세모, 김 등 해조류나 바지락과 꼬막 등 패류채취를 금하는 경우이다. 또 마을공동어장에서 개별적으로 수산동식물을 채취하는 것을 금하는 경우도 '개를 막는다' 고 한다. 반면에 당산제, 갯제, 마을 공동사업(울력)을 행하기 위해서 개를 막는 경우도 있다. 반대로 마을어장의 채취활동을 허가하는 것을 '개를 튼다' 고 한다. 개를 트면 마을에 따라 공동으로 채취하여 공동분배하는 경우와 개인적으로 채취하는 경우로 나뉜다.

음식준비를 마치면 여러 개의 대나무를 묶어 불을 붙인 횃불을 준비하고 청성금과 거무너리 순서로 용왕님께 제를 지낸다. 다른 마을과 마찬가지로 '진설-헌작-구축-재배-음복-헌식' 순이다. 제관 세 사람은 모두 제물을 앞에 두고 무릎을 꿇고 축문은 도유사가 읽는다. 2007년 구축내용이다.

서쪽 용왕님네. 음식을 조촐하니 준비해서 저희들이 왔습니다. 1년에 한 번씩 모시는 큰 제사인데, 날씨도 좋지 않은데 정말로 용왕님께서 저희를 많이 도와줘야겠습니다. 첫째 저희들은 올해부터 큰 어장을 다시 정리하고 있습니다. 이 어장이 절대적으로 잘되어서 우리 농가소득을 올려야 되지 않겠습니까. 그러니 용왕님께서 항상 저희들 지켜봐 주시고 저희들 가는 길에 큰 등불이 될

수 있도록 항상 큰 길잡이가 되어 주십시오. 그리고 저희 어장을
크게 했는데 이쪽에 정말로 금년에는 하나도 누가 불량한데 없고
빠진 사람 없이 잘 돼서 우리 농가 소득을 올릴 수 있어서 미래에
큰 축복받은 동네가 되게 해주시기 바랍니다. 그리고 어장도 금년
에는 하모어장이고 무슨 어장이고 정말 안됐습니다 내년부터는
지금부터라도 잘되게 해 주셔서 우리 축복받은 우리 마을이 될 수
있도록 큰 도움을 주시기 바랍니다. 그리고 끝으로 저희들도 앞으
로 매년 좋은 음식을 준비해서 이렇게 할테니 우리 마을에 큰 복이
들어주시고, 우리 마을에는 젊은 사람들이 많이 거주하고 삽니다.
다른 마을하고 달라서 마을 사람들이 지금 매생이밭도 하고 있습
니다. 그 매생이도 잘 되어서 우리 마을에 큰 소득을 올리고 미래
에 축복받는 우리 마을이 되게 해주시기를 서쪽 용왕님께 간절히
간절히 기도 드립니다. 크게 한 번 저희들 지켜봐 주시기 바랍니
다. 많이 잡수십쇼.

두 번째 제장으로 걸어서 이동했다. 횃불을 든 유사가 앞장서고 제
관과 제물을 든 유사가 뒤따랐다. 이곳에서도 마찬가지로 절차로 제
를 지내며 특히 구축을 한다.

서쪽 용왕님한테 방금 제사를 모시고 왔습니다. 동쪽 용왕님도 서
쪽 용왕님같이 항상 저희들 보살펴 주시기 바랍니다. 저희 마을은
회진의 16개 마을 중 젊은 사람이 가장 많이 거주하고 있습니다.
우리 젊은 사람들 항상 건강해야만이 우리 노력도가 발전이 있습
니다. 우리 회진면에서 제일 일등가는 마을 꼭 되게 동쪽 용왕님께
서 살펴주시고, 우리 젊은 사람들이 항상 회진에서 뭣이든지 하면

갯제는 어민들이 용왕님께 지내는 마을제의다. 풍어와 뱃사람들의 안전을 기원하는 것이다.

일들을 할 수 있도록 최대한 보살펴 주시기 바랍니다. 그리고 우리들은 올해 막대한 예산을 투자해서 큰 마을 정리 사업을 했습니다. 보시다시피 용왕님 앉을 자리를 저희들이 정리했습니다. 정리를 한 자리가 정말로 몇십 년이 가도록까지 아무 사고없이 우리 마을에 큰 예산을 해년마다 받아주시기 바랍니다. 거대한 경비를 소요했기 때문에 그것보다 몇 배가 많은 큰 부자 될 수 있도록 도와주시기 바랍니다. 그리고 저희들은 동쪽에가 해삼이고 뭐든지 많이 자라고 있습니다. 더욱더 예년에도 많이 자랐습니다만은 해삼도 더 잘 자라서 우리 어민들에게 큰 복이 될 수 있도록 도와주시기 바랍니다. 그리고 우리 마을은 작년부터 매생이발이 출현했습니다. 젊은 사람들이 많기 때문에 우리 마을에서 많은 사람들이 예산을 투자해서 매생이발을 하고 있습니다. 그 매생이발이 타 부락보다 월등히 더 잘 돼서 우리 마을에 큰 소득을 올릴 수 있도록 우리 용왕님께서 도와주시기 바랍니다. 우리 마을을 항상 건강하고 항

상 희망찬 내일을 바라볼 수 있는 마을이 되게 해 주시기를 간곡히 말씀드립니다. 한 번 살펴주시기 바랍니다.

보통 갯제는 당산제와 같은 시기에 지낸다. 완도를 비롯해 몇몇 지역에서 음력 8월 보름을 전후해 갯제를 지내는 곳은 김양식을 많이 하는 지역들이었다. 김은 추석 무렵에 포자를 붙여 바다에서 양식을 한다. 정월에 하는 갯제가 봄에 시작되는 조기를 비롯한 회유성 어류를 많이 잡기를 기원한다면, 가을에 지내는 갯제는 김농사가 잘 되기를 기원하는 의례라 할 수 있다. 노력도도 김양식이 시작되면서 갯제가 시작되었다고 한다. 김양식이 중단되면서 잠시 주춤했지만 같은 시기에 매생이가 시작되면서 유지될 수 있었다.

정월에 지내는 당제는 뒷산 정상 부근 '큰머내끼'에서 지낸다. 그 사이에 매구를 치며 도장금에서 '진서방부르기'를 한다. 진서방은 바다를 관장하는 신격이다. 참가자 중에 한 사람이 부르면 다른 사람이 숨어서 대답한다. "여 아래 진서방-, 어 - 이, 어 - 이, 어 - 이. 올해는 우리 마을에 풍년이네. 그러니 내년에는 더 풍년이 되게 이렇게 하소. 마을에 모든 질병도 없애주고, 마을에 항시 화목과 마을 발전이 잘되게 자네한테 기원하네"라며 진서방과 대화를 한다. 그리고 당산나무, 샘, 선창으로 이동하며 굿을 한다.

무엇보다 노력도가 주목을 받은 것은 제주와 잇는 뱃길이 개통되면서였다. 서남해연안에 있는 지자체들이 제주와 뱃길을 연결하기 위해 안간힘을 쓰고 있다. 전라남도의 경우 고흥 녹동항(카페리 1척), 장흥 노력항(쾌속선 2척), 완도항(카페리 3척), 목포항(카페리 3척) 등이다. 이 외에도 해남 우수영과 제주(카페리 4,995톤), 완도와 제주(위그선), 여수와 제주(위그선, 카페리), 고흥 녹동과 제주(2,300톤), 고흥 녹동과 서귀포(4,000톤) 등 운항시간을 1시간 이내로 단축한 위그선이나 쾌속선을 계획하고 있다.

노력도에서 취항하는 장흥해운의 쾌속 카페리 여객선인 오렌지호는 2,400톤급으로 여객 600명과 차량 70대를 싣고 시속 40노트의 빠른 운항속도를 자랑한다. 장흥 노력항에서 제주 성산항까지 96.54킬로미터의 항로를 항공기를 이용하는 것과 비슷한 수준인 단 1시간 40분만에 주파하고 있다. 그리고 제주 올레길 중 인기가 높은 성산포 일대와 바로 연결되어 찾는 사람이 많다.

일반현황

위치 | 전남 장흥군 회진면 덕산리 **동경** 127°13′ **북위** 34°27′
면적 | 0.929km² **해안선** | 7km **육지와 거리** | 0.2km(회진항)
가구수 | 84 **인구(명, 남+여)** | 180(90+90) **어선(척)** | 83 **어가** | 70
어촌계 | 총 1개 어촌계 60명

공공기관 및 시설

공력시설 | 한전 전가구
급수시설 | 간이상수도 74가구, 우물(펌프) 10가구

여행정보

교통 | **배편** 개인배
낚시터(유어장) | 노력도 앞바다
특산물 | 패류양식, 넘치, 전어, 숭어, 하모, 벼
특이사항 | 바다의 평온과 풍어를 기원하는 갯제를 정월과 8월 두 차례에 걸쳐 지내고 있다. 노력도에서 제주도로 가는 쾌속차도선 운항.

30년 변화 자료

구분	1973	1985	1996
주소	전남 장흥군 대덕면 덕산리	전남 장흥군 대덕면 노력리	전남 장흥군 회진면 덕산리
면적(km²)	0.84	0.84	C.84
공공기관	-	지파출소 1개	-
인구(명, 남자+여자)	434(216+218)	560(285+275)	334(183+151)
가구수	58	75	77
급수시설	공동우물 13개	우물 34개	간이상수도 1개, 우물(펌프) 43개
초등학교	분교 1개 25명	분교 1개 95명	분교 1개 38명
전력시설	-	한전 75가구	한전 77가구
의료시설	-	-	보건진료소 1개
어선(척, 동력선+무동력선)	40(3+37)	73(3+70)	60(60+0)

＊ 공공기관은 면사무소, 파출소 등 포함

66

소통, 물길은 열어야 한다

장흥 장재도

김씨가 여다지 마을로 내려오기로 결정한 것은 2년 전이다. 도시에서야 이사하는 것이 일상이지만 시골에 그것도 갯벌이 있는 마을로 들어가는 것은 그리 쉬운 일이 아니다. 마을어장을 중심으로 형성된 마을공동체의 결속력이 강하고 배타성이 심해 그 마을 주민이 되는 것은 쉽지 않다. 김씨가 시골로 가야겠다고 생각한 것은 의사의 권유 때문이었다. 평소에 잔병치레가 없던 남편이 10여 년 전 갑자기 심근경색으로 쓰러져 두 차례나 큰 수술을 받았다.

"아무래도 시골에 내려가 편안하게 쉬는 게 좋을 것 같습니다." 의사선생님의 이야기를 들을 때는 앞이 캄캄했다. '이제 준비를 하셔야겠습니다' 라는 말처럼 들렸다. 딱히 갈 곳도 없는데다 아픈 몸을 이끌고 머무를 곳을 찾는 일이 막막하기만 했다. 그때 생각해 낸 것이 동생이 사는 여다지 마을이었다. 마을은 장흥군 안양면에 있는 작은 바닷가에 위치해 있다. 이곳을 사람들은 수문리라고 부른다. 그곳에 살고 있는 동생에게 몸이 좋지 않을 때면 가끔씩 들러 바지락을 캐주고 얻어가기도 했던 터라 생경하지 않았다. 게다가 공기가 좋고 바지락과 갯벌과 바다가 맘에 들었다. 작은 텃밭도 가꿀 수 있어 제대로 된 먹거리를 쉽게 구할 수 있었다. 남편의 요양장소로는 안성맞춤이었다. 무엇보다도 동생이 있어 의지가 되었다. 급한 대로 세간은 그대로 두고 몸만 끌고 내려왔다. 그렇게 1년이란 세월이 흘렀다 정기적으로 서울 병원을 오가는 일이 쉽지 않았지만 남편의 치료약이 한 알씩 줄어드는 재미로 힘든 줄도 몰랐다.

“이젠 심근경색으로 죽을 일은 없겠네요. 어디로 가셨길래 그 사이 이렇게 좋아지셨어요.” 의사선생님의 한 마디는 김씨가 칠순이 넘도록 살아오면서 들었던 어떤 말보다 감동적이었다. 여다지갯벌에서 만난 김씨는 카메라를 들고 있는 나에게 지난 삶을 풀어 놓았다. 김씨 부부가 캐는 것은 어쩌면 바지락이 아니라 희망인지도 모른다. 이렇게 갯벌과 바지락은 한 사람에게 희망과 생명을 가져다주기도 한다. 단순히 바지락을 팔아서 얻는 수익만으로 갯벌의 가치를 매길 수 없는 이유가 여기에 있다.

섬과 연안 어촌으로 귀촌한 도시사람들 중에 간혹 완쾌된 사람을 만나곤 한다. 왜일까. 그들은 한결같이 스트레스를 받지 않는다고 했다. 욕심을 부리지 않는다고 한다. 갯벌에서 얻는 것은 욕심을 부릴 수도 없고 자연이 주는 대로 걷기 때문에 스트레스도 받지 않는다. 도시인의 입장에서 보면 갯벌에 준 것이 없으니 갯벌이 즈는 것은 그저 감사할 따름이다. 게다가 육지에 비해 음이온이 더 많다. 섭취하는 식재료도 싱싱하고 안전하다. 잘 먹고 스트레스 받지 않고 잘 쉬니 이보다 더 좋은 약이 어디 있겠는가.

몇 년 전 장재도로 들어가 새로운 생명을 얻었다는 김씨의 이야기이다. 물길이 생명길이라는 사실은 작은 섬에서도 확인했다. 해산토굴에서 글을 쓰시는 한승원 선생님을 만나러 갔다 처음으로 장재도를 방문했다. 여다지갯벌은 수문리 사람들의 바지락어장이 있다. 수문리에 집을 가진 사람들은 똑같은 크기의 바지락밭을 하나씩 가지고 있다. 그래서 다른 마을에 비해 집값도 훨씬 비싸다. 왜냐하면 집이 팔리면 바지락밭도 같이 따라가기 때문이다. 보통 집이 팔리거나 이사를 해도 논과 밭은 변화가 없지만 마을어장은 다르다. 마을어장은 '총유'이고 논과 밭은 배타적인 '소유'이기 때문이다. 쉽게 말하자면 마을어장은 공유수면으로 마을 어촌계에서 점유해 이용하는 것이다. 개인지분이 인정되지 않고 공동체가 소유 혹은 이용권을 갖는 물권이라는 측면에서 '총유'라 할 수 있다.

갯벌과 해수욕장을 지나 장재도로 가는 길목 횟집에서 점심을 먹었다. 선생님과 헤어지고 난 후 장재도를 찾았다. 그때는 지금처럼 물이 통하는 다리가 아니라 막혀 있는 제방도로로 연결되어 있었다. 겉으로 보아도 갯벌에는 펄이 쌓이고 섞어서 갯벌생물들은 찾기 어려웠다. 그리고 역겨운 냄새도 났었다. 다시 장재도를 찾은 것은 장흥관련 프로젝트를 진행하며 장재도 개발계획이 논의되면서였다. 그 사이 제방은 다리로 바뀌어 있었다. 그리고 역겹던 냄새 대신 상큼한 갯내음이 반겼다.

일부 제방을 헐어 막았던 물길 위로 다리를 놓자 사라졌던 바지락이 오고 섬사람들에게 희망이 다가왔다.

장재도는 본시 장흥군 안양면 사촌리마을 건너편에 있던 작은 섬이었다. 장재도와 사촌리를 연결하는 제방도로는 주민들의 불편한 통행문제를 해소하기 위해 1960년대 만들어졌다. 배를 타거나 물이 빠지면 갯벌을 걸어서 오갔던 섬주민들에게 방조제는 편리했다. 하지만 잃은 것도 있었다. 우선 조류의 흐름이 차단되면서 깊은 펄이 쌓여갔다. 이러한 펄은 자연스런 조류의 흐름으로 형성된 갯벌과 달리 인간의 간섭으로 인해 조류소통이 방해되면서 생기는 펄로 '죽벌' 이라고 부른다. 제방이 막히기 전에는 주변으로 100톤급 배들이 다녔지만 지금은 퇴적으로 인해 대형배들은 운항을 할 수 없다. 더 중요한 것은 갯벌생태계에 큰 영향을 주었다는 점이다. 장재도 주변게 흔하게 볼 수 있었던 꼬막, 주꾸미, 키조개, 바지락 등이 크게 감소했거나 사라졌다. 주변 수문해수욕장의 모래도 많이 유실되었다.

장흥군은 건강한 갯벌과 바다를 되찾기 위해 중요한 결정을 내렸다. 방조제를 걷어내고 다리를 놓은 사업이었다. 이러한 사업은 일찍이 시도된 적이 없었다. 2007년 360미터 방조제 중 120미터를 다리로 대체했다. 결과는 대성공이었다. 죽벌은 크게 감소하고 수심도 깊어졌다. 막혔던 둑이 터지면서 수문리 갯벌과 장재도 주변 어장은 조류소통이 원활해졌다. 그리고 사라졌던 갯지렁이, 짱뚱어 등 갯벌생물이 찾아오기 시작했다. 이들을 먹기 위해 물새들도 많이 찾고 있다.

다시 그 섬에 도착했을 때는 어둠이 내린 후였다. '이런! 사진을 찍기는 글렀구만.' 투덜거리며 고개를 돌려 갯벌을 보다 깜짝 놀랐다. 장재도 앞 바다와 여다지갯벌에 노을 잔영이 내려앉아 너무 아름다웠기 때문이다. 물길을 열기 위해 방조제를 걷어내고 다리를 놓은 장재대교 모습도 선명했다. 몇 년 사이에 없던 횟집과 식당도 몇 개 생겼다. 더 이상 생기지 말고 이쯤에서 멈췄으면 좋겠다고 생각했다. 해풍

을 막기 위해 심어 둔 나무들이 자라 작은 숲을 이뤘다. 자연을 거스르지 않고 자연적인 방법으로 적응하려 했던 선조들의 지혜가 차곡차곡 쌓여 있다. 그 숲 아래 고기를 잡는 호망, 주꾸미를 잡는 소라방이 있었다. 도시민들이 보기에는 지저분해 보일지 모르지만 모두 어민들이 살아가는 삶의 흔적이다. 어촌문화라는 시선으로 보면 따뜻하다.

장재도에 다리가 걸리면서 주변에 새로 바지락양식장이 생겨났다. 검은 뻘과 퀴퀴한 냄새로 옆으로 지나가기도 싫었던 갯벌이 바지락밭으로 변신을 했다. 물길이 열리고 소통이 이루어졌기 때문이다. 겨울 하늘에 솟대가 걸렸다. 인간세상과 하늘을 연결하는 소통, 인간세상의 화를 눌러주는 솟대. 장재도 앞 여다지갯벌에 세워졌다. 식당 주인이 세웠을까. 그래 결정했다. 오늘 저녁은 솟대를 세운 식당에서 먹자.

67

누굴 위한 다리일까

강진 가우도

"이거 하나면 논 열 마지기 하고 안 바꿨어라." 노인이 가리키는 곳은 출렁다리 아래 바지락밭이었다. 그곳은 개발예정지를 일궈 밭을 만들고 있는 것 같은 모습이었다. 약속이나 하듯이 똑같이 폭 2미터로 나누었다. "저것이 다 '지지금' 주인이 있어라." 논 열 마지기하고 바꾸지 않을 만큼 소중했기 때문에 마을어장을 나누는 데 얼마나 많은 회의를 했을까. 그래도 어떻게 저 갯벌이 논 한 마지기도 아니고 열 마지기와 견줄 수 있을까 의심스러웠다. 옆에 있던 할머니가 내 마음을 읽

바지락밭 하나로 대학생 자식을 가르쳤고, 논 열 마지기하고도 바꾸지 않았다.

었던 것 같았다. "어제는 두 되 까서 5만원 했어라, 더 까달라고 해서 오늘도 나왔제"라며 물이 채 빠지지 않는 갯벌로 들어갔다. 다리 밑에 는 벌써 대여섯 명의 마을 주민들이 굴을 줍고 있었다.

이들을 뒤로 하고 출렁다리 위로 올라섰다. 다리 위에는 2명의 남 자와 1명의 여자가 망둑어 낚시를 하고 있었다. 입구에 음식물 반입과 낚시를 금지하는 안내판이 있었다. 옆을 지나며 힐끔 살펴보니 망둑어 2마리가 그릇에 갇혀 있었다. '운도 지지리 없는 녀석들.'

가우도는 강진군 도암면 신기리에 속하는 섬이다. 가우도 외에 죽 도, 복도, 비래도, 환부도, 소오도, 대오도, 내호도, 외호도 등 9개의 섬 이 있지만 사람이 사는 섬은 가우도뿐이다. 도암만 한가운데 떠 있는 가우도는 총면적 0.29제곱킬로미터, 육지와의 거리는 800미터, 해안 선 길이 2.4킬로미터인 자그마한 섬이다. 1789년까지는 대구면에 속 했다가 1914년 행정 개편에 의해 도암면으로 옮겨졌다. 지금도 가우 도 사람들은 배를 대구면 하저선착장에 정박을 하고 생활하고 있어 생활권과 행정구역이 다르다. 가우도는 소 멍에와 같다고 해서 붙여 진 이름이며, 도암만 상류 강진읍 보은산이 소라고 한다. 600년 전 가 우도 우측 끝 '우서끝'에 고씨가 처음 들어와 마을을 이뤘다고 한다. 마을이라고 해야 모두 13가구로 2005년까지만 해도 독립적으로 반상 회도 하지 못할 만큼 인정을 받지 못했었다.

마을로 가는 길은 가파른 산 고개를 넘어가는 길과 에둘러 돌아가 는 두 길이 있었다. 둘레길이 대세라지만 높은 곳에 올라 멀리 보고 싶 었다. 고개라 해봤자 100미터도 되지 않는 길이었다. 정상에 오르자 가우도에서 도암면으로 잇는 다리공사를 하는 모습이 보였다. 이 다 리가 연결되면 도암만을 가로질러 대구면과 도암면이 이어진다.

마을로 들어서기 전 왼쪽에 후박나무 숲이 발길을 잡았다. 언뜻 보

아도 예사롭지 않는 숲이었다. 수령이 20~30년 쯤 되었을 나무들이 쭉쭉 뻗었다. 군데군데 수령이 훨씬 오래된 나무들이 이끼에 덮인 채 쓰러져 있었다. 그 옆에는 작은 집이 잡초와 덩굴나무에 덮여 바닥에 납작 엎드려 있었다. 나중에 마을 주민이 당집이었다고 알려주었다. 1980년대 초반까지 아름드리 후박나무들이 숲을 이루고 있었고 숲 속에 당집이 있었다고 한다. 후박나무 껍질은 지금도 한약재로 꽤 비싼 값에 팔리고 있다. 외지 사람 중에 이를 탐한 사람이 있었다. 하지만 당숲을 신성하게 여긴 마을 사람들의 반대로 후박나무를 벨 수 없자 당시 힘이 있던 정치인의 힘을 빌려 욕심을 채웠다. 그 결과 후박나무들은 잘리고 껍질은 벗겨져 팔렸다. 이끼를 입은 채 후박나무 숲에서 썩어가고 있던 나무가 당시 잘린 나무였다. 당시 주민들은 당숲에서 썩은 나뭇가지를 가져와 땔감으로 사용하는 것도 금기시했다. 당제를 잘 모시지 못했거나 당숲을 훼손해 목숨을 잃었다거나 병을 앓았다는 영험담 정도는 어느 마을을 가도 쉽게 들을 수 있었다. 그런데 당숲 나무를 베어 껍질을 벗겼으니 어떻게 주민들이 그곳어서 당제를 지낼 수 있었겠는가.

가우도사람들이 이용하는 포구는 하저마을 포구다. 출렁다리는 중저와 가우도를 연결했지만 가우도 사람들은 다리보다는 뱃길을 더 많이 이용한다. 주민 13가구 중 10가구가 배를 가지고 있다. 다리를 이용해 마을로 들어오려면 산을 넘어야 하지만 배를 이용하면 마을 앞까지 들어올 수 있다. 게다가 뭍에서 가져오는 여러 가지 생필품이나 물품을 가지고 산길을 넘어 오가는 것이 쉬운 일이 아니다. 그래서 여전히 배를 이용하고 있다. 또 섬사람들 중에는 노인들이 많아 무시로 병원을 드나들어야 하기 때문에 출렁다리는 주민들에게 환영을 받지 못하고 있다. 섬을 찾는 관광객들에게나 인기가 있을지 모르겠다. 다리고 놓이고 나서 변한 것이 있다면 땅값이 올랐다는 것이다. 간혹 땅을 사달라는 사람은 있지만 팔려는 사람은 없다.

산 정상에서 내려 갈림길에서 부두로 가는 길을 택했다. 선창에는 작은 배 몇 척이 있었고 건너편 도암면 신기리가 손에 잡힐 듯했다. 그 사이로 가우도와 신기를 잇는 다리가 걸려 있다. 선창어 내려서자 섬마을이 모습을 드러냈다. 능선을 따라 새로 지은 한옥 다섯 채가 도드라졌다. 기존의 작은 섬마을보다 더 넓은 공간을 차지하고 섬과 마을을 압도하는 분위기는 바다와 섬에 어울리는 경관은 아닌 것 같다.

해안에 접한 작은 폐교를 둘러보다 자전거를 타고 나오던 김씨를 만났다. 가우도 분교는 1967년 설립되었다. 가우도에서 나고 자란 그는 최근에 우서끝에 민박(밀물민박)을 운영하고 있었다. 왜 하필 '밀

물’ 이냐는 질문에 여동생이야
기를 들려줬다. 1982년 곽영채
(현 전남도의원) 지도교사의 도
움을 받은 가우도국교생 김국현 군(10세)과
김금숙 양(11세)은 지구과학분야 ‘밀물과
썰물에 관한 우리들의 관측’ 이 대통령상을
받았다. 이들은 ‘밀물과 썰물 때 걸리는 시간은
썰물 때가 더 길며 평균 6시간 13분, 밀물과 썰물이
바뀔 때 잠시 머무르는 시간이 4~15분’ 이라는 것을

밝혀냈다. 또 달이 뜨고 질 때는 항상 밀물이었으며 간조시
각에서 달이 뜨고 질때까지 걸리는 시간은 평균 2시간 8분이 된다는
것도 알아냈다. 김양이 그의 여동생이었다. 그가 민박집 이름을 밀물
이라 하게 된 사연이었다. 당시 신문기사(〈경향신문〉 1982. 9. 11.)에는
김군은 장래 과학자가 김양은 초등학교 선생님이 되고 싶다고 했다.
그들은 지금 어떻게 되었을까. 아쉽게도 이 분교는 학생부족으로
1995년 폐교됐다.

　가우도 사람들은 연승(주낙)으로 낙지를 잡고 자망과 정치망(각망)
으로 고기를 잡고 있다. 낙지연승과 전어잡이 자망은 이곳 섬사람들
의 소중한 생업이다. 이들이 낙지를 잡는 어장은 도암만과 완도 체도
와 고금도가 만나는 삼거리이다. “바다에도 삼거리가 있어요. 뱃길도
길이에요.” 왜 그 생각을 못했을까. 강진읍에서 흐르는 물이 완도에서
해남으로 그리고 장흥으로 빠지는 길목이다. 반대로 들물에는 사방에
서 물이 들어오면서 도암만으로 올라온다. 어장이 좋을 수밖에 없다.
물이 모이고 섬이 있으니 사람이 모일 수밖에 없다. 여러 길이 만나는
길목에 사람이 모이고 시장이 형성된다. 바닷길도 같은 이치일 것이

다. 낙지잡이는 겨울철에도 계속된다.

가우도전어는 뼈가 연하고 맛이 고소하다. 찬바람이 나기 시작하면 섬사람들은 새벽 4시에 배를 타고 나가 도암만을 들며 그물을 바다에 내려놓는다. 그리고 반 시간 정도 기다렸다 해가 뜰 무렵까지 차례로 그물을 걷어올린다. 물이 들고 나는 시간에 전어들이 활발하게 움직이기 때문에 그물에 많이 걸린다. 해가 질 무렵에도 전어를 잡지만 오전에 산 전어를 구하러 오는 상인들이 많아 새벽에 조업에 나선다. 전어는 추석 무렵에 맛이 최고조에 달한다. 수질과 생태계가 1등급인 청정해역 도암만은 바닷물과 민물이 만나 식물성플랑크톤이나 유기물이 풍부하다. 가을 도암만은 전어와 낙지를 품고 가우도 사람들과 남도를 살찌운다.

우서끝에서 산길로 올라 능선에 오르자 한옥집과 마을이 바다와 함께 발아래 펼쳐졌다. 예나 지금이나 집과 마을은 그대로인데 젊은 사람은 떠났고 마을은 옛날 젊은 사람이 그대로 지키고 있다. 이들도 도시로 나가 아이들을 다 키우고 부모님이 지키는 마을로 돌아온 이들이 많다. 도시로 나간 아이들도 나이가 들면 아버지가 그랬던 것처럼 섬으로 돌아올까. 다리가 놓여 옛날보다 훨씬 오가기가 편리할 텐데. 전기도 들어오고 인터넷도 되고 공기도 좋은데.

● — 도암만과 남도답사1번지

강진은 월출산을 뒤로 하고 도암만을 마주하는 전형적인 배산임수(背山臨水)의 터이다. 남도문화가 꽃필 수 있었던 것은 좋은 자리에 똬리를 틀고 살던 강진사람들의 자연과 어우러진 삶의 지혜가 만들어낸 결과물이다. 이 걸출한 고장을 상징하는 역사적 인물이 둘 있다. 조선의 대학자 다산 정약용과 한국 서정시의 대가 영랑 김윤식이다. 다산은 10여 년간 강진에서 유배생활을 하며《목민심서》등 불후의 저작 600여 권을 남겼다. 그가 지식의 요람으로 삼았던 백련사와 다산초당 등 곳곳이 명소로 남아 남도문화답사일번지로 발길을 잡고 있다.

도암만은 전체가 탐진강 하구에 형성된 하구형 갯벌이다. 만은 강진 대구면, 칠량면, 강진읍, 도암면, 해남 북일면, 그리고 만 입구에 완도 체도와 고금도로 둘러싸여 있다. 사초리와 신기리, 만덕리 등 만 서쪽을 중심으로 형성된 도암만 상부는 갯벌과 염습지들이 발달해 대부분 간척되어 농지가 조성되었다. 국립수산과학원(2009)의 연구결과 도암만은 수질과 퇴적물의 환경기준이 모두 1등급으로, 다모류 63종, 연체동물과 갑각류 43종 등 총 162종의 대형저서동물이 확인된 환경 및 생태적 가치가 우수한 해역으로 평가되었다.

1번국도를 타고 가다 나주에서 목포로 가는 길과 강진과 해남가는 길로 나누어진다. 그 사이에 월출산이 우뚝 솟아 있다. 정약전과 정약용 형제들도 이 길 어디쯤에서 헤어져 완도 신지도를 거쳐 흑산도로 그리고 강진으로 유배되었다.

만덕산에 오르면 도암만이 한눈에 들어온다. 그 길에 다산초당이 있다. 대한민국에서 가장 아름다운 길. 백련사에서 다산초당에 이르는 길이다. 초당은 기와집으로 변했고 소나무와 차나무는 숲을 이루었다. 많은 사람들이 찾는 통에 길 위로 나무뿌리가 백성들의 주름살마냥 가엽게 모습을 드러냈다. 초당에서 백련사로 가다 보면 다산동암과 천일각에 이른다. 다산의 숙소로 알려진 다산동암에는 직접 쓴 글씨가 걸려 있고 보정산방이라는 편액은 추사 글씨이다. 천일각이 도암만을 바라볼 수 있는 곳이다. 백련사에 이르면 대웅보전이라는 현판을 눈여겨볼 일이다. 당대 최고의 명필, 동국진체의 완성자라 할 이광사의 글씨이다. 도암만이 예사롭지 않은 것은 이것만이 아니다.

〈모란이 피기까지는〉의 시인 영랑의 생가가 있는 곳이 도암만 상류 강진읍이다.

생가 외에 김윤식의 흔적을 찾을 수 있는 곳은 미용실, 식당, 슈퍼이름이다. 다산보
다 영랑을 상점 이름으로 사용한 것은 무슨 이유일까. 다산보다 영랑이 더 친근해서
일까. 아니면 다산과 달리 영랑은 고향사람이기 때문일까. 영랑 생가는 1985년 복원
돼, 국가지정 중요민속자료 제252호로 지정됐다.

　　도암만 인근에는 고려청자와 그 원형인 옹기가 전승되어 오는 대구면 사당리와
칠량면 봉황마을이 있다. 이들 마을은 해상교통의 발달과 태토, 연료, 수질, 기후의
여건이 도자문화의 중심으로 자리를 잡았다. 전국적으로 지금까지 발견된 400여 기
의 옛 가마터기중 200여 터가 강진에 현존한다. 또한 우리나라 국보, 보물급 청자 중
90%가 강진에서 만들어진 것이다. 매년 강진은 강진청자축제를 마련해 그 의미를
기리고 있다. 강진 청자골에서 안으로 골을 따라 들어가 산길로 접어들면 정수사란
절이 있다. 도공들이 가마에 불을 넣기 전에 정성스레 제사를 지내던 곳이며 언제부
턴가는 무명도공의 신위를 모시고 있다.

　　청자골에 못 미처 칠량 봉황마을이 있다. 강진 칠량면 봉황마을은 일찍부터 옹
기마을로 알려졌다. 강진읍에서 마량으로 23번국도를 타고 도암만을 따라 10여 분
남행을 하다 보면 만나는 마을이다. 봉황마을의 옹기역사는 삼흥리, 명주리 일대에
서 시작해 장계천을 따라 해안으로 이동해 자리잡은 것으로 추정한다. 강진청자도
옹기에서 시작되었을 것이라는 설도 있다. 봉황옹기가 널리 알려지면서 한때 마을
이름도 옹점(甕店) 즉 '독짓는 마을' 이라 했다.칠량이라는 지명은 오곡에다 면화와
점토가 좋아 붙여진 것이다. 그래서 생거칠량이라 했다. 앞에는 바다와 갯벌이 있고
뒤에는 산이 좋다. 옹기장이들은 강진, 영암, 나주의 흙을 최고로 꼽았다. 칠량은 겉
흙만 헤치면 고령토가 쏟아졌다.

　　우리 생활에 너무 깊숙이 들어와 있어 존재감조차 느끼지 못했던 것이 옹기였
다. 플라스틱 용기가 보급되면서 옹기가마들은 급속하게 무너져갔다. 봉황마을도
한때 30~40개의 그릇을 만들던 동막에서 300여 명이 생계를 해결했다. 1980년대 초
반에는 20여 집으로 줄어들었고 마지막 한 집만 가마에 불을 지폈다. 농촌총각들과
마찬가지로 옹기장이 자식들도 결혼하기가 어려웠다. 젊은 사람들은 하나둘 도시로
나갔다. 큰 옹기장이를 대장(大匠)이라 한다. 최고의 권위와 기술을 보유한 어른이
었다. 대장의 기술은 가족을 통해 전승되거나 도제식으로 이어졌다. 가마에 불만 때

는 전문가도 있었다. 당시에는 개인가마가 아니라 마을 공동가마였다. 마을에는 아직도 예닐곱 명이 대장의 실력을 갖추고 있지만 모두 고령이고 두 사람 정도가 물레를 돌리고 있다. 이들도 60대를 넘겼다. 마지막까지 물레를 돌리는 대장은 정윤석(69세, 옹기 무형문화재 제37호) 씨다. 옹기가마에 마지막까지 불을 지켰던 장인이다. 중요무형문화재로 지정되었고 아들과 옹기를 만들고 있다.

봉황포구에 옹기배 40여 척이 있었다. 옹기배는 사공, 동무, 화공 등 세 명이 바람에 의존하고 노를 저어 장사를 다녔다. 전라도의 여수, 진도, 완도는 물론 경상도 남해, 마산, 통영, 거제, 김해, 부산, 충청도와 제주, 멀리 황해도 해주까지 오갔다. 옹기배 마지막 생존 사공 신연호(78세) 씨는 제주길이 가장 쉬웠다고 기억했다. 완도 도청항에 머물다 바람을 보고 제주 함덕까지 오갔다. 바람을 잘 만나면 11시간이 걸렸다. 제주는 제 집 드나들 듯했다. 목숨을 잃는 사고도 있었다. 옹기배 2척을 가지고 제주를 오가던 김상배(작고) 씨의 배가 나가사키에서 발견되었다. 그의 아들 김기철(56세)은 아버지의 유업을 이어 봉황마을 초입에서 옹기공장(주식회사, 강진봉황옹기)을 차리고 옹기대중화에 나섰다. 그가 관심을 갖고 있는 것은 실용옹기들이다. 건강에 관심이 높아지면서 사라졌던 옹기들이 식탁 위에, 거실에, 심지어 김치냉장고 용기로 모습을 드러내고 있다. 대량생산도 시도하고 있다. 이들은 김치냉장고에 넣을 사각용기를 만들어내는 등 새로운 디자인을 시도하고 있다.

전라도 옹기는 펑퍼짐하다. 그래서 햇볕을 많이 받는다. 남도의 음식맛이 좋은 것은 옹기의 모양과 깊은 관련이 있다. 햇볕을 많이 받아 장맛을 좋게 하기 때문이다. 옹기그릇이 만들어낸 비법이다. 그뿐만 아니다. 옹기 안은 겨울에는 따뜻하고 여름에는 서늘하다. 음식을 숙성시키기 적절하다. 옹기 안의 된장과 장맛이 살아 있는 이유다. 소금을 넣어 묵은 소금으로 숙성한다. 남도의 음식이 맛있는 것은 손맛과 자연 그리고 문화가 만들어낸 종합과학이다. 도암만을 지나 해남의 녹우당, 윤두서 생가, 대흥사, 초의선사를 만날 수 있으며, 땅끝과 미황사로 연결된다. 그리고 뱃길로는 윤선도와 보길도로 가는 길목이기 때문에 명실공히 남도답사1번지라는 말이 과장은 아니다.

개황 | 가우도 駕牛島

위치 | 전남 강진군 도암면 신기리 **동경** 126°46′ **북위** 34°45′
면적 | 0.296km² **해안선** | 1.95km **육지와 거리** | 0.8km(신기리 마호)
가구수 | 19 **인구**(명, 남+여) | 54(29+25) **어선**(척) | 35 **어가** | 10
어촌계 | 총 1개 어촌계 12명

전력시설 | 한전 전가구
급수시설 | 간이상수도 전가구

교통 | **배편** 신기리 망호에서 소형**어선** 이용
특산물 | 꼬막, 바지락
특이사항 | 섬의 지형이 소 멍에 같다하여 가우도라 부르게 되었다. 매년 봄에는 마을 어귀 고목나무에 풍어를 비는 제를 지내고 온 마을 주민이 술을 빚어 나누어 먹으며 즐기는 풍습이 있다.

30년 변화 자료

구분	1973	1985	1996
주소	전남 강진군 도암면 신기리	좌동	좌동
면적(km²)	0.23	0.228	0.228
공공기관	-	지파출소 1개	-
인구(명, 남자+여자)	112(59+53)	74(36+38)	37(19+18)
가구수	15	15	12
급수시설	공동우물 2개	우물 2개, 간이상수도 1기	간이상수도 1개
초등학교	분교 1개 23명	분교 1개 6명	-
전력시설	-	한전 15가구	한전 12가구
어선(척, 동력선+무동력선)	8(6+2)	6(2+4)	11(4+7)

＊ 공공기관은 면사무소, 파출소 등 포함

해
남
군

해
남
군

68 어불도
69 상마도, 중마도, 하마도
70 임하도, 녹도
71 시하도

김매는 섬,
어불도 사람들이 살아가는 법

해남 어불도

바다의 어둠은 소리와 함께 걷힌다. 갈매기가 먹이를 찾는 소리, 물김을 뜯는 채취선이 통통거리는 소리는 바다의 어둠을 걷는다. 미황사가 자리한 달마산 위로 붉은 기운이 돌기 시작한다. 채취선이 지나간 바다가 거칠게 몸을 일으키더니 이내 잠든다. 바람이 불지 않아 다행이다. 만호바다에 떠 있는 김발 부표들이 전쟁에서 죽은 조선과 일본군의 머리처럼 보인다. 진도와 해남을 연결하는 만호바다. 남쪽으로 거슬러 멀리 고금도 덕진과 해남의 어란진, 진도의 벽파진으로 이어지는 이 바다는 조선의 운명을 결정한 명량해전의 싸움터였다. 만호바다에서 어란진은 보이지 않는다. 어란진을 가로막은 작은 섬 어불도 때문이다. 이순신은 일찍이 이를 간파하고 이곳에서 조선의 운명을 건 싸움을 준비했다. 턱밑까지 지퍼를 올리고 벙거지 모자를 목까지 내렸다. 물김을 뜯기 위해 바다로 나간 탓에 만호바다는 텅 비어 있다. 천덕꾸러기 대접을 받던 바지선들이 무거운 짐을 벗고 아침햇살을 맘껏 즐긴다. 어민들에게 창고나 다름없는 바지선은 김발을 가득 안고 찬바람을 기다렸을 것이다.

바다에서 김을 매는 사람들

속살을 파고들던 바람 끝이 무뎌질 쯤, 김을 가득 맨 배들이 어불도를

지나 빨간 등대를 스치듯 물보라를 튕기며 포구로 돌아온다. 남도사
람들은 김을 채취하는 일을 '김을 맨다' 라고 한다. 그런가 하면 가을
에 김발을 양식장에 설치하는 것도 '김발을 맨다' 라고 표현한다. 때
로는 모두 '김발을 맨다' 라고도 한다. 김양식을 하는 어촌의 여름은
그늘에 앉아 김발을 만드는 일로 시작된다. 그늘이 없으면 햇빛가리
개를 치고 가족들이 모두 모여 김발을 만든다. 이렇게 김발을 만들어
바지선에 잘 보관해 둔다.

　김양식을 하기 위해서는 100여 미터가 넘는 굵은 줄을 닻이나 항
목(나무 말목)을 이용해 2미터 간격으로 바다 속에 고정시킨 후 폭이
180센티미터쯤 되는 김발을 줄에 매단다. 벼농사로 비유한다면 모심
기쯤에 해당된다. 모심기를 위해서는 못자리를 만들어야 한다. 김양

식도 못자리에 해당하는 포자(씨앗)를 김발에 붙이는 작업이 김발매기 한 달 전에 이루어진다. 아마도 이런 이유로 '김발을 맨다' 는 말이 만들어진 것 같다. 김을 채취하는 것을 '김을 매다' 라고 표현하는 것은 '풀을 매다' '보리밭을 매다' 등에서 비롯된 듯하다. 한 고랑씩 줄을 잡아 풀을 뽑듯 줄지어 있는 김발에서 김을 뜯는다. 특히 옛날에는 지금과 달리 싸리나무나 대나무를 갯벌에 꽂아 김양식을 했기 때문에 나무에 붙은 김을 뜯는 것이 풀을 매는 것과 같았다.

김발을 매는 것은 추석 전후다. 김양식 중 가장 손이 많이 가는 작업이기 때문에 10여 년 전에는 마을 주민들이 모두 참여해 공동작업을 했다. 김값이 좋던 시절에는 모두 일본으로 수출되어 우리 밥상에서 구경하기 힘들었다. 명절에나 구경할 수 있고, 그것도 몇 장씩 배급을 주듯 세어서 나누어주던 시절이었다. 그래서 설명절에 가장 큰 선물이 '김 한 톳' 이었다. 이 무렵 어촌마을의 당제(당산제)나 용왕제 등 정월 마을제의는 포자가 김발에 잘 붙고 김 농사가 갈되기를 기원하는 것으로 마무리되곤 했다. 지금은 인공포자를 이용하지만 당시는 포자가 많이 나는 바닷가에 김발을 집어넣어 붙이는 자연포자 방식이었다. 옆마을 김농사가 잘된다 싶으면 정월 보름을 전후해 몰래 갯벌에 들어가 갯흙을 훔치기도 했다. 그러면 다음해 김농사가 잘 된다고 믿었기 때문이다. 김농사가 잘되는 마을에서는 이를 막기 위해 청년들이 양식장을 지키는 일도 있었다.

충남 서천과 함께 최고의 물김 산지인 어란리 포구에는 인근 어불도와 동현리 어민들이 채취한 김들이 모두 모아져 수협을 통해 위탁판매된다. 어란진에는 해남은 물론 전국 각지의 김공장들이 품질 좋기로 소문난 이곳 물김을 사기 위해 줄을 선다.

어민들은 배에 가득 담긴 물김의 일부를 작은 그릇에 담아 중매인들에게 내놓는다. 물김을 살펴보고 만져본 중매인들이 구입가격을 적어보이면, 수협 중개인은 그 중 가장 높은 가격을 적은 중매인에게 물김을 판다. 중매인의 손을 거친 물김은 큼지막한 자루들에 담겨 크레인에 매달려 허공을 가르다 트럭에 자리를 잡는다. 이곳 어민들이 생산한 물김은 이제 공장을 거쳐 소비자들에게 판매될 것이다. 어둠이 걷히기 전에 시작된 어란리 포구의 바쁜 일상이 마무리 되는 시간은 오후 1~2시 무렵이다. 인근 식당에서 어불도와 인근 어민들이 늦은 점심과 소주잔을 기울이고 집으로 돌아온다. 시끄럽던 포구는 다시 적막에 휩싸인다.

전쟁을 기억하는 섬과 바다

조선시대 일본과 전쟁으로 바다를 내줘야 했던 주민들은 일제강점기엔 태평양 전쟁을 준비하는 일본군에게 동원되어 섬의 능선에 호를 파고 바위굴을 뚫어야 했다. 이러저래 섬과 바다는 주민들의 몫이 아니었다. 섬 자체가 구압산이라는 해발 30여 미터의 작은 산으로 이루어져 있다. 해안도로가 만들어진 남쪽 사면의 바다와 접한 곳에 아홉 개의 길고 짧은 동굴이 있다. 지금은 김양식에 이용되는 각종 어구들이 보관되어 있지만 일제강점기에 만들어진 전쟁시설이다. 일본군이 군수품을 숨기기 위해서 많은 사람들을 각지에서 동원해 만들었다. 동굴의 규모는 폭이 2~3미터에서 3~4미터에 이르며, 길이는 짧은 것이 3미터에서 긴 것은 15미터에 이른다. 마을 어른 김씨는 동굴만이 아니라 능선에 호를 파 전쟁에 대비했다고 알려줬다. 단순히 군수품을 숨기는 차원을 넘어 일본군이 주둔하면서 전쟁을 준비했음을 알수 있다. 어불도와 일본의 악연은 이때만 있었던 것은 아니다. 첫 인연은 500여 년 전 정유재란이다. 원균이 칠천량전투에서 대패하자 조정에서는 백의종군을 하고 있던 이순신을 삼도수군통제사로 복귀시켰다. 10여 척의 판옥선을 수습해 첫 전투를 한 곳이 어불도 인근 바다였다. 김양식이 즐비한 이곳 바다를 주민들은 '만호바다'라고 부른다. 이순신은 적을 만호바다 깊숙이 유인하여 격퇴하였다. 어란진이 수군 만호진의 역할을 할 수 있었던 것은 어불도가 동서로 길게 뻗어 어란진을 보호하고 있었기 때문이다. 어불도의 지세는 어란진으로 들어오는 파도와 바람을 막아줄 뿐만 아니라 수군본영이 외부에 노출되는 것을 막았다. 이후 이순신은 본진을 벽파진으로 옮겨 한 차례 싸움을 벌였다. 두 차례 싸움은 명량해전을 위한 유인전투였고 마침내 해전사에 길이 남을 명량해전을 승리로 이끌었다.

삼치 덕에 어둠을 밝혔다

어불도에서는 김을 매기 전에는 삼치잡이를 했다. 삼치잡이라면 고흥 나로도와 완도 청산도를 꼽지만 해남 어불도를 무시했다간 큰코다친다. 1970년대 초반부터 1980년대 초반까지 약 10여 년간 어불도에 있는 40~60여 척 배들이 삼치잡이에 나섰으니까. 당시 가구수가 70~80여 가구였던 점을 생각하면, 작은 섬에 삼치잡이가 얼마나 성했는지 알 수 있다. 삼치잡이배를 타려고 어불도로 들어온 사람들로 셋방이 없었다. 12월부터 3월까지 깊은 겨울만 빼고는 철없이 잡았던 것이 삼치였다. 어란진에는 무역선이 늘 떠 있어 잡는 대로 일본으로 가져갔다. 삼치배는 위로는 위도, 아래로는 청산도를 지나 고흥 나로도까지 나갔다. 어불도에서 삼치가 결국 일을 내고 말았다. 새마을사업이 한창이던 1977년 어불도의 높은 소득이 눈에 띄어 청와대의 높으신 양반에게 보고가 되었다. 작은 섬마을 새마을지도자가 청와대까지 들어가 대통령에게 어불도 상황을 보고했다. 그 덕에 숙원사업인 '전깃불' 을 켤 수 있었다. 그전에는 자가발전으로 저녁이면 겨우 밥을 먹고 자야 했다. 생각해 보면 모두 삼치 덕이 아니고 무엇인가.

어불도 구압산에 오르면 어란리 포구가 한눈에 들어온다. 빨간 등대와 하얀 등대가 좌우로 쌍을 이루고 있는 바다 위에 집이 지어진 듯한 착각이 들게 한다. 사람들이 다니지 않은 묵은 산길을 헤치며 당집을 찾아 나섰다. 한 걸음 옮길 때마다 청미래덩굴이 다리를 붙잡고 억새가 얼굴을 간질인다. 능선을 넘어서자 한눈에 당집이 들어온다. 돌담은 곧 무너질 듯하고, 출입구는 찾을 수 없다. 어렵게 안으로 들어섰다. 안에는 지난해 사용하고 잘 갈무리해 놓은 제기들이 있다.

삼치잡이가 한창이던 30여 년 전까지만 해도 정성스럽게 당제를 지냈다. 정월 대보름 무렵, 마을 주민들 중 깨끗한 사람을 뽑아서 풍어와 마을의 안녕을 기원했다. 언제부터인지 모르지만 미황사에 계시는 스님을 모셔다 당제를 지내고 있다. 마을제의에 스님들이 등장하기 시작한 것도 연유가 있다. 우선은 사람들이 당제를 지내는 제관으로 뽑히는 것을 달가워하지 않았기 때문이다. 아내와 잠자리를 해서는 안 되는 것은 물론, 겨울에 차가운 당샘에서 목욕을 하고 음식을 준비해야 한다. 심지어 산달이 가까운 산모를 마을 멀리 내보내 아이를 낳게 하기도 했다. 정성스럽게 제를 지내도 마을에 좋지 않는 일이 생기거나 고기잡이가 시원찮으면 그해 제를 지낸 사람에게 의혹의 눈길을 보내기도 했다.

이러다 보니 서로 당제를 모시는 제관으로 뽑히는 것을 꺼려했다. 다른 이유도 있다. 당제를 위해 집집마다 풍물을 앞세우고 제비를 걷었다. 풍물은 제를 지내는 동안에도 반드시 필요했다. 하지만 농어촌 인구가 감소하고 고령화되면서 쇠를 치고 장구를 멜 사람을 찾기 어려워졌다. 심지어 당제를 구경하거나 조사하기 위해 찾아간 외지인들이 북, 장구를 메야 할 정도였다. 스님을 모시는 경우 이런 문제는 깨끗이 해결된다. 스님과 마을이장이 당집에 올라가 간단하게 지낼 수 있기 때문이다. 해남 송지에 있는 몇 마을은 오래 전부터 스님을 모시고 있으며, 남해지역 마을들도 같은 현상이 발생하고 있다.

어란진에서 어불도까지는 10분거리. '새마을호' 라는 작은 객선이 하루에 7회 운행을 하고 있다. 섬주민들은 하루 빨리 뱃길 대신 연륙을 원하지만 쉽지 않다. 섬인구가 적어서 예산을 얻기 쉽지 않기 때문이다. 초등학생이 9명에 중고등학생이 10여 명에 이른다. 섬주민들의 불편함보다는 '아이 속살처럼 예쁜 작은 섬이 망가지면 어떡하나' 라는 생각이 앞서는 것을 보면 나도 '육지 것' 인 모양이다.

개황 | 어불도 於佛島

위치 | 전남 해남군 송지면 어란리 **동경** 126°28′ **북위** 34°20′
면적 | 0.663km² **해안선** | 5.9km **육지와 거리** | 0.7km(송지면)
가구수 | 73 **인구**(명, 남+여) | 223(115+108) **어선**(척) | 61 **어가** | 63
어촌계 | 총 1개 어촌계 79명

공공기관 | 해경 어불도출장소(061-550-2138), 어불보건진료소(061-534-1255)
교육기관 | 어란진초등학교 어불분교장(061-533-2004)
전력시설 | 한전 전가구
급수시설 | 지방상수도 전가구

교통 | **배편** | 육지와의 사이에 나룻배가 운항됨
특산물 | 홍갈색의 윤기 있는 김
특이사항 | 패총과 고분 유적이 남아 있어 삼국시대 이전부터 사람이 살았던 섬으로 보인다.

30년 변화 자료

구분	1973	1985	1996
주소	전남 해남군 송지면 어불리	전남 해남군 송지면 어란리	전남 해남군 송지면 어불리
면적(km²)	0.66	0.6630	0.663
공공기관	-	-	경찰분소 1개
인구(명, 남자+여자)	470(238+232)	337(168+169)	276(141+135)
가구수	67	70	71
급수시설	공동우물 41개	우물 71개, 간이상수도 1개	우물(펌프) 82개
초등학교	분교 1개 91명	분교 1개 65명	분교 1개 32명
전력시설	-	한전 70가구	한전 71가구
의료시설	-	-	보건진료소 1개
어선(척, 동력선+무동력선)	41(26 +15)	65(60+5)	70(70 +0)

＊ 공공기관은 면사무소, 파출소 등 포함

69

싸드락싸드락 사는 사람들

해남 상마도 중마도 하마도

찡찡한 얼굴에 잔뜩 부아가 나 있지만 울지는 않았다. 날씨가 그랬다. 목적지에 도착해 식당을 찾았다. 가는 곳마다 문이 닫혀 있었다. 일요일이라 그런가. 한참을 헤매다 겨우 찾아낸 식당은 공사장에서 일하는 사람들이 방을 다 차지했다. 냉랭한 홀 안 작은 석유난로 하나에 의지한 채 자리를 잡고 앉았다. 그 후로 몇 팀이 들어왔다. 아마도 화산면에서 점심을 해주는 곳은 이 식당 하나뿐인 것 같았다.

면소재지에서 점심을 먹으려고 했던 것은 오늘 가려고 하는 삼마도에 대한 정보를 얻기 위해서였다. 객선도 다니지 않는데 섬은 3개나 된다고 하지만 외지인들이 거의 찾지 않는 섬인지 정보도 없었다. 역시 겨우 알아낸 것은 이장님 전화번호 정도였다. 구성리에 가면 오가는 주민배를 얻어탈 수 있을지 모르겠다는 생각에 점심을 먹자마자 출발을 했다. 왔던 길을 거슬러 달리기 시작해 시골길로 1시간 가까이 달렸다. 내비게이션이 시키는 대로 간 것이 잘못인가. 아뿔싸, 기계를 너무 믿었다. 도착한 곳이 산이면 구성리였다. 화원반도 끝자락까지 와버린 것이다. 며칠 후 이장님에게 전화를 했다. 사모님이 전화를 받았다. 올해 김농사부터 물었다. "다빠져 부렀더라. 날씨가 추워야 쓴디. 김이 클 때 날씨가 따순게. 올해 김농사는 베려부렀소." 말 끝에 탄식까지 새어나왔다. 이장님과 통화를 했다. 그쾌도 아침에 구성리에 나가면 김을 위판하려고 나간 배들이 있으니 타고 들어오라고 했다.

이번엔 날씨가 쾌청했다. 눈 덮인 월출산이 성큼 앞으로 다가섰다. 목포에서 부산으로 가는 2번국도를 거쳐 해남으로 향했다. 해남으로 접어들자 밭에서 월동하는 배추들이 산타클로스의 수염마냥 탐스럽게 하얗다. 오늘이 성탄절이다. 아이들이나 연인들은 즐거웠겠지만 도로에는 곳곳에 자동차들이 넘어져 있었다. 땅끝과 미황사로 가는 13번 도로는 한가했다. 꼼꼼하게 이정표를 확인하고 화산과 송평 방향 좁은 국도로 들어섰다. 목포에서 화원반도를 지나 땅끝으로 이어지는 아름다운 해안도로(77번국도)를 만났다. 삼마리로 가는 구성리 포구는 77번국도변에 있었다. 횟집을 겸한 식당과 슈퍼가 하나씩 있고, 길목에 따뜻한 국물과 함께 어묵을 파는 집도 문을 열었다. 선창에는 김채취선 세 척이 경매를 마치고 대형 크레인으로 물김을 트럭에 싣고 있었다. 물김을 자루에 담아 트럭에 옮기고 배를 청소하고 있는 아주머니에게로 다가갔다. "아주머니, 이 배 상마도로 가나요." "왜 그러요." "상마도에 들어가려는데 얻어탈 수 있나 싶어서요." 옆에 있던 젊은이가 "탈쇼"라며 흔쾌히 동행을 허락해 주었다. 객선이 없어 걱정하던 판이었는데 일이 너무 순조롭게 해결되었다. 게다가 섬으로 들어가면서 할머니 이야기도 들을 수 있을 것 같았다.

해남 화산면과 진도 고군면 사이에 있는 마루섬은 상마, 중마, 하마 세 개의 섬으로 이루어져 삼마군도라고도 한다. 땅끝으로 이어지는 군곡리와 백포리 등에서 고분과 패총이 발굴되어 선사시대 사람들이 주거했던 곳으로 밝혀졌다. 땅끝 일대 해남반도는 기후가 온화하고 물산이 풍부했다는 것을 알 수 있다. 지금은 낮은 산과 구릉이 발달하고 황토가 좋아 전국적으로 알려진 밤고구마의 원산지이며,

겨울배추가 밭에서 월동을 하는 곳이다.

진도 동쪽과 해남 서쪽이 접한 바다는 대한민국에서 가장 넓은 김 양식장이다. 한가운데 마루섬이 자리해 있다. 하늘에서 본 마루섬은 완전히 김발로 포위되어 있었다. 진도의 접도 구좌도, 묘도, 금호도 일대, 해남의 어란리, 송평 마루섬 일대가 그곳이다. 상마도는 말굽 모양을 하고 있어 세 섬을 통칭 '마루섬' 이라 했다. 특히 상마도는 세 섬 중 가장 위(북)쪽에 있어 웃마리, 상마리, 상마도리, 상마리라 했다. 《동국여지승람》에 '마뢰도磨賴島'로 기록되어 있다 완도 보길면에 속했으나 행정구역 개편으로 상마도리, 중마도리, 하마도리, 죽도를 합해 삼마리하고 해남군 화산면에 편입시켰다. 고려시대 유배지로 이 용하였다고 전하며 1600년 함평에서 평강최씨 최천송이 정착하였고 그 후 김해김씨, 전주이씨가 입주했다고 전한다. 중마도는 상마도와 하마도 중간에 있어 붙여진 지명이다. 그 사이에 무인도인 안도가 있다. 이들 섬주변으로 김양식장이 빽빽하게 들어찼다. 하지만 인근 고천암 간척지를 조성하면서 쌓은 방조제로 조류소통이 막히면서 작황이 크게 떨어졌다고 한다. 양식미역만 아니라 돌미역이나 톳채취량도 크게 줄었다. 하마도는 먼 바다쪽인 섬 남쪽으로 약 10미터에 이르는 해식애가 발달했고 중마도와 마주보는 북쪽은 넓은 사빈을 중심으로 마을이 형성되었다. 돌김이 다량 생산되었고 마을 뒤편에서 전복양식을 하고 있다. 1600년경 김해김씨가 진도에서 귀향차 거주하다가 육지로 나오는 도중에 풍랑을 만나 잠시 이곳에 정착했다고 한다.

김채취선에는 할머니와 막내아들과 일을 도와주는 두 분, 그리고 나까지 타고 있었다. 작업용 배이기 때문에 운전하는 자리만 바람을 피할 수 있도록 되어 있어 모두 바닥에 앉아 불어오는 북서풍에 맞서야 했다. 할머니는 배 맨 앞 이물에 앉아 섬을 바라보고 계셨다. 배는 김양식장 사이를 헤치며 상마도로 향했다. 양식장과 양식장 사이에 남북으로 꽤 넓은 공간이 뱃길처럼 길게 열려 있다. 구성리와 마루섬 양식장을 구분하는 경계다. 그리고 마루섬 앞 양식장은 동서로 3등분해 나누어져 있었다. 같은 방식으로 세 섬에 해당하는 마을어장을 구분한 것이다.

한 번 채취한 김은 스무날이나 한 달이 지난 후에 다시 채취한다. 예전에는 보통 30여 줄을 채취하면 물김이 배 가득 찼다. 자루로 셈을 하면 60여 자루는 생산되었다. 하지만 금년에는 같은 양을 채취하면 10자루를 채우기도 버겁다고 했다. 며칠 전 이장님 사모님이 전화통화로 "물김이 모두 빠져부렀어라"라며 한숨 쉬던 것이 생각났다. 발

"내가 이렇게 아프지 않은 것은 갯바람 때문이여." 노인의 몸도 바다가 되었다. 물때와 갯바람이 없는 삶은 상상할 수 없다.

에 검은 김이 촘촘히 붙어 있어야 하는데 드문드문 했다. 가끔 김은 하나도 붙어 있지 않은 맨 김발도 확인됐다.

김할머니는 예순넷이다. 스물셋에 현산면에서 상마로 시집와서 40년을 김양식을 하면서 살았다. 평생 이렇게 김이 안 된 것은 처음이라고 했다. 김발을 바다에 설치할 때 날씨가 따뜻해 김이 자라다 전부 빠져나가 버렸다는 것이다. 앞으로 더 많이 빠져나갈 것 같다며 한숨을 쉬셨다. 할머니는 딸 둘을 낳고 아들 하나 딸 하나를 낳았다. 김할머니는 할아버지와 같이 김양식을 했지만 할아버지가 몸이 불편해지면서 아들이 들어와 김양식과 전복을 하고 있다. 할머니네는 600줄(책)을 양식하고 있어 마을에서 중상 정도 규모라고 했다. 많이 양식하는 사람은 1,000줄까지 하는 사람도 있다. "할머니, 이렇게 추운데 집안에 계시지 왜 찬바람 통에 나오셨어요." "이게 내가 아프지 않는 이유여." 60대 중반의 할머니는 갯바람이 보약이었다. 자신의 건강을 위해서 김배를 타러 나오는 것이다. 물김을 채취하는 것은 힘들어 나서지 못하지만 채취한 김을 위판하러 갈 때는 꼭 따라나서신다. 일도 거들고 겨울철 찬 갯바람을 맞아야 뻑적지근한 몸이 풀린다고 했다. 반평생을 겨울 북서풍 갯바람에 맞서 김양식을 해온 어머니의 몸은 바다가 되었다. 그걸 뭍사람들은 알까. 자식들은 바다를 닮아버린 어머니의 몸을 이해할 수 있을까. 방한복 위로 작업용 우의를 입고 두 눈만 나오는 방한모를 쓰셨다.

처음 시집왔을 때는 마을 앞 선창에서 20~30줄 정도 지주식 김양식을 했었다. 많이 하는 사람이 50줄 정도 했으니까, 지금의 1/10 정도였다. 그때는 직접 손으로 김을 뜯어서 칼로 가늘게 잘라 직접 "김을 떴다." 그리고 건조장에 한 장씩 널어 말린 다음 객선을 타고 가서 목포상회에 넘겼다. 당시 완도에서 어란을 거쳐 목포로 가는 배가 하루에 한 번 있었다. 배가 선창에 닿지도 않았기 때문에 종선을 타고 객선에 김을 실고 나가야 했다. 그때 김값이 지금보다 훨씬 좋았다는 것은 상마도에서만 듣는 소리는 아니다.

지금은 객선도 다니지 않는다. 모두 개인배를 가지고 있어 뭍을 오가는 데 큰 불편함은 없지만 나처럼 외지사람이 섬을 드나드는 것은 여간 불편하지 않다. 오늘처럼 다행히 섬으로 들어가는 배라도 만나면 천만다행이다. 배가 김양식장 사이를 곡예를 하듯이 빠져 나와 죽도와 상마도 사이를 지나자 마을선창이 모습을 드러냈다. 상마도는 두 개의 말굽자석이 마주보고 있는 형국이다. 그 사이에 바람과 파도를 피할 수 있는 곳에 선창과 마을이 자리를 했다. 선창에는 바지선은 물론이고 섬주변은 온통 김양식 관련 어구들이 어지럽게 널려 있었다. 구성리에서 상마도까지 김채취선으로 10분 정도 걸렸다. 아들은 선외기로는 3분거리라고 했다. 선창에 내려 마을을 돌아 폐교로 들어섰다. 1968년 화산남초등학교 상마분교장 개교식에 참석한 학생수는

23명이었다. 2009년 폐교될 때까지 19회 졸업생 92명을 배출했다. 마지막 2명의 학생과 분교장을 화산초등학교로 통폐합하고 폐교했다. 일반적으로 섬학교 교실은 바다를 바라볼 수 있도록 위치해 있다. 그런데 상마분교는 바다를 뒤에 두고 마을 뒷산을 바라보고 있다. 운동장을 가로질러 발전소를 지나 마을 뒷산으로 올라갔다. 상마리와 선창이 한눈에 들어왔다. 산 너머로는 안도와 주변 양식장이 있었다. 그 너머로 중마도와 하마도가 있다.

마을 가운데 작은 둠벙에서 한가롭게 쉬고 있던 청둥오리 두 마리가 갑작스럽게 출현한 뭍사람에 놀라 퍼드득 날아올랐다. '미안하다. 오리야, 편하게 쉬는 데 방해를 했구나.' 지붕이 무너진 김공장 두 개가 마을에서 가장 큰 건물이었다. 산 언덕에 교회와 발전소 건물은 섬에서 가장 좋은 건물이었다. 상마도는 총 26가구가 거주하며 대부분 김양식에 종사하고 있고 이 중 9가구는 전복양식을 겸하고 있다. 중마도와 하마도도 생업구조는 마찬가지였다. 늦여름부터 이듬해 늦은 봄까지 바쁜 나날을 보내며, 틈틈이 근해에 나가 숭어·바지락 등을 잡는다. 중마도와 하마도 가구를 합하면 상마도 정도 된다. 중마도와 하마도도 김양식을 많이 하지만 전복양식 비중도 높다. 상마도에 비해 많은 주민들이 육지로 이사를 갔다. 대신 김양식장 자리를 사서 들어온 외지인들도 제법 있다고 했다. 이에 반해 상마도는 외지인이 들어와 김양식을 하는 경우는 없다.

마루섬은 모든 생필품은 육지에서 구입하며, 식수가 귀하다. 자동차가 다닐 수 있는 길은 없고 섬 전역을 걸어다닌다. 김양식철이 지나면 대부분의 주민들이 섬을 떠나 뭍에서 생활하거나 일을 보기 때문에 마을에 노인들을 제외하고 남아 있는 사람이 별로 없다. 그러나 김양식철에는 젊은 사람들이 들어온다. 전체 섬인구의 절반이 60대 이

하이다. 작은 섬에서 볼 수 없는 취학 전 아이들도 있었다. 마을의 안녕과 풍어를 기원하는 당제와 '거리배'를 바다에 띄워 각종 재난 예방과 풍어를 기원하던 섬풍습은 사라졌다. '옛풍습'을 고집하던 어른들이 돌아가시거나 섬을 떠났기 때문이다. 남자들이 당산제를 지내면 여자들은 거리배를 띄워 보내는 용신제를 지냈었다.

마을을 '싸드락싸드락' 한 바퀴 돌아보는 데 30분이 채 걸리지 않았다. '천천히, 세월 가는 대로'를 의미하는 해남말이다. 이젠 배를 타고 나갈 걱정이 앞섰다. 점심도 걸렀다. 다른 섬 같으면 아무 집이나 들어가서 밥 좀 달라고 하련만 왠지 쉽게 들어설 수 없었다. 모두 김양식장에서 막 들어온 탓에 부담이 될 것 같았다. 선창에서 나가는 배를 기다리기로 했다. 하지만 모두들 양식장이나 어장에 나갈 뿐 구성리로 나가는 배는 없었다. 마을 주민 한 분이 채취한 김을 위판하기 위해 오전에 모두 다녀온 터라 특별한 일이 아니면 나가지 않을 것이라고 일러줬다. 하는 수 없이 이장님에게 전화를 걸었다. '기름값은 드릴테니 사선 하나만 구해달라고.' 이장님이 구해준 배는 아침에 배를 태워준 젊은 총각이었다. 30대 초반인 젊은 총각, 이름은 최태옥(31세)이었다. 결혼을 하지 않았고 앞으로도 섬에서 김과 전복농사를 지으며 살 계획이라고 했다. 결혼하면 어떡하겠느냐는 말에 뭍에서 오가며 살 것이라며 착한 웃음을 날렸다. 선외기를 날렵하게 양식장 사이를 오가며 구성리에 선창에 내려주었다. 물김을 트럭에 옮겨 싣던 크레인도 멈췄고, 오뎅을 팔던 포장마차는 파장을 했다. 식당에서 북평에서 가져왔다는 매생이국에 밥을 말아 후루룩 마셨다. 찬바람에 꽁꽁 언 속이 확 풀렸다.

일반현황

위치 | 전남 해남군 화산면 삼마리 **동경** 126°25′ **북위** 34°27′
면적 | 0.39km² **해안선** | 3.2km **육지와 거리** | 4.3km(화산면 관동리)
가구수 | 50 **인구**(명, 남+여) | 124(79+45) **어선**(척) | 53 **어가** | 50
어촌계 | 총 1개 어촌계(삼마 121명)

공공기관 및 시설

전력시설 | 자가발전 49가구
급수시설 | 간이상수도 전가구

여행정보

교통 | **배편** | 화산면소재지에서 선착장까지 승용차로 15분, 육지와는 나룻배로 왕래(소요시간 20분)
특산물 | 바다장어, 김, 쌀, 보리
특이사항 | 매년 정월 14일 저녁이면 당산수림에서 남자제관이 당산제를, 15일 아침까지는 부인들이 용신제를
거행한다.

30년 변화 자료

구분	1973	1985	1996
주소	전남 해남군 화산면 삼마리	좌동	좌동
면적(km²)	0.23	0.389	0.390
공공기관	-	-	경찰분소 1개
인구(명, 남자+여자)	138(62+76)	178(119+59)	142(82+60)
가구수	20	30	40
급수시설	공동우물 1개	우물 8개	우물(펌프) 6개
초등학교	분교 1개 37명	분교 1개 15명	분교 1개 22명
전력시설	-	자가발전 30가구	자가발전 40가구
어선(척, 동력선+무동력선)	6(2+4)	34(34+0)	61(61+0)

* 공공기관은 면사무소, 파출소 등 포함

개황 | 중마도中馬島

위치 | 전남 해남군 화산면 삼마리 **동경** 126°25′ **북위** 34°25′
면적 | 0.10km² **해안선** | 2.0km **육지와 거리** | 2.3km(화산면 구성리)
가구수 | 26 **인구**(명, 남+여) | 60(35+25) **어선**(척) | 27 **어가** | 26

공력시설 | 자가발전 20가구
급수시설 | 간이상수도 전가구

특산물 | 숭어, 돔, 김
특이사항 | 김, 바지락이 주수입원이었으나 인근의 간척지 방조제 공사 후 생태계가 변하여 채취가 어려워짐.

30년 변화 자료

구분	1973	1985	1996
주소	전남 해남군 화산면 삼마리	좌동	좌동
면적(km²)	0.15	0.096	0.096
인구(명, 남자+여자)	50(28+22)	70(42+28)	53(31+22)
가구수	8	16	15
급수시설	공동우물 1개	우물 7개	우물(펌프) 6개
초등학교	-	분교 1개 7명	-
전력시설	-	자가발전 16가구	자가발전 15가구
어선(척, 동력선+무동력선)	2(0+2)	14(10+4)	18(18+0)

개황 | 하마도下馬島

일반현황

위치 | 전남 해남군 화산면 삼마리 **동경** 126°26′ **북위** 34°26′
면적 | 0.16km² **해안선 |** 2.0km **육지와 거리 |** 2.5km(화산면 구성리)
가구수 | 26 **인구**(명, 남+여) **|** 63(35+28) **어선**(척) **|** 27 **어가 |** 26

공공기관 및 시설

공력시설 | 자가발전 23가구
급수시설 | 간이상수도 전가구

여행정보

특산물 | 돌김
특이사항 | 김, 바지락양식이 주수입원이었으나 인근의 간척지 방조제 공사 후 생태계가 변하여 채취가 어려워짐.

30년 변화 자료

구분	1973	1985	1996
주소	전남 해남군 화산면 삼마리	좌동	좌동
면적(km²)	0.19	0.16	0.16
공공기관	-	-	경찰분소 1개
인구(명, 남자+여자)	77(46+31)	62(32+30)	69(44+25)
가구수	10	14	2-
급수시설	공동우물 2개	우물 8개	우물(펌프) 13개
초등학교	분교 1개 29명	분교 1개 7명	-
전력시설	-	자가발전 14가구	자가발전 21가구
어선(척, 동력선+무동력선)	4(0+3)	15(12+3)	19(19+0)

＊ 공공기관은 면사무소, 파출소 등 포함

70

명랑대첩의 주인공 작은 섬,
섬사람들
해남 임하도와 녹도

우수영 동막마을을 빠져 나오자 구릉진 황토밭은 온통 배추밭이다. 어느 시인이 그랬던가, 가도가도 황톳길. 해남은 그런 땅이다. 겨울철에도 밭에서 오롯이 배추를 볼 수 있을 만큼 따뜻한 곳이다. 임하도로 가는 이정표를 따라 좌회전을 하자 진도와 해남 사이 바다가 보이기 시작했다. 그리고 이어지는 배추밭과 염전밭이 이채롭다. 간간이 갯벌을 막아 농사를 짓는 논들도 있지만 배추밭에 치여 논들은 기를 펴지 못했다.

해남은 겨울에도 따뜻하다. 그래서 배추가 황토밭에서 월동을 한다. 해남 월동배추가 유명한 이유다.

임하도는 큰 섬과 작은 섬, 두 개의 섬으로 이루어졌다. 육지(문내면 예락리)와 연결된 다리는 제법 모양새를 갖췄지만 섬과 섬을 연결하는 다리는 그냥 도로라고 해야지 다리라 칭하기 무색하다. 다리를 건너면 큰 섬, 다리흉내를 낸 도로를 건너면 작은 섬이다. 두 섬을 합해 30여 가구가 살고 있다. 몇 집은 전복양식을 하고 있지만 노인들은 배추농사를 비롯해 밭농사로 소일을 한다. 노을이 아름다워 가끔 사진을 찍는 사람들이 찾는 것을 제외하고는 다리로 연결되었지만 외지인의 방문이 거의 없다. 물이 빠진 겨울 갯벌의 모습은 지난 가을 도로까지 넘실대던 때와 사뭇 달랐다. 물이 빠지자 도습을 드러낸 것은 굴양식장이었다. 다리를 건너 큰 마을 앞에 있는 작은 섬까지 물길이 열렸다. 그 옆으로 굴양식장이 마늘밭 둔덕처럼 도습을 드러냈다. 물에 잠겼을 때는 양식장이 있을 줄 생각도 못했다. 큰 마을 앞에는 지난 여름 태풍에 부서졌는지 전복양식시설을 수리하는 어부의 모습이 애처롭다. 작은 마을과 큰 마을 사이에는 좁은 물길이 있었다. 그 물길 위로 작은 다리를 놓아 연결했다. 말이 다리이지 그냥 도로로 연결된 것처럼 보였다.

지난 가을 섬을 찾았을 때는 바닷물이 금방이라도 도로로 넘칠 기세였다. 물이 많이 들고 나는 보름사리였다. 날씨도 따뜻하고 장어낚시를 위해 잇감을 준비하고 있었다. 그런데 장어낚시가 아주 독특했다. '땜빵'이라 부르는 낚시법이었다. 지렁이를 잘라 양쪽을 실로 묶어 반지 모양으로 만들었다. 이렇게 장어잡는 미끼를 준비해 낚싯줄에 직접 묶었다. 장어는 조류가 빠른 밤에 많이 활동한다. 오늘처럼 보름사리에 바람도 없는 날이 땜빵으로 장어를 잡기 제일 좋은 날이다. 욕심이 많은 장어는 한번 먹이를 물면 놓지 않는다. 사람이나 장어나 욕심이 많으면 패가망신한다. 이들 부부는 화원면 주광리가 고향이

길은 갯벌에도 있다. 길을 벗어나면 수렁에 빠지거나 쉽게 미끄러지지 않아 오도가도 못한다.

다. 서울에서 수십 년 생활하다 몸이 좋지 않아 고향으로 내려왔다. 하지만 마을은 골프장(파인비치)이 생기면서 집단이주를 했다. 결국 고향마을로 가지 못하고 인근 섬 임하도에 정착을 했다. 집단이주를 한 고향사람들도 보상금을 받아 자식들에게 '띠끼고, 거지가 된 사람' 들이 있다며 부부는 일을 마무리하고 집안으로 들어갔다. 담장 옆 화단에는 꽃 대신 두 줄로 심어진 배추가 탐스럽다. "나이들어 묵으면 얼마나 묵겠소. 새끼들 담아주지." 아주머니는 그걸로 김장은 충분하다고 했다. 대문으로 들어서면서 기둥 옆에 걸린 어구를 발견했다. 문어건지 모양으로 생긴 것이었다. 여수 작은 섬에서 비슷한 것으로 문어를 잡는 것을 보았기 때문에 자신있게 문어건지냐고 물었더니, 장어 잡는 '돌매끼질' 이라고 알려줬다. 땜빵과 달리 낚시를 묶어 지렁이를 끼워 장어를 잡는 것으로 낮에 사용하는 어구였다. 낮에는 활동이 많지 않기 때문에 낚시에 예쁘게 지렁이를 끼워서 유인해야 문다는 것인가. 장어와 조류의 생태를 이용한 어민들의 어법에 늘 감탄한다.

616

금방 눈이라도 올 듯 잔뜩 찌푸린 날씨 탓인지 전복양식 시설을 수리하는 어민 외에 마을 주민을 찾기 어려웠다. 마을을 한 바퀴 돌고 빠져나오다 마을포구 바위 옆에서 조새를 들고 굴을 까는 아주머니를 만났다. 연두색 작업복을 입고 두 눈만 빼꼼하게 내놓은 채 조새질을 하느라 옆에 사람이 있는 줄도 모르고 계셨다. 김장에 넣을 양념거리를 마련하는지 아니면 우수영 5일장에 내다 팔려고 하는지 물어보지는 않았다. 굴을 어떻게 이용하면 어떤가. 가까운 곳에 장이 서고 언제나 맘만 먹으면 배추나 무를 내다 팔 수 있고, 굴이나 장어 등 갯것들을 해다가 돈을 만들 수 있다.

임하도에서 우수영까지는 자동차로 10분 거리쯤 될까. 바다 건너편은 신안 장산도와 마주보고 있다. 해남과 진도 사이 울돌목을 지나는 길목에 위치해 있다. 명량해전을 승리로 이끈 거센 물길이 거침없이 수로를 빠져나와 임하도 앞 바다로 오간다. 하지만 우수영 앞 양도와 임하도에 이르기 전 곳처럼 내민 양정리 덕에 거친 물길을 피할 수 있었다.

사실 사람들이 울돌목은 잘 알아도 그 사이에 있는 임하도나 녹도는 잘 모른다. 녹도는 최근까지 사람이 거주를 하다 무인도가 된 섬이다. 임하도와 녹도 사이 우수영(선두리, 동막리) 앞에 있는 작은 섬은 양도라 부른다. 지금 지형으로는 이들 섬의 가치를 판단하기 어렵다. 해남 황산면 옥동리와 문내면 학동리를 잇는 간척지가 있다. 그 맞은편은 둔전들이라 부르는 진도군 둔전리 간척지이다. 그 사이에 녹도가 있다. 해남 어란진쪽 넓은 바다에서 들어온 황산면과 고군면 사이 좁은 수로에서 빨려 들어와 진도 둔전과 문내면 일대의 너른 갯벌에서 숨을 죽였다 녹도를 휘감아 좁은 울돌목으로 거칠게 빠져나간다. 반대쪽도 사정은 마찬가지이다. 신안 장산과 해남 화원, 그리고 진도 사이에 있는 너른 시아바다(시하바다)에서 빠져나가는 바닷물은 임하도를 거쳐 좁은 수로로 들어와 양도를 휘돌아 울돌목으로 빠져 어란진으로 달아난다. 이러한 지형을 잘 알았던 어민들과 이를 지혜롭게 전술로 활용한 충무공의 지략이 명량해전을 승리로 이끌 수 있었던 것이다. 어쩌면 임하도에서 장어낚시를 손질하는 어부나 선창에서 굴을 까고 전복양식 시설을 수리하던 주민들의 십여 대 선조들이 그 주인공일지도 모른다는 생각에 옷깃을 여몄다.

일대에는 염전이 발달했다. 진도 벽파진 인근의 오류리, 해남 문내면 서상리 난대리 예락리 등 울돌목 주변 갯벌을 막아 천일제염을 시작했다. 해남군 예락리에는 세광염전만 남아 소금을 생산하고 있다. 이 일대는 해발이 높지 않는 구릉이 발달해 쌀과 보리농사 외에 마늘과 고추농사를 많이 하고 있다. 특히 근래에는 해남 월동배추가 유명세를 타면서 밭에는 대부분 배추들이 심어져 겨울을 나고 봄까지 초록빛이 이어지는 진풍경을 낳고 있다.

10여 년 전 녹도를 방문한 일이 있었다. 일제시대 청목이라는 사람이 사슴을 기르기 시작해 녹도라고 했다고 한다. 그 후 문내면 학동리 삼정마을에서 10여 가구가 이주하여 농사와 어업으로 생활하다 2000년 초반까지 2가구만 거주하다 지금은 무인도가 되었다.

녹도를 방문했던 목적은 해양쓰레기 때문이었다. 해양쓰레기가 많이 모인다는 이야기를 듣고 모니터링을 하기 위해 찾아 나섰다. 하지만 해양쓰레기는 많지 않았다. 대신 김양식을 했던 시설들이 많이 있었다. 녹도에서 해남과 진도 사이 바다를 만호바다라고 부른다. 해남 어란진에서 모도와 금호도 사이 바다를 이르는 말이다. 그곳 바다는 온통 김양식이다. 그곳에서 사람 대신 도둑게를 만났다. 한창 죽은 밴댕이로 식사를 하다가 갑자기 닥친 불청객을 보고 두 발을 높이 쳐들고 위협을 했다. 가끔 찾는 낚시꾼도 뜸했던 모양이었다.

녹도에는 1970년 설립된 우수영초등학교 녹도분교가 1991년까지 유지되었다. 사람들은 모두 섬을 떠났고 야생화, 야생동물 그리고 갯벌생물들만 섬과 주변을 지키고 있었다. 섬이 완만한 능선을 이루고 둥글게 생겼다고 해서 다라지섬이라고도 했다. 주민들이 거주할 때는 모두 밭이었다. 섬에 마지막까지 살았던 주민은 1997년 선두리로 이사를 갔고, 타지 사람이 땅을 관리하기 위해 들어와 거주하기도 했다. 한때 완도와 해남에서 들어온 10가구가 섬을 지켰다.

녹도를 휴양의 섬으로 개발하려고 계획하고 있다. 갤럭시아일랜드 프로젝트 일환으로 추진된 사업이었다. 호텔과 마리나 시설과 명량해전의 역사를 연계한 희망과 행복의 섬을 조성하겠다는 구상이었다. 하지만 몇 년 전 양해각서(MOU)를 맺은 것 외에는 움직임이 없다. 우수영에서 배를 타고 녹도로 가는 길은 거칠고 험하다.

두 섬이 있어 울돌목과 우수영은 전혀 관측이 되지 않는 요새지이다. 그리고 그 안쪽 녹도가 일차 엄폐를 하고 울돌목을 건너면 양도가 또 앞을 가리고 있다. 그 안쪽에 전라우수영이 자리해 있다. 반면에 진도 망금산이 해남 옥매산 등에서 보면 서남해안에서 올라오는 적들을 한눈에 볼 수 있고 우수영 양쪽에 너른 갯벌이 발달해 울돌목 길목만 잘 지키면 지형을 잘 모르고 갯벌로 올라온 적들은 꼼짝없이 섬멸당할 수밖에 없다. 양도는 전라우수영을 감춰주는 역할을 하고 있는 섬이다.

개황 | 임하도 林下島

일반현황

위치 | 전남 해남군 문내면 예락리 **동경** 126°16´ **북위** 34°36´
면적 | 0.35km² **해안선** | 4.8km **연륙(연도)** | 1989년
가구수 | 35 **인구**(명, 남+여) | 96(48+48) **어선**(척) | 26 **어가** | 25
어촌계 | 총 1개 어촌계 35명

공공기관 및 시설

전력시설 | 한전 전가구
급수시설 | 광역상수도 전가구

여행정보

교통 | **배편** | 해남에서 임하도까지 1일 3회 군내버스 운행
낚시터(유어장) | 서쪽 등대 낚시
특이사항 | 섬의 서쪽 끝 방향으로 길을 따라 가다보면 작고 아담한 등대가 있어, 이곳에서 바라보는 서해와 저녁 노을이 아름답기 그지없다.

30년 변화 자료

구분	1973	1985	1996
주소	전남 해남군 문내면 예락리	좌동	
면적(km²)	0.5	0.347	
인구(명, 남자+여자)	199(99+100)	179(100+79)	
가구수	34	33	
급수시설	공동우물 6개	우물 21개	
초등학교	분교 1개 58명	분교 1개 31명	
전력시설	-	한전 33가구	
어선(척, 동력선+무동력선)	18(0+18)	36(28+8)	

개황 | 녹도鹿島 〈2002년 자료〉

위치 | 전남 해남군 문내면 학동리 동경 126°20′ 북위 34°34′
면적 | 0.42km² 해안선 | 7.2km 육지와 거리 | 0.3km(문내면 삼정리)
가구수 | 2 인구(명, 남+여) | 2(1+1) 어선(척) | 3

전력시설 | 한전 전가구
급수시설 | 우물(펌프) 2가구

특산물 | 해조류, 미곡
특이사항 | 녹도 인근에 보물 제503호로 지정된 명량대첩비와 도지정 지방기념물 13호 우수영 성지(城地), 명량대첩기념공원이 어우러진 우수영 관광지와 우항리 공룡화석지, 고천암호 철새도래지 등이 있다.

30년 변화 자료

구분	1973	1985	1996
주소	전남 해남군 문내면 신정리	전남 해남군 문내면 학동리	좌동
면적(km²)	0.44	0.416	0.420
인구(명, 남자+여자)	57(27+30)	47(18+29)	5(3+2)
가구수	9	9	3
급수시설	공동우물 3개	우물 9개	우물(펌프) 3개
초등학교	-	분교 1개 11명	-
전력시설	-	한전 9가구	한전 3가구
어선(척, 동력선+무동력선)	4(0+4)	8(4+4)	2(2+0)

작지만 너른 바다를 품은 섬

해남 시하도

골프를 좋아하는 사람들이 꼭 한 번 가보고 싶은 그린 '파인비치'. 녹색그린 위에서 내려다보는 바다. 멀리 시하바다(시아바다)와 신안 다도해의 크고 작은 섬들. 굿샷보다는 뷰티풀이나 판타스틱이 더 어울리는 곳이다. 그곳에 노을이라도 내려앉으면 금상첨화다. 그 바다를 시하바다라고 한다. 시하도가 있어서 붙여진 이름이다. 작은 섬이 진도와 해남과 신안을 아우르는 바다이름으로 등극한 이유가 무엇일까.

섬사람들을 위해 불빛을 비추던 그 자리에 골프장이 들어섰다. 조선소도 들어섰다. 섬사람들은 하나둘 뭍으로 떠났다. 국내 최대의 해양테마파크를 목표로 하는 해남 화원관광단지 내에 18홀 파인비치 골프링크스가 들어섰다.

2000년대 초반까지 4가구가 살았다는데 지금은 할머니 혼자서 생활하고 있다. 할머니도 뭍에 나왔다 다시 섬으로 들어갔다 하니 무인도에서 유인도가 된 셈이다. 1520년 경 진도사람 정씨와 박씨가 고기를 잡던 중 풍랑을 만나 이곳에 처음 정착해 후손들이 살았다고 전해온다. 이 섬에 사는 사람들은 육지(주광리)에서 밝히는 불빛을 보고 노를 저어 뭍으로 나갔다고 한다. 또 이곳 조류가 거칠어 뱃사람들이 물때를 확인하고 배를 정박했다가 때를 기다려 출발했다고 한다. 그래서 육지쪽 마을을 주광리周光里, 작은 섬은 시하도時下島라 불렀다고 전한다. 지명유래를 보면 늘 탄복을 하지만 이곳도 예외가 아니다.

지금도 뱃길의 요충지이지만 고대항로에서 이곳은 서해와 남해를 잇는 길목으로 많은 배들이 오갔던 곳이다. 강진과 해남 일대에서 만든 옹기와 백성들이 생산한 쌀과 김과 땔감이 이곳을 오르내렸을 것이고 일본의 수많은 승려와 학자들도 이곳을 통해 중국으로 오갔다. 목포에서 제주도와 흑산도를 오가는 배들은 반드시 이곳을 지나야 하고 한양으로 올라가는 세곡선들도 반드시 거쳐야 할 곳이다. 돛을 달고 오가던 풍선배들이 진도 울돌목을 지나 한 숨 쉬어가는 곳이 시하도였다. 아마 물때를 기다리는 시하時河 바다라는 의미일까. 물이 빠지는 때를 기다려 우수영이나 먼 바다로 나가고 물이 드는 때를 기다려 목포로 서해 연안으로 올라왔을 것이다. 조곡을 싣고 한양으로 올라가는 세곡선이나 신안 다도해에서 소금과 미역과 홍어 등 갯것을 가득 실고 목포나 영산포에 내다 팔고 쌀과 옷 등 섬에 부족한 생필품을 가득 싣고 가던 풍선배들도 이곳에 머물러 물때를 확인했을 것이다. 화원반도에 금호호나 영암호가 조성되기 전에는 시하바다 물길이 영암 해창과 나주 영산포까지 올라왔다. 그 물길을 타고 가깝게는 목포와 해남과 진도와 신안 그리고 멀리는 중국까지 오갔다. 만조에 부지런히 노를 저어야 썰물을 타고 시하도로 가고 다시 물때를 맞춰 목적지를 향해 돛을 올렸을 것이다.

장산과 신의와 하의로 가는 철부선이 들물을 힘겹게 헤치며 목포 구등대를 지나 시하도로 향하고 있었다. 빠른 조류 탓에 노를 저어야 했던 배들은 물길을 거슬러 다도해와 진도로 가는 것은 불가능해 보였다. 목포항을 빠져나가면 바로 만나게 되는 큰 바다. 시하바다를 두고 하는 말이다. 파도가 거세고 봄철엔 안개긴 날이 많다. 신안군의 각 섬들과 목포를 오가는 여객선 및 화물선들이 반드시 거쳐야 하는 길

시하도 앞 목포구등대가 있는 울내마을 주민이 그물을 털고 작은 부표에 의지한 채 노를 저어 뭍으로 가고 있다.

목이다. 목포항 입구에 조류가 강하고 모래가 자주 쌓이는 시하해 가운데 시하도는 선박의 지표역할을 했다. 주변 지자체들이 바닷모래를 채취해 해양생태계에 심각한 영향을 미치기도 했지만 다행스럽게 중단되었다.

　시하도에 등대가 세워진 것은 어쩌면 당연한 일이었다. 중요한 뱃길임에도 불구하고 봄철에 잦은 해무와 거친 조류로 선박전복은 물론 해상사고가 잦기 때문이다. 1907년 9월 무인등대로 처음 불을 밝혔다. 이곳 등대에서 안개 등으로 시야가 확보되지 않을 때 등대위치를 소리로 알려주는 무신호를 설치했고, 등대기능을 강화하기 위하여 1959년 4월 등대원이 상주하는 유인등대로 변경되었다.

　등탑은 백원형 콘크리트조로 내부에 주물로 제작된 나선형 사다리가 설치되어 있고 높이는 7.6미터이나 등고는 해발 39미터에 이른다. 12초에 한 번 반짝이는 등대 불빛은 약 35킬로미터 밖에서도 볼 수 있다. 시하도는 유인도였지만 식수를 구하기 어렵고 상용전원마저 공급

624

시하도와 목포구등대 사이로 배가 지나간다.

되지 않는 등 주민 생활에 불편함이 많아 대부분 목포나 인근 해남군으로 이주했다. 지금은 할머니 한 사람만 섬을 지키고 있다. 2005년 열악한 근무여건을 개선하기 위해 무인화되면서 등대와 섬을 지키던 항로표지원들도 철수했다.

섬에서 목포 방향에 또 하나의 아름다운 등대가 있다. 목포구등대다. 시하도등대는 바다 가운데 섬에 있지만 목포구등대는 목포가 빼꼼히 내다보이는 화원반도 끝자락에 있다. 시하도등대가 바다에서 항로로 방향을 결정한다면 목포구등대는 내륙으로 들어가는 길목을 안내하는 셈이다. 그 거리가 짧지만 지금처럼 GPS가 없던 시절, 목포구등대에서 보내준 빛이나 소리는 뱃사람들의 생명줄과 같았다.

● — 시하도등대

- 최초점등일 : 1907. 9. 1
- 위치 : 전남 해남군 화원면 시하리 산13
- 구조 : 백원형 콘크리트조(7.6m)
- 등질 : 섬 백광 12초 1섬광(Fl W 12s)
- 연락처 : 목포청 항로표지과 ☎061-280-1724
- 등명기 — 종류 : DKRB400

     — 렌지면수 : 육면

     — 회전주기 : 72초

     — 실효광도 : 321,000cd

     — 전구종류 : 메탈헬라이트

     — 전구유리구 / 베이스: CDM-T / Bi-Pin

     — 전력 / 전구공급전압: 220V-150W / AC220V

     — 주전원 : 태양광

     — 등명기설치 연월일 : 2005.11.15

- 등탑의 구조와 특징

     — 구조 : 백원형 콘크리트조로써 나선형 구조로 사다리가 설치되어 있고 외부에는 등록에 사다리가 설치되어 있다.

     — 특징 : 등탑의 높이 7.6m이며 평균해수면으로부터 등고가 39m에 이른다.

- 연혁   — 1907년 09월 : 조선총독부 체신국 시하도등대 초점등(무인등대)

     — 1945년 12월 : 미군정청 운수부 해사국

     — 1955년 12월 : 목포지방해무청

     — 1959년 04월 : 목포지방해무청 시하도등대(유인등대)

     — 1977년 12월 : 목포지방해운항만청

     — 1988년 08월 : 목포지방해운항만청(항로표지관리소로 명칭변경)

     — 1997년 05월 : 목포지방해양수산청 시하도항로표지관리소

     — 2005년 11월 : 목포지방해양수산청 시하도등대(무인등대)

개황 | 시하도時下島

위치 | 전남 해남군 화원면 주광리 동경 126°25′ 북위 34°64′
면적 | 0.09km² 해안선 | 1.8km 육지와 거리 | 1.8km(화원면 주광리)
가구수 | 1 인구(명, 남+여) | 1(0+1) 어선 | 1

전력시설 자가발전 1가구
급수시설 우물(펌프) 1가구

특산물 | 맥류, 두류, 마늘
특이사항 | 시하도 등대. 등대 앞에는 상수리나무, 용설란, 큰참빛살나무 등이 자람.

30년 변화 자료

구분	1973	1985	1996
주소	전남 해남군 화원면 주광리	좌동	좌동
면적(km²)	0.09	0.089	0.089
인구(명, 남자+여자)	44(21+23)	20(9+11)	5(3+2)
가구수	7	6	2
급수시설	공동우물 1개	우물 2개	우물(펌프) 2개
초등학교	-	분교 1개 4명	-
전력시설	-	-	자가발전 2가구
어선(척, 동력선+무동력선)	1(0+1)	1(1+0)	-

섬이 내마음 속으로 다가오기까지…

#장면 하나. 1816년 6월 6일

동생 정약용을 조금이라도 가까운 곳에서 만나고파 먼 섬 흑산도에서 우이도로 넘어와 지내던 유배객 정약전이 숨을 거두었다.

2011년 1월, 우이도에서 삶을 마감한 손암 정약전의 적거지謫居地 진리에서 이백여 년 전 고뇌했던 한 지식인의 생애를 더듬고 추적하던 중 확인한 것이다.

#장면 둘. 2009년 9월 추석 전날 오전

전남 벌교 대포리 갯벌 선착장에서 50세부터 70대 중반에 이르는 열아홉 분의 여인들이 갯벌 물이 빠지길 기다리며 어릴 적 개구쟁이 장난을 치고 있다. 그 한켠에선 낯선 여행객이 지켜보고 있다. 생전 처음보는 뻘배와 그 외 꼬막캐는 도구들에 신기해하며 이것저것 아주머니들께 물어본다.

무턱대고 어디든 방랑하는 습관이 있던 사람이 경험한 바였다.

섬이 편집자에게 다가오기까지는 여러 문헌을 조사해야 했고 전율이 일어나는 경험을 동반할 수밖에 없었다.

섬을 제대로 느끼기 위해서는 해양문화 전반에 대한 이해가 필요했고, 해양문화에 대한 이해를 깊게 하려고 어민들의 생활을 찬찬히 들여다 보게 되었다. 이는 자연스레 갯벌과 소금 속에 스며든 어민들의 땀과 애환을 발견하게 되어 사물과 현상을 또다른 객체로 만나게 되었다. 섬을 다니면서는 지속되는 갈증에 전근대 시대 섬 문화의 역사적 맥락을 탐구해야 했다.

그 와중에 필자를 만났다. 의외로 대화가 쉬이 깊어졌다. 결국《섬 문화답사기》를 통해서 '도서별곡島嶼別曲'을 풀어내기로 했다.

도서별곡 노래에 박자와 곡조를 맛깔스럽고 흥취나게 하기 위해서는 섬을 찾아가야 했다. 섬 가는 길에 거센 파도와 바람을 만나면 무섭고 두렵기 그지없었다. 허나 우리 땅의 소중한 영역인 섬의 문화와 생활 속 고갱이를 찾기 위해 그 두려움을 헤쳐 나갈 것이다. 그곳에도 사람이 살고 있기 때문이다.

들풀

| 유인도에서 무인도로 변한 섬 |

내무부가 발간한 《도서백서》(1973년, 1985년) 자료에 나타난 유인도 추가 현황 (섬이름 가나다순)

이 난에 표시한 섬현황은 1973년에 발간한 《도서지》에는 등장했으나, 1985년의 《도서지》와 1996년의 《한국 도서백서》에는 등장하지 않은 섬들의 기본 현황입니다. 2, 3개 구역으로 나누어 적시된 일부 섬은 현재는 무인도이지만 1985년, 1996년판까지는 유인도였던 곳입니다.

고발도(古發島)

주소 | 전남 고흥군 도양읍 오마리

면적(km²) | 0.37

인구(명, 남+여) | 130(61+69)

가구수 | 17

급수시설 | 공동우물 1

어선(척) | 8(무동력선)

금당도(金塘島)

주소 | 전남 광양군 골약면 금호리

면적(km²) | 0.03

인구(명, 남+여) | 42(22+20)

가구수 | 6

급수시설 | 공동우물 1

어선(척) | 4(무동력선)

내도(內島)

주소 | 전남 광양군 골약면 중동리

면적(km²) | 0.17

인구(명, 남+여) | 2(1+1)

가구수 | 1

급수시설 | 공동우물 1

어선(척) | 1(무동력선)

대달도(大撻島)

주소 | 전남 고흥군 포두면 오취리

면적(km²) | 0.2

인구(명, 남+여) | 83(48+35)

가구수 | 14

급수시설 | 공동우물 2

어선(척) | 5(무동력선)

대도포산도(大道浦産島)

주소 | 전남 해남군 북평면 평암리

면적(km²) | 0.06

인구(명, 남+여) | 10(6+4)

가구수 | 2

급수시설 | 공동우물 2

어선(척) | 1(무동력선)

대염도

주소 | 전남 고흥군 도화면 지죽리

면적(km²) | 0.25

인구(명, 남+여) | 28(12+16)

가구수 | 4

급수시설 | 공동우물 1

어선(척) | 4(동력선 1+무동력선 3)

등의도(磴衣島)

주소 | 전남 해남군 황산면 등의리

면적(km²) | 1.58

인구(명, 남+여) | 557(273+284)

가구수 | 86

급수시설 | 공동우물 4

초등학교 | 분교 1개 152명

어선(척) | 29(동력선 2+무동력선 27)

무학도

주소 | 전남 고흥군 풍양면 시산리
면적(km²) | 0.33
인구(명, 남+여) | 86(31+55)
가구수 | 12
급수시설 | 공동우물 1
어선(척) | 1(무동력선)

1985년
주소 | 전남 고흥군 도양읍 시산리
면적(km²) | 0.074
인구(명, 남+여) | 7(4+3)
가구수 | 4
급수시설 | 우물 1개
어선(척) | 2(무동력선)

배알도(拜謁島)

주소 | 전남 광양군 골약면 태인리
면적(km²) | 0.01
인구(명, 남+여) | 4(2+2)
가구수 | 1
급수시설 | 공동우물 1

분매도(粉梅島)

주소 | 전남 고흥군 도양면 오마리
면적(km²) | 0.25
인구(명, 남+여) | 222(122+100)
가구수 | 35
급수시설 | 공동우물 1
전력시설 | 한전 29가구
어선(척) | 21(무동력선)

비운도(飛雲島)

주소 | 전남 광양군 골약면 금호리
면적(km²) | 0.05
인구(명, 남+여) | 3(1+2)
가구수 | 1
급수시설 | 공동우물 1

삼화도(三和島)

주소 | 전남 광양군 골약면 금호리
면적(km²) | 0.03
인구(명, 남+여) | 6(3+3)
가구수 | 1
급수시설 | 공동우물 1
어선(척) | 1(무동력선)

상도(庠島)

주소 | 전남 여천군 삼산면 초도리
면적(km²) | 0.30
인구(명, 남+여) | 21(9+12)
가구수 | 5
급수시설 | 공동우물1개
어선(척) | 2(동력선 1+구동력선 1)

1985년
주소 | 전남 여천군 삼산면 초도리
면적(km²) | 0.01
인구(명, 남+여) | 23(10+13)
가구수 | 5
급수시설 | 우물 1개
초등학교 | 분교 1개 3명
어선(척) | 2(동력선)

상사도(上沙島)

주소 | 전남 광양군 골약면 태인리
면적(km²) | 0.006
인구(명, 남+여) | 2(1+1)
가구수 | 1
급수시설 | 공동우물 1

삼안도(三鞍島)

주소 | 전남 해남군 화산면 삼마리

면적(km²) | 0.04

인구(명, 남+여) | 2(1+1)

가구수 | 1

급수시설 | 공동우물 1

어선(척) | 2(동력선1 +무동력선1)

성두도(成頭島)

주소 | 전남 고흥군 포두면 남성리

면적(km²) | 0.87

인구(명, 남+여) | 26(14+12)

가구수 | 4

급수시설 | 공동우물 1

어선(척) | 2(무동력선)

소달도(小撻島)

주소 | 전남 고흥군 포두면 오취리

면적(km²) | 0.15

인구(명, 남+여) | 48(28+20)

가구수 | 8

급수시설 | 공동우물 1

어선(척) | 2(무동력선)

소당도(小堂島)

주소 | 전남 광양군 골약면 금호리

면적(km²) | 0.97

인구(명, 남+여) | 9(4+5)

가구수 | 1

급수시설 | 공동우물 1

어선(척) | 1(무동력선)

아도(兒島)

주소 | 전남 광양군 골약면 태인리

면적(km²) | 0.06

인구(명, 남+여) | 4(1+3)

가구수 | 1

급수시설 | 공동우물 1

양도(羊島)

주소 | 전남 광양군 골약면 금호리

면적(km²) | 0.23

인구(명, 남+여) | 255(137+118)

가구수 | 40

급수시설 | 공동우물 2

전력시설 | 한전 20가구

어선(척) | 19(동력선 7+무동력선 12)

양도(洋島)

주소 | 전남 해남군 문내면 광두리

면적(km²) | 0.37

인구(명, 남+여) | 3(1+2)

가구수 | 1

급수시설 | 공동우물 1

어선(척) | 1(무동력선)

여도(汝島)

주소 | 전남 해남군 화원면 마산리

면적(km²) | 0.02

인구(명, 남+여) | 12(9+3)

가구수 | 2

급수시설 | 공동우물 1

어선(척) | 1(무동력선)

오도(吳島)

주소 | 전남 고흥군 과역면 연등리

면적(km²) | 0.39

인구(명, 남+여) | 241(128+113)

가구수 | 35

급수시설 | 공동우물 6

어선(척) | 10(동력선 1+무동력선 9)

오도(梧島)

주소 | 전남 고흥군 포두면 오취리

면적(km²) | 0.75

인구(명, 남+여) | 599(311+288)

가구수 | 92

급수시설 | 공동우물 5

초등학교 | 분교 1개 67명

어선(척) | 8(동력선 4 +무동력선 4)

오동도(梧桐島)

주소 | 전남 고흥군 도양면 오마리

면적(km²) | 0.08

인구(명, 남+여) | 6(3+3)

가구수 | 1

급수시설 | 공동우물 1

어선(척) | 1(무동력선)

1985년

주소 | 전남 보성군 벌교읍 장도리

면적(km²) | 0.011

인구(명, 남+여) | 8(4+4)

가구수 | 3

급수시설 | 간이상수도 1개

전력시설 | 자가발전 3가구

어선(척) | 4(동력선)

《한국도서백서》(1996년)

주소 | 전남 보성군 벌교읍 부수리

면적(km²) | 0.01

인구(명, 남+여) | 4(2+2)

가구수 | 2

급수시설 | 간이상수도 1개

전력시설 | 자가발전 2가구

어선(척) | 3(동력선)

우순도

주소 | 전남 여천군 삼일면 적양리

면적(km²) | 0.11

인구(명, 남+여) | 37(19+18)

가구수 | 5

급수시설 | 공동우물 2

어선(척) | 3(무동력선)

익도(翼島)

주소 | 전남 광양군 골약면 중동리

면적(km²) | 0.04

인구(명, 남+여) | 16(13-3)

가구수 | 4

급수시설 | 공동우물 1

어선(척) | 7(동력선 3+무동력선 4)

제이우도(第二牛島)

1970년대

무인도

1985년

주소 | 전남 고흥군 남양면 남양리

면적(km²) | 0.0284

인구(명, 남+여) | 2(1+1)

가구수 | 1

급수시설 | 우물 1개

죽도(竹島)

주소 | 전남 고흥군 과역면 노일리

면적(km²) | 0.05

인구(명, 남+여) | 6(2+4)

가구수 | 1

급수시설 | 공동우물 1

죽도(竹島)

주소 | 전남 고흥군 동강면 장도리

면적(km²) | 0.05

인구(명, 남+여) | 54(26+28)

가구수 | 9

급수시설 | 공동우물 1

어선(척) | 2(무동력선)

죽도(竹島)

주소 | 전남 해남군 화산면 삼마리

면적(km²) | 0.12

인구(명, 남+여) | 3(1+2)

가구수 | 1

급수시설 | 공동우물 1

중도(中島)

주소 | 전남 광양군 골약면 월길리

면적(km²) | 0.76

인구(명, 남+여) | 447(215+232)

가구수 | 75

급수시설 | 공동우물 7

어선(척) | 7(동력선 4+무동력선 3)

중륵도(中勒島)

주소 | 전남 광양군 골약면 송장리

면적(km²) | 0.01

인구(명, 남+여) | 4(2+2)

가구수 | 1

급수시설 | 공동우물 1

지진도(智進島)

주소 | 전남 여천군 삼일면 묘도리

면적(km²) | 0.01

인구(명, 남+여) | 16(7+9)

가구수 | 2

급수시설 | 공동우물 1

어선(척) | 1(동력선)

1985년

주소 | 전남 여천군 삼일읍 온동

면적(km²) | 0.02

인구(명, 남+여) | 5(2+3)

가구수 | 1

급수시설 | 우물 3개

전력시설 | 자가발전 1가구

어선(척) | 3(동력선 2+무동력선1)

하도(鰕島)

주소 | 전남 고흥군 봉래면 사양리

면적(km²) | 0.62

인구(명, 남+여) | 463(258+205)

가구수 | 69

급수시설 | 공동우물 5

초등학교 | 분교 1개 80명

어선(척) | 26(동력선 2+무동력선 24)

형제도(兄弟島)

주소 | 전남 고흥군 금산면 어전리

면적(km²) | 0.35

인구(명, 남+여) | 25(13+12)

가구수 | 5

급수시설 | 공동우물 2

어선(척) | 5(무동력선)

출처: 《대한민국 도서백서》 행정안전부, 2011년 발행(2010년 12월 말 기준)

연륙(連陸) 도서의 연륙년도와 다리

행정구역	도서명	연륙년도	연륙거리(m)	다리이름
여수시	돌산도	1984	450	돌산대교
	섬달천도	1980	305	달천교
	백야도	2004	325	백야대교
광양시	태인도	1994	600	태인대교
	금호도	1980	168	금호교(금흐도-중마)
고흥군	취도	1990	200	제방도로
	지죽도	2002	440	지죽대교(지죽도-도화면)
	내나로도	1994	380	나로1대교(동일면-포두면)
	원주도	1997	90	원주연륙교
	소록도	2008	1,160	거금연륙교(소록도-녹동)
	옥금도	1990	150	백일대교
장흥군	노력도	2007	452	회진대교(노력도-회진)
해남군	임하도	1989, 2010	350, 180	제방도로, 임하교

연도(連島) 도서의 연도년도와 거리

행정구역	도서명	연도년도	연도거리(m)	다리이름
여수시	고도(거문도)-서도(거문도)	1992	250	삼호교
	금오도-안도	2009	360	안도대교
고흥군	백일도-옥금도	1994	60	암거
	외나로도-내나로도	1995	450	나로2대교

육지화된 도서

행정구역	도서명	연도(年)
여수시	삼간도	2009
	장도(율촌면)	1997
해남군	금호도	1994

|섬 가는 길|

※ 섬이름 아래 번호는 본문내용의 섬번호와 같다.

여수 | 여수연안여객선 터미널(쾌속선 및 철부선 이용)

여수연안여객선터미널 ↔ 나로도 ↔ 손죽도 ↔ 초도(대동, 의성) ↔ 거문도(서도, 동도) ↔ 거문도(고도)
58 59　31　30　29　29

* 오후 배는 거문도에서 바로 여수로
* 초도, 동도, 서도는 매번 선착장이 바뀌기 때문에 선사에 확인 필요함.
손죽열도(섬사랑호) : 손죽도 → 소거문도 → 평도 → 광도 → 손죽도
31　32　32　32　31

여수연안여객선터미널 ↔ 금오도 여천 ↔ 금오도 유송 ↔ 금오도 우학 ↔ 안도 ↔ 안도 서고지 ↔ 연도 역포
1　3　5

여수연안여객선터미널 ↔ 백야도선착장 ↔ 개도 여석 ↔ 개도 모전 ↔ 하화도 ↔ 상화도 ↔ 사도 ↔ 낭도 ↔ 둔병도
16　12　17　18　20　19　23

여수연안여객선터미널 ↔ 제도 ↔ 자봉도 ↔ 개도 ↔ 금오도 송고 ↔ 금오도 함구미
15　14　12　1

* 남해 : 여수 연안여객선터미널 ↔ 남해 서상
운두도 28, 부도 4 : 여객선이나 도선이 없음, 사선 이용.
부도는 안도선착장, 운두도는 섬달천선착장에서 사선 이용.

여수 | 선착장(도선 이용)

모래목(사항)선착장(율촌면 조화리) ↔ 율촌 송도　　월내선착장 ↔ 묘도 창촌선착장
33　36

섬달천선착장 ↔ 소여자도 ↔ 대여자도 마파선착장 ↔ 대여자도 대동선착장
25　27　26

국동선착장 1 ↔ 대경도　　국동선착장 2 ↔ 소경도　　벌가선착장(화양면 이목리) ↔ 조발도 ↔ 적금도
38　39　22　24

백야도선착장 ↔ 개도 여석 ↔ 개도 모전 ↔ 하화도 ↔ 상화도 ↔ 사도 ↔ 낭도
16　12　17　18　20　19

여수 여객터미널(백조호) ↔ 백야도선착장 ↔ 개도 여석 ↔ 개도 모전 ↔ 하화도 ↔ 상화도 ↔ 사도 ↔ 낭도
16　12　17　18　20　19

군내리선착장(돌산도) 1 ↔ 월호도 ↔ 화태도 월전 ↔ 대두라도 ↔ 나발도 ↔ 대횡간도 ↔ 화태도 마족
40　13　6　7　9　10　6

군내리선착장(돌산도) 2 ↔ 돌산 송도　　신기선착장(돌산도) ↔ 금오도 여천선착장
40　41　1

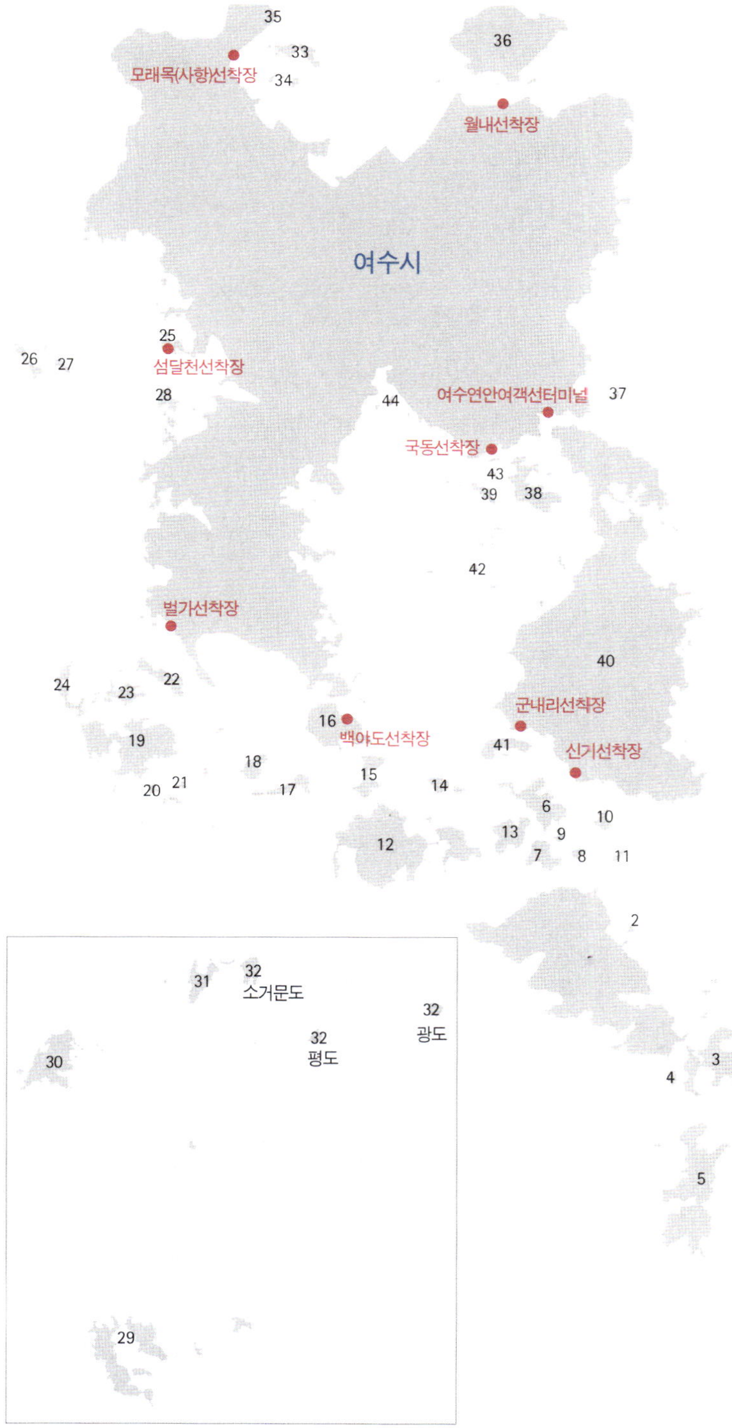

35
33
34
36
모래목(사항)선착장
월내선착장
여수시
25
26 27
섬달천선착장
28
44
여수연안여객선터미널 37
국동선착장
43
39 38
42
벌가선착장
40
24 23 22
군내리선착장
19
16
백아도선착장
41
신기선착장
18
20 21 17
15
14
6
10
13
9
12
7 8 11
2
32
31
소거문도
32
광도
32
평도
30
3
4
5
29

상진선착장(벌교읍 장암리) ↔ 해도 ↔ 장도(철부선)
　　　　　　　　　　　　　48　　　47

벌교선착장(벌교읍 철교 밑) ↔ 해도 ↔ 장도(도선)
　　　　　　　　　　48　　47

지주도: 사선 이용 | 소록도(2010), 거금도: 연륙(2011) | 오마도: 연륙 간척
　48　　　　　　49　　　　　54　　　　　50

녹동선착장(도양읍) ↔ 화도(도선)
　　　　　　　　51

녹동선착장 ↔ 시산도(도선)　녹동선착장 ↔ 득량도(도선)
　　　　　52　　　　　　　　　　53

신양선착장(거금면) ↔ 연홍도(도선)
　　　　54　　　　55

지죽도: 연도교 | 지죽도 ↔ 죽도(도선) | 외나로도, 내나로도: 연륙
　56　　　　　　　　57　　　　58　　　59

고흥 축정항(나로도항) ↔ 애도 ↔ 사양도
　　　　　59　　　　60　　　60

고흥 축정항(사양도) ↔ 수락도: 사선 이용
　　　　　60　　　60

백일도: 연륙 | 진지도, 미덕도: 사선 이용
　61　　　　61　　　61

여도: 간척 | 원주도: 연륙 | 취도: 연륙 | 우도: 노두
　62　　　62　　　63　　　64

노력도: 연륙 | 장재도: 연륙 | 가우도: 연륙(차량진입 불가)
　65　　　66　　　67

해남 어란진선착장 ↔ 어불도
　　　　　　　68

상마도 · 중마도 · 하마도: 해남 구성리 선착장에서 사선 이용
　　　69

임하도: 연륙 | 녹도: 사선 이용
　70　　　70

목포 여객터미널 ↔ 시하도 ↔ 진도 조도 거차군도의 많은 섬을 경유(섬사랑호, 1회)
　　　　　71

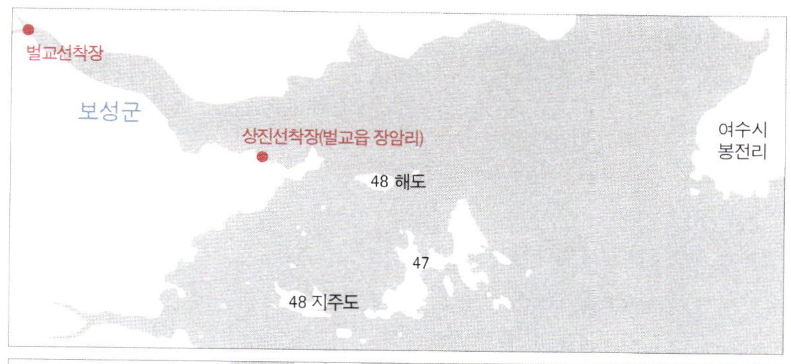

벌교선착장
보성군
상진선착장(벌교읍 장암리)
48 해도
여수시
봉전리
47
48 지주도

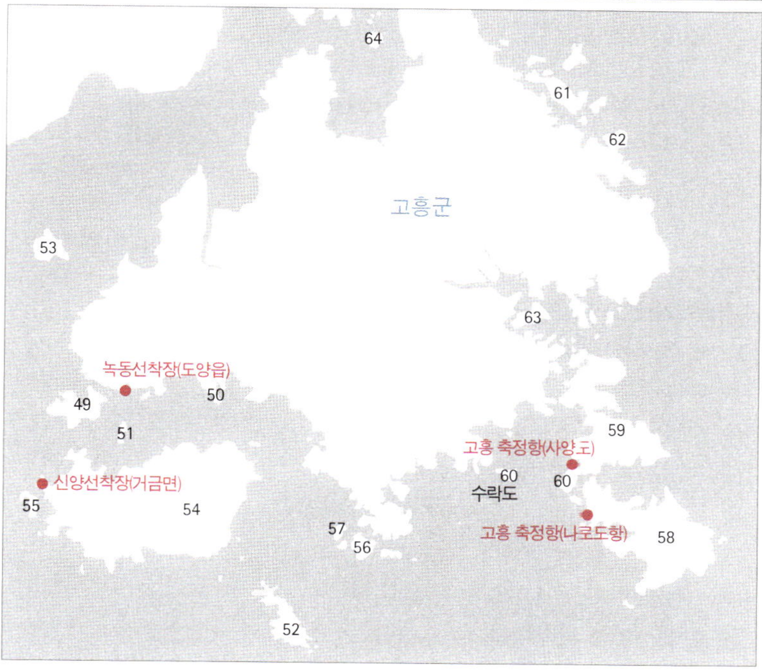

64
61
62
고흥군
53
63
녹동선착장(도양읍)
50
49
51
59
고흥 축정항(사양도)
신양선착장(거금면)
60
60
55
수락도
54
57
고흥 축정항(나로도항)
58
56
52

71
목포여객터미널
장흥군
강진군
70 임하도
66
70 녹도
67
해남군
69
65
어란진선착장
68

| 참고문헌 |

강진군, 《강진군마을사-칠량면편》, 1997

강판권, 《역사와 문화로 읽는 나무사전》, 글항아리, 2010

고광민, 《어구》, 제주대학교박물관, 2002

국립문화재연구소 편, 《한국의 공룡화석》, 2009

요시다 게이치吉田敬市, 《조선수산개발사朝鮮水産開發史》, 朝水會, 1954

김갑인, 《여수-육지편》, 여수지역사회연구소, 2000

김경옥, 《조선후기 島嶼硏究》, 혜안, 2004

김광백 편, 《손죽향토지》, 1999

김병호 편, 《호좌수영지》, 여수지역사회연구소, 2010

김시식지유적보전회, 《광양 김 시식지》, 2008

김정호 외, 《태인도와 금호도》, 향토문화진흥원, 1994

김준 외, 《농어촌사회문제론》, 공동체, 2007

김준, 《어촌사회의 구조와 변동》, 전남대학교 박사학위논문, 2000

김준, 《갯벌을 가다》, 한얼미디어, 2004

김준, 《어촌사회 변동과 해양생태》, 민속원, 2004

김준, 《새만금은 갯벌이다-이제는 영영 사라질 생명의 땅》, 한얼미디어, 2006

김준, 《김준의 갯벌이야기》, 이후, 2009

김준, 《대한민국 갯벌문화사전》, 이후, 2010

김준, 《어촌사회학》, 민속원, 2010

내무부, 《도서백서》, 1975, 1985

내무부, 《한국도서백서》, 1996

농상공부수산국, 《한국수산지 제1집》, 조선총독부농상공부, 1908(2001년 민속원 영인본)

농상공부수산국, 《한국수산지 제3집》, 조선총독부농상공부, 1910(2001년 민속원 영인본)

목포신보사(木浦新報社), 《全南寫眞誌》, 1917

문화재관리국, 《한국민속종합조사보고서(어업용구편)》, 1992

박수현, 《재미있는 바다생물이야기》, 추수밭, 2006

박수현, 《바다생물 이름 풀이사전》, 지성사, 2008

박종길 · 서정화, 《물새: 한국의 야생조류 길잡이》, 신구문화사, 2008

야마구치 세이山口 精,《조선산업지朝鮮産業誌》中卷, 1910(1998년 민속원 영인본).

송수권,《남도의 맛과 멋》, 창공사, 1995

여수·여천향토지편찬위원회,《여수여천향토지》, 1982

여수시,《여수의 향기 아름다움을 찾아서》, 2007

여수시·조선대학교 박물관,《여수시의 문화유적》, 2000

여수지역사회연구소 편,《삼산면지》, 삼산면지발간추진위원회, 2000

여수지역사회연구소,《전라남도여수군읍지》(원본, 규장각 소장), 2002

여수지역사회연구소,《여순사건실태조사보고서 제1권 여수지역편》, 1998

이우신·구태회·박진영,《한국의 새》, LG상록재단, 2000

이재언,《한국의 섬 1-전남 여수》, 아름다운사람들, 2010

이종묵·안대회,《절해고도에 위리안치하라》, 북스코프, 2011

이청준,《당신들의 천국》, 문학과지성사, 2002

이태원,《현산어보를 찾아서》, 청어람미디어, 2002

전남 동부지역사회연구소,《광양만의 임진왜란 유적지 왜교성과 장도·송도》, 1994

전남대학교 여수엑스포지원특성화사업단,《여수대표문화상징 50선》, 심미안, 2008

전남대학교 이순신해양문화연구소,《1592년 여수의 전라좌수영군》, 2007

전남대학교 이순신해양문화연구소,《여수 역사와 문화를 찾아서》, 심미안, 2008

전남대학교 이순신해양문화연구소,《해양문화연구 제1집~제6집》, 2008-2011

전남대학교 이순신해양문화연구소,《고흥과 임진왜란》, 2008

전남대학교 이순신해양문화연구소,《조선시기의 거북선과 선소》, 2008

전남대학교 이순신해양문화연구소,《조선시대 여수의 곡화목장》, 2009

전라남도,《전남의 섬》, 2002

정근식·김준,《해조류양식 어촌의 구조와 변동》, 경인문화사, 2004

한국전쟁 후 민간인학살 진상규명 범국민회의,《한국전쟁 전후 민간인학살 실태보고서》,
 한울아카데미, 2005

한국향토사연구 전국협의회,《탐진강유역사연구》, 1997

한복진,《우리음식 백가지》, 현암사, 1998

한창훈,《인생이 허기질 때 바다로 가라》, 문학동네, 2010

해양수산부 국립수산과학원,《한국어구도감》, 2002

해양수산부,《한국의 해양문화》, 2002

행정안전부,《대한민국도서백서》, 2011

《고려도경高麗圖經》
《난호어목지蘭湖魚牧志》
《세종실록지리지世宗實錄地理志》
《승정원일기承政院日記》
《신동국여지승람新東國輿地勝覽》
《우해이어보牛海異魚譜》
《임원경제지林園經濟志》
《자산어보玆山魚譜》
《조선왕조실록朝鮮王朝實錄》

네이버캐스트(한반도의 공룡)
발포역사전시체험관
한국공룡연구센터
한국민족문화대백과사전

섬문화 답사기

孤島의 일상과 역사에 관한 서사

1판 1쇄 펴낸날 2012년 5월 15일

지은이 | 김준
책임편집 | 들풀
편집 | 위정훈, 이현정, 김희연
마케팅 | 권태환, 함정윤
디자인 | 김수영

펴낸곳 | 보누스
등록 | 2001년 8월 17일 제313-2002-179호
주소 | 서울시 마포구 서교동 481-13
전화 | 02-333-3114
팩스 | 02-3143-3254
E-mail | soribooks@hanmail.net

ⓒ 김준, 2012

ISBN 978-89-6494-072-3 94900
　　　978-89-6494-071-6 (세트)

· 서책은 보누스의 인문 · 고전 브랜드입니다.

· 값은 뒤표지에 있습니다.

· 잘못된 책은 바꿔드립니다.

이 도서의 국립중앙도서관 출판시도서목록(CIP)은 e-CIP 홈페이지(http://www.nl.go.kr/ecip)에서 이용하실 수 있습니다.(CIP제어번호: CIP2012002048)

西拉大海

〈전라도全羅道〉《여지도輿地圖》, 19세기 전반